연세국학총서 51

고서해제 1

연세대학교 중앙도서관 소장

고서해제

I

연세대학교 국학연구원 편

평민사

An Annotated Bibliography of Old Books in Yonsei University Central Library

I

본 연구는 2003년도 교육인적자원부 학술연구조성비의 지원에 의한 것임

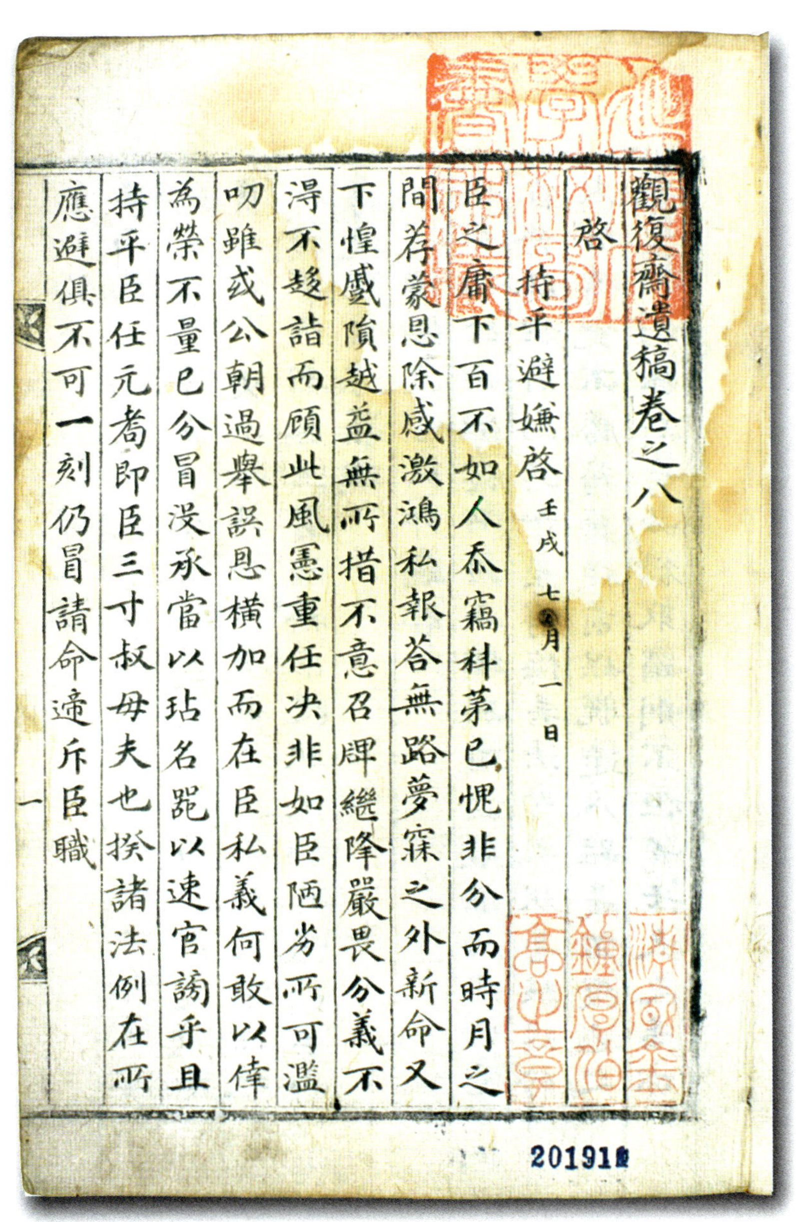

『觀復齋遺稿』
金構(1649~1704) 著.
未刊原稿本. 10卷 6册, 책 크기 不定. 10~11行 20字.

三月二十五日以玉堂尹敬龍補外時任道付京職
十月初一日爲兵曹正郎 副韓啓㙉 末申
十一月二十日爲公洪都事 副李聖海 末尹澤休
二十二日以本道之人勿差事曾有定式大臣
宋寅明啓遞
次三忠祠諸人韵
出擧當年講此界三公同死又同祠臨危大節東方最致
命丹忠北極知恩賞幸看須額日寬魂應泣薦香時駿奔
多士牲牢享星月照森自感悲
次義谷洪丈韵 禹明
丙辰 湖西知有錦江城夢裏同遊亦素情晝閣繡筵臨水設雕

八

『漫語』
朴致文(1694 ? ~ 1757 ?) 著.
草稿本. 2卷 2冊, 30×21cm. 11行 20~22字.

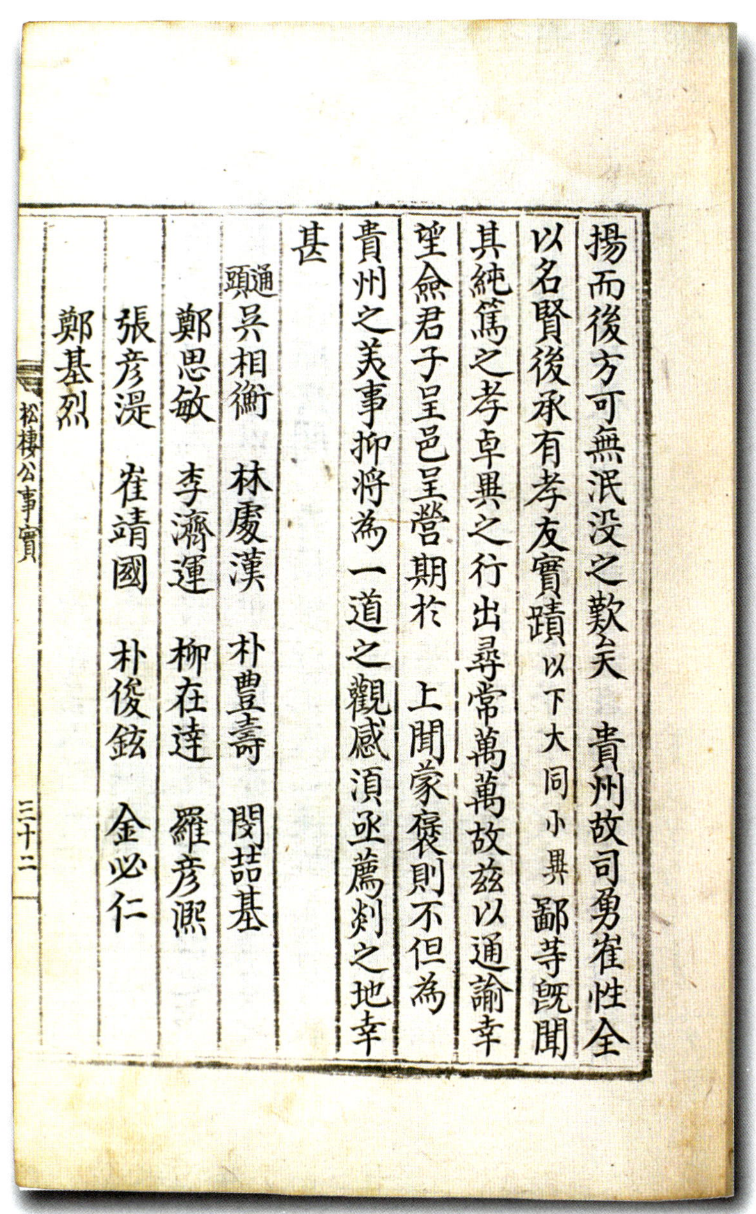

『松棲公事實』
崔性全(1759~1824) 著.
寫本. 1冊, 33×23㎝. 10行 20字; 上黑魚尾, 界線, 四周雙邊, 23.1×17.0cm.

『記言本抄』

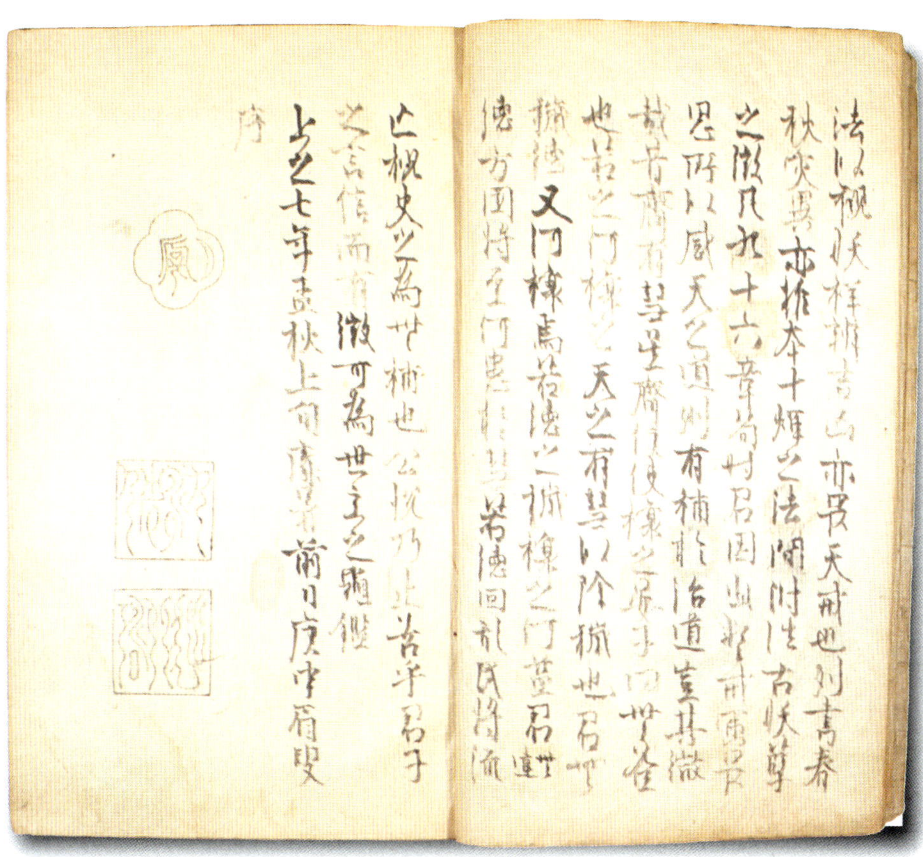

『記言本抄』
許穆(1595~1682) 著.
自筆稿本. 1冊(42張), 32×20.5cm.

『放言』

黃德吉(1750~1827) 著.

原稿本. 34卷 11冊, 28.5×18.5㎝. 10行 20字.

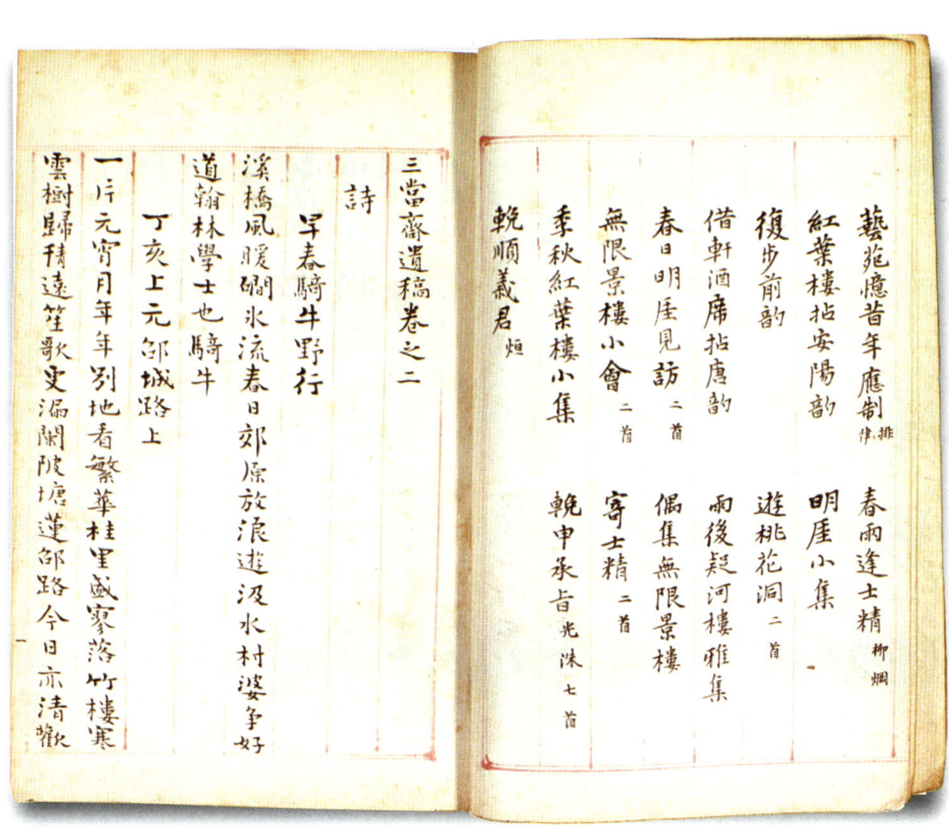

『三當齋遺稿』
姜侻(1739~1775) 著.
原稿本. 4卷 4册, 22×15.5㎝.
8行 20字; 朱絲欄, 四周雙邊, 17.5×12.4cm.

丈更得昏衢明燭以導盲聾之路千萬伏望

別紙

程子曰性即理也朱子曰心者氣之精爽又曰性猶太極心猶陰陽栗谷曰性理也心氣也農岩曰性者心之理心者性之器以上諸說皆言性屬理心屬氣也

性屬理心屬氣固也然先儒論主宰則必為理而無以性言者何也且此等訓只以明心性理氣之大分也非所以論心之主宰亦氣也

朱子曰上天之載無聲無臭而實造化之樞紐品彙之根柢也栗谷曰無形無為而為有形有為之主者理也有形有為而為無形無為之器者氣也老洲曰若就神理妙合處看其本體則幾乎泯然

『果庵散稿』

申益均(1879~1939) 著.

寫本. 20卷(卷1, 2, 3, 10 缺) 7冊, 23×21㎝. 14行 20字.

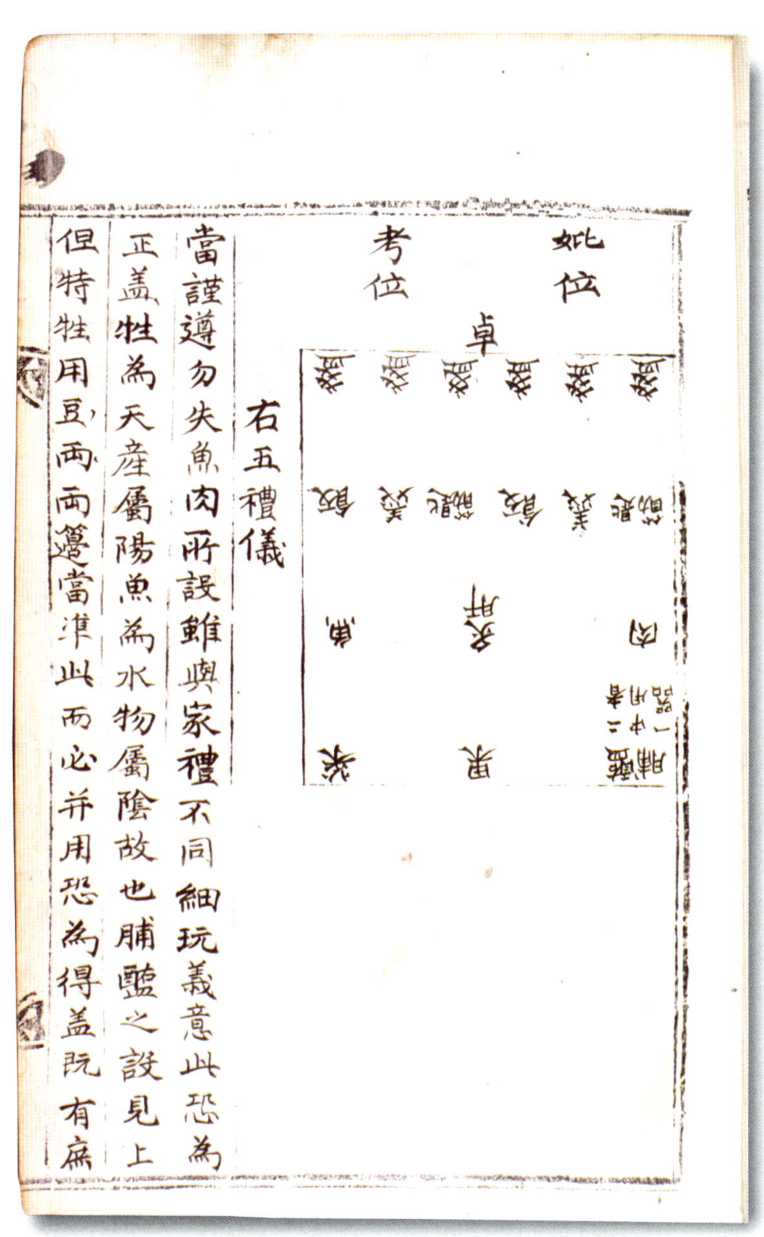

右五禮儀

當謹遵勿失魚肉所設雖與家禮不同細玩義意此恐為

正義牲為天產屬陽魚為水物屬陰故也脯醢之設見上

但特牲用豆兩兩籩當準此而必并用恐為得益既有庶

『無聞齋集』
沈埈(1698~1761) 著.
寫本. 14卷 9冊, 30.5×21㎝. 10行 22字.

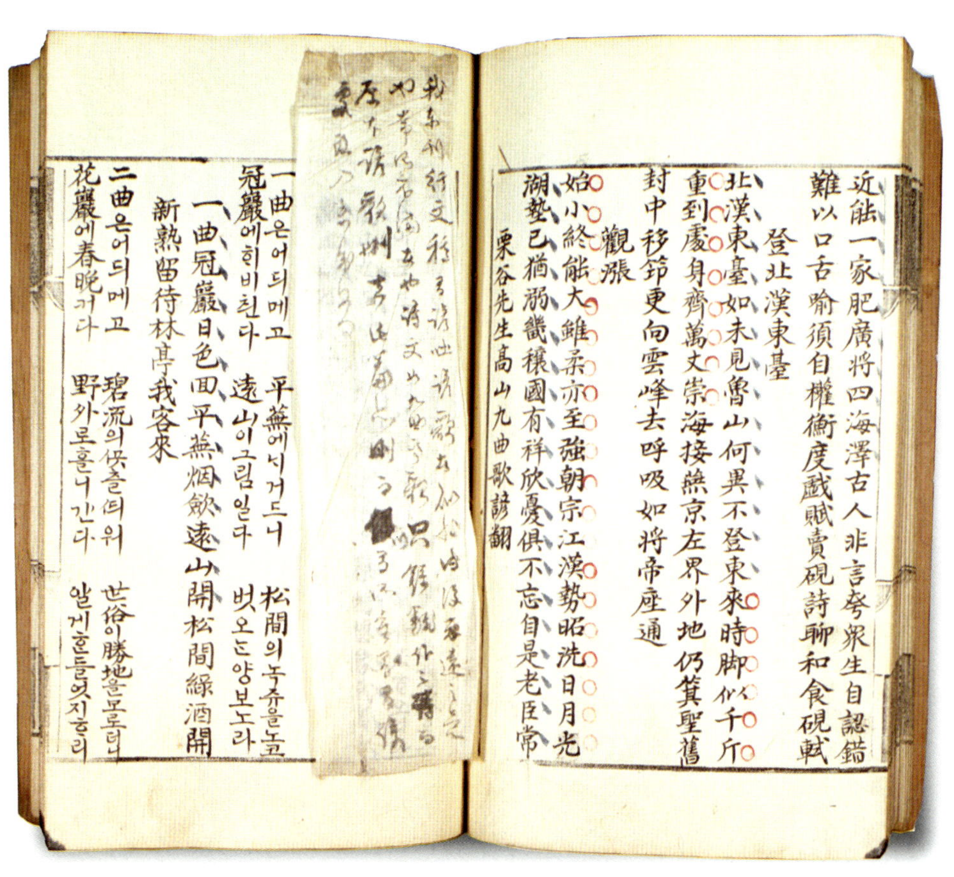
近能一家肥廣將四海澤古人非言參衆生自認錯
難以口舌喻須自權衡度戲賦責硯詩聊和食硯軾
登北漢東臺
北漢東臺如未見魯山何異不登東來時脚似千斤
重到處身齊萬丈崇海接燕京左界外地仍箕聖舊
封中移節更向雲峰去呼吸如將帝座通
觀漲
始小終能大雖柔亦至強朝宗江漢勢昭洗日月光
湖墊已猶溺饑穰國有祥欣憂俱不忘自是老臣常
栗谷先生高山九曲歌諺飜

一曲은어듸메고 平蕪에니거드니 松間의綠樽을노코
冠巖에히비친다 遠山이그림일다 벗오ᄂᆞᆫ양보노라
一曲冠巖日色回平蕪烟歛遠山開松間綠酒開
新熟留待林亭我客來
二曲은어듸메고 碧流의ᄯᅳᆫ흘ᄯᅴ위 世俗이勝地을모로더니
花巖에春晩커다 野外로흘나간다 알게ᄒᆞᆫ들엇지ᄒᆞ리

『新齋集』
李度中(1763~?) 著.
寫本. 12冊, 27×17.5cm. 10行 20字.

刊 行 辭

본 연구원에서는 교육인적자원부의 지원과 연세대학교 중앙도서관의 협조로 2003년부터 6년간 국학자료 해제 정리사업을 하게 되었다.

연세대학교 도서관은 수많은 古文獻을 소장하고 있다. 그 중 상당한 분량은 稀貴本이어서 공개되어야 할 가치가 충분히 있으면서도 아직 그렇게 되지 못했다.

이에 본 국학연구원에서는 ① 미공개 자료의 공개 ② 이미 발굴 및 소개된 자료에 대한 이해의 심화 ③ 조선시대 학술활동의 형성과정에 대한 이해라는 세 가지 필요성에 따라, ① 국학연구 자료의 제공 ② 국학연구의 심화 ③ 미완 자료에 대한 연구 기초 확립 ④ 고문서 연구에 대한 기초 환경 제공 ⑤ 국학연구에 대한 학문적 관심 고취를 목표로 본 사업을 진행하게 되었다.

본 해제집은 그 중 제1차 연도인 2003년에 이루어진 연구의 성과물이다. 연세대학교 도서관 고문서실 소장 稀貴本 중 文集類를 주 대상으로 해제 사업을 진행하였다. 이 대상 중 상당부분은 '未完草稿本'이다.

학계에서 이미 적지 않은 문헌에 대해 해제 작업을 하였으나, '未完의 草稿'에 대해 본격적인 해제를 한 예는 그리 많지 않다. 어려운 작업이기 때문일 것이다. 우리는 부족하지만 '未完의 草稿'에 대한 사업을 수행하였다는 성취감도 있지만 그보다는 이 어려운 과정을 통해 또 하나의 새로운 분야를 개척할 수 있을 것이라는 미래에 대한 기대감과 때로는 작업 과정에서 미숙함을 드러낼지도 모른다는 걱정이 든다.

일반적으로 한 문장가의 문장을 이해하는 가장 좋은 방법은 그 문장가가 문장을 만들어 가는 '推敲'과정을 살피는 것이라 한다. 출간된 문집에 보이는 작품에는 이 과정이 모두 숨겨져 있으나, '草稿本'은 작게는 '文字의 出入'을 살펴 간행본의 '訂正'을 가능하게 하고 크게는 간행 작품에 보이는 사유의 완성 뿐 아니라 이 완성에 이르는 過程에서 기울인 心血을 볼 수 있다. 뿐만 아니라 아직 공개되지 않은 자료에 대한 고찰을 통해 기존 연구의 부족한 점을 보충할 수 있었다. 특히 저자 생졸년 문제 등에 대한 수정은 본 사업을 진행하며 얻을 수 있었던 부수적인 성과들이다.

해제 작업은 '書誌' '著者' '構成' '內容' 및 '價値' 등으로 항목을 나누어 객관적 입장에서 학술적으로 작성하여 전문 연구자에게 기초자료를 제공하고자 하였다.

『周易』 大畜卦의 「象傳」에 "옛 말씀과 지나간 행적을 많이 알아 이로써 덕을 쌓는다.(多識前言往行, 以畜其德)"라는 말이 있다. '前言往行'에 대한 연구가 곧 國學의 기초이다. 본 사업은 아직 알려지지 않았던 가치있는 '前言往行'들을 발굴 보고하는 것으로 國學을 널리 그리고 깊이 있게 연구할 수 있는 기초를 마련하고자 한다. 지금 이 해제집은 지난 일 년 동안 이 목표를 달성하기 위한 우리 첫 노력의 결실이다.

어려움을 감내해가며 이 사업에 적극적으로 참여한 여러 연구자들의 그간 勞苦를 치하하며 아울러 뜻있는 사업을 진행할 수 있도록 길을 열어준 교육인적자원부와 한국정신문화연구원에 대해 깊은 감사를 드린다.

2004년 11월

국학연구원장 전 인 초

일 러 두 기

1. 본 解題集은 국학 진흥 사업의 일환으로 연세대학교 중앙도서관 소장 국학자료 중 일부를 우선 해제한 것이다.

2. 제1차 연도(2003년도) 解題集은 연세대학교 중앙도서관 소장 稀貴 文集 중 個人文集類를 주 대상으로 하였다.

3. 文集名을 각 항목의 題目으로 하였고, 文集名은 일차적으로 卷首題를 취하였다. 이에 관련된 특기 사항은 '서지'에 기록하였다.

4. 解題 題目의 한글독음에 의거하여 순서를 정하고 동일한 제목일 경우에는 저자의 생몰년에 의거해 시대순으로 배열하였다.

5. 문집의 객관적 상황을 서술하는 것을 기본 원칙으로 하고 아울러 문집의 특징이나 가치 등을 밝혀 후속 연구가 진행될 수 있도록 작성하였다.

6. 각 解題의 끝에 解題者의 姓名을 밝혔다.

차 례

▣ 연세대학교 중앙도서관 소장 고서해제 Ⅱ

尋芳齋遺稿 — 鄭履侃 著. 寫本. 1冊(95張).
藥山錄 — 鄭元容 著. 未定草稿本. 不分卷 4冊.
御製祭文 — 肅宗 著. 寫本. 1冊(19張).
餘窩先生文集 — 睦萬中 著. 原稿本. 24卷 12冊.
念齋雜考 — 尹光濩 著. 原稿本. 7冊.
愚潭集 — 丁時翰 著. 寫本. 不分卷 13冊.
月塘遺稿 — 姜碩期 著. 原稿本. 原集 4冊, 別集 1冊, 合5冊.
遺稿 — 韓聖佑·韓配義·韓師范·韓顯謩·韓後裕·韓用鼎·韓元履 著. 寫本. 5冊
自攷 — 韓元震 著. 初稿本. 1冊(67張).
周溪集 — 鄭基世 著. 未定草稿本. 5冊.
竹石叢函 — 徐榮輔 編著. 原稿本. 內集 3冊, 外集 7冊, 合10冊.
竹傖謾錄 — 韓星履 著. 草稿本. 10卷 1冊.
芝溪姜公遺事 — 姜世忠 著. 寫本. 2卷 1冊(64張).
稷下遺稿 — 金相福 著. 草稿本. 不分卷 2冊.
初稿 — 鄭範朝 著. 未定草稿本. 不分卷 5冊.
秋堂襍稿 — 申獻求 著. 草稿本. 2卷 2冊.
楸軒遺稿 — 洪萬愚 著. 寫本. 3卷 3冊.
贅言 — 姜浩溥 著. 草稿本. 本集 30卷 16冊, 別集 2冊, 合18冊.
芭棲私藁 — 金鋼 著. 草稿本. 5卷 5冊.
縹礱乙幟 — 洪吉周 著. 草稿本, 16卷 7冊.
霞石謾稿 — 李學洙 著. 寫本. 13冊.
霞石遺稿 — 韓弼教 著. 寫本. 6卷 3冊.
閒中隨筆 — 沈大允 著. 寫本. 2冊.
沆瀣丙函 — 洪吉周 著. 草稿本. 10卷 7冊(3冊 缺).
海陽詩鈔 — 羅烈 著. 寫本. 2卷 1冊(83張).
峴首甲藁 — 洪吉周 著. 草稿本. 8卷 4冊(卷9, 10 缺).
湖東西洛記 — 錦園堂 著. 寫本. 1冊(33張).
洪厓文集 — 李箕元 著. 手稿本. 6卷 3冊(落帙本).
洪厓詩集 — 李箕元 著. 手稿本. 5冊(落帙本).
洪厓自編 — 李箕元 著. 手稿本. 2卷 1冊.
孝田散稿 — 沈魯崇 著. 草稿本. 不分卷 38冊.

經山集

鄭元容(1783~1873) 著.

未定草稿本. 6冊(附錄), 책 크기 不定.
10行 20字.

經山集
附錄
家狀
舘直提學生諱蘭宗有文武才吏曹判書策佐理勳
封東萊君謚翼惠生諱光弼領議政謚文翼配享
中宗廟庭為己卯士林領袖生諱福謙江華府使
贈領議政以孝友循良聞生諱惟吉典文衡左議政
號林塘德業文章為世推重生諱昌衍左議政號水
竹確然有大節生諱廣成判書號濟谷生諱太和領 東義勇退名德俱完
議政號陽坡謚翼憲配享 顯宗廟庭碩德弘猷為

1. 저자

鄭元容(1783~1873)의 本貫은 東萊, 字는 善之, 號는 經山인데, 돈녕부 도정 鄭東晩(1753~1822)의 아들이며, 5조 판서와 우찬성을 지낸 鄭基世(1814~1884)의 아버지이다. 이 책을 연희대학교에 기증한 위당 정인보 선생의 증조부이기도 하다. 그가 90년 동안 기록한 일기 『經山日錄』과 왕조실록에 실린 사실, 문집 뒤에 실린 행장 등을 참조하여 저자의 생애를 정리하면 아래와 같다. 70년 동안 수많은 벼슬을 거쳤으므로, 여러 번 임명된 경우에는 첫 번만 기록한다.

1783년(정조 7, 1세) : 2월 18일 한양 남부 회현방에서 태어났다.

1797년(정조 21, 15세) : 7월 18일 참판 金啓洛(1753~1815)의 딸과 혼인하였다.

1802년(순조 2, 20세) : 10월 29일 을과 제2인으로 문과에 급제하였다.

11월 9일 假注書로 임명되었다. (전후 20차에 걸쳐서 주서에 임명되었다.)

1804년(순조 4, 22세) : 7월 27일 승문원에 분관되어, 8월 24일 처음으로 녹봉을 받았다.

1807년(순조 7, 25세) : 8월 23일 춘당대 翰林召試에서 2등으로 뽑혀, 9월 2일 예문관 검열로 임명되었다.

1808년(순조 8, 26세) : 6월 15일 奉教로 승진하였다.

12월 22일 文臣兼宣傳官에 임명되었다.

1809년(순조 9, 27세) : 5월 12일 부수찬에 임명되었다.

1810년(순조 10, 28세) : 2월 17일 홍문관 부교리로 임명되었다.

4월 8일 사간원 헌납에 임명되었다.

7월 12일 홍문관 수찬에 임명되었다.

9월 23일 훈련도감 종사관에 임명되었다.

10월 5일부터 이듬해 4월 25일까지 휴가를 얻어, 永柔 현령으로 부임한 아버지를 찾아가 함께 지냈다.

1811년(순조 11, 29세) : 6월 22일 사헌부 장령에 임명되었다.

8월 20일부터 12월 12일까지 영유에 가서 아버지와 함께 지냈다. 서울에 올라왔다가 홍경래의 난이 일어났다는 소식을 듣고, 12월 26일에 다시 영유로 내려갔다.

1812년(순조 12, 30세) : 8월 4일 홍문관 부응교에 임명되었다. 청나라 사신이 오자, 10월에 問禮官으로 차출되었다.

1813년(순조 13, 31세) : 1월 22일 사간에 임명되었지만, 아버지의 병환을 이유로 사직하고 영유로 내려갔다.

5월 7일 병조 정랑에 임명되었다.

6월 4일 홍문관 교리에 임명되었다.

7월 4일 규장각 직각으로 임명되었다.

7월 28일 兼弼善에 임명되었다.

1814년(순조 14, 32세) : 4월 1일부터 5월 5일까지, 載寧 군수로 부임한 아버지의 생신을 축하하기 위해 휴가를 받았다.

7월 8일 우부승지에 임명되었다. 9월에 어머니 생신을 모시기 위해 한 달 남짓 휴가를 얻어 재령에서 지냈다.

1816년(순조 16, 34세) : 4월 6일부터 6월 10일까지 휴가를 얻어, 順興 부사로 부임한 아버지의 생신을 축하하고 경상도 일대에 노닐었다.

1818년(순조 18, 36세) : 1월 2일 예조 참의에 임명되었다. 2월 25일부터 4월 18일까지 휴가를 얻어, 진주 목사로 부임한 아버지와 함께 지냈다.

1819년(순조 19, 37세) : 1월 15일 이조 참의에 임명되었다.

3월 21일 성균관 대사성에 임명되었다.

윤4월 3일 사간원 대사간에 임명되었다.

7월 24일 좌부승지로 湖西慰諭使에 차출되었다.

10월 17일 예방 승지로 왕세자 가례 때에 공을 세워 가선대부로 가자되었다.

12월 6일 영변 부사로 임명되었다.

1821년(순조 21, 39세) : 8월 15일 영변 부사로 關西慰諭使를 겸임하였다.

1822년(순조 22, 40세) : 6월 3일에 좌승지로 임명되었다는 소식을 듣고, 25일에 서울로 떠났다. 8월 11일에 부친상을 당하고, 삼년상을 지내는 동안 벼슬하지 않았다.

1824년(순조 24, 42세) : 10월 28일에 모친상까지 당해, 삼년상이 거듭되었다.

1827년(순조 27, 45세) : 1월 17일 전라도 관찰사로 임명되었다.

3월 10일 강원도 관찰사로 임명되었다.

1828년(순조 28, 46세) : 7월 20일 이조 참판으로 임명되었다.

7월 21일 예문관 제학으로 임명되었다.

11월 21일 좌부빈객으로 임명되었다.

1829년(순조 29, 47세) : 1월 2일 규장각 직제학으로 임명되었다.

8월 10일 수재를 수습하기 위해 회령 부사로 임명되었다.

1831년(순조 31, 49세) : 3월 27일 규장각 제학으로 임명되었다.

4월 28일 형조 판서로 임명되었다.

7월 13일 홍문관 제학으로 임명되었다.

1832년(순조 32, 50세) : 10월 16일 冬至正使로 임명되었다.

1833년(순조 33, 51세) : 4월 20일 수원부 유수로 임명되었다.

11월 9일 평안도 관찰사로 임명되었다.

1836년(헌종 2, 54세) : 1월 12일 병조 판서로 임명되었다.

1838년(헌종 4, 56세) : 11월 19일 이조 판서로 임명되었다.

1839년(헌종 5, 57세) : 5월 1일 예조 판서로 임명되었다.

1840년(헌종 6, 58세) : 3월 4일 함경도 관찰사로 임명되었다.

1841년(헌종 7, 59세) : 4월 22일 우의정으로 임명되었다.

1842년(헌종 8, 60세) : 12월 3일 좌의정으로 임금을 만나 아뢰었다.

1848년(헌종 14, 66세) : 7월 4일 판부사로 영의정에 임명되었다.

10월 25일 영의정에서 파직되었다.

1849년(헌종 15, 67세) : 6월 6일 헌종이 승하하자 대왕대비의 교서를 받들고 철종을 맞으러 갔다. (영의정으로 헌종대왕의 비문을 지었다.)

8월 5일 판부사로 다시 영의정에 임명되었다. 10일과 15일에 사직소를 올렸지만 허락하지 않았다.

1850년(철종 원년, 68세) : 2월 21일 영의정으로 호위대장에 임명되었다.

11월 11일 좌의정 사직소를 올리자, 비답을 내려 윤허하였다.

1851년(철종 2, 69세) : 4월 2일 실록청 총재관으로 임명되었다.

1852년(철종 3, 70세) : 3월 1일 영부사로 상소하여 물러나고자 했지만 윤허하지 않았다.

1857년(철종 8, 75세) : 1월 4일 혼인 60주년을 맞아 왕이 잔치 비용과 二等樂을 보냈다.

1859년(철종 10, 77세) : 1월 12일 영부사로 영의정에 임명되었다. 16일에 사직소를 올렸지만 윤허하지 않았다.

1860년(철종 11, 78세) : 1월 24일 사직소를 올리자 비답을 내려 윤허하였다.

1861년(철종 12, 79세) : 5월 30일 영부사로 다시 영의정에 임명되었다. 6월 4일에 사직소를 올렸지만 윤허하지 않았다.

1862년(철종 13, 80세) : 3월 22일 回榜을 맞아 왕에게 謝箋을 올렸다.

10월 19일 영부사로 영의정에 임명되었다. 21일에 사직소를 올렸지만 윤허하지 않았다.

1863년(철종 14, 81세) : 9월 8일 사직소를 올리자 윤허하였다.

12월 8일 대왕대비가 國喪 중에 정사를 대리할 정승으로 임명하였다.

1867년(고종 4, 85세) : 9월 28일 호위대장에 임명되었다.

1868년(고종 5, 86세) : 윤4월 11일 영부사로 영의정에 임명되었다. 21일에 사직소를 올리자, 억지로 승인한다는 비답을 내렸다.

1873년(고종 10, 91세) : 1월 3일 병이 위중하자 내의원 의원을 보내 진찰하게 했지만, 그날 세상을 떠났다.

홍문관과 사간원, 승정원을 비롯한 권력의 핵심에 오랫 동안 근무했으며, 왕의 신임을 받아 승지로 오랫 동안 일했다. 효성이 극진해, 몇 차례나 반년씩 휴가를 얻어 지방관으로 나가 있는 아버지를 모시기도 했다. 헌종의 비문을 지었으며, 태조와 철종, 고종, 대왕대비(신정왕후)의 옥책문 제술관으로 임명될 정도로 문장에도 뛰어났다.

2. 구성

6책 분량인데, 표지에는 통일된 제목이 없다. 『經山集』이라는 제목은 제1책 卷首題에 보이는데, 그 다음 줄에 '附錄'이라고 씌여 있다. 6책 분량의 이 문집에는 정원용의 글이 하나도 실려 있지 않으므로, 정확하게 표현하면 『경산집』이 아니라 『경산집』부록이다. 제5책 『年譜草』의 앞부분 말고는 비교적 깨끗하게 정서했지만, 중간중간에 고친 흔적이 많으며, 먹으로 지워버린 곳도 많다. 보완하는 내용을 덧붙인 종이도 많다. 6책의 순서는 고서실에서 '귀중본261'로 정리하면서 매긴 순서이다. 간행본에 실린 순서와는 전혀 다르다. 각 책의 표지에 씌어진 제목과 구성 및 분량은 아래와 같다.

제1책 : 家狀

아들 정기세가 지은 家狀이다. 10행 20자 74장. 卷首에 '經山集', 다음 줄에 '附錄'이라고 씌어 있다.

제2책 : 家狀草 一

아들 정기세가 지은 家狀草이다. 10행 18자 79장.

제3책 : 家狀草 三

아들 정기세가 지은 家狀草이다. 10행 20자 42장.

제4책 : 中草

손자 정범조가 지은 墓誌이다. 10행 20자 19장.

5책 : 年譜草

표지에는 '日錄十六卷' '年譜一卷' '唐音一卷' '草冊三卷'이라고 씌어 있지만, 실제로는 年譜만 실려 있다. 10행 20자 52장.

제6책 : (제목 없음)

외손자 尹滋悳이 지은 행장이다. 10행 20자 41장.

3. 내용

1) 제1책

『경산집』부록으로 147면 분량의 家狀이다. 아들 정기세가 아버지 정원용의 한평생을 기록하였다. 제2책과 제3책을 자료로 하여 3분의 1 분량으로 정리한 내용이다. 중간에 補寫하여 덧붙인 곳이 많으며, 欄外에 "本府以下似係辛巳年事"라든가 "狀陳以下似係戊子年事"라는 구절들이 덧붙은 것을 보면, 아직도 완성된 家狀이 아님을 알 수 있다. "本府以下似係辛巳年事"라는 구절을 예로 들면 바로 위에 경진년(1820) 봄에 양친을 모시고 영변 부사로 부임한 기록 뒤에 '辛巳'라는 표시도 없이 신사년(1821) 행적들이 뒤섞여 있으며, 8월부터 평양에서 돌림병이 시작되었다는 이야기가 실려 있다. 그런데 제6책의 윤자덕이 지은 행장에는 신사년 행적 가운데 돌림병 이야기가 정확하게 실려 있다. 제1책 家狀에 덧붙은 기록과 欄上의 수정 의견에 따라 다시 정리한 家狀을 윤자덕에게 보내어 행장을 짓게 한 듯하다.

2) 제2책

155면 분량의 家狀草1이다. 동래 정씨의 선조들 소개부터 정원용이 66세 되던 무신년(1848) 12월까지의 행적이 실려 있다. 제목은 「先考領議政府君家狀」인데, 정원용을 비롯한 선조들의 諱가 모두 빈 칸으로 남아 있어, 정기세 자신이 직접 쓴 듯하다. 상소문이나 경연에서 아뢴 말까지 모두 인용할 정도로 방대한 자료가 실려 있는데, 많은 부분에 삭제 표시가 되어 있다. 4면을 예로 들면 8행 중간 "自是遂行焉" 다음부터 3행에 걸쳐 삭제 표시가 되어 있는데, 제1책 家狀에는 삭제 표시된 부분의 문장이 모두 삭제되고 "自是遂行焉" 다음에 "八九歲讀詩傳"부터 문장이 계속되었다.

3) 제3책

83면 분량의 家狀草3이다. 정원용이 78세 되던 경신년(1860년)부터 91세로 세상을 떠나던 계유년(1873)까지의 행적이 실려 있다. 67세 되던 기유년(1849)부터 77세 되던 기미년(1859)까지 11년 동안의 행적은 家狀草2에 실린 듯한데, 현재 남아 있지 않다. 내용은 역시 상소문과 경연에서 아뢴 내용을 중심으로 실록에 실린 행적과 문중에 전해지던 내용이 자세하게 기록되었다. 한 면 전체가 삭제된 곳도 많으며, 필요한 경우에는 중요한 상소문을 補寫하기도 하였다. 80면 5행과 6행 사이에 ○표시가 있고, 그 위에 "嘗具引年再疏(중략)從此吾心安矣"라는 6행이 다른 종이에 補寫되어 덧붙어 있는데, 이 내용이 제1책 家狀에는 142면 2행부터 7행까지 그대로 실려 있다. 제3책의 내용 가운데 덜 중요한 내용을 3분의 2 정도 삭제하면서도, 중요한 내용은 제1책에서 더 늘어났음을 알 수 있다. 자손의 벼슬은 당시를 기준으로 고쳐졌는데, 행장을 쓴 윤자덕의 경우에 제3책 84면 8행에는 "滋悳今參判"으로 되어 있던 것이 제1책에도 그대로 되어 있다가, 제6책의 행장에 와서는 "判書"로 되었으며, 간행본에는 그대로 "判書"로 되었다.

4) 제4책

38면 분량의 墓誌인데, 손자 정범조가 1884년에 지은 글이다. 제목은 「王考領議政文忠公府君墓誌」이다. 장례를 지낸 지 12년 뒤에 지었다. 간행본 부록 권3에는 아들 기세가 지은 墓表와 손자 범조가 지은 墓誌가 모두 실려 있는데, 이 책에는 墓誌만 남아 있다. 몇 군데 삭제한 부분과 補寫한 부분이 있지만, 간행본에 실린 墓誌와 대체로 비슷하다. 家狀의 내용과 대체로 같은데, 碑面의 제한 때문에 분량이 절반으로 줄어들었다. 가장을 지은 지 10여년 뒤에 지었으므로 후손들의 벼슬이 달라졌으며, 마지막 부분에는 손자 범조가 조부 정원용을 흠모하는 마음이 덧붙어 있다.

5) 제5책

100면 분량의 年譜이다. "憲宗七年辛丑公五十九歲"까지만 실려 있는데, 간행본으로 치면 35면까지의 내용이다. 간행본 부록 권1에 실린 年譜가 모두 84면이므로, 절반이 채 남아 있지 않은 셈이다. 年譜 초고가 2책 분량이었는데, 현재 1책만 남아 있는 듯하다. 정원용은 91년 동안 17책 분량이나 되는 일기를 썼으며, 이 연보는 그의 일기를 바탕으로 하여 정리되었다. 家狀에 실린 내용이 편년체 연보로 정리되었다고 보아도 좋다. 제1면과 제2면은 연보 첫 부분을 기록하다가 말았는데, 干支를 기록하는 방식 때문에 세 차례나 다른 방식을 시도하다가 세 번째 방식으로 결정해서 끝까지 쓴 듯하다. 세 가지 방식은 아래와 같다.

1. 正宗七年癸卯大淸乾隆五十八年二月十八日戌時公生于漢京
2. 正宗七年癸卯二月十八日戌時生于漢京
3. 正宗七年癸卯大淸乾隆四十八年
   二月十八日戌時公生于漢京
   正宗八年甲辰公二歲

이 가운데 세 번째 방식으로 끝까지 기록했는데, 간행본에서는 '正宗'을 즉위하는 해에만 썼다. 이 책의 연보는 "公姓鄭名元容字善之東萊人號經山"이라는 소개부터 시작되었는데, 간행본에서는 정원용에 대한 소개가 없이 "正宗七年癸卯"부터 시작하였다. 내용은 거의 같다.

3세에 누이가 태어났다거나, 7세에 외조부와 조부, 외조모가 세상을 떠났다는 내용 등은 모두 간행본에서 삭제되었다. 정원용 자신의 행적이 아니거나 덜 중요한 내용을 모두 삭제한 것이다. 그렇지만 7세에 어른에게 꾸지람을 듣고 평생 몸가짐을 다짐했다는 내용은 이 책에 없지만 간행본에 실려 있어, 그의 사람됨을 긍정적으로 평가할 만한 표현들이 더해졌음을 알 수 있다. 정원용이 세상을 떠난 뒤에 아들 기세가 家狀을 짓고, 외손자 윤자덕이 행장을 지었으며, 손자 범조가 1884년에 墓誌를 짓고, 1895년에 문집이 간행되었다. 연보에는 문집이 간행된 사실까지 기록되었으니, 『경산집』 가운데 가장 늦게 지어진 글이 바로 이 연보임을 알 수 있다.

6) 제6책

외손자 윤자덕(1827~1890)이 지은 행장의 제목은 「領議政經山鄭公行狀」인데, 간행본 『경산집』에는 부록 권2에 「朝鮮國大匡輔國崇祿大夫議政府領議政兼領經筵弘文館藝文館春秋館觀象監原任奎章閣提學文忠鄭公行狀」이라는 제목으로 실려 있다. 대체로 단정하게 필사한 것을 보면, 윤자덕이 일단 글을 지어서 정서해 왔음을 알 수 있다. 제5책까지 정씨 문중에서 여러 차례 고쳐 가면서 家狀이나 墓誌의 草를 잡은 경우와는 다르다. 그러나 내용은 제1책에 실린 家狀과 대체로 비슷하다. 정씨 문중에서 보내온 家狀을 기초로 하여 지었기 때문이다. 家狀이 147면인데 비해 행장은 81면이니, 윤자덕이 많은 분량을 취사선택했음을 알 수 있다.

동래 정씨의 시조부터 이름난 선조들을 소개하고, 어른들의 말을 한번 들으면 깊이 명심하고 반드시 지킨 이야기, 어린 시절에 눈으로 얼굴을 씻으며 공부한 이야기, 왕의 신임을 얻어 注書에 20여 차례나 임명된 이야기, 왕에게 직간한 이야기, 충간하다가 파직당해도 왕이 그의 충심을 받아들여 곧바로 임용되었다는 이야기, 대대로 왕실의 신임을 받았던 집안의 후손이라 왕들이 개인적으로도 관심을 가지고 있었다는 이야기, 그의 아들이 강화 유수로 부임하자 아들을 만나게 하기 위해 왕이 그를 강화도 시관으로 보낼 정도로 사랑했다는 이야기, 그리고 70년 동안 벼슬하면서 조정으로부터 인정받은 이야기들을 기록하였다. 마지막에는 자손들의 이름과 벼슬을 간단히 기록하고, 윤자덕 자신이 외조부로부터 얼마나 사랑받았는지 회상하면서 정원용의 인품을 찬양하며 문장을 끝냈다.

이 글은 간행본 『경산집』부록 권2에 실린 행장과 내용만이 아니라 문장도 꼭 같다. 해서체로 쓰인 것만 보아도 알 수 있듯이, 간행하기 위해 정리를 끝낸 상태이기 때문이다. 참고삼아 간행본 『경산집』과 대교하여, 빠지거나 다른 글자를 표시한다. 간행본의 문장은 [ ]로 표시하여 비교한다.

16면 10행 差實錄校正堂上 (東朝玉冊文製述官丁酉)祔廟尊崇禮成 : 괄호 안의 10자 빠진 것을 補寫하였다.

32면 1행 公曰雖覬覦嘗試稱以言事則無足爲傷 [公曰善則用之不善則置之亦何足爲傷]

33면 10행 印御寶奉彩轝以進(宜矣)又令尙方(院)製進白袍白帶 : 괄호 안의 '宜矣' 2자는 빠졌고, '院' 1자는 더 들어가 있다.

36면 9행 公(因)奏曰 : '因'자가 간행본에는 '仍'자로 되어 있다.

44면 4행 是日(因喜西洲文集事)有吳嫌悖疏 : 괄호 안의 7자 빠진 것을 補寫하였다.

54면 9행 (且御製詩親書以下)公先陳獻年壽國之祝 : 괄호 안의 8자 빠진 것을 補寫하였다.

55면 7행 上(朝而)問罷還歸結之便否 : 괄호 안의 '朝而' 2자가 간행본에는 '臨筵'으로 되어 있다.

55면 8행 盖前月賓(筵) : 괄호 안의 '筵' 1자가 간행본에는 '對'자로 되어 있다.

58면 9행 (差 坤殿樂章文製述官)冊寶禮成蒙錫馬 : 괄호 안의 9자 빠진 것을 補寫하였다.

60면 3행 東朝(加)上號玉冊文 : 괄호 안의 '加' 1자가 빠져 있다.

64면 7행 (甲戌冬 上特命)(不待狀議諡太常議諡曰文忠諡法勤學好問曰文事君盡節曰忠嗚呼)公稟貞元中正之氣 : 괄호 안의 34자 빠진 것을 補寫하였다.

80면 7행 闇朝(今應敎)庶子彬朝基命系子宅朝庶子賢朝武(科)前僉正謹朝(今學官準朝)女適趙秉穳(金炳鎬)周鎭子滋福主簿滋惪今判書滋祿蔭牧使範朝子寅昇(今說書)(翊宰子箕承)餘幷幼 : 괄호 안의 '今應敎' 3자가 빠져 補寫했고, '科' 1자는 빠져 있으며, '今學官準朝' 5자는 補寫했는데 간행본에는 빠져 있다. '金炳鎬' 3자는 빠진 것을 보사했고, '今說書' 3자도 빠진 것을 補寫했으며, '翊宰子箕承' 5자는 간행본에도 없는데 補寫하였다.

81면 7행 (原任)提學督辦軍國事務(坡平)尹滋惪謹撰 : 괄호 안의 '原任' 2자를 썼다가 지웠는데, 간행본에는 없다. '坡平' 2자는 빠져 있다.

4. 가치

6책 분량의 이 책들은 표지에 통일된 제목이 없는데, 『경산집』부록의 불분권 미정초고본이다. 6책 모두 간행본 부록에 실릴 내용인데, 제1책 家狀과 제2, 제3책 家狀草는 문집에 직접 실리지 않고 윤자덕에게 行狀 자료로 넘겨졌다. 제4책 묘지는 간행본 부록 권3에, 제5책 年譜草는 간행본 부록 권1에, 제6책 행장은 간행본 부록 권2에 각각 수정되어 실렸다. 내용에 따라 분류하면 제1책 가장, 제2책 가장초1, 제3책 가장초3이 같은 성격이며, 그 밖에 행장, 묘지, 연보초로 나눠볼 수 있다.

이 책에 실린 글들은 현재 전하는 간행본『경산집』에 실린 글들과 문장이 조금씩 다르다. 제1, 제2, 제3책은 문집에 전혀 실리지 않았는데, 이 내용들이 덧붙거나 삭제되면서 家狀草에서 家狀을 거쳐 行狀으로, 미정초고본에서 간행본으로 정리되는 과정을 살펴볼 수 있다. 윤자덕이 지은 행장에 "(공이) 지은 遺稿 40권, 『黃閣章奏』21권, 『袖香編』3권, 『文獻撮錄』5권, 『北征錄』10권이 집에 간직되어 있다"고 했는데, 현재 전하는 간행본『경산집』이 20권 분량인 것을 보더라도 그가 지은 시문 가운데 2분의 1 정도를 골라서 간행한 듯하다. 이 책들은『경산집』의 1차자료로 가치가 있을 뿐만 아니라, 우리나라에서 문집이 어떠한 경로를 거쳐서 간행되는지 구체적으로 보여주는 자료로서도 가치가 있다.

【허경진】

果庵散稿

申益均(1879~1939) 著.

寫本. 20卷(卷1, 2, 3, 10 缺) 7冊, 23×21㎝.
14行 20字.

大雨時行說 戊申
夸父之日大氣盛極赤日流天炎風行地金鑠石爛
世熱物焦一日之燠勝似異時十日之曝矣于時人
皆焦敖流汗始喘息如狂雖左水右扇而不能救
夏日之可畏也如此既而山川蒸氣陰陽釀精疾雷
一聲大雨俱注霶霈連綿海倒川傾然後笛勃興而
人復蘇笑噫大廈之崩非一木之可支車薪之火非
一勺之可救記月令曰大雨時行天地之所以鼓舞
而變化之者非如是不能也

聽於無聲視於無形說 丙辰
曲禮曰聽於無聲視於無形夫有聲然後可聽有形
然後可視也今此所云殆若無稽沒着手處如何則
其可及於斯耶曰孝子之事親如聖人之事天天本

1. 저자

申益均(1879~1939)의 本貫은 平山, 字는 敬高, 號는 果庵이다. 시조는 壯節公 崇謙으로 왕건을 고려태조로 추대하여 개국 일등공신에 봉해진 바 있다. 9세조인 忠貞公 恂은 병자년에 척화를 주장하여 主和派를 탄핵하는 상소를 올렸으며, 8세조인 默痴 命圭는 곧은 절개로 우암 송시열을 변론하는 상소를 올렸다가 함께 화를 당하기도 하였다. 벼슬이 영의정에 이른 晦와 伯氏 孝正公 晩은 모두 英祖를 도왔는데, 그의 5세조이다. 通德朗 光絢, 廣胖翁 在懋, 學生 錫皐, 德隱 泰德은 과암의 고조·증조·조·부이다. 그리고 어머니는 延日 鄭氏 在澤의 딸이다.

신익균의 조상은 대대로 한양 숭례문 밖 藥峴에서 살다가, 조부 때인 1862년에 忠州 渭城里로 이주하였다. 그의 부친인 德隱公은 집안이 가난하여 늦은 나이에 결혼을 해서 35세에야 익균의 형 鳳均을 낳았고, 38세에 익균을 낳았다. 그는 자식들을 매우 사랑했으나 독서에 조금이라도 게으름을 피우면 여지없이 회초리를 들었다. 가난한 가운데도 소를 팔아 사서삼경을 자식들에게 사 줄만큼 교육열이 높았다.

충주에서 태어난 과암은 15살이 채 되지 않았을 때 이미 사서오경에 능통하였다. 얼마 뒤에 형이 요절하고 아버지 덕은공까지 돌아가셔서, 옆에서 권고하고 독려할 사람이 없었는데도 오히려 더욱 부지런히 글을 읽었다. 그리고 효성이 지극하여 어머니 鄭氏와 형수 李氏를 정성껏 봉양하였다.

庚戌(1910, 32세)년에 나라를 잃어버리자 경전을 싸들고 입산하여 세상과 영원히 결별할 뜻을 품었다. 노모도 이러한 자식의 뜻을 기꺼이 받아들였다. 丙辰(1916, 38세)년에 어머니가 돌아가신 뒤에 탄식하여 말하기를 "하늘과 땅을 우러르고 굽어보아도 의지하여 머물 곳이 없도다. 오직 이 학문 한 가지 일만이 부모가 남기신 은혜를 갚고 평생의 소원을 거칠게 마나 펼 수 있을 것이다."고 하였다. 그리고 李錦溪 선생이 華西 李恒老(1792~1868)와 省齋 柳重敎(1831~1893) 두 선생의 학문을 전해 받았음을 듣고는 찾아뵙고 가르침을 청하였다. 당시 이금계 선생의 문하에는 고명한 선비들이 매우 많았는데도『宋書略選』을 편찬하는 일을 그에게 위촉하였을 만큼 그를 매우 신임하였다. 丁巳(1917, 39세)년에는 충청도 木川 巴嶽山으로 이주를 했는데 사방의 많은 학자들이 그의 소문을 듣고 가르침을 받으러 왔다. 그는 매우 정성스럽게 학생들을 인도하고 격려하여 가르쳤으며, 선비의 기풍을 북돋움으로써 쇠락한 시대의 감정을 다소나마 잊고자 했다. 일본의 탄압이 더욱 심해지고, 문인 梁本錫이 일본에 항거하다 죽임을 당하자 매우 마음 아파했으며, 수년 동안 병으로 앓다가 己卯(1939)년 61세의 나이로 세상을 떠났다. 저술로는『果庵散稿』와 그 활자본인『果庵集』이 있다.

2. 구성

『果庵散稿』는 『別稿』 1권을 포함하여 총 20권으로 구성되어 있다. 그 가운데 권1 · 권2 · 권3[1], 그리고 권10[2]의 전문이 빠져 있으며, 권4 가운데 일부분이 빠져 있다.

권4: 일부분 缺. 권11 뒷부분에 묶여 있는 「答洪信宇鍾珏」·「與李校理種文」·「答申栗亭直均」·「與李玉山正奎」이 『과암산고』의 권4에 해당할 듯하다.

권5: 「答李蓮堂範鶴」[3]·「與李斯文裕興」·「答林貞窩基貞」

권6: 「答金定堂成煥」·「與申直堂鉉國」

권7: 「答韓東愚景錫」·「答金秀庵鼎業」·「答金管山萃鎭」·「答鄭小堂海文」

권8: 「與柳肅齋興文」·「李廣庵奎顯」·「與裵松窩縉煥」·「與同門諸公」·「答崔果軒亨根」·「答尹一窩正學」

권9: 「答崔侍讀在道」·「答尹叅奉琮鉉」·「與李敎官煜」·「與李叅書敏應」·「答具然雨」·「答金錫祚錫培」·「答張一齋壽永」·「答黃敬義孟柱」·「與麻田思簡公墓下諸宗人鴻均·亮均·壽均·命均·鉉大·鉉命·鉉奎」·「答沈景極相駿」

권10: 缺.[4]

권11: 「答梁子敬寅錫」·「答李德一東萬」·「答鄭致樂雲軒」·「答李範恂」·「答尹景道泰希」

권12: 「大雨時行說」·「聽於無聲視於無形說」·「克己復禮說」·「生三事一說」·「明德說」·「梅花說」·「太極動靜說」·「三伏說」·「龍說」·「素夷狄行乎夷狄說」·「參前倚衡說」·「絜矩說」·「天理主宰說」·「璿璣玉衡說」·「知覺說」·「永曆不改年號說」·「傳神說」·「帝是理爲主說」·「湛一氣之本說」·「心主性情說」·「則河圖畫卦說」·「心字圖說」·「容思合圖說」·「性倫圖說」·「中字固說」·「人爲天地之心圖說」·「天地三大事圖說」

권13: 「大學八圖」·「大學八圖贊」·「大學說」·「中庸圖」·「中庸圖說」·「中庸說」

권14: 「朱訓主宰類說」·「朱訓明德類說」·「朱訓人物性類說」·「讀栗谷全書劄記」·「宋子大全論心條劄記」·「近思錄生之謂性句解」

권15: 「天下一統說告天下文附不毁衣髮立義書示伯淳」·「髮重問答」·「心氣質問答」·「瑣言」·「巴谷雜識」·「問禮樂不可斯須去身」·「問子房之椎荊軻之釼同是報讐秦而朱子綱目獨以義稱子房而盜荊軻何也」·「問庚黔婁父病稽顙數日而愈其感應之神足以觀後世爲人者致其憂之誠而朱子小學拔去

---

1) 『果庵集』 卷1의 詩와 卷2의 「上錦溪先生」·「上習齋李先生」·「上尹晦堂丈膺善」·「答申活堂泰學」·「答朴健庵濟悳」이 『과암산고』 이 부분의 내용에 해당할 듯하다.

2) 『果庵集』 卷6의 「答鄭文龜靈澤」·「與金君伯吉洙」·「與君伯鄭雲海康禹疇」 등이 『과암산고』의 이 부분에 해당할 듯하다.

3) 卷5, 「答李蓮堂範鶴」 己未 7月의 서신 한통이 卷11 뒷부분에 잘못 들어가 있다.

4) 『果庵集』 卷6의 「答鄭文龜靈澤」·「與金君伯吉洙」·「與君伯鄭雲海康禹疇」 등이 『과암산고』의 이 부분에 해당할 듯하다.

數日以下四字何也」·「論語一貫章忠恕之旨有天地聖人學者之三層事其各詳陳」·「問孟子浩然章曰其爲氣也配義與道又曰是集義所生由前則義有資於氣由後則氣有資於義此當如何看可以無窒礙也」·「問中庸言性情之德而序必以心言何也」·「問綱目必始於周威烈王二十三年者何也」

권16: 「權論」·「聖人能與世推移論」·「曆論」·「兵刑論」·「公明宣三年不讀論」·「世論」·「反古論」·「溫故知新論」·「以培其根以達其支論」·「人物性同異辨」·「道德節義辨」·「人獸辨」·「本然氣質辨」·「天地動靜辨」

권17: 「臼山日誦記疑」·「書華島語錄後」·「氣質本然說艮田作辨」·「道爲太極心爲太極或問艮田作辨」·「讀李玉山正奎田說辨」·「心說正案辨辨」·「艮稿雜辨」·「强辱自裁婦不祔廟辨」·「全齋年譜記疑」·「主心主氣是外道辨」·「艮稿續辨」·「答金元五福漢書辨」·「靜時氣質辨」·「金駿榮問答辨」

권18: 「送友觀海序」·「松隱裵緖煥門下文會稧序」·「崔果軒亨根壽序」·「始菴門下追慕稧序」·「鄭昌平雲鶴六十一生朝壽序代人作」·「尹進士一窩正學六十一歲生朝壽序」·「高迂山濟東詩稿序」·「中齋遺稿序」·「白月岩遺稿序」·「蓮山屛岩記」·「夢覺人鬼兩關記」·「英宗甲子耆社帖五圖記靈壽閣閣親臨圖·崇政殿進賀圖·景賢堂宣醞圖·賜樂膳歸社圖·本所賜宴圖」·「耆社帖跋」·「精一齋記」·「五星亭記代人作」·「落水岩記」·「孝子贈童蒙敎官延公旌閭記」·「圃隱先生影堂記」·「書聖學十圖後」·「書書社雅誦後」·「書海山唱酬錄後」·「滻南世稿跋」·「書忠憲金公晉熙倡義錄後」·「書管山遺稿後」·「心法六箴本領·向背·操履·擔負·剖判·扶抑」·「心箴」·「癸酉冬至題壁自警」·「家藏龜硯銘」·「自警箴」·「伯夷頌」·「勸學文」·「蓮坪竹軒精舍上樑文」·「李文貞公公升影堂上樑文」·「孝烈婦李氏宗賞通文代人作」·「百淳定書」·「鉉駿定書」·「李甲鍾字辭」·「韓斗洙仁春字辭」·「鄭周源字辭」·「鄭在和字辭」·「李仁寧字辭」·「李揆煥字辭」·「李範恂字說」·「李丙珪兄弟字說」·「書贈鄭士賢聖柱」

권19: 「祭孫毅齋文」·「祭金素堂文濟煥」·「祭錦溪先生文」·「祭周爰玉文敎淳」·「祭四從大父同知公錫濂文」·「祭尹晦堂文」·「祭洪信宇鍾珏文」·「祭鄭道明翊鎭文」·「祭習齋李先生文」·「祭林貞窩文」·「祭弘毅齋李公夏林文」·「祭從伯兄文」·「祭梁子敬本錫文」·「祭亡子婦孺人朴氏文」·「殤女壙誌」·「進士申公墓碣銘」·「嘉善大夫都正鄭公大基墓碣銘」·「孺人李氏墓誌銘」·「孺人李氏墓表」·「同中樞申公墓誌銘」·「高麗典書忠簡公後松尹先生神道碑銘」·「成均進士李公墓表」·「曾祖考妣墓誌」·「祖考妣墓誌」·「判事尹公奎墓表」·「府使李公克泰墓碣銘」·「學生李公墓表」·「洗馬尹公宲墓碣銘」·「始庵處士尹公墓表」·「遷墓記」·「省楸記事」·「贈持平申公行狀」·「始庵處士尹公行狀」·「東陽申氏世獻」·「東陽世獻後語」·「先考遺事」·「伯兄遺事」·「卞氏忠孝傳」·「記烈婦崔氏事」·「梁本錫傳」

『果庵別稿』

권1: 「答卞熙洙」·「答尹命燮」·「答尹在軾」·「答吳昌根」·「答韓學洙」·「答金鍾國」

3. 내용

신익균은 구한말의 어둡고 혼란한 시절에 유학의 바른 도를 지키기 위하여 한평생을 학문연구에 헌신한 유학자이다. 이 때문에 『과암산고』의 내용은 거의 철학적인 저술로 채워져 있다. 그는 대체로 栗谷, 尤庵, 華西, 省齋의 설을 위주로 하여 孔·孟·程·朱의 뜻을 밝히는데 주력하였다. 그렇지만 그의 학설에는 정주학의 범위에서 벗어나는 내용도 적지 않게 발견된다. 여기에서는 그의 학설의 특성을 잘 드러내고 있는 내용들을 중심으로 소개하도록 하겠다.

그는 중요한 학술내용이 담긴 서적이나 철학적인 내용을 담고 있는 용어나 명제들을 그림으로 그려서 풀이하였다. 대표적인 것으로 『대학』과 『중용』의 내용을 도해화하여 풀이한 것이다. 「대학팔도」는 대학의 내용을 그림으로 그려 입체적으로 이해하고자 한 것이다. 제1도는 經一章을 그렸고, 제2도는 傳의 앞쪽 4장을 합하여 그렸으며, 제3도는 전5장의 補亡章을, 제4도는 전6장을, 제5도는 전7장과 8장을 합하여 그렸고, 제6도는 전9장을, 제7도와 제8도는 전10장을 두 그림으로 나누어서 그렸다. 그리고 대학을 풀이한 「대학설」에서는 대체로 주자의 장구를 따르고는 있지만 주자와 해석을 달리하는 부분도 적지 않게 드러난다. 예를 들면, 그는 대학의 삼강령을 '明明德' 하나의 강령으로 요약하고 있다. 즉 "대학은 비록 삼강령이지만 다만 두 가지의 일 일뿐이니, 지선은 명명덕과 신민의 밖에 있는 것이 아니다. 그리고 명명덕과 신민은 비록 두 가지의 일이지만 신민은 또 명명덕의 일이니, 명명덕 한마디 말이 강령 중의 강령이다.(大學雖三綱而只是二事, 以至善非在明新之外也. 明新雖是二事, 而新民亦是明明德之事, 則明明德一言, 是爲綱領之綱領也.)[5]"고 말한다. 이러한 견해는 주자학과 달라지는 부분으로 오히려 양명학에 접근한 것이라고 할 수 있다. 왕수인도 일찍이 삼강령을 명명덕 하나의 강령으로 요약한 바 있다. 그리고 또 하나 특징적인 것은 명덕을 "사람이 하늘에서 얻은 바의 광명한 도리로서 마음의 덕이 지극히 선한 것(明德是人所得乎天之光明底道理, 乃心德之至善處.)", "하늘에서 얻은 바의 지선한 도리가 마음에서 환하고 밝게 빛나는 것(明德是所得於天之至善底道理, 在心裡光明照徹者也.)"이라고 풀이한 점이다. 이것은 주희가 '명덕은 사람이 하늘에서 얻은 것으로 허령하고 어둡지 않아서 중리를 갖추고 만사에 응하는 것이다(明德者, 人之所得乎天, 而虛靈不昧, 以具衆理而應萬事者也.)[6]'고 풀이한 것과 비교할 때, 달라진 점이 있다. 주희의 풀이만으로는 명덕을 氣를 주로 하는 것으로 보아야 하는지, 아니면 理를 주로 하는 것으로 이해해야 하는지가 명확하게 나타나 있지 않다. 그러나 신익균은 명덕을 理로 규정하고 있다. 그의 이러한 입장은 문집 곳곳에서 발견된다.

「중용도」는 始, 中, 末의 세 개의 그림으로 나누어져 있다. 그렇게 나누어 그린 까닭은 程頤

---

5) 卷13, 「大學說」, 經一章.
6) 『大學章句』, 經一章.

가 '처음에는 하나의 이치를 말하였고, 중간에는 흩어져 만사가 되었고, 마지막에는 다시 합하여 하나의 이치가 되었다'고 『중용』을 풀이한 것에 따른 것이다. 『중용』에 대한 그의 풀이는 대체로 주희의 견해를 따르고 있지만, 그렇지 않은 부분들도 보인다. "천지 사이에는 하나의 '곧은 리(直理)'가 고금을 관철하고, 八荒을 망라하고 있다. 이른바 '中'이란 위에서 아래로 곧게 내려오는 도이다(天地間一箇直理, 貫徹古今, 周羅八荒, 所謂中者, 直上直下之道也.)7)" 라고 하여 '中'을 시공간적으로 보편적인 의미를 지닌 진리로 인식하거나, "도가 곧 성이고, 성이 곧 명이며, 명이 곧 천(道卽性, 性卽命, 命卽天.)"이라고 하여 道・性・命・天을 일원화시켜서 이해한 것 등이 바로 그것이다. 이 이외에도 유학의 중요내용과 개념을 도해화하여 풀이한 것으로는 「則河圖畫卦圖」 및 그 圖說, 「心字圖」와 그 圖說, 「容思合圖」와 그 圖說, 「性倫圖」와 그 圖說, 「中字圖」와 그 圖說, 「人爲天地之心圖」와 그 圖說, 「天地三大事圖」와 그 圖說이 있다.

신익균은 朱子와 栗谷, 尤庵 등의 학설에 근거하여 華西와 省齋를 통해서 전해 받은 자신의 학설을 보다 굳건히 세우고자 한다. 이 때문에 그는 자신의 주장을 뒷받침할 수 있는 말들을 주제별로 모으고, 그것에 본인의 생각을 첨가하는 작업을 하게 된다. 주자의 글에서는 '主宰', '明德', '人物性' 등의 주제와 관련된 내용을 뽑아서 여러 조목으로 분류하여 논하였는데, 「朱訓主宰類說」・「朱訓明德類說」・「朱訓人物性類說」이 바로 그것이다. '主宰', '明德', '人物性' 등의 주제를 택한 데에서 당시 그의 학문적 관심이 어디에 있었는지를 짐작할 수 있다.

그리고 그는 또 율곡과 우암 두 선생의 글을 읽고 얻은 것을 수시로 기록하여 모아 놓았다. 『栗谷全書』에서 뽑은 주요 내용들은, '담일허명한 기와 음양의 관계', '태극과 음양의 관계', '동정은 기이고, 동하게 하고 정하게 하는 것은 리라는 설', '리와 기의 관계', '心과 身의 관계', '道心과 人心의 규정과 理發氣發의 관계', '實理와 本心 및 實心의 관계', '未發之體에 선악의 유무 문제' 등이다. 그리고 『宋子大全』 論心條에서 뽑은 주요 내용들은, '動靜과 動之靜之 및 理와 氣의 관계', '천도를 사람의 마음에서 말한다면 마음이 도가 되고 사물이 음양이 된다는 것', '도가 태극이고, 마음이 태극이라는 설', '마음을 기로써 말한 것도 있고, 리로써 말한 것도 있다는 설', '이기심성을 합해서 말하기도 하고, 나누어서 말하기도 한 점' 등이다. 그 이외에도 그는 『근사록』의 「生之謂性」 장구를 구절마다 풀이하기도 하였다. 또 「巴谷雜識」에서는 성리학의 여러 가지 주제들에 대한 자신의 생각을 기술하였는데, 그 주된 내용은 '태극과 동정의 관계', '마음이 태극이라는 설', '형이상의 道와 형이하의 器의 관계', '심성과 태극 음양의 관계', '이기의 선후 및 주재와 사역의 문제' 등이다.

이러한 분석을 통해서 보면 당시 신익균의 주요한 학문적 관심은 명덕・주재・인물성 동이 등의 문제였음을 알 수 있다. 그리고 이에 대한 그의 학설은 明德主理說, 天理主宰說, 人物性相同相異說로 표현된다. 그 내용들을 소개하면 다음과 같다.

---

7) 卷13, 「中庸說」, 中庸.

1) 明德主理說

신익균이 살았던 당시 학계에서는 '明德'을 어떻게 이해할 것인가의 문제를 둘러싸고 치열한 학술논쟁이 일어났다. 明德本心이 主理인가 主氣인가의 논쟁이 그것이다. 당시 낙론계열의 학자들 즉, 노주의 문도인 鳳棲 兪莘煥 · 숙재 조병덕 · 전재 임헌회, 또 봉서의 문인인 丈藕 尹致聃 · 絅堂 徐應淳 · 閔泳穆 · 李應辰, 전재의 문인인 艮齋 田愚 · 尹致中 · 徐政淳 등은 明德主氣論을 주장했으나, 華西계통의 학자들은 모두 明德主理論者들이었다.8) 華西의 학문을 이어받은 신익균도 역시 '명덕주리설'의 입장을 취했다. 그는 우선 明德을 다음과 같이 정리한다.

> 하늘에 뚜렷한 도가 있는데 그것을 사람에게 부여한 것을 '밝은 명(明命)'이라고 한다. 사람이 이 명을 얻어 마음에서 밝게 드러나는 것을 明德이라고 한다. 명덕은 사람이 하늘과 합할 수 있는 근거이다. 사람이 이 덕을 온전히 하는 것은 천명을 잘 보존하는 것이다. 사람이 이 덕을 잃어버리는 것은 하늘을 없애는 것이다. 성인은 그러함을 알기 때문에 스스로 닦는 것이 여기에 있고, 다른 사람을 다스리는 것도 여기에 있다. … 정자는 천년동안 전해지지 않던 실마리를 얻어서 『대학』을 드러내고, 명덕을 풀이하기를 '명덕을 밝히는 것은 이 리를 밝히는 것이다', '명덕을 밝히는 것은 이 도를 밝히는 것이다'고 하였으니, 그 의미가 이미 크게 밝혀졌다. 주자는 명덕이 나오게 된 근원을 추론하여 '명덕이란 사람이 하늘에서 얻은 것이다'고 풀이하였는데, 그것은 이 덕이 리에 순수하여 기에 국한되는 것이 아님을 밝힌 것이다. 그리고 이어서 '허령불매하여 모든 이치를 갖추고 온갖 일에 응한다'고 말한 것은 이 德은 사람의 마음에서 도리가 환하게 빛나는 것으로서 그 體는 온갖 이치를 포함하고 그 用은 온갖 선에 두루 미친다는 것은 밝힌 것이지, 성리가 사물과 통할 수 있다는 설을 범연하게 말한 것과 같은 것은 아니다. (卷12, 「明德說」)

신익균에게서 명덕은 천리가 사람의 마음에서 환하고 밝게 드러나는 것으로 규정된다. 즉, 명덕을 천리로 이해한 것이다. 그리고 그는 "지선은 태극의 다른 이름으로서 명덕의 본체이다. 明德의 體는 至善의 體이고 未發의 中이며, 명덕의 用은 至善의 用이고 已發의 和이다(至善, 太極之異名, 而明德之本體也. 明德之體, 卽至善之體而未發之中也. 明德之用, 卽至善之用而已發之和也.)9)"라는 율곡의 말을 근거로 자신의 명덕주리설의 정당성을 주장한다. 명덕을 천리로 파악하는 이러한 견해는 화서의 心에 대한 主理的인 이해를 물려받은 것이다. 화서는 일찍이 다음과 같이 말한 바 있다.

> 리로써 말하면 마음은 太極이 四德을 통섭함과 같나니, 性은 利貞과 같고 情은 元亨과 같다.

8) 李丙燾, 『韓國儒學史』, 478쪽.
9) 卷7, 「答韓東愚戊辰」.

> 利貞은 萬理의 歸藏이니 태극의 본체이고, 元亨은 萬理의 發始이니 태극의 작용이다. 그러나 氣로써 말하면 마음은 元氣가 四時를 통섭함과 같아서 性은 秋冬, 情은 春夏와 같다. 추동은 만물의 成終이요, 춘하는 만물의 生始이다. 구분지어 말하자면 마음은 萬理의 총회주재자이고, 性은 寂然不動하되 온갖 이치가 다 구비되어 있고, 情은 感而遂通하여 온갖 이치가 發用하는 것이다. 이처럼 각기 다른 의미가 있으므로 혼동하여 보아서는 안 된다. (『華西雅言』 卷3, 「說心」)

이것은 화서가 심·성·정은 리를 가지고 말할 수도 있고, 기를 가지고 말할 수도 있다는 견해를 표명한 것이다. 그런데 화서는 대체로 理를 가지고 心을 말함으로써 주리적인 입장을 취한다. 이렇게 되면 '심과 성', '심과 리'의 관계가 보다 밀접해진다. 신익균은 화서의 이러한 견해를 좀더 발전시킨 것으로 이해할 수 있다.

신익균은 명덕을 주리로 파악할 뿐만 아니라, 또 그것을 心과 구별한다. 그래서 "심을 말하면 선악이 모두 심이지만, 덕을 가지고 말하면 지선이 바로 명덕이다.(以心言, 則善惡皆心也. 以德言, 則至善乃明德也.)[10]"라는 말이 심과 명덕의 경계를 가장 잘 표현한 것이라고 평가한다. 그리고 이 때의 지선은 순수한 리라고 주장한다. 일반적으로 범연하게 말하는 심은 선과 악이 함께 있는 것이지만, 명덕은 그 가운데 순수한 선인 道心을 가리킨다고 보는 것이다. 그리고 明德을 단순한 심이 아니라, 心之理·心之道 등으로 이해한다.

그런데 明德과 心을 구별한 것은 華西가 아니라, 화서의 문인인 省齋 柳重敎(1831~1893)의 학설을 전해 받은 것이다. 성재는 일찍이 화서가 심과 명덕을 구별하지 않은 것을 불만으로 여겨서 화서의 심설을 개정한 바 있다.[11] 이로 인하여 그는 俛宇 郭鍾錫(1846~1919)의 비판을 받게 되며, 동문인 重菴 金平默(1819~1891)과 心說에 관한 논변을 하게 된다.

성재의 문하에서 공부를 한 신익균은 선생의 설을 따라서 심과 명덕을 구별하였다. 이것은 그가 "성재집에서 심과 명덕을 형이상과 형이하로 구분한 것은 심학의 대두뇌이다. 마음이 이미 형이하자라면 마음의 주재는 리로써 말한 것으로써 그 가운데 포함되어 있으나 형이상자로 보아야 한다.(省齋集心與明德形而上下說, 是心學大腦也. 心旣屬形下, 則心之主宰, 以理言者, 亦包在其中歟, 抑當以形上看歟.)[12]"고 말하는 데서 분명히 드러난다.

2) 天理主宰說

---

10) 卷7, 「答韓東愚別紙辛酉」.

11) 이것은 『省齋集』 卷33, 「調補華西先生心說」에 실려 있다. 그 대의는 다음과 같다. 화서가 명덕을 理로써 설명한 것은 마땅하지만, 명덕이 리에 속하므로 심을 리라고 하여 성과 동일시한 점은 타당치 못하다. 심과 명덕은 구별이 없을 수 없다. 심에 비록 理로써 말할 자리가 있다고 하더라도 그 본래의 명위로 말하자면 그것은 형이하의 물건이며, 그에 갖추어진 性·明德이 형이상자로서의 理이다. 심과 명덕은 바로 物과 則의 차이와 같다. 심에 대한 화서의 설명은 物과 則의 차이를 알지 못한 것이다.

12) 卷7, 「答金秀庵己巳」.

신익균이 명덕을 주리적인 입장에서 이해한 것은 명덕의 주재성, 즉 천리의 주재성을 확보하려는데 그 주된 목적이 있었다. 이것은 天理主宰說로 표현된다.

> 사람의 마음은 그 본체를 말하면 곧 태극의 지극한 영명함이다. 그것이 아직 발하지 않았을 때에는 하나의 성이 혼연하고 도의가 온전히 갖추어져 있으니, 이것이 중이며 대본의 체가 세워지는 까닭이다. 그것이 이미 발했을 때에는 칠정이 바뀌면서 작용하고 뭇 절도가 어긋나지 않으니, 이것이 화이며 달도가 행하는 까닭이다. 이른바 중화는 성정의 덕이요, 마음의 체용이다. 마음이 아니라면 애초에 중화가 없으니 또한 어떻게 대본을 세우고 달도를 행할 수 있겠는가? 그러므로 '마음은 천리의 주재이다'고 말하는 것이다. 천지에 있어서는 태극이 천지의 마음이고, 원형이정은 천지의 본성이며, 생장수장은 천지의 정이다. 원형이정으로 생장수장하는 것은 태극이 스스로 주재하는 것이니, 이른바 천지의 마음이다. 사람의 마음도 이와 같다. (卷12, 「天理主宰說」)

여기에서 특징적인 것은 마음을 태극에 해당시키고, 그것을 '천리의 주재'로 규정한 것이다. 마음을 기로 이해하는 성리학적 전통에서는 이러한 신익균의 입장은 氣를 理로 파악한 것이라는 비판을 받을 여지가 있다. 이에 대해서 그는 "마음은 참으로 氣이다. 그러나 역시 리로써 말하는 것도 있다. 예를 들면 명덕이나 본심 및 이 주재는 리로써 말한 것이다(心固氣, 而亦有以理言處. 如曰明德, 曰本心, 及此主宰, 可以理當之.)[13]"고 주장한다. 이러한 주장은 심과 명덕의 구분에 근거한 것이다. 명덕이 심이 아닌 것은 아니지만, 심이 바로 명덕은 아니다. 그에게서 명덕은 심 가운데서도 純粹至善한 본심을 가리킨다. 그리고 그것은 순수한 천리로서 스스로를 주재하는 능력을 지닌다.

그런데 理의 主宰性은 理의 無爲性과 서로 모순된다는 지적이 있을 수 있다. 주자학에서 理는 無爲하고 氣는 有爲한 것으로 이해하는 주자학에서 주재는 心의 有爲處인데, 주재를 理로 파악하는 것은 유위의 경계를 침범한 것이 아니냐는 비판이 그것이다. 이에 대해 신익균은 "理는 참으로 無爲하지만 氣로써 爲하기 때문에 기의 소위는 모두 리의 소위이다. 어찌 리가 없이 기가 저절로 유위하는 것이 있겠는가?(理固無爲, 而以氣而爲. 故氣之所爲, 皆理之所爲也. 安有無理而氣自有爲者乎?)"고 말한다. 그리고 그 리의 주재성을 음양에 대한 태극의 주재성에 근거하여 설명한다.

> 대저 태극이 동하여 양을 낳고 정하여 음을 낳는데, 동하고 정하는 것은 음양이요, 동하게 하고 정하게 하는 것은 태극이다. 만약 태극이 아니라면 음양이 무엇에 근본하여 동정하겠는가? 음이 고요한 데서 태극의 체가 세워지고, 양이 움직이는 데서 태극의 용이 행해진다. 그러

13) 卷12, 「天理主宰說」.

므로 '무위하되 유위의 주인이 되는 것은 리이고, 유위하되 무위의 그릇이 되는 것은 기이다'라고 말하는 것이다. 무릇 리의 소위는 모두 기에 즉하여 드러난다. … 그러므로 '천리' 운운하는 것은 모두 이 기가 유행하는 것에 나가서 말한 것이다. 이 때문에 마음은 기의 精爽이요 리의 주재이다. 마음이 아니면 머물러 주재가 될 수 없다. 정상이 곧 주재는 아니다. 주재하는 것은 곧 이 리의 묘용이다. (卷12, 「天理主宰說」)

신익균은 태극의 무위성과 주재성을 다음과 같이 보다 자세히 설명한다.

태극은 동정을 주재하는 것인가? 만약 태극이 없다면 동정을 볼 수 없고, 동정을 볼 수 없다면 아마도 도는 거의 멈추게 될 것이다. 태극은 정말 유위하는가? 유위한다면 하나의 사물일텐데 어떻게 동정에 관통하여 있지 아니함이 없을 수 있을까? 태극은 정말 주재가 없는 것인가? 주재가 없다면 죽은 물건일 텐데, 어떻게 그침 없이 동정하게 할 수 있을까? 대저 태극은 리이고 형이상자이다. 동정은 기이고 형이하자이다. 리는 본래 무위하고, 기는 유위한다. 기에 동정이 있는 것은 당연하지만 리에도 동정이 있는가? 기의 유위의 동정은 리의 무위의 동정이다. 무위의 동정은 동하되 동이 없고, 정하되 정이 없다. 그러므로 동도 역시 정하고, 정도 역시 동한다. 유위자의 소위는 무위자가 시키는 것이 아님이 없다. 유위의 동정에서 동은 단지 동이고, 정은 단지 정이다. 그러므로 동은 정이 아니고, 정은 동이 아니다. 무위자가 시키는 것은 곧 유위자가 하는 것이다. 상면에 무위자가 그것의 주인이 됨이 없다면 하면에 어찌 이른바 유위자가 있겠는가? 하면에 만약 유위자가 부려지는 것이 없다면 상면에서 어떻게 이른바 무위자를 보겠는가? 동정을 주재하는 것은 동하게 하고 정하게 하되 위에서 무위하며, 동정에 부려지는 것은 동하고 정하되 아래에서 유위한다. 태극에 동정이 있음은 음양에서 볼 수 있고, 음양에 동정이 있음은 태극에 근본하여 그치지 않는다. 태극에 만약 동정이 없다면 음양의 동정은 근본이 없는 텅 빈 그릇이 되어 훼손되는 때가 있을 것이다. 음양이 만약 동정하지 않는다면 태극은 쓸모없는 물건이 되어서 반드시 그치는 때가 있게 될 것이다. … 태극에 동정이 있다고 말하면 가하지만 동정이 바로 태극이라고 말한다면 이것은 군주가 신하대신 노동을 하고, 장수가 병졸대신 일을 하는 것이다. 음양이 동정할 수 있다고 말하는 것은 가하지만 만약 동정이 오로지 음양으로 말미암는다고 말한다면 이것은 신하가 임금의 권세를 빼앗고 병졸이 장수의 권력을 빌린 것이다. 이 때문에 태극은 천지의 마음으로 그 정을 동하게 하고 그 동을 정하게 하여 온갖 존재물들을 통솔하여 빠뜨리지 아니하니, 이에 동정의 주재가 된다. 이 도가 사람에게 있어서는 오직 마음이 그에 해당하여, 적연하면서도 감응하며 감응하면서도 적연하여, 일신을 주재하고 온갖 일을 통괄할 수 있다. 소옹이 '마음이 태극이다'고 말하고, 주자가 '하나이면서 상대가 없다'고 말한 것은 모두 이것을 가리킨 것이다. (卷12, 「太極動靜說」)

그런데 마음의 주재를 리로 간주하게 되면 불교나 육왕학에서 마음을 리로 인식하는 것과 어떻게 구별되는가의 문제가 제기된다. 이에 대해서 신익균은 다음과 같이 말한다.

> 석씨는 단지 준칙이 없는 영각을 리로 여겨 그것을 근본으로 한다. 그래서 우리 유학에서 말하는 도심과 인의의 마음이 리로써 말하는 많은 것들의 근본이 됨을 알지 못하고, 도리어 장애가 된다고 생각하여 그것을 끊어버린다. 이것이 불교가 제멋대로 방자하여 도를 해치게 되는 까닭이다. 육왕은 스스로 마음의 리를 안다고 하지만 역시 궁리 일단락의 일이 없이, 앉아서 깨닫기를 기다리기 때문에 스스로 형이하에 떨어짐을 면하지 못한다. (卷12, 「天理主宰說」)

유학에서 말하는 마음은 도심과 인의지심의 도덕적 본심으로서 온갖 도덕 원리의 근본이 되는 것인 반면에 불교의 마음은 도덕원리와는 무관한 영각만을 의미하는 것이고, 육왕은 비록 마음의 리를 안다고는 하지만 궁리 일단락의 공부를 빠뜨림으로써 결국은 형이하의 세계로 떨어지고 만다는 것이다.

신익균은 한편 호락논쟁의 중심주제였던 인물성에 대해서도 자신의 입장을 표명하고 있다.

3) 人物性相同相異說

과암은 인물성동이의 문제에 대해서는 '인물성은 같기도 하고 다르기도 하다'는 입장을 취한다. 본성은 본래 태극의 혼연한 本體이므로 사람만이 아니라 物도 똑같이 태극을 갖추고 있기 때문에 인물의 성이 같다고 할 수 있다. 그러나 본성은 기질에 떨어진 이후에 명명되는 것으로서 사람은 五常을 지니고 있는 반면, 물은 오상을 지니고 있지 않기 때문에 人物의 성이 다르다는 것이다. 그런데도 인물성동론을 위주로 하는 것은 단지 태극의 혼연일체만을 알고 기질에 따라 부여받은 성이 수만 가지로 다름을 모르는 것이며, 인물성이론을 위주로 하는 것은 기질에 따른 분수만 알고 그것이 모두 하나의 태극에서 나온 것임은 모르는 것이라고 비판한다.[14)]

4) 艮齋 철학에 대한 비판

신익균이 활동하던 당시에 화서학파의 최대의 논적은 艮齋 田愚(1841~1922)였다. 이 때문에 『과암산고』에는 간재의 학설을 비판하고 화서학파의 학설을 옹호한 대목이 곳곳에 산재하며, 또 전적으로 간재를 비판한 글도 몇 편이 된다.

간재는 일찍이 華西와 省齋의 학설을 비판한 바 있다. 그것이 바로 「心說正案辨」이라는 글이다. 신익균은 다시 「心說正案辨辨」이라는 글을 지어서 화서와 성재의 심설에 대한 간재의 비판을 재비판하였다.

---

14) 卷16, 「人物性同異辨」.

먼저 간재의 화서 비판은 몇 가지로 요약할 수 있다. 첫째, 화서가 心은 氣이고, 그 氣 上面의 德을 理라고 말한 것은 '心卽理'설이다. 그러나 '심은 物이요 氣이며, 心之理와 心之德은 性을 가리켜 말한 것이다. 심이 기이고, 성이 리인 것은 우리 유학의 종지이다.' 그런데 화서의 문하 제자들이 心卽理를 말하는 것은 유학의 종지에 어긋난다는 것이다. 둘째, '명덕을 심의 리로 보는 것은 잘못되었다.'는 것이다. 왜냐하면 심의 리는 성으로써 허령신명한 명덕과는 다르기 때문이다. 셋째, 심은 리와 기를 합하여 이름을 세운 것인데 단지 리일변만을 가리켜서 본심이라고 한 것은 잘못되었다는 것이다. 화서의 심설에 대한 간재의 이러한 비판에 대해서 과암은 하나하나 변론한다.

우선 그는 첫 번째의 비판에 대해서는 '화서가 명덕을 리에 소속시켰다는 이유로 그의 문하를 '심즉리' 세 글자로 싸잡아 비판하고 이단으로 단정한 것은 전씨가 德을 性의 밖에 있다고 본 때문이다. 그러나 명덕은 기가 아니라 심의 리이다.'라고 변론한다. 그리고 두 번째 비판에 대해서는 '신명은 출입하고 변화하는 것이지만 명덕은 일정하여 바뀌지 않는 본체이다. 심과 명덕은 다르다. '명명덕'에서 명덕을 밝히는 것은 심이지만, 명덕은 심의 도이다.'라고 변론한다. 또 세 번째 비판에 대해서는 '율곡선생에 따르면 도심은 순수한 천리이고, 사단은 오로지 리를 말한 것으로서, 도심사단이 바로 본심이다. 화서의 설도 이와 같다.'고 변론한다.

한편 省齋의 심설에 대한 艮齋의 비판도 몇 가지로 요약할 수 있다. 첫째, '기를 가리키면서 심을 말하는 것이 있고, 리를 가리키면서 심을 말하는 것이 있다는 것은 모호하고 지루하다.'는 것이다. 이에 대해서 과암은 간재가 말하는 '性君心臣의 설은 예전에 들어보지 못한 것이다. 내가 들은 바에 의하면 마음은 천군이다. 그런데 천군도 역시 형이하자이다. 리는 천직이요, 천군이 맡아서 쓰는 것이다. 천직이 아니면 천군은 허위이다. 그러므로 반드시 천군의 위에서 그 천직을 미루어 밝히고 발휘한 연후에야 천군의 실질을 볼 수 있다.'고 반박한다. 둘째, '성재가 神明靈覺의 본체를 리라고 규정한 것은 양명이 마음의 본체를 천리라고 말한 것과 구별되지 않는다.'는 것이다. 이에 대해서 과암은 '양명이 말한 '심의 본체'는 준칙으로 삼는 것이 없는 것으로 말한 것이지만, 우리 유학에서 말하는 바의 심의 본체는 준칙으로 삼는 것이 있는 것으로 말한 것이다.'고 변론한다. 셋째, '명덕을 천명의 본체로 본 것은 율곡의 설과 다르다.'는 것이다. 이에 대해서 과암은 '율곡도 대본달도는 명덕이요, 이 덕을 밝히는 것은 마음이라고 보았다.'고 변론한다. 넷째, '성재의 심설은 왕양명이나 황종희의 설과 구별되지 않는다.'는 것이다. 이에 대해서 과암은 '왕양명이나 황종희의 설은 준칙으로 삼는 것이 없기 때문에 성재의 심설과는 다르다'고 변론한다.

간재는 낙론의 계통을 이어서 '心本性・性師心弟'의 설을 제시한 바 있다. 이것은 '심이 곧 리'라고 보는 주심론파들에 대항하여 창안된 학설로서 '主性論'이라고도 말할 수 있으며, 심성일치를 수양의 극치로 삼는다.15)

15) 이병도, 『한국유학사』, 490쪽.

이 문집의 「艮稿雜辨」·「主心主氣外道辨」·「艮稿續辨」은 간재의 주요 학설을 비판한 것이다. 「艮稿雜辨」에서는 '태극에 동정이 없다'는 학설, '리는 무지무능하고, 성도 무지무능하다'는 주장, '성사심제설', '성은 극본궁원의 주재이다'는 주장, '마음을 위주로 하는 것은 이도이다', '성순선과 심본선은 이기의 구분에서 본과 순의 차이가 있다.' '기질 가운데 본연의 선이 자재한다', '기질의 성은 발한 후에 말한 것이다', '중용의 천명은 리이고, 대학의 明命은 기이다', '천명의 천을 리자로 보면 막힘이 있다', '귀신은 이미 기이지만 덕이 곧 리는 아니다', '知仁勇은 理가 아니다', '誠者自成의 誠字를 주자는 理로 보지 않은 것이 분명하다'는 간재의 주장을 조목조목 비판하고 있다. 그리고 「主心主氣外道辨」에서는 "성학은 하늘에 근본하고 본성에 근본하는 학문이다. 마음을 위주로 하고 기를 위주로 하는 것은 외도이다."는 간재의 주장을 '精一執中의 가르침', '太極中和의 설', '『대학』의 誠意正心의 가르침'이 모두 마음을 위주로 하는 설이라는데 근거하여 비판하였다. 그리고 그 主心에는 理를 주인으로 삼는 뜻이 있으며, 이것이 바로 성인이 하늘에 근본하는 정학이 되는 까닭이라고 주장하였다. 「艮稿續辨」에서는 율곡과 우암선생에 대한 간재의 견해를 자신의 입장에서 비판하였다.

신익균은 간재 학설의 중심내용을 다음과 같이 정리하여 비판한다.

> (간재가) 心本善을 氣本善으로 바꾸어 말한 것은 정자의 취지가 아니다. 그리고 '理의 無爲를 性無知로 간주한 것'은 맹자의 가르침을 해치는 것이다. … 만약 도심·상제·명덕·지인용 등과 천명의 천 및 誠者의 誠 등을 모두 기에 소속시킨다면 『시』·『서』·『중용』·『대학』의 도가 어찌 모두 헛된 곳으로 돌아가지 않겠는가? 이것은 가장 크게 두려워해야 할 것이다. 주자는 평생 '心統性情'이라는 말은 바뀌지 않는 이론이라고 즐겨 말하였다. 그리고 '맹자가 심에 대해서 많은 말을 하였으나 이처럼 명백한 것은 없었다'고 하였고, 또 '이정에게서 조차도 이처럼 절실한 말이 없다'고 하였으니, 그가 참으로 마음에 새겨 잊지 않았음을 알 수 있다. 그러므로 무릇 이 마음의 주재를 말할 경우에는 모두 정중하고 힘을 다하였으니, 전해지는 글을 보면 해와 달처럼 분명하다. 그런데 간재는 '統'자를 풀이하면서 다만 겸하여 포함한다는 뜻으로만 단정하고 주재의 취지에 대해서는 조금도 개론하지 않았으니, '본성이 스승이고 마음이 제자'[16]라고 보는 자신의 독창적인 견해에 방해됨이 있다고 생각했기 때문이다. 그리고 마음이 천리의 주재가 된다는 주자의 가르침을 논하는 데 이르러서는 '기가 천리를 주재한다'는 뜻으로 간주하고 도리어 말하기를 '근세의 학자들은 심통성정의 가르침으로 인하여 다른 길로 빠진 이들이 많다'고 하였

16) 性師心弟論에 대해서 간재는 다음과 같이 말한다. "'性師心弟' 네 글자는 내가 창안한 것이나 육경의 수많은 글이 이러한 이치를 발명하지 않은 것이 없다. 이를 일찍이 체득하지 못한 자들은 '말이 없는 리가 어찌 스승이 될 수 있는가'라고 의심을 하나, 매우 비루한 소견이다. 공자는 만인의 스승으로서 그의 도는 말하지 않아도 드러나므로 일찍이 '欲無言'이라고 하였고, 안자도 능히 그것을 默識할 수 있었다. 성인의 속내는 말하지 않아도 감화시켜서 만세토록 무궁하게 한다. 지금 일용지간에 발현되는 性은 경미하고 곡절하여 至善하지 않은 것이 없다. 心弟가 스스로 속을 비워 性師의 가르침을 받을 수 있으면 그 德은 장차 천지와 더불어 일체가 될 것이다."

으며, 또 '심을 위주로 하고, 기를 위주로 하는 것은 외도이다'고 말하였다. 그 설은 비록 지금 사람을 공격하는 것 같지만, 그는 주자가 가르친 主理의 뜻을 매우 불편하게 여겼음을 알 수 있다. 간재가 주자의 뜻을 오해하고 따로 새로운 학설을 지어 주자의 위에 보태고자 한 것은 자신도 모르게 主氣의 外道에 빠진 것이니, 참으로 가소롭다. 그러나 잠시 그의 견해를 가지고 보자면, 無知無能의 性으로써 본래 선한 마음을 스승으로 삼아 주재가 되게 한 것이니, 無를 근본으로 하여 空을 말하는 것과 어떻게 구별하겠는가? (卷7, 「答金秀庵癸酉」)

5) 陸王心學에 대한 비판

신익균은 자신의 학설을 육왕학과 구별한다. 뿐만 아니라 그는 육왕학을 비판한다.

상산은 '심즉리'를 말하였고, 그 본심을 회복하는 것을 주재로 삼았다. 양명은 '내 마음의 양지를 다 실현한다'고 하였고, '良知가 바로 天理'라고 하였다. 이것은 그 학설이 이치에 가까우나 참됨을 어지럽힌 것이니, 역시 그 소재가 있다. 대개 그 이른바 '본심양지가 리가 된다'는 것은 무선무악을 종지로 삼고, 성색취미의 욕구와 시청언동의 기를 귀결처로 삼은 것으로, 선악을 구분하지 않고 기와 욕을 당연한 도리로 여긴 것이니, 당장 아비도 없고 임금도 없는데 빠지게 된다. 예를 들면 근세에 강유위와 양계초, 장병린 등이 성인을 비방하고 법을 무시하며, 평등과 자유를 제창하여 천하를 어지럽힌 것은 참으로 이상하게 여길 것이 없다. 뒤에 육왕과 변론한 이가 그 설을 반박하여 '본심양지는 바로 기이지 천리가 아니다'고 하였는데, 그것을 반대한 것은 참으로 옳다. 그러나 그것을 반대한 까닭은 바른 깨달음을 얻은 것이라고 할 수 없다. 대저 본심양지의 설은 맹자에게서 나왔다. 맹자는 전국시대 氣와 欲이 자횡하던 시기에 인심이 함닉된 지 이미 오래되어 천리가 거의 끊어지려고 하였기 때문에 기에 구애되지 않아서 생을 버리고 의를 취하는 마음을 가리켜서 '본심'이라고 하였다. 또 욕심에 빠지지 않아 어버이를 사랑하고 형을 공경하는 앎을 가리켜 '양지'라고 한 것이다. 이 두 가지가 어찌 순선 무악한 천리를 밝힌 것이 아니겠는가? 저 육왕은 맹자를 등에 업고 사설을 꾸며서 스스로 단단하게 하고자 하지만 실제로는 맹자의 뜻과 서로 어긋나니, 묘목과 피, 붉은 색과 자주색을 혼동해서는 안 되는 것만이 아니다. 이제 육왕과 맹자가 말하는 본심양지가 같은지 다른지, 무엇이 바르고 무엇이 기운 것인지를 묻지 않고, 제목에 나가서 그 말은 반대하여 비난하니, 참으로 이른바 '뜨거운 국물에 입을 데어 놀란 나머지 차가운 나물도 불면서 먹는 사람이다.' 저 육왕이 '기를 리로 간주한 것'은 참으로 잘못된 것이다. 그러나 변론하는 사람이 '리를 기로 인식한 것'도 역시 옳은 것은 아니다. 그것이 맹자의 가르침과 다른 것은 동일한데, 또 어찌 저들의 마음을 감복시키고, 기세를 빼앗을 수 있겠는가? 대저 '기를 리로 인식하는 것'은 그 폐단이 광망한 데로 돌아가서 비록 윤리를 어기고 떳떳함을 멸하는 일이더라도 역시 이치에 합당하다고 생각하여 감히 그런 일들을 행하며, '리를 기로 인식하는 것'은 그 폐단이 공적한 데로 돌아가서 비록 인을 이루고 의를 취하는 일이더라도 역시 기를 숭상한다고 생각하여

행하지 않으니, 실행하지 못하는 것은 똑같다. (卷7, 「答韓東愚庚午」)

그런데 신익균의 육왕학에 대한 이러한 비판은 어느 정도 타당성을 지니는가는 논의의 여지가 있는 것으로 보인다. 뿐만 아니라 자신의 학설을 양명학과 구분 짓는 그 이론적 근거도 매우 박약한 것으로 읽힌다. 양명학을 양명학답게 하는 것은 양지를 마음의 본체로 파악하고, 또 천리로 이해하는 것이다. 양명학의 이러한 견해를 기를 리로 이해한 것이라고 비판하는 것은 양명학의 본질을 이해하지 못한 것이라고 할 수 있다. 신익균의 학설과 양명학과의 거리가 어느 정도인지는 보다 자세히 검토할 필요가 있다.

6) 서양에 대한 인식

구한말 유학자들의 서양에 대한 인식은 크게 두 가지 방향으로 전개되었다. 하나는 서양의 과학기술과 정치제도를 적극적으로 수용하고 익힐 필요가 있다고 보는 개방적인 태도를 취한 것이고, 다른 하나는 서양문물의 야만성과 폭력성을 경계하여 위정척사의 운동을 전개한 것이다. 華西계열은 후자의 태도를 취한 대표적인 부류이다. 서양문물에 대한 부정과 배척의 태도를 과암에게서도 찾아볼 수 있다. 과암은 성왕의 강상과 관을 쓰고 상투를 찌르는 법에 나타난 '一統'의 의미를 밝히고 서양의 머리를 깎는 풍속을 비판하였다.

하늘에 만상이 있되 그것을 하나로 통괄하는 것은 북극이고, 땅에 온갖 구역이 있되 그것을 통괄하는 것은 땅의 중심이듯이 사람에게는 백체가 있고 耳目口鼻四肢의 귀하고 천한 것이 각각 자기 직분을 담당하되 그것들을 통괄하는 것은 상투이다. … 따라서 상투가 없다면 사람이 사람일 수 없다. … 모든 생명체 가운데 하늘에 근본한 것은 하늘과 친하고, 땅에 근본한 것은 땅과 친하다. 오직 사람만이 천지의 정통한 기운을 온전히 지니고 있기 때문에 그 형체는 곧게 서있고 머리는 위를 향하여 머리털을 뿌리로 삼음으로써 만물의 영장이 된다. 반면에 금수는 치우친 기운을 부여받아 그 형체가 옆으로 서있고, 머리는 사방으로 향하여 음의 부류에 속하여 꼬리털을 뿌리로 삼기에 다만 배고픔과 배부름, 추위와 더위만 안다. 그리고 초목은 막힌 기운을 부여받았기에 그 형체는 거꾸로 서있고, 머리는 아래로 향하여 뿌리를 근본으로 삼으니 이미 지각하는 것이 없다. 사람의 머리카락은 사람의 몸 가운데 가장 영명한 머리에서 자라나며, … 이 수많은 머리카락을 하나로 묶은 것이 상투로서 그것은 이른바 천도에 응하여 그에 상달하는 天下一統의 형상이다. 이제 서양에서 비롯된 삭발하는 풍속은 하늘이 부여하고 부모가 주신 일신상의 가장 존귀한 물건에 칼을 대어 스스로 그 근본을 끊어버리는 것으로 그 방법은 불교나 기독교와 유사하다. 기독교는 음양의 二儀를 창조되어 이루어진 것으로 생각하고 삼강을 평등한 것으로 여기며, 인간 세상을 악마의 세계요 고해라고 여겨서 초절하여 천당에 오르기를 바란다. 불교는 四大를 환생으로 여기고, 오륜을 거짓이 합한 것으로 여기며, 인사를 慾障惡業이라고 보고는 떨쳐버려서 지옥에 떨어지는 것을 면하고자 한다. 이 불교와 기독교의 가르침은 실은 서로 표리가 되지만 반드시 삭발하는 것을 출가하여 천륜을 끊어버리는 계율로 삼은 점은 동일하다. … 서양인들이 머리를 깎아 그 근본을 스스로 끊어버림으로써 사람의 도에 어두워져서 그 일삼는 것도 물질을 궁구하고 기계를 만들어 인명을 해치고 재물과 여색에 눈이 어두워 큰 것이 작은 것을 삼켜버리고 힘센 것은 약한 것을 먹어치우는 것을 장기로 삼아서 이제는 서양만이 서로 먹이가 된 것이 아니라 천하가 모두 그 화를 입게 되었으니, 아 슬프다. (卷15, 「天下一統說告天下文」)

그는 또 서양의 자연과학에서 말하는 天靜地動說과 기독교의 천지창조설, 다아윈의 진화론을 황당무괴한 학설이라고 비판한다. 그리고 자유평등을 대도로 알고, 권리행복을 歸趣로 삼는 서양인들의 생각에는 적지 않은 문제가 있다고 지적한다.

자유평등을 대도로 알고, 권리행복을 歸趣로 삼으며, 아비와 자식이 평등해야 자식이 자유로울 수 있고, 임금과 신하가 평등해야 신하가 자유로울 수 있으며, 지아비와 지어미가 평등해야 지어미가 자유로울 수 있다고 여긴다. 그 자유의 근거는 오직 권리를 숭상하는 것이니, 그렇다면 어떤 때에는 임금과 아비와 지아비가 권리를 잃어버려서 자유로울 수 없는 경우가 있게 된다. 그들이 말하는 권리라는 것은 오직 행복을 쾌락으로 삼는 것이니 어떤 때에는 임금과 아비와 지아비가 행복을 잃어버려서 평등하지 못한 경우가 있게 된다. 그리고 그들에게 제사를 지내서 근본에 보은하는 예가 없는 것은 아비는 알되 할아버지는 모르는 것이며, 여자에게 음란함과 괴벽함을 경계하는 계율이 없는 것은 어미는 알되 아비는 모르는 것이며, 무정부와 공산당이 홍하는 것은 집안도 나라도 없이 천하사람들이 군주의 핏줄로 흐르고자 하는 것이다. … 그들이 아는 것은 식색화리요, 숭상하는 것은 전쟁과 학살이니, 그 재앙은 반드시 인류가 멸망하여 없어지는데 이르고 말 것이다. … 지금의 천하는 매우 어지럽다. 어지러움이 극에 이르면 다스림을 생각한다. 대저 다스리고자 하면 윤리가 아니고서는 불가하다. … 이제 윤리를 밝힐 수 있는 것은 부자·부부·형제 육친이 각각 그 도를 얻는다면 집안이 다스려질 것이다. 집집마다 다스려진다면 나라가 다스려지지 않음이 없을 것이고, 천하 사람들이 감탄하지 아니함이 없으며, 불과 물 가운데서 자기를 구해줄 것을 바라지 않음이 없을 것이다. (卷16, 「天地動靜辨」)

서양의 자연과학기술과 사회정치제도에 대한 그의 인식에는 많은 한계가 있다. 그는 아직 서양의 과학기술과 정치제도를 제대로 이해하지 못하고 있다. 서양은 이미 자연과학기술의 개발을 통하여 생산력을 증대시킴으로써 경제와 군사 방면에서 막강한 힘을 지니고 있었다. 뿐만 아니라 자유와 평등의 이념을 지향하는 민주주의의 사회정치제도를 운영함으로써 민지를 계발시키고 민권을 신장시켰다. 당시는 각 민족이 지식과 세력의 우열로써 생존과 사멸의 기틀이 결정되는 시대이자, 民智가 계발되고 민권이 신장되는 시대였던 것이다. 이러한 시대에 적합하게 대응하기 위해서는 서양의 문물제도를 받아들이지 않을 수 없었다. 이 때문에 당시 동아시아의 신진 지식인들은 서양의 신지식을 적극적으로 수용함으로써 민족의 실질적인 역량을 키워나갈 것을 주장하고 있었다. 이들의 대서양인식에 비추어볼 때 신익균의 그것은 지나치게 보수적이라고 하지 않을 수 없다. 그럼에도 그가 서양의 문물제도에 대해 그렇게 비판적이었던 이유는 무엇인가?

서양의 문물제도는 기본적으로 爭議를 기반으로 하고 있다. 그 爭議의 정신은 자연과학기술의 개발을 통하여 식색화리를 증진시키기도 하고, 투쟁을 통하여 자기의 고유한 권리를 획득하기도 하며, 전쟁을 통하여 영토를 확장시키기는 것으로 나타나기도 한다. 그런데 다툼을 기반으로 하는 이러한 정신이 범세계적으로 확산될 때 인류의 미래는 멸망의 길로 나가지 않을 수 없다. 이것이 바로 당시의 시대의 흐름이 가지고 오게 될 인류의 미래에 대한 신익균의 진단이다. 그러므로 서양의 문물제도에 대한 그의 비판과 저항은 동양의 전통적인 윤리적 가치가 와해되는 것을 극복하려는 차원을 넘어선 것이라고 말할 수 있다.

4. 가치

신익균이 남긴 이 문집은 그가 죽은 지 28년 뒤인 丙午年(1966)에 그의 문인 海平 尹命燮 등에 의하여 詩文과 雜著 총13권으로 구성된 『果庵集』으로 간행된 바 있다. 그것은 이 『과암산고』를 토대로 편찬된 것으로 생각된다. 따라서 필사본인 이 문집은 활자본인 『과암집』의 오자나 탈자 등 잘못된 부분들을 바로잡는데 필요한 기본 자료로서의 가치가 있다고 하겠다.

『과암산고』에는 구한말과 일제강점기의 격변기에 성리학적 세계관을 고수하면서 살았던 신익균이라는 한 유학자의 사상과 고뇌하는 모습이 담겨 있다. 우리는 먼저 『과암산고』를 통해서 구한말의 사상계의 모습을 살필 수 있다. 특히 그것은 조선성리학의 마지막 논변이라고 할 수 있는 '심설논변'에 관한 풍부한 내용을 담고 있다. 따라서 『과암산고』는 구한말의 유학사상을 살필 수 있는 자료로서 훌륭한 가치가 있다고 하겠다.

또 한편 신익균은 당시 서양에 대한 인식과 그 대응방안에 대한 하나의 관점, 즉 전통유학의 보편적인 가치를 준수하고 서양 문물제도의 폭력성과 야만성을 비판하고 배척하는 하나의 보수적인 관점을 잘 대변하고 있다. 이 때문에 『과암산고』는 19세기 말에서 20세기 초반에 이루어진 서양에 대한 인식과 그 대응방안의 한 양상을 살펴보는데 유익한 자료라고 할 수 있다.

【한정길】

觀復齋遺稿

金構(1649~1704) 著.
未刊原稿本. 10卷 6册, 책 크기 不定.
10~11行 20字.

觀復齋遺稿卷之一

詩

過臨津渡

衰草寒烟極望平滿江秋思自霑纓楓林薄暮悲風起黃葉紛紛落去程

偶吟

休養天和須是靜消除萬幻莫如真未向斯民康濟去且將康濟自家身

幽懷

幽懷與誰語黃卷獨相親境寂渾無事身閒剩有春

1. 저자

金構(1649~1704)의 本貫은 淸風, 字는 士肯, 號는 觀復齋이다. 그는 조선 후기의 문신으로, 仁伯의 증손이며, 조부는 克亨이다. 김극형은 朴知誠(1573~1635)의 문인으로 權諰(1604~1671)와 함께 정계입문과정에서 崔鳴吉(1586~1647)의 천거를 받았다.[1] 김구는 1649년(인조 27) 전라도관찰사를 지낸 부친 澄과 李氏 사이에서 장남으로 태어났다. 그는 1669년(현종 10) 司馬試를 거쳐, 1682년(숙종 8) 春塘臺 文科에서 壯元으로 급제하였다. 1687년 持平에 임명된 이래 正言과 副修撰·修撰·校理를 거쳐 司諫을 역임하였다. 정언 재임시 그는 內修와 外攘에 필요한 방책을 올렸다. 인재를 수습하고 民力을 사랑하여 기르는 일을 내수의 핵심으로, 將帥를 選任하고 軍兵을 가려서 훈련하는 일을 외양의 주요과제로 파악하였다. 인재수습책으로 銓曹의 권한을 강화하여 재능 있는 자를 선임할 것을 제안하였다. 민력을 기르는 방안으로는 각 衙門과 宮家로 대변되는 지도층의 절약과 減省의 필요성을 강조하였다. 군대의 조련을 위해 營將制보다는 鎭管體制로 복귀할 것을 進言하였다.

한편 정국운영방식과 관련해서 김구는 副修撰 재임시 蕩平을 주장하였다. 그는 숙종에게 마음을 가지런히 한 뒤에 표준을 세워서 表率하는 방법과 여러 당색의 인물들을 포용하여 등용함으로써 화평을 이룰 것을 요청하였다. 병조판서 재임시던 1698년(숙종 24) 김구는 軍情을 진작시킬 방안으로 試射의 시상기준을 舊制에 따를 것을 촉구하였다. 또한 關東과 關北지방의 산세를 고려하여 봉화대를 산중턱 이하에 설치하며, 國力을 고려할 때 증설은 어렵다는 의견을 내놓기도 하였다. 그리고 전력 증강을 위해 耗穀을 활용하여 戰馬를 구입할 것을 주청하였다. 전력증강과 관련하여 그는 서북 지방의 付料軍官의 身手와 승마 및 활쏘기의 재능이 뛰어남을 들어 調用을 적극 주장하였다.

김구는 정치문제 뿐만 아니라 경제현안에 대해서도 다음과 같은 상소를 남기고 있다. 그는 良役의 폐단을 열거하면서 사전준비를 철저히 한 뒤에 조사를 거행할 것을 청하였다. 그는 다양한 名色과 節目의 번잡함을 문제로 지적하였다. 또한 官 마다 시행 규정이 다름을 들어 양역문제를 별도로 처리할 都監을 세울 것을 촉구하였다. 또한 호조판서 재임시던 1700년(숙종 26) 호조의 捧剩米와 병조의 稽留木을 私用한 吏卒과 下吏들의 토색질을 막는 방안으로 봉잉미는 員役의 朔料로 활용하고, 계류목을 贖錢으로 바치는 일의 폐지를 주장하였다. 또한 평안도의 管餉軍과 銀店軍, 鉛軍을 일체 호조에 소속시킬 것을 청하기도 했다. 한편 상납하는 稅米에 물을 타는 것을 모의했던 자를 수량에 상관없이 梟示하는 법률의 문제점을 지적하면서 論斷은 하되 石數를 헤아려 척결할 것을 고하였다. 그리고 가뭄에 대비하여 水車의 활용을 적극 추천하였으며, 각 도에 나누어 보내어 시험해 볼 것을 상소하였다. 1701년(숙종 27) 康翎과 瓮津,

---

1) 『仁祖實錄』卷32, 仁祖 14年 6月 11日 甲申(34책 635쪽).

殷栗 등 海西지방 3縣의 量田이 끝난 후 민간에서 부세가 가중되어 소요가 발생하자 김구는 영의정 崔錫鼎(1646~1715)과 함께 結數를 감하여 부세를 내게 하는 원칙에 동의하였다. 즉 백성들이 新結에 모두 부세를 내게 할까 염려하는 상황에서 결수를 감하라는 명령을 시행하여 인심을 안정시키고자 했다. 이때 결수를 감하는 비율은 1.5결에서 1결로 하여 身役을 매기는 방안을 제시하였다.[2)]

이처럼 왕성한 정계활동 과정에서 김구는 적지 않은 견제를 받았다. 黨色으로 볼 때 그는 老論系로 분류되었다. 이 점은 出仕이래 少論의 공격을 받은 사실을 통해 확인할 수 있다. 趙正緯(1659~1703)는 그를 보잘 것 없는 재능으로서 아첨하는 태도를 갖고 있는 인물로 지목하여 탄핵하려 했다. 또한 江華留守시절(1695년) 흉년으로 모든 役事를 정지시켰는데도 內殿의 명을 받들어 이를 지키지 않았다는 혐의로 李光佐(1674~1740)의 탄핵을 받기도 하였다. 이 일은 이광좌를 우호하는 都承旨 吳道一(1645~1703)과 김구를 두둔하는 大司憲 申琓(1646~1707) 간의 공방으로 확대되었다.[3)] 그렇다고 해서 그가 노론의 정론만을 주장한 것은 아니었다. 김구는 甲戌換局(1687, 숙종 13) 당시 閔黯(1636~1693)·張希載(? ~1701)·崔山海 등을 엄벌에 처하려는 당론과 달리 南九萬(1629~1711)과 함께 "죄인이 자백을 해야 바야흐로 죄상에 따라 처단할 수가 있는 것인데, 자백을 받아내기를 기다리지 않고서 어떻게 경솔히 논의할 수 없다"는 신중한 태도를 보였다.[4)]

숙종대 김구는 宋翼相, 尹志善, 徐文重(1634~1709), 申玩(1646~1707), 徐宗泰(1652~1719), 李濡(1645~1721) 등과 함께 탕평론자로 활동한 것으로 평가받고 있었다. 이러한 정치성향은 學統에서 연유한 것이었다. 그는 宋光淵(1638~1695)과 함께 朴世采(1631~1695)의 문하에 출입하였다.[5)] 박세채는 懷尼是非(1684, 숙종 20)를 계기로 노론과 소론이 대치하는 상황에서 「皇極蕩平論」을 지어 양측의 대립을 막으려고 했다.[6)] 탕평을 통해 정파간 대립과 갈등을 없애려는 김구의 노력으로 조정은 분열되지 않았으며, 숙종으로부터 총애를 받았다.[7)] 그가 우의정에 임명되었을 때(1703, 숙종29) "비방을 많이 받아 새로 거듭 탄핵을 받았지만 寵眷이 남달라 台階에 오르게 되었다"는 평가를 받았다. 김구의 정치적 위상과 역할을 새삼 재고해 볼 수 있는 史評이다.

김구 死後에도 그의 가문에서 연이어 정승이 배출되었다. 차남인 金在魯(1682~1759)와 손자 金致仁(1716~1790)이 영상에 오름으로써 3대에 걸쳐서 정승을 배출하였다. 또한 김구의 증손인 金種秀(1728~1799)는 正祖代 좌의정을 역임하였다. 한편 김구 동생인 金楺의 차남 金若魯

2) 『肅宗實錄』卷35, 肅宗 27年 9月 10日 甲午(39책 609쪽).
3) 『肅宗實錄』卷30, 肅宗 22年 正月 1日 戊午(39책 406~407쪽).
4) 『肅宗實錄』卷26, 肅宗 20年 5月 11日 戊辰(39책 311쪽).
5) 『肅宗實錄』卷28, 肅宗 21年 正月 3日 乙丑(39책 365쪽).
6) 『肅宗實錄』卷27, 肅宗 20年 6月 4日 庚子(39책 328쪽).
7) 『肅宗實錄』卷38, 肅宗 29年 9月 25日 戊辰(40책 48쪽).

(1694~1753)와 삼남 金尙魯(1702~ ?) 형제가 각각 좌의정과 영의정을 역임하였다. 김구를 기점으로 그의 집안을 조선후기를 대표하는 閥閱가문이 되었다.

2. 구성

『관복재유고』는 전체 10권 6책으로 구성되었는데 1책은 1~2권, 2책은 3~4권, 3책은 5권, 4책은 6권, 5책은 7권, 6책은 8권~10권으로 이루어졌다. 1권은 詩文, 2권은 書·疏箚, 3권이하 8권까지는 모두 소차와 啓로 구성되었다. 마지막 9권은 啓·書啓·議·箋·批答·敎書, 10권은 拾遺로 이루어져 있다. 각 권별 상세 목차는 아래와 같다.

1권(詩) : 「過臨津渡」·「偶吟」·「幽懷」·「洛中族懷寄舍弟」·「寄李士涵」·「早發南日院」·「加平途中」·「宿武牢嶺下村」·「翌朝阻雨因留」·「過毛津江」·「史呑鄕」·「洞中遇義淸歸正兩僧」·「山洞日別兩上人溪上」·「出洞」·「普門庵贈熙老師」·「光陵途中用前韻」·「楊州途中」·「次韻題白雲精舍」·「途中春日」·「訪花潭」·「次叔父訪花潭韻」·「次雲溪叔父華藏寺韻」·「春日幽居三首」·「雨夜」·「避暑松亭」·「登高」·「上靜虛堂」·「次靜虛堂韻」·「次深庵寄贈韻」·「僑居春日」·「寄題白雲精舍」·「山齋」·「洛城春曉」·「十月見菊」·「子夜吟」·「曉起」·「贈崔進吾」·「奉送靜虛堂歸故鄕次唐劉文房韻」·「又送一絶」·「贈海上人」·「宿江西寺」·「江寺春日」·「敬次靜虛堂三十五韻見贈」·「秋夜卽事」·「與姑夫任公及士直共次唐詩韻」·「奉別任姑夫」·「秋夜睡起書事」·「江陰次舍弟韻」·「重贈海上人」·「偶題」·「初夏郊居」·「閑夜偶吟」·「春日寄李士涵」·「秋夜漫吟」·「登西嶺」·「雲村奉別叔父」·「次舍弟秋日歸庭韻」·「過狐峴」·「江行」·「宿臨河縣」·「春日書事」·「宿新昌縣」·「次士直韻」·「寄友人」·「拜先墓」·「冬至夜坐」·「水原途中」·「鰲山郡軒卽事」·「奉送右相南公九萬使燕之行甲子」·「奉贐李大規宏以書狀赴燕」·「乙丑春」·「多尾津頭贈別」·「行到黃州次寄牛山金使君晉玉」·「玉堂夜直」·「偶吟」·「送舍弟德甫歸庭」·「金砂寺」·「九月山城」·「春日賞花憶諸弟」·「賞春」·「再次宗兄韻」·「石窟庵」·「早春睡後」·「德弟約束訪而久不至詩以問之」·「次南子聞鶴鳴琶潭小亭卷中韻」·「次水落山梅月堂四時詞卷中韻」·「次韻谷叔父韻」·「讀易」·「用趙君輔前韻送鄭美叔讀書山寺」·「奉送藥泉南相公燕行」·「罷官歸田己巳」·「次贈一師甲戌」·「題格浦鎭壁上乙亥」·「淨方寺次金宗人伯高錫隆韻丁丑」·「觀風閣奉次都觀察使相韻」·「又次前韻」·「又吟次朱文節公壁上韻」·「寒碧樓偶題」·「龜潭」·「玉筍峯」·「別舍弟之京」·「次鄭仲淳韻」·「次安參奉命一韻」·「效邵堯夫體乙巳」·「戱題庚午」·「次從兄直卿氏田家卽事韻己巳」·「次直卿氏壁上偶吟韻己巳」·「敬步來韻仰呈雲谷深庵僉案下己巳」·「春宮痘患平復志喜次諸公韻己卯」·「思陵都監奉次摠相崔公韻庚辰」·「在淸風次金宗人韻丁丑」·「次淨方寺僧軸韻丁丑」·「曉發坡州甲戌」·「贈照上人歸湖南庚午」·「明上人卷中次澤堂韻己卯」·「大王大妃殿迎祥詩應製」·「送舍弟士直挈家之利川詩竝序乙卯」·「北漢舊城應製」·「龍飛鳳翔樓應製」·「老將」·「老兵」·「老

仙」·「老農」·「老僧」·「奉送朴晦仲氏書狀赴燕丁卯」·「挽人」·「李判書敏敍挽」·「敬次天儁師卷中藥泉相公韻」·「送別李員外周卿出佐關西幕丙子」

2권(雜著-21) :「上朴南溪世采書癸亥」·「上雩沙李相國世白書戊寅」·「送北評事申叔開啓華赴北幕序」·「愼終稧座目序己巳」·「觀復齋記」·「金剛山百川橋重創記丙寅」·「動藏錄跋己巳」·「外王父參奉李公畫像跋己丑」·「閔士純檀弓寫本跋」·「田家事宜跋辛未」·「贈金君汝實說」·「雜說」·「愚民論」·「論史記註」·「論鄒氏不仁而得天下說」·「論日蝕月晦」·「記法禪事」·「東行日記」·「祭雩沙李相國文」·「曾祖妣贈貞夫人權氏墓表」·「先考通政大夫守全羅道觀察使兼兵馬水軍節度使巡察使全州府尹府君家狀」

3권(疏箚) :「代公州儒生請忠賢書院賜額疏」·「代鳳山儒生請文井書院賜額疏」·「論赦令疏癸亥正月」·「論時政疏癸亥二月」·「戶曹判書尹堦疏後陳辨乞遞疏癸亥二月」·「擬論賑濟疏癸亥二月」·「辭正言疏癸亥六月」·「請往省祖母疏癸亥七月」·「辭副修撰疏癸亥九月」·「副修撰時因臺啓請罷兵郎事自首疏」·「玉堂辭處置諫官聯名疏」·「乞解官歸視改葬疏癸亥九月」·「請禁防納之獘蠲舊逋官甲子正月」·「辭副修撰疏乙丑九月」·「辭副修撰仍陳所懷疏乙丑十月」·「副修撰時辭處置兩司疏乙丑十月」·「校理時因承旨被推乞免疏丙寅正月」·「玉堂遇災進戒箚子丁卯正月十四日」·「陳情乞遞疏丁卯正月」·「玉堂請正言李萬齡遞差疏」·「陳情乞遞疏丁卯二月十五日」·「辨羅良佐疏誣先祖乞遞疏丁卯四月」·「辭副應敎疏丁卯五月」·「陳情乞遞疏丁卯五月」·「辭司諫仍陳所懷疏丁卯六月」·「辭司諫仍附陳戒疏丁卯九月」

4권(疏箚) :「因同僚坐罷乞被同罪疏丁卯十月二十日」·「乞遞職省墓疏丁卯十日月」·「陳情乞遞疏丁卯十一月」·「辭句管查正良役疏丁卯十一月」·「論良丁查正疏丁卯十二月」·「辭黃海監司疏」·「黃海監司乞遞疏戊辰三月」·「因事引嫌乞遆疏戊辰」·「因兵曹參知時事引嫌乞遆戊辰」·「因檢災事引咎仍請蠲減災邑身布疏己巳」·「辭忠淸監司疏甲戌」·「陳情乞遞承旨疏甲戌」·「擬陳情乞郡疏」·「代三江儒生請設分敎官疏甲戌」·「因姜敏著疏引嫌辭職疏甲戌六月」·「辭刑曹參判疏甲戌十月」·「試官被論後引嫌辭職疏甲戌十一月」·「巡撫湖南乞解本兼兩任疏乙亥正月」·「辭江華留守疏乙亥六月」·「請暇省墓疏乙亥」·「因李禎翊供辭引咎疏乙亥七月」·「辭職兼辭新資疏乙亥九月」·「擬辨李光佐誣劾乞家鐫斥疏丙子正月」·「江華留守遆後債納密符回辨李光佐誣劾疏」·「辭漢城左尹疏丙子六月」·「辭單特命還給後疏丙子六月」·「乞遆職疏丙子七月」·「辭平安監司疏戊寅二月」·「辭都承旨疏戊寅四月」·「引嫌乞遆職疏戊寅五月」·「辭同知義禁疏戊寅七月」·「陳情乞遆陵閣重建堂上之任疏戊寅七月」·「因嫌端乞遆金吾疏戊寅八月」·「因姜夏正原情侵誣辭職疏戊寅八月」·「辭大司諫疏戊寅九月」·「辭職兼陳所懷疏戊寅九月」·「論陵寢奉審事宜疏戊寅十月」

5권(疏箚) :「陞資憲辭疏己卯正月」·「辭漢城判尹疏己卯正月」·「辭職疏己卯正月」·「辭刑曹判書仍乞收還賜馬之命疏己卯三月」·「槐院提調辭免疏己卯四月」·「以司圃署官員罷職請譴疏己卯七月」·「陳病辭職且以梁道生張英弼事引嫌疏己卯九月」·「辭知春秋疏己卯九月」·「辭大司憲疏己卯十月」·「辭

左副賓客疏己卯十月」·「辭禮曹判書疏己卯十一月」·「陳金吾嫌端且因西伯洪萬朝侵斥乞遞疏己卯十一月」·「申乞遞免金吾疏己卯十一月」·「辭籌司有司堂上疏己卯十一月」·「又因洪萬朝疏斥辭職疏己卯十二月」·「以權大運致祭擧行事被臺斥引咎疏己卯十二月」·「又被洪萬朝侵斥且因臺啓請推萬朝辭職疏庚辰正月」·「辭戶曹判書疏庚辰五月」·「因參判申厚命疏辭職疏庚辰二月」·「引嫌乞遞金吾且因刑曹參議閔鎭厚疏論梁道生事辭織疏庚辰二月」·「乞遞金吾再疏庚辰二月」·「因正言金昌直疏斥權大運致祭事辭職疏庚辰三月」·「因吳道一疏斥碧潼書院許額事辭職疏庚辰三月」·「因臺啓請推宣惠廳郎官人嫌疏」·「因姜履相疏斥火田隱結事辭職疏庚辰三月」·「又姜履相避辭辭職疏庚辰四月」·「因臺疏姜鋧事辭職疏庚辰五月」·「因姜履相避辭鄭宅周事辭職疏庚辰六月」·「辭兼帶知義禁疏庚辰七月」·「因柳重茂姜履相避辭侵詆辭職疏庚辰七月」·「辭職兼請還寢金吾議讞次官代行之命疏庚辰七月」·「因臺啓侵斥及李師尙疏詆與同義禁金載顯聯名乞遞金吾兼帶疏庚辰七月」·「申前乞遞金吾疏庚辰七月」·「辭知義禁給經筵新除疏」·「申辭金吾且因請拿李坦事被斥引嫌疏庚辰七月」·「辭新授判義禁職秩疏庚辰八月」·「因李大成疏詆科獄緩治辭職疏庚辰八月」·「因春塘臺閱武試官時事待罪疏庚辰九月」·「請載寧郡守崔柱岳仍任箚庚辰九月」·「以黃爃辭職疏庚辰九月」·「引嫌乞遞金吾疏庚辰十月」·「以趙大壽事引嫌乞遞金吾疏庚辰十月」·「更申前嫌且因羅弘佐事被臺斥乞遞金吾疏庚辰十月」·「辭兵曹判書疏庚辰十一月」·「辭兵判兼辨黃一夏成虎臣避辭疏」·「論試射仍請特蠲窮民欠布箚」·「以臺啓羅弘佐事引嫌辭職疏庚辰十一月」·「因成虎臣避辭侵詆辭職疏」

6권(疏箚) :「因吳道一事引嫌乞遞金吾疏辛巳正月」·「請寢部將守門將査太之命箚辛巳正月」·「三度加由後辭疏辛巳二月」·「見差釋奠獻官陳病疏辛巳二月」·「因李大成疏詆辭職疏」·「以禁軍蹄屐事疏辛巳三月」·「乞解職往省病母疏辛巳三月」·「以太廟陪從時着煖耳事待罪疏辛巳三月」·「以禁府罪人捕廳書員宋文璧自刃事辭職疏辛巳四月」·「因元城兪疏斥滯獄辭織疏辛巳四月」·「因扈衛廳及憲府請罷禁府郎事辭職疏辛巳五月」·「申前且以臺啓西樞事引嫌乞遞疏辛巳五月」·「以金吾事被論後乞罪疏辛巳五月」·「兵判既遞還授後辭職疏辛巳七月」·「以權詹論劾前日停啓臺官引嫌辭職疏辛巳七月」·「乞遞職任兼辭哀冊文書寫之命疏辛巳九月」·「因奏御文書不察待罪疏辛巳十月」·「以例兼訓局提調與都提調相避乞遞職名疏辛巳十一月」·「因權詹疏辭職疏辛巳十二月」·「以李碩根事被臺斥與參判李基夏聯名辭職疏辛巳十一月」·「因都監藤箱事請罪疏」·「三告加由後乞免兼辨臺斥疏壬午正月」·「陳病乞遞本兵疏壬午正月」·「因禁軍犒饋退行不爲啓達致勤聖教待罪疏壬午正月」·「因尹行敎疏斥辭職疏壬午二月」·「趙正緯誣劾後辭疏壬午四月」·「以副司直乞削本兼諸任疏壬午四月」·「辭知中樞疏」·「以惠廳堂上牌招不進後疏」·「辭判中樞疏壬午閏六月」·「因修撰尹星駿疏斥金吾時事請譴疏壬午閏六月」·「辭工曹判書疏壬午閏六月」·「以執義兪命弘疏辭及賓客李寅燁改差之命引嫌乞免疏壬午七月」·「申辭職任仍乞刊名朝籍疏壬午八月」·「申辭職名及嘉禮都監堂上疏壬午八月」·「以都監事牌招不進後疏壬午八月」·「乞免職名及玉冊書辭又辭金吾新除疏壬午九月」·「以省鞫牌招不進後乞遞金吾及諸任疏壬午九月」·「以金吾事牌招不進後疏壬午九月」·「以玉冊書寫事承牌詣闕下乞遞職以軍御詣都監門外寫進疏壬午九月」·「乞亟先遞金吾仍竝鐫諸任疏壬午九月」·「以金吾事牌招不進後疏」·「又以金吾事承牌詣闕外請譴疏壬午九月」·「又以金吾事特進促出後疏壬午十月」·「省鞫罷

後陳懇乞盡鐫諸任疏壬午十月」·「三告只遆金吾後乞盡鐫諸任疏壬午十月」

7권(疏箚) : 「特命呈辭還給牌招來待詣闕陳懇疏癸未正月」·「辭吏曹判書疏癸未正月」·「承牌詣闕五疏癸未二月」·「吏判謝恩後乞免疏癸未二月」·「引掌令朴見善避引嫌疏乞免宣惠廳堂上疏癸未三月」·「乞免宣惠廳堂上疏癸未三月」·「以參判嫌端辭本職且因畿伯尹世紀疏斥乞遆惠廳堂上疏」·「以開政再招不進後疏癸未三月」·「因臺啓諫疏賑廳事及徐相疏北城事辭職疏癸未四月」·「以開政承牌詣闕辭職疏癸未四月」·「因司直李寅燁疏斥辭職疏癸未四月」·「因正言金普澤避辭及李寅燁疏語辭職疏癸未四月」·「因副學金鎭圭疏詆辭職疏癸未四月」·「被吳命峻誣辱後疏癸未四月」·「被吳命峻誣辱辭吏曹判書第二疏」·「辭工曹判書疏癸未五月」·「三告加由後辭職疏癸未七月」·「以經筵事三牌不進後疏癸未七月」·「辭右議政疏癸未八月」·「請諸司提調照例處置疏癸未九月」·「因首相箚語乞免箚癸未九月」·「因正言李海朝避辭乞免箚癸未十月」·「因掌令崔啓翁疏辭免疏癸未十月」·「因李海朝疏辭免箚癸未十一月」·「因前輔德權愭疏辭免箚癸未十一月」·「承旨敦諭後箚癸未十一月」·「乞免箚癸未十二月」

8권(啓) : 「持平避嫌啓壬戌七月」·「論善山府使郭文溶啓」·「論儺禮當該郎廳啓」·「論遠接使南二星啓」·「持平避嫌啓壬戌七月」·「請禁內農圃下輩作獘啓」·「請禁公私營造啓」·「請罪人朴永海窮覈處斷啓」·「請罷主弟營造啓」·「請革畿邑官復戶啓壬戌八月」·「論坡州牧使李喜年啓」·「正言避嫌啓壬戌九月」·「避嫌啓」·「請停舊還上徵捧啓壬戌十月」·「正言避嫌啓壬戌十二月」·「持平避嫌啓壬戌十二月」·「正言避嫌啓癸亥正月」·「請兵曹堂上郎廳推考啓」·「請禁府堂上推考啓」·「論繕工監役閔衡重李宇梁啓」·「論兵曹當該郎官啓」·「請刑曹堂上推考啓」·「請罷麻浦鋪子啓」·「正言避嫌啓癸亥二月」·「論戶曹正郎具志禎啓」·「請青山縣作變下吏梟示啓」·「避嫌啓癸亥三月」·「正言避嫌啓癸亥七月」·「論別備陞資啓」·「請還收太學儒生遠竄停擧啓」·「避嫌啓癸亥八月」·「論摠戎使李仁夏啓甲子正月」·「論南陽府使睦林馨啓」·「論還收東平君杭惠民署提調特除之命啓丁卯六月」·「司諫避嫌啓丁卯六月」·「請萬壽殿失火時入直承旨罷職啓丁卯九月」·「請兵曹入直堂上郎廳從重推考啓」·「請四大將從重推考啓」·「政院啓丁卯十月」·「兵曹論將官替番事啓丁卯十一月」·「政院啓甲戌九月」·「請修撰閔震炯從重推考啓戊寅九月」·「請監試一二所主掌官罷職啓」·「大司憲避嫌啓己卯十月」

9권(書啓 · 議) : 「遣史官特諭後書啓癸未九月」·「遣承旨敦諭後書啓」·「遣承旨敦諭仍令偕來後書啓」·「五度呈辭遣承旨傳批後書啓」·「十四度呈辭遣承旨敦諭後書啓」·「二十八度遣承旨敦諭仍令偕來後書啓」·「魯山及愼妃追後當否議戊寅」

9권(箋) : 「大殿正朝賀箋丁卯」·「中殿復位謝大殿箋甲戌閏五月」·「冬至箋文丙子」·「正朝箋文丁丑」·「大殿玉候平復箋文丁丑」·「大殿誕日箋文丁丑」·「王世子冊封頒敕後箋文丁丑」·「正朝箋文戊寅」

9권(批答 · 敎書) : 「領議政金壽恒再度呈辭不允批答」·「敎咸鏡監司朴泰尙書」·「敎廣州留守兼守禦使尹趾善書」·「敎江原監司李頤命書」

10권(拾遺) : 「擬辨謗疏」·「請勿許虜使親傳王后誥命疏壬戌六月」·「玉堂請從權制箚癸亥十二月」·「辭兼帶知義禁疏庚辰二月」

각 권의 작품 수는 다음과 같다. 1권(詩)은 129首이며, 2권(雜著)은 21편이며, 3권(疏箚)은 26편이며, 4권(疏箚)은 37편이며, 5권(疏箚)은 48편이며, 6권(疏箚)은 46편이며, 7권(疏箚)은 27편이며, 8권(啓)은 44편이다. 9권에서 書啓·議는 7편이며, 箋은 8편이며, 批答·敎書는 4편이다. 10권(拾遺)은 4편으로 구성되어 있다.

3. 내용

『관복재유고』에는 숙종대 정치상황과 김구의 정치행보를 파악할 수 있는 자료들이 많이 실려 있다. 西人과 南人간, 그리고 老·少論간 치열한 정쟁이 펼쳐졌던 시기, 김구는 辭職疏, 無嫌疏 형식을 띤 疏箚를 통해 당시 정국 주요현안에 대한 자신의 입장을 표명하고 있었다. 따라서 이에 대한 분석을 통해 그의 時局觀과 정치운영 방식의 특징, 정치지향을 살펴볼 수 있을 것이다. 각 권에 게재된 주요 소차 내용을 살펴보면 다음과 같다.

2권에서는 정언으로 재직시 제출되었던 「論時政疏癸亥二月」(1683, 숙종 8)이 주목된다. 해당 소차에는 內修와 外攘을 위해 필요한 구체적인 時務 방안이 담겨져 있다. 김구는 시급한 내수과제로 人才의 수습과 民力을 기르는 일을 들고 있다. 이를 실현시킬 各論을 살펴보면 우선 인재를 선발하기 위해서 銓衡시 나타나는 문제점을 개선시킬 방안을 제시하였다. 그것은 格例를 자주 고치는 일을 억제하는 것이며, 廟堂의 권한 침해 때문에 銓曹에서 직책을 잃은 일이 없어야 했다. 오로지 전조에 일을 맡겨 인재를 등용하는 것이었다. 민력을 기르는 구체적인 방법으로 쌀값 안정을 들고 있으며, 절약과 減省하는 정사를 펼칠 것을 당부하였다. 다음 외양의 과제로는 將帥를 選任하고 軍兵을 뽑아 훈련시키는 일이 있다. 장수 선임의 중요성은 實例를 들어 설명하였다. 金益勳(1619~1689)은 公議에서 죄를 얻은 점을, 李世華(1630~1701)는 마음가짐이 不純한 인물로, 李仁夏는 어리석으며 편벽된 사람이기 때문에 잘못된 제수였다는 것이다. 한편 군병을 가려서 훈련하는 방법을 논하는 대목에서는 영장제 폐지와 진관체제로의 복귀를 주장하였다. 그리고 체통을 엄하게 하기 위해서 備邊司의 대신들이 모든 일을 직접 집행하는 것과 軍門의 각 營과 宣惠廳 등 여러 관청들이 스스로 衙門을 세우는 일을 막아야 한다는 의견을 제시하였다. 그래야만 군대가 夏官에게 통솔되지 않고, 재정이 地部에 소속되지 않는다고 보았다. 기강 확립을 위한 방안으로는 言路의 개방을 통해 사사로운 뜻을 막음으로써 公議가 활성화되기를 기대하였다.

다음으로 주목되는 소차는 「辨羅良佐疏誣先祖乞遞疏丁卯四月」(1687, 숙종 13)이다. 이 상소문을 통해 노·소론간의 갈등 과정에서 김구의 정치적 입장을 잘 알 수 있다. 주요내용은 羅良佐(1638~1701)의 상소문에 거론된 宋時烈(1607~1689)의 「先治黨與之說」과 이로 인해 조부 김극형에게 씌워진 혐의를 해명하는 것이었다. 일찍이 나양좌는 자신의 스승인 尹宣擧(1610~1669)를 尹鑴(1617~1680)와 같은 부류로 취급하여 배척한 송시열의 잘못을 지적하였다. 문제는 송시열의 '先治黨與之說'을 들어 조부를 공격했다는 대목이었다. 당시 상황은 다음과 같다. 윤휴가 朱子의 『中庸章句』를 잘못된 것이라고 하고 해설을 다시 짓자, 송시열은 이를 異端이라고 攻斥하였다. 문제는 윤휴의 親友였던 김극형이 윤휴의 편을 들었던 것이다. 그러자 송시열은 극형에게 "春秋法에 黨與를 먼저 다스리라고 했으니, 이제 공을 먼저 공척해야 되겠다"고 하였다.[8] 나양좌의 상소에 적시된 이 대목에 대해 김구는 자신의 조부가 윤휴를 옹호한 것은 우연이며, 송시열 역시 붕우간에 서로 책면하는 뜻으로 사용했다고 적극 해명하였다.

4권의 「論良丁査正疏丁卯十二月」(1687, 숙종 13)에서 김구는 良役査正의 어려움을 다음과 같이 피력하였다. 당시 양역은 국가 재정의 주요 기반이었다. 그러나 경제구조의 변동과 신분체계의 변화로 인해 그 운영상의 모순이 발생하였으며, 이로 인한 각종 사회적 폐단이 초래되고 있었다. 이에 정부에서는 군역문제를 해결하기 위한 다양한 방안을 모색하였다. 이때 김구는 兵曹判書 李師命(1647~1689)의 천거로 양역을 조사하는 일을 담당하게 되었다.[9] 그는 우선 15일에 걸쳐 조사한 양역이 무려 50여종에 수 만명이라는 점을 언급하면서 명색이 자질구레하고, 節目이 번잡함을 문제로 지적하였다. 또한 양역이 무턱대고 들어가게 될 때와 모든 官司들이 소속시키게 될 적에 門戶와 규정이 각각 달라서 典例를 잘 아는 사람이 있다 하더라도 전체를 파악할 수 없는 상황임을 보고하였다. 따라서 여러 명색으로 각 營의 牙兵·隨營牌·壯武隊·捉虎軍·扶持別隊官·軍官과 學宮·鄕廳이 모집해 들인 差人의 부류를 정리하려면 반드시 별도의 都監을 설치해야 한다고 했다. 즉 도감의 담당관리들에게 업무를 분담시켜서 작업을 진행시켜야 성과가 있다는 것이다. 그렇게 하지 않고 단지 수십 종류의 것만 조사하고 만다면, 누락되는 사례가 많아서 양역 사정의 실효를 거둘 수 없다고 전망하면서 이로 인한 폐단은 피폐한 민생들을 괴롭혀서 조만간 백성의 근심과 원망을 사게 될 것이라고 경고하였다. 그리고 이와 같이 어려운 일을 시행하기에는 적당한 때가 아니기 때문에 일단은 정지하고 다른 해를 기다려 사정을 하는 것이 좋다는 의견을 내놓았다.

다음은 소론계 인사와의 갈등관계를 엿볼 수 있는 상소이다. 김구는 「擬辨李光佐誣劾乞家鐫斥疏丙子正月」(1696, 숙종 22)에서 후일 소론 '峻論'으로 평가받는 이광좌의 무고에 대해 다음과 같이 변론하고 있다. 이광좌는 흉년으로 인해 影殿 營建에 대한 停役의 명이 있었음에도 불구하고 김구가 內殿의 명을 받들어 계속 役事를 진행시킨 사실을 들어 강화유수직에서 파면시킬 것을 주달하였다. 특별히 그가 문제삼은 것은 김구가 조정의 명령체계에서 벗어나 掖庭

8) 『顯宗改修實錄』卷3, 元年 5月 3日 丁巳(37책 166쪽).
9) 『肅宗實錄』卷18, 肅宗 13年 12月 19日 癸亥(39책 116쪽).

署의 하인이 전달한 영전 영건의 명을 받든 사실이었다. 즉 위에서 전하는 명이나 아래에서 받는 令은 반드시 承政院을 경유해야 하는데도 김구가 恩寵을 취할 심사에서 무시하였을 뿐만 아니라 그 事體의 중대함을 파악하지 못했다는 것이다. 이에 대해 김구는 흉년에 따라 영건 정지의 명에 대해서 이미 재목이 갖추어진 역에는 해당되지 않는 일로 알고 있었다고 해명하였다.

5권에서는 己卯科獄의 척결을 둘러싼 정쟁 와중에 쓰여진 소차들이 주목을 끈다. 해당 옥사는 科擧 시험에서 저질러진 부정행위로부터 발생하였으나, 연루자가 확대되면서 노론과 소론의 정치적 갈등으로 비화되었다. 그 전개양상은 다음과 같다. 1699년(숙종 25) 개최되었던 增廣文科에서 부정행위가 저질러졌음이 당시 監試官을 맡았던 李坦에 의해 제기되었다.[10] 사건초기 숙종은 試卷에 魚有鳳(1672~1744)의 字號인 三露가 쓰여진 宋晟과 表를 지었는데 賦로 합격된 李聖輝를 엄히 조사할 것을 명하였다.[11] 그러자 申厚命은 이성휘와 송성에게만 국한되어 옥사가 진행되는 것에 문제를 제기하면서 다른 비리까지 확대하여 조사할 것을 상소하였다.[12] 이에 숙종은 差備官의 범죄 실상을 조사하도록 윤허하였다. 그런데 이성휘와 송성을 조사하기로 결정한 상황에서 다른 논의가 불거져 나왔다. 正言 朴見善이 증광시 복시에 대한 조사가 禮曹參判 吳道一(1645~1703)의 사주에서 시작되었다고 했다.[13] 당시 치죄를 받고 있었던 이성휘, 송성, 박필위가 모두 노론이었기 때문에 이러한 비판이 제기되었다. 이처럼 증광시의 복시를 조사하는 과정에서 兩司 내에서 소론과 노론이 의견을 달리하였다. 소론계 인사들은 응시생들의 부정행위와 차비관을 조사하도록 요청하면서 노론을 압박하였고, 이에 맞서 노론계 인사들은 시관의 문제를 거론하면서 오도일을 조사할 것을 주장하였다.

김구는 試官의 用情문제를 覈實하는 과정에 참여하게 되었다.[14] 이때 김구는 과옥에 시관이 연루되었다는 내용을 담고 있는 등사지의 출처를 캐야 한다는 柳重茂(1652~1728)와 姜履相의 의견에 대해 점차로 추문하면 저절로 조사해 낼 수 있을 것이라고 응대하였다.[15] 그리고 등사지 조사를 촉구하는 유중무의 입장과 전반적인 조사를 통해 시비를 명확히 가릴 수 있다는 김구의 입장이 대립되면서 마침내 사직상소로 이어졌다. 김구는 유중무 상소 내용중 '迎擊'이란 두 글자를 문제삼아 引嫌하여 소를 올렸다(「因柳重茂姜履相避辭侵詆辭職疏庚辰七月」·「辭職兼請還寢金吾議讞次官代行之命疏庚辰七月」). 또한 유중무에 이어 李師尙(1656~1725)이 등사지 출처 조사에 소홀함을 들어 의금부를 공격하자 知義禁이었던 김구는 金載顯과 함께 면직을 청하였다(「因臺啓侵斥及李師尙疏詆與同義禁金載顯聯名乞遞金吾兼帶疏庚辰七月」). 등사지 출처를 둘러싼

10) 『肅宗實錄』卷33, 肅宗 25年 11月 11日 乙未(39책 544쪽).
11) 『肅宗實錄』卷33, 肅宗 25年 11月 5日 己亥(39책 544쪽).
12) 『肅宗實錄』卷33, 肅宗 25年 12月 22日 丙戌(39책 547쪽).
13) 『肅宗實錄』卷33, 肅宗 25年 11月 16日 庚戌(39책 545쪽).
14) 『肅宗實錄』卷34, 肅宗 26年 7月 3日 甲午(39책 568쪽).
15) 『肅宗實錄』卷34, 肅宗 26年 7月 1日 壬辰(39冊 568쪽).

갈등이 노소간의 본격적인 정치적 대립으로 비화되고 있었다. 李大成(1651~1718)은 과옥을 다스리는 과정에서 당상관과 낭관들이 사사로운 생각에 끌려 엄하게 신칙하지 못함을 지적하였다. 그리고 이것을 모두 黨論과 직결 사안으로 간주하였다. 이로 인해 옥사를 처리하는 과정에서 공평무사한 판관의 태도가 견지되지 못함을 지적하였다.[16] 이에 대해 김구는 「因李大成疏詆科獄緩治辭職疏庚辰八月」를 통해 私意를 버리고 公法에 따라 척결한 것임을 거듭 강조하였다. 이처럼 자신의 입장을 밝혔음에도 불구하고 金戩과 兪世基의 공초에서 과옥을 통해 노론이 소론을 제거하려한다며 그 주동자로 金鎭龜(1651~1704)와 김구를 지목하였다.[17] 이에 김구는 자신 형제를 모함하는 일에 억울함을 호소하면서 사람들이 제기했던 의혹에 대해 엄정히 척결하려 노력했음을 아뢰었다(「引嫌乞遞金吾疏庚辰十月」). 그러면서 김구는 「以趙大壽事引嫌乞遞金吾疏庚辰十月」에서 試官 趙大壽(1655~1721)가 사사로운 정을 베푼 일을 견책하였다. 조대수는 오도일과 함께 兪世基를 입격시켰다는 혐의를 받고 있었다.[18] 따라서 김구의 상소는 지의금으로서 자신의 본분에 맞는 처사였음에도 불구하고 소론에 대한 노론의 공세로 비춰졌고, 양측간 갈등을 야기시키는 원인으로 작용하였다. 결국 등사지가 어떤 의도에서 제작되었는지 해명이 덜 된 상태에서 조대수와 그를 비호하던 유중무, 이사상, 이돈, 한배하 등이 체직되고 말았다. 기묘과옥을 척결하는 과정에서 알 수 있듯이 김구는 노론 정론을 충실히 따르고 있었다. 이는 權大運(1612~1699)의 致祭문제에서도 잘 나타나고 있다.

禮曹判書 재임시 김구는 「以權大運致祭擧行事被臺斥引咎疏己卯十二月」에서 金相稷과 함께 권대운에 대한 치제에 반대하였다. 권대운은 남인의 영수로서 영의정을 역임했던 인물이었다. 그는 甲戌換局(1694, 숙종20) 당시 우의정 閔黯(1636~1694) 등 20여명의 남인계 중신들과 함께 삭탈관작 된 후 고향에서 죽음을 맞이하였다. 그의 사후 치제가 거론되자 노론은 이 문제를 남인에 대한 정치적 복권을 의미하는 것으로 이해하고 이에 대해 적극적으로 저지하였다. 반면 좌의정 徐文重, 형조판서 李彦綱, 형조참판 오도일, 禮曹參議 李寅嫌 등 소론측 인사들은 치제하는 것이 무방하다는 당론을 제시하였다.[19] 또 다른 치제 문제로 김구는 다시 한 번 소론과 대립하는 상황이 발생하였다. 당시 벽동서원에는 故 相臣 閔鼎重(1628~1692)이 配享되어 있었는데 그의 아우 閔維重(1630~1687)이 서원에 賜額을 내리고 치제 드릴 것을 청하였다. 예조참판 오도일은 사액과 치제 모두 지나친 처사라고 반대하였다. 즉 민정중의 높은 인망을 인정하면서도 額號를 내려서 重典을 베푼다는 것은 과분한 것이었다. 반면 김구는 '儒賢의 垂教' 전통과 關西 일대의 文教를 振興시킬 차원에서 사액의 정당함을 주장하였다(「因吳道一疏斥碧潼書院許額事辭職疏庚辰三月」).

6권에서도 5권에 이어 기해과옥과 관련된 소차가 실려 있다. 대부분 형옥 척결에 불만을 품은

16) 『肅宗實錄』卷34, 肅宗 26年 8月 23日 癸未(39책 574쪽).
17) 『肅宗實錄』卷34, 肅宗 26年 9月 9日 戊戌(39책 575쪽).
18) 『肅宗實錄』卷34, 肅宗 26年 正月 7日 辛丑(39책 551쪽).
19) 『肅宗實錄』卷33, 肅宗 25年 12月 16日 庚辰(39책 547쪽).

소론측 인사들의 공격에 대해 자신의 입장을 해명하는 상소였다. 관련된 소차로 「因吳道一事引嫌乞遞金吾疏辛巳正月」(1701년) · 「因李大成疏詆辭職疏辛巳二月」 · 「申前且以臺啓西樞事引嫌乞遞疏辛巳五月」 · 「以金吾事被論後乞罪疏辛巳五月」 · 「以權詹論劾前日停啓臺官引嫌辭職疏辛巳七月」 · 「因權詹疏辭職疏辛巳十二月」 · 「因尹行敎疏斥辭職疏壬午二月」(1702) · 「趙正緯誣劾後辭疏壬午四月」 · 「因修撰尹星駿疏斥金吾時事請譴疏壬午閏六月」 등이 있다. 해당 소차에서 주요 쟁점은 오도일에 대한 김구의 논죄였다. 이대성, 元聖兪, 이탄, 尹行敎, 權詹, 조정위, 尹星駿(1655~1716) 등 소론인사들은 오도일의 무죄를 주장하면서 김구의 논핵을 끊임없이 주장하였다. 자신을 변척하는 상소에 대해 김구는 판결을 담당했던 자로서 당론에 좌우되지 않고 법에 의거하여 공평하게 척결했음을 거듭 주장하였다.

7권에서 주목되는 내용은 飢民 구제와 북한산성 축성 문제를 둘러싼 논의이다. 당시 조정에서는 흉년을 이유로 役事를 실행하기 어렵다는 입장과 그럼에도 불구하고 기민을 구제하기 위해 인력을 적극 활용하자는 주장이 제기되었다. 당시 이조판서에 재임하고 있었던 김구는 찬성하는 입장에서 여러 대장과 함께 城址를 살피고 날을 정하여 역사를 시작하였다. 그러자 이에 반대하는 상소가 연이어 올라왔다.[20] 김구는 「因臺啓諫疏賑廳事及徐相疏北城事辭職疏癸未四月」(1703, 숙종 29)에서 먼저 서울에서 設粥을 시행하지 않은 까닭을 설명하였다. 외방에서 설죽을 하지 않는데 서울에서만 시행한다면 장차 토착한 백성까지 몰려들어 오히려 의탁할 곳을 잃게 만드는 결과를 초래할 뿐이라고 하였다. 또한 기민 구제와 관련된 북한산성의 축조는 국가를 위한 계책임을 거듭 강조하였다. 역시 「因司直李寅燁疏斥辭職疏癸未四月」에서도 김구는 李寅燁(1656~1710)과 협의하여 賑救문제를 처리했음에도 불구하고 이인엽의 상소 가운데 '지연시킨 것이 너무 오래되어 거듭 민심을 잃었다'는 등의 말로써 자신을 배척한 점을 거론하면서 설죽을 늦춘 일이 자신의 독단에 의해 처리된 일이 아님을 해명하였다. 비슷한 취지의 소차가 「因正言金普澤避辭及李寅燁疏語辭職疏癸未四月」와 「因副學金鎭圭疏詆辭職疏癸未四月」로 이어졌다.

그런데 주목을 끄는 점은 이인엽을 필두로 金普澤(1672~1717)과 金鎭圭(1658~1716) 모두 노론계 인사라는 점이다. 김보택은 그의 형 金春澤(1670~1717)과 함께 남인과 대립과정에서 선봉에 섰던 인물이었다. 김진규는 송시열의 문인으로서 소론의 영수 윤증을 스승을 배반했다는 명목으로 공박한 인물이었다. 동일 당색이면서도 현안을 둘러싸고 상호 공박이 일어나고 있었던 것이다. 이러한 양상은 「被吳命峻誣辱後疏癸未四月」와 「被吳命峻誣辱辭吏曹判書第二疏癸未四月」, 「因前輔德權㦿疏辭免箚癸未十一月」에서도 나타나고 있다. 吳命峻(1662~1723)은 『家禮源流』의 시비가 발생하여 노소론간의 대립이 격화되었을 때 책의 跋文에서 윤증의 행동을 비난하였던 인물이었다. 그런 그가 김구를 간사한 성품과 치우치고 아첨하는 태도를 가진 인물로 묘사하였다. 또한 府庫의 재물과 곡식을 내어 內醫院의 女官과 천 명에 가까운 禁旅에

20) 『肅宗實錄』卷38, 肅宗 29年 3月 25日 庚午(40책 11쪽).

뇌물로 사용한 점과 유민을 내몰아 사방으로 흩어지게 하여 죽게 한 죄 등을 물어 김구를 탄핵하였다. 이에 대해 김구는 뇌물 공여 혐의에 대해 근거가 없음을 들어 부정하였고, 유민을 領送하는 일은 본토에 돌아가서 직업을 회복하려 했을 뿐임을 강조하였다. 덧붙여 자신을 모함하는 오명준의 행동에 대해 간교하고 간특하다는 평가를 내렸다. 이러한 공세에도 불구하고 김구는 숙종의 총애를 받아 우의정에 제수되었다.[21] 하지만 그는 「右議政疏癸未八月」이래 12차례에 걸쳐 사직을 청하였다. 거듭되는 사직소마다 본인의 재능이 미흡함과 情勢를 들고 있었지만 직접적인 원인은 계속되는 노론인사들의 비방과 탄핵이 정치적 부담으로 작용했던 것으로 보인다.

8권에서는 경제문제에 대한 啓가 주목된다. 김구는 內農圃의 庫直에 의해 자행되는 私圃에 대한 침탈을 금단시킬 것을 청하는 「請禁內農圃下輩作弊啓」를 올렸다. 또한 그는 安民의 관점에서 御營廳에서 麻浦江 위에 점포를 설치하여 물건을 팔아서 이익을 취하는 행위와 管理廳의 監官들에 의해 폐단이 야기되는 것을 금지시킴으로써 백성의 고통을 덜어주고자 했다(「請罷麻浦鋪子啓」). 한편 「請兵曹堂上郎廳推考啓」에서는 賤吏에게 納穀의 포상으로 實職을 품수하는 것에 반대함으로써 名分강화를 통해 국가체제를 유지하려는 의지를 보이고 있다. 당시 재정난을 타개하기 위해 취해졌던 納粟정책으로 발생되었던 綱常名分의 혼란에 반대하는 노론집권층의 경세방략의 일단을 보여주고 있다. 對南人觀을 살펴 볼 수 있는 계로는 「論還收東平君杭惠民署提調特除之命啓丁卯六月」(1687, 숙종 13)이 있다. 東平君 李杭(? ~1701)은 宗親으로서 禧嬪 張氏와 함께 남인과 결탁하여 노론에 대항하였다. 그런 그가 惠民署 提調에 제수되자 規例에 어긋남을 들어 반대하는 상소를 올렸던 것이다. 사간시절 그의 정치성향을 엿볼 수 있다.

또한 승지 재임시 올린 「政院啓甲戌九月」(1694, 숙종 20)에서 김구는 嶺南儒生 安日履 등이 兩賢 從祀를 黜享할 것을 청하자 이를 邪論으로 간주하여 배척하였다. 文成公 李珥(1536~1584)와 文簡公 成渾(1536~1598)의 배향은 1623년(인조 원년)에 본격 제기된 이래[22] 논란을 거듭하다가 金壽恒(1629~1689) 등이 배향을 적극 주청하면서 마침내 1682년(숙종 8) 5월에 종사가 성사되었다.[23] 그런데 양현 종사는 이이와 성현의 학문적 위업을 국가에서 공인해 준다는 점에서 양자를 연원으로 하는 西人의 정치적 입지를 확고히 다지는 계기로 작용하였다. 따라서 이는 숙종대 초반 정국주도권을 둘러싼 서인과 남인간 경쟁이 치열했던 상황에서 정치적 문제로 부상하였다. 실제로 己巳換局(1689, 숙종 15)으로 남인이 집권하게 되자 이이의 不孝와 성혼의 不忠 문제가 거론되면서 黜享 요구가 거세게 일어났고 그 해 3월 다시 출향되었다.[24] 하지만 甲戌換局(1694, 숙종 20)으로 남인세력이 정계에서 축출되자 예조에서 復享을 건의하

---

21) 『肅宗實錄』卷38, 肅宗 29年 8月 26日 己卯(40책 39쪽).

22) 『仁祖實錄』卷1, 仁祖 元年 3月 25日 乙卯(33책 515쪽); 『仁祖實錄』卷8, 仁祖 3年 2月 22日 辛丑(33책 682쪽).

23) 『肅宗實錄』卷13, 肅宗 8年 5月 1日 戊辰(38책 590쪽).

24) 『肅宗實錄』卷20, 肅宗 15年 3月 8日 乙酉(39책 163쪽).

였으며, 그 해 6월 다시 이이와 성혼을 문묘에 종향하라는 頒教文이 내려졌다.[25] 이때 반대 상소가 있자[26] 승지였던 김구는 자파의 정치적 입장을 대변하여 이를 논박하는 상소를 올리고 있었다.

9권에서는 「魯山及愼妃追後當否議戊寅」(1698, 숙종 24)이 주목을 끈다. 단종에 대한 追復 논의의 제기된 것은 1680년(숙종 6) 江華留守 李選(1632~1692)의 상소였다.[27] 이듬해 노산군이 正妃의 소생이라 하여 大君으로 부르도록 하였다.[28] 이후 예조 좌랑 尹世礎가 노산대군의 위호 추가를 청했지만, 정원에서 기각되었다.[29] 그러나 갑술환국을 거치면서 노산군 추복 논의는 1698년(숙종 24) 申奎에 의해 다시 제기되었다. 그는 노산군에게 王號를 추복하여 王禮를 적용해야 한다고 주장하였다.[30] 이러한 가운데 김구는 魯山君(端宗)의 일은 義로써 단죄하고 단종비 愼氏의 일은 禮로써 증명할 것을 강조하였다. 실제로 그는 判決事에 있으면서 단종 복위를 적극적으로 주장해 숙종으로 하여금 그 位를 追復하게 하였다. 아울러 신씨의 묘를 능으로 追封하고 陵役을 감독해 그 공으로 형조판서에 올랐다.

4. 가치

『관복재유고』는 숙종대 노소론간에 벌어졌던 치열한 정쟁의 한 가운데에서 활동했던 김구의 시문과 상소문을 정리한 문집이다. 김구는 노론으로 자정하면서도 박세채의 문인으로서 소론과의 탕평을 모색하기 위해 많은 노력을 기울였다. 문집에는 당대 치열하게 전개되었던 노소간의 갈등 양상을 구체적으로 살펴볼 수 있는 글들이 많이 실려있다. 또한 주요 정치사안에 대해 노론의 정론을 유지하면서도 정쟁의 악순환을 끊기 위해 노력했던 김구의 정치행보도 파악할 수 있다. 비록 소차의 내용이 본인과 관련된 정치사안에 대한 해명으로 이루어졌기 때문에 그의 정치사상의 특징을 면밀히 파악할 수는 없었지만 17세기 후반 한국정치사의 흐름을 정리하는데 큰 도움이 되는 자료라고 생각된다.

【원재린】

25) 『肅宗實錄』卷26, 肅宗 20年 5月 25日 壬戌(39책 310쪽).
26) 『肅宗實錄』卷27, 肅宗 20年 6月 25日 辛酉(39책 334쪽).
27) 『肅宗實錄』卷10, 肅宗 6年 12月 22日 丁未(38책 505쪽).
28) 『肅宗實錄』卷12, 肅宗 7年 7月 21日 壬申(38책 543쪽).
29) 『肅宗實錄』卷12, 肅宗 7年 8月 3日 癸未(38책 545쪽).
30) 『肅宗實錄』卷32, 肅宗 24年 9月 30日 辛丑(39책 505쪽).

橘下遺稿

崔植民(1831~1891) 著.

未刊原稿本. 4卷 1冊(61張), 28.5×18cm.

10行 20字.

橘下遺稿卷之三

書

答權進士 憲貞

新年得琴下存如承拱璧謹審棣中氣宇連康允侍學穩篤伏賀不任區〻植民奉老迓歲喜懼交至家兒湖行量渠義林未成徒然尋師恐無可以受鉗鎚者而其意思則實出於好德之衷故任他作一遊耳適客擾不宣

與權進士

每進高軒見棠裦有踐硯墨未乾私心悅之未嘗不

1. 저자

崔植民(1831~1891)의 本貫은 全州, 字는 舜皞, 號는 省窩·橘下이다. 최식민의 동생 崔琡民이 지은 「家狀」(木活字本 『橘下遺稿』권5의 부록에 실려있음)의 기록을 중심으로 최씨 가문의 내력과 최식민의 생애에 대하여 살펴보기로 한다.

최씨의 선대는 중국으로부터 건너와 대대로 完山(지금의 전북 전주시)에 살아 全州가 본관이 되었다. 본국에 도래한 조상들에 대하여 자세히 알 수 없으나, 족보상의 시조는 고려조에서 侍中을 지낸 文成公 阿이다. 문성공 阿의 長子 龍은 고려 忠定王 때 持平으로 있다가 慶尙道按廉使로 나갔는데, 元나라 御香使 帖木兒의 미움을 받아 遞職되었으나 고향으로 돌아가지 않고 경상도에 그대로 머물러 살았다. 이때부터 최씨가 경상도에 거주하게 되었다.

조선시대에 들어서 13대조 得涇이 문과에 급제하여 군수를 지냈으며, 得涇의 아들 孝良은 세조 때 이시애의 난을 평정한 공로로 靖難功臣에 참여하였다. 8대조 琦弼(자는 圭仲, 호는 茅山)은 學行으로 천거되었는데, 임진왜란 때는 가내의 장정 60명을 이끌고 진주성에 들어가 항전하다가 兵使 崔慶會와 함께 殉節하였고 뒤에 彰烈祠에 제향되었다. 7대조 瀷은 병자호란 이후 大明處士라고 스스로 호를 짓고 벼슬길에 나아가지 않았다. 그 이후 관직에 현달한 이가 없이 지방에서 사족으로 자리잡은 것으로 보인다.

최식민은 부친 重吉과 모친 晉陽河氏 사이에서 1831년에 경상도 晋州 仁川里에서 태어났다. 어려서부터 孝順하였고 양친의 말씀을 들으면 가슴속에 간직하고 잊지 않았다고 한다. 하루는 동네 아이로부터 모욕을 받고 와서 모친에게 고하자, 모친은 "네가 다른 사람을 모욕하지 않은 것이 다행이다. 다른 사람에게서 모욕 받은 것이 무슨 문제이겠는가? 다른 사람을 이기려는 마음을 버려라. 다른 사람을 이기면 다른 사람의 모욕을 받게 되는 것이다"라고 훈계하였다. 이때부터 그는 다른 사람을 능가하려는 마음을 갖지 않았다고 한다.

그가 장성하여 과거 시험에 응하기 위해 상경하였지만 要路를 통하지 않고는 벼슬을 얻을 수 없었다. 주위에서 요로를 통할 것을 권고하였으나 이에 응하지 않았으며, 서양세력과 일본이 개화를 요구한 뒤에는 벼슬을 단념하고 處士로서 오직 爲己之學에 전념하였다.

만년에 丹城(현재의 경북 의성)으로 이주하였는데, 뜰에 오래된 귤나무가 있어서 그 아래서 술 마시는 것을 즐기면서, 橘下翁이라 自號하였다. 집 뒤에 조그만 齋室을 지어 동생 崔琡民과 날마다 경전의 뜻을 토론하고 후생들을 이끄는 것으로 소일하였다.

그는 회갑이 되는 해(1891)에 생을 마쳤는데, 晋陽河氏와의 사이에 3남2녀를, 星山李氏와의 사이에 4남2녀를 두었다.

동생인 최숙민에 따르면, 최식민은 성품이 渾厚하고 그릇이 커서 관대한 長者의 기풍이 있었다고 한다. 최식민은 늘 부모를 곁에서 모시면서도 부모의 뜻에 거스린 적이 없었으며, 어려운 일이 생겨도 기색에 나타내지 않고 스스로 해결하여 부모의 촉망을 받았다. 한번은 모친이 병을 얻자 치료약으로 쓰기 위해 잉어를 구하려다가 끝내 잉어를 구하지 못하였다. 최식민은 그 일을 평생의 한으로 삼아, 그 후로는 혹 잉어 요리를 보게 되더라도 눈물을 흘리며 결코 입에 대지 않았다. 그는 제사가 다가오면 齋戒를 엄숙히 하였으며, 朔望과 출입시에도 반드시 사당에 절을 올렸다.

최식민은 동생을 자기 몸처럼 사랑하여 걱정과 즐거움을 함께 하며 늙어갔다. 언젠가 최숙민이 형을 따라 山房에서 독서하다가 형이 매우 아끼는 玉鏡을 깨뜨렸다. 최숙민이 그 사실을 알렸지만, 최식민은 못 들은 체 독서에만 전념하여 보는 자들의 감탄을 자아냈다고 한다. 또 동생 최숙민의 성품이 조급함을 보고 말하기를 "나는 省察 면에서 부족하고, 너는 存養 면에서 부족하다"고 하면서, 자신의 호를 省窩라 짓고 동생의 호를 存窩라 지었다.

그는 집안 사람에 대해서는 화평하면서도 엄숙하게 대하고, 자잘한 일에 간섭하지 않았으며, 자제를 깊이 사랑하였다. 평소 거처할 때도 관을 단정히 쓰고 띠를 묶어 행동거지에 항상됨이 있었다. 그는 늘 말하기를 "비어 있는 곳에 들어가더라도 사람이 있는 듯이 하며, 문을 나서면 큰손님을 맞는 것처럼 하면 될 것이다"라고 하였다.

그는 평소 춥고 배고픈 사람을 보면 힘을 다해 구제하였다. 병자년(1876)에는 큰 가뭄으로 역병이 발생하여 사망자가 속출하였다. 그는 병든 사람들을 곁방에 거처하게 하고 손수 약을 제조하여 구호하였다. 家人들이 걱정하였으나, 그는 "이 사람들은 내가 아니면 죽는다. 또 나는 병을 겁내지 않으니 걱정하지 마라"고 하였다. 그리하여 병인양요 때에 국가에서 倡義를 부르짖자 근방의 서민들이 서로 모여 말하기를 "최공이 장수가 된다면 우리 모두 따를 것이다"고 하였다. 그는 또 술마시기를 좋아했다. 혹 취하는데 이르면 자제들이 간했으나, 그는 "너희들이 알 바 아니다"라고 말하고, 취한 뒤에는 주자의 「齋居感興」이나 도연명의 「擬古」 등 편을 읊었다. 세속에서 그를 조소하는 자가 있어도 개의치 않고, 매양 말하기를 "지금 邪敎가 橫流하고 九野가 폐색되어 있는데, 다행히 한 두 명의 뜻을 가진 재야의 선비들이 있으니 어찌 중하지 않겠는가?"라고 하였다. 金平默이 어떤 사람에게 보낸 편지에 '지금의 일은 통곡하기에 부족하고 사람으로 하여금 발광하여 죽고자 하게 한다'는 말이 있었는데, 그는 이 구절을 세 번 반복하고서 한숨을 쉬면서 말하기를 "뱃속의 피가 끓어오르는데 어찌 할 수가 없구나, 어찌 할 수가 없구나"라고 하였다.

그는 어려서부터 책을 손에서 놓지 않았으며, 읽지 않은 책이 없었다. 程朱의 서책에서 자득한 바가 많았으며, 만년에 蘆沙 奇正鎭의 문집을 구하여 읽고, 처음에는 "근세에 없었던 바"라고 하고, 조금 후에 "師承에 말미암지 않고 도를 깨우친 것이 탁월하다. 내 소견으로는 옛 성현의 부류인 듯 하다"고 하여, 늘 그 문하에 나아가지 못함을 한으로 여겼다.

최식민이 어떤 인사들과 교유했는지 살펴보면, 그의 문집에서 편지를 주고받은 사람은 대개 인근의 친지들뿐이다. 그것도 소수의 몇 사람과 주고받은 것이고, 내용도 안부를 묻는 정도이다. 따라서 그가 당대의 석학들과 폭 넓게 교유한 것으로 보이지는 않는다. 그는 관직에 오르지 못하고 지방에서 處士로서 일생을 보낸 것이다. 다만, 그의 동생 최숙민이 蘆沙學派의 유학자로서 당대의 名儒들과 교유하였으며, 최숙민의 부탁으로 老柏軒 鄭載圭가 墓誌銘을 지었고, 松沙 奇宇萬이 墓碣銘을 지었으며, 深齋 曺兢燮이 行狀을 지은 것에서 알 수 있듯이 최식민의 학문 경향은 蘆沙學派에 속한 것으로 추론할 수 있다.

2. 구성

『橘下遺稿』는 4권으로 구성되어 있는데, 1권과 2권은 詩, 3권은 書, 4권은 雜著·序·記·跋·銘 등이다.

3. 내용

문집 구성에서 볼 수 있듯이 문집의 절반이 詩이다. 시는 대체로 親友들과 주고받은 것, 서정적인 감흥으로 산수의 경치를 읊은 것, 寓居해 있던 집 주변의 풍물을 읊은 것, 일상 생활에서 느끼는 감회를 나타낸 것 등이다. 서경시 가운데 「遊安息洞」·「遊文巖」·「遊赤壁」 등은 비교적 경치와 감개가 잘 표현되어 있다. 「秋夜書懷」는 은밀한 감회를 유유자적하게 읊은 것이며, 「遠客」은 멀리서 궁벽한 산간으로 자신을 찾아온 친구에 대하여 반가운 심정을 토로하는 내용이다. 「醉吟」·「旬三日宋性浩同飮」 등은 술로써 인생을 自娛하는 내용이다. 「贈別金周瑞」는 친구와의 이별을 아쉬워하며 풍부한 정감을 묘사한 것이다. 이 밖에 「夏松」·「杜鵑花」 등 詠物詩가 있다. 許愈의 序文에서는 최식민의 시를 질박하고 화려하지 않다고 평하였다.

書는 趙泰玄에게 보낸 답서 12편, 동생 숙민과 주고받은 것 14편을 제외하면, 대부분 한 두 편씩을 주고받은 것이다. 그리고 편지의 내용도 대부분 안부를 묻는 것이다. 「答趙泰玄」에는 儒風의 부진함을 우려하며 浩然之氣를 강조한 내용이 보인다. 「答權敬夫泰容」은 『論語』에 대한 權泰容의 네 가지 질문에 답하는 내용이다. 두 가지만 예를 들면 다음과 같다.

문: '不亦說乎'에서 '說'자에 대하여

답: '說'자의 境界에 대하여 모른다고 걱정하지 말고, 오직 고개를 숙여 배우고 때로 익히라. 공부하지 않고 '說'자의 뜻을 알려고 하는 것은 먹지 않고 배부르기를 구하는 것과 같다.

문: '不亦樂乎'에서 원방의 친구가 오면 어찌하여 기쁜가에 대하여

답: 이 道理는 나 홀로 사사로이 할 수 있는 것이 아니니, 원래 천하 公共의 物事이다.
그러므로 다른 사람이 즐거워하는 데까지 미쳐야 자신의 사사로움이 없게 된다고 할 수 있다.

「答權子德載采」는 權載采가 책을 읽다가 의문이 생긴 내용을 일곱 조항으로 정리하여 질문하자 이에 답한 것이다. 예를 들면 다음과 같다.

문: '懿'자와 '敬'자는 어떠한 것입니까?
답: 懿는 誠實이고 敬은 操存이다.

문: 祭器는 빌릴 수 없다고 하였는데, 비단 다른 사람에게서 빌려올 수 없을 뿐만 아니라 다른 사람에게 빌려 줄 수도 없는 듯 합니다.
답: 祭器를 다른 사람에게서 빌려 올 수 없다면 다른 사람에게 빌려 주는 사람이 없다는 것이다. 그러나 이것은 大夫의 일이고, 庶人의 경우는 차이가 있는 듯 하다.

동생 崔琡民에게 보낸 「與舍弟元則」은 집안의 제사 문제, 수양 공부의 문제, 호남 학계에 보낸 논문에 관한 문제 등 여러 가지 내용이 들어 있다. 특히 동생에게 보내는 답서에는 독서 과정에서의 의문점들에 대하여 서로의 생각을 주고받으며 토론하고 있다.

「答謙兒」는 둘째아들 崔濟謙의 질문에 대한 답변이다. 아들 崔濟謙이 부모 곁을 떠나 스승을 찾아 공부를 하게 되어 부모를 모시지 못하는 것이 죄송하지만, 그렇다고 집에 있게 되면 소소한 일들 때문에 공부에 집중할 수 없으니, 어떻게 하면 좋을지 모르겠다고 토로하였다. 이에 대해 부모를 섬기는 방법에는 슬하에서 직접 봉양하는 것도 하나의 길이지만, 부모를 떠나 좋은 친우와 훌륭한 스승에게서 공부하는 것도 그에 못지 않은 길이라고 타이르고 있다. 뿐만 아니라 독서하면서 의문점을 물어온 것에 대하여도 자상하게 답변해 주고 있다.

雜著 가운데 「送弟寓公田說」은 德川의 公田으로 이사가는 동생 崔琡民을 보내면서 지은 글이다. 덕천의 산수가 훌륭하며, 그곳에 은거하여 經傳을 읽고 道를 논하기에 좋은 곳이라고 서술하였다.

「書蘆沙先生送金稚敬序贈舍弟關東之行」은 蘆沙 奇正鎭이 관동지방으로 떠나는 金稚敬을 보내면서 지은 글을 동생 崔琡民이 관동지방의 명승지를 유람하기 위해 떠날 때 깨끗이 써서 행낭에 넣어준 글이다.

「送權舜卿寓武陵序」는 山陰에서 지리산 남쪽 산록에 있는 武陵으로 이사가는 친구 權舜卿을 보내면서 지은 글이다.

「百忍窩記」는 종형이 자신의 거처를 百忍窩라고 명명한 것에 대하여 당나라 張九齡이 9대가 함께 거주한 것에 비유하여 지은 記이다.

「跋默山日記」는 친구 默山 崔可一이 독서하면서 기록한 일기에 대한 발문이다.

「書三子論水箚記後」는 친구 세 사람이 물에 대해 논한 바를 뽑아 기록한 다음 그에 관한 소회를 적은 글이다.

「金剛杖銘」은 그의 동생이 금강산 만폭동에서 구해 선물한 지팡이로 인하여 지은 銘이다.

4. 가치

첫째, 이 문집은 활자본으로 간행되기 전의 초고본으로서, 문집 간행 과정을 이해하는 데 도움을 줄 수 있는 서지학적 가치를 가지고 있다. 특히 이 미간원고본에는 교정 흔적이 그대로 남아 있어 원래 상태의 초고를 확인할 수 있다. 적절하지 않은 글자는 새로 고쳤는데, 원글자에 × 표를 하고 그 옆에 새 글자를 써서 원 글자를 확인할 수 있다. 그리고 산삭할 부분은 괄호를 쳐 표시하고 추가할 내용은 옆에 기록하여 놓았다. 또한 산삭하기 위해 괄호를 쳐 놓은 부분에 簽을 붙여 다시 원래대로 두는 것이 좋다는 내용을 기록하여 놓기도 했다. 그런데 활자본과 대조해 보면 이 미간원고본은 최종교정본이 아닌 것으로 보인다. 교정된 내용이 그대로 활자화되지 않고 문구가 앞뒤로 다시 뒤바뀐 부분들을 볼 수 있기 때문이다. 그러므로 이 미간원고본을 다시 정서하여 정고본을 만들어 최종적으로 활자로 간행한 듯 하다.

둘째, 이 미간원고본에는 활자본에 수록되지 않은 상당량의 시문이 남아 있어, 저자의 작품세계를 연구하는데 많은 도움을 줄 수 있다.

셋째, 저자는 관직으로 현달하지도 못했고, 학문적으로 큰 업적을 남기지도 못한 지방의 유학자로서, 자신의 일상생활을 문집으로 남겼다. 따라서 구한말 시골 양반의 일상생활과 정신세계를 연구하는 기초 자료로서의 가치를 가지고 있다.

5. 기타

異本 및 방증자료를 소개한다.

『橘下遺稿』는 연세대학교 중앙도서관에 소장된 未刊原稿本과 서울대학교 규장각에 소장된 木活字本이 있다. 소장 사항은 다음과 같다.

1) 未刊原稿本 『橘下遺稿』(연세대 중앙도서관본)

청구기호	귀772
원서명	橘下遺稿
편저자	崔植民(朝鮮) 著
판본사항	筆寫
간행지	[刊寫地未詳]
간행자	[刊寫者未詳]
간행년도	[刊寫者未詳]
권책수	4卷 1冊
광곽	無界, 半葉匡郭 : 23.5×15.5cm, 10行 20字
판심	無魚尾
책크기	28.5×18cm
표지서명	橘下遺稿
서문	無
발문	無
자료소개	崔植民(1831~1891)의 詩文集
목차	無
사부분류	集部 別集類 一般
M/F번호	귀772

2) 木活字本『橘下遺稿』(서울대학교 규장각본)

청구기호	古 819.55-C456g
원서명	橘下遺稿
편저자	崔植民(朝鮮) 著
판본사항	木活字
간행지	[刊地未詳]
간행자	[刊者未詳]
간행년도	[光武6年(1902) 跋]
권책수	5卷 1冊
광곽	四周單邊, 半葉匡郭 : 22.5×14.8cm, 10行 21字 注雙行
판심	上下內向花紋魚尾
책크기	30.2×18.5cm
표지서명	表紙書名:橘下集

서문　　序:戊戌端陽日(1898)…許愈
발문　　丁酉維夏(1897)…奇宇萬, 壬寅復月(1902)…崔濟泰
자료소개　　崔植民(1831-1891)의 詩文集
목차　　卷1 : 詩 57篇, 卷2 : 詩 64篇, 卷3 : 書 19篇, 卷4 : 雜著 2篇, 序 2篇, 記 1篇, 跋 2篇, 銘 1篇, 卷5:附錄:家狀, 行狀, 墓誌文, 墓碣文
사부분류　　集部 別集類 一般
M/F번호　　M/F86-16-7-B

3) 未刊原稿本과 木活字本의 비교

연세대학교 중앙도서관에 소장되어 있는 미간원고본『橘下遺稿』는 초고본의 형태로 목활자본을 간행하기 위하여 만들어진 것으로 추정된다.

미간원고본과 목활자본을 대조하여 보면, 雜著 2篇, 序 2篇, 記 1篇, 跋 2篇, 銘 1篇은 일치하지만, 詩와 書 그리고 祭文의 편수에 차이가 있다. 미간원고본에는 실려 있지만 산삭되어 목활자본에 실리지 않은 詩로는 다음과 같은 것이 있다.

「方振元講德齋韻」·「杏壇」·「新竹」·「硯」·「夜吟」·「紫薇花」·「喜雨」·「次李達支生朝韻」·「槐林玉泉」·「新安社會飮」·「新安社講會韻」·「次韻朴匡遠」·「江岸留友」·「挽姜進士」·「贈任致九」·「寄頭愚」·「秋雨偶吟」·「次考槃齋韻」·「有微恙浹月呻吟夢一老人身彩灑落手一粒玄丹授之覺來儀容猶依然心感有詩」·「次松皐翁見寄」·「挽鄭」·「智齋有詩不可無和」·「自歎詞二首」

書의 경우 「答權進士」1편, 「答趙泰玄」6편, 「答舍弟元則」3편, 「與舍弟元則」2편이 미간원고본에 실려 있지만 목활자본에는 실리지 않았다. 그리고 祭文 「祭權丈憲亨文」이 미간원고본에는 있는데 목활자본에는 祭文 항목 자체가 없다.

반면 미간원고본에는 목활자본에 실려있는 서문, 목차, 부록(家狀, 行狀, 墓誌文, 墓碣文) 및 발문이 없다. 서문, 부록, 발문의 중요 내용은 다음과 같다.

序文 「橘下遺稿序」는 許愈가 지었다. 내용은 許愈 자신이 일찍이 崔植民을 찾아뵈었던 일을 상기하고 최식민의 인품을 "忠厚하고 有德한 사람"으로 평하고 있다. 講會에서 만났을 때에도 행동거지가 겸손하여 존양한 바가 큰 인물이었으며, 문예는 餘事에 지나지 않았다고 서술하였다. 그의 詩文에 대해서는 "그윽하면서도 밝게 드러나고 온화하면서도 조리가 있다(闇而章, 溫而理)"고 하여 세속의 학자와 다른 면모를 가졌다고 평가하고 있다.

「家狀」은 최식민의 동생 崔琡民이 지었다. 최씨 가문의 시조와 경상도에서 거주하게 된 배경, 현달한 조상, 최식민의 생애 등을 기술하고 있다.

「橘下處士崔公行狀」은 曺兢燮[1]이 撰하였는데 최숙민이 지은 「家狀」을 기초로 지은 것으로 내용면에서 「家狀」과 특별히 다른 것은 없다. 을미년(1905) 7월에 지은 것으로 기록되어 있다.

「墓誌銘」은 鄭載圭[2]가 지었으며, 「墓碣銘」은 奇宇萬[3]이 지었다. 모두 「家狀」에 기초하여 지은 것이다.

跋文은 제목이 없으며, 奇宇萬이 지은 것과 최식민의 장자 崔濟泰가 지은 것이 연이어 수록되어 있다. 奇宇萬의 발문은 기우만 자신이 일찍이 書生 수십명과 함께 최식민을 방문한 적이 있는데 그 때 최식민이 지어준 詩句를 떠올리면서 최식민의 기대에 부응하지 못함을 서술하고, 최식민의 詩가 風雅의 遺體라고 찬사를 보내는 내용이다. 崔濟泰의 발문은 자신의 先君이 평소에 문인으로 자처하지 않아 저술이 많지 않고 또 시문을 수습하는 것을 허락하지 않았다고 하며, 奇宇萬의 격려에 힘입어 남아 있는 시문을 1책으로 간행하게 되었다고 서술하였다.

4) 방증자료

본 문집의 저자 최식민을 연구하기 위해서는 보다 많은 방증 자료를 함께 참고하여야 할 것이다. 무엇보다 그의 아들 崔濟泰의 문집 『宋窩集』이 남아 있기 때문에 이를 함께 참고할 수 있을 것이다. 『松窩集』은 4권 2책 목활자본이다. 아들 相秉이 편집하고, 1934년 손자 承訓 등이 간행하였다. 권두에 盧普鉉이 1918년에 쓴 舊序와 1933년 權載奎가 쓴 서문이 있고, 권말에 權相淵과 鄭贊圭의 발문이 있다. 권수에 총목차가 있고, 권1에 시 32수, 권2에 書 55편, 권3에 잡저 3편, 제문 7편, 跋·묘지명·행장 각 1편, 권4는 부록으로 묘갈명 등이 수록되어 있다. 고려대학교 도서관에 소장되어 있다.

【장동우】

---

1) 曺兢燮(1873~1933)은 조선 말기의 학자로, 본관은 昌寧, 자는 仲謹, 호는 深齋이다. 조긍섭은 일정한 스승은 없었다. 그러나 타고난 성품이 매우 영특하여 일가의 학문을 이루었다. 시문에도 법도가 있어 당시 영남 사림에서 거목으로 지목되었다. 한말 지식인 가운데에 黃玹 · 金澤榮 · 李建昌 등과 교유하였다. 그리고 그들을 뛰어난 인물로 칭찬하였던 점으로 보아 유학자로서의 보수적 성격에만 집착하지 않은 학자였다. 조긍섭의 성리학적 저술로는 20세 때에 李震相의 「心卽理說」을 17조목으로 분석하고 비판한 「讀心卽理說」, 「心合理氣說」을 인정하면서도 '심'은 곧 마음으로 보아야 한다고 주장한 「心問」, 그리고 田愚의 견해를 비판한 「성존심비변」·「性尊心卑的據辨」 등이 있다. 그밖에 『巖西集』 · 『深齋集』 · 『措明錄』 등이 있다.

2) 鄭載圭(1843~1911)의 본관은 草溪, 자는 英五·厚允, 호는 老柏軒·艾山이다. 鄭邦勳의 아들이며, 奇正鎭의 문하에서 수학하였다. 저서로는 『老柏軒集』이 있다.

3) 奇宇萬(1846~1916)은 조선 말기의 의병장으로, 본관은 幸州, 자는 會一, 호는 松沙이다. 전라남도 화순 출신이며, 참봉벼슬을 하였으므로 기참봉으로 불렸다. 호남에서 이름에 높았던 참판 正鎭의 손자로서 학업을 이어받아 일찍이 文儒로 추앙받았다. 유저로는 『松沙集』이 있다. 1980년 건국훈장 독립장이 추서되었다.

錦帆全集

尹致羲(1797~1870) 著.

初稿本. 63卷(卷12, 24, 30, 43은 내용 없이 공란)
31冊, 31×20cm.
10行 20字, 註小字雙行.

錦帆全集卷之一

賦

周雖舊邦其命維新賦 丙戌七夕製居首有直赴會試之命

贊虞休以用中頌殷祥曰長發懿神基之積累沕玄
理之於稷皇穹又其眷西邦則舊而新芳推在昔而
積德孅自令而迓休天眷周而錫命德維新於文王
光顯四而對越地有二而和恒昭事日而簡心壹令
聞於之綱窃余稽夫世業自夏虞之以降肇命室之
卽有繼邠居之允荒亶季又其作對氏中葉而炳靈
歲相距也千餘文以前則舊邦培根深於瓞瓜發源

1. 저자

尹致羲(1797~1870)[1]의 本貫은 海平, 字는 成汝, 號는 錦帆이다. 초명은 致秀였으나 개명하였다. 왕조실록 등에는 致秀로 나온다. 참판 命烈의 아들인데 敬烈에게 입양되었다. 1827년(순조 27) 增廣文科에 丙科로 급제한 뒤 史官이 되고, 1834년 홍문관에 선발되었다. 1838년(헌종 4) 태조의 영정을 보완하여 光明殿에 옮길 때 大祝으로서 일을 잘 처리하여 加資되었고, 1842년(헌종 8) 成均館 大司成에 올랐다. 1845년에 의주부윤이 되었는데 私蔘稅의 폐지를 건의하기도 하였다. 그 후 1846년(헌종 12) 이조참의, 1847년(헌종 13) 성균관대사성, 1848년(헌종 14) 홍문관 부제학, 예방승지, 이조참판 등을 역임하였다. 1848년 순조와 익종에게 존호를 追上할 때에 行都承旨로서 가자되었고, 『三朝寶鑑』을 太廟에 奉書할 때에도 護軍으로서 일을 수행하여 가자되었다.

1849년 형조판서에 승진되고 1853년(철종 4) 예조판서로 尊號都監提調를 겸직, 이듬해 한성부판윤으로 冬至使가 되어 청나라에 다녀오고 1855년(철종 6) 사헌부 대사헌이 되었다. 같은 해 판의금부사, 한성부판윤을 지내고 1856년(철종 7)에 다시 판의금부사, 1857년(철종 8)에 이조판서에 임명되었다. 그 후 형조판서, 함경도 관찰사 등을 지내고 1863년 지중추부사로 陳奏使가 되어 다시 청나라에 다녀와서 공조판서에 이르렀다. 1863년 12월에 山陵都監의 提調로 임명되었고 國葬都監의 謚冊文製述官에 임명되었다. 1864년 다시 판의금부사가 되었고 1866년(고종 3) 上號都監에서 憲宗大王의 樂章文製述官이 되었다. 1875년(고종 12)에 文獻이라는 시호를 받았다. 저서로 『爛抄』·『博綜誌』가 있다.

2. 구성

『錦帆全集』은 전체 63권 31책으로 되어 있는 巨帙이다. 매1책 당 2권씩 편차되어 있으나 제16책만 3권(제31, 32, 33권)으로 되어 있다. 다만 제12권(詩)과 제24권(記), 제30권(雜著), 제43권 <進退錄>은 목록상에는 편제되어 있으나 본문은 전혀 기록되어 있지 않아서 제6책은 제11권만, 제12책은 제23권만, 제15책은 제29권만, 제21책은 제42권만 있다. 落帙인 것은 아니고, 아마도 내용을 따로 보충하려고 했던 듯 50~60장씩 공란으로 비워 놓았다.

전체 책별, 권별 구성은 다음과 같다.

제1책:권1·2(賦, 詩)

1) 윤치희의 沒年이 각종 인명 사전 등 거의 대부분의 문헌에 1866년(고종 3)으로 되어 있으나 1870년(고종 7)이 정확하다. 이에 대한 구체적인 내용은 권 57의 「進退錄」에 대한 내용 설명에서 자세하게 언급한다.

제2책:권3 · 4(詩)
제3책:권5 · 6(詩)
제4책:권7 · 8(詩)
제5책:권9 · 10(詩)
제6책:권11 · 12(詩)(12권은 공란)
제7책:권13 · 14(疏箚)
제8책:권15(啓 · 議) · 권16(講義)
제9책:권17(講義) · 권18(應製錄, 進箋文)
제10책:권19 · 20(書)
제11책:권21 · 22(序)
제12책:권23 · 24(記)(24권은 공란)
제13책:권25(題跋 · 上樑文) · 권26(祭文)
제14책:권27(行狀) · 권28(墓碣銘)
제15책:권29 · 30(雜著)(30권은 공란)
제16책:권31 · 32 · 33<夢香逸史>
제17책:권34 · 35<進退錄>
제18책:권36 · 37<進退錄>
제19책:권38 · 39<進退錄>
제20책:권40 · 41<進退錄>
제21책:권42 · 43<進退錄> (43권은 공란)
제22책:권44 · 45<除擬錄>
제23책:권46 · 47<僚寀錄>
제24책:권48 · 49<銓選錄>
제25책:권50<銓選錄> · 권51<試省錄>
제26책:권52 · 53試省錄
제27책:권54 · 55<試省錄>
제28책:권56<試省錄> · 권57<進退錄>[2)]
제29책:권58<殿最錄> · 권59<稟覆錄>
제30책:권60<銓選錄>[3)] · 권61<牒判錄>
제31책:권62 · 63<欽恤錄>

이상의 목록 중 실제로는 제15책 30권까지가 시와 산문을 기록한 순수 詩文集이고, 그 이후는 관료 생활을 하면서 연관된 여러 가지 내용을 모아 놓은 일종의 기록 문서적 성격이 강한

2) 문집 맨 앞에 실린 목록에는 〈試省錄〉으로 되어 있으나 본문은 〈進退錄〉이다.
3) 문집 맨 앞에 실린 목록에는 〈稟覆錄〉으로 되어 있으나 본문은 〈銓選錄〉이다.

글이다. 12권까지의 시집 중 제1권은 목록상 賦·詩로 되어 있으나 부 작품은 30세 때인 1826년(丙戌) 칠석에 지은 「周雖舊邦其命維新賦」라는 작품 1수뿐이다. 시는 詩體別 형식은 상관하지 않고 지은 연도순으로 편차되었다. 맨 첫머리는 12살 때인 1808년(戊辰)에 지은 작품부터 시작하지만 이 해의 작품은 한 수뿐이고 그 다음에 17살 때인 1813년(癸酉)에 지은 작품과 19살 때인 1815년(乙亥)에 지은 작품도 각각 한 수씩만 실려 있을 뿐이다. 그 다음에 실린 22세 때 지은 작품부터는 한 해에 여러 수씩 실려 있다. 이후부터 거의 매해 작품이 실려 있으나 가끔씩 빠진 해도 있다. 또 각 해의 작품 수에 편차가 심하여 己酉년에 지은 작품은 제9권 전체에 250여 수나 실려 있는 반면 바로 1년 뒤인 庚戌년에는 57수로 급격히 줄어들었고 2년 뒤인 辛亥년에는 2題 5首만 실려 있기도 하다. 매해 연도가 바뀔 때마다 간지를 표시하였으나 제10권에서 계축년 때 지은 일련의 <燕槎諸詠>이라는 작품 중에서는 해가 바뀌어도 따로 간지 표시를 하지 않았다. 제목에 쓰인 除夕, 人日 등의 용어를 통해 해가 바뀐 것을 알 수 있을 따름이다.

제1권부터 제30권까지의 각 권별 세부적인 구성과 목록은 다음과 같다.(31권 이하는 위에 제시한 목록상의 제목 외에 하위 단위의 세부적 구성이 없다.)

권1: 賦 1편, 詩 116題 180首
권2: 詩 87題 137首
권3: 詩 97題 124首
권4: 詩 57題 87首
권5: 詩 114題 188首
권6: 詩 119題 181首
권7: 詩 76題 225首
권8: 詩 69題 155首
권9: 詩 118題 136首
권10: 詩 121題 206首
권11: 詩 57題 150首
권12: 詩(공란:내용 없음)

권13

<疏箚>

「玉堂請鞫李時復箚子」·「再箚」·「陳情疏」·「辭大司成疏」·「辭右承旨疏」·「因試牌陳情勢辭免疏」·「辭吏曹參議疏」·「陳蔘弊疏」·「辭嘉善疏」·「以都承旨自列疏」·「辭副提學疏」·「辭吏曹參判疏」·「再疏」·「辭資憲疏」·「論蕩還疏未徹」·「因敦飭眞情勢辭免疏」·「因泮査請裁處

疏」·「因武監吏査事請罪疏」·「乞退疏未徹」·「辭判尹疏」·「論曺夏望文集疏」·「論曺夏望文集事與同僚聯名箚子」·「辭崇政疏」·「辭藝文館提學疏」·「辭武試考官疏」·「判義禁自列疏」·「辭吏曹判書疏」·「大政後辭職疏」·「辭咸鏡監司疏」·「乞暇省掃疏」·「因殿最漏書待罪疏」

권14

<疏箚>

「咸鏡監司辭免疏」·「金吾自列疏」·「請寢中官申昇祿島配按法檢驗疏」·「與金吾僚堂執藝疏」·「辭兵曹判書疏」·「辭兵曹判書疏」·「大政後辭兵判疏」·「辨誣疏」·「辭輔國疏」·「乞退第一疏」·「乞退第二疏」

권15

<啓>

「代湖西儒生等請故直長盧應皓忠節褒贈啓」·「玉堂請開經筵啓」·「請典獄署官員拿處啓」·「請延曙察訪拿處啓」·「請監察沈龜祖拿處啓」·「請故參議曺夏望追奪官爵及其孫錫雨施以屏裔之典事啓」·「賓廳請復膳啓」·「請寢隨鑾啓辭未徹」·「請官制變通啓」·「請設産室廳啓」·「惠山僉使鄭友永罷黜啓」·「淑陵奉事崔宗秀罷黜啓」·「公都會退行啓」·「大同加下請劃啓」·「北評事韓鎭棨罷黜啓」·「大同加下請加劃啓」·「北虞候金哲源罷黜啓」·「南兵使李亨夏査啓」·「請慶興移邑啓」·「長津陞邑後請賞啓」·「年分啓」·「軍器城堞修補後請賞啓」·「北兵營行營移駐便否啓」·「庭請啓辭」·「賓廳請復膳啓辭」·「賓廳請上大王大妃殿尊號啓辭」

<議>

「大興鎭移設靑石關事收議」·「仁陵·綏陵·徽慶園遷奉事收議」·「純宗大王廟號議」·「景福宮重建議」

권16

<講義>

「綱目唐高祖紀定租庸調章」·「書傳召誥庶殷丕作章」·「召誥疾敬德章」·「召誥王敬作所章」·「洛誥敬天之休章」·「多士惟聽用德章」·「無逸懷保小民章」·「無逸惟正之供章」·「周官官不必備章」·「顧命宣重光章」·「康王之誥張皇六師章」·「畢命旌別淑慝章」·「畢命怙侈滅義章」·「君牙小民怨咨章」·「冏命」·「呂刑以敎祗德章」·「小學嘉言篇明道程先生曰憂子弟之輕俊章」·「小學伊川先生曰教人未見意趣章」·「小學言溫而氣和章」·「小學知埋鬻之戱章」·「小學若夫立志章」·「小學漢昭烈章」·「小學諸葛武侯章」·「小學大學須靜章」·「小學柳玭章」·「小學戒爾勿放曠章」·「小學擧世重遊俠章」·「小學擧世賤淸素章」·「史略黃帝軒轅氏章」·「史略帝堯陶唐

氏章」·「史略帝舜有虞氏章」·「小學古者父母之喪旣殯食粥章」·「小學晋阮籍負才放誕章」·「小學中月而禫章」·「論語第六卷憲問篇子貢問爲仁章」·「論語第六卷憲問篇君子遠慮章」·「史略第一卷孟嘗君章」·「史略第一卷豫讓章」·「孟子第五卷萬章篇伊尹以割烹章」·「孟子第六卷告子篇仁內義外章」·「孟子第六卷告子篇孟子居鄒章」·「孟子第七卷盡心篇自高子章至布縷章」·「中庸序」·「中庸哀公問政章自生而知之至九經」·「詩傳第一卷關雎章葛覃章」·「詩傳第一卷草蟲章采蘋章」·「詩傳第一卷殷其靁章摽有梅章小星章」·「詩傳第三卷君子于役章君子陽陽章揚之水章」·「詩傳第三卷淸人章遵大路章羔裘章」·「詩傳第三卷園有桃章陟岵章」·「詩傳第六卷無羊章」·「詩傳第十卷自我將止思文章」·「詩傳第十卷閟宮章」·「書傳第一卷堯典」·「書傳第二卷大禹謨」·「書傳第二卷益稷」·「書傳第三卷禹貢」·「書傳第三卷五子之歌」

권17

<講義>

「書傳第四卷中虺之誥」·「書傳第四卷咸有一德」·「書傳第五卷盤庚下篇」·「書傳第五卷說命上篇」·「書傳第五卷說命中篇」·「書傳第六卷洪範」·「書傳第七卷大誥」

권18

<應製錄>

「忠淸道城隍發告祭祭文」·「忠淸道別厲祭祭文」·「經筵官金仁根敦諭」·「勸農綸音都承旨時承命製進」·「徽慶園親進香文」·「光陵親祭祭文」·「永禧殿酌獻禮祭文」·「仁陵親祭祭文」·「哲宗大王謚冊文」·「仁陵親祭祭文」·「南關王廟親行奠酌禮祭文」·「紫薇堂上樑文」·「憲宗大王追上尊號樂章文」

<進箋文>

「大殿嘉禮陳賀進箋文」·「大王大妃殿誕日進箋文代觀察使作」·「大殿元子誕降陳賀進箋文」·「純元王后祔太廟陳賀箋文」·「大王大妃殿王大妃殿上尊號陳賀箋文」·「憲宗大王尊爲世室陳賀箋文」·「冬至陳賀箋文」·「正朝陳賀箋文」·「謝致仕箋文」

권19

<書>

「與李公執𡊮書」·「與宗人書」·「與李監察元會書」·「與公執書」·「與公執書」·「答李佐郎敏根書代仲氏作」·「答福汝書二首」·「答族兄君瑞致翼書」·「與族姪尙友友善書」·「與金生文五書」·「答尹參判伯敎書」·「與宗人書」·「與三從兄仲益書」·「答士能書」·「答南寧尉書」·「答族叔成夫書二首」·「與趙公始徹林書」·「與宗人書」·「答福汝書」·「與洪執義直弼書」·「與金稚涵在敬

書」·「答許兵使棨書」·「答許兵使書」·「答趙觀察鶴年書」·「答朴右相晦壽書」·「與備堂書」·「與趙觀察書」·「答趙觀察書」·「再與趙觀察書」·「答趙觀察書」·「與備堂書」·「與趙觀察書」·「與備堂書」·「與備堂書」

권20

<書>

「答金左相道喜書」·「答金左相書」·「答左閤書」·「與南兵使李行敎書」·「上答仲氏書」·「上廚院都相書」·「與箕伯趙元七書」·「答箕伯書」·「上左相書」·「上洪祭酒書」·「答洪祭酒書」·「答洪祭酒書」·「與族弟殷老致祖書」·「上領相書」·「答左閤書」·「上領相書」·「與殷老書」·「與申觀察錫愚書」·「答金承宣在敬書」·「與尹奉朝賀定鉉書」·「與族姪益善書」

권21

<序>

「關東序」·「祭屏序」·「贈金員外肇序」·「龍社雅集同志軸序」·「沈泰登魯崇詩軸序」·「扶安金氏族譜序」·「撫琴餘訣序」·「海平尹氏世乘序」·「李文靖實紀序」·「葵庵集序」·「贈戶曹佐郎蔡公達周行狀後序」·「七老同遊錄序」·「泮宮同遊錄序」·「贈丹坡之任晉州序」·「奉別仲氏之任公州通判書」·「梅山存藁詩序」·「贈祥雲丞金文七序」·「皐湖金稚斌復淵六十一壽序」·「姜內翰家藏蘭竹屏序」·「金同樞孝友實蹟序」·「松竹堂詩稿序」·「西遊未定草自序」·「贈別石醉士能別字侍郎以副价之燕序」·「贈梣溪尹侍郎定鉉觀察海西序」·「贈族人執義哲求以書狀赴燕序」·「南園雅集序」·「禮曹參判徐公愈實紀序」·「贈李參判寅皐以冬至副使赴燕序」·「尹檢書贈職宴序」·「心庵趙相國斗淳六十一壽序」·「李進士憲明六世稿序」·「經山鄭相國元容回啓宴序」

권22

<序>

「關北序」·「望德書院靑衿錄序」·「間谷祠集序」·「完山李氏派譜序」·「石醉尙書六十一壽序」·「經山鄭相國回榜宴序」·「癸亥辨誣錄自序」·「仁同張氏族譜序」·「送鄭侍讀汝成顯德以書狀赴燕序」·「陶雲李尙書六十一壽序」·「希谷集序」

권23

<記>

「遊邊山記並序」·「五鼓亭記」·「竹圃堂記」·「石南精舍記」·「錦帆舘記」·「兎山鄕校重修記」·

「六一亭記」·「鄭節婦實記」·「觀魚亭重建記」·「顯忠祠重修記」·「少波亭記」·「碁雨亭記」·「崔簡易祠堂記」·「夢尤堂記」·「長津鄕校重建記」·「利原御筆閣記」·「彰義祠碑閣重修記」·「百六軒重建記」·「枕戈堂移建記」·「敬修堂記」·「追慕亭記」

권24:공란(내용 없음)

권25

<題跋>

「謹題壬午司馬榜會帖後承親敎作」·「文靖公子孫錄跋」·「書錦霞堂家塾說後」·「題白村遺事後」·「金氏家藏書牘跋」·「迂叟集跋」·「石圃年譜跋」·「金金吾磂遺事跋」·「詩社月露跋」·「玄氏家藏簡牘跋」·「題朴生采箕畫帖」·「月壺墨跋」·「柳氏義庄節目跋」·「北靑李孝婦旌閭記跋」

<上樑文>

「風泉齋上樑文」·「扶風秋掾廳舍重建上樑文」·「廣寒殿上樑文」·「德溫公主新廟上樑文」·「白馬山城東門重建上樑文」·「蒼龍門重建上樑文」·「潁沙亭上樑文」·「秋水堂上樑文」·「百六軒關北營吏廳上樑文」·「慶興枕戈堂上樑文」·「慶興鄕校上樑文」

권26

<祭文>

「甕井書院配享崔默齋活祭文」·「春秋享祝文」·「甕井書院配蔡新齋達周祭文」·「春秋享祝文」·「南寧尉封爵日告廟祝文」·「鶴峰祠追配祭文」·「祭從兄監役公文」·「祭白陵尹進士文」·「祭季弟文」

권27

<行狀>

「本生曾祖考贈吏曹參議府君行狀」·「本生祖考贈吏曹參判府君行狀」·「本生祖妣贈貞夫人廣州李氏行狀」·「先府君行狀」·「先夫人行錄」·「成均進士金公行狀」·「成均生員金公行狀」·「禮賓寺奉事崔公行狀」·「贈吏曹參判城隱柳公行狀」·「工曹判書尹公行狀」·「德溫公主行狀」·「學生全公行狀」·「左參贊尹公諡狀」·「伯氏判官贈領議政公行狀」·「仲氏承旨公行狀」·「從兄監役公行狀」

권28

<墓碣銘>

「洪參奉得周墓碣銘」·「碧珍李將軍遺墟碑」·「贈兵曹判書林公墓碣銘」·「外舅贈領議政趙公墓碣銘並序」·「大護軍朴公墓碣銘並序」

권29

<雜著>
「硯銘」·「梧川石橋碑銘並序」·「首戴德頌」·「擬周卜人進非龍非彲非虎非羆之卜箋」·「擬假注書徐戴淳尹致秀謝禁直之日令應製親考硃批仍賜內府秘書書」·「擬假注書徐戴淳謝冬至親上致詞表裏時特令隨輿陪參盛擧書」·「伯兒訓辭」·「季兒訓辭」·「崔周煥傳」·「回咨文」·「畫像自贊」·「盛京禮部呈文」

권30:공란(내용 없음)

3. 내용

『錦帆全集』은 앞에서 언급한대로 전체 63권 중에 실제로는 30권까지가 시와 산문을 기록한 순수 詩文集이고 그 이후는 일종의 기록 문서이다. 문집의 구성 순서대로 각 권의 내용을 살펴보면 다음과 같다.

1) 賦詩

권1부터 권12까지는 시가 편차되어 있다. 권1은 목록상 賦·詩라고 되어 있지만 부 작품은 「周雖舊邦其命維新賦」라는 작품 1수뿐이다. 이는 『詩經』, 「文王」편에 나오는 구절을 그대로 따다가 그 내용을 부연한 것이다. 「文王」편은 周 문왕의 덕을 기리고, 天命을 받았더라도 그 명을 유지하는 일이 어렵다는 것을 후대에 지위를 계승할 임금에게 훈계한 내용이다. 제목의 뜻은 '주나라는 그 시조인 后稷이 벼슬에 봉해진 때로부터 천여 년이 지났으나 천명을 받은 것은 바로 문왕 때로부터 새롭게 시작됨'을 말한 것이다. 시경의 이런 뜻을 좀 더 문학적으로 수식하여 부연한 것이 본 작품의 내용이다.

시는 모두 946수인데 季弟인 觀汝와 특히 우애가 두텁고 문학적으로 의기투합하였던 듯 그와 唱酬하였거나 그의 시에 次韻한 작품이 유달리 많다.

초기 시에서는 閑居 志向의 작품들이 다수 보인다. 몇 가지만 예를 들어보면 다음과 같다. 이들은 모두 권1에 실린 작품이다.

「與季弟觀汝次明律」(尾聯)
村居方覺逍遙理　시골에 살며 바야흐로 逍遙의 이치를 깨닫고,
隨分吟哦盡日閑　분수를 따라 시 읊으니 종일토록 한가롭네.

「偶吟」(尾聯)
季來世事關心少　근년 들어 세상 일에 관심이 적어,
樂是烟霞便是家　즐기는 것 자연이요 편한 것은 집일세.

「次盧陵集韻」
蓴羹菰飯一床陳　순채국과 菰米밥을 상 하나에 차리니,
細雨山家不見賓　실비 내리는 산촌 집에 손님은 오지 않네.
天敎風烟輸錦軸　하늘은 風光을 錦軸으로 보내고,
地分泉石付閑人　땅은 泉石을 나누어 한가한 사람에게 주었네.
游蜂滿院知花發　날아다니는 벌 뜰에 가득하니 꽃이 피었음을 알겠고,
浮蟻盈樽覺酒醇　술구더기 동이에 가득하니 술이 진함을 알겠네.
物外其機誰盡得　속세 밖의 기미를 누가 모두 얻으랴,
惟看夕烏下簷頻　오직 석양의 갈가마귀만 처마에 자주 내려옴을 본다네.

또 절을 읊은 작품들이 많이 있는데, 문집 전편에 걸쳐 군데군데 절을 하나씩 읊은 것도 더러 있지만 몇 군데에서는 일련의 여러 절들을 집중적으로 읊고 있는 것이 특기할 만하다. 「文殊寺」·「普光寺」·「太古寺」·「重興寺」·「扶旺寺」·「圓覺寺」·「鎭國寺」·「奉聖菴」·「龍巖寺」·「輔國寺」·「國寧寺」·「祥雲寺」·「元曉庵」·「西巖寺」·「津寬寺」·「天柱寺」·「國淸寺」·「長慶寺」·「開元寺」·「法華庵」 등이 그렇게 읊어진 대상이다. 이처럼 절을 읊은 시들이 많은 것으로 보아 불교에 대해 상당히 호의적이었던 것으로 보인다.

저자의 생애를 보면 평생을 고위 관료로 지냈기 때문에 자연히 임금과 국가에 대한 깊은 관심을 보이는 작품들도 다수 보인다.

「南漢行宮」(권1)
憶昔翠華住此宮　예전에 임금님 수레 이 궁에 머물던 것 생각하니,
罘罳紅日尙玲瓏　罘罳에 붉은 햇살 영롱히 빛났었지.
星臨北極樓臺逈　별이 북극에 임하니 누대는 멀리 있고,
雲近蓬萊道路通　구름이 蓬萊山에 가까운데 도로가 통하였네.
百里金湯天險設　백리에 金城湯池 천연의 요새 설치되었고,
千秋玉壘地靈雄　천추에 옥루는 땅의 영기 웅장하도다.

書生空抱終軍恨　서생은 부질없이 終軍의 한을 안고,
極目斜陽意不窮　석양에 눈 부릅뜨니 상념이 끝이 없네.

이처럼 관료 문인의 의식을 반영한 작품들은 이밖에도 「次賈至早朝大明宮韻禁直承令製進」·「瑞雪禁直承令應製」(이상 권1)·「世子宮端午帖」·「紅豆花禁直承令製進」·「春坊直廬」·「退朝口號」·「陪扈弘陵時以訓鍊從事參陣」·「大殿延祥詩」·「大殿春帖字」·「差英陵享途中口占呈宋文學浩然持養」·「大殿端午帖」·「差享延慶墓志感」(이상 권2) 등 일일이 헤아릴 수 없이 많이 찾아볼 수 있다.

윤치희는 방대한 저술을 남긴 문인답게 시에 있어서도 상당한 능력을 구사하였던 듯 흔하지 않은 몇 가지 雜體詩도 시도하고 있다. 그 중 비교적 흔히 볼 수 있는 회문시도 있는데 다음과 같은 작품이다.

「回文」
寒江暮雪落紛紛　차가운 강에 저녁 눈이 어지러이 내리는데,
逈眺明洲白鷺羣　밝은 모래톱의 백로 무리를 저 멀리 바라보네.
盤酒沽成詩社會　소반의 술을 사오고 시 모임이 이루어져,
歡情客坐共談文　즐거운 손님들 앉아서 함께 글을 이야기하네.

역순으로는 다음과 같은 작품이 된다.

文談共坐客情歡　글 논하며 함께 앉은 손님들 마음 즐거운데,
會社詩成沽酒盤　서로 모여 시를 지으며 소반에 술을 사오네.
群鷺白洲明眺逈　백로 떼 나는 흰 모래톱 저 멀리 밝게 보이는데,
紛紛落雪暮江寒　어지러이 눈 내리는 저녁 강은 차가웁네.

다음 작품은 쉽게 찾아보기 어려운 '玉連環體'라는 형식의 잡체시이다.

「春雪效玉連環體」(권5)
林雲排陳雪如花　숲에 구름 덮이더니 꽃잎처럼 눈이 내려,
化意春瀜潤麥畬　化育의 마음으로 화창한 봄날 보리밭을 윤택하게 하네.
田際堆鹽埋逕密　밭가에 쌓인 소금 오솔길을 깊이 묻고,
山間和粉沒靴多　산간의 和粉은 신발을 깊이 잠기게 하네.
夕簷鈴斷氷流碧　저녁 처마에 방울소리 끊어지고 얼음은 푸르게 흐르니,
石澗澌添水結華　산골짝 시내에 얼음장 더해져 물에는 빛이 어리네.

十里野光占大有　십리의 들판 빛깔로 풍년을 점치니,
月令看罷說桑麻　月令을 보고 나서 농사를 이야기하네.

시의 내용은 봄눈이 내린 장면을 묘사한 것이다. '소금'이나 '和粉'은 눈의 비유로 쓰인 시어이다. 전체적으로는 눈이 많이 오면 보리가 자라는데 유리하여 풍년이 든다는 속설을 나타낸다.

여기서 구사한 '옥련환체'는 둥근 고리 형식의 옥처럼 앞뒤 구의 글자가 서로 연관성을 가지면서 이어지는 것이다. 구체적으로 말하면, 앞 구의 마지막 글자를 이루는 일부 구성 요소가 다음 구의 첫 자에 쓰이는 것이다. 위의 시를 보면 제1구 마지막 글자 '花'자 중 일부인 '化'자가 다음 구의 첫 자로 쓰였으며 나머지 구도 모두 같은 식으로 진행된다. 그리고 마지막 구도 마찬가지로 '麻'자의 일부인 '林'자가 첫 구의 첫 자로 쓰여서 고리처럼 서로 이어지는 것이다. 이는 주로 글자의 윗부분을 제외한 나머지 글자를 이어받기 때문에 머리 부분을 감추었다고 해서 일명 '藏頭體'라고도 불린다. 그러나 반드시 윗부분을 제외한 나머지 부분을 이어받는 것만은 아니고 좌측이나 우측 부분을 이어받기도 한다.

이밖에도 숫자를 '一・二・三・四・五・六・七・八・九・十・百・千・萬'순으로 각 연의 첫 글자로 삼아 13편 23구의 잡체시를 지은 「數字體漫吟」(권5)이라는 작품도 있으며, 각 연을 한 글자에서부터 열 글자까지 차례로 숫자를 늘려가며 짓는 이른바 '寶塔詩'도 다섯 수 연작으로 남기고 있다. 이 보탑시는 속칭 '層詩'라고도 하는데 여기서는 제목을 「自一至十詩 (五首)」(권5)라고 하여 雪・月・山・水・花 다섯 가지 사물을 대상으로 하여 지었다. 그 중 산을 읊은 시를 하나 보면 다음과 같다.

山　산이여,
山　산이여.
鰲戴　자라가 짊어지고,
螺鬟　소라 등 모습이네.
孔仁樂　공자는 仁者가 좋아한다 했고.
歐滁環　구양수는 滁州를 둘러쌌다 했지.
玉池神窟　아름다운 연못과 신비한 굴이 있고,
石室仙班　바위 속 집에 신선의 무리도 있다네.
岧嶢千仞勢　우뚝 솟아 천 길 높은 형세를 취하고,
迴還萬重關　굽이굽이 휘돌아 만 겹의 관문을 이루었네.
芙蓉削出秀色　芙蓉은 조각한 듯 솟아올라 빼어난 자태이고,
菡萏高浮潺顔　菡萏은 높직이 물 위에 떠서 고요한 모습이네.
古人畫手援毫遠　옛날 화가는 붓을 잡고 멀리 있는 모습 그렸고,

多少詩[4]人得句閒	수많은 시인들은 시구로 읊으며 한가로움 즐겼네.
靈運詞伯踏去大屐	시인인 謝靈運은 굽 높은 나막신으로 등산을 하였고,
种放道士買來幾鍰	도사인 种放은 얼마간의 돈으로 산을 샀다네.
或黯然而霧飄然而雨	때때로 어둡게 안개가 끼다가 표연히 비가 내리니,
若窅乎其喪嵬乎其攀	마치 멍하니 그것을 잃은 듯하여 드높이 올라가 보네.
君不見回崖疊峰隱朝日	굽은 벼랑 겹겹 봉우리가 아침해를 감춘 것을 못 보았는가,
可知自有宇宙便在此間	우주가 곧 이 사이에 저절로 들어 있음을 가히 알 수 있겠노라.

윤치희는 또한 화훼초목 등을 대상으로 읊은 영물시를 많이 남겨 이에 대한 관심이 높았음을 알 수 있다. 「題朴生采箕畫帖」(권5) 제하의 일련의 시에서는 각각 「蒼松」·「怪石」·「綠竹」·「石榴」·「碧蘭」·「芍藥」·「黃菊」·「白蓮」·「盆梅」·「石竹」·「垂楊」·「石菊」·「葡萄」·「菟絲」·「碧梧」·「薔薇」·「病蕉」·「老柏」 등을 별도의 하위 제목으로 내세워 총 18수의 연작 영물시를 읊었으며 그밖에도 「次弇州集詠物體韻」(6권)에서는 「梅花」·「紅梅花」·「桂花」·「玉蘭花」·「菊花」·「蓮花」·「草芙蓉」·「牡丹」·「綠牡丹」·「桃花」·「李花」·「梨花」·「杏花」·「芍藥花」·「水仙花」·「玉簪花」·「萱花」·「夾竹桃」·「石榴花」·「薔薇花」·「辛夷花」·「杜鵑花」·「繡毬花」·「葵花」·「海棠花」·「石竹花」·「蓼花」·「金錢花」·「蟠松」·「竹笋」·「梧桐」·「芭蕉」·「橘」·「荔枝」·「葡萄」·「櫻桃」·「柹」·「苔」·「楓」·「楊柳」 등 제목으로 모두 40수를, 「又賦詠物體二十首」(6권)에서는 「鶴」·「鸚鵡」·「鶯」·「白燕」·「雁」·「子規」·「鵁鶄」·「鷗」·「鷺」·「鷄」·「蜂」·「蝴蝶」·「蟬」·「蟋蟀」·「蠶」·「螢」·「蜘蛛」·「蠅」·「虱」·「蠹」 등 20수를, 「詠物體五十首用鹿隱韻」(권9)에서는 「紙」·「筆」·「墨」·「硯」·「茶」·「香」·「鏡」·「弓」·「箭」·「網巾」·「几」·「枕」·「扇」·「杖」·「被」·「帳」·「簟」·「床」·「屛風」·「簾」·「酒壺」·「酒盃」·「鼎」·「機杼」·「尺」·「剪刀」·「砧」·「桔槔」·「犁鋤」·「錢」·「閒」·「忙」·「夢」·「別」·「愁」·「恨」·「淚」·「詞人」·「漁翁」·「劍俠」·「酒徒」·「琴客」·「羽師」·「衲友」·「美姬」·「農夫」·「樵人」·「獵者」·「醫」·「卜」 등 무려 50수에 이르는 연작 영물시를 지었다. 위에 열거한 내용에서도 알 수 있듯이 시적 관심의 대상이 된 것은 일상생활에서 흔히 볼 수 있는 평범한 사물들을 망라하고 있다.

시의 외형적 특징으로 또 하나 들 수 있는 것은 위의 영물시에서도 드러나고 있지만 수십 수에 이르는 장편 연작시가 많다는 점이다. 대여섯 수씩 짓는 연작시는 이루 헤아릴 수 없이 많고, 「閑居漫述」(5권) 30수, 「龍灣雜詩」(권7) 30수, 「望宸樓次韻」(7권) 20수, 「無題」(권8) 40수, 「無題」(권9) 26수, 「臨江雜詩次鹿隱韻」(권9) 30수 등 수십 수에 이르는 연작시들이 많다. 또 연작시를 지으면서 일관성 있는 제재를 대상으로 지은 작품들도 있다. 「十孤詩」(권2)의 '孤松'·'孤竹'·'孤蘭'·'孤鶴'·'孤雁'·'孤劒'·'孤帆'·'孤嶼'·'孤雲'·'孤月'[5], 「次宋詩十老詩韻十

4) 詩가 원문에는 時로 되어 있으나 誤字로 판단되어 바로잡는다.

首」(권4) 제하의 「老將」·「老儒」·「老醫」·「老吏」·「老兵」·「老妾」·「老妓」·「老僧」·「老奴」·「老馬」, 「八梅詩」(6권)의 '早梅'·'老梅'·'半開梅'·'未開梅'·'雪梅'·'月梅'·'瘦梅'·'繁梅' 등이 그것이다.

이상의 몇 가지 특징들로 보았을 때 윤치희는 詩作 활동이 누구보다도 생활화되었으면서 창작활동을 다양하게 즐겼던 것으로 보인다. 이는 그의 시적 역량이 매우 뛰어났다는 방증으로 해석할 수 있다.

2) 散文

권13·14는 疏箚로서 특정한 일이 있을 때 임금에게 올리는 글이다. 여기에 실린 글들은 제목에서도 알 수 있듯이 상당수의 글이 관직에서 물러나기를 청하는 辭職疏가 많다. 대부분의 사직소가 그렇듯이 주로 자신의 능력이 모자라서 그 일을 감당하기 어렵다는 내용이다. 그 중 「陳情疏」(권13)는 東晋시대 때 유명한 李密의 「陳情表」를 본떠서 79세 된 노모를 봉양하기 위해 중앙 관직을 물러나 작은 읍을 다스리도록 허락해 달라는 내용의 '爲親乞郡'하는 글이다.

「陳蔘弊疏」(권13)는 인삼의 공출과 密賣 등에 따른 여러 가지 폐단을 시정하기를 요청하는 글이다. 이는 저자가 의주 부윤으로 있으면서 私蔘制의 폐단을 아뢰고 혁파하기를 청한 것으로, 이 사실은 실록에도 실려 있다. 「金吾自列疏」(권14)는 승정원에서 啓辭가 왔을 때 죄수의 이름 중 李熙觀의 觀자가 잘못하여 完자로 되었는데 이를 살펴서 바로잡지 못하고 일처리를 하였다. 이에 스스로 그 잘못에 대한 벌을 청하는 글이다. 「辨誣疏」(권14)는 건국 초기부터 국가의 가장 중대한 외교 현안이었던 宗系辨誣와 연관되는 내용이다. 즉 여러 차례에 걸쳐 중국에 사신을 보내어 간청한 결과 宣祖朝에 이르러 비로소 잘못된 종계를 바로잡게 되었는데 근일에 북경에서 구입하여 가지고 온 이른바 『二十一史約編』이란 책에 잘못을 그대로 답습하고 있었다. 이에 專使를 중국에 보내어 奏達하여 속히 바로잡도록 청하는 글이다.

권15는 啓와 議로 구성되었다. 啓는 신하가 임금에게 올리는 글로서 대부분 각 글의 제목에 그 내용이 구체적으로 드러나 있다. 그 중 「年分啓」는 한 해 농사의 풍흉에 따라 그 상황을 참작하여 정하는 토지세의 비율을 아뢰는 글이다. 高原·永興·甲山·厚州·富寧·鍾城·慶原·慶興·長津·三水 등의 지역을 거론하는 것으로 보아 저자가 함경도 관찰사로 있을 때 올린 것이다. 議는 대개 임금의 물음이나 의논하라는 명이 있을 때 임금에게 奏達하는 글이다. 여기에는 네 편의 글이 실렸는데 그 내용은 역시 제목에서 제시하고 있고 각각의 내용에 대해 모두 지당한 일이어서 다른 견해가 있을 수 없다는 동의를 올리고 있다. 2, 3행의 짧은 형식이다.

권16, 17은 대궐에서 경전을 강의한 내용이다. 16권에는 1830년(庚寅:순조 30)에 春坊(世

5) 이 「十孤詩」와 다음의 「八梅詩」는 각 작품에 따로 제목을 내세우지 않았고 다른 작품들은 각 작품의 제재가 되는 사물을 별도의 제목으로 내세웠다.

子侍講院)에 入侍해서 『綱目』·『書傳』을, 1835년(乙未:헌종 원년)에 玉堂에 입시해서 『小學』·『史略』·『論語』를, 1837년(丁酉:헌종 3)에 『論語』·『史略』을, 1841년(辛丑:헌종 7)에 승지로 입시해서 『史略』·『孟子』·『中庸』·『詩傳』·『書傳』을 강의한 내용이 실려 있다. 17권에는 16권에 이어서 『書傳』을 강의한 내용이 7편만 실려 있다. 17권은 10장만으로 되어 있어서 다른 권과 양에서 큰 차이가 난다.

권18은 <應製錄>과 <進箋文>으로 되어 있다. 應製는 국가의 공식 행사가 있을 때 임금의 명을 받들어 지은 글인데 여기서는 주로 祭文이 많다. 進箋은 '箋文'으로서 나라에 길한 일이나 흉한 일이 있을 때 임금에게 바치던 四六騈儷文의 형식의 글인데, 여기서는 모두 嘉禮나 誕辰 등 길한 일에 대한 내용들이다. 각 글의 내용은 역시 제목에 구체적으로 드러나 있다. 이 중 「謝致仕箋文」은 자신이 나이가 늙어 벼슬을 그만 두면서 임금의 은혜에 감사함을 표하는 내용이다.

권19, 20은 公私間에 주고받은 편지글들이다. 19권에 34편, 20권에 21편이 실려 있는데 특기할 만한 사항은 보이지 않는다.

권21, 22는 序文으로 구성되었다. 21권에는 「關東序」를 비롯하여 32편, 22권에는 「關北序」를 비롯하여 11편이 실려 있다. 「관동서」는 관동 지방의 산천, 각지의 명승지, 名刹 등을 상세하게 묘사한 기행문 성격의 글이다. 전체 아홉 장에 걸친 대작인데 무수히 등장하는 인명, 지명, 고사 등을 상세하게 雙行夾註로 주석을 붙여 놓았다. 「관북서」는 권수를 달리하지만 「관동서」와 짝을 이루는 성격의 글이다. 성격은 「관동서」와 유사하며 열 한 장으로 조금 더 길다. 여타 작품들은 다른 문인들에게서도 흔히 볼 수 있는 성격의 序文들이다.

권23, 24는 記 편인데 24권은 내용이 없이 공란으로만 남아 있다. 첫 번째 글인 「遊邊山記」는 公務의 여가에 전라도 부안의 변산 일대를 유람한 내용을 묘사한 것이다. 유람한 여정을 보면 開巖寺·禹金巖·靈隱寺 폭포·實相寺·龍湫·月明菴·月淨臺·知止浦·格浦·采石江·來蘇寺·黔毛浦 등인데 모두 4일간 1백 80리 길이었다. 이때 시도 24수를 지었는데 이 기는 여정에 따라 모두 다섯 편으로 나뉘어져 있다. 「錦帆舘記」는 자신이 사는 집을 '錦帆舘'이라고 편액 붙인 까닭을 설명한 글로서 저자의 호를 취하게 된 내력을 알게 해 준다. 옛 사람들은 학문을 흔히 바다에 비유하였다. 그 험난한 바다를 헤쳐 나가려면 배가 있어야 하고 배를 띄우는 데는 돛이 없으면 안 된다. 따라서 九經 百家라는 망망한 학문의 바다를 건너기 위해 비단 돛을 걸고 배를 띄운다는 의미에서 이런 이름을 붙였다는 것이다.

권25는 題跋과 上樑文 편이다. '題跋'은 책이나 기타 문서의 맨 뒤에 붙이는 글로서 여기에는 14편이 실려 있는데, 그림의 뒤에 그 감상 평을 붙인 글인 「題朴生采箕畫帖」 한 편도 들어 있다. '上樑文'은 건물을 落成하고 그것을 기념하기 위해 짓는 글로서 四六騈儷文 위주의 독특한 양식을 하고 있다. 여기에는 모두 11편의 글이 실려 있다.

권26은 祭文이다. 모두 아홉 편의 글이 실려 있으며 일반적인 제문의 성격으로서 특이한 사항은 보이지 않는다.

권27은 行狀이다. 죽은 사람의 일생의 행적을 적은 글로서 역시 일반적인 행장의 양식이다. 모두 16편의 글이 실려 있다.

권28은 墓碣銘이다. 일반적으로 비석의 윗 부분이 네모난 것을 碑라 하고 둥근 모양을 한 것을 碣이라 한다. 보통은 墓碑銘이 더 많이 보이는데, 윤치희는 묘비명은 한 편도 없고 묘갈명만 있는 것이 특징이다. 그것도 문집의 방대함과 다른 양식의 문장 편수가 많은 것에 비하면 전체 5편 뿐으로 매우 적은 양이다. 그 중에서도 「碧珍李將軍遺墟碑」는 유허비로서 일반적인 묘갈명과는 약간 성격이 다르다.

권29, 30은 雜著 편으로 말 그대로 여러 가지 성격의 글들이 실려 있는데 30권은 내용 없이 공란으로 되어 있고 29권에만 13편의 글이 실려 있다. 「硯銘」은 一·石·琢·冊·德·尺의 入聲자로 通韻하여 압운한 4언 12구의 짧은 글로서 벼루의 덕을 찬양하였다. 「首戴德頌」은 鳳凰의 덕을 찬양한 글인데 殿試 丙科에 2등으로 뽑힌 작품이다. 4언 60구의 운문으로서 여러 운을 換韻하였다. 「擬周卜人進非龍非彲非虎非羆之卜箋」은 주나라 文王이 西伯으로 있을 때 사냥을 나갔다가 名臣 姜太公을 만난 내용을 주나라 卜人이 箋文을 올리는 형식을 취하여 모의하여 지은 글이다. 뛰어난 현인을 얻어서 훌륭한 정치를 펼치기는 원하는 내용이다. 「畫像自贊」은 64세 되던 해 자신의 자화상을 보고 스스로의 감회를 적은 4언 8구의 짧은 운문이다. 「盛京禮部呈文」은 14권에 실린 「辨誣疏」와 연관된 내용으로서, 중국 조정의 禮部에 글을 올려 『二十一史約編』이란 私撰書에 실린 宗系의 오류를 시정해 주기를 청하는 글이다.

3) 기타 문서류

권31 이하는 詩文과 같은 창작물이 아니고 관직 생활 중의 각종 기록을 모은 문서 성격의 글이다.

권31~33은 <夢香逸史>가 각 권에 上·中·下편으로 나뉘어 실려 있는데 이것은 임금에게 入侍한 내용을 기록한 것이다. 상권은 1846년(丙午:헌종 12) 二十一日에 華城 行宮에서 入侍한 것부터 시작해서 1848년(戊申:헌종 14)까지 임금에게 入侍한 사실을 일자별로 일일이 기록한 것이다. 때때로 부채나 藥, 달력 등 하사품을 비롯해서 封書 등을 받은 사실도 기록하였는데 모두 단순 사실의 짤막한 기록이다. 본문 아래에는 같이 입시한 사람들의 명단을 서열 순으로 雙行夾註로 밝혀 놓았는데 자신의 이름은 성씨인 尹자만 기록하고 이름이 적혀야 할 부분은 두 글자가 들어갈 공간을 비워놓았다. 중권과 하권은 입시해서 임금과 문답한 내용을 일일이 기록한 글이다. 그 내용은 조정의 政事에 관한 여러 가지 일들을 망라하고 있는데 특히 여러 고을의 형편과 지방 관리들의 치적에 대한 것, 朝野의 여러 인물들에 대한 褒貶 등과 자신이 의주 부윤으로 있을 때 겪은 私蔘制의 폐단이나 闖眼錢의 폐해 등을 지적한 내용들이 실려 있다.

권34~43은 <進退錄>인데 저자가 관직 생활을 하는 동안에 있었던 일들을 日誌 형식으로 꼼꼼하게 기록한 글이다. 권43은 내용 없이 공란으로 남겨져 있다. 저자가 주로 중앙 관직에 있었기 때문에 궁중에서 실시한 각종 과거 시험 실시 내용, 대궐에 출근한 단순 사실 등을 비롯하여 모든 궁중의 행사와 신하들이 올린 啓 등을 망라한 것이 주요 내용으로 되어 있다. 저자가 처음 관직에 발을 들여놓은 1826년(丙戌:순조 26) 9월 5일부터 1865년(乙丑:고종 2) 12월 29일까지 40년간의 관직 행사를 상세하게 기록한 일지여서 당시의 역사를 연구하는데 큰 도움이 될 것이다.

권44~45는 <除擬錄>인데 1827년(丁亥:순조 27)부터 1866년(丙寅:고종 3)까지 자신이 포함된 벼슬의 除授에 대한 注擬가 있을 때마다 그 내용을 빠짐없이 기록한 글이다. 三望에 포함된 사람들까지 순서대로 빠짐없이 기록하였는데 자신의 이름은 31~33권의 <香夢逸史>에서처럼 성씨만 쓰고 이름자가 들어갈 자리는 비워놓았다. 이 기간의 관료 명단이 망라되어 있어 관직 연구에 좋은 자료가 된다. 맨 끝에는 약간 다른 필체로 '乙亥' 조항에 '諡號望'이라는 항목이 추가되어 있는데, 이는 저자의 사후인 1875년(乙亥: 고종 12)에 文獻이라는 시호를 받을 때의 三望이므로 나중에 다른 사람에 의해 추가된 내용이다. 후보에 오른 '文獻·文肅·孝獻'의 세 가지가 기록되었으며 각 글자에 대한 풀이 내용도 夾註로 기록되어 있다. 최종적으로 채택된 文獻에 대한 풀이는 '勤學好文曰文, 嚮忠內德曰獻(학문에 부지런하고 글을 좋아했으므로 문이라고 하고, 충성을 다하고 안으로 덕을 쌓았으므로 헌이라고 한다)'이라고 되어 있다.

권46~47에 실린 <僚案錄>은 저자와 같이 관직 생활을 한 동료들의 명단을 망라해 기록한 것이다. 역시 관직 생활을 시작할 때인 1827년(丁亥:순조 27)부터 시작하였는데 마지막은 <除擬錄>과는 달리 1858년(戊午:철종 9)까지만 기록되어 있다.

권48~50은 <銓選錄>인데 저자가 銓曹(吏曹)에 재임할 때 여러 관리들을 선발하여 벼슬을 내린 기록이다. 제사 등 주요 행사 때 임시로 직책을 맡긴 경우도 기록하였다. 1827년(丁亥:순조 27)부터 시작하여 1862년(壬戌:철종 13) 6월 15일까지 기록되어 있다.

권51~56은 <試省錄>인데 一부터 六까지 각 권에 실려 있다. 내용은 文武 大小科의 試官으로 참여하였을 때 합격자들을 기록한 명부이다. 명단에는 경우에 따라 講經한 과목을 기록하거나 부친의 이름을 기록하거나 당사자의 나이·본관·거주지를 기록하였다. 1829년(己丑:순조 29) 9월 20일부터 시작하여 1859년(己未:철종 10)까지의 기록이다.

권57은 다시 <進退錄>이 실려 있다. 앞에 실렸던 <진퇴록>의 권42(권43은 목록만 있고 누락) 마지막이 1865년(乙丑:고종 2) 12월 29일에서 끝났는데 여기에서 다시 그 다음해인 1866년(丙寅:고종 3)부터 시작하여 卒年인 1870년(庚午:고종 7)까지 이어지고 맨 마지막에 1875년(乙亥:고종 12)에 文獻이라는 시호를 받은 사실을 덧붙였다. 목록에 있는 권43은 실제로 내용상 누락된 것은 아니다. 후반부는 필체가 다른 것으로 보아 저자는 만년의 몇 년 간을 직접 기록하지 못했는데 다른 사람에 의해 첨가된 듯하다. 현재 대부분의 문헌에 윤치희의 졸년이 1866

년(고종 3)으로 되어 있는 것은 잘못이다. 여기에 보면 분명하게 1870년(庚午:고종 7)까지 생존했던 기록이 있고 이해 9월 20일 卯時에 正寢에서 세상을 떠났다고 하였다.(庚午:九月二十日, 卯時, 卒于正寢) 1866년으로 오류를 일으킨 것은 권42까지 실렸던 <진퇴록>에 1865년(乙丑:고종 2) 12월 29일까지만 기록되어 있고 권44~45의 <除擬錄>에도 1866년(丙寅:고종 3)까지만 있으므로 미처 57권의 <進退錄> 내용은 보지 않고 섣불리 판단한 때문으로 보인다.

권58은 <殿最錄>으로서 郎官으로 있을 때 일년에 두 번씩 都目政事에서 문무관의 治積을 종합 조사하여 褒貶登第를 적어 올린 啓目을 모은 것이다.

권59는 <稟覆錄>으로 비변사와 刑曹·禮曹·吏曹에 재임시에 올린 回啓를 모은 글이다.

권60은 권 48~50에 이어 다시 <銓選錄>으로 되어 있다. 일자도 앞의 내용을 이어서 1862년(壬戌:철종 13) 6월 25일부터 시작하였으며 1865년(乙丑:고종 2)에 끝난다.

권61은 「牒判錄」인데 조정의 下敎 등을 각 도에 移牒한 공문서와 典設司 등 各司에서 여러 가지 폐단을 바로잡아 고친 節目을 비롯하여 기타 죄인의 自服을 받은 訊問書, 檢案 등을 모아놓은 기록이다.

권62~63은 「欽恤錄」으로서 刑曹에 재임할 때 죄수들의 罪案을 심의하였던 기록이다. 欽恤이란 죄수의 심리를 신중하게 처리하고 처벌받는 자를 불쌍하게 여긴다는 뜻이다.

4. 가치

『금범전집』은 전체 63권의 방대한 양인데, 저자 자신의 창작 시문집과 관리로서 재임할 때 여러 가지 사항을 기록한 공문서 성격의 글로 크게 나누어진다. 후반부의 기록물은 당시의 궁궐 안의 여러 가지 政事와 관리 임명 현황 등을 자세하게 알 수 있는 귀중한 자료이다. 그러나 문집의 체제가 완성되지 않아서 卷次만 편성해 놓고 내용을 기록하지 않은 곳도 더러 있고 같은 내용이라도 각 권의 양에 있어서 편차가 큰 경우도 있다. 이와 같은 형식상의 결점에도 불구하고 당시의 人事, 行政, 科擧 施行 등을 연구하는데 있어 왕조실록이나 『승정원일기』 등 공적인 기록을 보완해 줄 수 있는 매우 중요한 가치를 지니고 있다.

【김영봉】

錦涯草稿

鄭赫逵(?~?) 著.

寫本. 1冊, 34×23cm.

13行 20字.

錦涯草稿 諱赫逵字明用號錦涯淸州人

詩

偶吟

客子懷歸久未歸牕前多送夕陽輝村容淡〃靑烟散春意殷〃白雨霏半世琴書身北走一江鷗鷺夢中飛跏趺終日幽軒裡城市不關有是非

春興

空庭王粲登樓賦强借杜陵憶弟眠倦遊剩得衰年興拔把床頭藥玉船

偶吟

於耕於學兩難全無事江湖五十年酒不過斟能允醉詩因推敲自呼眠世情已熟炎凉際客跡空留寂寞邊朝暮兒童來問業随力强策蠹魚篇

1. 저자

鄭赫達 (? ~ ?)의 本貫은 淸州, 字는 羽用, 號는 錦涯·紫雲山老이다.

2. 구성

詩, 輓歌, 雜著, 書, 祝文, 祭文으로 구성되어 있다. 시는 총 115篇이 실려 있는데, 형식상으로는 7言 絶句와 律詩가 주류를 이루고 내용상으로는 詠物, 次韻, 卽事가 대부분을 차지한다. 輓歌는 모두 26首가 실려 있으며 저자가 處士文人의 신분이었던 탓에 墓主는 대개가 주변 인물과 친척에 국한되었던 것으로 보인다. 雜著에는 「書林將軍傳後」·「論姜海景孝行呈本官文」·「論金氏婦烈行呈本官文」·「書權舜翊遊太白詩軸後」·「書愛吾庵記後」·「書湖陽集後」·「逍遙臺記」·「芝溪問答」 등 8편의 작품이 실려있다. 이외에 書 3편, 祝文 2편 祭文 8편이 수록되어 있다.

3. 내용

1) 詩

전체적으로는 性情陶冶라는 士林의 문학관에 충실한 處士文人의 작품들이라고 볼 수 있다. 문학은 당대의 사회상을 반영한다. 생존 무렵의 기후 환경을 증명하는 示相化石처럼 문학에는 쓰인 당시의 사회상이 고스란히 녹아 있다. 본 문집에 수록된 작품들도 그 미학적 성취를 어디에 두었는가 눈 여겨 살피다보면 어렵잖게 당시 사회상을 유추해 볼 수 있다. 일례를 들면 다음과 같다.

남편의 병을 고치려고 斷指輸血한 여인을 기리기 위해 지은 작품인 「金氏婦斷指歌」는 “倫常이 땅에 떨어진 이때에 한 여인이 貞節을 지켜내었구나(倫綱掃地日, 一女能守貞)”라는 칭송으로 끝맺고 있지만, 斷指의 행위를 守節로 결부시키는 시적 전개를 감안해 보면 당시 사대부의 무리한 열녀 만들기 풍습을 짐작할 수 있다.

2) 雜著

8편의 작품이 수록되어 있고, 그 내용을 간략하게 살피면 다음과 같다.

「書林將軍傳後」

林慶業(1594~1646) 장군의 전기를 읽고 느낀 소회를 적은 글이다. 起筆 단계에서 林將軍의 節義는 좁은 한반도[一隅褊邦]에서 褒揚되는 것으로 그쳐서는 안 된다는 말로 그의 억울한 죽음을 안타까워함과 동시에 뒤에 이어질 내용을 넌지시 내비친다. 다음 단계에서는 그가 李适의 亂(1624) 때 세운 공적과 丁卯胡亂(1627)의 정황에 대한 간략한 소개에 이어 丙子胡亂(1636) 때 겪었던 굴욕을 비교적 자세히 적고 있다. 그 다음 단락에 이르러 비로소 첫 단락에서 언급했던 안타까움의 이유가 밝혀진다. 저자는 林將軍이 丙子胡亂을 맞던 당시 조정에 이렇다 할 기반이 없었기에 속수무책으로 모함 당하고 치욕을 겪게 된 것이라는 가설을 제시하고, 林慶業의 忠節이 만방에 떨치지 못하게 되었다는 통한의 글로 매듭짓고 있다.

「論姜海景孝行呈本官文」

姜春成 海景 부자의 효행을 褒奬해줄 것을 상급기관에 건의한 글로서 대략의 요지는 다음과 같다. 화전을 일구어 어렵게 살면서도 姜春成은 祖母가 아흔 살이 되도록 보살폈고, 어머니도 아흔 살에 이르기까지 극진히 봉양하였다. 하지만 後嗣가 없어 海景을 양자로 들였는데, 海景 역시 칠십 老父를 온갖 艱難을 무릅쓰고 성심을 다해 모시고 있다. 이러한 孝行은 王祥이나 董仲舒와 견주어도 손색이 없으니, 이에 대해서 아무런 褒奬이 없다면 士林에 불행한 일이 될 것이다.

「論金氏婦烈行呈本官文」

「金氏婦斷指歌」라는 詩에 소개된 여인이 주인공이다. 저자는 忠·孝·烈 三行을 불변의 綱常倫理로 꼽고 있지만, 『周禮·地官·師氏』에서는 三行을 孝行·友行·順行의 세 가지 德行으로 설명하고 있다. 이는 『三韓烈女傳』의 출간에서도 알 수 있듯이, 조선시대 사대부의 열녀 만들기 풍습이 민간에까지 널리 퍼져있다는 사실을 입증하는 자료이다.

이 작품은 앞서 소개된 「書林將軍傳後」·「論姜海景孝行呈本官文」과 더불어 忠·孝·烈을 중시하는 당시 사림의 가치관을 잘 반영하고 있는데, 이러한 열녀 만들기의 사회적 폐단을 고발한 朴趾源(1737~1805)의 「烈女咸陽朴氏傳」과 비교되는 글이다.

「書權舜翊遊太白詩軸後」

士林 출신의 權舜翊이란 인물이 同志들과 太白山을 돌아보고 지은 詩軸에 附記한 跋文이다.

태백산의 장쾌한 정경을 눈앞에 펼치듯 생생히 묘사하는 뛰어난 글 솜씨를 보여주면서도, 玩物喪志를 경계하는 士林 본연의 자세를 잃지 않고 있다. 敍景과 議論에 모두 능숙한 솜씨를 발휘하여 적절한 交錯을 이루고 있다.

「書愛吾庵記後」

權聖矩라는 인물의 愛吾庵 낙성을 축하하는 記文이다. '愛吾'란 堂號에 전고로 사용된 陶淵明의 '吾亦愛吾廬'라는 시구를 설명하고, 隱逸에 뜻을 둔 權聖矩를 稱譽하는 내용으로 이루어져 있다.

「書湖陽集後」

조선 중기의 학자인 湖陽 權益昌이 저술한 「自省錄」과 十圖十目[1]을 엮어 『湖陽集』을 발간한 후, 이를 기념하여 지은 跋文이다.

「逍遙臺記」

乙丑년 여름, 斯文同志 4, 5명과 傅谷 上流로 濯足을 갔다가 호랑이나 용이 도사리고 있는 듯한[虎踞龍盤] 바위를 발견하고 이를 기념하여 지은 記文이다. 柳宗元의 「愚溪詩序」, 蘇軾의 「凌虛堂記」를 硏鑽한듯 한 인상을 주고, 客의 입을 빌어 자신의 처지와 바위의 유사점을 해학적으로 표현하고 있는 구절에서는 작자의 文才가 여실히 드러난다.[2]

「芝溪問答」

수록된 筆記類 산문 가운데 가장 주목할 만한 小品으로 보인다. 乙酉年에 漢城試에 실패하고 돌아오는 길에 芝溪에서 만난 老夫와의 대화 내용으로 이루어져 있다. 이렇듯 필기문학에서 問答體를 활용하는 이유는 행여 파격적일 수도 있는 주장이나 가치관을 우회적으로 드러내기에 편리하기 때문이라고 할 수 있다. 이 글의 저자 역시 老夫를 통해서 田園生活이 上策이라는 警策句를 제시하고 있다. 온화한 필치를 통해 작자의 의도를 드러내고 있는 優雅美가 돋보이는 작품이다.

---

1) 『호양집』권3에는 「자성록」과 「天人一理之圖」·「太極先天表裏之圖」·「太極圖本於圖書之圖」·「五行圖」·「五行分屬之圖」·「八卦之上各生八卦之圖」·「元會運世圖」·「天行日月遲速之圖」·「二始二中二終圖」·「同律度量衡圖」 등 10개의 圖와 「陰陽五行之目」·「五行凡例之目」·「圖書縱橫奇偶之目」·「圖書凡例之目」·「陰陽對待之目」·「對待爲隣之目」·「性情相反之目」·「字訓撮要之目」·「知行先後輕重之目」·「原理之目」 등 10개의 目이 실려 있다.

2) "是巖也, 質鈍而黑. 子之才與學, 幾近矣. 磊碨屹聳, 風雨不動, 藤蘿蔚蔽, 爲世所棄. 子之名與跡, 幾近矣."

3) 書, 祝文, 祭文

實用文의 성격이 강한 글들이므로 목록만 소개하기로 한다.

書 : 「與訥山宗中」·「答權士元」·「與洪應大」
祝文 : 「從七代祖陶軒公安石時祝文」·「六代祖處士府君安石時祝文」
祭文 : 「祭夫君堂神文」·「祭外姑孺人眞城李氏文」·「祭洪公明叟起兌文」·「祭李參判啓魯文代作」·「祭金公鎭秀淵文」·「祭族從聖躋日欽文」·「祭安斗重文」·「祭櫟庵姜參判文」

4. 가치

이 『錦涯草稿』는 筆寫된 草本에 불과하여 서지학적 가치는 높지 않다. 저자 鄭赫逵는 「從七代祖陶軒公安石時祝文」에 7대조가 丙子胡亂을 겪었다는 기록 외에는, 문집 어디에도 생몰 연대나 출생지에 관련된 사항이라곤 없으며, 『司馬榜目』에도 아무런 기록이 존재하지 않는 전형적인 山林處士였다. 따라서 이 문집의 가치는 오히려 지금까지 여타 영역에 비해 상대적으로 빈곤할 수밖에 없었던 山林文學, 혹은 方外文學의 귀중한 연구 자료로 활용될 수 있을 것이다.

5. 기타

『錦涯草稿』는 『靑眼集』과 합철되어 있다. 靑眼이란 白眼에 상대되는 말로 '애정 어린 눈초리'라는 뜻이다. 『청안집』은 크게 두 부분으로 구성되어 있다. 첫째는 금애의 시를 차운하여 지은 다양한 사람들의 시를 모아 놓은 부분이다. 둘째는 금애의 죽음을 애도하는 만사와 제문을 모아 놓은 부분이다. 『청안집』은 독립된 문집이 아니라 『금애초고』 부록의 성격을 가지는 것으로 판단된다.

【장동우】

記言本抄

許穆(1595~1682) 著.

自筆稿本. 1册(42張), 32×20.5cm.

表題: 記言本抄.

印記: 日新 · 九疇老人 · 龍門壽耇.

1. 저자

許穆(1595~1682)의 本貫은 陽川, 字는 文父・和父, 號는 眉叟・台嶺老人・石戶丈人, 諡號는 文正이다. 許磁(1496~1551)의 증손이고, 許喬(1567~1632)의 아들로 1595년 漢陽 彰善坊에서 출생하여 19세 때 李元翼의 손녀를 부인으로 맞이하였다. 처음에는 從兄인 觀雪公 許厚(1588~1661)에게 나아가 배우다가[1] 23세때 寒岡 鄭逑(1543~1620)에게 수업하여 弟子가 되었다. 젊은 시절 주로 은거하여 학문에만 힘썼는데, 이는 外祖인 白湖 林悌(1549~1587)의 영향이었다. 50여세가 되도록 세상에 알려지지 않았고, 오직 독서와 저술, 그리고 古篆연구와 산천편력 만으로 세월을 보내고 있었다.[2] 그러다 56세가 되던 1650년(효종 원년) 靖陵 參奉에 천거되었으나 곧 사직하였다. 본격적인 출로는 63세이던 1657년 司憲府 持平에 출사한 이후였다. 1660년(현종 원년), 인조의 繼妃이자 효종의 繼母인 慈懿大妃가 복상문제로 제1차 禮訟이 일어나자 당시 집권층인 西人 宋時烈(1607~1689) 등의 朞年說을 반대하고 삼년설을 주장하였으나 패배한 후 三陟府使로 좌천되었다. 1674년(숙종 즉위) 服喪문제로 제2차 예송이 일어나자 서인의 大功說(9개월)을 반대하여 기년설을 주장하여 받아들여지고 남인이 집권하자 大司憲에 特拜되었다. 이후 이조참판을 거쳐 우의정에 올랐다. 1678년 유배 중이던 宋時烈의 처벌 논의 때 강경한 입장을 고수하여 온건론을 주장하던 영의정 許積(1610~1680)과 대립함으로써 淸南의 영수가 되었다. 1679년 허적을 탄핵한 후 고향인 漣川에 낙향하였고, 이듬해 庚申大出陟에 득죄하여 방출되었다가 1682년 88세의 나이로 졸했다.[3] 후일 麻田의 湄江書院, 羅州의 眉泉書院, 昌原의 檜原書院 등에 祭享되었다.[4]

본 해제에서 소개할 自筆稿本『記言本抄』는 허목 친필본으로, 사후에 간행된『記言』(93권25책)의 일부(권62)에 해당한다. 이 책에 실린 내용도, 許穆이 중국 秦 이전의 학문으로 돌아가 四書보다 六經을 공부하고 古學의 학풍을 성립함으로써 당시 정치와 사상계의 주류였던 조선 성리학을 비판한 것인데, 이것은 李瀷의 학문에 이어져 실학 발전의 터전이 되었다. 특히,『記言本抄』, 「춘추재이」는 17세기 빈번하였던 자연재해 현상에 대한 자기 대응 방식의 일환으로 재이론적 춘추인식을 보여주고 있다. 그의 灾異的 세계관과 함께 경전에 대한 깊은 관심도 엿

---

1) 『記言』 卷46, 「雪公編年紀事上・下」; 『記言』 別集 卷26, 「觀雪先生行狀」(민족문화추진회, 『한국문집총간』제98~99집 참조).

2) 그의 문집 『記言』 전편의 내용과 「年譜」를 보면 許穆의 이러한 전반생의 모습을 여러 군데서 느낄 수 있는데, 이에 대해서는 安鼎福도 그의 「列朝通紀」에서, "自少篤信好古, 以踐履自勉, 無他耆好, 專心讀書, 古文篆籀自成一家"라고 약술한 것이 있다.

3) 『肅宗實錄』 卷13, 肅宗 8年 4月 27日 甲辰(38책 587쪽).

4) 이하 許穆의 생애에 대해서는 『한국문집총간』의 부록으로 붙어있는 「眉叟許先生年譜」(延世大 中央圖書館 所藏本 영인)에 의거했으므로 일일이 전거를 밝히지 않는다. 이 연보는 원래 李存道, 吳光運, 李澤 등 3인이 각각 편찬하였던 것을 후손 許磊가 재차 종합한 것이라고 하는데, 망라된 자료가 상세하여 許穆 내지 黨爭史 연구에 첩경이 되는 문서이다.

볼 수 있는데, 이 내용은 다음 장에 간단히 소개될 것이다.

許穆은 고문·고서를 좋아한다는 스스로의 기록이 여러 곳에 보인다.[5] 그가 말하는 이 고문·고서의 '고'는 무엇을 의미하는가? 첫째, 문자에 있어서 秦漢이전의 문자. 즉 蒼頡·史籒 등의 문자를 좋아하여 그것을 열심히 익히고 섭취하였다. 그의 독특한 篆字, 이른바 '眉叟體'도 바로 여기서 나온 것이다. 그러나 許穆이 그러한 고문자를 좋아한 것은 결코 서예적 취미만은 아니고 그 이상의 무엇이 있었던 것 같다. 둘째, 전적에 있어 주로 詩·書·易·春秋·禮의 五經을 좋아하고 宋儒 이래 중시해오던 四書, 특히 程朱의 章句에 대해서는 별로 언급이 없다. 『心經』·『近思錄』 등의 성리학 서적들에 대해서는 더욱 그러하다. 당연히 그의 「춘추재이」편도 후대의 西人들에게 많은 비판을 받았다.[6] 그것은 경전가운데서 초록한 것으로 별다른 의미가 없다는 이유에서였다. 그러나, 허목이 五經을 좋아한다고 하여 漢代 經師의 訓詁나 청대 경학가의 고증 벽에 쏠린 일은 없었다.

2. 구성

1) 自筆稿本 『記言本抄』[7] (42張)

연세대 소장 自筆稿本 『記言本抄』 42張의 구성을 간단히 소개하면 다음과 같다.

· 표제 : 『記言本抄』
· 내제 : '記言' 敍述' 灾異'
· 『記言本抄』, 「記言序」
· 『記言本抄』, 「記言上篇」
· 『記言本抄』, 「筆寫記」
· 『記言本抄』, <記言續集>, 「春秋灾異序」·「春秋灾異一」·「周官十煇二」·「天地日月星辰三」·「妖星二十一」

이 책 『記言本抄』 42張(自筆稿本)외에, 현재 국내 소장 문집 『기언』의 版種은 모두 사후 왕명에 의해 1689년에 간행된 목판본(刊本)이다. 자필고본 『記言本抄』 42張 중, 「필사기」를 제외

5) 『記言』, 「自序」. "穆篤好古書, 老而不怠..." 이외에도 문집 곳곳에 '篤好古書'라는 말이 보인다.
6) 金榦, 『厚齋集』 卷39, 「隨錄」.
7) 연세대 중앙도서관 『고서 목록』에는 이 책의 서명이 『記言』이라 기록되어있다. 그러나, 필자는 허목 생전에 남긴 자필고본인 이 책이 체제나 구성 면에서 후대의 刊本『記言』과 성격이 완전히 동일한 책이라고 볼 수 없어, 본서의 표지 서명대로 『記言本抄』라 이름한다.

한 그의 「기언서」와 「상편」 서문, 그리고 '敍述'(跋文 제외)은 여기 刊本에 그대로 실려있다. 민족문화추진회 표점·영인간본(고려대 癡庵문고 소장본) 424쪽~436쪽의 내용이 그것이다. 후대 목판刊本 『記言』과 자필고본 『記言本抄』의 편차를 비교·정리를 해보면 다음과 같다.

목판간본 『記言』	자필고본 『記言本抄』 42장 내제 : '記言' '敍述' '灾異'
『記言』, 「自序」	『記言本抄』, 「記言序」
『記言』卷之一, 上篇 <學> 「自序」	『記言上篇』 / 「筆寫記」
『記言』卷之六十二 續集 <敍述五> 「春秋灾異序」·「春秋灾異一」·「周官十煇二」·「天地日月星辰三」·「妖星二十一」	『記言本抄』,<記言續集>, 「春秋灾異序」·「春秋灾異一」·「周官十煇二」·「天地日月星辰三」('星辰'이란 소제목이 빠짐)·「妖星二十一」
春秋灾異跋 (七年秋八月旁死魄乙未, 眉叟書)	跋文 없음.

2) 목판간본 『記言』 93권

자필고본 『記言本抄』의 소략한 편차를 刊本 『기언』 전체 안에서 확인해보는 차원에서, 목판본에 대한 간략한 소개를 하기로 한다. 『記言』 목판본은 전체 93권 25책이며, 다른 문집들과 달리 저자인 許穆이 생전에 스스로 자신의 글을 수집, 정리한 후 편차하고 편명을 지었으며 나아가 서명까지도 명명하여 '記言'이라 하였다. 이 『記言』의 간행은 사후 7년이 되던 1689년(숙종 15)에 그의 遺文을 간행하라는 왕명에 따라 이루어지게 되었다. 이는 己巳換局으로 承旨의 자리에 오른 淸南계열의 李鳳徵(1640~1705)이 經筵에서 아뢴 데 따른 것이었으나[8], 문집의 편찬·간행도 이봉징을 비롯한 청남계열의 門徒들에 의하여 이루어졌을 것으로 짐작할 수 있다. 이들은 저자의 사후 꾸준히 遺文의 수집과 정리를 통해 간행을 준비해오다가 이때 기회를 맞아 왕명을 청했던 것으로 보인다. 현재 국내 각 대학도서관에 소장되어 있는 목판본 『記言』의 대략적 서지사항을 살펴보면 다음과 같다.

*** 서울대 奎章閣本**

<奎1112> 67권 별집 26권 합 25책 『記言』

木板本 33.8×22cm. 四周雙邊 半郭:21.7×16.8cm. 有界 10行18者 注雙行. 版心: 上下花紋魚尾 序: 强圉協洽(顯宗 丁未)....自序 卷三十二末:東事序....上之十四年(顯宗)....許穆.

8) 『肅宗實錄』 卷13, 肅宗 15年 3月 25日 壬辰(39책 164쪽).

卷10~18(1冊) 後寫補充本임

<고0270~8> 67권 별집 26권 합 20책『眉叟記言』

규장각에는 이렇게 제목을 달리한 두 종이 전해지는데, 製冊상의 차이로 25책과 20책의 구분이 있을 뿐 내용과 판본은 동일하다.

* **고려대 중앙도서관본** <凝庵D1~A371>『記言』
木板本, 1692년경刊, 凡例·目錄·原集67권·別集26권 합20책.
10行18字. 22.3×17.9cm. 上下花紋魚尾.
(민족문화추진회『한국문집총간』제98~99집)

* **연세대 중앙도서관본**『眉叟許先生年譜』木板本, 1772年刊. 世系圖, 年譜 2권, 부록 합1책(84張) 10행22자. 22.4×17.4cm. 上下三葉花紋魚尾. 跋: 壬辰 許磊
(민족문화추진회『한국문집총간』제98~99집)
『記言』木板本 本集 67卷12冊 別集 26卷8冊 合20冊
四周雙邊 匡郭;22×18cm. 有界 10行18者 上下花紋魚尾
序;强圉協洽(1667)許穆

* **성균관대 도서관본** <D3B~155a>『記言』
木板本, 顯宗14(1673)序 /本集 56卷10冊(卷53~63, 3冊缺), 別集 26卷8冊, 合 93卷18冊. 四周雙邊, 半郭 25.4×17.3cm. 有界. 半葉 10行18字, 注雙行, 內向二葉花紋魚尾, 33.5×22cm. 線裝
序;强圉協洽(丁未, 1667)短至孔巖許穆眉叟書.
東事序(冊5):上之十四年癸丑(1673)溽暑節孔巖許穆序.
所藏印:宣城, 金履萬印, 仲湲, 東匡.
紙質;楮紙

그런데 따로 序跋이 없어 이들 판본의 실제 간행연도나 장소 등을 자세히 알 수는 없다. 다만,「鏤板考」[9]에 본집의 판목이 나주 眉泉書院에 소장되어 있었다고 한 기록과 1693년(숙종19)에 나주 유생들의 상소로 羅州에 建祠하라는 특명이 내려졌다는 연보의 기록[10] 등을 미루어볼 때, 나주 지역이 본집의 간행과 밀접한 관계를 지녔던 것으로 추측된다. 공교롭게도 이 시기는 또한 나주에 근거한 鄭介淸(1529~1590) 문인의 후손들에 의해『愚得錄』의 간행도 이루어진 때였다.『우득록』은 본집과 마찬가지로 己巳換局이 일어난 1689년에 주목되어 상이 홍문관에 명하여 이를 謄書하여 올리라고 한 바 있었다. 이『우득록』은 정개청의 自編手稿本 상태

9) 徐有榘,『楓石全集』권제7,「鏤板考」.
10)『眉叟先生年譜』권37.

로 있었던 것으로, 1681년에 허목이 考閱하여 서문을 지은 바도 있었다.[11] 이후 이 『우득록』은 문인 羅德峻의 후손 羅勉成, 羅斗春 등의 주도로 1691년 전라감사 李玄紀(1637~1704)에게 板材를 지원 받고 1682년 전라감사 洪萬朝(1645~1725)의 도움으로 이 해 여름에 간행을 완료하게 되었다. 그런데 홍만조를 이어 전라감사가 된 사람은 바로 본 집의 간행을 청하여 허락 받았던 이봉징이었다. 『숙종실록』에 의하면, 이봉징은 1692년 8월에 전라감사가 되어 이듬해 1693년 1월 朴慶後(1644~ ?)가 뒤를 이을 때까지 약 5개월 간 재직하였다. 따라서 그동안 왕명을 받고도 간행하지 못하고 있던 본집을 이 기간에 간행한 것으로 보인다. 그리고 간행이 완료된 후 1693년 나주에 建祠를 요청하여 허락받고 본집의 판목도 보관하게 된 것으로 추측된다. 결국 본집은 전라감사 이봉징에 의해 1692년경 원집 67권, 별집 26권의 목판본(초간본)으로 간행되었던 것이다. 『記言』, 「凡例」의 끝에는, 속집 제9권과 疏箚·雜著·碑誌 중 누락된 것은 續刊을 기다리겠다고 하였는데, 이후의 續刊 기록은 남아있지 않고 여러 차례 補刻한 후쇄본만이 전하고 있다. 이러한 과정과 조건 속에서 許穆의 문집은 간행되었다. 이상의 내용은 許穆의 『記言』, 「自序」와 「凡例」, 「年譜識」(許磊), 『肅宗實錄』을 근거로 한 것이다.

종래 학자들이 그저 문집이라고 해왔던 것을 許穆이 남달리 '記言'이라는 특이한 제목으로 명명한 것은, 말의 중요함과 위험함을 두렵게 여겨 말하면 반드시 써서 지키기에 힘쓴 한편, 날마다 반성한 데서 비롯된 것이다. 이처럼 문집의 명칭만이 아니고, 그 구성과 내용도 일반 문집과는 매우 다르다. 『記言』 93권의 개략적인 권별 구성은 다음과 같다.

> 「自序」(1667)·「凡例」·「目錄」·「原集」(권1~권46)·「續集」(권47~62, 이중 권57과 권58은 散稿續集)·「拾遺」(권63~64)·「自序」(권65~66)·「自序續編」(권67)·「別集」(권1~권26)·「年譜」

맨 앞에 1667년에 쓴 허목의 자서가 있고, 편차에 대한 설명과 속·별집의 목판 간행경위를 기록한 범례가 있다. 먼저 自編本인 원집과 속집은 합계 67권으로 이루어져 있고, 그 중 원집은 上(권1~권9)·中(권10~권24)·下(권25~권29)·雜(권30)·內(권31)·外篇(권32~36)으로 나누어 1674년(현종15) 이전에 지은 저술들을 모아놓았고, 권37은 「陟州記事」, 권38~40은 「東序記言」, 권41~46은 「許氏先生墓文古事」 등이다. 속집은 續集(권47~권56), 散稿(권57~58), 敍述(권59~권62)등으로 나누어 1675년(숙종 원년)이후에 지은 저술들을 모아 놓고 대체로 원집에 빠진 것을 拾遺(권63~64)라 하여 뒤에 붙였다. 이어 1680년(86세)에 지은 「自序」와 「自序續編」(권65~67)이 있다. 원집의 각 부문은 거의 저작 연대순으로 편차되어 있고 그 소편목의 설정은 學·禮·文學·古文 등 주제별 분류라는 독특한 형태를 띠고 있는데, 저자 스스로 육경과 예악, 제자백가의 탐구를 통하여 고인의 실마리를 찾으려 하였던 학문적 노력의 결과라고 하였다.

---

11) 『記言』 卷56(續集), <愚得錄序>, 「儒林」.

별집 26권은 許穆 사후 후손과 門徒들이 그의 편례를 따르면서 遺文을 수집하고 편차상의 중복을 피하여 1689년 숙종의 명에 의해 목판으로 간행하였다. 여기에는 원집에 빠진 저술들을 새로 편차하여 疏, 箚, 書, 記, 雜著, 諸家丘墓文 등을 함께 엮었다. 별집의 편집체재는 원집·속집과 대동소이하며 비교적 정돈된 인상을 준다.

그 뒤에 「年譜」로, 世系圖와 年譜 2권이 있는데, 이 年譜는 肅宗의 즉위를 전후하여 2권으로 나누어 상술하였다. 1772년에 5대손 許磊의 주도로 간행되었는데, 뢰는 李存道, 李澤이 각각 편찬한 연보, 姜樸과 吳光運이 李瀷에게 문의하여 편찬한 연보, 이 세 가지를 참고, 對證하여 새로 편차하고, 「自銘碑陰記」, 5대손 秖가 李瀷에게 부탁하여 지은 「神道碑銘」 등을 부록으로 엮었다. 끝에 許磊의 識가 있다. 許穆의 문집 93권의 내용은 대부분이 산문으로 되어있다. 천여 편의 산문에 비하여 운문은 91편에 지나지 않기 때문이다. 『記言』은 이미 국역본[12]도 나와 있으며, 문학적으로 내용을 분석한 논문도 여러 편 있기 때문에 이에 대한 자세한 언급은 생략한다.

3. 내용

엮어진 순서대로 수록된 내용을 살펴보면 다음과 같다. 表題는 '記言本抄'라고 墨書되어 있다. 이어 다음 장 우측 상단에 內題인 '記言' '敍述' '災異'라는 세 단어가 적혀있다. 다음 장에 許穆이 1667년(73세)에 쓴 序文이 실려있다. 이것이 『記言本抄』, 「記言序」에 해당한다. 이 서문에 적은 그의 설명을 보면, 육경으로 근본을 삼고, 예악을 참고하였으며, 백가의 주장에 통함으로써 50여 년 동안 분발한 결과 글이 간결하면서도 두루 갖추어졌다고 했다. 천지의 화육과 日月星辰의 운행, 風雨寒暑의 왕래, 山川草木·鳥獸·五穀의 자양, 인사의 마땅함과 사람이 지켜야 할 떳떳한 도리, 사물의 법칙, 詩書六藝의 가르침, 喜怒哀樂愛惡 등 形氣의 느낌, 제사지내는 것, 귀신, 妖祥, 四方의 풍속과 기후의 다름, 음악과 세간 풍속의 같지 않음, 記事, 敍事, 論事, 答述, 道의 낮고 높음, 세상의 治亂, 賢人·烈士·貞婦·奸人·逆豎·暗愚한 자에 대한 경계등을 포함시켰다고 밝혔다.[13]이 「記言序」 말미에 '强圉協洽日短至. 孔巖眉叟序'[14]라고 적혀 있어 丁未年(1667) 冬至에 쓴 것으로 보여진다. 서문에서 자신이 이 글 속에서 다루고 있는 내용을 몇 가지로 나누어 정리하고 있는데, 그 중에 日月星辰의 운행, 風雨寒暑의 왕래, 제사지내는 것, 귀신, 妖祥 등은 재이론의 영역에 속하는 것이라 할 수 있다. 본 문집에 함께 묶은 것도 바로 이 「春秋災異」편이다. (후대 刊本 권62) 다음 장은 『記言本抄』, 「記言上篇」(1670)인데, 하

12) 민족문화추진회 譯, 『국역 미수기언』, 1976.
13) 「記言序」.
14) 후대의 刊本에는, '强圉協洽日短至. 孔巖眉叟書'라고 되어있다.

릴없이 책 궤의 亂稿를 뒤적여 學10편, 禮14편을 정리했음을 밝히고 있다. 그 전문을 보면 다음과 같다.

> 노인이 하릴없이 책을 보다가, 책 궤 가운데에서 정리 안된 원고 수십 장을 얻었다. 글자가 써있는 종이에 篇目이 있는 것은 많지 않으나 그 가운데 '談評' '啓聖' '釋亂'의 몇 가지 글은 최근에 지은 것이고, 편목이 없는 것이 태반이었다. 누가 누구에게 문답한 것인지 모르겠으며, 또 어느 해 어느 때 어느 글이 먼저이고 어느 글이 나중인지가 써 있지 않으며, 게다가 오래되고 먼 것은 더욱 알 수가 없었다. 어떤 것은 이미 없어지기도 하였으니, 창연한 감회 참으로 슬프다. 學이 10편이고, 禮가 14편이다.

여기에는 빠져있지만, 이를 저본으로 한 후대의 刊本에는 이 글의 말미에 '上章閹茂之歲鹿人終初吉朝. 巖居眉叟書'(刊本: 『記言』卷之一, 上篇, <學>, 「自序」)라고 쓰여져 있다. 이것은 후에 刊本에서 보충된 것으로 보인다. 이를 근거로 할 때, 이 책의 「記言上篇」은 庚戌年(1670) 8월초에 쓰여진 서문으로 볼 수 있다. 張을 달리하여 이어지는 다음 내용은 이 책의 필사경위에 대한 기록이다(이 부분은 간본에는 없는 내용이다). 허목 친필 「筆寫記」 全文을 소개한다.

> 이 한 章은 종이가 남아, 적어두는 것이다. 『記言本草』 50권은, 모두 내 선조의 수중에서 처음 나온 것으로, 죽은 지 이미 백 구십 이 년이나 지났다. 그 사이 오랜 친구들과 옛 것을 사모하는 몇몇이 (이를) 베껴 구갑 속에 넣어두고, 舊本(원본)을 바꿔가 버린 것이 지금 이미 과반 이나 된다. 이에 남겨진 舊本을, 남에게는 감히 주지 못하고, 특별히 내 형에게만 준다. 고로 한 권을 뽑아 옛 것과 현인을 사모하는 마음과 아울러 서로 사랑하는 믿음의 도를 기대하며 삼가 바친다. 台嶺罪生 心石 쓰다.

이 글이 상편 서문에 이어지는 내용인지(마지막 부분의 '台嶺罪生 心石書'), 아니면 이와는 별도의 필사기인지는 張을 달리하여 적혀있는 이 자료만 갖고는 확실히 알 수 없다. 글의 내용으로 파악한다면, 『記言本草』 50권 중의 남은 舊本(원본)은 책 궤를 뒤지다 발견한 것이 아닐까 싶은데, 여기 서두에서 밝힌, 종이가 남아 적어두었다는 그 '한 章[一章]'이 바로 다음에 이어질 <記言續集>, 「春秋災異序」·「春秋災異一」·「周官十煇二」·「天地明月星辰 三」·「妖星二十一」 한 章을 얘기하는 것이다. 이것이 이 책 두 번째 장 좌측 상단에 적힌 內題, '記言'·'敍述'·'災異'의 주 내용이 된다. 이것은 후대刊本 『기언』 권62(續集)에 편차되어 있는 '敍述五'의 春秋災異序(1681), 春秋災異一, 周官十煇, 妖氣, 天地日月星辰三, 天地, 日月, 星辰, 妖星二十一의 내용과 동일하다.

<記言續集>, 「春秋灾異序」

1681년 許穆이 지은 序文이다. 『春秋』의 灾異항목과 『周禮』의 十煇法 및 妖孼 등을 정리하여 96장으로 만들어 군주의 귀감으로 삼는다는 내용이다. 『記言本抄』, <記言續集>, 「春秋灾異序」 全文을 옮겨보면 다음과 같다.

> 하늘과 사람은 一氣다. 사람들이 아래에서 잘못을 저지르면 그에 대한 반응이 위에서 나타난다. 이렇게 볼 때 하늘과 사람은 하나다. 옛 성인은 하늘의 계시를 삼갈 수 있었다. 그래서 사람의 도리만 다하게 되면 나쁜 현상은 자연 없어지게 되는데, 太戊때의 桑穀과 武丁때의 雊雉 같은 경우가 이러한 것이다. 그래서 『춘추』에는 灾異만 있으면 반드시 그 사실을 기록하였다. 그것은 임금으로 하여금 하늘의 경계를 소홀하게 여기지 못하게 한 것인데, 하늘이 재앙을 내리는 것과 성인이 特書한 것이 교훈적인 면에서는 마찬가지다. 그리고 『주례』 春官宗伯의 屬官인 眡祲이 十煇法을 가지고 妖孼과 祥瑞를 관찰하여 길흉을 판단하는 것도 하늘의 경계를 두려워한 것이다.
>
> 내가 여기서 『춘추』의 灾異를 列書하는 것도 十煇의 근본 이념을 추구한 것이며, 이따금 과거의 요얼에 대한 징조를 덧붙였는데 무릇 96장이다. 만약 당시의 임금이 이러한 것을 통하여 경계심을 갖고 조심하여서 하늘의 감응에 대한 이치를 생각하게 된다면 정치하는 도리에 있어서 도움이 되는 것이 어찌 적다고 하겠는가? 옛날 제나라에 彗星이 나타나자 齊 景公이 빌게 하였는데 晏子가 하는 말이, "소용없는 일입니다. 이것이 어떻게 빌어서 될 일입니까? 하늘에 혜성이 있음은 더러움을 제거하는 뜻인데, 임금께서 穢德이 없으시면 무엇 때문에 빌며 만약 예덕이 있다면 빌어본 들 무슨 소용이 있겠습니까? 임금께서 올바른 덕이 있으시면 사방의 국가가 이르러 올 것인데, 혜성 정도를 무엇 때문에 걱정하며 만약 올바른 덕이 없으시다면 나의 백성들도 흩어져 도망할 것인데 축사가 아무리 빌어보아도 도움이 없을 것입니다." 라고 하였다. 경공은 그 말을 듣고 기뻐하며 비는 것을 그만두게 하였다. 훌륭하구나! 군자의 말은 신빙성이 있으면서 사실이 증명되니 군주들의 귀감이 된다고 할 수 있다. 今上 7월7일 上旬處暑 전 庚申日에 眉叟는 序한다.

이 서문의 끝 여백에 陽刻의 '日新'·'九疇老人'·'龍門壽耇'印을 먹으로 찍어두었다.

「春秋灾異一」

『春秋』에서 33개 항목의 灾異 기사를 초록하여 정리한 내용이다. 이것들은 재이에 대한 설명이 가장 풍부한 『胡傳』과 『左傳』을 중심으로 하여 정리한 것이다. 여기에 채록한 재이 기사들을 『호전』의 내용과 비교해보면, 『호전』에서 다루고 있는 중요한 재이를 망라하였다는 사실을 알 수 있다.

「周官十煇二」

『주례』의 眡祲항목과 정중·정현의 주석 및 『晉書』, 「천문지」의 내용을 종합적으로 정리한 것이다. 허목은 『춘추』의 재이론적 해석에 머물지 않고 畏天論을 바탕으로 古經가운데서 재이론적 내용을 담고 있는 것을 추출해냈다. 그 대표적인 것이 바로 『周禮』의 '十煇之法'을 정리한 것이다. 그는 그 목적을 '畏天'의 논리로 설명하고 있다. 『주례』에서는 春官宗伯의 속관으로 '眡祲'의 직을 두고, 그로 하여금 '十煇之法'을 담당하게 하여 妖祥을 관찰하고 길흉을 판단하게 하였는데, 이것은 하늘의 경계를 삼가기 위한 '畏天'의 일종이라는 것이다. '十煇'이란 태양 주위의 기운의 상태를 유형별로 정리한 것이다. 『주례』에서 정리하고 있는 十煇는 祲, 象, 鑴, 監, 闇, 瞢, 彌, 敍, 隮, 想이다.

'妖氣'

앞서 설명한 十煇이 태양 주위의 기운의 변화를 점치는 것이었다면, 요기는 그 이외의 각종 기운—慶雲·昌光·歸邪·祥雲·白虹·霧·虹蜺·雹·雷·霹靂·電·雪·風·雲·露·霜·霰 등—을 관찰하여 그 재이론적 의미를 설명한 것이다.

「天地日月星辰三」

허목은 『史記』, 「天官書」 이래로 정사 체재의 주요 부분으로 자리잡은 역대의 「천문지」에서 재이와 관련된 내용을 추출하여 정리하였다. 천지의 재이와 관련한 古今 人事의 興亡을 정리한 내용인데, 이 부분은 허목이 자연과학적 측면보다는 정치사상과 관련된 재이론쪽에 더 큰 관심을 가지고 있었다는 사실을 반증하는 것이다.

'日月'

日月과 관련한 災異(日月蝕, 日月變色, 星入月中, 日月環 등)를 정리한 내용이다.

'星辰' (필자 주 : 원문 내용은 간본과 동일하다. 다만, 이 '소제목'이 빠져있어, 필자가 刊本을 근거로 적어넣었다.)

星變을 정리한 글. 客星, 天狗星, 星晝見, 星隕 등의 현상과 人事와의 관련을 정리한 내용이다.

「妖星二十一」

여러 가지 妖星과 人事의 관련을 논한 글이다. 妖星을 五行의 乖戾한 氣로 보고 彗星, 孛星, 覺星, 天槍, 蚩尤旗 등 21가지의 星變을 정리한 내용이다.

이상에서 살펴본 바와 같이, 「記言序」(1667년)와 「記言上篇」(1670년), 그리고 「필사기」(필사연도 미상), <記言續集>, 「春秋災異序」(1681, 7월 상순)·「春秋災異一」·「周官十煇二」·「天地明

月星辰三」·「妖星二十一」' 이것이 한 책을 구성하는 내용의 전부이다. 이들의 각 필사시기와 내용의 상관성 여부를 볼 때, 어떻게 이들이 한 책으로 묶일 수 있었는지에 대해 현재 유일하게 남아 전하는 이 책만으로는 그 경위를 알 수 없다. 문집 42張 전편의 필적은 동일하다. 다만, 필사 후 빠뜨린 글자를 보완한 듯, 문집의 여러 군데 좌측에 添紙의 흔적이 남아있었다. 한 행에 한 글자를 적어야할 자리에 두 글자가 곁들여져 있는 경우가 그렇다. 이는 복사본만으로는 식별이 불가능하고, 실물을 확인해본 결과 여러 군데서 발견할 수 있었다. 그 한 예를 들어보면, '衛顓頊之虛也.' 자필고본에는 빠져있는 '頊'자를 '顓'자의 왼쪽에 조각 종이로 써 붙여두었고, 刊本에는 이를 바로잡아 '衛顓頊之虛也. '라고 적고 있다. 그러나 '頊'자의 경우는 眉叟體가 아닌 草書로 쓰여 본문과 동일한 필적의 교정이 아니었다. 門人이나 후대 소장자가 보관해오면서 첨가한 것이 아닌가 생각된다. 이 밖에 자필고본에는 몇몇 小字注(雙行) 등이 빠져있는데, 刊本에는 이를 보완해 넣었다. 3편 96장을 필사하면서, 남는 종이를 세로로 모아 붙여 베껴둔 듯, 行節의 간격과 먹색의 농담도 제각각이다. 그밖에 자필고본의 부분적 誤記가 보이는데, 刊本에서 이를 바로잡아주고 있음을 발견할 수 있다.

> (春秋魯隱公) 八年三月癸酉, 大雨震電. 庚辰, 大雨雪.(자필고본)
> → 九年三月癸酉, 大雨震電. 庚辰, 大雨雪(간본)
> 十有年五(자필고본) → 十有五年(간본)

여기서 문제가 되는 것은 작성연도가 불분명한 「필사기」와 「기언속집」을 '抄'한 연도이다. 허목의 말대로 그의 선조가 썼다는 『記言本草』 50권 중 한 권을 뽑아 종형 허후(1588~1661)에게 선물로 주고 그 내용을 남는 종이에 적어둔 것이라면, 과연 허후가 죽기 전인 1661년 전의 '抄'이거나, 아니면 허목이 형의 行狀과 墓地銘을 짓던 1670년(현종 11)에 지었을 수도 있다. 이와 관련하여 두 가지 가정을 해볼 수 있다.

첫째, 필사와 成冊 시기문제인데, 허목이 그의 192년전 선조 누군가가 남겼다고하는 『記言本草』 50권을 책 궤를 뒤지다 발견했고, 그 舊本 중 한 권을 형에게 선물하고, 필사기와 함께 그 내용을 남는 종이에 抄錄해두고, 형 사후 행장을 짓던 1670년 무렵 서문(「記言序」, 「記言上篇」) 등을 갖추어 함께 보관해오다 10년 후인 1681년 '춘추재이' 서문을 붙여 成冊한 것이라고 추측해볼 수 있다. 그 해는 허목이 죽기 2년 전이므로 시기상으로는 가능하다. 필자가 이런 가정을 할 수 있었던 것은, 앞 부분의 「기언서」와 「기언상편」, 「필사기」까지의 종이상태는 비교적 완정한 반면, 뒷부분 「춘추재이서」부터 '敍述' '灾異'를 抄한 것은 여러 장의 얇은 창호지를 오려붙여 적은 것임을 실물을 통해 확인할 수 있었다. 이것들이 정리되어 후대 간행·전승되는 문집 『기언』의 권62에 편입되었을 가능성이 있다.

둘째, 책 제목과 관련된 문제인데, 이 책의 表題 '記言本抄'와 필사기의 내용으로 볼 때, 허목의 선조가 썼다고 밝힌 50권『記言本草』의 한 章을 베껴둔[抄](『記言本草』 抄)것이 아닐까 하는 추측을 해볼 수 있다.

이상의 가정을 전제로 할 때, 이 책은 허목이 舊本의 抄錄과 함께 문집『기언』을 저술하기에 앞서 필사·보관해 오던 일종의 草案이라고 볼 수 있다.

4. 가치

연세대에 소장된 이 책은 국내 유일본이며, 허목의 自筆稿本이므로, 그의 필적을 보여주는 자료로서 가치가 크다. 그의 印章을 연구하는 데에도 도움이 될 것이다.15)

후대 刊本의 범례에서 밝히고 있는 것처럼, 허목의 평생 저술 중『기언』에 수록된 것은 10의 3~4정도로 볼 때, 산일되어 있는 草案들이 상당 수 있을 것이다. 이 책『記言本抄』는 소략한 冊의 구성으로 볼 때, 필사된 문집 전편의 落卷을 묶은 것이 아닌가 생각되는데, 전체목록과 跋文이 없는 이 자료만 갖고는 정확한 필사 시기를 고증할 방법이 없다. 특히 한 冊으로 線裝된 이 문집의 마지막 장도 찢겨져 나간 흔적이 남아있는데, 그것은 아마도 맨 뒤에 빠져있는 '춘추재이' 편의 跋文이 아닌가 추측된다.

내용들이 경전의 抄錄들이긴 하지만, 이 책「필사기」에서 밝힌, 허목의 저서로만 알려진 후대 刊本『記言』의 저본이 자신의 192년전 선조 글에서 베껴두었다는 自述은 아직까지 학계에 알려진 바 없다. 이런 점에서『記言本抄』는 우리에게 중요한 문헌적 가치와 함께 연구과제를 남겨주고 있다. 散逸되어 묻혀버린『記言本草』 50권의 실체를 찾아내는 일과 그에 의해 필사된 다른 글들의 전승경로를 파악해『기언』의 필사 草案인 잔권들을 수집하는 일이다. 이들 과제가 개인 소장자들과 기관의 협조 속에 차차 밝혀질 수 있기를 기대한다.

【금지아】

15) 이 밖에 허목 親筆本을 확인해볼 수 있는 자료로, 영남대에『眉叟全書』라는 표제로 1첩23절의 친필본이 소장되어 있고, 성균관대에『明詩精選』이라는 표제로 1책27장으로 된 친필본(1~9장은 미수의 친필, 10~27장까지는 필자미상)이 소장되어 있다. 이 밖에 국립중앙박물관에 보물 592호로 미수 친필 사본 3종(陟州東海碑帖, 金石韻府, 古文韻府)이 소장되어 있다.

聾雲集

蘇秉澤(?～?) 著.

寫本. 2冊, 책 크기 不定.

10～12行 14～20字 内外.

聾雲集

元韻

有耳無聞是曰聾能聽豈可謂之聾老病爲聾人例事不如此漢賦天聾

次元韻　舍弟秉學

說舍兄聾才亦非聾号曰聾名利毁譽都不聽白頭事聾

次元韻　族侄敬燮

夕素聰明久不聾不聾人是人何聾紛紜邪說盈天下一一無聞反似聾

贈晩愚

若似君眞不愚早安於智晩於愚一生體用仁而道廣學類

1. 저자

蘇秉澤(? ~ ?)[1]은 晉陽 蘇氏로 韓末에 활동했던 문인으로 추정된다. 양할아버지였던 蘇鎭欽의 행장 「久齋蘇先生行狀」과 부친 蘇八永의 행장 「先考悟堂府君家狀」에 따르면 아버지는 通政 벼슬을 지낸 鎭喆과 晉州 鄭氏 사이에 태어났다가 가문의 후사를 잇기 위해 딸만 둘이었던 소진흠 집안의 繼子로 입양되었다. 그 후 팔영은 南陽 洪秉斗의 딸과 결혼하여 세 아들을 두었는데, 長男 병택, 次男 秉龍, 三男 秉學이었다. 병택은 慶州 金載淵의 딸과 결혼하여 아들 하나를 두었다. 從孫 蘇在玉이 작성한 「韡雲集跋」에 따르면 병택은 聖賢의 책을 읽기를 좋아했으며, 그가 남긴 글에는 孝烈과 學行이 담겨져 있었다고 한다.

2. 구성

문집의 전체 목차는 다음과 같다.

제1책

「元韻」·「敬次元韻」·「謹次元韻」·「贈晩愚」·「寄族弟秉壽号南愚詩」·「和号族兄秉澤韡雲詩」·「贈崔士默如見齋詩」·「與申友永植共唫」·「與崔友昇九共唫餞春」·「大也村吳李兩姓觀瀾亭次韻」·「敬次許寒泉元韻」·「鄭八松次韻」·「金也雲敍幷詩」·「朴秘郎侍山齋次元韻」·「又代金學三作」·「追遠齋次元韻千鎰成」·「張遯菴幷十老祠次韻」·「又代陳秉周作」·「從兄嫂孝烈閭次韻」·「卜久菴倜孝閣重修次韻」·「裵琪玉慈親孝烈永慕亭次韻」·「族侄宜窩回甲次韻」·「崔進士秉壽宴次韻」·「舊玉果郡塔洞姜元馨回甲次韻」·「碧澗齋韻」·「金正淑号囊南次韻」·「感從弟楓溪詩」·「賀從孫在玉三加禮韻」·「與族侄俊壯詩」·「吳氏德陽齋柱聯詩」·「輓族侄斗燮竹史」·「輓族兄秉春松波」·「贈別再從孫在哲詩」·「贈別韓已錫詩」·「贈別梁鳳洙詩」·「贈別金在燮詩」·「贈別張萬燁詩」·「贈再從孫判童詩」·「詠家鳩」·「贈再從孫哲在」·「綠陰」·「煮伏」·「影」·「扇」·「居老山齋感賀從侄憲燮文」·「勉勤戒怠文」·「從祖前請學資文」·「賀陸武哲慈親鄭氏夫人回甲表」·「書堂創建勸善文」·「祝賀回甲宴」·「韡雲自敍」·「舍弟晩愚号少記」·「宜窩記」·「竹溪亭記」·「希齋敍」·「也雲敍」·「德陽齋創建事功贊揚敍」·「遠慕齋記」·「晩菊說」·「孝行實狀」·「進士智隱公行狀」·「松坡公行狀」·「梁氏兵部公派譜序」·「蒼坡公墓表誌」·「德興張氏重刊派譜序」·「勸學說」·「文字類輯勸習文」·「上碧沙先生願從書」·「與族孫在駿書」·「譜所回謝」·「公亟」·「請同

---

1) 生沒年, 字號未詳.

契詩會書」·「稧會席不參友書」·「與京城譜所書」·「族弟秉鑄書」·「任友洛範書」·「陳秉周書」·「與韓已錫書」·「謝崔昇九書」·「謝族人書」·「花煎日請崔昇九書」·「求薦書」·「謝淸陽族人書」·「勸起淸陽族人書」·「伯叔父祭文」·「祈雨祭祝」·「路街祭文」·「勸勉再從孫在哲書」·「與韓已錫文」·「與梁鳳洙文」·「與金在燮文」·「與張萬燁文」·「旱害救濟勸奬文」·「慈善家感謝狀」·「禁酒條約文」·「信義契序」·「從嫂端人慶州李氏孝烈閭開基祝文」·「與先外戚柳興東書」·「華溪張處士行狀錄」·「敦義齋記」·「上樑時祝文」·「聾雲集跋」

제2책

「勸戒文」·「餓春詩」·「次濯月亭韻」·「無題」·「謾興」·「卽事」·「鞦韆吟」·「四月八日皎政寺韻」·「霽月瀑布」·「水漲」·「推窓吟懷」·「雨餘謾興」·「夏日卽景」·「田家」·「聽蛙」·「寓興」·「書床吟懷」·「幽居共和」·「霖後相逢」·「次聽雲堂韻」·「霖雨自吟」·「皎政吟後更和霽月」·「敍懷」·「圍碁」·「深戒學講」·「避暑幽咏」·「幽居聽鶯」·「鷰巢有感」·「移秧」·「芳艸」·「家鳩」·「蒼蠅」·「洞簫」·「山中吟」·「雨中懷諸賢」·「次族從方玉壽宴韻」·「雨後晴景」·「返照」·「耘艸」·「美友人」·「待月有懷」·「煙竹」·「團扇共吟」·「懸灯」·「炊煙」·「蜻蜓」·「銀河」·「驟雨」·「閑中吟」·「霽月卽事」·「耿星」·「處士」·「山中閑淸」·「林亭與諸賢消署共和」·「客中詠懷」·「山窓苦雨」·「悵詩友未團接」·「山樓卽景」·「閑中吟」·「喜逢詩友」·「林亭謾興」·「霽月庵幽吟」·「暑中吟」·「獨坐吟」·「靜中孤吟」·「偶題」·「暑中吟哦偸閑」·「松風落案」·「處世如愚」·「自嘲吟」·「寓興」·「看書謾興」·「雜咏」·「立秋」·「山堂感懷」·「秋風事」·「咏學晦」·「雜題」·「山中會吟」·「杏吟」·「秋江漁父」·「秋七月」·「述懷」·「客中傷秋」·「勸學有感」·「松谷記」·「謹次盤松韻」·「霽洞山直求乞勸善文」·「日新堂記」·「隱溪齋記」·「遠慕齋改造上樑文」·「謹次雀春峯孝行原韻」·「霽月庵重建上樑文」·「珠聯詩」·「貞夫人咸陽朴氏墓表」·「晚菴處士墓表」·「島菴處士碑碣文」·「花樹稧創立敍」·「樂二亭記」·「李松谷回甲壽筵祝賀文」·「參奉蘇公墓碣名」·「霽月庵盛況」·「後園種竹序」·「養士齋」·「忠烈祠」·「李村公事蹟」·「久齋蘇先生行狀」·「先考悟堂府君家狀」

3. 내용

『농운집』은 詩, 文, 祝文, 敍, 記, 說, 錄, 行狀, 誌, 序, 祭文, 序, 跋, 上樑文, 墓表, 碑碣, 墓碣 등 다양한 문체들로 구성되었다. 150여수로 가장 많은 지면을 차지하고 있는 시의 대부분은 七言律詩의 형식을 따르고 있다. 詩題로는 부채·그림자·복날·파리·農家·煙竹 등 대체로 일상사와 관련된 주제들을 다루고 있다. 그 중에서 복날의 정취를 그린 「煮伏」을 보기로 한다.

伏日初回甚曝陽　초복날 햇빛이 심하게 내리쬐니
詩人烹煮意深長　시인이 삶고 구음에 의미가 심장하구나
掃除盃瘴茶先酌　술잔 독을 쓸어 내리려 풀로 술잔 먼저 닦고
洗滌煩胸酒滿觴　번잡한 가슴 씻어 내리려 술잔에 술을 가득 붓는다
踏脚氷堆神快爽　얼음 언덕을 밟으니 정신이 상쾌해지고
潤喉菰食味甘香　菰食으로 목을 적시니, 달콤한 향기를 맛보네
伊借表軍何朔飮　그대는 表軍을 빌려 얼마나 마시려 하는가
不如此處盡歡場　이곳에서 즐거움을 다하는 것만 못할 것이네

초복날 벗과 더불어 더위를 쫓기 위해 술 마시는 모습이 홍취 있게 그려져 있다. 다음으로 파리와 모기를 소재로 한 시인 「蒼蠅」과 「苦蚊」이 있다.

聚群叩翼會如林　무리 지어 날개 두드리며 모인 것이 숲과 같고
鑽袖嘬肌正苦侵　소매 뚫고 들어와 살을 깨무니 참으로 아프구나
飛散無常誰使告　때도 없이 날아 흩어지는 것은 누가 고하게 해서인가
徒僧撓手未能禁　스님 손으로 흔들어도 막을 수 없네

더운 여름날 파리 떼들이 모여 시끄럽게 우는 것을 누군가에게 말을 전하는 것으로 표현한 구절이 주목된다.

驅逐蚊群計百千　모기떼를 쫓은 것이 백 천을 헤아리나
難堪苦未成侵眠　가려움 견디기 어려워 잠을 이룰 수 없다
見渠拔劒非良策　그 놈 보고 칼을 뽑는 것은 좋은 계책이 아니니
爐上不如送火烟　화로 위에 연기를 보냄만 못할 것이네

이처럼 소병택은 일상에서 흔히 접할 수 있는 파리와 모기를 주의 깊게 관찰하고, 이들 대상에 자신의 감정을 이입시켜 서술하는 방식을 적극 활용하고 있었다. 이 밖에도 그는 자신의 字號를 풀이한 「元韻」을 남기고 있다.

有耳無聞是曰聾　귀가 있어도 듣지 못하는 것을 귀머거리라 하네
能聽豈可謂之聾　들을 수 있는데 어찌 귀머거리라 하는가
老病爲聾人例事　노병으로 귀머거리 됨은 예사거늘
不如此漢賦天聾　이 사람이 天聾을 부여받음만 못한 것이로다

자호에 대한 풀이는 「聾雲自敍」에서 다시 한번 나타나고 있다. 소병택은 '聾人'의 여러 종류를 설명하면서 자신의 '농'을 是非毁譽하는 말을 듣지 못하고 過惡邪僻의 말을 비록 듣더라도 마음에 두지 않는 하늘이 부여한 농인이라고 自定하였다. 한편 문집에는 두 편의 說이 게재되어 있는데 그 중 하나인 「晩菊說」에서 族兄인 秉祚의 자호를 풀이하고 있다. 그는 천지가 閉塞할 시기에 적막한 濱風의 급박함에서 힘써 뛰쳐나오고 서리의 위엄에서 흔들리지 않고 더욱 힘쓰는 '만국'의 속성을 지적하였다. 또 다른 한편인 「勸學說」에서는 학문의 방법으로 博學篤行을 소개하고 있다. 즉 박학독행을 통해 精勤特勇을 이루어야 한다고 전제하면서 이를 위해 古人의 학문을 배우고 고인의 행동을 따를 것을 촉구하였다. 그리고 고인과 같아지도록 노력하여 게으름에서 떨쳐 버리고 열심히 노력하여 후회하지 말라는 당부도 남기고 있다. 이밖에도 문집 속에는 축문 등 소병택의 글솜씨를 엿볼 수 있는 다양한 글들이 실려 있다.

4. 가치

『농운집』은 박학에 입각한 객관적 사물인식과 합리적 인식태도를 엿볼 수 있는 문집이다. 앞서 지적하였듯이 소병택은 박학을 중시하는 학문태도를 갖고 있었으며, 이러한 관점에 입각하여 다양한 사물을 인식하고 그 특성을 주체적인 입장에서 화려한 문체를 통해 표현하였다. 이는 개별사물의 이치를 객관적으로 파악하고 이를 통해 합리적으로 사물을 인식하겠다는 학문자세에서 기인한 것이다. 이러한 모습을 한말 소병택이 지은 시문을 통해 확인할 수 있었다는 데 이 자료의 가치가 있다고 하겠다.

【원재린】

淡圃漫錄

李碩載(1722~1776) 著.
草稿本. 1册(72張) 落帙本, 26×19cm.
10行 20字. 印記: 淡圃.

淡圃漫錄
疏箚
辭持平兼救被罪玉堂書
伏以臣百無肖似偉占科第榮塗一步念未曾到而
迺於省墓歸路忽承栢府　新命驚惶震惕靡所容
措噫世道日下臺風漸衰婾婟成習讜言無聞　大
小朝憂慨之教屢發於筵席當此之時宜擇剴方之
士以畀言議之責而乃以如臣下劣苟然充擬不少
難愼豈不爲臺閣之羞耻哉古語曰量而後入不入
而後量臣之自量亦已熟矣不稱之職義難冒承敢

1. 저자

李碩載(1722~1776)[1)]의 本貫은 韓山, 字는 叔果, 號는 淡圃이다. 기존에 발행된 연세대 중앙도서관의 『고서 목록』에서 이 책의 저자라고 밝힌 洪受瀗(1640~1711)은 1711년(숙종 31)년에 세상을 떠났는데, 문집 중에 실린 여러 글들의 내용은 주로 영조 연간(1724~1776)의 일들이어서 시대가 맞지 않으므로 저자로 볼 수 없다. 예를 들어 「敎慶尙監司黃仁儉書」는 황인검을 경상감사에 임명하는 내용인데 이는 1760년(영조 36)의 일이고, 「敎平安監司趙曮書」는 조엄을 평안감사에 임명하는 내용인데 이는 1770년(영조 46)의 일이며, 「敎守御使金漢耆書」는 김한기를 수어사에 임명하는 내용인데 이는 1771년(영조 47)의 일이다. 홍수헌의 號도 이석재의 호와 같은 淡圃이므로 『고서 목록』에서는 그를 『淡圃漫錄』의 저자로 오인한 것으로 보인다.

낙질본인 탓으로 현재 남아 있는 문집에는 직접 저자를 나타내는 아무런 기록이 없다. 그러나 그 내용을 분석해서 역사적 사실과 대조를 한 결과 저자는 李碩載로 확인된다. 구체적인 예로 『淡圃漫錄』, <書啓>편을 보면, 「京畿暗行後書啓」·「水原暗行後書啓」·「喬桐慰諭後書啓」·「湖南暗行後書啓」 등이 실려 있는데, 왕조실록을 통해 이석재의 행적을 조사해 보면 그는 영조 37년에 경기고을을 살핀 바 있고, 영조 40년 9월에 수원어사로 服命하였으며, 같은 해 11월 喬桐安集御史가 되었고, 영조 41년 4월에는 전라도 濟民倉의 摘奸御史가 되어 복명한 기록이 있다. 이러한 이석재의 행적은 『담포만록』의 여러 書啓의 내용과 부합하며, 이 시기에 이와 같은 행적을 보인 다른 사람은 없으므로 그가 저자임이 분명하다. 그 중에서도 특히 「水原暗行後書啓」는 趙德崇의 妻가 남편이 죽은 후 사나운 行惡을 저지른 내용에 관한 것인데 이는 왕조실록의 다음과 같은 기록과 일치한다.

> 수원 어사 李碩載가 復命하자, 수원 부사 李瀰를 파직하였다. 그리고 趙德崇의 처를 수원부의 옥에 가두었으니 스스로 목숨을 끊게 하고자 한 것이었다. 조덕숭이 죽은 뒤에 그의 처가 더욱 더 사나움을 부려 이웃과 고을에 걱정거리가 되어 왔는데 또 손으로 사람을 죽이자, 臺臣 이지회가 상소하여 논한 것이다. 그러자 임금이 어사를 보내어 조사하게 하였는데, 그러한 사실이 밝혀지자 이런 명이 있었던 것이다. 이어서 '비록 스스로 죽었더라도 檢驗하지 말라.'고 명하였으니, 士族이기 때문이었다. (『英祖實錄』 卷104 , 英祖 40年 9月 21日 庚午(44책 179쪽))

이석재는 통훈대부 李奎采에게서 태어났으나 통덕랑 李奎瑞에게 양자로 들어갔다. 이규서와 이규채는 再從兄弟 사이이다. 즉 두 사람의 증조부가 공통으로 李東稷인데, 이동직의 장남인 李秀彦이 李思孝를 낳고 이사효가 이규서를 낳았으며, 이동직의 차남인 李秀儁이 李思悌를 낳고

---

1) 연세대 중앙도서관 『고서 목록』에서 저자를 洪受瀗이라고 한 것은 잘못이다.

이사제가 이규채를 낳았다. 이규채는 석재 밑으로 億載, 博載를 아들로 두었는데 장남인 석재를 재종형인 규서에게 양자로 보낸 것이다.

이석재는 1747년(영조 23) 식년시에 진사 급제하고 1756년(영조 32) 庭試 병과에 급제하였다. 같은 해 持平이 되고 1758년(영조 34) 10월에는 임금이 親臨하여 文臣殿講을 베풀 때에 으뜸을 차지하여 半熟馬를 하사 받았다.

그 후 1763년(영조 39) 10월에 副校理, 같은해 11월에 文學, 같은 달에 修撰, 12월에 弼善, 1764년(영조 40)에 執義, 같은해 校理 등을 역임하였다. 1765년(영조 41) 1월에 다시 執義에 임명되고 같은 해 4월에는 전라도 濟民倉의 摘奸御史가 되어 민정을 살피고 복명하여 민폐를 구제하도록 하였다. 1769년(영조 45) 7월에 司諫, 같은 해 8월 校理, 같은해 10월 副修撰이 되었다. 1770년(영조 46)에 承旨에 오르고 1774년(영조 50) 大司諫에 임명되었다. 이상의 宦歷에서 볼 수 있듯이 그의 생애는 비교적 순탄하게 정통 관료로서 일생을 마쳤다.

2. 구성

『담포만록』은 불분권 1책인데 서문이나 발문이 없고 별도로 저자 표시도 없는 것으로 보아 全帙 중에 떨어져 나온 落帙本이다.

겉 표지에는 제목 옆에 疏箚·應製文·雜著라고 세 가지 항목만 적혀 있으나 이는 대표적으로 몇 가지만 내세운 것이고 실제 내용은 <疏箚>·<敎書>·<箋>·<致祭文>·<書啓>·<雜著>·<祭文>·<行錄>·<應製>의 아홉 가지 항목으로 분류하여 구성되어 있다. 또 별도로 卷 표시가 없어서 불분권이라고 할 수 있지만, 맨 첫머리는 물론이고 雜著가 시작되는 부분과 行錄이 시작되는 부분에 卷首題 형식으로 『淡圃漫錄』이라고 별도로 기록해 놓아 실제로는 전체 3권의 형식을 취하고 있다.

각각의 분량을 보면 <疏箚> 14편, <敎書> 12편, <箋> 8편, <致祭文> 4편, <書啓> 8편, <雜著> 15편(부록 2편, 총 17편), <祭文> 6편, <行錄> 2편, <應製> 2편이다. <雜著>는 편지글이 네 편, 記가 두 편이고 나머지는 다양한 문체의 글들이 각각 한 편씩 실려 있다. 편지글 중에는 김상직의 편지에 답장하는 글이 두 편인데, 각각 원래의 편지를 뒤에다 첨부하여 편차하였으므로 <雜著>에는 모두 17편의 글이 실려 있다.

전체 구성은 다음과 같다.

<疏箚>

「辭持平兼救被罪玉堂書」·「辭司書書」·「乞郡書」·「辭副校理疏」·「辭修撰書」(2편)·「辭執義疏」·「辭獻納兼救被罪承宣疏」·「辭副修撰疏」·「辭同副承旨疏」·「冬雷陳戒箚」·「因停講請

復箚」·「因虹貫陳戒箚」·「陳戒箚」

<敎書>

「敎慶尙監司黃仁儉書」·「敎京畿監司元景淳書」·「敎咸鏡監司趙榮順書」·「敎慶尙監司李㴤書」·「敎京畿監司趙榮進書」·「敎開城留守趙重晦書」·「敎守禦使金漢耆書」·「敎平安監司趙曮書」·「敎忠淸監司權導書」·「敎統制使張志恒書」·「敎全羅監司尹東昇書」·「敎江原監司金鍾正書」

<箋>

「仁元大妃祔廟後陳賀朝廷文」·「大殿誕日陳賀文」·「冬至陳賀箋文」·「正朝陳賀箋文」·「大殿誕日陳賀箋文」·「大殿正朝陳賀箋文」·「毓祥宮加謚號大殿陳賀箋文」(2편)

<致祭文>

「卒判書金漢喆致祭文」·「卒領府事李天輔致祭文」·「卒領府事申晩遣宮官致祭文」·「卒大司憲李喬岳致祭文」

<書啓>

「京畿暗行後書啓」·「水原暗行後書啓」·「喬桐慰諭後書啓」·「湖南暗行後書啓」·「長湍暗行後書啓」·「公州暗行後書啓」·「忠淸水營督運後狀啓」·「運船畢到喬桐後狀啓」

<雜著>

「答江西令金養汝相直書」·「附金養汝書」·「再答江西書」·「附江西再書」·「與人論讀書書」·「與人論仕宦書」·「陽德鍊武亭記」·「江東水仙亭重修記」·「爲善無近名論」·「成王之賜伯禽之受皆非也辨」·「擬秦白起請勿伐趙奏」·「先君子從宦錄後識」·「書凝軒藁」·「書趙氏家乘」·「書吳州唱酬錄後」·「廣陵散賦」·「蓂頌」

<祭文>

「祭文亡室孺人韓氏文」·「祭殤弟文」·「祭伯父文」·「祭弟嫂金氏文」·「祭姜生子華文」·「祭朴生尙郁文」

<行錄>

「先妣恭人洪氏言行錄」·「亡室行錄」

<應製>

「禁城春色曉蒼蒼」(二十韻排律文臣製述居第二)·「擬高麗王謝國內山川正朝後擇日齋戒降香表」(吏文製述被抄)

3. 내용

문집의 구성에서 살펴보았듯이 이 책에 실린 글들은 대부분 의례적인 문장이다. 따라서 작자의 사상이 깃들어 있거나 문학 작품으로서의 문예미가 드러난 것이 아니기 때문에 특별히 내용을 체계적으로 분석할 성질은 못된다.

<疏箚> 편에 들어 있는 「辭持平兼救被罪玉堂書」·「辭司書書」·「辭副校理疏」·「辭修撰書」(2편)·「辭執義疏」·「辭獻納兼救被罪承宣疏」·「辭副修撰疏」·「辭同副承旨疏」는 각각의 제목에 기록한 직위에 임명되었을 때 이를 사양하는 내용의 글이다. 「乞郡書」는 後母가 70세로 연로하시므로 지방의 작은 고을을 맡아 다스리면서 어머니를 편히 모시고자 外職을 청하는 글이다. 여기서의 後母는 저자가 李奎瑞에게 양자로 들어갔으므로 양어머니를 가리킨다. 「冬雷陳戒箚」와 「因虹貫陳戒箚」는 기상 이변이 일어나자 임금에게 삼가고 조심하기를 건의하는 글이며, 「因停講請復箚」는 임금이 강연을 멈추자 임금의 공부는 聖學이라고 하면서 이를 계속 하기를 청하는 글이다. 「陳戒箚」는 가뭄이 들어 임금이 기우제를 지냈는데 다행히 비가 내려 이를 축하하면서 더욱 삼가고 조심하기를 청하는 글이다.

<敎書>편은 慶尙監司 黃仁儉, 京畿監司 元景淳, 咸鏡監司 趙榮順, 慶尙監司 李瀰, 京畿監司 趙榮進, 開城留守 趙重晦, 守禦使 金漢耆, 平安監司 趙曮, 忠淸監司 權𡒉, 統制使 張志恒, 全羅監司 尹東昇, 江原監司 金鍾正 등이 해당 직책에 임명될 때 쓴 임명장 내용이다.

<箋>은 나라에 길흉사가 있을 때 임금한테 올리는 글로서 四六文의 대표적인 의례문이다. 「仁元大妃祔廟後陳賀朝廷文」은 숙종의 두 번째 繼妃인 인원대비를 사당에 合祀할 때 하례를 올리는 글이고, 그밖에 임금의 생신을 맞이하여 이를 축하하는 글(「大殿誕日陳賀文」·「大殿誕日陳賀箋文」)과 절기를 맞이하여 하례하는 글(「冬至陳賀箋文」·「正朝陳賀箋文」·「大殿正朝陳賀箋文」들이 있다. 「毓祥宮加諡號大殿陳賀箋文」(2편)은 영조의 생모인 淑嬪 崔氏의 시호를 올리고 이를 하례하는 글이다.

<致祭文> 네 편은 각각 判書를 지낸 金漢喆, 領府事를 지낸 李天輔, 領府事를 지낸 申晩遣, 大司憲을 지낸 李喬岳 등을 제사 지내는 글이다. 致祭는 왕족이나 大臣, 국가를 위하여 죽은 사람에게 왕이 祭文과 祭物을 갖추어 신하를 보내어 지내게 하는 제사이다. 그러므로 이 치제문들은 왕을 대신하여 지은 것이어서 어투도 왕의 입장에서 말한 것으로 되어 있다.

<書啓>는 어명을 받들어 각 지방을 순시하고서 그 결과를 아뢰는 글이다. 京畿, 水原, 喬桐, 湖南, 長湍, 公州, 忠淸 등지를 암행, 또는 순시하고서 그 내용을 보고하고 있는데, 이 글들은 『담포만록』의 저자가 이석재임을 알려주는 결정적인 단서가 된다.

<雜著>에는 다양한 문체의 글들이 뒤섞여 있다. 우선 江西令 金相直과 두 차례에 걸쳐 주고 받은 편지가 김상직이 보낸 원래의 편지와 함께 실려 있다. 김상직이 보낸 편지는 답장 편지 다음에 첨부하여 「答江西令金養汝相直書」·「附金養汝書」·「再答江西書」·「附江西再書」

순으로 편차되었다. 다음에는 독서에 대해 논한 글과 벼슬살이에 대해 논한 글이 「與人論讀書書」와 「與人論仕宦書」라는 제목으로 실려 있다. 「陽德鍊武亭記」는 양덕에 있는 연무정의 건립 내력을 설명하면서 武의 중요성을 강조하고 있으며 「江東水仙亭重修記」는 저자가 강동의 원님으로 있을 때 퇴락한 수선정을 중수하게 된 내력을 친구인 李士晦의 권유로 지은 글이다.

「爲善無近名論」은 선행을 하되 명예를 가까이 하지 말아야 한다는 생각을 밝힌 글이고 「成王之賜伯禽之受皆非也辨」은 程子가 "成王이 천자의 禮樂을 제후국인 魯나라에 준 것과 伯禽이 이를 받은 것은 모두 옳지 않다."라고 단정한 것에 대해 변석한 글이다. 「擬秦白起請勿伐趙奏」은 진나라 장수 백기가 조나라를 정벌하지 말도록 청하는 내용을 대신 模擬하여 지은 글이다.

「先君子從宦錄後識」는 부친의 『從宦錄』 뒤에 붙인 글이고 「書凝軒藁」는 李喜之의 뛰어난 시를 酷愛하여 그의 『凝軒集』을 정성껏 베끼고 이에 덧붙인 글이다. 「書趙氏家乘」와 「書吳州唱酬錄後」는 각각의 저술에 대한 소개이다. 「廣陵散賦」는 유명한 거문고 곡인 '廣陵散'에 대한 소감을 읊은 賦이고 「蓂頌」은 책력풀이라는 명협초에 대해 칭송한 글이다.

<祭文> 여섯 편은 먼저 죽은 부인 韓氏, 13살의 어린 나이로 요절한 아우, 통훈대부로 白川군수를 지낸 伯父, 자기 집안에 시집 온 지 19년 만에 죽은 제수씨, 친구인 강자화와 박상욱 등을 제사지내는 글이다. 의례적인 제문의 형식이다.

<行錄> 역시 의례적인 글이어서 특별한 내용이 있는 것은 아니며 돌아가신 어머니에 대한 「先妣恭人洪氏言行錄」과 죽은 아내에 대한 「亡室行錄」 두 편이 있다.

<應製>는 임금의 명에 응하여 지은 글로서 「禁城春色曉蒼蒼」(二十韻排律文臣製述居第二)과 「擬高麗王謝國內山川正朝後擇日齋戒降香表」(吏文製述被抄) 두 편이 실려 있다.

4. 가치

현재 낙질로 남아 있는 『담포만록』은 72장 1책의 零本으로 전체 문집 중 극히 일부분에 불과하며 그 내용도 疏箚, 敎書, 箋 등 의례적인 격식에 따라 지은 글들이 대부분이다. 따라서 작자의 사상이나 문학적 세계를 평가하는데 별로 도움이 되지 못하여 자료적 가치는 그다지 크다고 볼 수 없다.

【김영봉】

大溪利用

黃在英(1835~?) 著.

草稿本. 不分卷 2冊, 28.5×18.5cm.

11行 24字. 表題: 利用.

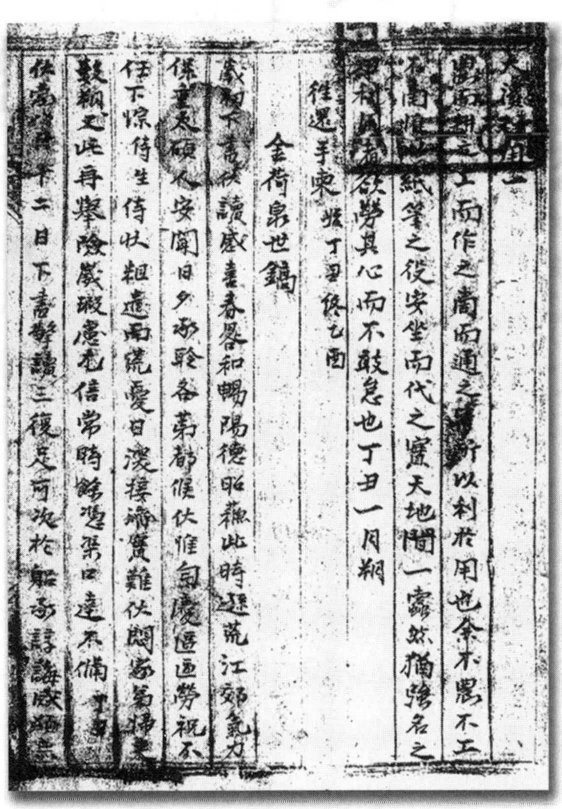

1. 저자

黃在英(1835~ ?)의 本貫은 昌原, 字는 應護, 號는 大溪이며 1835년(헌종 원년)에 승지 仁夏의 아들로 태어났다. 1927년에 간행된 목판본 문집『大溪遺稿』가 전한다.『대계유고』의 서문에 의하면 어려서부터 弱冠에 이르기까지 이미 經史 百家를 두루 공부하였으며 律曆·算數·醫卜 등의 서적에도 깊은 연구를 하였다. 일찍이 부모님의 기대를 저버리지 않기 위하여 科擧에 나아가 策文으로 응시였으나 급제하지 못하자 "반드시 이룰 수 있다고 보기 어려운 일을 바라기보다는 스스로를 닦아 운명을 기다리는 것이 더 낫다.(與我希難必之事, 未若自修以俟命)"[1]고 탄식하면서 祖父와 父親을 섬기는데 정성을 다하였다. 옛날 효자들의 행실을 따르기에 힘써서 새벽마다 일찍 일어나 세수와 양치질을 하고 침실에 나아가 문안을 여쭈었다.

서적을 통하여 성현의 가르침을 받는 것을 마치 직접 대면하듯이 하였으며 향당의 원로 학자들과 禮와 학업을 익히고 닦는데 게을리하지 않고 實事求是에 힘썼다. 기존의 여러 문헌에서 황재영에 대한 인물 소개가 아주 소략한 가운데서도 "효행에 뛰어났으며 영남의 유학자 가운데서도 실천적 학자로 널리 알려졌다."고 표현한 것은 이와 같은 행적 때문일 것이다.

그의 문장은 문장가의 기교 등이 없이 순수하고 경전 중의 道를 표출하였으며, 시도 正雅에서 나와 濂洛의 遺風이 있었다(詩亦出於正雅, 怳然聞濂洛遺風)[2]고 평가되는 것으로 보아 道學派적인 성향의 문학 활동을 하였음을 알 수 있다.

그의 나이 마흔에 이르렀을 때 관찰사와 九卿들이 서로 그를 천거하는 글을 올려 將作監에 제수되었으나 자연에 은거하려는 뜻을 굽히지 않았다. 그 후 얼마 안 있어 부모상을 당하여 지나치게 슬퍼한 나머지 몸이 쇠약해져 세상을 떠났다.

그는 임종 때 집안 사람들에게 자신의 원고를 불태우라고 부탁하였는데, 이때 태우지 않고 남은 글들을 모아『大溪遺稿』라는 이름으로 문집이 간행이 되었다. 申獻求가 쓴 서문에서는 4권이라고 하였으나 이는 4책을 편의상 그렇게 말한 것으로 보이며 현재 전하는 문집은 7권 4책이다. 그밖에 황재영의 저작물로『拙稿』(권수제는『拙笔』)라는 이름의 책이 연세대학교 도서관에 소장되어 있다. 이는 上·下 2책의 草稿本으로 詩·書·祭文·行狀·序 등 여러 글들이 일정한 체제 없이 편차되어 있다.

2. 구성

1) 申獻求,「大溪集序」.
2) 申獻求, 앞의 글.

『大溪利用』은 불분권 2책으로 되어 있는데, 겉표지는 '利用'(上, 下)이라고 되어 있고 卷首題는 '大溪利用'(一, 二)이라고 되어 있다. 1책에는 간략한 서문과 함께 56명에게 보낸 편지글이 255편 실려 있고 2책에는 61명에게 보낸 편지글이 263편 실려 있다. 받은 사람별로 그 사람의 호칭을 표제로 내세워 분류하고 편지 말미에는 편지를 쓴 해의 干支를 적어 놓았다. 그러나 무슨 이유인지는 모르지만 가끔씩 간지를 빠뜨린 경우도 있다. 받는 사람의 표기는 성씨 다음에 호나 관직명, 자, 이름 등을 조합하여 기록하였는데 '호・이름', '관직명・이름', '자・이름・호' 등 배열 기준이 일정하지 않다. 상대방이 특별히 공경해야 할 웃어른일 때는 성씨 다음에 '丈' 자를 붙였다.

각 책에 실린 편지 대상자와 편 수는 다음과 같다.

<제1책>

金荷泉世鎬(丁丑 1편, 戊寅 2편, 己卯 2편, 庚辰 3편, 辛巳 3편, 壬午 3편, 癸未 1편, 甲申 2편.)

睦豊基養錫(丙子除夕 1편)

任澹齋應準(丁丑 1편, 辛巳 1편)

權頤齋璉夏(丁丑 1편, 戊寅 1편, 己卯 3편, 辛巳 1편, 乙酉 1편)

權參判永夏(己卯 1편)

姜參判晋奎(己卯 1편, 乙酉 1편)

李莞爾寅龜(丁丑 1편, 戊寅 1편, 癸未 1편, 辛巳 1편)

金丈平壽(癸未 1편)

柳丈道洙(甲申 1편, 乙酉 1편)

姜奉朝賀浼(甲申 1편)

金慵庵獻洛(丁丑 1편, 간지 미상 3편)

朴正言明壽(辛巳 1편)

金進士喆銖(己卯 1편)

鄭丈在麒(丁丑 1편, 戊寅 4편)

李丈晩孫(乙酉 1편)

姜丈楗號復齋(己卯 1편)

李豊基晩昇(辛巳 1편, 간지 미상 4편)

李德吾晩昌(己卯 1편)

金繼孟輿洛號西山(丁丑 1편, 辛巳 1편, 壬午 1편, 癸未 1편, 甲申 1편)

黃同輔蘭善號是廬(戊寅 1편, 庚辰 1편, 壬午 2편, 癸未 1편, 甲申 2편, 간지 미상 1편)

柳鞏甫基鎬號石舍(戊寅 1편, 己卯 1편, 壬午 2편, 甲申 2편)

柳光佐止鎬(己卯 1편, 壬午 1편, 甲申 1편)
金德文碩奎號恥庵(丁丑 1편, 己卯 1편, 庚辰 2편)
李穉道範成號松谷(丁丑 1편, 戊寅 1편, 己卯 7편, 庚辰 7편, 辛巳 6편, 壬午 3편, 癸未 2편, 甲申 3편, 乙酉 1편, 간지 미상 1편)
姜晉卿鏳(庚辰 1편)
姜周卿鑱號克齋(庚辰 1편, 辛巳 3편, 壬午 1편, 癸未 1편, 甲申 3편, 乙酉 1편)
李君宅晩寅號龍山(丁丑 1편, 戊寅 1편, 己卯 1편)
南史初肅熙(丁丑 1편, 戊寅 1편, 己卯 1편, 庚辰 1편, 辛巳 1편, 癸未 1편)
權祖源世淵(丁丑 1편, 戊寅 3편, 己卯 2편, 庚辰 2편, 辛巳 1편, 壬午 1편, 甲申 1편)
金聲大駿遠(丁丑 1편, 戊寅 1편, 己卯 1편, 庚辰 2편, 辛巳 1편, 癸未 1편, 甲辰 1편)
權濟亨經燮(乙酉 1편)
金永孝祖永(癸未 1편)
金文一禧永(己卯 1편)
成順五斗鎬(壬午 1편, 癸未 1편)
柳太匹道奭(丁丑 1편, 己卯 3편)
權道顔相稷(戊寅 1편)
睦順輿承錫(甲申 1편, 간지 미상 1편)
李穉元範善(辛巳 1편)
李豊基俊永(甲申 1편)
宋景鎬熙昇(庚辰 1편, 壬午 1편)
金五衍景洛號雲圃(丁丑 1편, 戊寅 3편, 己卯 8편, 庚辰 7편, 辛巳 10편, 壬午 5편, 癸未 1편, 甲申 3편, 乙酉 3편)
李而觀宅華(庚辰 1편)
朴啓宇周大(戊寅 1편, 壬午 1편, 癸未 1편, 乙酉 1편)
李海卿進基(戊寅 1편)
崔進士泰準(庚辰 1편)
金應由輝轍(癸未 1편)
洪進士稷厚(戊寅 1편)
韓敬玉瓛(丁丑 1편)
姜周五瀷永(丁丑 1편, 己卯 1편, 庚辰 1편, 癸未 1편)
池君若弘霔(丁丑 1편, 己卯 1편)
姜文翼必翼(辛巳 1편, 壬午 1편)
金亨實鼎奎(壬午 1편, 癸未 1편)
金文顯世奎(癸未 1편)
朴乃說廷兌(壬午 1편, 癸未 1편)

柳景九晳(庚辰 1편)
姜校理鐠(丁丑 1편, 己卯 1편, 庚辰 4편, 간지 미상 4편)

<제2책>

柳敏兼侐睦(戊寅 1편, 庚辰 2편)
鄭聲振夏默(己卯 1편, 庚辰 2편, 癸未 1편)
姜國衡鋌(庚辰 1편, 辛巳 8편, 壬午 3편, 癸未 2편, 甲申 4편, 乙酉 3편, 간지 미상 2편)
金範初濙模(丁丑 1편, 戊寅 3편, 己卯 3편, 庚辰 3편, 辛巳 2편, 壬午 4편, 癸未 3편, 甲申 3편, 乙酉 1편, 간지 미상 1편)
柳建一萬植(癸未 1편)
朴子厚載鉉(乙酉 1편, 간지 미상 1편)
潘士善在元(癸未 1편, 甲申 2편)
尹致道仁燮(辛巳 1편, 甲申 1편)
權君性道元(乙酉 1편)
姜芳叔瀫(庚辰 1편, 壬午 1편, 癸未 1편)
姜德汝潡(乙酉 1편)
姜漢石春元(己卯 1편, 庚辰 1편, 辛巳 7편, 壬午 4편, 癸未 2편, 甲申 4편, 乙酉 3편)
姜聖九淳悳(戊寅 1편, 己卯 1편, 庚辰 1편, 辛巳 1편, 壬午 2편, 癸未 1편, 乙酉 2편)
金敬能淵模(丁丑 1편, 戊寅 10편, 己卯 2편, 庚辰 8편, 辛巳 2편, 壬午 2편, 癸未 1편, 甲申 4편, 乙酉 1편)
柳汝晦容根(甲申 1편)
姜周若麟元(癸未 1편)
柳景深淵博(癸未 1편, 甲申 1편)
柳淵如道淵(丁丑 1편)
金章彦憲奎(乙酉 1편)
金子洪禹鉉(丁丑 1편, 甲申 1편)
權禁郎太鉉(癸未 1편, 간지 미상 1편)
安進士鳳熙(丁丑 1편, 戊寅 1편, 己卯 1편, 甲申 1편)
尹聖統集成(丁丑 1편, 戊寅 1편)
權英一相穆(己卯 1편)
金漢汝章煥(丁丑 1편)
權士集弘鎰(己卯 1편, 庚辰 1편)
金太初正鉉(己卯 1편)
金琢如輝璹(壬午 1편)

權允甫稱鎰(己卯 1편)
張駿文(간지 미상 1편)
韓虎烈(癸未 1편)
金汝涵瀼模(己卯 1편, 庚辰 1편, 辛巳 1편)
金士亨澈模(庚辰 1편)
鄭壽伯參鉉(丁丑 1편, 戊寅 2편, 己卯 3편, 壬午 3편, 癸未 1편, 乙酉 1편)
鄭周顯淳模(己卯 1편, 壬午 1편)
權定鎰(丁丑 1편)
崔致大尙峻(癸未 1편, 甲申 1편, 간지 미상 1편)
朴德然箕默(乙酉 1편)
金景畢東翊(癸未 1편)
金文有駿聲(壬午 1편, 癸未 1편)
許明仲爀(辛巳 1편, 乙酉 1편)
姜應八壽昌(癸未 1편)
朴汝克壽昌(乙酉 1편)
金徵大正龜(癸未 1편, 乙酉 2편)
族祖中碩(辛巳 1편, 간지 미상 1편)
族祖中憲(戊寅 1편, 庚辰 1편, 간지 미상 2편)
族兄在衡(己卯 1편)
族叔周夏(戊寅 1편, 庚辰1편, 癸未 1편)
從叔渚樵公肇夏(丁丑 1편, 戊寅 2편, 己卯 1편, 庚辰 9편, 辛巳 1편, 壬午 1편, 乙酉 1편)
族兄基萬(癸未 1편)
族叔致五世夏(丁丑 1편, 己卯 1편, 辛巳 1편, 癸未 1편, 乙酉 1편)
族祖德輝中鳳(己卯 1편, 癸未 1편)
族侄堯伯始欽(丁丑 1편, 戊寅 3편, 己卯 3편, 庚辰 4편, 辛巳 2편, 壬午 1편, 癸未 1편, 간지 미상 1편)
族弟道凝基道(己卯 1편, 乙酉 3편)
族叔致墨靖夏(丁丑 1편, 己卯 1편, 辛巳 3편, 乙酉 1편)
族姪聖習學銖(丁丑 1편, 戊寅 3편, 己卯 2편)
族弟周命基永(丁丑 1편)
族侄致强勉欽(己卯 1편, 庚辰 2편, 간지 미상 1편)
再從弟稚圭在鎭(戊寅 1편, 己卯 1편, 간지 미상 1편)
族姪元七斗欽(癸未 1편, 간지 미상 2편)
族姪復欽(乙酉 1편)

이상 제1책에 56명에게 보낸 255편, 제2책에 61명에게 보낸 263편, 도합 117명에게 보낸 513

편의 편지글이 실려 있다.

3. 내용

『大溪利用』은 저자인 黃在英이 여러 사람들에게 보낸 편지글을 모아 놓은 書簡集이다. 책에 별도로 저자 표시가 되어 있지는 않으나 본문 내용 중에 웃어른에게 보낸 편지에서 자신의 이름자를 내세운 경우가 더러 있어서 분명하게 알 수 있다.

저자는 책머리에 간략한 서문을 붙여서 책이름을 '利用'이라고 붙인 이유를 설명하고 있다. 서문의 내용은 다음과 같다.

> 농사지으며 밭갈이를 하고, 장인 일을 하면서 물건을 만들고, 장사를 하면서 물건을 유통시키는 것은 모두 이용에 편리하게 하는 것이다. 나는 농사도 짓지 않고 장인 일을 하지도 않고 장사도 하지 않으면서 오직 종이와 붓만의 일로써 편안하게 앉아서 그런 일을 대신하니 실로 천지간에 한 마리의 좀 벌레일 뿐이다. 그러나 오히려 '利用'이라고 이름 붙인 것은 그 마음을 수고롭게 해서 감히 게을러지지 않기 위한 것이다. 정축년 일월 초하루.

생산적인 일에 종사하는 다른 사람들은 실제로 기물의 사용을 편리하게 하고 재물을 풍부하게 하여 생활의 편의와 이익을 꾀하기 때문에 『書經』에서 말한 바 '正德・利用・厚生'의 '利用'에 부합된다. 그러나 자신은 종이와 붓으로 문필 생활에만 종사하기 때문에 경제적인 측면에서 본다면 전혀 비생산적인 존재이다. 다만 앞서 예를 든 '利用'에 종사하는 사람들의 辛勤을 염두에 두고 자신도 그처럼 마음으로나마 수고를 아끼지 않고 부지런하고자 하는 마음을 담은 것이다.

본문이 시작하기 전 책 머리에 별도로 '往還手柬'이라고 제목을 붙여 편지를 모았음을 밝혀 놓았다. 그 아래에는 작은 글씨로 '始丁丑終乙酉'라고 주석을 붙여 丁丑年부터 乙酉年까지 9년 동안에 쓴 편지만을 모은 것임을 알 수 있다. 丁丑年은 1877년(고종 14)이고 乙酉年은 1885년(고종 22)이다. '往還手柬始丁丑終乙酉'는 1, 2책 모두 똑같이 기록되어 있다. 이 기간에 쓴 편지는 빠뜨리지 않고 모두 모아 놓은 듯 2행 34글자의 짧은 것도 있다.(權祖源世淵에게 戊寅年에 보낸 것) 대부분은 1편씩만 실려 있는 경우가 가장 많으나 李穉道範成(32편), 金五衍景洛(41편), 金範初瀅模(24편), 金敬能淵模(31편) 등은 이 기간 동안 매 해 빠짐없이 편지를 보내어 수십 편에 이르고 있다.

편지의 내용은 대부분 일상의 문안을 주고받는 것이어서 특기할 만한 사항은 보이지 않는다. 보통의 문안 편지 외에 길흉사가 있을 때 서로 위로를 주고받는 경우도 보인다. 金世鎬에게 壬午年에 보낸 편지는 저자가 아내 상을 당했을 때 扶助와 위로를 보낸 데 대한 답례이고, 任應準에게 丁丑年에 보낸 편지는 醮禮도 치르지 않고 요절한 아들에 대해 扶助해준데 대한 답례이며, 역시 임응준에게 辛巳年에 보낸 편지는 동생 상을 당했을 때 扶助해 준데 대한 답례의 글이다.

4. 가치

『大溪利用』은 저자의 사소한 일상의 왕래 편지를 거의 망라해서 모아 놓은 책이다. 이런 자질구레한 내용의 편지는 정식 문집을 편차할 때는 싣기 어려운 단순한 내용이다. 내용상 상당한 정도의 의미가 있는 편지글들은 간행된 문집인『大溪遺稿』에 다수 실려 있다. 따라서 이『大溪利用』은 황재영 개인에 대한 사생활의 연구에는 다소 도움이 되겠지만 그의 사상을 이해하는 데는 그다지 효용성이 없어 보인다. 저자가 왜 이 기간의 편지만 따로 묶어 놓았는지는 의문이며 앞으로 더 조사해야 할 문제이다. 저자는 임종 때 식구들에게 원고를 불태우라고 한 것으로 보아 문집의 간행을 의식하고 정리한 것으로 보이지는 않는다. 사소한 기록도 버리지 않고 정리하는 저자의 생활 습관 때문에 남겨진 것이 아닌가 생각된다.

【김영봉】

臺山遺集

金邁淳(1776~1840) 著.

初稿本. 9冊(臺山初藁 9卷 5冊, 臺山集公移 4冊), 23.5×16.5cm.

表題: 臺山遺集.

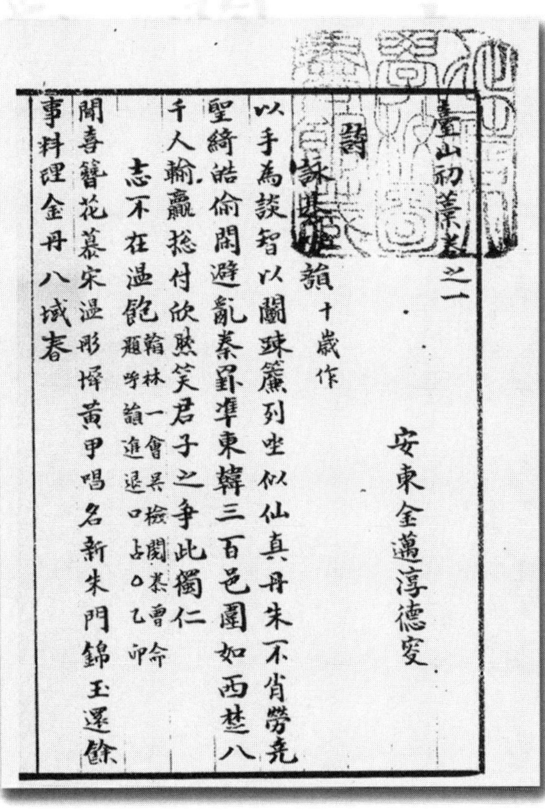

臺山初藁卷之一

安東金邁淳德叟

詩

詠棊[illegible]韻 十歲作

以手為談智以鬭珠簾列坐似仙真丹朱不肖勞堯
聖綺皓倫閒避亂秦罫準東韓三百邑圍如西楚八
千人輸。贏摠付欣然笑君子之爭此獨仁
志不在溫飽 翰林一會吳檢閱棊曹命題呼韻進退口占○乙卯
聞喜簪花慕宋溫形擇黃甲唱名新朱門錦玉遝餘
事料理金丹八域春

1. 저자

金邁淳(1776~1840)[1]의 本貫은 安東, 字는 德叟, 號는 臺山·風棲主人·石陵子, 諡號는 文淸이다. 淸陰 金尙憲(1570~1652)이 7대조이고, 三淵 金昌翕(1653~1722)이 4대조이며, 嘉平 군수를 지낸 金範行(1706~1764)은 그의 조부가 된다. 그는 金履鏞와 竹山 安宗周의 딸인 안씨 사이에서 태어났다.

20세인 1795년(정조 19) 庭試文科에 丙科로 급제하고 얼마 지나지 않은 그 해 11월에 특별히 賜暇讀書를 얻게 되는데, 이때부터 四書三經과 史·傳·子·集과 성리학에 관한 서적을 정밀하게 연구하기 시작하였다. 아울러 谿谷 張維(1587~1638)와 澤堂 李植(1584~1647)의 문장을 익히는 과정에서 그들이 唐宋八大家에 연원하고 있다는 사실을 알고는 당송팔대가의 문장을 익히는 데도 진력하였다. 賜暇讀書하는 기간동안 매일 읽은 卷目과 篇數를 기록하여 「恩暇日錄」이라고 이름하였다.

사가독서를 마친 1801년 3월 藝文館 檢閱에 임명되었다. 1802년 兵曹佐郎을 거쳐 弘文館 副校理와 修撰 등을 역임하면서 3년 간 홍문관에 근무하였다. 29세 때인 1804년 규장각 直閣에 임명되었으나 교체하지 않고 곧바로 龍岡 현령으로 나갔다. 1806년(31세) 伯從兄인 우의정 金達淳이 연루된 '獄事'가 발생하면서 평탄하던 그의 관직 생활은 끝이 나고 말았다. 그는 노모를 모시고 향리인 楊州 渼水가로 물러났다. 1825년(순조 25) 다시 관직에 나가기까지 20여 년간을 재야에 머물면서 학문과 문학에 전념하였는데, 金尙鉉, 兪莘煥, 池運浩 등 뒷날 학문과 문장으로 이름을 날리게 될 선비들이 그의 문하로 들어왔다.

1824년(49세) 司憲府 持平에 除授되었으나 출사하지 않다가, 이듬해부터 陽川縣令(50세, 1825년)과 安邊府使(52세, 1827년)를 거쳐, 楚山府使(56세, 1831년), 慶州府尹(58세, 1833년), 江華留守(59세, 1834년) 등 지방관을 역임하였다. 1836년(61세) 강화에서 돌아와 兵曹參判에 오르고, 이듬해 同經筵官이 되었다. 1838년(63세)이후에는 벼슬길에 나아가지 않고 학문에 더욱 정진하다가, 1840년(헌종 6)에 65세를 일기로 생을 마감하였다.

당시 대산과 가까운 친척관계에 있던 金祖淳은 正祖의 신망을 한 몸에 받아 순조의 장인이 되었고, 30여년 간 순조를 보좌한 안동김씨 세도정치의 기반을 열었다. 그는 정치적으로 매우 안정된 배경을 지니고 있었던 셈이다. 그러나 31세라는 젊은 나이에 옥사에 연루되어 말년에 伸寃이 되기까지의 오랜 세월을 불우한 처지를 견디며 살아가지 않을 수 없었다. 이러한 시련은 오히려 결과적으로는 家學의 전통을 이은 대문장가로 단련시키는 계기가 되었다.

대산의 性理說은 洛論계열의 家學을 물려받았으면서도, 人物性同異를 둘러싸고 벌어졌던 湖洛論爭에서는 同論과 異論 양쪽을 모두 비판한 절충론자로 규정된다. 문학의 측면에서 대산이

---

1) 김매순의 생애에 대한 소개로는 金尙鉉의 「臺山先生行狀」과 金炳學의 「臺山金公諡狀」이 있다.(국립중앙도서관본)

추구했던 것은 道와 文, 즉 經學과 文學의 합일이었다. 그의 제자 김상현의 표현에 따르면 '歐陽修의 문장과 朱文公의 의리', 즉 주자의 義理學을 道로 삼아 唐宋古文이라는 文藝 形式에 담는 것이었다. 族孫 金炳學(1821~1879)은 「臺山集序」에서 다음과 같이 설명하고 있다.

> 대개 도학과 문장이 합일된 것에 대해서, 우리 집안이 바로 그 연원이라고 세상에서는 말한다. 우리 청음 문정공[김상헌]께서는 제창하여 밝게 드리워주셨고, 농암 문간공[김창협]께서는 쉽고 간이하게 하여 완성하셨고, 삼연 문강공[김창흡]께서는 아름답고 윤택하게 하셨고, 미호 문경공[김원행]께서는 이를 祖述하셨다. 조화롭고 조화롭게 體와 用을 갖추고 화려함과 튼실함을 구비하여 학자들에게 道와 文은 서로 분리되지 않는다는 것을 비로소 알게 하였다. 온 나라 사람들이 모두 높이고 우러러 보기를 마치 남기신 가르침을 몸에 차고 다니며 큰 법도를 실천하듯 하였다. 다시 여러 선조들의 精氣와 心法을 글 속에 완연하게 보이신 것은 오직 선생뿐이시다.

淸의 上元 梅曾亮도 대산의 문장과 道學을 칭찬하면서 '農淵家學'이라는 네 글자를 써주었다. 이는 대산의 문장과 도학이 농암·삼연으로부터 연원하고 있음을 분명하게 인식한 것이라 하겠다. 이처럼 대산 일가의 文名은 국내에서뿐만 아니라 중국에서도 잘 알려진 사실이었다. 대산의 문장은 동시대의 洪奭周[2]와 더불어 麗韓十大家의 한 사람으로 꼽힌다.

2. 구성

본 문집은 『臺山遺集』이라는 表題 하에 『臺山初藁』 5책과 『臺山集公移』 4책의 총 9책으로 이루어져 있다. 『臺山初藁』와 『臺山集公移』의 구성은 다음과 같다.

1) 『臺山初藁』 5책

1책
卷之一 ~ 卷之二 : 詩 246수

2책
卷之三 : 詩112수

2) 李憲明(? ~ ?)이 지은 『西淵聞見錄』(규장각(古4655-49))에는 淵泉과 연천의 문인 그리고 대산과의 교유 내용이 「臺山金公遺事」로 정리되어 있다. 대산 생애의 후반기를 살펴볼 수 있는 귀중한 자료이다.

卷之四 : 疏 3편, 講義附玉堂故事

「陳謐坐難參之義請遞所帶館職疏」·「論金魯忠事請寢臺臣儒臣不叙之命疏」·「乞暇省墓疏」「經筵講義」附玉堂故事

3책

卷之五 : 書 28편

「上伯從兄」·「上從兄副學公」(2)·「答士心族姪仁根」·「答士心」(2)·「上松戶李丈」·「答老洲吳丈」·「上老洲吳丈」·「答吳士墨」·「答洪成伯」·「與洪成伯」·「答金正宅」·「答洪明老」·「答鄭景守」(2)·「答韓掌令」·「答兪儀仲」·「答丁承旨·附丁承旨書」·「答丁承旨」·「答丁承旨」·「答李穉順」·「答洪憲仲」(3)·「答姜修撰」·「答李德顯」·「答李孟陽」

卷之六 : 書 20, 序 4편, 記 1편

「答李休範」·「答趙生」·「答李生」(2)·「與張幼章」·「答金德瑞」(3)·「答申祖卿」(3)·「答尹子中」·「答金渭師」·「與金渭師」·「答池斯文」·「答任生」·「答韓生」·「與朴巡使」·「答徐巡使」·「答新林書齋諸儒」·「式好會詩序」·「送洪成伯以書狀赴燕序」·「三齋新定節日序」·「洪元敎燕行錄序」·「松戶記」

4책

卷之七 : 記 4편, 題跋 10편

「洌陽歲時記」·「呂宋漂人記」·「英吉利海舨記」·「鹽記」·「宣宗皇帝御畵障子跋」·「書六壬方後」·「書李上舍科體詩藁後」·「書淸暑賦後」·「書忠甲唐音小卷後」·「書正學手帖後」·「書新林書帖後」·「書性命圭旨後」·「題華隱所作呂純陽像」·「淵門簡帖跋」

卷之八 : 雜著 15편, 墓碣銘 1편, 祭文 8편, 闕餘散筆

「兪生廷煥改名字說」·「記夢」·「諭三齋諸生榜龍崗」·「諭境內大小民榜陽川」·「諭鄕會諸人榜安邊」·「諭境內諸生榜」·「冬至大殿陳賀箋慶州」·「正朝大殿陳賀箋」·「大殿誕日陳賀箋」·「大行大王昇遐後大殿陳慰箋江華」·「大王大妃殿陳慰箋」·「大殿登極陳賀箋」·「王大妃殿尊崇後陳慰箋」·「翼宗大王追崇後大殿陳賀箋」·「大王大妃殿陳賀箋」·「王大妃殿陳賀箋」·「成均生員崔公墓碣銘」·「祭從兄副學公文」·「赴任安邊祭先墓文」·「右高祖考妣位」·「右曾祖考妣位」·「右祖考妣位」·「先高祖考妣墓文」·「考曾祖考妣墓文」·「告祖考妣墓文」,「闕餘散筆」

5책

卷之九 : 科體詩(詩 38수, 賦 2수, 表 6수, 策 2수)

2) 『臺山集公移』 4책 (※ 표시는 규장각본 「**公移占錄**」(**乾坤** 2책)에도 실려있음을

나타낸다.)

6책 : 報狀(19), 移文(1), 檢跋(8), 問目(1), 榜(31).

(1)『臺山集公移』卷之

'報狀'

「報中營論林忠孫誣枉狀龍岡」·「論軍需錢事狀陽川※」·「請檢放灾傷笛稅狀※」·「請加劃賑資狀※」·「論登村築洑狀※」·「再論軍需錢事狀※」·「三論軍需錢事狀※」·「報右捕廳論車日孫事狀※」·「論報麻浦民李文尙事狀※」·「抄報飢民狀※」·「論賑事狀※」·「再論賑事狀」(附「丙戌賑濟事例」※)·「論報秘關諸事狀安邊※」·「論報灾傷狀※」·「因人令旨申請檢放狀※」·「因營關論報防糴事狀※」·「論賑事狀※」·「論永豊事狀※」·「論浪城事狀※」

'移文'

「回移德源府論浪城事關安邊※」

'跋尾'

「日連池民吳學得妻墮胎初檢跋尾※」·「于衣逑民朴必大被築致死覆檢跋尾※」·「江西民金思玉被刺致死覆檢跋尾※」·「渭原民金銀希被刺致死覆檢跋尾楚山※」·「渭原民張順克妻李縊死覆檢跋尾※」·「密陽府鄭加邑金被打致死審理跋尾慶州※」·「迎日縣金億大被搗致死審理跋尾※」·「東海面鄭大叔病患致死初檢跋尾※」

'問目'

「囚推罪人宋國昌捧厗晩問目龍岡※」

(2)『臺山集公移』卷之

'榜'

「禁酒榜龍岡※」·「諭坊里檢束子弟逼處流丐榜※」·「諭將廳選擇武任榜※」·「諭三齋選擇儒任榜」·「旗牌官金廷周加料榜※」·「約束坊里催趲公納榜※」·「論陽川境內民人榜陽川※」·「修砧基簿榜※」·「禁私屠榜※」·「申禁酗酒榜※」·「修治道路橋梁榜※」·「諭仙遊峯里民宋才石等榜※」·「諭麻浦民李文尙榜※」·「禁豕畜侵害民田榜※」·「諭校宮諸生榜※」·「諭楊花濂滄兩里舡民榜※」·「諭安邊境內民人榜安邊※」·「諭將吏二廳榜※」·「諭校院諸生榜※」·「驅逐優婆男女榜※」·「申嚴將校守直榜※」·「在京諭鄕將二廳榜※」·「安集灾民榜※」·「飭修弩弃榜※」·「謫罰犯科西齋生榜※」·「割除流來剌穀榜※」·「約束還民榜※」·「査減巫稅細絲榜※」·「期會白日場榜※」·「諭永豊民李培修榜※」·「存問永豊百歲人李論山榜※」

7책 : 榜(15), 判(4), 完文(1), 節目(2), 口諭(1), 巡營往復(16), 箕營別紙(1), 廟堂別紙(3)

(3)『臺山集公移』卷之

'榜'(15편)

「諭鄕會諸人榜※」·「勸諭農民榜※」·「論南山站尊位釋王寺僧徒榜※」·「諭境內諸生榜※」·「蕩減下道社掛久還穀榜※」·「約束各廳榜※」·「詢瘼求言榜※」·「罷春賣徵浮穀榜※」·「禁納還前私穀出境榜※」·「禁監色科外濫捧榜※」·「還政畫一榜※」·「申令徵逋榜※」·「決山垈隄訟榜慶州※」·「補民庫矯弊榜※」·「諭校宮榜※」

'判'(4편)

「士人黃德吉與嚴錫夔訟墓地狀判※」·「居接諸生論金玹事儒單判安邊※」·「居接諸生論金玹事儒單判安邊」·「淮陽許召史訟田狀判※」

'完文'(1편)

「倉洞里居民立戶完文安邊※」

'節目'(2편)

「還政變通節目楚山」·「吏弊矯革節目慶州※」

'口諭'(1편)

「別賑日口諭※」

(4)『臺山集公移』卷之

「巡營往復書十六首※」

「箕營別紙※」

「廟堂別紙※」

8책 : 狀啓(6), 報狀(6), 移關(2), 甘結(27)

(5)『臺山集公移』卷之 ---- 沁營

'狀啓'(6편)

「奏潦溢灾傷啓」·「奏諸島灾傷啓」·「奏灾民蠲恤事宜啓」·「奏長寧殿修改後還奉御眞啓」·「舉行恤典後奏形止啓」·「奏城廨修繕啓」

'報狀'(6편)

「報備邊司請貸浮磚物力狀」·「報備邊司請戶東庫木改色狀」·「報山陵都監論運石事狀」·「報山陵都監論匠募粮潦狀」·「報山陵都監裝發石物狀」·「報山陵都監般隻事狀」

'移關'(2편)

「移箕營徵李時復犯用帑錢關」·「移箕營禁斷金承祚屯訟關」

'甘結'(27편)

「甘結草芝鎭査問場庖」·「甘結草芝鎭禁斷場庖」·「甘結濟物鎭決羅景忠池昌漢張客訟」·「甘結經歷禁穀物闌出」·「甘結經歷中軍査井浦鎭餉料」·「甘結經歷約束捧還節次」·「甘結經歷知委山陵浮石」·「甘結經歷執捉運石般隻」·「甘結經歷査品倉分還」·「甘結經歷督徵品倉偸穀」·「甘結經歷劭農」·「甘結經歷中軍草訟債謬習」·「甘結經歷中軍禁聽債訟」·「甘結廣城鎭禁具家役民」·「甘結經歷抄報停代」·「甘結廣城鎭禁權家立案」·「甘結各鎭勿禁過去米般停留」·「甘結各鎭禁捧還違條」·「甘結經歷操束捧還」·「甘結經歷申東捧還」·「甘結經歷懲治將差」·「甘結經歷論改色米添價」·「甘結經歷革罷約正文書色」·「甘結各鎭禁戢僧徒」·「甘結經歷推問南宗赫」·「甘結經歷申論分還約束」·「甘結經歷飭分等付還」

9책 : 傳令(16), 節目(4), 題辭(60)

(6)『臺山集公移』卷之

'傳令'(16편) 沁營

「傳令書吏廳糴簿移去移來」·「傳令書吏廳議捧逋」·「傳令書吏廳議捧逋」·「傳令書吏廳再議捧逋」·「傳令將校調曳石丁夫」·「傳令煤音席毛老松浦三島領公員論調丁運石」·「傳令各面諸島論助役運石」·「傳令石所牌將給匠手食物」·「傳令別看役軍官分給般粮」·「傳令各面約丁一正論蠲未收番米」·「傳令南三面領公員論補給品糶斛縮」·「傳令書吏廳量蠲庫息」·「傳令中軍修壯地浦堰」·「傳令中軍輿庫廨諸役」·「傳令鄕將吏境內父老詢糴政釐革」·「傳令位良八洞民修壯地浦堰」

'節目'(4편)

「戶東庫貸下木限年貿充節目」·「吏逋變通節目」·「追節目」·「書吏廳團束節目」

'題辭'(60편)

「中軍査報咸女張彬事狀題辭」·「中軍報張彬刑推狀題辭」·「上道五洞民訴免役狀題辭」·「中軍査報寅火堡官土代錢布事狀題辭」·「通津金浦富平逢賊民人等狀題辭」·「積石寺僧徒訴盜賣佛田狀題辭」·「中軍經歷査報井浦料米事狀題辭」·「黃慵訴加給復戶事狀題辭」·「般頭堡別將薪裝

木斫運事狀題辭」·「開城經歷報般隻事狀題辭」·「開城經歷再報般隻事狀題辭」·「德積僉使報般隻事狀題辭」·「浮磚監色告目題辭」·「中軍請依長別所報立山直狀題辭」·「經歷報吉祥民朴致鵬取招狀題辭」·「經歷報大浮石所艾幕加造題辭」·「經歷報大浮石所各種進排題辭」·「中軍查報朴致鵬事狀題辭」·「西檢島民陳田減稅事狀題辭」·「中軍查報平海黃譜事狀題辭」·「經歷稟報將得奎趙官辰山訟事狀題辭」·「經歷稟報張墨石致死事狀題辭」·「中軍稟壬辰番米未收條蕩減戶庫錢貸下事狀題辭」·「經歷報鼎倉吏曺寬俊事狀題辭」·「席島漂渰手本題辭」·「中軍報玉浦堰城潰決狀題辭」·「別看役行首執事洪允濟告目題辭」·「外可民訴修築望月長城狀題辭」·「玉浦看役將校告目題辭」·「李尙周訴寧遠伯影堂修改事狀題辭」·「席毛老煤音兩島民訴蠲役狀題辭」·「李晩培訴宗裔許免玉浦調役狀題辭」·「中軍稟戶曺倉日字庫尾材取用事狀題辭」·「月串僉使報御駕般事狀題辭」·「學宮稟西廡崩頹神位移安狀題辭」·「中軍稟城役貿灰事狀題辭」·「中軍報城廨諸役狀題辭」·「中軍稟修繕物力狀題辭」·「經歷報掘塚罪人李大逸刑推狀題辭」·「經歷報李大逸逃躱狀題辭」·「經歷報監獄吏卒刑推狀題辭」·「廣城別將査報具錫亨家役民事狀題辭」·「吉祥民金聖學訴私債錄還事狀題辭」·「經歷捧還稟日題辭」·「經歷報井鐵文鎭料狀題辭」·「中軍稟報多石抄捧狀題辭」·「經歷捧未捧報狀題辭」·「學宮論稟分敎官事狀題辭」·「泰川李啓臣訴鐵山金星甘處債錢捧納戶庫狀題辭」·「具錫疇與具浩永山訟圖形狀題辭」·「書吏田致畯等訴李箕度脫逋事狀題辭」·「忠烈補請加定童蒙生稟目題辭」·「經歷報推問方順之狀題辭」·「經歷再報方順之事狀題辭」·「經歷三報方順之事狀題辭」·「學宮論長嶺朴先玉妻韓氏節烈事狀題辭」·「經歷報南宗赫取招狀題辭」·「高陽郡守報金弼三米價不得推給事狀題辭」

3. 내용

1) 詩

『대산초고』의 시집은 十歲作(1786년)인 「詠碁呼韻」으로 시작하여 「志不在溫飽」(1795년작)·「西將臺」(1796년작)·「舟游東湖夜登鳳夢亭」(1797년작)·「口呼應古風」(1801년작) 등의 순서로 편집되어있다. 이는 우선 대산이 문장가 집안의 후손답게 상당히 문학적으로 조숙했음을 보여준다. 아울러 본 시집에서 편집 원칙을 밝히고 있지 않기 때문에 단정할 수는 없으나, 위의 사실과 가끔씩 보이는 干支를 통해 볼 때 본 시집이 시간적 순서에 따라 편집되어 있을 가능성이 높다는 사실을 보여준다.

대산은 조선후기 문단에 지대한 영향을 끼친 農巖·三淵 등의 家學的 전통을 계승하고 있었으며 자신도 문학에 심취하여 張谿谷과 李澤堂의 문장 및 당송문을 탐독하였다. 「大殿端午帖」·「大殿延祥詩」 등은 당시 문단에서 대산의 위치를 단적으로 확인할 수 있는 것들이다. 이런 작품은 文名이 있는 문신들이 지어 올리는 것이기 상례이기 때문이다. 人事詩라고 할 수 있는 것 가운데는 다른 사람의 문집에 대해 써준 작품들이 적지 않다는 사실을 통해서도 이러한 사실을 확인할 수 있다.

본『대산초고』의 시집은 내용적으로, 그와 유사한 삶을 살았던 일반적인 문인에 비해 상투적인 시가 매우 적고 순수 문학적인 작품의 시가 대다수를 차지하고 있다. 이와 함께 그의 시는 일반적으로 문인시의 경향을 띠고 있으며 맑고 깨끗한 어휘를 즐겨 사용하며 동시에 문자나 전고 등도 적지 않게 사용하고 있다는 특징을 보여준다.

「春水船如天上坐」

이 시는 詩題 아래 "제목을 명해주어 젊은이들에게 과제로 주고 대충 시를 지어 보여주었다. 아래 두 수도 이와 같다. 命題課少輩, 漫書以示. 下二首同."는 설명이 붙어 있다. 이 내용 중 '대충 시를 지어[漫書]'라는 謙辭를 제외하고 살펴보면, 이 시는 당시 후배들에게 시의 전범을 보여 주기 위해 지은 것임을 알 수 있다. 따라서 이 시를 통해 대산이 생각하는 모범적인 시란 무엇인가 하는 사실을 추출해 볼 수 있을 듯하다.

萬頃空江着一船　만경이나 되는 투명한 강에 배 한 척 붙어 있는데,
春風歌笑白雲邊　(배 안에서는) 봄바람 흰 구름에 노래하고 웃는다.
蒼蒼視遠疑無地　푸르고 푸르러 멀리 바라보니 마치 육지는 없는 듯하니,
浩浩憑虛欲化仙　넓고 넓은 하늘을 의지하여 마치 신선이 되려는 듯하다.
蓬嶠樓臺通帝座　봉래산 봉우리의 樓臺는 上帝의 자리와 통하고,
武陵花樹隔人烟　武陵의 花樹는 세상과 떨어져 있다.
向來誤作驂鸞計　지금까지 신선이 되는 계획을 잘못 알고 있으니,
不信滄洲有別天　滄洲(은자들이 사는 곳)에 別有天地를 믿지 않노라.

이 시의 전반부는 넓은 강에서 배를 타고 신선 놀음하듯 유람하는 어떤 사람을 읊고 있다. 그 이미지는 마치 투명하고 끝간데 없는 우주에 배 한 척이 유유히 獨往獨來하는 듯한 느낌을 준다. 거기에 한적하게 이리저리 오가는 흰 구름만이 遠景이 되어 줄뿐이다. 시는 상당히 낭만적이고 淸新하다. 아마도 시에는 이와 같이 기발한 착상과 거침없는 낭만이 있어야 한다고 보는 것 같다. 그러나 후반부에 가면 이러한 낭만은 일반적으로 말해지는 道家的인 낭만이 아님이 드러난다. 신선이 산다는 봉래산은 세상과 통하는 것이 아니라 上帝의 세계와 통하고, 무릉도원에 대한 이제까지의 묘사는 세상의 실정과 괴리가 있다고 말하면서, 지금까지 사람들이 잘못된 방법으로 신선이 되고자 추구 해왔음을 지적하고 있다. 隱者들이 사는 별천지가 있다는 것을 믿을 수 없기 때문이다. 이것은 儒家的 입장에 서있는 작자의 사상적 정체성을 명료하게 보여주는 것이라고 하겠다. 이처럼 시는 기발하고 낭만이 있어야 하지만 儒情을 벗어나서는 안 된다고 말해주고 있다. 이러한 생각은 그의 시 전반에 관철되어 있는 것으로 판단된다.

「孟秋月夜景道元敎同舟過湖上呼韻同賦」

扁舟逐月度千山　조그만 배를 타고 달을 따라 천산을 지나니,
影入江樓一樣團　달빛은 江樓에 들어 똑 같이 둥글다.
他日想思思此夜　다른 날 서로 그리울 적에 오늘밤을 생각하리니,
小詩雖陋不須刪　몇 줄 시 수작은 아니나 刪去하진 마소.

가을날 배에 앉아 衆山을 따라 遊歷한 모양이다. 그리고 그 배 안에는 서로 의기가 투합하는 詩友가 동승하였다. 이 시는 그의 시의 淸新한 면모와 함께 그의 일상사를 알 수 있다. 항상 詩文을 가까이 하는 以文會友의 측면을 볼 수 있다.

「交龜亭感舊」

이 시에는 "예전 丁未年 가을 내가 12세였다. 부모님을 따라 晉陽에서 북상해 올라오다가 문경을 들른 적이 있었는데, 넷째 숙부가 현령이어서 그곳에 머물며 며칠을 지내다가 이 亭子에서 송별을 하였다. 내외가 모두 모여 松芝를 캐다가 저녁을 먹고 길에 올랐다. 지금으로부터 47년 전의 일이다. (이제) 혈혈단신으로 와서 옛 흔적을 찾아보니 兄弟娣妹등 당시에 부모님을 모시고 있던 사람들은 모두 사라져 버렸다. 이리저리 돌아다니며 슬퍼하다가 시로 그 심회를 적는다.(昔歲丁未秋, 余年十二. 自晉陽隨二親北上, 路由聞慶時, 第四叔父宰縣. 留歡數日, 送別于是亭. 內外咸集, 採松芝, 晩飯而行. 距今四十有七年. 孤露零丁, 來尋陳迹而兄弟娣妹陪侍者, 亦皆廓然無在者. 徘徊愴悒. 詩用識之)"라는 설명이 부기되어 있다.

鳥嶺中分路,　조령 가운데 길이 갈려 있고
龍湫上有亭.　龍湫[3] 위엔 정자가 있다.
衰遲方再到,　나이 들어 다시 이곳에 오나니
童少此曾經.　어릴 적 들렀던 곳이다.
澗憶斑衣揭,　냇가는 (내가) 색동옷을 걷고 놀았던 기억이 있고,
林疑皂盖停,　나무 속은 (아저씨의) 皂盖[4]가 머물렀던 곳인 듯하다.
孤生無限感,　孤子가 되어버려 무한한 감회가 떠오르니,
弟妹亦晨星.　형제자매도 새벽 별처럼 희소하다.

이 시는 이 시집의 시중 몇 안 되는 가족시이다. 본『대산초고』에 실려 있는 시들은 대체로 자연을 맑고 깨끗하게 읊은 작품이 많은 반면 인생의 감회를 직접적으로 적은 시는 많지 않다. 이 시에서는 그의 가족에 대한 일단의 정보를 얻을 수 있으며 동시에 그의 과거에 대한 애틋

3) 폭포가 있는 못.
4) 벼슬아치가 쓰는 日傘.

한 정서도 읽을 수 있다.

2) 疏箚

「陳謚坐難參之義請遞所帶館職疏」

韓元震의 시호를 논의하는 자리에 참여할 수 없음을 밝히고 遞職을 요청한 내용이다. 1801년 10월 經筵官 金日柱가 儒臣 韓元震에 대하여 내렸던 易名(시호를 내림)의 恩典이 아직 시행되지 않고 있다고 아뢰자 순조가 이를 곧바로 시행토록 명령하였다[5]. 김매순은 한원진의 학문적 성취가 시호를 내리기에 적절한 지 여부를 결정할 수 없는 상황에서 시호를 정하는 자리에 참여할 수 없음을 밝히고 있다. 이 문제는 그러나 그 이듬해인 1802년 4월 한원진에게 謚狀을 기다리지 않고 謚號를 내릴 것을 명하는 것으로 결론난다[6].

「論金魯忠事請寢臺臣儒臣不叙之命疏」

김노충은 英祖의 繼妃 貞純王后의 오빠인 金龜柱의 아들이다. 蔭敍로 관직에 진출하였으며 국왕의 童蒙敎官 출신이었다. 순조 원년 9월 特旨로 摠戎使에 임명되었고, 순조 2년 御營大將을 맡을 것을 제의 받았으며, 이후 工曹參判과 刑曹參判을 거쳐 承旨와 副摠管을 역임하였다. 순조 원년 6월 權裕는 金祖淳 가문과의 國婚을 훼방하는 요지의 상소를 올렸는데, 이 상소가 실제로는 순조 4년 5월에 정국의 현안으로 등장하게 되었다. 이때 김노충도 三揀擇의 날을 정할 때 간여한 혐의로 臺臣과 儒臣들로부터 탄핵을 받게 된다. 이에 순조가 臺臣과 儒臣을 파직하는 명령을 내리자 이를 철회할 것을 요청하는 내용으로 되어 있다.

「乞暇省墓疏」

휴가를 얻어 京畿 永平에 있는 부모의 묘소에 성묘를 하고자 요청한 글이다.

3) 「經筵講義」 附玉堂故事

「經筵講義」는 1802년(순조 2) 3월부터 1804년(순조 4) 2월까지 3년간 홍문관에 근무하면서 경연에서 11차에 걸쳐 進講했던 내용을 기록한 것이다. 이를 구체적으로 살펴보면 다음과 같다.

1802년(순조 2) : 8차

---

5) 『純祖實錄』 卷3, 純祖 1年 6月 4日 己酉(47책 397쪽).

6) 『純祖實錄』 卷4, 純祖 2年 4月 26日 丙寅 (47책 427쪽).

① 3월 19일 : 『資治通鑑綱目』 제4권 2년 겨울 10월 '淮南王安來朝'부터 5년 가을 7월 '大風拔木'까지

漢 武帝만큼 英明했던 군주가 없었지만 장생불사하고자 하는 욕망에 사로잡혀 신선술에 빠짐으로써 昏暗한 군주가 되었음을 지적하고, 욕심을 막는 것이 학문의 요체임을 역설하였다. 아울러 군주의 志向은 백성들을 그 방향으로 움직이게 하는 강력한 힘을 지니고 있으므로 풍속을 교화시키는 관건은 군주의 지향에 달려 있음을 역설하고 있다.

② 3월 20일 : 『書傳』, 「多方」

「多方」편의 '크게 하늘의 명을 도모한다'는 구절과 '상제의 명을 도모한다'는 구절에서 전자는 商奄이 미천한 제후국으로 감히 천자가 되고자 도모했던 일을 가리키고, 후자는 桀紂가 덕이 없어 祖宗이 애써 얻은 천명을 잃게 된 사실을 가리킨다고 보았다. 신하로서 망령되이 천명에 간여하고자 하는 것과 천자로서 천명이 자신에게 있음을 믿고 방자하게 행동하는 것은 동일한 결과를 낳게 된다고 하였다.

③ 3월 21일 : 『資治通鑑綱目』 제4권 2년 겨울부터 4년 여름 '夏匈奴入代郡, 定襄上郡'까지

한나라 제후들의 영토가 지나치게 넓어 이를 줄여야 한다는 논의가 賈誼에 의해 제기되었으나 文帝와 景帝 때까지는 시행되지 못하였다. 主父偃은 제후들이 恩誼關係에 따라 자식들에게 토지를 분봉해주고 제후로 삼도록 함으로써 가의의 주장이 현실화되기는 하였다. 그러나 가의와 주보언의 주장은 그 동기에서 크게 차이가 있었다. 전자가 천하의 형세와 국가의 기강을 근거로 事理에 따라 공정하게 시행하고자 한 반면, 후자는 공리적 관점과 권력을 조율하는 술수적 관점에서 제기하였기 때문이다. 이러한 논의는 현명한 신하를 등용하고 그렇지 못한 신하를 퇴출하는 문제로 발전되고, 그렇게 하기 위해서는 군주 자신의 사사로운 욕망을 제거하는 것이 전제조건이 된다고 주장한다.

④ 4월 8일 : 『書傳』, 「周官」

'공이 높은 것은 오직 그 뜻 때문이다'라는 「주관」의 한 구절은 '立志'가 학문이나 治道를 막론하고 목표한 바를 성취하는 관건이 되는 것임을 보여준다고 강조하였다.

⑤ 4월 9일 : 『資治通鑑綱目』 제 7권 2년 여름부터 '威震京師'까지

한나라 武帝는 법제를 통해 백성들을 제어하고 가혹한 관리를 등용하여 정치를 했으나 범죄자는 더욱 늘어나고 도적들이 들끓는 결과를 얻게 되었다. 따라서 聖人은 의식을 풍족하게 하여 백성들의 삶을 안정시키고, 교화를 밝혀 백성들의 마음을 심복시켰으며, 政事는 투명하고 평이하며 쉽게 알 수 있도록 주의를 기울였으므로 법제가 아무리 오래 경과하여도 그것이 지켜질 것이라는 믿음을 가질 수 있었다. 이것이 '천하에 왕노릇 하는 사람은 덕에 맡기고 형벌에 맡기지 않는다'는 말의 뜻이라고 역설하였다.

이하 進講한 내용도 위에서 언급한 '君主聖學'의 내용을 벗어나지 않는다. 진강한 날짜와 주제는 다음과 같다.

⑥ 4월 11일 : 『資治通鑑綱目』 제7권 3년 봄 정월부터 '有以啓之'까지

⑦ 4월 12일 : 『書傳』, 「君陳」

⑧ 4월 18일 : 『書傳』, 「畢命」

1803년(순조 3) : 2차
① 3월 23일 : 『資治通鑑綱目』 第 卷[自止缺]
② (月日缺) 『詩傳』, 「衛風 · 匏有苦葉」

1804년(순조 4) : 1차
① 2월 『詩傳』, 「大雅 · 文王」

「玉堂故事」
弘文館의 舊例에 따르면, 經筵을 쉬도록 한 날에는 上番과 下番의 사람들이 國朝의 美事와 역대 제왕의 善政, 名臣 碩儒의 奏 · 疏 · 論 · 議의 한 단락 또는 몇 단락을 깨끗하게 써서 임금에게 올렸는데 그것을 '故事'라고 불렀고, 품고 있던 생각을 개진하고도 남은 내용이 있으면 달리 기록하여 올리기도 하였다. 당시 이러한 내규는 실행되지 않고 있었다. 1802년 4월 6일 副校理 吳淵常이 '召對를 못하게 되면 당직하던 儒臣이 진강하고자 했던 책의 文義를 정리하여 올리는 것'으로 옛 규정을 개정할 것을 주청하자, 主上이 그렇게 하도록 허가하였다. 「옥당고사」는 진강하기로 예정이 되어 있던 『자치통감강목』의 해당 부분을 글로 써서 올린 것이다. 모두 8조목이고, 고사를 기록한 뒤 한 단을 낮추어 '臣謹按'으로 시작되는 의견 개진 부분이 있다.

4) 書

「上伯從兄」
새해를 맞아 백종형인 金達淳을 위로하면서, 알 수 없는 일을 알려고 하고 힘이 미치지 못하는 일을 근심하는 것은 무익할 뿐 아니라 해가 되므로 조용히 지내면서 일이 어떻게 진행되어 가는지 관망하도록 충고하는 내용이다.

「上松戶李丈」
아버지의 친구인 松戶 李箕采에게 안부를 묻는 편지이다.

「上老洲吳丈」
잃어버리지 않도록 상자에 보관하던 『朱子大全箚疑問目標補』의 원고가 다른 사람의 손에 들어가 이를 환수하고자 노력한 결과 간신히 5책은 회수를 하였으나 나머지 5책은 아직 회수하지 못하고 있는 저간의 사정을 吳老洲에게 알리고, 이러한 내용을 閔說書에게 편지로 알려 각처에 있는 나머지도 회수할 수 있도록 해달라고 부탁하는 내용이다. 『朱子大全箚疑問目標補』는 『주자대전』의 의문점을 宋時烈과 講討한 뒤 정리한 金昌協의 『朱子大全箚疑問目』을 보완한 책이다.

「答吳士墨」

『논어』의 性論을 '兼氣'로 『맹자』의 성론을 '純善'의 논의로 가르고, 血氣의 盛衰를 통해 性命의 淺深을 알수 있다고 주장한 오사묵의 입장에 대하여, 대산은 전자에 대해서는 찬성하지만 후자에 대해서는 동의할 수 없다는 자신의 입장을 밝히고 있다. 혈기가 用事하면 道에 나아가는 것이 방해를 받는 것은 사실이지만 道義에 짝하는 것은 氣가 아니면 안 되기 때문이라는 것이 그 이유이다.

「答洪明老」

洪秉喆과 『대학』에 관련하여 의문이 있는 구절을 토론한 것이다. 간본 『대산집』에도 동일한 제목의 편지가 실려 있지만, 다루고 있는 내용은 다르다. 定·靜·安·慮를 事前과 事後를 기준으로 나누면 安·慮를 事後에 분속시킬 수 있지만, 知와 行을 기준으로 하여 安·慮를 行쪽에 分屬하는 것은 온당치 못하다고 주장하였다.

「答鄭景守」(2)

『宋史』는 평가의 기준과 의미의 사용례라는 측면에서 문제가 있을 뿐 아니라, 사람의 정신을 고동치게 하는 문장의 품격을 전혀 갖추고 있지 못하지만, 宋代의 사적을 살피기 위해서는 불가피하게 참고할 수밖에 없는 책이다. 대산이 최근 정밀한 고증을 통해 밝혀낸 사실들을 정경수에게 알려주는 내용이다.

「答韓掌令」

掌令 韓始裕와 성리설에 대해 토론한 내용이다. 대산은 사람의 본성이 純善無惡한 것은 正通虛明한 마음이 그것을 싣고 있기 때문이라고 본다. 따라서 본성이 순선무악하면 마음도 순선무악하다고 말하는 한시유의 주장은 도치된 주장이라고 비판한다. 아울러 聲色 등의 성이 방탕한 곳으로 흘러 악이 되면 天命의 本然이 아닌 것이 확실하지만, 성색 등의 성이 이치에 따라 절도에 맞게 발현되면 이것은 천명의 본연과 다를 것이 없다고 본다. 따라서 불문곡직하고 聲色 등의 성이 천명의 본연을 잃은 것이라고 보는 것은 잘못이라고 설파하였다.

「答兪儀仲」

韓元震의 성리설에 대해 兪漢愼과 문답한 내용을 기록한 것이다. 대산은 이 편지에서 한원진의 주장을 조목조목 인용하면서 이에 대한 자신의 반론을 제시하고 있다. 인물성논쟁에서 이간의 입장을 지지하는 대산의 주장이 분명하게 나타나 있다. 유한신이 한원진의 "一原이란 하나이어서 둘이 아닌 것을 부르는 말이고, 異體란 둘이어서 하나가 아닌 것을 가리키는 말이다. 이제 健順의 두 가지와 五常의 다섯 가지를 가리켜 一原이라고 한다면 일원이 되는 것은 어찌 이다지도 한결같지 않은가!"라고 한 말에 근거하여 五常이 다섯 가지 형체를 가진 것으로 각각 일정한 공간을 차지하고 있는 것이 아닌가 하고 질문을 하였다. 이에 대하여 대산은 이러한 그대의 견해가 "끝없는 갈등을 야기시킨다"고 단호하게 비판하였다. 물론 이러한 비판이 한원진을 향한 것임은 분명하다.

「答丁承旨·附丁承旨書」·「答丁承旨」(2)

「答丁承旨·附丁承旨書」와 첫 번째 「答丁承旨」는 간본 『대산집』에는 빠져 있지만, 『여유당전서』에는 다산의 답서에 첨부되어 실려 있다. 『여유당전서』에 따르면 1821년 12월 10일과 1822년 2월 18일에 다산에게 보낸 것으로 되어 있다. 주된 논쟁점은 『詩經』, 「蒸民」에 나오는 '明哲保身'과 다산이 검토를 부탁한 『喪禮四箋』, 「喪期別」에 관한 것이다[7].

두 번째 「答丁承旨」는 『臺山初藁』에만 실려 있는 것으로, 다산의 『周易四箋』을 읽고 의문나는 것을 질의한 것이다. 대산은 '利貞'의 '貞'을 '바르다[正]'의 의미뿐 아니라 '일[事]'의 뜻을 가진 것으로 해석하는 다산의 입장에 대하여 『주례』의 용례를 밝혀 오해를 불식시켜 줄 것을 요청하였다. 蒙괘 六三爻는 주자의 해석에 따르면 "여자를 취함에 쓰지 말 것이니, 돈 많은 지아비[金夫]를 보고 몸을 지키지 못하니 이로운 것이 없다."고 해석된다. 그러나 다산은 "쓰지 말 것이다. 아내를 취함에 돈을 보고 하여, 남편이 소유하지 못하니, 이로움이 없다."고 해석하면서 '金'자와 '躬'자가 협운이라는 사실을 근거로 제시하였다. 이에 대해 대산은 다산의 주장에 전폭적인 동의를 표시하고, 한 걸음 더 나아가 이를 보강할 수 있는 자료를 제시하고 있다. 아울러 李鼎祚에 대한 다산의 비판적인 태도를 완화시킬 것과 毛奇齡에 대해서도 '사람 때문에 정당한 주장을 거부하지 않는다'는 공정한 자세를 견지하도록 충고하고 있다.

「答李德顯」

李秀鎭이 『近思錄』에서 의심나는 7조목을 질의하자 이에 답한 것이다. 예를 들어, 이수진이 "'이 마음으로 하여금 항상 이것에 있도록 한다'고 할 때 '이것'은 무엇을 가리키는가? 보는 것에 따르는 것을 가리키는가? 가슴속을 가리키는가?"라고 묻자, 대산은 "'이것'은 위 문장의 道자를 가리키는 것인 듯하다. 친구와 금슬 그리고 책은 모두 도가 있는 것이다. 날마다 세 가지를 접하면 마음이 항상 도에 머물러 다른 생각에 끌리지 않게 된다"고 대답하였다.

7) 이에 관해서는 實是學舍經學研究會 編譯, 『茶山과 臺山·淵泉의 經學論爭』, 한길사, 2000년 참조.

「答李孟陽」

이맹양이 『논어』 9조목과 『근사록』 5조목 등 의심나는 부분을 질의한 것에 대하여 설명한 것이다. 백어가 뜰을 지나면서 공자에게 질문을 하자 공자가 시와 예를 익히도록 한 부분에 대하여 '성인이 자식을 사사로이 대하지 않기는 하지만 평상시에 몰랐던 것을 갑자기 질문하게 된 이유가 천하를 周遊하느라 아들인 백어를 교육할 겨를이 없었기 때문이 아닙니까'라고 질문하자, 대산은 '이 장의 宗旨는 성인이 자식을 사사로이 대하지 않는다는 것과 시와 예를 배우지 않을 수 없다는 것이다. 이것을 음미하고 체득하여 실천하면 종신토록 다 쓰지 못할 것이니 달리 의문을 가질 필요가 없다'고 충고하는 내용 등으로 구성되어 있다.

「答李生」(2)

李箕肅과 『맹자』의 의심나는 부분을 토의한 것이다. 논의된 내용은 맹자가 不動心이 어려운 일이 아니라고 한 것에는 후학들에게 학문의 높은 경지로 나가도록 격려하고 이단에 현혹되지 않도록 하기 위한 두 가지 생각에서였다는 것, 浩然之氣를 기르는 근본이 集義이고 일을 처리할 때 조장하거나 잊지 않는 것이 그 방법이라는 것 등이다.

5) 記

「松戶記」

아버지의 친구인 松戶 李箕采 선생의 堂號에 붙인 기문이다.

「洌陽歲時記」

1819년(순조 19) 지은 작품으로 漢陽의 연중행사 80여종을 월별로 구분하고 해당 절후와 그에 따른 풍속을 간략히 적은 것이다. 책의 저술 동기는 중국 북송의 呂侍講이 歷陽에 있을 때 節日이 되면 학생들을 쉬게 하고 둘러앉아 술을 마시면서 세시풍속의 일을 적던 것을 본받아 한양의 세시풍속을 생각나는 대로 적은 것이라고 한다. 「열양세시기」는 본래 간본 『臺山集』에 실리지 않고 따로 사본으로 전해져 오던 것을 1911년 洪錫謨의 『東國歲時記』, 柳得恭의 『京都雜志』와 합본하여 최남선이 활자본으로 간행하였다.

본 『대산초고』의 「열양세시기」를 간본과 비교한 결과 다음과 같은 사실을 발견할 수 있었다.

正月

立春 조목 : 간본에는 입춘 며칠 전 승정원 주관 하에 五言과 七言의 律詩와 絶句를 짓도록 하여 元日의 「延祥詩」와 「端午帖」과 같이 정장을 하여 임금에게 올렸다는 내용이 빠져있다.

元日 조목 : 간본에는 御前에서 賀禮하는 구체적 儀式에 대한 기록과 소를 잡지 못하도록

한 금법을 정월 초하루에는 3일을 기한으로 해제하도록 하였다는 내용이 빠져 있다.

上辛日 조목 : 간본에는 조목 자체가 빠져있다.

上亥日・上元日 조목 : 간본에는 조목의 일부가 빠져있다.

二月

朔日 : 간본에는 조목의 일부가 빠져있다.

上丁日・春分 조목 : 간본에는 조목 자체가 빠져있다.

三月

淸明 조목 : 간본에는 조목 자체가 빠져있다.

寒食과 三日 조목 : 간본과 내용이 크게 다르게 기술되어 있다.

四月

八日 : 간본에는 조목의 일부가 빠져있다.

五月

端午 조목 : 간본에는 조목의 일부가 빠져있다.

六月

十五日 조목 : 간본에는 조목의 일부가 빠져있다.

七月

간본에는 제주도에서 올라온 말을 신하들에게 하사했다는 내용이 빠져있다.

八月

秋分 조목 : 간본에는 조목 자체가 빠져있다.

九月

간본에는 구월 구일 백관들이 명승지에서 즐기면서 태평성세를 노래하던 축제가 시작되고 사라지게 된 이유를 기술한 부분이 빠져있다.

十月

朔日・午日 조목 : 간본에는 조목 자체가 빠져있다.

十二月
간본에는 지방에서 연말에 친척과 친지에게 음식 대접하던 일을 기록한 내용이 빠져있다.
除夕 조목 : 간본에는 제석 전야에 궐내에서 벌어졌던 행사를 기록한 부분이 빠져있다.

조목 자체가 빠진 것이 총 6조목이고, 누락된 조목이 12조목, 서술 내용이 크게 다른 것은 1조목이다. 누락된 것과 조목 자체가 빠진 것이 분량 상으로는 1/3을 넘는 것으로 보인다.

「呂宋漂人記」
1801년(순조 원년) 8월 제주도에 표류한 呂宋 출신의 선원 5인에 대해 들은 바를 기록한 것이다. 제주목사 韓鼎運이 이들이 여송국 사람임을 확인하고 조정에 보고한 것이 1807년(순조 7)이고, 이들 표류인을 북경에 자문을 구하여 본국으로 송환토록 하라는 조치가 취해진 것이 1809년(순조 9)이었다. 따라서 이 작품은 1807년에서 1809년 사이에 쓰여진 것으로 보인다. 이때 대산은 종형인 우의정 金達淳 옥사에 연루되어 관직에서 물러나 향리에 머물고 있었다. 기문의 말미에서 대산은 '이들의 송환을 위해 애쓰는 조선 조정의 노력'과 '명목상으로는 천하의 共主라고 하면서도 이들의 송환을 위해 조금의 관심도 기울이려 하지 않는 청나라 조정의 처사'를 대비하여 표현하고 있다.

「英吉利海舡記」
1832년(순조 32) 7월 충청도 홍주 古代島에 조선과의 교역을 요청하며 정박한 異樣船과 관련한 기록이다.

「鹽記」
곡물에 버금가는 중요성을 지닌 소금의 제조과정을 상세하게 기록한 것이다.

6) 雜著

「兪生廷煥改名字說」
兪圖煥이 개명을 하기 위해 대산에게 자문을 구하자, 선비가 몸을 닦고 학문을 쌓는 것은 조정에 출사하여 君民에게 시행하고자 하기 때문이라는 의미에서 廷煥으로 바꿀 것을 제안하면서 쓴 글이다.

「記夢」
1812년 5월 『宋史』의 慶元黨禁에 관련된 부분을 읽고, 韓侂胄에 대한 세상사람들의 비난을 꿈에 의탁하여 변호한 내용이다. 대산은 한탁주에 대한 비난이 세 가지에 초점 맞추어져 있다고 본다. 첫 번째는 공을 탐하였다[貪功]는 것, 두 번째는 지위를 도적질하였다[竊位]는 것, 세 번째는 선한 士類들을 斬伐하였다[斬伐善類]는 것이 그것이다. 대산은 우선 '탐하다', '도적질하다', '참벌하다'를 정의하는 것으로부터 논의를 시작한다. 차지해서는 안 되는데도 차지하는 것이 탐하는 것이고, 자기의 것이 아닌데도 가지는 것이 도적질이며, 하나도 남김없이 없애는 것이 참벌이다. 왕의 자리는 비어있고 천하는 흉흉하여 宗社의 안위가 위태로운 상황에서, 한탁주가 권문세족의 자제로서 재상의 자리에 오른 것은 '차지해서는 안 되는데도 차지한 경우'와 다르고 '자기의 것이 아닌데도 가진 경우'와도 다르다는 것이다. 善類들에 대한 가혹한 처분의 경우도 그 당시의 상황 때문에 어쩔 수 없었던 것이며, 선류들을 하나도 남김없이 없애고자 마음먹었다면 그렇게 할 힘이 있었는데도 한탁주는 그렇게 하지 않았다고 주장한다.

「闕餘散筆」

간본『대산집』에 실려 있는「闕餘散筆」은 臺山이 수십 년 동안 경전과 역사서 및 제자서 등 다양한 서적을 閱讀한 뒤, 선배들에게 견문한 내용 및 의심을 품고 제쳐두었던 것들을 수시로 채록하여 논변한 것으로,「天之」·「尙書」·「榕村」·「周末」·「文王」·「龍飛」의 6권으로 구성되어 있다. 그러나 본『초고』에는 간본『대산집』에 실려 있지 않는 11조목만이 분류도 되지 않은 체 실려 있다. 본 초고의「궐여산필」은 1839년 대산이 아들과 李碩章에게 '계통 없이 상자 속에 넣어 보관하던 원고를 검토하여 묶도록 하는 과정'에서 빠진 것이다. 기록된 내용을 구체적으로 살펴보면 다음과 같다.

1) 백합과에 딸린 여러해살이풀인 염교를 가리키는 薤자와 간장에 절인 채소를 가리키는 虀자가 통용될 수 없음을『楚辭』·『莊子』·『儀禮』등 다양한 전거를 들어 증명하였다.

2) 문장에서 사용하는 개념들을 정밀하게 운용하지 못하는 사례를 지적하고 있다. 예를 들면 작은 산, 산봉우리, 산등성이의 의미를 갖고 있는 巒자와 산굴, 산봉우리의 의미로 사용되는 峀자를 모두 산봉우리의 뜻으로 사용하는 것이 그것이다.

3) 旌表를 綽楔이라고 부르는데, 이는 오랜 유래를 가지고 있는 것이다. 따라서 우리나라 사람들이 '綽'자를 '棹'자로 쓰는 것은 잘못임을 논증하고 있다.

이외에도 아내의 형제를 가리키는 '妻甥', 병자호란 때 조선을 침략했던 후금의 장수 英俄爾岱와 瑪福塔을 龍骨大와 馬夫大로 쓰는 것, 律詩와 絶句에서 平仄의 차이를 簾이라고 하는 것 등이 잘못임을 辨正한 내용이 포함되어 있다.

雜著부분에서 특기할 만한 것은「諭三齋諸生榜龍崗」·「諭境內大小民榜陽川」·「諭鄉會諸人榜安邊」·「諭境內諸生榜」의 네 편은『臺山集公移』에 중복되어 실려 있다는 점이다.

7) 科體詩

과시에 부과되는 시험 과목의 한가지로 그 나름의 정형성을 지니는 漢詩를 과체시라고 한다. 과체시는 科詩, 行詩, 東詩, 東人詩, 功令詩 등으로 불렸는데, 중국에는 없는 시형이었기 때문에 東詩라고 했다. 출사를 염두에 둔 선비라면 과체시를 익히지 않을 수 없었으므로 과거에 응시하는 선비들이 폭발적으로 늘어나는 19세기에는 다양한 과체시 선집과 과체시의 명가로 일컬어지는 인물이 등장하게 된다[8].

과체시의 주제는 경전과 사서, 문학서 등 매우 넓은 범위에서 출제되었다. 따라서 『시경』, 『좌전』, 『주역』 등 기본적인 경전의 본문과 註釋은 물론 『소학』·『성리대전』 등 송대 儒家書에서도 자주 출제되었다. 역사서로는 『사기』·『한서』·『자치통감』·『자치통감강목』·『사략』 등에서 자주 출제되었는데, 인물을 중심에 두는 世家와 列傳에서 출제되는 경우가 많았다. 문학서로는 唐宋八家의 名文, 도잠, 이백, 두보, 소식 등의 시부에서 출제되었다.

현존하는 과체시 선집의 수는 엄청나지만 대개 18, 19세기 이후의 것이며, 체계 없이 필사된 것이 많아 필사자와 필사시기를 규명하기 어렵다. 당시의 통념상 과체시 학습의 당위성을 드러내놓고 주장하기 어려웠을 것이라는 점도 한 가지 이유가 될 것이다. 때문에 저자와 편찬시기, 편찬의도가 명확한 과체시 선집의 존재를 찾기란 쉬운 일이 아니다. 이 점에서 김매순의 과체시는 특이한 사례의 하나로 꼽을 만하다.

현존하는 조선의 과체시는 대부분 7언36구 내지 44구에 이르는 장편시라는 특징을 가지고 있다. 주자의 古詩論을 따라 정통의 漢魏고시에 진력했던 김수항은 기존 과체시의 격식에서 벗어나 있었던 인물이었다. 이는 할아버지인 金尙憲으로부터 연원한 것이다. 이러한 경향은 金昌協과 金昌翕 형제의 경우도 예외가 아니었는데, 김창흡은 그의 문집에 과체시를 따로 편차하였을 뿐 아니라 과체시 양식을 통해 새로운 경지를 개척하여 높은 평가를 받았다[9]. 이러한 家學의 풍취는 김매순의 『과체시』에도 여전히 관철되고 있는 것으로 보인다.

본 『초고』 과체시는 「識愧集」과 「喜獵集」의 두 부분으로 구성되어 있다. 전자에는 시 2수와 부 2수, 표 5수, 책 2수가 수록되어 있다. 수록된 작품은 모두 1791년부터 1797년에 걸쳐 있는데, 대부분은 그가 庭試에 응시할 때 작성한 것들이다. 후자에는 시 35수와 표 1수가 수록되어 있는데, 표 1수는 1792년 정시에 나온 御題에 맞추어 시험삼아 작성한 것이다. 국립중앙도서관에 소장되어 있는 필사본 『臺山近體詩』와 필사자는 다르지만 동일하다.

8) 『臺山集公移』 4책

『臺山遺集』 총 9책 가운데 뒷부분 4책은 '公移'다. '공이'는 조선후기 지방 官衙에서 발행한 각종의 공문서를 말한다. 문집의 구성에서 밝혔듯이, 『대산집공이』의 내용 가운데 일부는 규장

8) 허경진, 「『동시품휘보』와 허균의 과체시」, 『열상고전연구』 14집 참조.
9) 張裕昇, 「조선시대 과체시 연구」, 한국한시학회, 『한국한시연구』, 2003년 참조.

각 소장 『公移占錄』 4권2책(乾坤)[10]과 동일하다.

『공이점록』의 편자와 편찬연대에 대해서는 아직까지 未詳인 것으로 학계에 알려져 있다. 이 책에는 藏書記도 所藏印도 없이 훼손된 겉 표지 하단에 '石陵'이라고 墨書되어 있다. 그것이 소장자의 이름인지, 편자의 이름인지도 알 수 없을 뿐 아니라, 그 이름 위에 책을 표시하는 스티커가 붙어있어 제대로 확인도 할 수 없는 상황이다. 묵서된 '석릉'이라는 표지 글자를 근거로 所藏者는 석릉 金英淳(1798~ ?)이고, 편자는 김영순의 친척 또는 안동 김씨 門中의 '누군가'일 것으로 추측하고 있다. 수록내용이 조선후기 지방의 실정이 사실대로 기록되어 있고, 김영순과 그의 부친 金履喬(1764~1832) 역시 外官을 역임했던 사실로 미루어 그 가문의 官歷과 결부된 公移文들일 가능성이 높기 때문이다.

『臺山集公移』는 문제 해결의 결정적인 열쇠가 되는 자료이다. 『공이점록』 각 편에 기록된 지역들은 대산이 외직으로 나갔던 지역과 정확하게 일치한다. 그는 龍岡현령(1804)과 陽川현령(1825)을 지내고, 安邊府使(1827)·楚山府使(1831)·慶州府尹(1833)·江華留守(1834) 등을 두루 거쳤기 때문이다. 아울러 『대산초고』, 「잡저」에 실려 있는 「諭三齋諸生榜龍岡」·「諭境內大小民榜陽川」·「諭鄕會諸人榜安邊」·「諭境內諸生榜」 등 네 편은 『공이점록』에 실려 있는 동일한 편이 대산의 작품임을 확인해 준다. 표지의 석릉이라는 글자도 김영순을 가리키는 것이 아니라 대산을 가리키는 것이다. 간본 『대산집』 권7에 실려 있는 「石陵稿自敍」에 따르면 대산의 본관은 안동이고, 석릉은 안동의 다른 이름이므로, 대산은 자신의 초고를 필사하여 임시로 만든 문집의 이름을 「석릉고」라고 하였기 때문이다. 이러한 몇 가지 사실을 근거로 보면, 규장각본 『공이점록』의 필사원본이 연대본 『대산집공이』임은 분명한 사실로 판단된다. 아울러 『대산집공이』는 대산이 외직을 거치면서 작성한 여러 가지 榜文과 節目 등의 공문서를 자신의 필요에 의해 4책으로 엮은 것이라고 결론지을 수 있다.

수록된 내용은, 地方民(혹은 관할기관)을 대상으로 내린 諭民榜, 上級官廳의 지시를 받아 사건을 조사한 狀本, 上級官廳에 地方의 사정과 그 해결책을 청한 論狀, 對民施策의 事例와 감사 또는 임금의 명을 받들고 지방으로 출장한 관원이 글로 써서 보고한 '狀啓', 어떤 사실을 상관에게 알리어 보고하는 공문인 '報狀', 관청 상호간의 質問·照會하던 문서인 '移關', 上級官廳에서 하급관청에 내리는 公文인 '甘結', 명령 전달 문서인 '傳令', 규칙의 세목인 '節目', 請願이나 소송 등에 대하여 관청에서 결정 사항을 써 주는 것인 題辭 등 매우 다양하다. 또한 당시 주요 民瘼의 원인으로 지적되던 三政問題나 '吏弊'에 대해서도 능동적으로 대응책을 찾고자 하는 고심이 역력히 나타나 있다.

6책 「再論賑事狀」에 부록된 「丙戌賑濟事例」는 賑資와 賑式을 명시한 것으로 管下에서 수집된 米·租등과 空名帖價가 구체적으로 기록되어 있으며, 設賑의 시기와 대상에 따른 賑式이 表로 수록되어 있다. 수록된 내용들이 서로 긴밀하게 연결된 것도 아니고, 동일한 地方의 기록

10) 『韓國地方史資料叢書』 報牒篇7(驪江出版社)로 영인되었다.

도 아니라는 한계는 있으나, 朝鮮後期의 地方事情 및 地方官衙의 행정실무내용을 다양하게 수록하고 있다는 점에서 매우 소중한 자료라고 생각된다.

4. 가치

간본『臺山集』은 문인 김상현(1811~1890)과 兪莘煥의 訂定을 거쳐 아들 金善根이 1897년(고종 16) 활자로 간행한 것이다. 卷頭에는 1879년(고종 16)에 族孫인 領敦寧府事 金炳學(1821~1879)이 쓴 序文이 실려 있다. 권1~3은 賦 3편·詩 251수, 권4는 疏·箚 8편·啓辭 1편, 권5~6은 書가 48편(31편, 17편) 권7은 序 19편·記 11편, 권8은 題跋 22편, 권9는 雜著 22편, 권10~12는 묘지명 15편·묘갈명 3편·묘표 1편·碑 1편·행장 3편·제문 18편으로 되어 있으며, 家史 2권(內傳 12편, 外傳 22편, 旁傳 8편)과「闕餘散筆」6권을 아울러 수록하고 있다. 卷末에는 門人 金尙鉉이 쓴 跋文이 실려 있다. 국립도서관과 규장각에 소장되어 있다.

『臺山集』에 실려 있는 김상현의 跋文에 따르면 간행된 20권10책 외에도 '草藁 10권'을 필사하여 家藏하였다고 기록하고 있다.『臺山初藁』를 간본『臺山集』과 비교해 본 결과 중복된 작품이 거의 없다는 사실을 확인하였다. 비록『대산초고』「잡저」의「궐여산필」이라는 이름이 간본『대산집』에도 보이기는 하지만,『대산초고』의「궐여산필」11조목은 모두『대산집』에는 실려 있지 않는 것들이다.「洌陽歲時記」를 간본「열양세시기」와 비교한 결과, 간본에서 조목 자체가 빠진 것이 총 6조목이고, 누락된 조목이 12조목, 서술 내용이 크게 다른 것이 1조목이며, 누락된 것과 조목 자체가 빠진 것이 분량 상으로도 1/3을 넘는 것으로 확인되었다. 아울러 편지글의 배열 순서에서『대산집』과『대산초고』는 일치한다는 사실도 확인할 수 있었다.『대산초고』에 실려 있는 편지글은『대산집』을 간행하면서 제외한 편지글들을『대산집』의 배열순서와 동일하게 배열한 것이라고 추정할 수 있다는 것이다. 따라서 연세대학교 소장의 필사본『대산초고』는 권수는 한 권이 부족하지만 김상현이 명시한 '초고본 10권'임이 확실하다고 판단된다.

『臺山集公移』는 규장각본『公移占錄』2책의 편자와 편찬연대를 규명하는 결정적인 자료이다.『공이점록』은『대산집공이』를 원본으로 하여 필사한 것이고,『대산집공이』는 대산이 외직을 거치면서 작성한 여러 가지 榜文과 節目 공문서를 정리하여 4책으로 엮은 것이다.

『대산초고』와『대산집공이』는 국내 유일의 초고본이다. 그동안 학계의 김매순 연구는 사상사적·한문학사적 측면에서 다양하게 진행되어 왔다. 그러나 많은 연구는 오직 간본『대산집』을 근거로 한 것이었다는 점에서 연세대학교 소장『臺山遺集』은 臺山에 대한 연구를 질적으로 도약시킬 귀중한 자료로 판단된다.

【장동우】

漫語

朴致文(1694？～1757？) 著.

草稿本. 2卷 2冊, 30×21cm.

11行 20～22字.

1. 저자

朴致文(1694 ? ~1757 ?)[1]의 本貫은 密陽이다. 그의 생졸 연대는 1694~1757 무렵으로 추정된다. 벼슬은 臺諫이나 春坊 등 요직을 두루 역임했다. 자세한 상황은 뒤에 보인다. 우선 본 작품의 끝 부분에 당시 그와 동갑이면서 조정에서 같이 근무하던 사람을 기록한 「同庚同朝」에서 權爀·金若魯·盧以亨·李台重·朴春普·尹得英·任師夏·李渭輔 등을 말하고 있는데, 이들은 모두 1694년(甲戌)에 출생한 인물들이다. 그리고 박치문의 外甥인 洪樂九가 쓴 제문에 다음과 같은 구절이 있다.

> 아 丁丑年(1757)에 갑자기 별세하시니, 아! 공과 같이 인자하신 분의 수명이 단지 예순 셋에 이를 뿐이라니요! (卷下, 「祭文」)

이 글은 박치문이 1757년 향년 63세의 나이로 별세하였음을 말하고 있다. 그의 사위인 閔百師가 쓴 제문에서는 "공의 수명은 70을 넘었으니 공의 슬픔이 어찌 여기에 있겠습니까!(公壽踰七十, 公之悲, 豈在於此耶!)"라고 하여 그의 수명이 70여세인 듯이 말하고 있는데, 이것은 閔百師의 일시적인 착오로 보인다. 왜냐하면 그의 甥姪인 洪楙의 제문이 丁丑八月庚申朔에 쓰여졌으며, 그 제문의 내용에 '병문안을 못하여 마음에 걸리던 중 가을에 부고를 갑자기 받았다'는 내용이 있는 것으로 보아 丁丑年에 별세한 것이 분명하기 때문이다.

박치문의 학맥은 尤庵 宋時烈(1607~1689) 계열이며, 아마도 그 중에서도 낙론으로 보인다. 본 작품인 『漫語』의 내용에는 그의 성리학적 주장이 없으나, 작품의 끝에 있는 「師友景慕」에서 다음과 같은 학자들을 열거하고 있다.

> 巍巖·宗菴·陶菴·黎湖·晦谷·困村·鳳巖·廣巖·滄洲·雲坪

이와 같이 낙론계 인물들만을 열거하고, 권수암이나 남당과 같이 당시에 명성이 높았던 우암의 고제인 호론계 영수들에 대해서는 기록하고 있지 않다. 또한 위의 인물들을 열거하며 '師友'라 칭한 것을 보면 박치문이 낙론계에서 학문을 하였음을 알 수 있다. 그의 학문에 대한 내용은 본 작품에서는 나타나지 않지만, 만약 왕조실록이나 『漫錄』에서 교유하는 인물과 주장 등을 보면 그가 평생을 노론계 인물로 살았음을 알 수 있다. 閔百師는 그의 제문에서 그의 일생을 다음과 같이 요약하고 있다.

---

1) 字號未詳.

> 공은 어린 나이에 과거에 급제하였고 좋은 시대(英祖시기)를 만나 臺諫이나 春坊 등을 거의 모두 두루두루 지냈다. 위로는 좋은 생각을 바쳐서 부족한 부분을 보충하였고, 아래로는 올바름을 보여 잘못됨을 고치도록 하였다. 임금님께서도 버리지 않고 公을 가까이 하셨다. (卷下, 「祭文」)

왕조실록과 『漫語』를 볼 때 위의 요약은 사실에 상당히 접근해 있다.

2. 구성

본 작품은 2卷 2冊이며, 그 구성은 크게 두 가지 방식으로 이루어져 있다. 우선 편의를 위해 아래 목차에서는 Ⅰ,Ⅱ로 표시하였다. Ⅰ부분은 본 작품의 대부분에 해당하는데, 이것이 엄격한 의미의 『漫語』일 것이다. 이 부분은 작품을 시기별로 구별하여 배당하는 방식으로 이루어져 있다.[2] 즉, 작품을 수록하고 있는 행장의 형식이라 말할 수 있다.

일부 예를 들어 보자.

> 乙亥三月初四日親臨帳殿時蒙敍用
> 　　初五日入參賀班
> 　　初十日政爲司諫副李鳳齡, 末李基敬[3]
> 　　十一日肅謝仍參鞫坐
> 　　十二日連參鞫坐
> 「二十三日陳辭書」·「四月初三日陳情書」·「初五日再陳辭書」

이것을 다시 『漫語』의 본래 형태로 바꾸면 다음과 같다.

> 乙亥三月初四日親臨帳殿時蒙敍用
> 　　初五日入參賀班
> 　　初十日政爲司諫副李鳳齡, 末李基敬
> 　　十一日肅謝仍參鞫坐
> 　　十二日連參鞫坐
> 　　二十三日陳辭書(뒤에 내용을 수록하고 있음)

---

2) 문집 안에는 대부분 각 시기의 처음 부분에 연도와 벼슬을 기록하고 그 뒤에 거기에 해당하는 작품을 기재하고 있다. 아래 목차 부분에서 이 부분을 구별하기 위해 한 칸씩을 띄워 놓았다.

3) 여기서 쉼표는 해제자가 부가한 것이다.

四月初三日陳情書(뒤에 내용을 수록하고 있음)
初五日再陳辭書(뒤에 내용을 수록하고 있음)

여기에서 보듯이 본 작품은 기본적으로 年月日을 기록하고 거기에 記事를 하거나 그 기간의 작품을 수록하고 있다. 기본적으로 繫時 形式을 취하고 있다. 그리고 위에서 보듯이 年·月·日에 따라 글자의 위치(작품에서는 횡으로)가 다르다. 아마도 『春秋』나 行狀 등의 형식을 취하고 있는 듯하다.

그리고 일반적으로는 '乙亥三月初四日親臨帳殿時蒙敍用' '初五日入參賀班' '初十日政爲司諫副李鳳齡, 末李基敬' '十一日肅謝仍參鞫坐' '十二日連參鞫坐'와 같이 사건을 먼저 기록하고, 그 다음에 「二十三日陳辭書」·「四月初三日陳情書」·「初五日再陳辭書」와 같이 그 시기의 작품을 기재하고 있다. 「」는 일반적으로 작품명이라고 볼 수 있으나, 그렇지 않은 경우도 있다. 즉 詩 혹은 상소문 등은 그 제목에 해당하는 것이 있으나, 어떤 경우에는 記事 다음에 제목 없이 그대로 작품을 첨부한 것도 있다. 그러한 경우 작가가 작품명을 쓰는 원칙에 따라 위에서부터 쓰지 않고 중간 위치(즉 횡의 중간)에서부터 썼기 때문에, 이는 제목으로 처리한 것으로 보인다. 따라서 해제자도 그럴 경우 모두 「 」 처리하였다.

Ⅱ 이 부분은 朴致文 死後에 이루어진 것으로 보인다. 우선 「祭文」들이 있고, 그 뒤에 「同庚同朝」·「講戚敦婣」·「同朝連姻」·「師友景慕」·「祭文」·「語錄」이 있는데, 이 뒤에 있는 「祭文」(즉 「師友景慕」·「祭文」·「語錄」중의 「祭文」)은 앞의 祭文 중 一首가 다시 초록되어 있는 것으로 보아 실수로 중복된 듯하고, 마지막 부분인 「語錄」은 상당히 뒤에 첨부된 듯하다. 이 중 「同庚同朝」·「講戚敦婣」·「同朝連姻」·「師友景慕」는 박치문의 후손이 위의 Ⅰ부분 혹은 朴致文을 이해하기 위해 후일 첨부한 듯하다. 이 부분은 필체 역시 다른 부분과 일치하지 않는다. Ⅱ 부분은 『漫語』의 부록이라 볼 수 있다.

이 이외에 다음과 같은 특징이 있다. 본 작품의 一卷에는 표지에나 내용 중에 漫語라는 글자가 보이지 않고, 二卷에 가서 내용 첫 장의 첫줄에 干支(즉 年度표시)와 같은 위치로 '漫語卷下'라 쓰여 있다. 즉 一卷이 바로 漫語卷上임을 알 수 있고 동시에 一卷의 첫 장이 빠졌을 수도 있음을 알 수 있다. 그리고 一卷과 二卷의 첫 장에 모두 박치문의 일부 연보가 기재되어 있는데, 이것은 내용 중의 것을 다시 발췌하여 정리한 것으로 보인다. 글씨체로 보아 본 작품이 형성되었을 때 동시에 이루어진 것이 아니다. 뿐만 아니라 본 작품의 매 쪽마다 옅은 먹으로 干支를 기록하여 열람의 편의를 돕고 있는데, 이것도 후일 이루어진 것으로 보인다.

어떤 경우에는 작품에 약간의 설명이나 보충이 있는 곳도 있다. 예를 들면 「贈任之慰病懷」의 바로 밑에 '堂姪漢源字'라고 작은 글씨로 되어 있는데 글씨체가 확연하게 다르다. 이런 부분은 모두 후대의 첨가로 보아야 한다.

그리고 二卷의 속표지에 詩·書·序·跋·疏·箋·祭文·家狀·論·附錄·家狀·墓誌·祭

文이라고 쓰여 있는데, 이것은 현재 연세대에서 소장하고 있는 『漫語』의 실제 내용과는 일치하지 않는다. 그러나 연대 소장본 『漫語』가 불완전한 것인지, 본래 『漫語』를 만들 때의 계획을 속표지에 기록한 것인지는 불분명하다. 다만 '詩' 밑에 작은 글씨로 "五絶十五首, 五律十六首, 七絶四十二首, 七律八十四首, 排律二首, 合百六十首"라고 쓰여져 있는 점을 보아 의미 없는 기록으로 보이지는 않는다.

문집의 구체적인 구성은 다음과 같다.

一卷

I 癸卯十月十五日酉時入講于二所得十五分
讀卷官三
兵曹判書 李肇
兵曹參判
漢城府左尹 南就明
對讀官四
護軍 李翊漢
修撰 趙遠命
修撰 姜必慶
兵曹佐郎 徐命杰
「殿試 題盡信書不如無書論」

乙巳三月初十日爲假注書
十六日爲假注書
二十六日爲假注書
四月初七日爲假注書
六月十六日爲假注書
十月十三日爲假注書
二十日爲栗峯道察訪首宋徵啓, 末安栻
丁未五月 日以右道增廣東堂試事之不謹遭彈於持平安相徽見遞
己酉十二月 日右議政李集以槐院參下積滯陳 達陞六
辛亥十二月 日出付司果
癸丑八月二十日爲典籍副洪曙, 末宋儒式
九月初一日爲禮曹佐郎首宋守謙, 末金極岭
二十一日爲兼春秋
十二月初六日爲兼春秋

二十二日爲禮曹正郎副李錫祿, 末權德載

甲寅正月十四日爲兵曹佐郎副宋守謙, 末李錫祿

七月二十日爲兼春秋

「次南別營水閣韻」·「次北營水閣韻」·「又次」·「謹次土坦氏贈德仲謫行續古韻」·「贈任之慰病懷」·「贈妹兄權展甫」·「又贈展甫」·「次李泰之韻」·「贈李泰之」·「贈韓鳴瑞」·「奉呈承旨兄主」·「贈宋魯瞻慰病懷」·「伏呈雙梧堂韻」·「楊州訥齋先生祖墓改沙草後謹次感悔韻」·「次門會韻」·「次李生復夏韻」·「南溪元韻」·「次德洞除日韻」·「金進士尙鈺挽」·「宋魯瞻挽十韻排」·「從兄喪後次德洞韻」

丙辰二月二十六日爲高山道察訪副趙鎭世, 末李慶錫

三月二十五日以玉堂尹敬龍補外時任遞付京職

十月初一日爲兵曹正郎副韓啓震, 末申𢡤

十一月二十日爲公洪都事副李聖海, 末尹澤休

二十二日以本道之人勿差事曾有定式大臣宋寅明啓遞

「次三忠祠諸人韻」·「次義谷洪丈韻」·「次金生士徵韻」·「初三日承牌詣闕陳疏呈政院還出給」·「初五日大臣備局堂上引見時持平朴所啓坦事」·「初十日親臨試射時持平朴所啓坦事」·「十五日所啓坦事」·「十六日避嫌」·「十八日掌令宋守謙處置引嫌而退」

二十六日付司直

三月初三日爲正言首元慶淳, 副金尙耉

「初四日承　牌詣闕外陳疏呈政院還出給」·「初五日承牌入肅」·「初六日備局堂上引見入侍時所啓」·「初八日正言李壽海處置引嫌而退」·「三月十三日大臣備局堂上引見入侍時所啓」·「十五日百官會議于　仁政殿正言臣朴獻議」·「十六日所啓」·「十七日大臣備局堂上引見入侍時」·「謹次寒泉講堂韻」·「次金戚士平韻」·「又次金士平韻」·「入華陽洞登綵雲庵寄僧宇微」·「兪金知進基挽」·「崔生益恒挽」

庚申五月二十二日爲持平副趙重稷, 末朴聖源

二十三日以 親鞫不敢言情勢承牌出肅

「二十四日大司憲尹陽來持平朴聯名箚子」·「大司憲尹陽來持平朴請對」·「二十五日大司憲尹陽來持平朴啓」·「大司憲尹陽來持平朴修撰尹光毅啓」

二十九日 親傳香入參

三十日陳賀入參

「六月初二日辭職上疏」

初三日違 牌坐罷

七月二十六日爲正言副趙重稷, 末李聖海

二十七日承牌詣闕上疏呈政院還出給疏避略同故疏不載

「同日肅謝後避嫌啓」·「二十八日司諫許沃處置引嫌而退」·「八月初三日上疏」·「二十二日上縣道疏」·「九月初六日政院啓」

八月十六日以 親鞫政院啓稟在外變通得遞

十七日付司果

十二月十七日

世子宮春帖字製進

「七律」·「五律」·「七絶」·「五絶」

二十九日

大王大妃殿延祥詩製進

「七律」·「五律」·「七絶」·「五絶」

二十五日承 牌出肅

「二十七日陣辭疏」

五月初二日牌不進

初四日依承傳罷職

七月二十日爲玄風縣監副鄭基安, 末南泰恭

「次郭訓長壽筵韻」·「又」·「又呈郭訓長」·「又」·「謹次宋從兄韻」·「川宋兄以詩賀仍次其韻」·「入瑜珈寺寄僧明學」·「三月 日次申泰甫贈韻」·「四月 日次巴山使君贈韻」·「連次巴山使君韻」·「七月旣望泛舟酬唱韻」·「八月初一日參 釋采吟一絶贈諸生」·「九月 日省峴歸路入湧泉寺寄僧秋捲」·「十六日觀德于朝陽閣醉中偶吟」·「次郭生處完韻」·「次尹友章彦韻」·「十二月 日謹次許僉知墜寄韻」·「又次許僉知韻」·「三月 日謹次贈吏議姜慵齋焚黃韻」·「碩士柱南先唱韻」·「四月二十六日譜役垂畢後於南山書齋行告由祭於 密城大君往參祀事感吟一律求和諸宗」·「二十七日南山歸路入瑜珈寺次趙判書尙絅懸板韻」·「閏月朔日送酒肴于明倫堂接儒兼寄一絶」·「初四月夜坐太古軒瞻望北斗星已違軒陛已過三載故感吟一律」·「初六日躬行祈雨於照華峯吟一律」·「於祈雨臺上卽景吟一絶」·「二十日次郭生在心朴生之欽喜雨韻」·「茶原周生宰成輓」·「贈別姜擎若」·「次南山族譜韻」·「玄風郭氏族譜序文」·「七月三日聊坐太古軒偶吟」·「喜迎姜擎若」·「七月初六日夜與姜擎若郭世鼎聯句」·「十五日聊坐太古軒偶吟」·「二十日到統營與統使遊制勝堂感吟一律」·「轉向東萊吟贈一絶于主人府伯」·「上設雲臺與萊伯聯句」·「八月中丁進參道東享祀感吟一律求和諸生」·「九月六日贈別昌山使君申明寅赴擧之行」·「甲子元日次都訓長韻」·「四月十三日夜話朝陽閣韻」·

「六月 日次成友道源仲深韻」

乙丑二月初五日爲掌令副閔洙彦, 末權相一

十七日祗受有旨

「二十一日上縣道疏」

三月初二日 親鞫時以臺諫之不備變通在外遞差付司果

「金生應祥士徵輓」

十月初九日爲獻納副尹志泰, 末李耇容

初十日 親鞫時以多臺在外變通遞付司直

十二月初二日爲獻納首李耇容, 副尹敬周

初四日祗受有 旨

「十七日辭職上疏呈政院還出給」·「二十一日承牌出肅仍爲入侍」·「二十二日初更以處置事承牌詣臺傳啓」·「二十三日承牌入侍帳殿仍爲入侍」

丙寅正月二十九日爲獻納副權相一, 末南泰耆

「二月初二日承牌陳疏」

初三日承牌詣闕下陳疏退却後 牌不進

初八日依承 傳罷職

「十月 日送別尹景孺赴燕之行」·「具生德洙仁叟輓」

丁卯五月二十九日都目政爲開城經歷副成大烈, 末閔洙彦

「六月十五日陛辭翊日歷登花石亭感吟一律」·「吟一律贈同年李瑞山泰昌韻」·「次李瑞山勞誨堂韻」·「又次李瑞山贈韻」·「登松岳山行節祭後感吟一律」·「九月九日次平近堂壁上韻」·「又次平近堂板上韻」·「與姜生柱南登滿月臺感吟一律」·「大殿誕日箋文堂上代作」·「又」·「登逝斯亭次板上韻」·「山城歷路暫休草亭吟一絶」·「登將臺來休中營次申判書板上韻」·「次朴淵泛槎亭板上韻」

十四日政爲獻納首趙明健, 末趙重稷

「十七日藥房入診領議政金在魯同爲入侍時所啓」·「十一月初八日贈別趙應教和叔赴燕之行」·「戊辰二月晦日旗祭之文」·「閏七月 日李參議德重輓」·「九月二十六日次謐宴志喜韻」

十月十一日辭狀得遞

己巳正月十六日政爲司僕正副金宗台, 末趙重稷

「五月二十六日政爲獻納首金陽澤, 副申暐承 牌陳書」·「六月初一日上疏入啓于大朝」·「同月初五日備忘記」·「謹次承旨叔主寄韻」·「贈別沈襄陽汝文赴衙之行」·「次金持平商叟榮親志喜韻」·「奉和金僉樞致福自喜韻」·「又次天字韻奉和金僉樞」

八月初十日都目政爲司諫副權賢, 末閔澤洙
「十三日陳書」

九月初四日政爲司成副李耇岭, 末李光湜
「安參議慶運挽」·「又」·「謹次逸休齋韻」·「贈別瑜司諫繼之赴燕之行」

十月初六日爲司諫副趙擊, 末兪彦述
「初八日 肅辭仍參合辭」

初十日政付護軍

二卷

己巳十月二十七日政爲司諫副兪彦述, 末權賢
「二十八日陳書」·「十一月初二日陳書」

初五日 牌不進依 承傳罷職
庚午正月二十六日都目政爲執義副林象老, 末任震夏
「二十七日陳書」·「二十八日小朝常參時執義朴進」·「同日夜三使臣及儒臣持自省編入侍時」

二月二十四日政爲執義副金宗臺, 末趙重稷
「二十五日承牌陳書」

同日付護軍
三月十一日政爲潭陽府使副閔宅洙, 末趙重稷
二十三日舊官李景祚仍任事奉承 傳
四月初五日政爲安州牧使副尹志泰, 末趙重稷
二十五日事陛
五月初六日到任
「二十日洪承旨益三季友以致祭于永柔臥龍祠」·「謹次訥齋先祖遺韻」·「大殿誕日箋文」·「兵營代製」·「八月二十七日元孫誕生後陳賀箋文」·「代寧邊府使作」·「冬至箋文」·「十一月十三日

接取才後吟一律求和多士」·「十八日贈別黃臺子直赴燕之行」·「正朝箋文」·「寧邊府使代製」·「次萬松齋韻」·「又次」·「奉次曾王考都事府君卷中韻」·「大王大妃殿上尊號後賀箋二月二十七日」·「大王大妃殿上尊號後大殿賀箋」·「寧邊府使代製」·「兵營代製」·「寧邊府使代製」·「閏五月初九日 上候平復後賀箋」·「兵營代製」·「七月二十一日舡遊時聯句」·「同月二十五日贈別林生性天歸覲之行」·「八月十八日大殿誕日箋文」·「寧邊府使代製」·「九月初三日營府邊射時次宋從信夫先唱韻」·「又次」·「贈長樂洞主人」·「次泰州使君李厚而贈韻」·「次宋從信夫韻」·「九月日凝香忽憶壬辰丙子往事感吟一律」·「翌日夜吟一律求和宋從信夫」·「二十一日寫懷求和諸人」·「次信甫」·「又次」·「十月初四日與泰川守李厚而博川守宋和甫約會於深圓寺而李厚而有病不來投詩求和仍次其韻」·「冬至 箋文」

十月二十七日政爲司諫首沈益聖, 末李塤

「十一月十四日戌時 賢嬪宮喪事後慰箋」·「贈別冬至副使申參判思建景瞻韻」·「贈別趙書狀重晦益章韻」·「晉興君事蹟謄書冊跋」·「十二月二十九日陳辭書」·「壬申正月初三日承牌陳書」·「正月初七日承牌陳書」·「正月十二日承 牌陳書」·「正月十二日承牌陳書」

二十七日呈辭入達得遞

同日付護軍

「五月二十五日陳辭書」·「五月二十六日陳辭書呈政院還出給」·「六月初四日五牌不進依 承傳罷職」·「次承旨兄主贈韻」·「七月初六日秋享大祭時沈司諫益聖先唱絶句仍次其韻」·「蔡直長復休伯心次言字韻又送一律求和更次其韻」·「贈書狀兪正漢蕭汝人赴燕之行」

八月初八日政爲執義首鄭光震, 副任震夏

九日承牌監試于武一所

「十三日執義朴獻納權賅聯名上書」·「二十五日懿陵回鑾時傳敎」

二十六日就理

「九月初六日原情」

初七日苔四十收贖夢放

十月初十日都目政爲執義首申暻, 副李昌儒

「十八日陳辭書還出給」·「二十六日夜承旨入侍時」

二十七日就理

「十一月九日納供」

二十日蒙放

癸酉二月二十二日因右相金尙魯陳白蒙敍

「鄭同義禁匡濟挽」·「次鳴仲帶水洞論山韻」·「宋斯文周相挽」·「又」·「金同樞光五挽」·「又」·「奉和望坪亭韻」·「又和休齋前韻」

三月二十三日政爲司諫副任珣, 末趙衆稷

「二十九日陳辭書縣道封進」

二十五日以守令署經事在外變通遞付護軍

四月初八日自政院縣道疏還下送旣已遞職故也

初五日政爲輔德首鄭基安, 末趙重稷

初八日祇承有 旨

「二十日陳辭書呈政院還出給」·「二十一日承牌入直卽入召」·「二十三日入侍書筵上番朴下番司書」

同日付護軍

「趙統制使德仲挽」

八月二十九日政爲執義副鄭基安, 末趙重稷

「三十日承牌陳辭書」·「右議政李天輔陳違牌臺臣請譴箚」·「十月二十七日長子漢斗慶宴日次賀客韻」·「金先達在敬宴席次主人金可晦韻」·「泉谷宋先生謚宴次金天郞聖佑韻贈主人」·「又」·「挽玄風士人郭訓長壽延」·「承旨叔父加資後以一律奉賀」

甲戌三月 日

「朴掌令長潤挽」

閏四月初八日政爲司諫副李壽觀, 末趙擎

「十五日陳辭書」·「五月二十五日承牌陳書」·「六月初二日陳辭書」·「六月初六日以書代避」·「十七日藥房入診領議政李天輔同爲入侍時」

乙亥三月初四日 親臨帳殿時蒙敍用

初五日入參賀班

初十日政爲司諫副李鳳齡, 末李基敬

十一日肅謝仍參鞫坐

十二日連參鞫坐

「二十三日陳辭書」·「四月初三日陳情書」·「初五日再陳辭書」

十一日監試官承牌
自十二日至二十四日連參試院
二十五日出榜詣 闕
「二十七日承牌陳書」·「五月十三日陳賀後承牌陳書」·「同月二十二日承牌詣臺」·「六月初二日詣臺」

十月 日討逆赦典蒙敍付軍職入參賀班
丙子二月十四日口 傳政爲掌樂正副鄭漢奎, 末朴致隆
十五日肅拜
五月二十九日政移拜執義副宋德中, 末沈益聖
「六月初五日小朝次對因 召牌陳辭書」·「十三日推鞠時因召牌陳親病書」

七月十一日以身病呈辭三度入達遞差

Ⅱ「祭文」·「同庚同朝」·「講戚敦婣」·「同朝連姻」·「師友景慕」·「祭文」·「語錄」

3. 내용

『漫語』의 내용은 기본적으로 1723년(癸卯年, 박치문 29세)부터 1756년(丙子年 박치문 62세)까지 33년간의 박치문의 宦路人生에 대한 기록이다.[4] 환로인생에 대한 기록이기에 공적인 내용이 다수이지만, 공적인 기록만 있는 것은 아니다. 벼슬 생활을 하면서 酬酌하였던 試作도 있고, 중간 중간에는 극히 개인적인 기록들도 보인다. 그러므로 『漫語』는 인생의 대부분을 벼슬과 함께 보냈던 박치문이 자기의 벼슬에 따라 시간을 기록하고, 그 시간들에 있었던 여러 기록들을 남긴 작품이라고 볼 수 있다.

이런 이유로 『漫語』의 기록은 모두 시간(년·월·일시)이란 기둥을 만들고, 그 기둥 아래에 작품이 있다는 공통점을 제외하고 나면, 매우 다양한 문학의 장르가 모두 같이 어우러져 있다.

---

4) 이것은 박치문의 작품인 Ⅰ부분을 중심으로 계산한 것이다. 만약 Ⅱ 부분까지 함께 계산한다면 1757년(丁丑年, 박치문 63세)까지 34년의 기록이다. 공의 外甥 洪樂九의 「祭文」에 다음과 같은 기록이 있다. "불행하게도 한 가지 병이 몸에 있어 여러 해 동안 편찮으시더니, 아! 정축년에 갑자기 돌아가셨습니다(不幸一病嬰身, 屢歲沈綿, 粤在丁丑, 奄忽乘化)." 그리고 1756년(丙子년, 박치문 62세) 7월 11일에 박치문은 신병을 이유로 사직서를 세 번씩이나 제출하여 결국 致仕하게 된다. 그렇다면 몇 년간 병을 앓다가 1756년에 사직하고, 그 지병으로 결국 그 이듬해에 사망하였음을 알 수 있다. 이 부분도 박치문에 대한 시기적 기록으로 볼 수 있다. 단 이것은 의식적으로 시간을 기록하고 그 아래 사건을 기록한 방식과는 다르다. 제문에서 우연히 박치문의 말년에 대한 일을 언급한 것이므로 글의 성격이 다르다고 보아야 할 것이다.

즉 詩・上疏・對策・啓・敍事 등 다양한 형식의 글들이 시간의 순서에 따라 구별 없이 나열되어 있다. 작품의 제목인 '漫語'는 기본적으로 '부질없는 말'이란 의미로 謙辭의 성격을 가지고 있지만, 통일되지 않은 형식의 글들이 손가는 대로 이루어져 수록되어 있다는 본 작품의 구성 특징도 아울러 나타낼 것이다.

우선 가장 중요한 내용은 박치문의 생애를 시간 순서에 의거하여 敍事한 부분이다. 이 부분은 이 작품에서도 작자가 가장 신경을 쓴 것으로 보여지는 부분으로서, 일종의 實記적 성격을 가진다. 예를 들면 다음과 같은 것들이다.

1725년 3월 10일 假注書가 되다.
16일 假注書가 되다.
26일 假注書가 되다.
4월 7일 假注書가 되다.
6월 16일 假注書가 되다.
10월 13일 假注書가 되다.
20일 栗峯의 道察訪이 되다.(宋徵啓가 長이었고, 安栻이 末이었다.)
1727년 5월 일 右道의 增廣東堂試에 대한 일처리가 신중하지 못하다하여 持平 安相徽의 탄핵을 받고 면직되다.

위 기록에서 박치문은 자주 假注書가 되었음을 알 수 있는데, 이 점으로 미루어 보아 그가 당시 상당한 총애를 받고 있었음을 알 수 있다. 그리고 1725년 10월로부터 1727년 5월까지 율봉의 도찰방을 맡고 있었음도 알 수 있으며, 免職이 된 이유 등에 대해서도 허심탄회하게 밝히고 있다.

이 작품의 상당 부분을 차지하는 것은 詩이다. 그 중에서도 많은 부분이 公務生活 중 교류를 통해 쓰여진 내용이다.

「奉呈承旨兄主」
執事當年負重名　　왕년에 선생님은 명성이 혁혁하였는데,
如何原野騎牛行　　어이하여 들에서 소를 타며 날을 보내시나요?
仁天終必無遺照　　어진 하늘 분명코 빠짐없이 살피시니,
更踏仙樓豈不榮　　또 다시 仙樓에 오르리니 어찌 영광이 아닐까요!

이는 승지 벼슬을 하다 낙향한 선배를 위로하며 써 보낸 시이다. 浮沈이 無常한 宦海를 항해하면서 늘 만나는 일일 것이다.

世子宮春帖字製進「七律」

一夜殷雷已復初	하룻밤 은은하게 울려오는 우뢰에 이미 陽氣가 회복되었으니,
靄然和氣漸看舒	피어오르는 화기 점차로 펴지리라.
春回禁苑迎新蝴	깊은 궁궐에도 봄은 깃들어 새로운 福들을 맞이하고,
日永銅闈講舊書	견고한 성에서도 날은 길어지니 옛 책을 강론하누나!
周寢三朝誠彌篤	正月 一日[5]에 침소를 찾아 인사드리니 정성은 더더욱 돈독하고,
漢謠四海德優餘	한나라 노래 소리 사방에 울려퍼지니 德性이 넘쳐흐른다.
冲年睿質雖天縱	어린 나이에 총명하여 비록 하늘이 내린 자품이지만,
願斥邪人與正居	바라옵건대 사벽한 사람을 배척하고 올바른 사람과 함께 하소서!

이것은 世子宮의 春帖字를 지어 바친 것이다.『漫語』에 보면,「七律」·「五律」·「七絶」·「五絶」의 네 首를 지어 올렸음을 알 수 있다. 世子宮春帖字는 아마도 박치문 혼자만 올린 것이 아니라, 당시 글에 능하다는 문신들이 명을 받들어 지어 올린 작품일 것이다. 이것 역시 일종의 공무로 지은 詩라 볼 수 있다. 이와 같이 공무와 관련된 시, 혹은 다른 관료의 시나 관공서 등의 현판시 등을 次韻하여 쓴 시들이 적지 않다. 이 뿐만이 아니라 공무와 관련 없는 개인적인 감회를 읊은 詩도 적지 않게 수록되어 있다. 단지 연월일시 아래에 다른 공무들과 함께 수록되어 있을 뿐이다.

「入華陽洞登綵雲庵寄僧宇微」

落影峯頭卽彩庵	落影峯 꼭대기에 綵雲庵이 있으니,
窓前綺石後層巖	창문 앞에는 아름다운 돌들이, 뒤에는 층층의 바위가 있다.
袈裟老釋候門語	가사 걸친 노스님 문 앞에서 맞이하며 담소하니,
仙界風光繞岀嵐	동굴 속에서 피어나는 아지랑이 仙界風光을 휘감고 흐르네.

극히 일부이기는 하지만 박치문의 집안일과 관련있는 작품도 있다.

「十月二十七日長子漢斗慶宴日次賀客韻」

吾祖當年早闡名	우리 할아버지는 왕년에 어린 나이로 이름을 떨쳤고,
後孫今日繼家聲	오늘날 후손은 집안 명성을 이어가네.
華筵廣設南溪上	남쪽 개울가 華筵을 크게 만들어 놓고,
獻壽高堂彩舞榮	오색 옷 입고 춤을 추며 부모님 장수를 기원합니다.

5) 正月 一日은 年月日 세 가지[三]의 처음[始]이 되기 때문에 三朝라고 한다.

이 뒤를 잇는 몇 작품인 「金先達在敬宴席次主人金可晦韻」·「泉谷宋先生 謚宴次金天郞聖佑韻贈主人」·「又」도 모두 사적인 작품이다. 이와 같은 시의 구성은 『漫語』의 성격 및 내용을 보여준다. 즉 공적인 것을 위주로 하되 사적인 기록도 함께 기술되어 있는 것이다.

특이한 작품으로는 「殿試題盡信書不如無書論」이 있다. 이것은 『漫語』에 있는 유일한 대책문이다. 시험 문제는 『孟子』에 나오는 "盡信書不如無書"이다. 박치문의 답안을 보자.

> 저는 다음과 같이 논술합니다. 문자[書契]가 있기 이전에 대해서는 저는 알지 못합니다. 伏羲氏가 人文을 관찰하여 천하를 化成하고 천지의 빛을 그려내어 사람들의 耳目을 열어주었을 때부터 고대서적[三墳五典]이 출현하기에 이르러서는 서적이 매우 풍부해졌습니다. 한 시대의 시비득실을 모아 놓아 萬歲의 귀감을 출판하였습니다. 그래서 누가 옳은지 누가 잘못했는지가 기록에서 도망 나올 수가 없었고, 어떤 이가 善하고 어떤 이가 惡한지도 서적에 다 나타나 있습니다. 그렇다면 정말로 『書經』은 국가에 없을 수 없는 자료입니다. 그렇지만 한갓 그 글에만 근거하고 理로 관찰하지 않는다면 막혀서 통할 수 없습니다. 바로 이 점이 『孟子』께서 武城篇의 '血流漂杵(피가 흘러 방패가 떠내려갔다)'라는 말을 들어 '盡信書不如無書(『서경』을 모두 믿는다면 『서경』이 없는 것만 못하다)라는 가르침을 남기신 것입니다. …… 저는 삼가 논의합니다.

이에 대한 기록 앞에 '癸卯十月十五日酉時入講于二所得十五分'이라고 되어 있고, 그 다음에 그 殿試의 상황을 다음과 같이 설명하고 있다.

> 讀卷官三
> 兵曹判書 李肇
> 兵曹參判
> 漢城府左尹 南就明
> 對讀官四
> 護軍 李翊漢
> 修撰 趙遠命
> 修撰 姜必慶
> 兵曹佐郞 徐命杰

이것은 상당히 성대한 殿試였고 여기에서 박치문은 15分의 성적을 얻은 것이다. 조선시대 관리들의 殿試의 대략적인 형식과 내용을 알 수 있는 귀중한 자료이다.

이 외에 『漫語』에서 가장 많이 보이는 작품으로 가치가 있는 것은 바로 '啓'와 '上疏'이다. 다만 '啓'의 내용은 일반적으로 매우 간략하게 기록되어 있는데, 이것은 당시의 인물들은 그 기록만으로도 그 내용을 쉽게 이해할 수 있었기 때문이라 보여진다. 반면 '上疏'는 박치문의 상소문을 그대로 抄錄한 것으로 보여지는데, 여기에서는 상소의 주제나 내용뿐이 아니라 박치문의 성적까지도 읽을 수 있다. 특히 '啓'와 '上疏'의 뒤에는 모두 왕의 '答曰'이 모두 병기되어 있는데, 이것은 당시의 정치상황을 이해할 수 있는 매우 귀중한 기록이다.

먼저 '啓'를 살펴보자.

> 16일 아뢴 내용은 다음과 같다. "李時蕃에 관한 일, 탄핵에 관한 일, 泰績에 관한 일, 聖鐸等 세 사람에 관한 일, 敏益가 지원한 여러 사람에 관한 일, 安東書院의 재건축에 관한 일이었습니다. 새로 아뢴 것은 豊基郡守인 洪曄은 사람 됨됨이가 어리석고 정책이 대부분 사리에 어긋나며 자기 이익만을 도모하고, 또 상관만을 챙겨주어 형벌을 비록 지나치게 사용하지만 위엄과 법령이 시행되지 않습니다. 청렴하지 않다는 헐뜯음과 형세를 뽐낸다는 비방을 남쪽에서 오는 사람 치고 말하지 않는 이가 없습니다." …… 院에서 답을 다음과 같이 내렸다. '윤허하지 않는다. 일 처리는 啓와 같이 하라.'

이 啓에서 보는 것처럼 당시의 政務에 관련된 일들에 대한 의견을 진상하고, 그 뒤에 主上의 答言을 부기하고 있다. 『漫語』에는 啓가 유난히 많은데 이것은 박치문이 言官에 종사한 시간이 많다는 것과 밀접한 관련이 있다. 그리고 그 중 상당 부분은 시행되지 않거나 부분적으로 받아들여진 것들이어서, 본 『漫語』이외의 다른 기록에서 알기 어려운 것들도 적지 않다. 뿐만 아니라 상당히 압축적으로 당시의 여러 사건들을 거론하고 있으니, 당시의 다양한 상황과 사건을 이해하기 위해서도 매우 중요한 참고자료의 역할을 할 것이다. 이런 점은 17일 다시 올린 啓에서 바로 확인할 수 있다.

> 李時蕃에 관한 일을 아뢰자 임금님께서는 "일을 번거롭게 하지 말라"고 하셨다. 탄핵하는 일에 관해서는 임금님께서 "일을 급히 그만두어 번거롭게 하지 말라"고 하셨다. 泰績의 일에 관해서는 임금님께서 "일을 번거롭게 하지 말라"고 하셨다. 聖鐸等 세 사람의 일에 관해서는 임금님께서 "일을 번거롭게 하지 말라"고 하셨다. 敏益이 원조한 여러 사람의 일에 관해서는 임금님께서 "일을 번거롭게 하지 말라"고 하셨다. 安東書院의 재건축에 관한 일에 대해서는 임금님께서 "일을 번거롭게 하지 말라"고 하셨다. 豊基郡守 洪曄을 罷職하여 다시 관직에 임용하지 않는[不叙] 일에 관해 임금님께서 다음과 같이 말씀하셨다. "먼 지방에서 들려오는 풍문을 어찌 모두 믿을 수 있겠는가! 그러나 상관만을 섬긴다는 지목은 忠厚의 뜻이 아니니 만약 정말로 올린 말과 같다면 常例에 의거하여 처리할 수 없다. 담당 부서로 하여금 처리하게 하라."

『漫語』의 기본적 뼈대는 33년 간의 공무기록이다. 이외의 '陳'과 '疏'는 비록 '啓'보다 양이 적지만 비교적 자세하게 박치문의 생각을 서술하고 있다. 그 중 '陳'과 일부 '疏'는 비록 詳略의 차이는 있지만, 그 내용은 '啓'와 대동소이하다. 二卷에서는 詩가 현저하게 줄어들면서 '上疏文'이 늘어나는데, 그 대부분은 辭職疏이다. 당시 박치문은 老母를 모시고 있었는데,[6] 그의 사직은 대부분 老母의 병을 이유로 사직하고자 하였다. 박치문의 오랜 持病 때문에 사직이 될 때까지 올린 수십 번의 사직서에 대해 임금은 "글을 자세히 읽어보았다. 너는 사직하지 말고 어머니의 병을 구호하라(覽書具悉. 爾其勿辭, 救護母病).", "글을 자세히 읽어보았다. 너는 사직하지 말라. 어머니의 병이 좀 차도가 있거든 직무에 충실하라(覽書具悉. 爾其勿辭, 俟母病少間, 察職)." 등등의 답을 내려 주고 여러 번의 휴가를 주면서도, 좀처럼 사직을 윤허하지 않고 있다. 閔百師가 「祭文」에서 "임금님께서도 버리지 않고 公을 가까이 하셨다(聖主不棄在公)."라고 말하고 있는 것이 이를 방증하는 자료라 할 수 있다.

이외에 본래 박치문의 글이 아닌 부분이 있다.[7] 즉 「祭文」·「同庚同朝」·「講戚敦婣」·「同朝連姻」·「師友景慕」·「祭文」·「語錄」이 이것이다. 이 중 「祭文」에는 洪楙·閔百師·洪樂九 세 명의 제문을 함께 수록하고 있는데, 「師友景慕」 뒤에 보이는 「祭文」은 민백사가 쓴 제문의 再錄이다. 이 세 首의 제문은 1757년(丁丑) 1759년(己卯) 1759년(己卯)에 쓰여져 있는데, 이 제문에서는 부족하나마 박치문에 대한 신상 정보와 가계에 대한 약간의 사실을 얻을 수 있다.

「祭文」과 「同庚同朝」의 사이에 '癸亥四月玄風各面木碑銘'이라 쓰여 있고, 그 다음에 善政한 내용과 "온 경내가 따사로운 봄이고, 백리 안은 요순시절이로다. 왜 이리 늦게 오셨나요! 영원히 의지하고 흠모합니다(一境陽春, 百里太古. 來何暮也, 永世托慕)."라는 글 등이 보인다. 1740년(庚申年, 박치문 46세)에 박치문은 玄風 縣監이 되었고, 이 木碑銘은 1743년(癸亥年)에 세워졌으니 이것은 일종의 頌德碑일 것이다. 그러나 각 面에서 쓰여진 두 구절 등만을 기록하고 있고, 끝에 "각 면에서 비석을 세웠고 銘文이 있으나 (銘文은) 기록하지 않는다(面面立碑, 有銘不錄)."라고 되어 있는 것으로 보아, 『漫語』의 뒤에 간략하게 사실만을 기록하고 있음을 알 수 있다.

그 뒤에는 「同庚同朝」·「講戚敦婣」·「同朝連姻」·「師友景慕」가 있는데, 여기에서는 박치문이 당시 조정의 인물들과의 師友관계, 친인척 관계 등을 기록하고 있다. 이 부분은 『漫語』[8]를 가지고 있던 사람이 『漫語』와 박치문을 이해하기 위해 기록해 놓은 것으로 보인다. 현재 박치문에 대한 연구나 자료가 매우 빈약한데, 이는 『漫語』와 박치문을 이해하기 위한 기초자료로도 매우 유익하다.

마지막에 있는 「語錄」은 1749년(己巳) 박치문의 큰아들 漢斗가 자기의 생모에 대한 이야기를 伯父로부터 듣고 기록했던 내용을 다시 1769년(乙丑)에 從子가 옮겨 적어 놓은 것이다. 아

---

6) 후기의 상소문에 의하면 노모의 나이가 박치문 말년에 90이 넘었음을 알 수 있다.

7) 만약 박치문이 집필한 것만을 『漫語』라고 한다면 이 부분은 『漫語』가 아니라고 볼 수 있다. 단, 현재 '漫語'란 표제 아래 함께 묶여 있으므로 함께 다룬다. 즉, 현재의 表題를 중심으로 볼 적에는 한 책의 내용으로 되어 있다.

8) 즉 I 부분.

마도 자기 집안의 일이고 박치문과 관계가 없다고 볼 수 없으므로 『漫語』의 뒤에 부기해 둔 것으로 보인다.

4. 가치

『漫語』는 기본적으로 박치문의 33년 간의 宦海人生을 기록한 작품이다. 박치문은 당시 정치의 중심부에 있었던 인물인데도, 기존의 연구는 거의 없는 실정이다. 본 자료는 조선 후기 정치사, 관료사, 조정풍습 등을 이해하는데 매우 많은 자료를 제공해 줄 수 있을 것이다.

【서대원】

茗山集

成祐曾(1783~1864) 著.

未刊原稿本. 8卷 3冊, 30×20cm.

10行 20字; 上大黑口, 上黑魚尾, 界線, 上下單邊 左右雙邊, 21.0×14.9㎝.

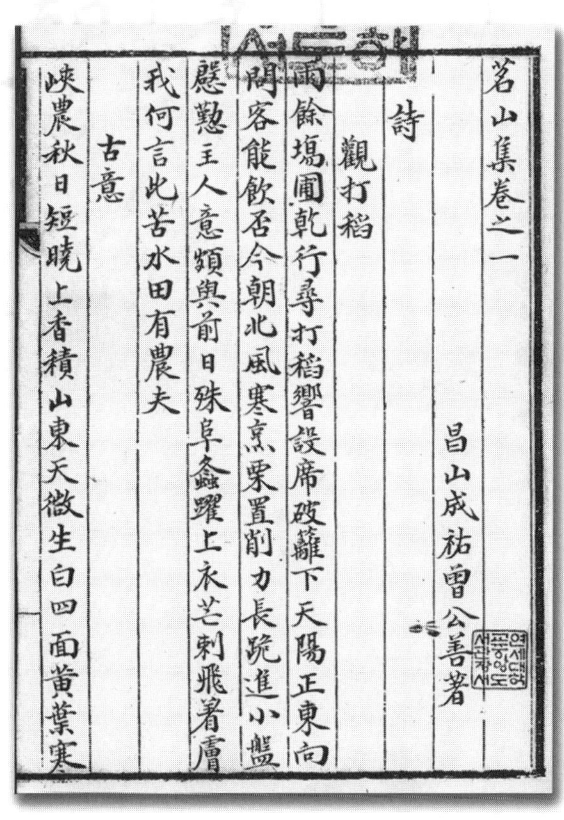

茗山集卷之一

昌山成祐曾公善著

詩

觀打稻

雨餘塲圃乾行尋打稻響設席破籬下天陽正東向
問客能飮否今朝北風寒烹粟置前力長跪進小盤
慇懃主人意頗與前日殊阜螽躍上衣芒刺飛着膚
我何言此苦水田有農夫

古意

峽農秋日短曉上香積山東天徹生白四面黃葉寒

1. 저자

成祐曾(1783~1864)의 本貫은 昌寧, 字는 公善, 號는 茗山이며, 조선 후기의 문신인 青城 成大中(1732~1812)의 손자이며, 成海運의 아들이다.[1] 成祐曾은 1813年(순조 13) 31세 때 進士에 합격하였고, 그 이후 1818年(순조 18) 36세 때 竹磵 鄭晩錫(1780~1834)을 正使로 한 進賀兼冬至謝恩使 행렬에 참가하여 燕京에 다녀오기도 하였다. 그의 6代祖인 成後龍(1621~1671)이 金尙容(1561~1637)의 庶女와 혼인하였기 때문에, 그는 庶孽 출신 文人이다. 그의 가계를 살펴보면 다음과 같다.

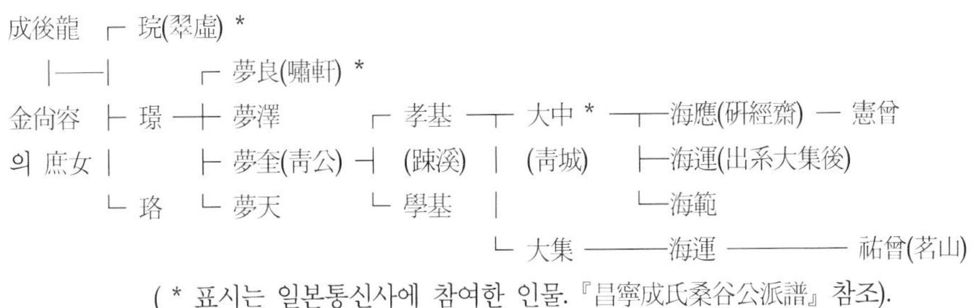

(* 표시는 일본통신사에 참여한 인물.『昌寧成氏桑谷公派譜』참조).

당대 그의 집안에서 명망이 있었던 인물로는 저자의 祖父인 成大中과 伯父인 成海應을 들 수 있다. 우선 그의 조부에 대해 살펴보자. 成大中은 字가 士執이고, 號는 靑城, 醇齋, 東湖이다. 金焌의 門人으로, 英祖, 正祖를 거쳐 純祖代까지 활동하였다. 그는 1753年(영조 29)에 生員이 되고, 1756年에 정시문과에 병과로 급제하였는데, 庶孽이라는 신분적 한계 때문에 순조로운 벼슬길에 오르지 못할 처지였으나, 영조의 탕평책에 편승한 서얼들의 신분상승운동인 庶孽通淸運動에 힘입어 1765年 淸職에 임명되기도 하였다. 그는 1763년에 통신사 趙曮을 수행하여 일본에 다녀왔는데, 이에 대한 기록이 成祐曾의『茗山集』,「自序」에 다음과 같이 쓰여져 있다.

> 靑公의 큰아버지인 翠虛公과 나의 從高祖이신 嘯軒公과 조부인 靑城公은 모두 三世에 걸쳐 엄격히 선발되어 [일본]通信史를 따라 [일본에서] 기예를 견주었는데, 成氏의 문장은 일본에서도 필적할 만한 이가 없었으니, 다만 우리 나라에서만 그런 것이 아니었다.

여기서 靑公은 成祐曾의 4대조인 夢圭(1680~1710)이고, 翠虛公은 玩(1639~1710)이며, 嘯軒

1) 『昌寧成氏桑谷公派譜』(1985)에 따르면, 成祐曾은 1783년 12월 23일에 태어나, 1813년(癸酉年)에 察訪이 되었고, 그 후 壽通政이 되었다가, 1864년 6월 26일에 세상을 떠났다. 慶州 李氏 通德郎 頤漢의 딸과 혼인하였다. 가계도에서 成祐曾이 大集(1742~1770)의 손자로 되어 있는 것은 大集에게 후사가 없어 大中의 둘째 아들인 海運이 大集의 뒤를 잇게 되었기 때문이다.

公은 夢良(1673~1735)이다. 成玩은 1682년에 製述官으로, 成夢良은 1719년에 書記로, 成大中은 1764년에 書記로 각각 일본통신사의 행렬에 참여했는데, 製述官은 文才가 뛰어난 學士로서 문서의 起草 및 일본인과의 筆談唱和를 담당하였고, 書記는 文才가 있는 進士출신에서 선임하여 詩文唱和를 전담하였다. 따라서 성우증의 선조 가운데 문재가 뛰어난 인물이 적지 않았음을 알 수 있다. 이 중에서도 특히 成大中은 正祖에게서 學識과 筆法이 醇正하다는 칭찬을 받을 정도로 재능 있는 사람이었으므로, 成祐曾이 자신의 先代에 대한 자부심이 남달랐음을 알 수 있다.

成大中의 學脈은 老論 性理學派 중 洛論系에 속하였다. 그러나 그는 당대의 時代思想으로 부각된 北學思想에 경도되어, 洪大容·朴趾源·李德懋·柳得恭·朴齊家 등과 交遊하면서 이들에게 스승 金焌에게서 傳受받은 象數學的인 學風과 家學을 傳達하여 北學思想 形成에 一翼을 담당하였다. 成大中의 著書로는 현재 『青城集』 10卷 5冊이 남아 있다. 이 文集은 본래 成大中의 큰아들인 海應이 편찬 · 간행하려고 하였으나 뜻을 이루지 못하고 卒하자, 이에 海應의 큰아들인 憲增이 1840년에 당시 우의정이었던 趙寅永에게 서문을 받고, 趙萬永의 경제적 도움을 받아 간행한 것이다. 자신의 조부의 문집을 간행하는데 경제적인 도움을 준 石涯 趙萬永에 대한 기록이 『茗山集』 속에 몇 首의 詩와 문장을 통해 보이는데, 趙萬永에 대한 成祐曾의 태도가 남달랐음을 볼 수 있다.

당대 成祐曾의 집안에는 祖父인 成大中 외에 또 한사람의 뛰어난 인물이 있었으니, 바로 成祐曾의 伯父인 成海應(1760~1839)이다.[2] 成海應의 字는 龍汝, 號는 研經齋이다. 그는 1783年(정조 7) 진사시에 합격하였고, 1788년 규장각 檢書官으로 임명되었다. 그 뒤 내각에 봉직하면서 李德懋·柳得恭·朴齊家 등의 北學派 인사들과 교유하고, 각종 서적을 광범위하게 섭렵함으로써 학문의 바탕을 이룩하였다. 학문연구의 방법은 淸의 翁方綱과 같은 학자들과 마찬가지로 訓古와 考證을 바탕으로 삼았지만, 煩瑣한 고증은 달가워하지 않았다. 그는 자신의 경학사상에 대해 '漢宋折衷'과 '博文約禮'라는 용어를 많이 사용하였는데, '漢宋折衷'이란 漢學과 宋學의 장점을 모두 수용하여 經學에 임하는 태도를 말하며, '博文約禮'란 漢學의 다양한 지식을 활용하여 충분한 考證을 거친 뒤에 宋學의 義理로 經學의 本旨를 정리하는 것을 말한다. 成祐曾의 自序에서는 伯父인 海應에 대해 다음과 같이 술회하고 있다.

> 伯父 研經齋公께서는 經學에 조예가 깊고 古今을 꿰뚫었으니, 문장은 그 다음이라고 해야 할 것이다.

---

2) 成海應은 1839년에 세상을 떠났는데, 그의 문집인 『研經齋集』은 1840년에 정리된다. 이때 伯父인 成海應의 행장을 조카인 成祐曾이 기록하였다(『研經齋全集』 外集 VI, 「研經齋府君行狀」. 304~305쪽[1982년 旿晟社 영인본]). 『研經齋集』에는 1813년 成祐曾이 진사에 합격하였을 때 成海應이 준 詩가 들어 있는데, 이 때 成海應은 正祖의 사망(1800년) 이후 더 이상 벼슬길에 머무르지 못하고 있을 때였다. 詩의 제목은 「從子祐曾中小科卽先君子回榜之歲也將之榮掃悲感賦此」이다.

근래의 연구에 따르면, 成海應의 학풍을 '漢宋折衷論'이라고 부르는데, 성우증 역시 백부의 이러한 학문적 태도를 공유하는 것으로 보인다. 『명산집』에는 저자의 학문관을 엿볼 수 있는 글이 있는데, 이를 통해 성우증이 당시 주류사상이었던 宋代의 학문 뿐 아니라 漢唐과 明淸의 학문에 이르기까지 광범위하게 관심을 가졌음을 알 수 있다.

> 한스러운 것은 經을 읽음이 아직 원숙해지지 못함입니다. 『永樂大全』이 세상에 외로이 유행하지만, 東儒들은 漢學이 어떠한 것인지를 알지 못하며, 또 明淸 諸儒의 學說이 어떠한 것인지를 알지 못합니다. 대저 經術로서 뒤에 나온 것이 더욱 교묘하지만, 根源을 찾지 않으니 이것이 이른바 근본이 없다는 것입니다. 저는 註疏를 섭렵하고자 하였지만, 시골에 거처하여 볼 도리가 없으니 어찌하겠습니까? (卷六, 「上趙判書雲石書」)

경학에 대한 이러한 입장에 따른 구체적인 언급들이 『茗山集』 곳곳에서 확인된다. 예를 들어, 『詩』, 「小雅 · 靑蠅」의 내용에 대해서 그는 朱熹를 비롯한 宋代 주석가의 주석을 비판적인 입장에서 수용하는 동시에, 이 詩를 지은 저자의 本意에 대해서는 孔穎達의 疏가 그것을 잘 밝혀주고 있기 때문에 詩疏가 廢해져서는 안된다는 점을 역설하고 있다. 그리고 『易』에 대해서 저자는 비교적 긴 글을 남겼는데, 『易』을 연구하는 입장에 대해서 저자는 다음과 같이 말하였다.

> 『역』은 본래 점치던 책이다. 그러므로 배우는 자들은 마땅히 먼저 [朱子의] 『周易本義』를 세밀하고 익숙하게 읽어 내용을 관통하여야 한다. 그런 연후에 程子의 『傳』으로서 대조하여 생각하면, 義理의 學說이 비로소 공허하지 않게 되니, [둘을] 병행하여야 한다. (附錄, 「易說」)

> [『易』을 이해하는 데 있어] 王弼은 "得意忘象"이라고 하였다. 그러나 만약 오로지 象을 버린다면 공허해지는 폐단이 있게 되고, 만약 象에만 얽매인다면 牽强附會의 患이 있을 것이다. 그러므로 『易』을 읽는 데는 [이러한 점을] 잘 보아야 할 것이다. (附錄, 「易說」)

王弼(226~249)은 中國 魏晉시대 義理易의 대표적인 인물로서, 『易』에 대한 그의 주석이 『十三經注疏』에 들어가 있다. 왕필은 卦意, 즉 卦의 義理를 얻는 것을 중시하였다. 그래서 왕필은 卦意 · 卦象 · 卦辭의 관계에 대해, 意를 드러내기 위해 象이 생겼고, 象을 밝히기 위해 말[辭]이 있게 되었으므로, 象을 얻으면 말을 잊고, 意를 얻으면 象을 잊어야 한다고 말하였다. 더 나아가 왕필은 "義理를 얻음은 象을 잊음에 있고, 象을 얻음은 말을 잊음에 있다"[3]고 하였다. 그러나 성우증은 王弼처럼 象을 버려야 한다고 주장하면 해석의 근거가 빈약해지는 폐단이 있을

---

3) 王弼, 『周易略例』, 「明象」. "得意在忘象, 得象在忘言."

수 있고, 또한 象에만 얽매인다면 이치를 억지로 갖다 맞추는 牽强附會의 문제가 발생할 수 있으므로, 象數易[漢代의 경향]과 義理易[宋代의 경향]에서 생길 수 있는 문제점을 분명히 인식할 것을 요구하고 있다. 『易』에 대한 이러한 입장을 분명히 한 후 저자는 程伊川의 『易傳』과 朱熹의 『易本義』를 중심으로 『易』을 연구할 것을 강조한다. 『易』에 대하여 저자가 宋代 義理易의 입장을 취하는 이유는 아마도, 저자에 따르면, 『易』을 해석하는 데 있어 孔子가 義理의 입장을 위주로 삼았다고 보았기 때문일 것이다. 또한 저자가 燕行기간 동안 淸에서 교유한 문인들과도 漢宋의 學問에 대해 논의하였다는 것을 이 문집을 통해 볼 수 있다.

저자의 생애를 엿볼 수 있는 자료가 제한되어있기 때문에 여기서는 문집에 나타난 저자 자신의 말을 통해 그의 생애를 조금 더 살펴보고자 한다. 제8책에 실려있는, 저자가 80세(1862년)에 지은 자신의 壽詩序에 따르면, 저자는 "본래 몸이 마르고, 어려서 질병치레가 많았다(身本淸羸, 少多疾病)"고 한다. 또한 저자는 82세에 세상을 떠났기 때문에 그 당시로는 상당히 장수한 편인데도, 자신의 장수에 대해서 "하늘이 나를 오래 살게 한 것은 복을 주려는 것이 아니다(天之壽吾, 非福之也)"라고 하여, 7, 8년간 병석에 누워 고통스럽게 지낸 자신의 삶이 결코 복된 것만이 아님을 말하고 있다. 그러나 세상을 떠나기 한해 전까지 '茗山書室'에 머물며 줄곧 글을 남긴 것을 볼 때, 저자가 끊임없이 사람들을 만나면서 자신의 학문활동을 전개했음을 미루어 짐작할 수 있다.

2. 구성

『茗山集』은 8권 3책(天・地・人)으로 구성되어 있다. 1책[天]은 1권과 2권으로 구성되어 있으며, 모두 詩이다. 1권, 2권에는 모두 각각 144首의 詩가 실려 있는데, 1권에 수록된 약 40여 편의 詩는 저자가 淸나라 사신 행렬에 참여할 때 기록한 것이다. 저자는 1818년(순조 18) 10월에 竹澗 鄭晩錫을 正使로 한 進賀兼冬至謝恩使 행렬에 참가하여 연행길에 올랐다가, 그 다음해인 1819년 2월에 燕京을 출발하여 漢陽으로 돌아오게 된다. 현재 저자의 다른 저작으로 『茗山燕詩錄 地』가 현존하는데,4) 이를 통해 볼 때 저자가 燕行기간동안 상당량의 詩를 지었다는 점과 『茗山集』에 실려 있는 연행시가 『茗山燕詩錄』가운데서 선별된 것이라는 점을 알 수 있다. 저자는 「自序」가운데서 문집을 내는 의도를 다음과 같이 피력하였다.

---

4) 현존하는 책의 표지가 『茗山燕詩錄 地』라고 되어 있기 때문에, 『명산연시록』은 본래 天, 地, 人의 3책으로 구성되어 있었다고 추정할 수 있다. 이 책은 현재 林基中 編, 『燕行錄全集』 69(동국대학교 출판부, 2001)에 영인본으로 실려 있다. 현존본의 구성은 宮室類 卷之三, 風俗類 卷之四, 留館錄 卷之五의 순서로 되어 있다. 한편 『茗山集』 卷六의 「上鄭尙書書」에 '燕詩錄小序'라는 말이 한 번 나온다.

[나의 글은] 家庭에서 들려지고 上國[中國]에서도 얻어졌으니, 이와 같은 뜻에서라면 [그 중에서] 혹 하나 둘 취할 만한 것이 있을 것이다. 그래서 詩文가운데 볼만한 것이 있는 것은 차마 끝내 손에서 내버리지 못하고 스스로 다듬고 바르게 고쳐 여섯 권으로 만들었으니, 후일의 자손들에게 보이고자 함이다.

여기서 문제되는 것은 저자의 自序에서는 분명히 자신의 문집을 '여섯 권'으로 만들었다고 하였는데, 어째서 현존하는 『茗山集』은 '여덟 권'으로 구성되어 있는가 하는 점이다. 이 점은 『茗山集』의 구성을 마저 설명한 후에 논의하고자 한다.

『茗山集』의 2책[地]은 3권, 4권, 그리고 7권으로 구성되어 있으며, 내용은 모두 詩이다. 3권에는 모두 107首의 詩가 실려 있고, 4권에는 모두 109首의 詩가 실려 있으며, 7권에는 75首의 詩가 실려 있다. 2책의 목록에는 4권에 실려 있는 8首의 詩와 7권에 실려 있는 전체 詩의 제목이 기록되어 있지 않다. 목록에 기록되지 않은 부분은 저자가 6권의 『명산집』을 편찬한 후 다시 덧붙인 것으로 보인다. 7권의 詩 가운데서는 저자가 세상을 떠난 해인 1864년(82세) 正月에 쓴 詩가 보인다.

3책[人]은 5권, 6권, 附錄, 8권으로 구성되어 있다. 5권은 序 7편, 記 12편, 書後 5편, 書事 4편으로 이루어져 있고, 6권은 文 4편, 書 6편, 祭文 9편, 說 5편, 辨 3편, 銘 11편으로 구성되어 있으며, 附錄에는 「龍洞金丈回巹詩序」·「權友應漢壽席詩序」·「易說」·「送玉樊遊燕序」·「獨松館序」의 다섯 편의 글이 실려 있다. 그런데 3책의 目次에는 5, 6권과 附錄 가운데 「易說」까지의 제목만이 기재되어 있고, 「送玉樊遊燕序」·「獨松館序」와 8권에 수록되어 있는 글의 제목은 실려 있지 않다. 8권에는 「讀詩疏」·「茗山易說後敍」를 포함하여 모두 열 세 편의 글이 수록되어 있다.

『명산집』의 목차에 실려 있지 않은 4卷의 8首의 詩, 7卷의 75首의 詩, 그리고 附錄의 「送玉樊遊燕序」·「獨松館序」와 제8권의 글에는 저자의 저술연대를 추정하거나 알 수 있는 글이 몇 편 있다. 이를 통해 보면, 『茗山集』, 「自序」는 저자가 회갑(61세)을 전후해서 작성한 것이며, 그 때의 문집체제는 부록을 포함하여 6권이었다고 볼 수 있다. 그러나 저자는 82세까지 살았기 때문에 이미 만들어진 6권의 문집에 반영되지 않은 詩文을 다시 선별하여 詩는 7권에 수록하고, 文은 8권에 수록하였다고 추정해 볼 수 있다. 이 점은 『명산집』의 구성이, 1권에서 4권까지의 詩에 7권을 덧붙인 점과 5권에서 6권까지의 文에 8권을 덧붙인 점에서 확인할 수 있다. 따라서 현존 『명산집』 8卷3冊은 처음 간행될 때는 6卷3冊의 형태였다가 후에 다시 8卷 3冊의 형태로 증보된 것이라고 볼 수 있다.

『명산집』의 구체적인 목록은 다음과 같다.

卷之一

「觀打稻」·「古意」·「錦襜褕」·「觀畊」·「行路難」·「木抄行」·「哀荷歎」·「所欽行」·「書寄龍華主人鄭秀南」·「田中菊」·「玉泉庵」·「杏洲」·「金水亭」·「洗劍亭」·「憶田園」·「觀步馬」·「菊」·「題寢屛胡獵圖」·「三釜淵」·「春鷰」·「曉望」·「石上松」·「李君仲明喆賢讀書光寺寄詩志感」·「登南山」·「羣盜」·「哀鄭耆諸景彧」·「自京歸宿李友行一彝秀家」·「雲近樓」·「汁醬」·「江村小兒」·「牧童」·「今年」·「行一移芭蕉去遺其扇子」·「子興元侄長元畢讀千字」·「盆梅」·「芭蕉」·「頻婆」·「倭紅」·「梧浦道中」·「經白沙李公墓看花有感」·「憶昔」·「夜警」·「鷄雛」·「正月二十八日卽姪兒長元初度也感懷而作」·「詠稚子」·「歲在癸酉余擧司馬卽王考回榜也」·「金峴塘」·「種蓮」·「觀菜花上蜂蝶」·「奉答三願齋李命高」·「分西施剪絨寄三願齋」·「移西施剪絨誤瓜其皮膚悵悵良久以詩解之」·「自遣」·「天栗」·「十一日夜」·「山居」·「讀晉史有感」·「倭紅錫名日本紅」·「霞陵李璡秀以六足之愆期留一日」·「霞陵來前一日玉㚇舍弟作詩以待之」·「答霞陵」·「秋夕親咏」·「咏三歲稚子次陶靖莭責子韻」·「中秋」·「雨晴」·「步檠字韻」·「戊寅十月陪竹澗鄭公晩錫作燕行入嘉山」·「入定原」·「至宣川聞有椵島感舊而作」·「餽義會堂諸人」·「通遠堡晩發」·「發連山」·「發迎水寺」·「登浮碧樓」·「松京」·「入鳳山」·「龍灣」·「統軍亭」·「痲田」·「連山關」·「遼東城」·「瀋陽」·「五里橋望海」·「和山雲丈吳公翰源時爲副使次姜女廟板上韻」·「山海關」·「射虎石」·「夷齊廟」·「過枯樹店」·「鼇山望薊門」·「滹沱河」·「燕京」·「萬壽山」·「西山」·「桃花洞」·「聚勝堂」·「白塔」·「關帝廟」·「午飯鳳凰店」·「贈陶給事雲汀澍」·「贈陳御史石士用光」·「贈蔣次竹弟」·「詠子午井贈葉東卿志詵」·「贈巫雨池宜禊」·「雨餘」·「上元雜詠」·「十八日往晩稼亭仲明堂號」·「雨後春雪」·「奉呈山石鄭丈五錫」·「細雨」·「次韓昌黎獻楊常侍韻奉呈萊山宋丈玄鼎」·「三月初九日登花峰」·「次陶雲汀村居雜詠韻」·「寄陳侍御」·「寄周菊人達」·「豊年」·「楊根道中」·「遊故將臣徐公有大南洞別業」·「上鄭竹澗相公」·「謁 英陵」·「謁 寧陵」·「酬李行一聽蟬韻」·「念戊寅鄭尙書竹澗公之事有感而作」·「和朴汝修敏懿」·「與同志八九人話于金仲鎬啓灃宅」·「乘昏訪仲鎬」·「江行絶句」·「會飮安峽倅洪德汝義人宅」·「還鄕過李行一舊居悵然而作」·「正月二十日參 景祐宮秖迎班」·「二月二十四日記夢」·「十五日月夜道中」·「三月二十日扈 駕往 毓祥宮」·「江行絶句」·「雨中會洪德汝宅」·「約李友行一出龍山」·「歸後步秋字韻」·「大般」·「夢拜尤菴先生」·「三月初七日大報壇 祭享」·「自遣」·「遊龍山」·「次霞陵韻」·「寄錦海權後仁」·「與徐國序有庠携酒登南山水閣」

卷之二

「雨中聞蟬憶社中諸益」·「屬錦海」·「次李天民懿哲梅花詩」·「朝花」·「月花」·「直中偶憶昔年之作逐次其韻」·「北渚賞花」·「雨後寄李穉簡行一一字」·「陪趙豐恩石涯公萬永拈唐人韻」·「與李友稚澗會於圓嶠筆園」·「與趙寶雪秉龜登彰義門外姜園賞桃花」·「校書淸浪亭」·「稚澗得怪 石於其族人家」·「稚澗得怪石於江邊舁置於花階上」·「七月十八日赴石涯相公之速詠新凉素月」·「庚寅正月初七日會於趙石涯相公宅」·「夜會於權水北涑藕航齋」·「藕航雪中見訪次唐人韻」·「贈李怡文叟」·「和權水北韻」·「藕航齋小會」·「夜會於藕航齋」·「靑霞築桃花流水亭」·「和五江樓韻」·「辛

卯十一月十二日發沙斤之行」·「過南原磚石峙」·「偶吟」·「雲峰八良峙」·「至月二十六日發大邱之行」·「宿勸賓店」·「星州烽峴村」·「宿美溪津」·「曉過早巖坪」·「漫題」·「題數樹亭」·「雙溪樓」·「水芝峰」·「藍溪」·「花長山」·「十二月種樹」·「漫吟」·「步馬」·「百日紅」·「贈咸陽太守趙濟晩」·「卽事」·「十二月二十三日卽余弧辰醉賦一律吳體」·「撥悶」·「正月初三日」·「居昌桃峙亭有邢漂孝子之閭」·「過碧松亭」·「過美溪津」·「過達城」·「星州礡石峴有竹澗鄭相公善政鐵碑」·「過高靈愛溪石拾爲書鎭墨床之具」·「大弧臺」·「和鄭栗里昌俊韻」·「讀易」·「次鄭栗里省墓韻」·「戱作純用古語」·「和栗里韻」·「閱郡誌疊前韻」·「和栗里六十四韻」·「龍遊潭」·「和栗里韻」·「漫興」·「望智異山」·「有感」·「上巳日與鄭栗里梁龜湖德立往遊彌陀菴」·「浚池後引溪遂泛溢喜而誌之」·「雨中無聊戱作五禽言」·「賦鴈字詩」·「苔衣」·「雨絲」·「蛛網」·「蟻陣」·「蜂衙」·「和栗里」·「過安義」·「過茂溪」·「卽景」·「水碓」·「登碧松亭」·「還雙溪」·「數樹亭」·「將往換鵝亭暫憩草谷臥龍亭與栗里拈韻」·「換鵝亭」·「歸自換鵝亭登數樹亭」·「魚苗」·「賦鬪鳥」·「拈韻賦夏雲」·「坐數樹亭見柳花亂飛」·「防洑日拈韻賦古詩」·「與栗里賦綠陰拈龜字」·「感竹谷移竹」·「綠陰以黃雲爲對以彙字對 龜字」·「見飛雉有感」·「荊花」·「蚤起視竹田」·「角抵」·「步韻贈金雲臥文昌」·「菊溪道中」·「遊涵虛亭」·「朴老凞德袖示江字韻以詩謝之」·「涵虛亭故第一首用涵韻」·「鬪蝶」·「簾」·「與栗里龜湖雲臥遊大弧臺」·「栗里歸居昌」·「二十二日發營行過貞木亭見移秧」·「偶吟」·「密陽新修嶺南樓步巡相韻」·「巡相以南樓夜燕爲題拈韻命賦」·「雲臥適至拈韻」·「九月與咸陽倅登學士樓」·「噴雪潭」·「赴廾日選士之試往營門」·「敬次巡相韻」·「自居昌沈流亭板上韻」·「閱鄭圃隱先生集有感」·「安義三洞」·「官齋八詠」·「靈童姑歌」·「薛馬毛行」·「次河渭上散人必著韻作回文」·「聞習騖栗」·「大山夜火」·「雲溪書院」·「又賦大山夜火」·「龜湖入北寺做工臨別拈韻共賦」·「喜雨」·「遊絲」·「陪巡相登換鵝亭次金陵南相公公轍板上韻」·「方丈大源菴」·「次矗石樓板上韻」·「義巖上有論介之祠」·「固城道中」·「統營挽河亭次板上韻」·「閑山島」·「謹次巡相制勝堂揭板韻」·「觀火操」·「依斗軒」·「六宜亭」·「柳希菴光鎭來訪共賦」·「拈韻賦瓢」

卷之三

「四月初八卽巡相生辰五十三官齋會設宴」·「初十日設小會」·「星州望伽倻山」·「宿居昌龍山」·「過桐溪鄭先生蘊龍泉精舍」·「踰馬亭峴」·「入海印洞口」·「海印寺」·「花林洞主人作九曲詩余亦依樣云」·「次舍弟書坨盤松韻」·「晴鳩」·「邑誌花藏山多蘭蕙」·「次林老光澤新居韻」·「芥花」·「防洑日與栗里拈韻」·「賦竹」·「二十八日別舍弟」·「五月初一日賦芍藥花」·「賦榴花」·「消遣」·「端陽日與龜湖坐數樹亭拈韻」·「往營下午憩美溪」·「宿新街店」·「五月十七日聞早蟬」·「次野愚鄭公潛試西學詩」·「聞蟬」·「早螢」·「百日紅」·「中秋念日雲臥來訪拈韻」·「希菴來拈韻」·「賦落葉」·「賦菊」·「追次栗里見寄韻」·「疊枕流亭韻」·「入閑山島阻風翼日始還」·「謹次聾軒盧光復原韻」·「重陽前一日鄭栗里崔君山尙謙來會拈襄字」·「賦松癭枕拈宗字」·「重九日與栗里君山龜湖登蓮花峰」·「步前韻」·「九羅鄭雅訪于山中以竹筒盛酒餉之」·「彌陀菴後有躑躅盛開」·「往北寺」·「次栗里幽居韻」·「與金山倅李錦田綱在遇於南昌旅舍拈甘字」·「次栗里贈梁美叔孝百韻」·「次栗里稻穗直立韻」·「仲秋蟬聲」·「次寒露日大霧韻」·「九異齋九詠」·「次栗里枕屛四疊韻」·

「啄木鳥」·「十二日發居昌之行過農村見穡事告歉發嘆」·「茂村一里許村基全空」·「入搜勝臺夜月甚佳登樂水亭」·「搜勝臺歸路登四樂亭」·「鎭洞巖上松」·「余家在竹谷故欲實其名日用之具皆以竹」·「龜湖以桐硯贐行」·「過安義六十嶺」·「過茂朱望赤裳山城」·「二十四日道中」·「二十五日大風雨」·「秣馬寒泉落」·「渡仙江」·「入淸州」·「過素沙」·「渡廣津」·「十月十七日發還官之行述道中所見」·「過鎭安東金山」·「見山腰有竇」·「過熊峙」·「過篁田約栗里不遇步前韻」·「步襄字前韻」·「次栗里鳳亭獨木橋韻」·「次杜陵嶺大霧作雨韻」·「和雲臥見示韻」·「同雲臥步襄字韻」·「李掌令敏實居棠山有詩要余步韻」·「題崔孝子潑後孫求詩之軸」·「次玉隱齋盧雅在明原韻玉洞盧氏學堂」·「分賑日次居昌倅金麟淳韻」·「次玉隱齋韻」·「盧雅次原韻示羣蒙故余亦畵葫云」·「次杜冲韻」·「王考靑城公達句長軸韻」·「疊玉隱齋原韻」·「拈韻賦春雲」·「疊達句長韻贈栗里」·「又疊長韻」·「大風」·「次玉隱齋寒食韻」·「自遣」·「疊長韻贈勿齋」·「營行道中」·「約會栗里於新店拈韻」·「次李松圃炳一見示韻」·「安義官閣十二景」·「與栗里拈韻歸賦」·「營監賑鄭弁愼養宴來見」·「墨圃示余以賦匏戲次之」·「崔君山適至賦着題詩」·「父子巖」·「次李晩圃震奎韻」·「次李蒼一熈耉見示絶句韻」·「眞營爲落成之宴」·「華山書齋八景」

卷之四

「登換鵝亭」·「栗里來訪其翼日書邀龜湖拈前所未押韻」·「續拈待月韻」·「拈惜花韻」·「拈麥雨韻」·「四月二十日會于咸陽長林」·「過舟城」·「次晋州運籌軒韻」·「在川上」·「自大邱端陽日發行」·「天農齋八詠」·「次酒隱原韻」·「次杞圃金鳴夏原韻」·「聽美人歌拈杜律韻」·「徐生餽魚」·「林君餉笋」·「龜湖贈烏竹」·「鄭梅村先生復顯後孫祐述裒集諸賢詩什」·「次權友思勖韻」·「自嶺入洛至南原登廣寒樓以償詩債」·「戱與兒冀賦着題詩」·「閏月二十六日踈山小會謹次硏經齋公韻」·「閏月二十六日卽本倅沈公興祖壽母生朝也」·「疊陔字韻」·「謹次長字」·「栗里千里相訪倣竹堂拈韻」·「賦金峴塘」·「廣陵崔生遠翼大父年九十加資」·「詠牧舟」·「早起見梨花落」·「志怪土生毛」·「憫旱」·「幽居」·「餐花戱作」·「種菜」·「敬呈石厓趙公壽席」·「憫旱中小雨」·「徐君受膺淳洪聖達孝燮會於楸谷」·「和李穉遠鼎秀韻」·「十月二十九日系子加冠」·「次李晴沙鼎秀號病後暮春作」·「御眞十二月初六日過抱川」·「自四月二十七日雨後歷閏月至六月亢旱」·「六月初一日卽初伏而微雨後風寒」·「奉和龍濬李先生益綺寄示韻」·「九月初三日卽同宗本倅近壽大夫人生朝」·「辛丑元月望日約君受會于楸谷」·「寄浣溪四首」·「寄季七」·「寄君受」·「十七日獨靑公祠宇以長房奉來志感辛丑正月」·「和君受」·「徐兵使相五爲其王考請謚來覓行狀」·「家君晬日作」·「硏經齋公作徐氏家傳感而作二首」·「織席」·「二月二十日雨大有年云」·「憶兆京觀燈戱作玉連環」·「徐丈匡輔號竹雨軒以竹醉日生故也」·「和君受六甲韻」·「和君受」·「發安山楸行」·「渡露梁」·「過龍山」·「六臣墓」·「到安山」·「夢見柳景芝馨秀於踈山集翠樓」·「淸明日發洞陰行」·「贈李穉行光岳」·「贈李穉城禎孝」·「入井項」·「呈龍濬李先」·「龍濬李先自井項出玄谷時雨中送馬」·「次龍濬李先韻」·「過知止窩鄭公時凝」·「箴鷄」·「君受雨中來楸谷相邀躡木屐以往」·「池上花」·「發廣州行」·「至陵谷沈大翼鴻祖家」·「次願永齋原韻」·「五月二十九日大風」·「自警」·「偶閱獘笥有錢一文」·「志感」·「次六月二十九日浣溪君受夫人回甲韻」·「原

韻不合更次別呈一律」·「七月初九日記畢聞」·「九月初一日觀早楓」·「李文叟壽宴韻」·「悼仲子駿升夫婦」·「賀雲石趙相公寅永回甲」·「九月初十日」·「朴楚亭舊第盤松」·「洪敎官吉周撰書林日緯分與文人各賦十日」·「輓李霞陵」·「七月十四日曉」·「夢成七律」·「成永春近壽輓」·「送李穉久敬益之燕」·「黃進士汝建基夏壽宴」·「追憶周衣李先生」·「歎老二首」·「夏日」·「蟬」·「送張雲涉卿端」·「送宋仁根穉安」·「步前韻贈尹致壽一溥」·「自解」

卷之七

「正朝雜咏」·「挽李濟卿楫」·「輓龍洞金丈」·「昔宋吉之父有子十一人」·「排悶」·「挽李文叟在絅」·「次雲石相公板上韻呈帶經齋朴裕汝壽席」·「笑金仲鎬啓灃」·「敬呈龍濬李先回졸宴」·「咏玉棐弟二首」·「尹致壽大人回甲韻二首」·「次原韻」·「乙卯正月晦日」·「二月初一日負暄」·「二月二十日」·「漁樵」·「開門」·「閉門」·「二月二十六日鼎孫新婦禮」·「泬寥」·「長生」·「浪跡」·「初釀」·「野老」·「先天」·「漫吟」·「醉後」·「落花」·「燈夕」·「聞惠仲就吏」·「放榜日雨」·「次李進士公眞敬基壽席韻」·「淵明之淸高尙舞於白衣之送」·「笑李君彬文馨」·「笑李士洛裕夏」·「笑權叔章應漢」·「待送酒」·「酒不至」·「山中」·「弟兄」·「光陵幸行」·「輓龍濬李先生」·「梅」·「菊」·「笑李季七啓陽」·「四大」·「老年」·「雪後」·「笑內從弟振汝李裕麟」·「次長孫冑鉉遊洞陰韻」·「偶吟」·「送舍弟入洞陰二首」·「病中述懷二首」·「感徐君受來訪」·「和兒輩韻」·「和徐參議種栗韻」·「和浣溪韻」·「冬至述懷」·「菊村壽詩」·「次浣溪韻謝送西烟」·「庚申初一日作」·「壬戌正月壽詩」·「癸亥元朝作」·「憶幼玉李公鎣」·「憶穉簡」·「憶季七」·「憶仲鎬」·「憶文叟」·「憶仲明喆賢」·「獨松觀主人李君一有志之士」·「甲子正月上元」·「偶吟」·「夢入夷齊廟」

卷之五

序:「送趙寶雪秉龜使燕序」·「臥龍亭詩後序」·「金雲臥詩序」·「敦齋序」·「宗議序」·「玉棐西遊詩序」·「舍弟公美六十一歲壽序」

記: 「龍谷隱居記」·「竹谷種竹記」·「柳孝子弼成旋閭記」·「喜雨杜記」·「敦學齋記」·「澗溪山亭記」·「華山書室記」·「唐山書室記」·「農隱齋記」·「梧泉齋記」·「築望華臺記」·「澹園書室記」

書後: 「書林公汝芳行狀後」·「書李公兼武齋行狀後」·「書魯錦溪先生認集後」·「書劉禹錫觀博後」·「書竹澗鄭相公諡狀後」

書事:「書故孝子朴公事」·「書舊事」·「書李童子炳顯事」·「書李競秀夫人李氏事」

卷之六

文:「爲抱川儒生請褒孝婦具氏通文」·「爲京畿道士人請褒烈女俞氏狀」·「譴瘧文」·「自嘲文」

書: 「上竹澗公尙書書」·「與陳御史用光書」·「與陶給事澍書」·「上鄭尙書書」·「上豊恩君書」·「上趙判書雲石書」

祭文:「祭伯舅氏通仕郎李公文」·「祭佛頂山神文」·「笑李竹下文」·「祭季弟永曾文」·「祭右議政竹澗鄭公文」·「祭六先生文」·「祭伯父研經齋公文」·「祭僉樞沈公彜鎭文」·「祭從兄榴下公文」

說: 「勤說」·「李聖言字說」·「李君學卿字說」·「養梧說」·「師竹說」

辨: 「易簀辨」·「南山詩註辨」·「斯干辨」

銘: 「晉陽獲印銘」·「牙刀銘」·「竹刀銘」·「竹筆筒銘」·「饌盒銘」·「轎子銘」·「木枕銘」·「面鏡銘」·「酒筒銘」·「數樹亭銘」

附錄

「龍洞金丈回巹詩序」·「權友應漢壽席詩序」·「易說」·「送玉樊遊燕序」·「獨松館序」

卷之八

「霞陵集序」·「書朴孝子行狀後」·「龍瀦李先生益綺八十壽序」·「爲抱川儒生請褒烈婦李氏狀」·「讀詩疏」·「爲金城儒生請褒烈婦朴氏狀」·「李怡雲在絅墓誌銘」·「祭李長水文」·「爲抱川儒生請褒孝子申胤夏狀」·「李翠竹喆賢墓地銘」·「萬年辯」·「壽詩序」·「茗山易說後敍」

3. 내용

여기서는 문집의 전반적인 내용을 소개하고, 특히 저자의 학문관을 알아 볼 수 있는 글에 대해 자세히 논의하고자 한다. 『명산집』의 1책과 2책에 속한 다섯 권은 모두 詩로 구성되어 있다. 여기에는 다양한 내용의 詩가 등장하는데, 詩의 제목을 쓴 뒤 시를 짓게 된 배경을 비교적 자세하게 기록한 내용이 군데군데 있어서 詩를 이해하는데 도움을 준다. 1권에는 저자의 燕行詩 36首가 실려 있어서 漢陽으로부터 燕京에 이르는 길에 보고 듣고 느낀 바를 표현하고 있다. 3권에는 저자가 경상도 일대를 유람하면서 쓴 詩들이 보이고, 『명산집』이 6권으로 편찬된 이후, 새로 추가된 것으로 보이는 7권의 詩는 주로 저자가 만년에 이르러 세상을 떠난 벗을 그리워하는 내용들이 많이 들어 있다.

『명산집』 3책은 모두 文으로 이루어져 있다. 그 중 5권에서 序는 7편인데, 내용은 주로 사신가는 사람에게 당부하는 글, 다른 사람 혹은 亭子에 대한 詩를 읽고 찬탄한 글, 자신의 맏아들에게 집안의 선조들에 대해 얘기해준 글 등으로 이루어져 있다. 이 중 「宗議序」에는 저자의 선조들의 묘소가 위치한 곳, 저자의 형제관계 등에 대해 기록되어 있다. 記는 12편인데, 주로 書齋, 亭子등과 주변 인물의 隱居에 대해 저자가 그 유래를 밝히는 내용으로 이루어져 있다. 이 중 「築望華臺記」는 孝明太子의 죽음을 애도하며 관아의 서쪽에 단을 쌓아 '望華臺'라 이름하고, 사람들로 하여금 효명태자를 잊지 않도록 하였다는 내용을 싣고 있다. 書後는 주로 文集, 行狀, 諡狀 등에 쓴 글로서, 諡狀에 대한 書後에서는 竹澗 鄭晩錫의 행적을 기리고 있다. 4편의 書事는 孝行이 빼어났던 인물인 朴思益에 대한 글, 조부인 成大中과 얽힌 저자의 어린 시절의 기억을 떠올린 글, 童子 李炳顯의 공덕을 찬탄한 글, 李競秀의 夫人인 李氏에 대한 글로 이루어져 있다.

6권에서 4편의 文은 孝婦와 烈女의 덕행을 기리는 글과 저자 자신이 학질에 걸렸을 때 학질을 꾸짖으며 쓴 글, 그리고 「自嘲文」으로 이루어져 있다. 書는 모두 6편이 있는데, 여기에 鄭晩錫에게 보낸 書가 2편 있고, 저자가 燕京에서 교유한 淸의 文人에게 보낸 「與陳御史用光書」·「與陶給事澍書」 등이 있다. 제문은 저자의 외숙, 동생인 永曾, 당시 右議政이었던 鄭晩錫, 백부였던 硏經齋 成海應, 그리고 成海應의 맏아들이면서 저자의 從兄이었던 榴下 憲曾에 대한 제문 등이 수록되어 있는데, 특히 동생인 永曾이 젊은 나이에 어린 자식과 노부모를 두고 세상을 떠난 것을 애통해하는 글에는 저자의 애절한 심정이 묻어나 있다. 제문 가운데 「祭六先生文」은 死六臣에 대한 것이다. 說은 5편이 수록되어 있는데, 「勤說」에는 勤을 중시하는 저자의 입장이 보인다. 여기서 저자는 "해와 달이 운행함에 사람들이 그 勤함을 알지 못하지만 천하가 널리 그것의 光輝를 입고 있는 것처럼, 聖人 君子의 道 역시 이와 같아서, 계속되고 오래갈 수 있는 것은 그 항상됨을 지키기 때문이다(日月之運, 人不見其勤, 而普天下皆被其光輝矣. 聖人君子之道亦如是, 可繼可久, 守其常而已.)"라고 하여 勤에 있어 항상됨[常]을 지킬 것을 강조하고 있다. 「養梧說」·「師竹說」에서는 오동나무와 대나무를 통해 느낀 바를 술회하고 있고, 「李聖言字說」·「李君學卿字說」은 모두 저자가 字를 지어주면서 그 까닭을 설한 글이다. 辨에는 「易簀辨」·「南山詩註辨」·「斯干辨」의 세 편이 있다. 銘에는 11편의 글이 있는데, 그 제목은 다음과 같다: 「晉陽獲印銘」·「牙刀銘」·「竹刀銘」·「竹筆筒銘」·「饌盒銘」·「轎子銘」·「木枕銘」·「面鏡銘」·「酒筒銘」·「數樹亭銘」.

附錄의 「龍谷金丈回巹詩序」는 自侮齋 金公의 回巹(혼인한 지 61째 되던 해)을 맞아 저자가 쓴 詩와 그에 대한 序이고, 「權友應漢壽席詩序」는 權應漢의 回甲에 쓴 詩와 序로서, 이 시는 저자의 조부인 成大中이 지은 詩의 韻을 따라 쓴 것이다.

「易說」은 25면에 걸쳐 쓴 글로 저자가 이해했던 『易』의 성격, 『易』의 유래, 『易』을 이해하는데 필요한 몇 가지 범주와 참고서를 소개하고, 『易』의 64괘 중 31개의 卦에 대해 저자가 이해를 달리하는 부분을 기록하고, 총론으로 마무리짓고 있다. 이에 대해서는 자세하게 살펴보자. 먼저 저자는 『易』이 占치던 책이며, 이를 이해하기 위해서는 朱熹의 『周易本義』와 程伊川의 『易傳』을 병행해서 읽어야 『易』의 義理를 제대로 이해할 수 있다고 말한다. 다음으로 『易』의 유래에 대해서 저자는 다음과 같이 말한다.

> 생각건대 『易』에는 복희씨의 『易』이 있고, 文王의 『易』이 있으며, 周公의 『易』이 있고, 孔子의 『易』이 있는데, 그들의 뜻[致]은 같아도 가리키는 바[所指]가 같지 않다. 복희씨의 때에는 풍습이 순박하고 사람들이 성인에 대해 많이 생각하였기 때문에, 다만 卦畫만 보아도 그 吉凶을 알았다.……후대로 내려와 주공과 문왕에 이르러서는 [『易』의 일종이었던] 連山과 歸藏이

> 이미 많이 散逸되었고, 또 스스로도 憂患을 만나 이에 한 괘의 뜻을 統論하여 彖辭를 지었다. 아는 자일 경우는 보기만 해도 그것의 半을 생각할 수 있었다. 그러나 그 半에 대해서 알지 못하는 사람이 있었으므로, 주공이 직접 蔡叔, 武庚의 亂을 다스리며, 진퇴양난의 어려움을 겪고서 이에 象辭를 지었다.……공자의 때에 이르러 세상은 쇠약해지고 道는 미미해지며 邪說이 가득 차 讖緯와 術數가 모두 『易』에 傳해져 모이니 『易』의 쓰임이 작아졌다. 그래서 부득이하게 十翼으로 이끌어 오로지 義理를 위주로 하였다. 이후로 세상에서 역을 말하는 자가 비로소 의리의 설을 알게 되었다. 정자의 『易傳』은 공자의 遺意이고, 『本義』는 文王과 周公의 遺法이니, 이는 『易』을 잘 읽는 사람이 이것과 저것을 대조하고 생각하여 마음에서 터득함에 달려 있는 것이다. (附錄, 「易說」)

『易』을 이해하기 위해 저자가 내세운 범주는 ①朋類敵, ②應與, ③剛柔, ④陰陽, ⑤大象, ⑥元亨利貞, ⑦乾坤易之門, ⑧君子以인데, 예를 들어 ①朋類敵의 경우는, 朋類와 敵의 개념을 정의하고, 그를 통해 『易』 가운데의 彖辭나 爻辭를 이해하려는 것이다. 개념을 정의하면, 朋·類는 陰과 陰이 함께 하거나 陽과 陽이 함께 하는 경우를 말하고, 敵은 朋·類가 서로 얻지 못하는 경우를 말한다. 저자는 坤卦의 彖辭에서 "西南得朋, 東北喪朋"이라고 한 것을 예로 들어 朋이 同類를 가리킨다고 보았다. 즉, 坤은 純陰卦이므로, 陰의 방위인 西南에서는 朋인 陰을 얻고, 陽의 방위인 東北에서는 朋인 陰을 잃는다는 것이다. 또한 저자는 "復卦에서 '朋來'라고 한 것과 豫卦에서 '朋盍簪'이라고 한 것은, 陽剛의 도움을 얻으면 吉하다는 것이지 爻 중에 또 陽爻가 있어서 그렇게 말한 것은 아니다(復之朋來, 豫之朋盍簪, 謂得陽剛之助則吉也, 非謂爻中又有陽爻也)"라고 하였다. 즉 復卦(☷☳)의 彖辭에서 "벗이 온다(朋來)"고 하고 豫卦(☳☷)의 九四爻辭에서 "벗이 모여 따른다(朋盍簪)"고 하여, 모두 "朋"이라는 글자를 사용한 것은 卦 가운데 다른 陽爻가 朋이 되므로 吉하다고 한 것이 아니라, 陽剛의 도움이 있으면 吉하다는 뜻으로 사용했음을 말하는 것이다.

이 중 하나를 더 살펴보자. ⑧君子以는 『易』에서 君子라는 글자를 사용한 의도에 대해 설명하는 것이다.

> 乾은 하늘의 德이니, 그 德을 논하면 大德이고, 그 지위를 논하면 天子이다. 그런데도 다만 '君子以'라고 칭한 것은 무엇 때문인가? 이것은 孔子의 뜻이다. 사람들이 만약 天道는 高遠하여 미칠 수 없다고 생각한다면 반드시 進德修業에 나태해질 것이므로, 다만 君子라고 칭하여 배우는 자로 하여금 부지런히 나아가게 한 것이 아니겠는가? (附錄, 「易說」)

다음으로 저자는 『易』을 연구하는 데 있어 참조하여야 할 두 책을 소개하는데 그 중 하나가 李光地의 『觀象』으로 이를 伊川의 『易傳』과 병행해야 한다고 말한다. 또 하나는 古註인 王弼의 『易行』을 들고 있으니, 이 역시 一覽하지 않을 수 없다고 하였다.

『易』의 괘에 대해서 저자는 上經에서 15개의 卦를 下經에서 16개의 卦를 들어 설명을 덧붙이고 있는데, 저자가 든 괘는 다음과 같다(괄호 속은 64괘의 순서): 屯(3), 蒙(4), 需(5), 師(7), 小畜(9), 泰(11), 同人(13), 大有(14), 豫(16), 噬嗑(21), 賁(22), 无妄(25), 大畜(26), 大過(28), 離(30), 咸(31), 恒(32), 遯(33), 大壯(34), 睽(38), 蹇(39), 解(40), 損(41), 萃(45), 升(46), 困(47), 井(48), 革(49), 漸(53), 渙(59), 旣濟(63).

이 중 하나만 예를 들어보자. 旣濟卦(☵☲)에 대한 설명에서는 "九四爻에 대한 설명. 『좌전』에서 '濟繻'라고 하였으니, 繻는 불을 끄는 물건이다. 그러므로 繻를 濡라고 하는 것은 부당한 듯 하다(旣濟九四, 左傳曰濟繻. 繻者救火之物, 似不當以繻爲濡也)"[5]고 하였다. 旣濟卦 六四의 爻辭는 "繻有衣袽, 終日戒"인데, 王弼은 이에 대해 "繻宜曰濡"라고 하였고, 程伊川 역시 "繻宜曰濡라고 하였고, 주희도 『본의』에서 이천의 설을 따랐기 때문에, 저자가 『좌전』의 말을 인용하여, 繻는 불을 끄는데 사용하는 것이므로 濡(적시다)의 뜻으로 보는 것은 부당하다고 말한 것이다. 마지막으로 총론에서 저자는 『易』은 살아 있는 글(活文)이므로, 『易』을 하나의 說로 고정시켜서는 안됨을 역설하였다. 이를 통해 보면 저자가 『易』에 대해 유연한 태도를 지녔음을 알 수 있다.

「送玉琹遊燕序」는 燕行에 오르는 이에게 써 준 글로서, 여기서 저자는 30년 자신이 올랐던 연행을 회상하며, 그때 만난 청나라 문인들을 그리워하는 내용을 담고 있다. 「獨松館序」는 저자의 문하에서 공부한 李君一이 "獨松館"이라는 號를 지은 것에 대해 李君一을 소나무에 비유하며 써 준 글이다.

제8권에 수록되어 있는 열 세 편의 글의 내용은 다음과 같다. 「霞陵集序」는 저자와 젊은 시절부터 교유했던 霞陵 李璡秀가 세상을 떠난 후 그의 아들이 저자에게 文集의 序를 부탁하여 이에 쓴 글이고, 「書朴孝子行狀後」는 淮陽의 선비인 朴容夏의 아버지 性度의 孝行에 대한 글이며, 「龍潘李先生益綺八十壽序」는 저자가 71세 되던 해(1853)에 龍潘 李益綺가 자신의 80세를 맞아 壽序를 부탁함에 이에 저자가 李益綺에 대해 평생 보았던 바를 기록한 것이다. 「爲抱川儒生請褒烈婦李氏狀」은 抱川 縣監을 지냈던 徐貞淳의 아들인 相學의 妻 固城 李氏의 지극한 행실을 기록한 글이며, 「爲金城儒生請褒烈婦朴氏狀」은 劉景錫과 그의 부인 寧海 朴氏에 대한 기록이고, 「爲抱川儒生請褒孝子申胤夏狀」은 抱川 선비 申命俊의 高祖인 申胤夏의 孝行을 기리며 쓴 글이다.

「讀詩疏」는 저자의 학문적 태도를 엿볼 수 있는 글로써, 漢宋의 학문 가운데 특히 주희를 중심으로 한 宋學의 義理學적 태도에 경도되어 있던 당시의 학문풍토에 비판적 태도를 취하면서 漢의 훈고학적 풍토에서 이루어진 공영달의 詩疏가 廢해질 수 없다는 점을 말하고 있다. 저자는 『詩經』 「小雅·青蠅」을 읽다가, 시에 대한 朱熹의 註에 의문을 품었는데, 그 의문을 공영달의 소를 통해 깨우치게 됨을 서술하고 있다. 「青蠅」의 본문은 "營營青蠅, 止于樊. 豈弟君子,

5) 旣濟卦의 네 번째 爻는 陰爻이므로 마땅히 "六四"라고 해야 할 것이다.

無信讒言. 營營靑蠅, 止于棘. 讒人罔極, 交亂四國. 營營靑蠅, 止于榛. 讒人罔極, 構我二人"인데, 저자는 주희가 "樊은 藩이고, 棘은 藩을 만드는 것이다"라고 주석을 붙였지만, 본문의 "榛"에 대해서는 아무런 주석이 없는 것을 지적한다. 그리고 이 장에 대한 呂祖謙 등의 주석을 소개하지만, 여전히 의문을 떨쳐 버릴 수 없음을 술회하였다. 그러다가, 공영달의 詩疏를 읽고 난 후 깨달음이 있게 되었고, 이를 통해 「靑蠅」을 지은 사람의 본래 의도를 여실히 보여주고 있는 詩疏를 경시할 수 없음을 말한다. 저자가 이해한 이 시의 본래 의도는 다음과 같다.

> [營營靑蠅, 止于藩에 대해] 공영달의 詩疏에서 '왕래하는 靑蠅을 울타리 바깥에 머물게 하여 궁실 안에 있지 못하게 하려는 것이다'고 하였으니, 이것이 실로 『易』에서 말하는 '소인이 바깥으로 나감'이다. 소인은 바깥에 있게 해야하며 그를 안에서 부려서는 안된다. 안에서 부린다면 그는 끝내 四國을 어지럽힐 것이다……고인이 惡을 싫어하는 마음이 이와 같지만 그 말은 완곡하게 하였다. 古今의 詮解로는 詩를 지은 사람의 本意를 알지 못하므로, 내가 특별히 드러내었다. 따라서 이 하나의 단서만 들어도 詩疏는 廢할 수 없는 것이다.

「李怡雲在絅墓誌銘」은 저자의 벗이었던 李在絅에 대한 墓誌銘이다. 「祭李長水文」은 長水현감을 지낸 李啓陽에 대한 祭文이고, 「李翠竹喆賢墓地銘」은 저자의 從妹夫였던 李喆賢의 墓地銘이다. 「萬年辯」은 저자가 老親의 생일잔치를 맞아 "萬年"이라는 말로 축하드렸는데, 龍濬 李益綺가 "萬年"이라는 말은 신하가 군주에게 축하드릴 때 사용하는 말이기 때문에 그 말을 假借할 수 없다고 한 것에 대해서, 저자가 여러 가지 典據를 들어 그 말을 사용할 수 있음을 보여 李益綺의 인정을 받고 나서 자식에게 그 상고과정을 풀어서 설명해준 것이다. 「壽詩序」는 저자가 80세가 되던 해(1862)에 지은 글로 노년의 서글픔이 드러나 있다.

「茗山易說後敍」는 龍濬 李益綺가 저자의 「易說」에 대해 써 준 敍로서 『茗山集』의 제일 마지막에 있는 글이다. 저자는 李益綺에게 자신의 문집에 대한 敍를 부탁했는데, 李益綺는 그것을 사양하고 다만 저자의 「易說」에 대해서만 敍를 썼다. 여기에는 저자의 학문에 대한 평이 나와 있으므로 그 일부분을 소개하면서 글을 마무리하고자 한다.

> 근세의 유자들은 功令의 業에 힘써 專經의 學을 알지 못하였으니, 비유하자면 근원이 없는 물에 서서 그것이 마르기를 기다리는 것과 같다. 茗山 成子는 어릴때부터 뛰어난 재주로 이미 어린아이 때부터 經史의 심오한 뜻에 통하였고, 九經과 百家의 책을 읽고, 말년에는 오로지 『周易』을 연구하여 침잠반복하기를 40년을 하니, 네 성인의 卦爻彖象의 뜻과 漢宋 諸家가 주석한 말의 맥락을 관통하였다. 이에 「易說」 한 편을 지어 前人이 밝혀놓지 못한 말을 밝혔다. 그가 논한 朋類, 應與, 剛柔의 설은 聖人을 꿰뚫어보고 立言한 예이다. 그가 논변한 卦體, 爻象 同異之辭는 『周易傳義』에서 다 밝히지 못하고 남긴 뜻을 잘 보충하였다. 틈틈이 『詩經』과 『書經』으로 대조하고, 『禮記』와 『爾雅』로서 증명하였으니, 고인의 專經貫通의 오묘함을 오늘날에는 成子

만이 터득하였도다. 그래서 그가 논변한 것은 모두 성인의 경전을 衛護할 수 있고, 배우러 오는 자들을 開悟할 수 있다.…내가 일찍이 보니 그가 지은 시문이 매우 많아 千百으로 헤아렸는데, 그 만년에 이르러 그 초고를 刪去하고 약간의 首를 모아 나에게 그 卷의 서문을 부탁하였다. 나는『易』에 익숙하지 않으며, 또 그의 학문의 정도를 다 아는 것은 아니니다. 그러나, 成子의 用工은『易』에서 가장 깊어 斯學에 큰 이익됨이 있으므로, 詩文에 대해서는 잠시 버려 두고 특히 「易說」을 선양한다. (8卷, 「茗山易說後敍」)

4. 가치

성우증의『명산집』은 대략 다음과 같은 가치를 지닌다고 볼 수 있다. 우선『명산집』에는 연행시가 수록되어 있고, 또한 청나라 관료·학자와의 교류를 확인할 수 있는 글이 수록되어 있으므로, 이 부분은 연행문학의 자료로서 가치를 지닌다. 다음으로 주목할 부분은『周易』과『詩經』에 대한 언급을 통해 본 저자의 학문적 태도이다. 성우증은 경학에 있어, 그의 백부인 성해응과 마찬가지로, 훈고와 고증을 중시하였지만, 동시에 義理적인 측면 역시 중시하였다. 특히 「易說」은 저자의 이러한 학문적 태도와 성과를 잘 보여주는 글이다. 그러므로 經學과 관련해서 볼 때,『명산집』은 조선 후기에 나타났던, 훈고와 의리를 겸하고자 했던 하나의 학문적 경향을 잘 보여주는 문집이라고 할 수 있다.

【박인석】

蒙齋稿

李冕宇(1879～?) 著.

寫本. 4卷 4冊(卷1(1冊) 缺), 25×15cm.

10行 20字; 四周單邊, 界線, 16.7×11.5cm.

印記: 安春根印.

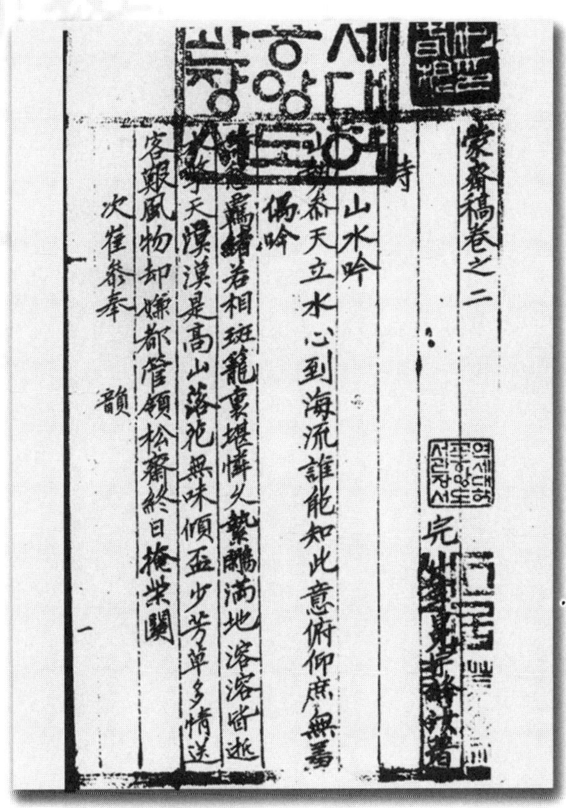

蒙齋稿卷之二

完[illegible]李冕宇[illegible]著

詩

山水吟

[illegible]希天立水心到海流誰能知此意俯仰庶無[illegible]

偶吟

[illegible]若相斑籠裏堪憐久縶[illegible]滿地溶溶皆逝

[illegible]天漠漠是高山落花無味傾盃少芳草多情送

客艱風物却嫌都詹領松齋終日掩柴關

次崔參奉　韻

1. 저자

李冕宇 (1879~ ?)의 本貫은 全州, 號는 秋岡, 字는 繹汝이다. 그의 일생을 소개하면 다음과 같다.

1879년(고종 16, 1세) : 進士 李會來의 아들로 서울에서 태어났다.

1894년(고종 31, 16세) : 관립 일어학교에 입학하여 일본어를 배웠다.

1895년(고종 32, 17세) : 3월 관비 유학생으로 선발되어 일본으로 건너갔다.

1896년(고종 33, 18세) : 7월 경응의숙 보통과를 거치고, 다시 동경법학원(현재 중앙대학의 전신)에 입학하여, 3년 동안 법률학을 공부하였다. 이면우는 재학 시절 秀才로 이름을 날려 일본법률신문에 사진과 함께 소개되기도 하였다.

1899년(고종 36, 21세) : 7월 張燾와 함께 동경법학원을 졸업하였다. 동기생으로는 장도 이외에 유문환, 박만서, 유치형, 조세환 등이 있다. 졸업 이후 귀국하여 1902년 농상공부 임시박람회 사무소 주사로서 관계에 발을 들여놓았다.

1904년(고종 41, 26세) : 한성재판소 검사시보가 되었다.

1905년(고종 42, 27세) : 3월 사립한성법학교가 개교하여, 태명식, 신해영, 유치형, 유문환, 권봉수, 신우선, 홍인표, 홍재기, 석진형, 최항석 등 주로 일본에서 공부한 사람들과 함께 강의를 하였다. 그러나 이 학교는 우수한 교수진에도 불구하고 자금난으로 반년만에 문을 닫고 만다. 같은 해 4월 李冕宇는 평리원 검사로 발령을 받았다. 또 4월에 보성전문학교가 신설되어, 교장은 유학생 감독관을 지낸 申海永(1870~1909)이 맡고, 교감은 조세환이 맡았으며, 강사진은 대부분 일본에서 공부한 사람들이 법률과 경제를 담당하였다. 이면우도 석진형, 장도, 유문환, 신우선, 홍재기, 유치형, 장헌식 등과 함께 법률을 강의하였다. 보성전문학교의 강사직은 1908년 2월까지 계속된다. 같은 해 5월 이준, 홍재기 등과 헌정연구회를 조직하여 흠정헌법의 제정과 입헌군주제의 실시, 국민의 권리를 법률로써 보장하는 원칙 등을 강령으로 내세웠다. 같은 해 7월 법률기초위원회의 위원으로 임명되었다. 1905년 11월에 을사보호조약이 체결되어 온 나라가 비통에 잠기고 정세는 불안정한 상태가 계속된다. 일본은 조선에 대한 통제가 더욱 강화하여 법관양성소도 일본인들이 좌지우지하는 형편이었다. 이러한 가운데 정명섭을 비롯하여 법관양성소 교관 다섯 명은 을사조약을 반대하는 상소를 올리지만, 이들은 곧 통감부의 압력으로 해임되고, 12월에는 이들의 후임으로 일본에서 공부하고 돌아온 이면우, 홍재기, 유동작, 유문환, 윤헌구, 석진형, 나진 등 젊은 인사가 대거 임명되었다. 법부 참서관으로 있던 이면우는 법관양성소 소장을 겸임하게 되었다. 이들은 평균 연령이 29세이며 젊은 열정으로 하루 5시간씩 열심히 교수하였다.

1906년(고종 43, 28세) : 8월에 맏형인 이철우를 관직에 내보내기 위해 사직하고 변호사로 개업하였다. 8월 9일자 『대한매일신보』에 실린 변호사 개업 광고에 의하면, 事務員으로 博士

李肯洙와 박사 조東肅을 두었다. 8월 17일자 광고에서부터는 李肯洙가 李兢洙로 바뀌고 9월 30일자 광고에서는 사무원으로 박사 이긍수 대신 전판사 丁明燮이 들어간다. 그러나 정명섭은 곧 변호사 개업을 한다. 사업을 확장하고 제1출장소를 서울 중서 견평방에 두었는데, 광고에 보면 법관 양성소 교관을 지낸 高翊相과 權赫采가 '출장원 박사'라는 직함을 내세우고 있다. 11월부터 권혁채의 이름이 빠진다. 그는 11월 법부에서 실시한 법관시험에 入格하여 12월에는 함경북도 재판소 검사가 되었다. 晉州의 한 민사사건에서 홍재기와 대결하게 되고, 이것이 곧 장안의 화제가 된다. 이 송사에서 일반적인 예상을 깨고 이면우가 승소[得訟]하고 홍재기가 패소[落科]하여 이 내용이 『만세보』에까지 실리게 된다. 이 사건으로 이면우는 더욱 유명하게 되었다.

1907년(고종 44, 29세) : 봄에 이준 사건이 크게 사회문제가 되자 정명섭과 함께 변호를 맡는 한편, 각종 연설회에도 참여하여 국민의 계몽에 힘썼다. 같은 해 8월말에 변호사들이 법부에 소집되어 회칙을 제정하고 인가신청을 얻어, 9월에 한성변호사회(서울 지방 변화사회의 전신)가 발족하였다. 이면우가 초대 회장으로 선임되었다. 그는 한국 최초의 변호사 회장인 셈이다.[1]

1908년(고종 45, 30세) : 3월 우리나라 최초의 법학, 정치학, 경제학을 공부한 사람들의 학술단체인 법학협회가 창립되고, 여기의 발기인으로서 활약하였다. 같은 해 6월 토론회가 열렸는데 정치부문의 논제는 '國家의 政治는 專制政治가 可乎아 立憲政體가 可乎아'로서 이면우는 이기찬과 함께 전제주의를 주장하였으며, 김상연과 조성구는 입헌주의를 주장하였다.[2] 1908년 6월 다시 한성재판소 검사로 복직하였다가 평리원 판사로 전임되었으며, 8월에는 기호흥학회 평의원을 사직하였다. 도처에서 일본인의 압력과 간섭이 노골화하지 그는 관직생활을 청산하였다.

1909년(고종 46, 31세) : 가을 다시 이종하와 연합법률사무소를 내었다. 이 때 맡은 사건으로 李在明(1890~1910) 義士에 대한 변호가 대표적이다. 이재명은 벨기에 황제 추도식에 참석하는 이완용(1858~1926)을 살해하기 위해 밤장수로 가장하고 이완용을 칼로 찔렀으나 중상을 입혔을 뿐 미수의 사건으로 그치고 만다. 이 사건의 재판 과정에서 이재명은 일본인 변호사의 선임을 거절하고 이면우와 안병찬에게 위임한다. 이면우는 "우국의 충정에서 궐기한 행사이다. 애국지성을 참작하라. 지사는 천하만고에 사형에 처하는 법이 없으니 관대히 처분하라."고 변호하였으나, 1910년 이재명은 결국 사형을 당한다. 같은 해, 융희 변호사법이 제정되어, 모든 변호사가 새로이 등록하고 변호사회도 다시 조직하게 되었는데, 이면우는 회장으로 선출되었다.

1910년(고종 47, 32세) : 한일합방이 되자, 그는 조선총독부가 권유하는 일체의 관직을 버리

---

1) 현재 서울 지방 변호사 협회에서는 초대 회장으로 이면우를 기록하고 있다.

2) 이에 대한 김효전의 평가는 다음과 같다. 당시 입헌군주제는 일본은 물론 중국의 식자층들도 이를 선호하는 시대에 일본 유학까지 마친 이면우가 전제정체를 주장한 것으로 미루어 볼 때, 그는 매우 보수적이었던 사람으로 생각된다. 요즘 식으로 표현하자면 현존하는 법질서나 체제의 옹호만을 주장하는 나머지 민주화와 같은 시대의 커다란 흐름이나 비전 같은 것은 생각지도 못한 것 같다.

고 시종 재야 법조인으로 머물렀다. 한일합방 후 대동법률학교에서 잠시 교편을 잡았으나, 이 학교는 1916년에 폐교되었다. 한일합방 이후 이면우는 친일단체인 일진회의 '유급 촉탁 변호사'가 되기도 하였는데, 바로 사임하였다. 한일합병 이후의 이면우에 대한 활동에 대해서는 이 두 가지 이외에는 알려진 것이 거의 없다.

저서로는 『商法總論』(1907년), 『會社法』(1907년)이 있으며, 논설로는 「學問과 實行과 虛飾의 利害」(친목회 회보 제4호, 1897년 3월, 10면), 「刑法意義의 略論」(제5호, 1897년 9월, 55-58면), 「俱與獨이 成與敗에 根基」(대한구락 제2호, 1907년), 「訟理觀」(법학협회잡지 제1호, 1908년, 26-29면) 등이 있으며 『算術教科書』를 교열하기도 하였다.[3)]

단, 『蒙齋稿』를 보면 그 내용 중에 일본 유학이나 법률에 관한 주제가 전혀 없고, 신교육을 받은 신지식인이란 느낌도 거의 없다. 每卷의 첫 장 卷首題 다음 줄 하단에 '完山李冕宇絳汝著'라고 되어 있으니, 『蒙齋稿』가 李冕宇의 작품임은 분명하다. 그렇다면 『蒙齋稿』가 초대변호사협회 회장인 李冕宇의 작품인지, 아니면 同名異人의 작품인지가 매우 중요한 문제가 된다. 이 점이 본 『蒙齋稿』 연구의 가치 및 기초 조사에서 가장 중요한 초점이 될 것이다.

해제자는 다음과 같은 이유로 『蒙齋稿』가 초대 변호사 회장인 李冕宇의 작품이라 여긴다. 첫째, 연세대 소장본 『蒙齋稿』에 보면 每卷의 내용 첫 장 위에 安春根(1926~1993)의 印記가 있다. 즉 이 작품은 안춘근의 소장본이었음을 알 수 있다. 안춘근에 대해 간략히 살펴보면 다음과 같다.

서지학자 · 출판인으로서 本貫은 順興이다. 號는 南涯이다.

1951년 육군통역장교 중위로 임관, 1954년부터 육군교육총본부 『陸軍教育年鑑』편찬을 담당하였다. 1955년 예편과 함께 乙酉文化社에 입사하였다.

을유문화사에서 기획실장, 주간 등을 역임하면서 을유판 『세계문학전집』 · 『세계사상교양전집』 · 『을유문고』 등을 기획하였다. 1978년 을유문화사를 떠났다. 1979년 그 동안 수집한 장서 1 만권(古書 7000권, 新書 3000권)을 한국정신문화연구원에 기증하였다. 그는 고서수집을 통해 한국 서지학에도 관심을 가져 출판학 뿐만 아니라 서지학 분야에도 여러 저술을 내는 한편, 한

---

3) 이면우에 대해서는 학계에 거의 보고가 되지 않았기 때문에 가능한 범위 안에서 자세하게 다루었다. 기존의 이면우의 생애에 관한 자료를 보면 크게 두 가지이다. 첫째, 최근의 『서울대학교 法科大學百年史』(서울대학교, 법과대학 동창회, 2004년 6월 15일) 77쪽에 대략 반쪽이 조금 넘는 이면우에 대한 소개와 『시민과 변호사』2000년 8월호에 실려있는 김효전의 「이면우의 생애와 저작」이 이것이다. 이 중 「이면우의 생애와 저작」이 이면우에 대해서 가장 자세히 기록하고 있다. 위의 내용은 기본적으로 「이면우의 생애와 저작」을 다시 정리하고 거기에 다른 자료를 통해 얻은 자료를 일부 첨가하였다. 해제자는 이면우의 생애를 알기 위해 김이조 변호사와 김효전 교수와 서울 변호사회 및 법과대학 동창회(『서울대학교 法科大學百年史』는 아직 출간되지 않은 책이다. 해제자에게 그 관련부분을 복사해 제공해 주었다)의 도움으로 그의 생애를 알 수 있었다. 이 자리를 빌어 감사 드린다.

국고서동우회를 만들어 고서 발굴에 기여하였다.[4)]

그리고 『蒙齋稿』卷之二 의 표지 다음 첫장에 보면 '乙酉文化社 原稿用紙'라고 漢字로 쓰여진 원고지에 흘림체로 대략 다음과 같이 쓰여져 있다.

> 蒙齋稿 二,三,四3冊第一卷欠冊
> 大韓帝國官員履歷書481面下端
> 李冕宇 父 進士 會來
> 1904年 漢城裁判所檢事試補

'安春根'의 印記가 있고 乙酉文化社 原稿用紙에 본 문집에 대한 기록이 있는 점으로 보아, 이는 안춘근이 을유문화사 재직 시절 이 책을 求得하고, 이 책에 대한 정보를 記載해 둔 것으로 보인다. 안춘근이 이 책을 구득할 당시, 그가 이 책을 初代辯護士 會長 李冕宇의 작품이라고 여겼음을 알 수 있다. 안춘근은 고문서에 대해 상당한 안목이 있는 사람이다. 우선 그의 안광을 신뢰하는 의미에서 이 문집은 初代辯護士 會長 李冕宇의 작품이라 생각한다.

둘째, 연세대 소장본 『蒙齋稿』의 작자는 初代辯護士 會長 李冕宇가 생존했던 시대와 같은 시기에 생존했던 인물이다. 『蒙齋稿』에는 閔泳煥(1861~1905)의 묘소에서 읊은 시가 있다. 민영환은 1905년 서거했으므로, 이 시는 1905년 이후에 지어진 것으로 보아야 한다. 그리고 적지 않은 조선말기 인물들이 『蒙齋稿』에 등장하는 점으로 미루어 보아 조선말기에서 일제치하의 시대에 살았던 인물임을 알 수 있다. 또한 그의 친구가 일본에 기술을 배우러 가서 성공하지 못하고 돌아온 것을 시로 읊거나, 일본인 시를 次韻[5)]하여 시를 지은 것으로 보아, 일본과의 왕래가 비교적 많은 시절에 살았음도 알 수 있다.

셋째, 『蒙齋稿』에는 「與金檢事李石雲共賦」·「與金檢事永詩李石雲容宰共賦」 및 「次李博士山神堂詩韻」라는 시가 있다. 위의 두 수는 金檢事와 함께 읊은 시이고, 아래 한 수는 李博士의 시를 次韻해서 지은 시이다. 그런데 우리나라에 새로운 사법제도가 시작되어 판사, 검사, 변호사 등이 생긴 역사는 일천하고, 조선말기 혹은 일제 시대의 檢事는 수도 적었고, 일반인들이 그들과 교류하기도 쉽지 않았을 것이다. 여기에서 『蒙齋稿』의 작자는 檢事와 교류하였던 사람임을 알 수 있다.

그리고 이면우의 일대기를 보면 李博士와 함께 변호사를 개업한 적이 있음도 알 수 있다. 위의 기록 중 일부를 다시 살펴보자.

---

4) 위의 내용은 『한국민족문화대백과사전』에서 가져온 것이다.
5) 「次日本人矢土勝之韻」.

1906년 8월에는 맏형인 이철우를 관직에 내보내기 위해 사직하고 변호사 개업을 하였다. 이면우는 8월 9일자 『대한매일신보』에 변호사 개업 광고에 의하하면 事務員으로 博士 李肯洙와 박사 趙東肅을 두었다. 8월 17일자 광고에서부터는 李肯洙가 李兢洙로 바뀌고 9월 30일자 광고에서는 사무원으로 박사 이긍수 대신 전판사 丁明燮이 들어간다. 그러만 정명섭은 곧 변호사를 개업한다.

아마도 위에서 말하는 李博士란 이긍수를 말하는 듯하다. 최소한 『蒙齋稿』의 작자는 博士라는 것이 있는 시대를 살았음을 알 수 있다.

위에서 열거한 이유로 비록 확증은 없지만 『蒙齋稿』의 작자는 初代辯護士 會長 李冕宇라고 판단된다. 『蒙齋稿』의 작자가 初代辯護士 會長 李冕宇라는 전제 아래 본 『蒙齋稿』를 이해하기 위해 다음과 같은 것을 보충해야 할 것이다.

첫째, 이면우는 詩癖이 있는 사람이다. 우선 다음 시를 보자.

「過瀕谷夜爲强盜所逼偶吟一絶」

空堂晝寂少人過	빈집은 대낮에도 고요하고 행인도 드문데,
時有山禽送好歌	때는 바야흐로 산새가 즐겁게 노래 부르고 있었네.
借問緣何巾櫛廢	무슨 일로 두건과 머리 빗이 엉망이 됐냐고 물으면,
綠林風色夜來多	'綠林의 풍색이 밤이 되면 짙어져서 그랬지'라고 해야지.

'綠林風色夜來多'는 글자로만 보면 '숲 그림자가 밤에 더욱 어두워졌다'라고 볼 수 있으나, 실은 여기의 '綠林'은 '綠林黨[즉 산적]'의 중의적인 의미로 쓰인 것이다.[6] 행인도 드물고 빈집만이 있는 瀕谷을 밤에 지나다가 강도를 만나 협박을 당하다가 얻은 시상을 바탕으로 쓰여진 시이다. 이런 급박한 상황하에서도 시상을 떠올리며, 다시 상상하고 싶지도 않은 경험을 시로 읊는다는 것은 作者가 본래 詩癖을 가지고 있어 모든 사물에 대해 詩想을 가지고 관찰하는 사람임을 보여준다. 매사에 詩想이 풍부한 사람이 아니라면, 어찌 이 순간에 시상이 떠오르겠는가? 더욱이 '借問緣何巾櫛廢, 綠林風色夜來多'라는 구절에서는 이 순간에도 시상을 잃지 않는 詩人의 노련함을 느끼게 한다. 이 이외에 「夢得一聯足成一絶」과 같이 하루 종일 고심하다가 꿈속에서 一聯을 얻어 한 수의 시를 완성했다든지, 「萵苣菜」와 같이 상추를 주제로 지은 시 같은 것은 作者가 詩癖을 가진 사람임을 보여준다. 『蒙齋稿』에는 특정한 주제나 소제라기보다는 다양한 소재를 가진 시들이 수록되어 있는데, 이것은 시벽을 가진 작가가 시흥에 의해 그때그때 창작한 시라 보아야 할 것이다.

둘째, 이면우는 老論係 학맥을 가지고 있다. 『蒙齋稿』에는 유학자들과 관련이 있거나 유학자

6) '綠林'이 '綠林黨'의 약칭이라 볼 수도 있으나, '風色夜來多'란 표현으로 볼 때 중의적인 단어를 사용하여 우의적으로 표현했다고 보는 것이 타당할 것이다.

들의 시를 차운한 시가 적지 않다. 예를 들면, 「夢賚亭謹次屛溪先生板上韻」·「題湖洛心性辨後」·「讀尤翁所撰美村碣銘有感述懷」·「謁崔勉庵尙書益鉉丈」·「與新寧權俛窩尙鉉次郭俛宇鍾錫韻共賦」·「夢謁艮翁有感而作」·「敬次栗谷先生山中四景韻」 등이다. 여기에서 보면 西人係 인물들의 출현빈도수가 월등하게 높고, 그들에게 先生, 翁 혹은 謁과 같은 존칭을 사용하고 있음을 볼 수 있다. 즉 이면우가 서인 혹은 노론계 인물임을 알 수 있다. 단 노론은 다시 분화되어 尹屛溪는 湖論의 인물이고, 艮齋는 洛論의 학자이며, 崔勉庵은 간재와 다른 華西 계열의 인물로 艮門과의 사이는 그리 좋지 않았다. 이면우가 이에 크게 개의치 않고 있는 점으로 보아, 그는 門戶意識이 강한 인물은 아닌 것으로 보인다.[7)]

셋째, 이면우는 20대 이후로부터 전문적으로 학문을 하지는 않았으나 『蒙齋稿』를 볼 때, 그는 일생동안 儒學을 尊信했던 것으로 보인다.

이면우는 20대 이후 관직 및 변호사 등 사회생활을 한다. 그러나 그는 최소한 『蒙齋稿』안의 시를 작성하는 동안에는 스스로도 儒者라고 생각했고, 또한 儒者적인 입장에서 처세를 하였던 것으로 보인다.

2. 구성

연세대 소장본 『蒙齋稿』는 3卷 3冊으로 이루어져 있으며, 각 권의 卷首題 아래에 卷之二, 卷之三, 卷之四라고 쓰여져 있어, 卷之一이 빠져있음을 쉽게 알 수 있다. 그리고 卷之四도 끝까지 詩로만 이어져 있고, 跋文 등 문집이 끝나는 표시가 없어 본 문집이 본래 4卷 4冊으로 이루어져 있었는지도 확인할 수 없다. 다만 安春根의 기록으로 보이는 글 중 '蒙齋稿 二,三,四3冊第一卷欠冊'라는 말이 있어 본래 4卷 4冊으로 되었던 문집이 아닌가 하고 추정해 볼 수 있을 따름이다.

현재 序跋文 등이 없고, 또한 다른 자료도 없어, 『蒙齋稿』가 어떤 시기에 어떤 원칙에 의하여 편찬된 것인지를 알 수 없다. 단 『蒙齋稿』안에 자기의 만년을 이야기하고 있는 점으로 보아 晩年에 편찬된 것임을 알 수 있다. 그리고 필적으로 보아 한 사람의 필적인 듯한데 대부분 단정한 정서체로 되어 있지만 부분적으로 흘림체가 섞여 있는 것으로 보아 일시에 편찬된 것이 아니라고 생각된다. 그리고 많은 부분 字號나 官名 밑에 空格이 있다. 예를 들면 「山陰李五衛將 九晬席韻」 같은 경우인데 이런 것은 본래 그 이름을 후에 보충해 넣기 위해 비워둔 것으로 보인다. 『蒙齋稿』는 아직 完稿가 아닐 가능성이 있다.

각 권의 처음에 '詩'라고 표시를 하고,[8)] 그 이후부터는 詩들이 나열되어 있다. 다만 그 나열

7) 추론하자면, 이면우는 洛論 계열로서 田艮齋를 매우 흠모하는 듯하다. 이와 관련된 내용은 뒤에 보인다.
8) 卷之一은 詩인지, 散文인지 알 수 없다.

이 무엇을 근거로 한 것인지는 알 수 없다. 형식을 중심으로 보자면 모든 형식의 시들이 섞여 있고, 시간적 나열로 보기에도 어려움이 있다. 왜냐하면 부분적으로는 시간적인 나열처럼 보이는 곳도 있지만, 노년기에 지어졌다고 보이는 시들이 여기저기 흩어져 있는 것으로 보아, 시간적 순서에 따른 것으로 볼 수도 없다.

그 구체적인 『蒙齋稿』의 구성은 다음과 같다.

蒙齋稿卷之二

詩

「山水吟」·「偶吟」·「次崔參奉 韻」·「柳絮」·「紅躑躅花」·「小市」·「贈廱寺釋徒」·「次金令炳勳倉村詩會韻與趙友元弼共賦」·「子規」·「挽隣女」·「與元弼共賦」·「逢豊基崔雅點韻共賦」·「次崔雅點」·「次倉村李判尹容益家詩會韻」·「晨起偶吟」·「午拈聯句各步其韻與諸益共賦」·「又次前韻」·「次主人壁上韻」·「次倉村李兵使容復家詩會韻」·「次崔松厓亨遠韻」·「次李參判容觀家詩會韻」·「次崔愚山韻」·「又次前韻」·「秋千詞」·「春詞十絶」·「長生十絶」·「次白橋李兵使容觀家詩會韻」·「次趙侍郎東萬餞別韻」·「觀漲」·「雨後郊行」·「次吳上舍碩根聖元韻」·「夜與諸益共賦」·「謹次丈室遺稿韻」·「其二」·「其三」·「其四」·「次黃戚文秀穆如葡萄韻」·「趙友永鳳朝自京來訪故戲贈一律」·「次趙晴簑雲植韻」·「與諸益共賦」·「次四家詩六言韻」·「與李笆谷善相李眉山相趙庚山秉黔韓肯石百元韓紫巖興澤金戚聖集聖百韓韓童季得共賦聯句」·「次矗石樓題詠韻」·「謾吟六言」·「小鬢」·「與庚山眉山笆谷共賦聯句肯石華耕趙上舍麟元追至同韻」·「次庚山韻」·「農夫」·「次唐詩韻」·「其二」·「夜與黃戚又石文秀庚山眉山共吟」·「次杜律韻」·「與庚山共賦」·「次庚山韻」·「其二」·「其三」·「其四」·「其五」·「復次庚韻」·「苦雨」·「夢」·「夜得遲字」·「次趙戚聖大韻」·「白橋歸路又次前韻」·「與眉山共賦」·「哭韓友雲瑞」·「其二」·「其三」·「夜半聞雷雨有感」·「洗硯日與庚山共賦」·「栗峴道中」·「其二」·「次杜翁秋興八首韻」·「其二」·「其三」·「其四」·「其五」·「其六」·「其七」·「其八」·「偶吟」·「又疊杜翁韻」·「次白兼山樂倫咏螢韻」·「次成進士壽永洗硯韻」·「金戚益三宅看棋歸路次漁父詞韻」·「雁來紅」·「與眉山賦鏡」·「洪學館瑢觀明老大人晬席韻」·「夜與菊史李敏寧隴春李敎寧眉山庚山共賦」·「其二」·「又次前韻」·「次孟紫華仁遠丈韻贈李進士善長」·「與李友善長共賦」·「讀道德經」·「李主事冕九丈挽」·「韓友聖謙付書遠問兼寄眼鏡以詩答之」·「病臥偶吟」·「過秀山故居」·「贈南友舜弼圭元」·「李丈敬之晬席韻」·「次韓友聖克韻」·「次趙戚聖大川獵韻」·「次安山姜上舍一永丈韻與舜弼共賦」·「復次安山韻贈舜弼」·「其二」·「其三」·「其四」·「其五」·「其六」·「其七」·「其八」·「其九」·「其十」·「稚女」·「次安山復韻贈舜弼」·「其二」·「其三」·「其四」·「其五」·「其六」·「其七」·「其八」·「其九」·「其十」·「銅川族人寧海起俊家逢海州族人泰儀以詩見贈故仍步其韻」·「渡熊津」·「濯足」·「賀宋丈鍾烈生孫」·「挽宗人仲安父母俱沒」·「採葛」·「久旱」·「喜雨」·「偶吟」·「甘雨」·「復贈舜弼」·「新豊再移」·「李友禹鼎宅夜飮」·「送具養吾然浩還鄕」·「和贈舜弼」·「其二」·「題李玄庵重九精舍」·「重陽」·「山村卽事」·「贈朗村金雅」·「重陽後偶吟」·「秋夜」·「田家秋日」·「隣家」·「懶婦」·「田家行」·「狗兒」·「次松庵新村韻」·「賀玄庵生子」·「李五衛晬筵韻」·「與玄庵共

賦」·「玄庵宅第一會」·「長歌行贈別舜弼」·「次贈舜弼」·「送宋丈鍾烈之安眠島」·「尹成汝泰震同門友也丙申春往日本學技不成因婦還鄕課兒遣日故戱贈絶句」·「其二」·「其三」·「其四」·「其五」·「其六」·「戊戌春爲修譜單往沃川立石與全應七國杓共賦」·「其二」·「戊戌三月一日卽我叔父晬辰也適在沃川未參慶筵故聊述長篇以表忠曲」·「生女偶吟」·「次陶詩貴子韻作責女歌」·「尹友景國相瑛自扶餘來訪因與洞中諸益飯稻羹鰲飮酒賦詩竟日而歸」·「其二」·「其三」·「夜會佳壯洞」·「過宋祭酒秉璇所居」·「戊戌閏三月初吉與李友禹鼎作扶餘行沿路所得歸而錄之」·「松峴道中」·「稚城市」·「直峴」·「春恨」·「夢賚亭謹次屛溪先生板上韻」·「場巖金友士珎家與諸益共賦次杜翁韻」·「金氏茅亭」·「淸風亭」·「水北亭」·「李友敬寬敎憲家夜吟」·「落火巖」·「皐蘭寺謹差石壁板上韻」·「復次板上韻」·「釣龍臺」·「大哉閣」·「自溫臺」·「天政臺」·「三忠祠」·「大王浦」·「半月城」·「尉尹五衛伯勝喪耦」·「其二」·「夜與庚山玄庵共賦」·「其二」·「東山李丈根中以鄕飮酒禮詩示余要和故仍題其末」·「尹友景國慈闈壽席韻」·「防築竹下從叔宅次斗漢趙寅全集韻與小松從叔共賦」·「其二」·「其三」·「往保寧益郎與具君然浩共賦」·「貧家婦」·「與舜弼共賦」·「次唐詩十韻與舜弼聖克共賦」·「其二」·「其三」·「其四」·「其五」·「其六」·「其七」·「其八」·「其九」·「其十」·「復拈唐詩韻贈舜弼」·「其二」·「其三」·「其四」·「防築滿雨」·「其二」·「其三」·「其四」·「其五」·「其六」·「其七」·「其八」·「其九」·「其十」·「其十一」·「其十二」·「其十三」·「恩山」·「咸悅帝石贈金進士」·「上瓦贈兪進士寅植」·「大王浦贈閔進士泳」·「田家卽事」·「舜弼以一壺酒見請醉後口號」·「溪上與舜弼共吟」·「次安氏挹杏亭韻代再從兄作」·「謹呈從叔會容晬席」·「禹鼎宅第一會」·「致道宅第二會」·「其二」·「其三」·「蒙齋第三會」·「其二」·「成始興載健晬席」·「贈李斯文」·「華巖李友宅與朴丈洪友觀共賦」·「其二」·「其三」·「其四」·「與崔上舍榮國共吟」·「汲婦」·「閨怨」·「其二」·「其三」·「贈敬堂尹斯文澮榮」·「其二」·「代人作」·「其二」·「其三」·「夢得一聯足成一絶」·「贈僧」·「從叔主進甲」·「其二」·「其三」·「其四」·「早花被霜戱題一絶」·「咏麥」·「壺中花」·「山村卽事」·「其二」·「喜雨」·「與徐泛山　共賦」·「偶吟」·「代人作」·「賖芝圃」·「過菊進士舊居」·「武城道中」·「樓山」·「樓山八景」·「萵苣菜」·「春怨」·「上露石李尙書容元」·「送尹澮榮讀書峩嵋山中」·「贈鄭世賢顯澤」·「其二」·「過瀨谷夜爲强盜所逼偶吟一絶」·「簡瓊堂李君」·「其二」·「山陰趙氏林亭」·「趙厚昌瑋顯壽席韻」·「其二」·「其三」·「其四」·「其五」·「秋興」·「次石梧尹公詩集韻」·「其二」·「回文」·「連環詩」·「鄭都事歌」·「鴻山道中」·「次綠東集韻」·「其二」·「山家集咏」·「遊仙詞」·「其二」·「其三」·「其四」·「其五」·「其六」·「其七」·「其八」·「其九」·「其十」·「鄭友世賢阻餘來訪次韻共賦」·「其二」·「其三」·「其四」·「其五」·「戒雜技」·「次綠泉集二十八宿韻」·「其二」·「其三」·「其四」·「其五」·「其六」·「其七」·「其八」·「其九」·「其十」·「其十一」·「其十二」·「其十三」·「其十四」·「其十五」·「其十六」·「其十七」·「其十八」·「其十九」·「其二十」·「其二十一」·「其二十二」·「其二十三」·「其二十四」·「其二十五」·「其二十六」·「其二十七」·「其二十八」·「秋夕前一日戱題」·「與松庵東樵共賦」·「秋雨乍晴星月皎然」·「曉枕」·「九日」·「曲峴道中」·「贈金生永韻」·「與趙雅共賦」·「戱贈一絶」·「替成公世一祀日與小軒從叔會晩共賦」·「其二」·「其三」·「其四」·「龍巖四從叔會明宅夜吟」·「其二」·「別金浦金宗祐」·「贈族弟景憲」·「哭再從兄

競宇」·「贈徐甥相奎」·「偶次前韻」·「哭某友」·「贈崔生東益」·「與成丈夏東共賦」·「賦雪效八音倒韻體」·「訪斗亭崔敬哉不遇」·「效紫陽十二支體自歎」·「題金保卿碩泰幽居」·「閨怨」·「其二」·「嘲人」·「次文生鍾韻」·「其二」·「次薛逢韻」·「次康節韻」·「曉枕」

蒙齋稿卷之三

詩

「雪夢李公南九挽」·「夜集」·「賦雪次王陽明韻」·「歎世」·「復次王陽明韻」·「杜陵道中」·「立春日題藥山金友德明思勳壁上庚子」·「上元翌日夜會」·「龍崗夜集」·「其二」·「過悳橋贈主人」·「戲贈過客」·「觀鷹獵」·「次前人新寓韻題松巖壁上」·「贈黃信熙」·「菽菜」·「上西樓」·「其二」·「點絳唇」·「長想思」·「浣紗女」·「朝中措」·「太常引」·「淸平樂」·「贈鄭生員燠序」·「田歌子田家」·「踏莎行」·「望海潮」·「採薇行」·「漢宮春四月八日」·「怨婦詞」·「滿庭芳」·「贈金鳳濟」·「夢後偶吟」·「觀漚紵」·「次凝齋稿中韻」·「隣居李丈鍾晬筵韻」·「贈文同知」·「復次前韻簡舜弼」·「墨峙道中」·「謹呈南友巢蓮大夫人壽席」·「題湖洛心性辨後」·「讀尤翁所撰美村碣銘有感述懷」·「與安東金雅共賦」·「其二」·「其三」·「次王介甫賦扇韻」·「偶題」·「贈金鳳濟」·「謾吟贈舜弼要和」·「賦蚤次鍾山韻」·「長谷道中」·「保寧崔氏家旅閭韻」·「郊行」·「曉臥」·「追賀趙判書鍾弼晬席」·「與宗人殷照共賦」·「其二」·「扶餘新基亭夜宿辛丑」·「題金溝龍湖張氏壁上」·「其二」·「讀紀年便攷」·「謁崔勉庵尚書益鉉丈」·「銅川道中」·「稺奴」·「水輪春」·「青陽道中」·「贈金普圭」·「與金鳳濟共賦」·「老嫗」·「再從兄柄宇挽詞」·「其二」·「其三」·「其四」·「其五」·「鵂巖觀魚」·「謹次尹咸平令公韻」·「其二」·「其三」·「與尹主事奎榮共賦」·「其二」·「其三」·「其四」·「其五」·「其六」·「其七」·「其八」·「其九」·「其十」·「其十一」·「其十二」·「其十三」·「其十四」·「其十五」·「其十六」·「其十七」·「其十八」·「夜行」·「失眼鏡」·「贈尹丈汝民在仁」·「贈族人法賢儀」·「讀大明律」·「自鳴樂」·「鵂鸝鍾」·「手帒」·「雨後燕」·「小鬟」·「次綠泉集韻」·「其二」·「餞春」·「其二」·「醉猪」·「與報恩李友根植共賦」·「贈尹成九泰範」·「曉起」·「老將」·「老儒」·「老僧」·「老醫」·「老妓」·「老妾」·「老吏」·「老奴」·「老卒」·「老馬」·「與松亭宗人聖表光烈共賦」·「其二」·「其三」·「其四」·「次放翁初夏詩韻」·「其二」·「其三」·「偶吟」·「與族弟景憲文宇次馮北海韻」·「其二」·「其三」·「其四」·「翟尾帚」·「又次馮北海韻」·「夏夜」·「次杜光庭韻」·「長明燈」·「太極」·「天」·「日」·「月」·「星」·「風」·「雲」·「霾」·「雷」·「虹」·「霜」·「露」·「雪」·「雹」·「氷」·「硯西李氏宅贈崔友」·「雨」·「禱雨」·「旱」·「蝗」·「荒歲」·「春」·「正月」·「立春」·「元日」·「人日」·「上元」·「二月」·「社」·「採金」·「其二」·「其三」·「其四」·「桔槔」·「沐浴」·「川獵」·「訪人不遇」·「林亭卽事」·「浪吟」·「送族弟景憲省親」·「晩起」·「久旱」·「自寬」·「三月」·「上巳」·「寒食」·「鞦韆」·「淸明」·「夏」·「四月」·「五月」·「端午」·「鏡渡」·「六月」·「休」·「秋」·「七月」·「立秋」·「七夕」·「中元」·「八月」·「中秋」·「中秋無月」·「九月」·「重陽」·「冬」·「十月」·「十一月」·「冬至」·「十二月」·「憫旱」·「武城倅祈雨不得故試以嘲之」·「其二」·「鏶白」·「濟民搆亂遣師還棲聞而志喜」·「陰靄」·「環山」·「夕鳥投宿」·「小梧」·「驅儺」·「臘」·「除夕」·「閏」·「陰陽避忌」·「地」·「泰山」·「華

山」·「嵩山」·「衡山」·「常山」·「喜雨」·「衆山」·「石」·「五月二十八日與尹洗馬丙求金雅士碩泰步上普光庵得長篇四十韻」·「還山」·「假山」·「海」·「潮」·「江」·「淮」·「卽事」·「曉起」·「河」·「濟」·「聞湖南人申錫圭託以佯狂能說未來故戱以賦之」·「其二」·「夏日」·「靄」·「謝人饋丸藥」·「謹以竹山朴氏五忠傳韻」·「又次朴氏遺衣閣韻」·「贈李友根植」·「其二」·「其三」·「其四」·「其五」·「其六」·「其七」·「洛」·「渭」·「涇」·「漢」·「洒」·「林亭卽事」·「夜坐」·「湖」·「衆水」·「風濤之險」·「泉」·「瀑布」·「湯泉」·「與姜雅仁永共賦」·「其二」·「其三」·「陂渠」·「與柳生員光鎭共賦」·「又次杜翁韻」·「又次方千春日韻」·「曉起」·「夜坐」·「龜洞夜宿」·「與新寧權俛窩尙鉉次郭俛宇鍾錫韻共賦」·「其二」·「其三」·「其四」·「其五」·「又次杜翁韻與俛窩共賦」·「銅津道中」·「其二」·「立義洞歸路與宗人進士貞宰共賦」·「其二」·「其三」·「其四」·「其五」·「又與俛窩次杜翁韻」·「又與俛窩共賦」·「次宗人進士貞宰韻」·「過柳相國寬舊閭」·「米人家」·「贈張朱愚珣遠」·「苦蝎」·「又與俛窩共賦」·「復贈俛窩」·「復與俛窩共賦」·「針母家」·「復與俛窩共賦」·「其二」·「安南米」·「夢謁艮翁有感而作」·「贈俛窩」·「其二」·「其三」·「其四」·「主令公生朝與俛窩共賦」·「其二」·「其三」·「與晉州金鳳驥共賦」·「其二」·「其三」·「其四」·「敬次栗谷先生山中四景韻」·「次權主事洧采韻」·「過李氏旌門」·「重陽日與權俛窩共賦」·「養子」·「送家姪歸鄕」·「因賦一律」·「電車」·「黃鶴亭觀射」·「武館學徒」·「贈尹友宰善」·「夜臥」·「其二」·「其三」·「其四」·「夜遊貞陵」·「次晦庵鵝湖韻贈俛窩」·「其二」·「思鄕」·「謾題」·「其二」·「呈石下令公」·「謾題」·「次忠州彈琴臺韻」·「偶題」·「其二」·「其三」·「其四」·「其五」·「送尹宰善老賢還鄕」·「其二」·「其三」·「聞車聲有感」·「挽人」·「廊女」·「其二」·「其三」·「次劉長卿韻與溫陽尹友鑪求共賦」·「呈尹令宗求」·「與金檢事永詩李石雲容宰共賦」·「思鄕」·「其二」·「贈韓友百元」·「其二」·「送沈承宣遠彬往祭翼陵」·「其二」·「其三」·「主兒兄弟因感不健詩以戱之」·「挽李侍從墩鎔」·「其二」·「與尹鑪求共賦」·「其二」·「路見孕婦背負一兒戱以賦之」·「戱贈主兒」·「落葉」·「病臥」·「敎我」·「尹參判泰興晬席韻」·「與族兄花史朴參奉共賦」·「次唐詩韻」·「宋韓興澤還鄕」·「次杜律城西陂韻」·「電車」·「火輪車」·「自行車」·「妓」·「掌甲」·「簇其」·「送尹尙求之大興」·「金上舍善圭宅夜集」·「其二」·「其三」·「至日」·「贈李學官源應」·「贈崔生」·「聞餓莩有感」·「次楓皐集韻」·「其二」·「贈族姪豊儀」·「次族人議官勉宰原韻」·「族人勉宰大人加資以詩賀之」·「奪燈」·「次江漢集韻贈宗人」·「與金檢事李石雲共賦」·「敬次旅軒張先生韻」·「與尹友鑪求共賦」·「挽永平君」·「梅洞李尙書宅」·「與宗人光烈李容宰尹鑪求共賦」·「其二」·「其三」·「賀人晬席」·「與尹友鑪求共賦」·「贈韓山族人起」·「夜與宗人光烈尹鑪求共賦」·「其二」·「與金主事商百宗人光烈尹鑪求金普圭共登南山」·「龍巖卽事」·「其二」·「其三」·「其四」·「其五」·「其六」·「其七」·「其八」·「其九」

蒙齋稿卷之四

詩

「弘陵道中」·「二月八日卽千秋慶節也夜與族人完城君鳳儀族任主事弘儀李進士基祥觀燈而歸」·

「夜與瓊山肯梧共吟」·「送李生歸大興」·「次黃愼村韻與李進士基祥共賦」·「其二」·「送尹求之溫陽」·「十五日與趙宅奎崔廷洪任金主事弘善共登南麓各占一律」·「謹次族兄參判勝宇韻」·「社洞金侍郎石陵炳吉宅與金丈錦樵淳宗人光烈賦餞春韻」·「其二」·「其三」·「與錦樵石陵瓊往山弼雲臺共賦二律」·「其二」·「送人之安東」·「其二」·「其三」·「中夜」·「尹友章五告別還鄉以詩挽之」·「其二」·「送孟友容淳歸覲其大人晬席」·「其二」·「與仁同宋柱哲共吟」·「其二」·「落葉方壹宗人進士起綷要余求和故戲次原韻」·「其二」·「其三」·「其四」·「梅花」·「其二」·「贈沈承宣相俊次保晩齋集中韻」·「權贊政在衡宅梅花韻」·「與淸州金泰共賦」·「海燕詞」·「次晩松李貞珪烟竹韻」·「宗人瓊山光烈李鳳陰鍾麟來訪共賦」·「其二」·「其三」·「其四」·「其五」·「松峴夜集」·「呈錦樵族人儀」·「李主事慈闈晬席韻代人作」·「苦蝎」·「壽筵韻代人作」·「其二」·「其三」·「其四」·「白參奉大衡家夜集」·「與李主事晩植孟容淳共吟」·「鰲山歸路與族兄洪宇共吟」·「上京之路復由鰲山與族兄洪宇共吟」·「白參奉大衡家夜集」·「其二」·「金五衛將壽筵韻」·「過金谷」·「雲龍亭小集」·「送韓敎員之金城學校」·「臥病」·「六谷與從叔會晩朴友登魯共吟」·「其二」·「靑陽道中與洪生員大執共吟」·「沔川邑宋主事宅夜飮」·「其二」·「其三」·「閔忠貞公泳煥血竹歌」·「其二」·「其三」·「次日本人矢土勝之韻」·「次松都金濟弼韻」·「山陰李五衛將九晬席韻」·「小洞曺獻承晬席韻」·「其二」·「其三」·「其四」·「南山卽事」·「田家」·「其二」·「剃髮」·「午眠」·「寄辛商唫社」·「與蔡小隱　共賦」·「與崔學淵卜榮采尹大永共吟」·「其二」·「與卜榮采崔濬星李璇圭共吟」·「其二」·「懷安之亭往居」·「與韓柳甲秀卜榮采登白月山惠庵」·「與卜榮采約伴相失作此述懷」·「秋興回文」·「其二」·「與卜榮采崔學淵崔濬星共賦」·「秋旱」·「卜榮采新得佳配詩以戲之」·「卽事回文」·「淸人六蝶詩韻」·「烈婦宋氏挽」·「其二」·「其三」·「其四」·「文藝社山居卽事韻」·「讀癸丑集」·「鷄聲茅店月」·「巴陵漁夫棹歌連」·「冬日卽事」·「自歎三首」·「其二」·「其三」·「曉臥」·「與蔡小隱共賦」·「金侍御晬筵韻代人作」·「其二」·「贈金商瓚」·「與李驚部民澤共賦」·「與丁圭晟共賦」·「與卜榮采登南山」·「次河永熙韻」·「與河永熙共次壁上韻」·「晬宴韻代人作」·「扶餘八景」·「龍崗詩社」·「扶餘八景」·「山亭崔監役基台晬筵韻」·「與崔小隱共賦梅花」·「回文」·「偶題」·「代人作」·「李聖道晬宴韻代人作」·「戲題鰥鴨」·「與韓友履共賦」·「晬筵韻代人作」·「德山道用里李滳鍾宅與林鶴來金思洪共賦」·「南龜元壽席韻代人作」·「貪宰」·「廊女」·「贈宗人台夏」·「與宗人範弼共賦」·「其二」·「其三」·「其四」·「李議官圭興回甲韻」·「其二」·「代人作」·「韓勇琦挽代人作」·「次丁山詩韻」·「次培養洞鳳首山古城韻」·「贈卜榮采」·「自嘲」·「竹室罷接韻」·「其二」·「其三」·「敬次曾王考兄弟九老會韻」·「圓通里沈學官九隱能益宅遭雨留宿」·「磨溫里黃主事章熙宅與黃主事奎熙卜主事榮采共吟時適主人晬宴也」·「花遊韻代人作」·「嘲鄭光」·「紫桃」·「有感」·「宗人靑山奎應晬席」·「其二」·「其三」·「其四代主人作」·「其五」·「其六」·「其七」·「其八」·「其九」·「其十」·「其十一」·「其十二」·「默溪趙先達載明壽席韻」·「其二」·「其三」·「其四」·「春江」·「山亭崔都事挽」·「次李梁山用協韻」·「拱北樓觀漲次板上韻」·「李養汝挽」·「呈金淸庵」·「次關西順安星石金貞純韻」·「與諸益共賦」·「又疊」·「錦城客中」·「上梧里崔主事晬筵韻」·「代人作」·「與崔範植共賦」·「其二」·「次古人韻」·「愚人」·「處士」·「猫」·「鳳」·「初夏」·「聞鶯」·「雨後看山」·「四從叔直

貞會明氏挽」·「午睡」·「秋旱」·「公州金閏煥憐窮民逢水害以二萬八千餘円貿滿州粟米二千餘岱櫛査公州十三面二百十三洞里極貧者二萬六千餘人一月一口給一斗頌聲籍藉故詩以賀之」·「其二」·「與李仗韓元相共吟」·「悼烈女卜氏」·「韓僉知」·「兪傭」·「花中王」·「默溪李敏富壽筵韻代人作」·「贈崔旭煥」·「崔道源晬筵韻」·「失母女」·「次鄭石年韻」·「蠅缸」·「申東仁祖母挽詞」·「崔柄星慈闈壽筵韻」·「明友壽宴」·「贈韓進士競相」·「贈佳陵主人」·「次李博士山神堂詩韻」·「次淮南金花開韻」·「其二」·「次德裁堈公韻」·「老將」·「崔友室內晬席韻」·「別諸益」·「摘綿花」·「寄豊歲」·「靑城道中」·「又次前韻」·「其二」·「其三」·「杮田崔氏家晬席韻」·「其二」·「鹿門壽席韻」·「戒學童」·「鹿門壽宴韻」·「前溪觀漁」·「戲贈學徒」·「戲贈新郎」·「謾吟」·「其二」·「其三」·「贈德山宗人秀才淮秀」·「公州權炭翁設壇韻」·「謾吟」·「夏日卽事回文」·「其二」·「其三」·「其四」·「公州甲坡族叔會星挽」·「其二」·「甲坡卜門家」·「朴漢失火」·「口晬」·「其二」·「其三」·「安東柳海山晋秀全義宗人松山來訪」·「板靡」·「鑿井」·「甲坡趙挽」·「次金文錫韻」·「兪議官挽」·「其二」·「其三」·「其四」·「其五」·「次李濟寧時祀詩韻」·「徐侍從挽」·「其二」·「次金文錫韻」·「其二」·「其三」·「其四」·「其五」·「其六」·「戲贈崔五敦」·「與崔秉乙共賦」·「言默里李氏家回婚詩」·「其二」·「合川宋在勉壽席韻」·「其二」·「其三」·「其四」·「與兒輩共吟」·「與張仁能共賦」·「復次前韻」·「宋在勉壽筵韻」·「其二」·「戲題」·「其二」·「其三」·「其四」·「次張仁能韻」·「戲題」·「次濂洛韻」·「農所韓生員挽」·「其二」·「其三」·「其四」·「其五」·「其六」·「其七」·「贈卜瑛采」·「農所韓生員挽代人作」·「其二」·「其三」·「其四」·「贈金圭恒」·「竹林卽事」·「其二」·「梨榴」·「自歎」·「追悼」·「栖樹鷄」·「挽徐敦淳」·「其二」·「其三」·「其四」·「朴三石家與兒輩共吟」·「憶靈光族人進士康濟」·「次全北扶安舟山面金參奉日載承裕齋韻」·「其二」·「北京詩壇懷古詩韻」·「其二」·「其三」·「校村尹夔鏞宅同李仗韓元相共吟」·「次田艮齋永慕詩韻」·「晬筵韻」·「贈金南權」·「晬筵韻」·「內從金 烈挽」·「其二」·「其三」·「其四」·「善共賦」·「其二」·「其三」

3. 내용

이면우는 시벽이 있는 사람이기 때문에 모든 감회를 시로 표현하였던 것 같다. 이런 이유로 『蒙齋稿』의 내용은 매우 잡박하다. 그 중에서도 생일이나 회갑 등을 위한 시 등도 상당히 많고, 시인들 사이의 酬酌詩도 적지 않으며, 吟風弄月에 가까운 시들도 상당수이다. 이것은 단순하게 그가 다양한 시상을 가졌기 때문만이 아니라, 표현상의 제약이 있는 시대를 살아간 시인이기 때문임도 그 한 이유일 것이다. 우선 이면우를 이해하기 위한 측면에서 『蒙齋稿』를 살펴보면, 그의 시를 다음과 같이 분류해 볼 수 있을 것이다.

1) 理學詩

『蒙齋稿』안에 理學詩라고 할만한 것은 매우 적다. 다만 이 부분을 통해 이면우 사상의 基層을 이해 할 수 있다.

「太極」

混沌未形際	혼돈으로 아직 형체가 있지 않을 적에
陰陽已代昇	음양은 이미 번갈아 운동을 한다.
至精諒不忒	(그래도) 지극히 정미하여 진실로 어긋남이 없으니
衆妙合而凝	모든 신묘한 작용 합쳐서 모여 있으니.
一氣相終始	一氣는 서로 終始하고
三元迭廢興	三元(天地人 三才)은 돌아가며 흥성한다.
皇羲今復遠	三皇과 伏羲는 지금 까마득히 옛날 사람이니
此理孰能徹	뉘라서 이 이치를 확실하게 알까!

이 한 수의 시만 가지고 이면우의 성리학 사상을 이해 할 수는 없다. 다만 위의 시를 분석해 보면 그의 기본적 사상을 추론해 볼 수 있다. 위의 시는 다시 세 단락으로 나누어 볼 수 있다. 즉 Ⅰ混沌未形際, 陰陽已代昇. Ⅱ至精諒不忒, 衆妙合而凝. 一氣相終始, 三元迭廢興. Ⅲ皇羲今復遠, 此理孰能徹!으로 나누어 볼 수 있다. 이중 Ⅰ부분은 총론에 해당된다고 볼 수 있고, Ⅱ부분은 이 총론 부분을 다시 부연설명 하고 있으며, Ⅲ부분에서는 태극이 알기 어려움을 吐露하고 있다. 이 중 ⅠⅡ부분을 다시 분석해 보면 '混沌未形際, 至精諒不忒, 衆妙合而凝'이란 세 구절은 태극에 대한 설명이고, '陰陽已代昇. 一氣相終始, 三元迭廢興'은 음양에 대한 설명임을 알 수 있다. 그리고 '至精諒不忒, 衆妙合而凝'는 '混沌未形際'를 보충설명하고, '一氣相終始, 三元迭廢興'는 '陰陽已代昇'을 부연설명하고 있음도 어렵지 않게 알 수 있다. 이중 太極은 理를 말하고 陰陽은 氣를 지칭한다.

여기에서 우리는 두 가지를 읽어 낼 수 있는데, 우선 이면우는 理氣分開의 입장을 가지고 있다. 그렇지 않다면 이처럼 理氣를 분리하여 설명하지 않을 것이다. 또 그는 運動은 氣에 배속시키고 있음을 알 수 있다. 해제자가 보기에 '混沌未形際 陰陽已代昇'은 매우 많은 고심을 한 것처럼 보인다. 특히 '已[이미]'란 글자를 사용한 用意는 태극이 움직여 운동이 되는 것이 아니라, 기가 본래 운동하고 있음을 표현하기 위한 것으로 보인다. 만약 그렇다면 이면우의 성리설의 기본적인 입장은 栗谷의 학설을 따르고 있음을 알 수 있다. 즉 理의 운동성을 부정하고 氣의 운동성만을 인정하는 구도 위에서 理氣를 이해하고 있다. 율곡에 의하면 '陰陽無始, 動靜無端'이라 하여, 기는 쉼 없이 운동하며 그 운동에는 始原이 없다. 그러므로 이면우는 서인계 성리설을 가지고 있다고 볼 수 있다.

「題湖洛心性辨後」

物吾同受性　　사물과 나는 동일하게 性을 받았으나,
氣質有偏全　　氣質에는 偏全의 차이가 있다.
往昔泉塘說　　옛날의 泉塘說이니
胡爲費會穿　　무엇 때문에 견강부회하겠나?

西人은 老少로 나뉘고, 이 중 老論은 다시 湖論과 洛論으로 분화되는데, 그 이론적 차이는 바로 人物性同異에 관한 것이다. 洛論에서는 人物의 性이 동일하다고 보고, 湖論에서는 人物의 性이 다르다고 본다. 이면우는 분명히 '物吾同受性'라고 주장하고 있으니, 洛論의 입장을 따르고 있다. 사실상 '物吾同受性, 氣質有偏全'는 洛論의 입장을 그대로 정리하고 있다고 볼 수 있다. 이와 같은 이면우의 성리사상은 艮齋(田愚, 1841~1922)와 밀접한 관련을 가지고 있는 듯하다. 그와 관련된 시를 보자.

「贈敬堂尹斯文滄榮」

艮翁門下多賢人　　간재 문하에 현인이 많고,
容體粹然席上珍　　용모가 깨끗하니 講席의 보배이다.
如我未能同執業　　내가 만일 함께 艮門에서 공부하지 못한다면
衿裾甘作馬牛身　　유학자를 위해 말이나 소가 되어 일하겠소.

이 시는 아마도 尹敬堂이 艮齋에게 負笈을 하려 하자 그것을 권하며 쓰여진 듯한데, 자기도 간재에게서 학문을 배우고 싶다는 간절한 소망을 밝히고 있다. 『蒙齋稿』의 다른 시에 의하면 이면우는 윤경당이 간재에게 가서 공부하는 것을 매우 좋게 여기고 있다.[9]

여기에서 우리는 이면우의 두 가지 생각을 읽을 수 있다. 첫째, 이면우의 간재에 대한 평가이다. 이면우가 보기에 간재 문하에 인재가 많으며 간재도 출중한 학자이다. 둘째, 이면우가 보기에 간재의 학문은 정말 배워볼 만한 의미 있는 학문이다. 또 다음 시를 보자.

「夢謁艮翁有感而作」

前宵得拜艮翁前　　어제 저녁 꿈에서 艮齋 先生을 뵈었는데.
夢裡儀容尙宛然　　그 자태 아직도 눈앞에 선합니다.
想到宣尼當日事　　孔子 當年의 일을 생각해보니,
羹墻非獨美前賢　　현인을 추모하는 일은 옛날 현인들만의 장점은 아닙니다.

---

9) 이면우는 윤경당을 전송하며 다음과 같은 시를 주었다.「送尹滄榮讀書峩嵋山中」 몸가짐 잘하고 행실을 깨끗이 하는 것 가장 어려운데 持身潔行最難能/ 더구나 경험해보지 못한 궁핍한 생활 계속되겠지. 況復簞瓢繼未曾/ 아마도 아미산 위의 달님이 料得峨嵋山上月/ 그대의 讀書燈 되어 비춰 줄거야. 爲君照作讀書燈.

이 시에서는 '羹牆'[10]이란 典故를 사용하고 있다. 『後漢書』, 「李固傳」에 다음과 같은 말이 있다. "예전 요임금이 돌아간 뒤에 순임금이 삼 년 동안 흠모하여, 앉으면 벽[牆]에서 요임을 보았고, 음식을 먹으면 국[羹]에서 요임금을 보았다(昔堯殂之後, 舜仰慕三年, 坐則見堯於牆, 食則覩堯於羹)." '羹牆'이란 여기에서 온 전고로서, 훌륭한 사람을 너무나도 그리워하여 여기 저기에서 그 사람을 떠올린다는 의미이다. 이 시에서는 구체적으로 꿈에서 현인을 보는 것을 지칭한다. 이면우는 어제 밤 꿈에서 艮齋 선생을 뵈었는데, 꿈에서 깨어난 오늘도 눈앞에 간재 선생이 어른거리고 있다. 그러면서 은연중 자기가 간재 선생을 흠모하는 것을 순임금이 요임금을 그리워하는 것에 비유하고 있다. 더 나아가 '羹墻非獨美前賢'에서 자기의 景慕之情이 과거의 위인에 비해 덜한 것이 아님을 강조하고 있다.

이 시는 시간적으로 앞의 시보다 뒤에 지어진 듯하다. 왜냐하면 앞의 시에서는 간재에 대해 풍문으로만 듣고 아직 뵙지는 못한 상태 같기 때문이다. 앞의 이면우에 대한 연보에 의하면 이면우가 간재와 만났다던가 간재에게서 受學을 하였다는 기록이 없다. 그리고 연보에 의한 상황으로 보아 간재에게서 장기간 공부하지는 않았던 것 같다. 단 이 시를 보면 간재를 뵈었거나 짧으나마 공부를 했었다고 여겨진다. 간재를 흠모하는 간절한 심정을 읽을 수 있다.

「次田艮齋永慕詩韻」

行年六十有懷思　　내 나이 육십이 되어 所懷가 있으니
已過先人易簀時　　선친께서 돌아가신 그 나이도 지나서 입니다.
遺澤尙傳親手寫　　선친의 유품은 아직도 있어 제가 손으로 베껴 쓰니
痴心還似舊時嬉　　어리석은 마음에 마치 어릴 적 장난칠 때 같구요.
·　　·
·　　·
國破家亡嗟莫及　　국가가 멸망했는데 어쩔 수 없음만을 한탄하노니,
堪憐白髮已全衰　　가련하게도 백발이 성성하여 완전히 노쇠해버렸네요.

이 시는 艮齋의 永慕詩를 차운하여 지은 작품이다. 국가의 멸망을 탄식하고 자기의 늙어 무능함에 서러워 흐느끼고 있음이 그 대략적인 내용이다. 그러나 여기에서 두 가지에 주의를 기울일 수 있다. 첫째, 이것은 이면우가 60세에 쓰여진 작품이란 점이고, 둘째 간재시를 차운하고 있다는 점이다. 간재는 1922년 별세하였으니, 이면우가 43세 때이다. 그렇다면 이면우 60세 때에는 간재 별세 후 17년 후이다. 이때까지도 이면우는 가까이에 간재의 시를 두었거나, 즐겨 낭송하였거나, 아니면 간재의 학문에 대해 탐구하였던 것으로 보인다. 이면우의 사망 년도는 알 수 없으나 대략 이면우 일생동안 간재에 대해 존경심을 품고 있었다고 말할 수 있다.

---

10) '墻'은 '牆'의 異體字이다.

이 점은 이면우를 이해하거나 『蒙齋稿』를 읽는데 적지 않은 도움을 준다. 단 이미 앞에서 밝혔듯이 『蒙齋稿』에는 성리학에 대한 내용이 드물고 범 노론계 인물들과 폭넓게 교유하였던 점으로 보아, 이면우는 낙론계 학자라기보다는 노론계 유학자라고 보는 것이 보다 객관적일 것이다. 이것은 만일 일반적인 조선말기 유학자의 문집이라면 평범한 사실일지 모르나, 일본에 유학한 뒤 조선 최초의 변호사 회장을 지낸 분의 문집의 성격이라면, 이는 당시 서학을 접한 사람들의 문집 중에서 매우 독특한 특징이라고 보아야 할 것이다. 이면우는 유학자 그 중에서도 理學者적인 면모가 있다. 이것이 『蒙齋稿』의 정서적 기조라고 말할 수 있다.

2) 亡國詩

이면우는 조선말기에 태어나 일제시대를 경험한 인물이다. 이 시대를 살았던 사람들에게 가장 큰 사건은 '국가의 멸망'이었을 것이다. 그리고 이 어처구니없는 사실에 어떤 식으로든 적응하면서 삶을 영위하였을 것이다. 이면우도 이에 대한 시작이 적지 않다.

「有感」

當時城闕總遺墟	당시 성곽은 모두 물려받은 땅이거늘
付與島夷任起居	섬나라 오랑캐에게 주어 마음대로 기거하게 하였다.
大地三千非漢有	삼천리 대지는 우리 것이 아니지만
蒼生億萬共周餘	우리 억조 국민은 모두 우리 민족이다.
·	·
·	·
譾說私親終誤國	파당만을 일삼다가 끝내 나라를 망쳤으니
奸臣今日果何如	그 간신들 지금은 어찌 되었나?

나라를 잃고 제일 먼저 오는 감정은 분노와 자책일 것이다. 이면우는 이 시에서 직접적으로 이 분노와 자책을 말하고 있다. 그리고 그 분노와 자책의 화살을 조선 말기 파당을 일삼았던 奸臣輩에게 겨누고 있다. 이 시에 '島夷'[11]라는 표현이 직접적으로 등장하고, '삼천리 대지가 우리 것이 아니다'라는 구절로 보아 한일합방 초기의 시일 가능성이 있다.

이 시 이외에는 대부분 은유적이거나 혹은 전체시 중 일부 구절로 망국의 한을 표현하고 있다.

---

11) 이 시 이외에도 '島夷'란 단어가 몇 번 등장하는데, 그것은 모두 한일합방 이전 작품으로 보인다.

「子規」

問爾子規鳥	너 자규새에게 묻노니
深春何事悲	흐드러지는 봄날 무슨 일로 슬피우나?
猶餘亡國恨	아직도 亡國의 한에 겨워
長說未歸時	不如歸라 오래오래 울겠지.

이 시는 소재 상 매우 평범하지만 亡國의 백성으로 살아가는 사람에게는 이만큼 안전한 소재도 없을 것이다. 왜냐하면 자고이래 子規를 소재로 亡國을 노래했기 때문이다. 단 그 평범한 子規詩와 이 시가 다른 점은 이 시의 亡國恨은 자규에게 투영된 어떤 고정된 이미지가 아니라, 작가의 亡國恨이 子規에 의탁하여 노래된다는 점일 것이다. 더욱이 '猶餘亡國恨, 長說未歸時'는 망국된 이후 상당한 시간이 흘러 이재는 잊을 만도 한대 그래도 그 한이 넘쳐흐르는 작가의 감정을 그대로 전달하는 것 같다.

「三忠祠」

三忠祠下恨悠悠	삼충사 아래 서리서리 깊은 恨
國破家亡水自流	국가는 멸망했는데 물은 그대로 흐르네.
想起當年殉節事	그 당시 절개에 죽은 일을 생각하니
黃山風雨使人愁	황산벌의 비바람에도 근심이 인다.

이 시도 위의 시와 마찬가지로 망국의 한을 가진 소재에 의탁하여 작가의 한을 노래하고 있다. 단 이 시에서는 단지 '恨'만을 구슬프게 우는 것이 아니라, 작가자신의 부끄러움을 은연중 표현하고 있다. 옛날에 저 분들은 국가를 위해 목숨을 바쳤는데, 오늘의 나는 殘命을 유지하고 여기 절개에 죽은 분들을 기리는 곳에 서 있다니!

이면우도 본래 조정의 녹을 먹었던 사람이니 조선의 망국에 일말의 책임도 없다고 할 수 없을 것이다. 이것이 이 시에서 말하는 '愁'일 것이다.

「狗兒」

兒狗失其母	강아지가 어미 개를 잃고
終宵覓其母	밤새도록 어미 개를 찾는다.
微物猶知母	미물도 어미를 찾을 줄 아는데
人而不知母	사람이 되어 어머니를 모르는구나.

이 시에서 말하는 '母'는 여러 가지로 해석할 수 있으나 이면우의 시대 상황으로 볼 때, 조국을 지칭한다고 보아야 할 것이다. 만약 이것이 강아지가 어미 개를 찾는 것을 보고 생긴

단순한 감상이라면 '人而不知母'라는 말이 蛇足이 될 것이기 때문이다. 이것은 국가를 잃고도 찾을 노력을 하지 않는 사람들에 대한 경책임과 동시에 밤새도록 어머니를 찾아야 할 의무를 간접적으로 말하고 있는 것이다. 이면우는 직접적으로 독립운동을 한 사람은 아닌 듯하다. 다만 일제 하에 모든 기득권을 버렸을 뿐만 아니라 공적인 활동도 거의 하지 않았던 것으로 보이는데, 이 시는 그런 이면우의 내심을 보여주는 좋은 작품이라 할 수 있다.

『蒙齋稿』에는 이와 같은 亡國詩 외에도 조선망국 이전의 작품으로 보이는 憂國詩도 간간이 보이며 자기의 충정을 간접적으로 표현하는 충정시도 있다. 한 수를 보자.

「閔忠貞公泳煥血竹歌」

墓前何似廳之間	묘 앞은 어찌하여 관청의 뜰 같은가?
義葉忠柯血未乾	의로운 나뭇잎과 충성스런 가지엔 선혈이 아직도 그대로이로다.
一自此君生此地	그대[12]가 이곳에 난 이후로
渭川千畝等閒看	渭天의 너른 평야도 등한히 보겠소.

3) 田園詩

이면우의 한일합방 후 행적이 알려지지 않고 있는데, 『蒙齋稿』에 의하면 낙향하였던 것으로 보인다. 모든 것을 버리고 낙향하여 詩酒로 시간을 보내거나 유랑을 하였던 것 같다. 「晨起偶吟」에서는 "십년 동안 유유하게 경성에서 노닐다가 돌아와 억지로[13] 작은 밭 가꾸는 사람되었소(十載悠悠臥洛城, 歸來强作一廛氓)."라고 말하고 있고, 「次唐詩十韻與舜弼聖克共賦・其二」에서는 "십 년 동안 시골에 살아 서울을 멀리하면서 가난한 살림에 종일토록 큰소리로 노래하며 다녔노라(十載鄕居遠帝京, 簞瓢終日放歌行)."라고 말하고 있다. 『蒙齋稿』에는 田園詩가 상당히 많은데 이것은 이 기간동안 이면우가 상대적으로 한가로운 시간을 가지고 詩作을 하였기 때문일 것이다.

「偶吟」

山家無事夢方淸	산 속 작은 집 일 없으니 꿈자리도 맑고,
簷鳥林猿自不驚	처마의 새들도 숲 속의 원숭이도 놀라지 않는다.
香稻垂垂經雨潤	벼는 고개 숙이고 비의 혜택을 입으며
陰虫切切待秋鳴	가을벌레 찌르륵 찌르륵 가을에 운다.
時惟寒燠成天道	추웠다 따뜻해졌다 하며 天道를 이루고

12) 여기에서 '此君'은 중의적인 의미로 보인다. 즉 血竹과 민영환이다.

13) 『蒙齋稿』에 의하면, 이면우는 어릴 때부터 공부만 하고 농사를 배워본 적이 없다. 이런 이면우가 자기 의지에 따라 할 줄도 모르는 농민이 되었기에 '억지로[强]'란 표현을 하는 듯하다.

契或親疎見世情	두레에도 親疎가 나뉘니 人情을 알 수 있다.
背壁殘燈如有意	벽을 등진 작은 등잔 마치 수심에 잠긴 듯하니
悄然起坐憶京城	근심스레 일어나 서울의 일을 생각한다.

이 중 1련은 낙향한 작자의 마음이 맑고 편해졌음을 말하고 있고, 2련에서는 농촌의 풍광을, 3련에서는 농촌의 생활을 말하고 있다. 그리고 마지막 4련에서는 그럼에도 불구하고 국가사를 잊지 못하는 작가의 마음을 그리고 있다. 언뜻 보기에 이 시에서 작가의 마음은 모순적이라 말할 수 있다. 왜냐하면 '夢方淸'과 '悄然'이 서로 반대의 의미를 가지고 있으니, 하나는 근심걱정 없음을, 하나는 근심걱정을 나타내기 때문이다. 이것은 분명 낙향한 이면우의 이중적인 心態를 보여 준 것이다. 홍진에서 벗어나 있는 편안함과 홍진에서 벗어날 수 없어 생기는 근심이 수시로 교차하며 이면우를 휘감았을 것으로 보인다.

「與蔡小隱共賦梅花」

一樹梅花雨後豊	매화나무 한 그루 비온 뒤에 만개했네
山齋賴爾未全空	산속 집 네 덕에 적막하지만은 않구나.
若干桃李爭隨後	몇 그루 복상꽃 오얏꽃 뒤이어 피니
始信東風亦不公	東風도 공평하지 않구나.

이 시는 비교적 전형적인 전원시이다. 전원의 작은 집 앞에 꽃나무 몇 그루 심어놓아 적막할 때 고개 들어 쳐다보며 시흥을 돋우는 작가를 상상해 볼 수 있다. 이면우는 본래가 화초를 좋아했었던 듯하여, 비록 失意하고 낙향하여 생활함에도 항상 꽃과 나무를 가까이 하였던 것 같다. 『蒙齋稿』에는 花草를 소재로 하는 아름다운 시가 적지 않다. 이면우의 시골 생활은 비록 가난하였으나 항상 詩酒로 나날을 보냈다.

4) 유희시

『蒙齋稿』의 상당부분은 유희시로 분류될 수 있는 것들이다. 이것은 이면우가 본래 시벽이 있어 모든 것을 시로 표현하는 습관이 있었던 것이 가장 근본적인 원인일 것이다. 그 외에도 오랫동안의 향촌생활과 유랑을 통해 무료한 시간이 많았던 것도 또 하나의 원인일 것이다.

유희시도 여러 가지로 분류를 해 볼 수 있는데, 그중 대표적인 것은 무료한 시간에 기존의 시의 운에 맞추어 시를 짓거나 특이한 형식의 시를 짓는 경우, 그리고 어떤 유희적 내용을 가진 시들로 나누어 볼 수 있다. 이 중 次韻한 시에서는 다른 사람의 韻을 사용하여 자기의 장중한 사상을 나타내기도 한다. 위에서 본 「次田艮齋永慕詩韻」이 이런 경우이다. 특수한 시의 형식을 이용한 유희시를 보자.

「謾吟六言」

芳草溪邊尋路	방초가 있는 냇가에서 길을 찾고
紅桃園裏問家	붉은 복숭아밭에서 집을 묻는다.
午眠初罷起坐	午睡가 막 깨어 일어나 앉으니,
滿地飛來落花	천지사방에 꽃잎이 날리네.

이 시는 물론 詩意가 전혀 없다고 할 수 없지만, 기본적으로 유희시이다. 작자는 무료한 시간을 사용하여 거의 사용되지 않는 六言을 선택하여 작시를 한 것이다. 그리고 시를 지으면서 혹은 무료하여 혹은 연습삼아 對句 연습을 하고 있는 것이다. 즉 芳草溪邊과 紅桃園裏는 대구이고, 尋과 問 그리고 路와 家도 대구이다. 즉 하나 하나가 모두 대구가 된다. 그 다음에서는 의도적으로 起와 落 이외에는 대구를 사용하지 않고 있다. 이런 시들은 어떤 사상을 나타내고자 하는 것이 아니라 언어적 유희라고 말할 수 있다.

그럼 다음으로 내용적 유희시를 보자.

「路見孕婦背負一兒戱以賦之」

背負腹抱各一人	등에 지고 배에 안고(임산부임) 각각 한 명씩,
誰知一箇是三人	한 사람이 세 사람인 줄 누가 알겠나.
假令腹裡懷雙孿	만약 뱃속의 아이가 쌍둥이라면
不是三人是四人	세 사람이 아니라 네 사람이지.

이것은 순간의 유희적 착상을 시로 표현한 것이다. 이것은 내용을 바탕으로 한 유희라고 볼 수 있다. 詩의 能手였던 이면우는 항상 시상을 떠올리고 그 시상을 바탕으로 바로바로 作詩하였던 것 같다. 이 이외에 「老將」·「老儒」·「老僧」·「老醫」·「老妓」·「老妾」·「老吏」·「老奴」·「老卒」·「老馬」·「連環詩」·「地」·「泰山」·「華山」·「嵩山」·「衡山」·「常山」·「假山」·「海」·「潮」·「江」·「淮」·「河」·「濟」 등도 모두 유희시의 성격을 띠고 있다고 볼 수 있다.

5) 酬酌詩와 祝詩

『蒙齋稿』에는 서로 주고받은 詩 혹은 생일이나 환갑 등에 참석하여 지은 축시가 매우 많다. 위의 目錄을 한번 훑어보면 이것을 쉽게 알 수 있다. 이면우는 당시 詩名이 상당히 높았던 것 같다.[14] 상당히 광범위한 지역의 생일이나 환갑 등에서 이면우에게 시를 요구했던 듯하다. 우선 축시를 보자.

---

14) 물론 본래 유명인사이기고 하고 본인이 詩作을 좋아한다는 것도 중요한 원인일 것이다.

「從叔主進甲」 제3수

去年今日餇弧辰	작년 오늘은 생일이었죠,
此會今年壽更新	오늘 잔치에서는 甲子가 새로워집니다.
但願年年同此會	오직 매년 이 잔치에 참여하여
長歌醉飽太平春	태평한 봄에 노래 부르고 술에 취할 수 있길 기원합니다.

이것은 매우 진솔하고 짧은 축시이다. 일반적으로 축시에서는 미사여구가 많고 장문인 경우가 많은데, 이면우의 경우도 대체로 비슷하다. 이면우는 본래 名士인데다가 교유를 좋아하고 상당기간의 방랑기간이 있어서 그의 교유 폭은 매우 넓고 수작시도 매우 많다. 비교적 절실한 내용의 시를 보자.

「復次安山韻贈舜弼」 제10수

交道雖云薄	우정이 천박하다고 하나
君心我自知	그대 마음은 내가 아느니.
鍾期猶有恨	종자기도 恨이 있는 것이니
寧獨伯牙悲	어찌 백아만 서글펐겠는가?

「復次安山韻贈舜弼」 제3수

人情最好少艾時	인생의 황금시기 젊은 시절에
容易便生白髮悲	걸핏하면 백발의 슬픔에 젖는다.
飢鳳何嫌來啄粟	봉황도 주리면 (본래는 먹지 않는) 곡식에 부리 질을 하고
拙鳩猶得借棲枝	둔한 비둘기가 좋은 가지에서 쉬기도 한다.
窮途貧戚元相逼	막다른 골목에서 가난과 슬픔은 본래 번갈아 핍박하기 마련이니
往歲膏肓已自醫	지난날의 잘못된 버릇 이미 절로 없어졌다.
從古英雄皆晩達	자고이래 영웅은 늦게 피는 법
姜翁八十不須遲	강태공의 팔십도 늦다고 볼 수 없지.

이면우는 舜弼의 지기이고 舜弼은 스스로 역량이 있다고 생각하는데도, 사회에서 알아주지를 않았다. 이면우는 이런 순필에게 따뜻한 시를 지어 위로 해 주고 있다. 재능이 있는 이는 자기를 알아주는 사람이 없으면 비애를 느끼겠지만, 누군가가 재능이 있으면서도 발휘하지 못하는 것을 아는 사람에게도 어찌 恨이 없겠는가. 이면우는 舜弼이 아름답게 피어나지 못하는 것에 대해 恨을 느낀다고 말하였다. 그리고는 아무리 어려워도 조급해 하지 말라고, 본래 영웅은 늦게 피는 꽃이라고 충고하고 있다. 이 시에서 이면우의 따뜻한 인간성을 느낄 수 있다. 이 이외에도 서로 주고받은 시는 무수히 많다.

6) 夢幻詩

이면우는 국가의 불행과 사회의 혼란을 보면서 심한 인생무상을 느꼈던 것 같다. 『蒙齋稿』에 자주 素材나 主材로 등장하는 것이 바로 '酒'와 '夢'이다. 이 두 가지는 모두 인간을 현실에서 벗어나게 해 주는 작용을 한다. 즉 夢幻적인 작용을 한다고 볼 수 있다. 아마도 낙향한 이후 이런 색채가 강해진 것이리라.

「次唐詩十韻與舜弼聖克共賦」 제7수

往事商量轉杳然	지난 일 생각해 볼수록 묘연하고
算來都在有無邊	계산해보면 모두 있고 없음의 사이에 있다.
苦貧大讀子雲賦	가난이 지겨워 子雲의 賦를 고래고래 읽고
畏老還思潘岳年	늙는 게 무서워 潘岳의 나이를 생각한다.
已矣群生居此土	그만 두세! 많은 인생들 이 땅에 사느니
無寧一理聽諸天	차라리 하늘의 이치대로 놔두자!
莫將得失還喪我	득실 때문에 나를 잃어버리지 말자.
畢竟同歸草中烟	결국엔 모두 풀 섶의 연기로 돌아가는데.

이 시를 보면 이면우에게 허무를 느끼게 하는 것이 무엇인지를 알 수 있다. 아무리 생각해보아도 알 수 없는 '往事'가 바로 그것이다. 뿐만 아니라 어쨌든 이 땅에서 살아갈 수밖에 없는 수많은 인생들이 있다. 이들이 만약 모두 제정신이라면 아마도 자기도 보존하지를 못할 것이다. 이런 이유 때문에 이면우는 더더욱 술을 좋아하였던 듯하다. 세상을 잊게 해주는 묘약이기 때문이다.[15] 이면우의 몽환적 사유는 이런 이유 때문인 듯하다.

「次窔山韻復贈舜弼」 제9수

人生須自娛	인생은 모름지기 스스로 즐거워야 한다.
且莫苦吟詩	또 머리를 짜내며 시를 짓지 마라.
可惜苦吟客	아깝다 괴롭게 시를 읊조리는 시객들
虛過少壯時	부질없이 청춘을 허비하네.

이제 詩도 그리 진지한 어떤 것이 아니라 自娛의 도구가 된 것이다. 다시 한 수를 보자.

---

15) 다음 시는 이면우의 방랑과 애주를 알 수 있게 해준다. 「浪吟」 浪跡江湖任所之, 발길 가는 대로 강호를 유람하며/ 不耕不讀已多時. 농사도 안 짓고 공부도 안 하고 이미 여러 해./ 從今斷却盃中物, 오늘부턴 잔 안의 것을 끊어버리고/ 細和淵明七字詩. 정성껏 도연명의 칠언시에 和答해야지.

「次安山韻復贈舜弼」 제6수

浮世同一夢	부질없는 인생은 모두 일장춘몽,
夢中樂自如	꿈속에서 잘났다고 좋아하지.
莫將醒後看	깨어나서 (일장춘몽인 인생을) 보지 마라
恐似轍中魚	(인생이) 수레바퀴 속에 사는 물고기 같다는 것을 알 가 염려되노라.

인생의 즐거움도 원래는 어떤 진정한 즐거움이 아니라 곧 말라버릴 작은 바퀴자국의 물 속에서 느끼는 불안한 행복이다. 이것을 그저 행복이라 느끼려면 꿈에서 깨어나지 말아야 한다, 여기에서 '轍中魚'란 당시 구차하게 하루 하루를 살아가는 조선사람을 지칭하는 듯하다. 다시 한 수를 보자.

「夢後偶吟」

我聞至人元不夢	나는 들으니 至人은 본래 꿈을 꾸지 않는다는데
衆生何事醒還夢	중생은 어인 일로 깨어서도 꿈을 꾸나요.
如將此世夢中看	만약 이 세상을 꿈속에서 본다면
雨雨風風皆幻夢	갖은 풍상도 모두 夢幻이겠죠.

이 시는 위의 시와 좀 다른 내용을 가지고 있는 듯하다. 한 유학자로서 배웠던 수많은 새로운 지식들, 조국의 멸망, 민생의 도탄 이 모든 받아들이기 어려웠던 현실들이 모두 꿈속의 일이라면 모든 것은 사실상 몽환에 불과할 것이다. 이 시는 매우 극적으로 이면우의 내면세계를 보여주고 있다고 보여진다. 이 몽환적 성격은 『蒙齋稿』의 한 특색이다.

7) 其他詩

위의 분석은 『蒙齋稿』의 주요 내용을 중심으로 분석을 해 본 것이다. 그러나 『蒙齋稿』는 주제나 소재가 모두 매우 광범위하여 위의 범위에 들어가지 않는 시들도 적지 않다. 위 범위에 들어가지 않으면서 볼만한 시 몇 수를 소개하면 다음과 같다.

「閨怨」 제3수

東風剪剪柳絲絲	春風이 버드나무 가지로 하늘하늘 불어오면
惹起情人多少思	낭군 생각 불현듯 나지요.
最是空閨斷腸處	정말 독수공방 규수 애간장을 끊는 건
落花時節雨遲遲	부슬부슬 비속에 지는 꽃잎들.

이것을 일종의 擬作으로서 이면우의 시인적 면모를 보여주는 작품이다. 詩語는 곱고 시는 애틋하다.

「自行車」

皮袋飽風似個圓	가죽 주머니 바람 채워 둥글게 둥글게,
雙輪隨足自回旋	바퀴 두개 발이 움직이는 대로 저절로 빙그르르.
却嫌行客紛相逼	여기저기 지나는 사람 부딪칠까봐
端坐鳴鍾使避先	단정하게 앉아 종을 울리면 앞사람 비켜나지요.

이것은 아마도 조선에 자전거가 처음 들어왔을 무렵 이면우가 보고 신기해가며 지은 시일 것이다. 이런 시는 재미도 있지만 당시의 사회상을 이해하는데도 도움을 줄 것이다.

「公州金間煥憐窮民逢水害以二萬八千餘円貿滿州粟米二千餘俗櫛査公州十三面二百十三洞里極貧者二萬六千餘人一月一口給一斗頌聲籍藉故詩以賀之」 제2수

亞洲皆頌侍郎賢	아시아에서 당신이 훌륭하다고 다들 칭송을 하니
公民今日有二天	公民들은 오늘 두 개의 하늘을 가지게 되었소.
寒者衣之飢者食	추운 사람 옷을 주고 주린 자 밥을 주니
洋洋惠澤水同連	넓고 넓은 은혜 바다 같구려.

이것은 일종의 詩史라 할 수 있다. 詩題에서 지방사의 한 토막을 알 수 있다. '亞洲'와 '公民'이란 전통시에서 보기 힘든 시어도 만날 수 있다. 시대의 변화가 느껴진다.

4. 가치

첫째, 이것은 한국의 최초 변호사 회장 이면우의 시집이다. 물론 좀더 많은 자료를 바탕으로 보강을 해야 하지만 현재의 자료만을 가지고 본다면 그럴 가능성이 높다. 그는 조선 말기로부터 비교적 중요한 역할을 한 인물이지만 그에 대한 자료 연구는 거의 전무한 실정이다. 이 『蒙齋稿』는 이런 의미에서 매우 중요한 가치를 가진다. 현재 그의 정서를 알 수 있는 거의 유일한 자료라고 볼 수 있기 때문이다. 뿐만 아니라 체계적이는 않지만 그의 일제 시대 이후의 생활도 이 시집을 통해 소식을 전해 들을 수 있다.

둘째, 이 시집은 격동기 속에서 이루어졌다. 조선말 일제시대 해방이후의 한국에 걸친 시작이 한 시집 안에 들어있다. 우리는 여기에서 우리 민족의 哀史를 느낄 수 있을 뿐 아니라 그

당시의 여러 가지 역사적 사실 및 어휘의 변천 등도 알 수 있다.

5. 기타

『蒙齋稿』와 초대 변호사 회장인 李冕宇는 매우 밀접한 관계를 가지고 있다. 초대 변호사 회장 이면우는 한국의 근대 역사에서 나름대로의 역할을 했던 인물이기 때문이다. 해제자는 『蒙齋稿』가 초대 변호사 회장인 李冕宇의 작품일 가능성이 매우 높다고 추론했다. 이 문제는 추후 다시 연구되어져야 할 것이다. 그리고 『蒙齋稿』가 만약 초대 변호사 회장인 李冕宇의 작품이라면 『蒙齋稿』안에 왜 일본유학의 흔적이나 신학문의 내용 등이 거의 없는지에 대한 합리적이 설명이 있어야 할 것이다. 뿐만 아니라 기존에 알려진 이면우와 『蒙齋稿』에서의 내용이 대체로는 일치하지만 일부는 일치하지 않는 부분도 있다. 이 부분을 밝혀 후일 『蒙齋稿』나 이면우 연구에 자료로 제공하고자 한다. 현재 알려진 이면우의 정보에 의하면 이면우는 서울 출생이다. 그렇다면 이면우의 고향은 서울이다. 그런데 『蒙齋稿』에 의하면 이면우의 고향은 서울이 아니라 洪城이다.

「自歎三首」 제2수

我本洪城人	저는 본래 洪城 사람인데
移家在錦涘	錦涘로 이사를 왔지요.
今日還歸洪	이제 다시 홍성으로 돌아가니,
錦西似故里	錦西가 고향 같네요.

이 시에서 이면우는 분명히 자기는 洪城사람이라고 말하고 있다. 여기에서 홍성 사람이란 아마도 홍성이 고향임을 지칭하는 것으로 보아야 할 것이다. 아직 이면우에 대한 연구가 거의 이루어지지 않아 '서울출신'이란 주장이 문제가 있는 것인지, 아니면 '我本洪城人'이 본적 등을 지칭하고 출생지는 아닌지 알 수가 없다. 다만 『蒙齋稿』에 두 편의 「思鄕」이란 시가 있고 거기에서 그려진 故鄕이 시골풍경인 것으로 보아 홍성이 고향일 가능성이 높아 보인다.

아직까지 이면우의 沒年이 언제인지 알려져 있지 않다. 사실상 한일합방 이후의 이면우에 대해 알려진 것이 거의 없다. 만약 『蒙齋稿』의 저자가 변호사 이면우란 것이 확인되면 『蒙齋稿』는 이면우의 알려지지 않은 후반부를 이해하는 매우 중요한 자료가 될 것이다. 『蒙齋稿』를 근거로 볼 때, 이면우는 대한민국을 보았고 최소 66세 이상의 수를 누린 것 같다.

「拱北樓觀漲次板上韻」

行年六十雪盈頭	나이 육십에 백발이 머리에 가득하니
誰識公山是幷州	公山이 幷州라는 걸 누가 알겠나?
韓國衣冠非舊日	한국의 의관은 예전의 것이 아니고
洋人第宅盡名樓	서양 사람의 저택은 모두 名樓이로군.
·	·
·	·

이 시에서 형용하고 있는 내용은 해방 이후의 한국이다. 이것이 만약 해방된 해인 1945년이라면 이면우 변호사 66세 때이다. 그러므로 『蒙齋稿』의 저자가 변호사 이면우란 가정 속에서 살펴본다면 이면우 변호사는 66세 이상의 장수를 하였다. 아직까지 이면우 변호사에 대한 연구가 거의 이루어지지 않았고, 『蒙齋稿』에 대해서는 전혀 연구가 되고 있지 않다. 이면우 변호사와 『蒙齋稿』 모두에 대한 보다 세심한 연구가 이루어져야 할 것이다.

【서대원】

無聞齋集

沈埈(1698~1761) 著.
寫本. 14卷 9冊, 30.5×21㎝.
10行 22字.

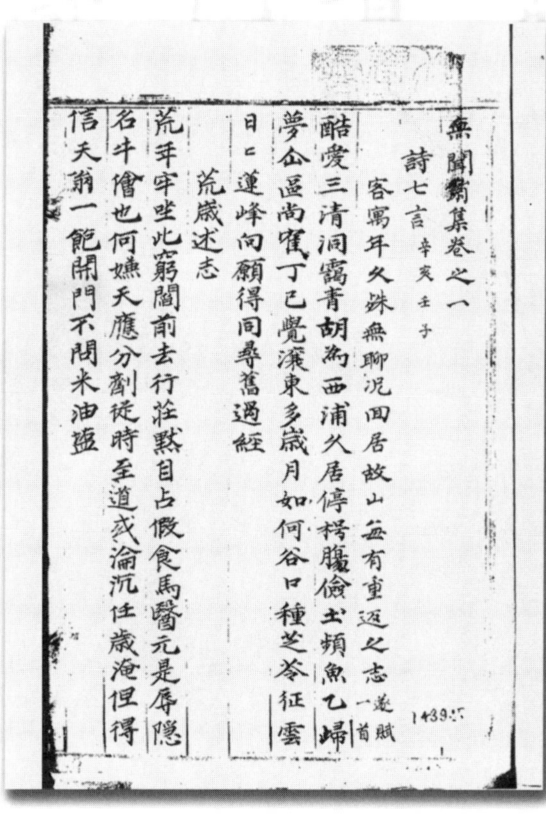
無聞齋集卷之一
詩七言 辛亥 壬子
客寓年久殊無聊況回居故山無有重返之志遂賦一首
酷愛三清洞靄青胡爲西浦久居停楞腹儉士頻魚乙歸
夢岱區尚寤丁巳覺瀼東多歲月如何谷口種芝苓征雲
日日蓮峰向願得同尋舊過經
荒歲述志
荒年牢坐此窮閭前去行莊黙自占假食馬醫元是辱隱
名牛僧也何嫌天應分劑從時至道或淪沉任歲淹但得
信天翁一飽開門不問米油鹽

1. 저자

沈埈(1698~1761)의 本貫은 靑松, 字는 子固, 號는 無聞齋·慕鈍子 등이다. 현재 그에 관한 行狀이나 墓誌銘은 발견되지 않고 있다. 『靑松沈氏大同世譜』에는 1735년(영조 11)에 進士試에 합격한 뒤 淸河縣監을 지냈으며 學行으로 南臺(司憲府 掌令이나 持平)에 천거되었다고 하였으나, 『司馬榜目』에는 그의 이름이 없다. 문집 9권이 있다고 하였는데, 이는 현전 『無聞齋集』 9책을 지칭한 것으로 보인다.

가계는 고려조의 沈洪孚를 시조로 삼아 沈淵, 沈龍, 沈德符로 이어져 오다가, 7대조인 沈鉉부터 參奉公派라는 別派를 이루게 된다. 沈鉉은 中宗 때 사람으로 典牲署 參奉을 지낸 인물이다. 이후 沈宗範(珍原縣監), 沈俅, 沈之河, 沈僔(高祖: 裕陵參奉), 沈之瀛(曾祖), 沈檷(祖父: 新溪縣令)에 이르기까지 고관에 이른 사람은 없다. 부친 沈尙元(1673~1746)도 벼슬에 나아가지 않고 부인 順興安氏(1672~1742)와의 사이에서 3남 4녀를 낳았다(족보에는 2남 3녀만그의 기재됨). 심태는 그중 장남이며, 아우는 沈壔로서 벼슬이 없었다. 沈尙元의 사위는 李時泰(족보에는 李始泰로 기재됨), 李元復, 具聖彦이었다. 또한 심태는 扶安金氏, 安東金氏, 咸從魚氏 등 세 부인에게서 두 아들 沈漢鎭·沈汝鎭과 두 딸을 두었다. 아들 대에서도 벼슬에 나아간 사람이 없다.

그의 출생지는 확증하기는 곤란하나, 외조부인 安基가 北嶽山 밑 彰義洞에 살았고 부모 역시 젊은 시절에 이곳에 거주했다는 것으로 미루어 彰義洞에서 태어났던 듯하다. 1721년 무렵에는 북악산에서 聖能禪師와 수창한 흔적도 보인다. 하지만 어떤 연유인지는 모르겠으나 대략 1730년부터 1738년에 英陵參奉으로 나아가기 직전까지는 忠淸道 洪城郡 結城邑 인근에 머물며, 충청도 각지를 비롯하여 廣州, 龍仁, 楊州의 白郊(季妹의 집), 京師 등을 오가고 있다.

어려서의 행적 중 주목할 만한 내용은, 부모의 만류에도 불구하고 『周禮』·『儀禮』·『國朝五禮儀』 등의 禮學書에 특별한 관심을 가졌다는 것이다. 예컨대, 권13의 <襍錄下>에는, '14~15세 무렵에 科文을 공부했지만 『周禮』·『儀禮』 등을 보기를 매우 좋아했다. 그래서 時俗에 이런 책이 매우 드물었음에도 이를 구해보고자 노력했는데, 家大人이 急務가 아니라면서 금지시켰다. 하지만 이에 대한 관심을 버리지 못하고 숨어서 공부했기 때문에 한편으로는 과거공부를 등한시했다'는 기록이 있다. 권8의 「先妣事實」에도 심태가 '어떤 사람에게서 『國朝五禮儀』를 사려 하자 모친이 집에 책이 많은데 무엇 하러 이를 사느냐고 나무랐는데, 그 자신이 禮學書에 癖이 있다고 답한 뒤 책을 구입하게 되었다'는 내용이 있다. 당시의 家藏書 목록은 권8의 「先世事實」에 비교적 자세하거니와, 일찍이 禮學에 관심을 가진 것은 陵參奉과 典牲署 主簿로 나아가는 훗날의 官歷과도 밀접하게 관련된다.

그의 官歷은 권1~4의 詩集 등을 통해 개략을 유추할 수 있다. 이에 따르면, 그는 1738년에 廣州의 英陵參奉으로 나아가 1740년에 義禁府의 金吾郎이 되었으며, 1741년에 금오랑의 자격으로 咸興·明川까지 다녀왔다. 그러다가 1741년에는 穆陵參奉을 거쳐 典牲署 主簿가 되었으며, 1751년에는 泰齋에서 太倉으로 直所를 옮기기도 했다. 이 사이 자신의 직분과 관련하여 『茶禮要見』 3권 등을 저술했으며(1750년), 1751년 윤5월 28일에는 桂坊 翊贊의 자격으로서 東宮의 書筵講義에 참석하기도 하였다. 1751년 8월은 그의 생애에서 가장 영광된 때였다. 이 달에 그는 慶尙道 淸河縣監으로 부임하여 牧民의 포부를 펼쳐볼 수 있었던 한편으로 경상도 일대를 돌아볼 수 있었다. 그는 이곳에서 1756년 6월까지 머물렀다.

서울로 돌아온 뒤에 그는 禮學, 특히 喪禮의 저술에 매진했던 듯하다. 권5의 <喪祭禮>는 대략 졸년 1년 전인 1760년 무렵에 쓰여진 것으로, 여기에는 喪祭와 관련된 제반 사항을 기술해 두었다. 이는 어쩌면 자신의 죽음에 대비한 저술이자, 한편으로는 자신의 학문적 特長을 발휘한 책이었다고 볼 수 있다.

기타, 그가 교유한 인물로는 兵使 趙允成, 參判 趙命采를 비롯하여 吳遂元, 吳遂采, 李錫杓, 李養正, 元景濂, 許采 등 관리들이 많았으며, 직접 교유한 흔적은 보이지 않으나 李秉淵의 시에 次韻한 예가 더러 보인다.

2. 구성

『無聞齋集』은 전체 9책 14권(<茶禮要見>을 3권으로 나눌 경우는 총 16권)으로 구성되어 있다. 표지에 每冊當 每1卷(총 9권) 꼴로 卷次가 매겨져 있으나 卷首의 卷次는 이와 다르다. 전체 원문에 수정 부분이 없이 淨寫되어 있는 점, 타인의 細注가 적지 않게 적혀 있는 점으로 미루어 후손이 정리한 책이라 추측된다. 冊次와 卷首의 卷次를 밝히면서 그 개략을 보이면 다음과 같다.

제1책 권1: 七律·七絶·七排 등 대략 462제 553수의 시.
제2책 권2: 七律·七絶 등 대략 479제 578수의 시.
제3책 권3: 七律·七絶 등 대략 455제 639수의 시.
제4책 권4: 五律·五絶·五古 등 대략 376제 570수 시.
제4책 권5: <喪祭禮>.
제5책 권6: <疑禮問答>.
제5책 권7: <喪禮>(<愼終志>·<丙寅居憂日錄> 등).
제6책 권8: 行狀 6편, 제문 29편.
제6책 권9: <帝王>(國家 祭禮), <在邑時>(淸河縣監 시절의 祭禮)
제7책 권10: 記 9편, 序 2편, 說 4편, 榜文 1편, 書 26편, 잡문 3편.

제7책 권11: <經義>(「書筵講義」·「周禮考疑」 등).
제8책 권12: <襍錄>.
제8책 권13: <襍錄下>·<性理>·<禮樂>·<異端>.
제9책 卷終(14): <茶禮要見> 권1, 2, 3 및 附錄.

전체적으로 정연한 짜임새를 지닌 문집이라 하겠는데, 喪祭禮에 관한 저술이 많다는 것, 詩 중에서는 七言近體詩가 압도적 비중을 차지한다는 것 등을 특징으로 꼽을 수 있겠다.

3. 내용

卷次에 따라 그 내용을 개괄하기로 한다.

제1책 권1: 七律·七絶·七排 등 462제 553수쯤의 시가 실려 있는데, 1730~1733년까지의 작품을 수록하였다. 대략 여섯 시기로 나뉜다. 1) 「客寓年久殊無聊況回居故山每有重返之志遂賦一首」·「荒歲述志」부터 「向化村在結城縣西偶坐卽事」·「四月下河亭路中」(세주: 此已上辛亥冬壬子春間作, 이상 1731~1732년), 2) 「楓嶽」·「偶得兼字」부터 <禮山赴試錄> 소재 몇 작품(「主嫗」·「笋」·「女婢」 등)을 거쳐 「立春作」·「松蟲」까지(1732년 무렵), 3) 「閏五月八日聞季妹病重卽日登途」(세주: 壬子作)·「閏五月十七日記夢」부터 季妹의 問病과 관련된 시를 거쳐 「白郊食靑太」·「爲病妹問藥入城」·「秋夕夜白郊作」·「板橋店曉發」·「拜外王考妣墓在龍仁」 등(1732년 무렵), 4) 「到君擧泉谷新居賦示卽懷」(세주: 癸丑)」·「同美卿文卿拈農巖集韻」·「李一源和章」·「隣寺有槐新葉方生家婢欲和餠求之僧人不許」·「稼村人持野茨菰一缸來饋」·「發白蓮庵向月谷」·「赴韓山鄕試歷入無量寺」·「病栖近市」 등(1732~1733년), 5) 「呈主守朴公敏古」(세주: 庚戌錄當在辛亥壬子上)부터 「白江懷古」 등 수십 수(1730년 무렵), 6) 「復用人國卦三名體」(세주: 辛亥錄) 이하 「車里唱和錄」·「白郊見臘雉人持藥炮入林次」 등 수십 수(이상 辛亥錄, 1731년).

이상의 시편들은 結城, 稼村(田莊이 있었던 곳으로 추측됨) 등의 충청도 일대 및 龍仁, 楊州, 京師 등을 왕래하는 중에 쓴 것이 대부분이다. 그러면서도 두드러진 특징이 발견되는바, 첫째로 특이한 소재를 다룬 작품이 많다는 사실이다. 「妓嫗」(늙은 기생의 몸값을 소재로 한 시)·「膝痛」·「食李」·「眼疾」·「拙書」(자신의 졸필을 소재로 한 시)·「借乘」·「蓋屋」·「悲畜犬」·「隣寺有槐新葉方生家婢欲和餠求之僧人不許」·「公糴」·「新喫麥粥」·「病栖近市」·「稼拙」·「白郊見臘雉人持藥炮入林次」·「甲第」(長安 甲第를 상상한 시) 등이 그러한 예이며, 「赫居世」·「秦檜」·「八陣圖」 등 古詩에 적합한 소재를 구태여 七言近體로 쓰는 것도 독특하다. 두 번째로 詠物詩가 많다는 사실이다. 「茗」·「硏」·「詠蟹」·「芹」·「雉」·「決明」·「鳳」·「牛」·「爲圃」·「松蟲」·「杵臼」 등 허다한 시가 보이는데, 이는 아마도 자신의 체험과 관찰을 시화하려는 욕구가 과거시험에 대비한 作詩鍛鍊과 결합된 것으로 추측된다.

제2책 권2: 七律 · 七絶 등 479제 578수쯤의 시가 있는데, 1735~1744년의 작품을 수록하였다. 시기를 준용하면 대략 12가지로 나뉜다. 1) 卷頭의 乙卯(1735) 표시 직후 「運元坐言事黜補咸悅翌年丙辰春過之書贈」·「留咸悅夜拈藥泉集韻同主人及李伯深贈三首」부터 「稷山德寧店雨宿」·「龍仁道中得一聯句」·「押鷗亭」·「留京」·「自勉」·「自悔」 등 수십 수(1735년), 2) 「僑居卽事」(세주: 烟巖錄, 丙辰十月十二日自二橋利寓紫烟巖冶谷李丈宅)부터 「龍仁道中」·「郊寓卽事」·「過慕華館山臺」·「二橋晨興」·「大殿延祥詩代人作」 등(1736년작 烟巖錄으로 추측됨), 3) 「詠江西三人戊午」·「郊行」부터 「自樂」·「大暑」·「作科儷」·「稻飯」·「寓中書懷」 등(1738 무렵), 4) 「赴英陵齋所」(세주: 驪遊錄 戊午)·「夜聞杜鵑」 이하 「齋室卽事」·「英陵」·「贈敬彦蔡膺一」·「淸心樓」·「甓寺」·「豆彌舟中」·「齋中官味」·「巡山」 등 백여 수(驪遊錄, 1738년 英陵參奉時), 그리고 「齋居己未」부터 「巨餘美楸下」·「發困知巖」 등(1739년), 5) 「舟滯笠巖」(세주: 江行錄 三月晦)·「雨中發王垈下二十灘」부터 「梨浦舟中」·「月溪」·「曉下豆彌」 등 10여수(江行錄, 1739년 무렵), 6) 「山中」(세주: 鷽齋錄)·「食櫻夜話」부터 「課巡山軍」·「秣馬」·「雨後齋軒納凉」 등(鷽齋錄, 1739년 무렵), 7) 「自英陵官移江監郎」·「江監直中」(이상 1739년 무렵) 및 「大廳直」·「宿禁府依幕記聞」·「堂直曉吟」·「金吾直中志愧」·「堂直襍咏」·「閑中日課」·「金吾書事」 등 근 100수(1740년 무렵), 8) 「金化客館」(세주: 辛酉正月 北遊錄)·「鐵嶺」·「咸興」·「明川道中」·「記遊」 등 일련의 北關行路詩와 侍中臺, 北靑, 定平, 德源을 거쳐 歸京하는 길에 지은 「吉州途中」·「觀海」·「侍中臺」·「德源途中」·「宿新安驛」·「追述北遊所懷」 등(北遊錄, 1741년), 9) 「辛酉正月豬日堂直曉吟」(1741) 및 穆陵參奉 시절의 「穆陵齋室」·「齋中述懷」 등 10여수, 그리고 典牲署 主簿 시절의 「牲署作」·「署中諸吟」·「向忠州地過三田渡書感」·「望鳥嶺」·「直中晩詠」·「除夜直中」 등 수십 수(1741년 이후), 10) 「鮒魚」(세주: 山洞集 甲子)·「鯛魚」·「烏賊魚」·「鷄鳴」·「鷄隊」·「喫豬」·「鱖魚」·「鰱魚」·「缸魚」·「銀魚」·「汲匏」·「汲桶」 등(山洞集, 1744년)을 비롯하여, 「讀朱子大全」·「哂竺學」·「理疴」·「市居有得」·「讀字書」·「翫數」·「數學」·「胡桃」·「閱鍼經」·「聖言」·「褫」 등, 11) 성균관 유생시절의 작품으로 보이는 「居泮」·「居齋雜詠」·「食堂書懷」 등 몇 수, 12) 散錄이라 하여 수습된 「自遣」(세주: 散錄)·「茶飯」·「猫」·「朱子」·「警心」 등 수십 수.

이상의 시편들은 관직에 종사하면서 지은 것이 대부분이다. 주목되는 작품은 「過慕華館山臺」(세주: 사신이 오면 국가가 儺禮都監을 설치하여 木假山을 만들고 여러 異觀과 樓臺, 林木, 人獸 따위를 갖추어두는데 이것을 山臺라고 한다), 「作科儷」(매일매일 일과로 한 편씩을 짓지만 단지 문자놀음에 불과할 뿐 修身에 관계되지는 않는다는 내용), 「哂竺學」(불교 비판), 「市居有得」(시장 묘사), 「數學」(수학이 헷갈린다는 내용) 등이며, 기타 「齋中官味」에서 나타나는 흡족함(夜有書油山有景, 君恩到此最爲多), 「記遊」 및 「追述北遊所懷」에서 토로된 만족감(금

오랑으로서 북관을 기행하게 되었음을 감사하는 내용) 등이 눈에 띤다. 한편 권1과 마찬가지로 특이한 소재를 시화한 작품이 많은데, 「病坐厠上記所見」처럼 병들어 厠間에 앉아서 '雪中三柏'의 剛氣를 흠모하는 것이 있는가 하면, 山洞錄 소재 작품에서 보이듯 각종 물고기를 소재한 시들도 매우 특색이 있다.

제3책 권3: 七律·七絶 등 455제 639수쯤의 시가 있는데, 1745년부터 1759년 무렵까지의 작품을 실었다. 이를 정리하면 다음과 같다. 1) 卷頭의 乙丑(1745) 표시 직후, 「莫春疊塵字呈寒松兄」·「莫春書懷」부터 「爲學」·「讀朱子詩」·「周公」·「風鐸」·「題不垢亭牲署蓮亭」·「北郊厲祭進牲日有作」·「因祈雨祭進牲上木覓山」·「觀漢魏以下諸家詩」·「自省」·「詠道」·「自詠」·「書懷」·「卽事」 등 백여 수(典牲署 主簿 시절, 1745년 무렵), 2) 「自得」·「新木」부터 「歎衰眠」·「節言」·「時」·「讀南華經」·「惺惺」·「吾道」·「讀退溪集」·「達磨」·「自傷」 등 백여 수(1746년 전후), 3) 「畢喪後感題己巳」·「寓舍見先人手種柳櫻泣題」 등 십여 수(1749년), 4) 「春日直中泰齋書事庚午」·「齋中卽事」·「齋燈」·「馬耕歌」·「厠上有省」 등 백여 수(1750년 무렵), 5) 「自泰齋移太倉辛未二月」·「直上太倉」·「臥牛山」·「厲祭卽景」 등 수십 수(1751년), 6) 「辛未八月初四日除拜辭陛」(세주: 南征錄 淸河)·「留贈柏谷金台尙星」·「龍仁道中」·「到淸河官」부터 「東京襍詠」 등 慶州, 永川을 지나며 쓴 시 십여 수(南征錄, 1751년), 「內延上湫示李友直甫絳甲戌」·「老懷」·「吏隱」·「長鬐縣」·「驛程」·「七政堂卽事」·「三月盈德道中」·「過慶州安康縣店感古」·「淸河縣」을 비롯하여 浦港·慶州·長鬐·盈德·靑松·興海·安東 등을 돌아보고 남긴 일련의 이백여 수(이상 1752~1754년), 7) 1756년 6월에 서울로 돌아오면서 쓴 「自忠州新倉津取舟向京過驪州兩陵望北城山感吟」·「舟到廣津望終南喜吟」·「到京書感」부터 「樂志」·「閒居樂」·「六十」·「率性」·「心經」·「誠」 등의 수십 수(1756년 무렵), 「忌月初二日丁丑十月」·「靜」·「動」 등 십여 수(1757년), 「夜聞村砧」·「敬」·「城南新居」·「市居卽事」 등 십여 수(1758년 무렵), 8) 前後雜錄이라 하여 「朱陸」(세주: 前後襍錄)부터 「日本」·「論語」·「自樂」·「日用」·「靜勝」 등 수십 수를 거쳐 「泣思亡弟几筵」(1758년)·「老脚」·「道峰尋院日作己卯」·「頭風」·「冷突」·「思賢」 등까지의 수십 수(1759년 무렵).

이상의 시편들은 크게 典牲署 主簿 및 淸河縣監 시절의 작품, 그리고 상경 이후의 작품으로 구성되었는데, 그 사이에는 정서적 격차가 내포되어 있다. 즉 典牲署 主簿 시절의 경우, 그는 「自詠」에서 '차라리 산에 들어가 木石이 되겠다'는 심정을 토로하기도 하고, 「書懷」·「卽事」 등에서 '공부는 힘이 모자라고 게다가 정신이 혼미해진다'고 하면서 상당한 自愧感을 노출하였다. 「達磨」에서 '인간세상 곳곳이 벽이 아닌 데가 없으니 崇山에서 面壁한 達磨는 헛수고만 한 셈'이라고 한 것, 「自傷」에서 '耕과 學 어느 것에서도 얻은 것 없이 천지의 腐儒가 되는가 싶어 한탄스럽다'고 한 것도 같은 맥락에서 나온 정회이다. 그러나 청하현감 이후의 시기에는 「吏隱」에서 '海上에서 넉넉히 노니는 한 사람의 布衣이니, 시원스레 吏隱이 되어 절로 機心을 잊는다'고 하였듯이, 전반적으로 충만한 정서를 노래하고 있다. 기타 시의 소재와 관련하여서는, 이전의 시기처럼 이색적 소재가 높은 비중을 차지하는 것은 아니지만, 「爲學」·「自省」·「時」·「惺惺」·「吾道」·「六十」·「率性」·「心經」·「誠」·「靜」·「動」·「敬」·「日用」·「靜勝」 등에서 보듯 노경의 학자에게 어울리는 철학적 개념이나 삶에 대한 반성을 시화한 예가 많다. 아울러 文學史觀과 관련하여, 「觀漢魏以下諸家詩」에서 '詩史가 비록 正과 變으로 뒤섞여 있지만, 大眼을 갖추면 天地間에 버릴 시는 아무 것도 없다'고 한 내용을 참조할 만하다.

제4책 권4: 五律·五絶·五古 등 376제 570수쯤의 시가 있는데, 해당시기는 권1~4에 대응된다. 내용은 권두의 "辛亥壬子錄湖寓時"라는 표시 직후, 「次韻子涯荒歲稼寓書事」·「書示兩小女」·「咏豕」·「訪鎭川李運元」·「自勉」·「稼村幽居」 등(1731~1732년), 「疇卿宅遇金聖希使拈恬軒集韻與主人共賦已下癸丑甲寅錄」·「到板橋」 등(1733~1734년), 「除夜隱橋作已下乙卯錄」·「陽城途中」 등(1735년), 「廣津」·「厠上吟」 등(1738년), 「齋室己巳泰齋」(1749년), 「元日直中庚午」·「集朱詩襍咏齋中十三首」·「焚香七首」·「漫集朱詩」·「集唐詩襍咏」(12수)·「集袁中郎」 등(1750년), 「以先蠶進排官在壇所作(辛未移太倉)」(1751년), 「東郊行」(세주: 穆齋錄」), 「永平道中」·「咸興」·「久客」·「鬼門關」·「望鏡城」·「北關襍咏」 등(이상 北遊錄), 「發刈所」·「禜祭」·「代人送信个之日本集唐詩」(10수)·「集陶朱兩翁詩」·「送信介雜咏」(6수),·「通集文儒諸家詩漫題一首」·「侍中臺集唐」·「驢」·「食雁」·「豕」·「觀市篇」·「冊」·「方木枕」·「月食」 등(이상 典牲署 시절)·「居齋雜咏」·「六畜咏」·「鳩」·「雁」(1744년), 「丹月驛」·「癸酉內徜春帖」·「迎日途中」 등 수십 수(이상 淸河縣監 시절)가 있고, 끝에 散錄으로서 「除夕次君擧韻」(세주 散錄)·「集唐詩」(9수)·「城居自樂」·「集朱詩記淸河舊遊」(2수)·「集朱詩襍咏」(10수)·「外王父忌日」 등이 있다. 또한 이 卷에는 군데군데 「讀莊子」·「四言三章」·「處事吟」·「四卉吟」·「文房五詠」·「岸楊二章」·「自遣」 등과 같은 四言詩가 포함되어 있다.

이상의 시편들은 感懷詩 및 旅程·奉職 중에 남긴 시 등에 있어서 七言과 비슷한 경향을 띠며, 七言과 마찬가지로 古詩가 드물다는 특징이 있다. 古詩는 「見瞽」·「金銀花歌」·「夜坐詩」·「觀市篇」·「霖雨歎」·「蚊諷」 등으로 그 수가 적다. 이중 「觀市篇」은 근 50구의 장편고시로서, 商行爲를 회의적으로 보고는 있으나 전반부에 시장의 각종 물품 및 거래모습에 대한 묘사가 자상한 편이다. 그런데, 여기에 수록된 시편이 七言과 대조되는 가장 큰 특징은 集句詩가 매우 많다는 것이다. 「集朱詩襍咏齋中十三首」·「漫集朱詩」·「集唐詩襍咏」(12수)·「集袁中郎」(이상 1750년, 「代人送信个之日本集唐詩」(10수, 전생서 시절)·「集陶朱兩翁詩」·「送信介雜咏」(6수)·「通集文儒諸家詩漫題一首」·「侍中臺集唐」·「集唐詩」(9수)·「集朱詩記淸河舊遊」(2수)·「集朱詩襍咏」(10수) 등이 그러한 예이다. 이들은 시기상으로는 전생서 시절 이후에 제작되었으며, 집구 대상은 대략 朱子詩와 唐詩로 나뉜다. 독특한 것은 袁宏道의 시를 집구한 것인데(「集袁中郎」), 이로 보아 그 역시 당시의 적지 않은 문인들이 그랬던 것처럼 원굉도를 주시하고 있었음을 알 수 있다. 이점은 권8의 「先世事實」에서, 부친의 園藝趣味를 원굉도와 관련시킨 細注의 내용과도 연관될 수 있다. 또 다른 특징으로, 七言에서와는 달리 여기에는 詠物詩가 상대적으로 감소하였다는 점을 들 수 있다. 「驢」·「食雁」·「豕」·「冊」·「方木枕」·「六畜咏」(鷄, 犬, 豕, 羊, 牛, 馬)·「鳩」·「雁」 등이 있기는 하지만 수량이 훨씬 줄었다.

제4책 권5: 喪祭禮에 관한 저술을 수록하였다. 몰년 1년 전인 1760년경에 쓴 것인데, 喪祭의 제반 사항에 대해 圈點을 찍어 항목별로 기술하였다. 도입부에, '평소 喪事 등의 예절을 소홀히 넘기다가도 실제 이런 일에 닥치다 보면 어찌할 줄 모르고 탄식하는 경우가 많은데, 미리 대비하는 것이 현명하다'는 뜻을 밝혔다. 이하 죽음 직후의 조치, 告喪, 大斂, 喪服, 沐尸, 練祭, 焚香, 服喪 期限, 祝辭, 服喪中 他人喪에 대한 대처, 祭需, 祝式, 子喪의 상복, 벼슬 중의 喪禮, 位牌의 배열, 籩豆, 薦新法, 산소 자리, 과일 祭品의 종류, 亡子의 호칭, 祭享과 茶禮, 喪이 겹쳤을 때의 조치, 망자에 따른 祭文의 문구, 제사 때의 마음가짐, 타향에서의 忌日 대처, 籩豆陳設圖, 常時朝夕設食圖, 墓表石 등을 기술하고, 마지막 부분에 「母服」·「婦爲舅姑」·「改適母服」·「嫂服」·「朋友復」·「同僚服」·「師服」 등을 따로 분류하여 비교적 자세하게 설명하였다. 李宜顯, 金始炯, 趙緯韓, 蔡裕後 등의 先賢을 비롯하여, 人家의 습속, 주변인사 및 자신의 경험담 등을 설명의 근거로 삼은 곳이 더러 보인다.

제5책 권6: <疑禮問答>을 수록하였는데, 주로 喪祭禮와 관련된 타인의 질문에 편지로 답한 내용들이다. 작성시기는 청하현감 시절 전후였을 것으로 보인다. 「答金哀聖濂」·「答李吉甫泰徵」·「答具子順允斌」·「答李運元」·「答李君則」·「答趙別檢榮弼」·「答金哀聖濂」·「又答聖濂」·「答吳生泰昌」·「答郭穉久」·「答李哀世演」·「答人」·「答李綏之」·「答李生景遠」·「答李哀厚源」·「答林哀象九」·「答金湖趙台命教」·「答堂侄箕鎭」·「答免姪翼鎭」·「答堂侄鼎鎭」·「答林哀元用」·「答宗人鐄」·「龍岡士子禮疑問目」·「答金用汝聖說」·「答景寬鏡宗人」·「答君則李彝章監司」·「籤李君則宗語」·「答李哀君則」·「答李哀昌奎」·「答姓姪載鎭」·「答趙幼安」·「又答」이 있다. 先賢의 논설 및 관련 전적 등에 의거하여 친절하게 설명한 것이 돋보인다. 구체적 내용은 개괄하기 어렵지만, 李君則에게 답변한 내용을 예로 들자면, 祠堂의 계단 설치, 神主의 방향, 祝文紙의 색깔, 제문 작성상의 文句, 사당의 설치 칸 수, 龕室의 포장 재료, 時祭 때의 허리띠 색깔, 제삿술·醬·脯肉·魚肉의 종류 등 節目의 세부적 적용과 관련된 것이 많다. 한편 이 卷의 후반부에는 圈點을 찍어 항목화하면서 의문의 소지가 있는 것 수십 가지를 설명하였는데, 역시 喪祭禮와 관련된 것들이 대부분이다.

제5책 권7: 喪禮의 實例로 <愼終志>·<丙寅居憂日錄> 등을 실었다. 먼저 <愼終志>는 1742년 8월 11일, 모친이 二橋에서 돌아가신 직후부터 날짜순으로 상례의 절차에 따른 행사를 소상하게 적은 것이다. 끝에 「送終諸具」, 「祥祭庶品記」, 「禫祭陳設圖」가 붙어 있다. 다음으로 <丙寅居憂日錄>은 부친상의 처리과정을 적은 것인데, 부친이 1746년 7월 병에 걸려 10월 14일에 下世한 직후부터 날짜별로 楔齒, 小殮, 大斂, 入棺, 成服, 上食, 漆棺, 初虞, 再虞, 三虞 등의 과정을 기록해 두었다. 중간에 「初喪諸具」(沐浴), 「襲具」, 「唅具」, 「小殮具」, 「大斂具」, 「斂所諸具」, 「靈座具」, 「靈牀具」, 「祥祭品圖」 등이 있으며, 계속해서 「變服之節」, 「告辭」, 「禫祭時」(陳設圖), 「吉服之節」, 「吉祭」 등으로 세분하여 이와 관련된 행사를 기록하였다. 이하 「丙寅錄」(1746년), 「丁卯錄」(1747년) 등에서는 부모의 묘소에서 행했던 제례를 기록했으며, 이외에 「亡室淑人安東金氏喪葬小記庚申」(1740년)·「六世祖考贈左承旨府君祖妣淑夫人延安金氏神主埋安節次」·「六世祖考妣祠宇時移奉告辭」·「五世祖考妣祠宇移奉最長房時告辭」·「庚辰三月十八日告春祭卜日祝」·「普光山始祖墓表印還告文」 등을 소개하였다. 이들 역시 각종 절차가 상세하게 기술되어 있는바, 자손과 후인들에게 참조자료로 제공하려는 의도가 개입되었을 듯하다.

제6책 권8: 行狀 6편과 祭文 29편이 실려 있다. 먼저 행장의 경우, 부친 沈尙元의 삶을 기록한 「先世事實」이 첫머리에 나오는데, 태생, 字號, 성장, 학습, 疾病事, 소장 도서, 독서와 저술, 생활 태도, 취미, 沒年 등을 차례로 기록해두었다. 이에 따르면 부친은 律詩 1,000餘首를 지었을 정도로 詩作에 능했고, 族譜學에 밝았으며, 梅竹을 잘 그렸으나 중도에 폐기하였다고 한다. 또한 매우 근면하여서 틈 나는 대로 나무를 심고 접을 붙이곤 했는데, 특히 彰義洞과 三淸洞에는 심어 놓은 나무들이 많았으므로, 과일이 풍부한 것을 기념해서 자신이 사는 곳을 珍果洞이라 이름지으려 했을 정도였다고 한다. 이외에 주목되는 기록으로 부친의 所藏書가 제시되어 있는데, 手寫本七書, 經典 講式 5권, 『天葩』(杜甫, 李白, 古風, 韓愈, 李東陽, 唐音 등을 필사한 것), 『玉芝』(唐音, 黃庭堅, 蘇軾, 『唐詩鼓吹』, 宋律 등을 필사한 것), 『陶靖節詩』, 『濂洛風雅鈔』, 『淸言解穢鈔』(類書), 『玉淸秘訣鈔』(『世說新語』, 雜詩, 序 등을 초록한 것), 歌謠 필사본 1권, 科體를 적어둔 필사본 몇 권, 『五條問答』(四書에서 의심부분을 설명한 것), 東文 가운데 賦表箴銘 등을 적은 것 몇 권, 『三綱行實謄本』, 『千字文』·『訓蒙字會』·『說文解字』, 그리고 기타 醫書와 臨摸本 등 많은 책이 있었다고 기술하였다. 끝에 「先考遺詩斷句」라 하여 얼마간의 시편을 모아두었다.

다음으로 「先妣事實」이 있는데, 어려서의 자질과 총명함, 평소의 성품, 奉祭祀 및 시부모 봉양, 모친과 친했던 인물 등을 적어두었다. 이에 따르면, 모친의 말벗으로 持平 趙允濟의 모친 金氏(監司 金盛迪의 女: 어릴 적 彰義洞의 이웃), 廣州府使 李錫杓의 모친 宋氏(宋相琦의 女: 심태가 廣州에 있을 때 사귄 분), 外母 趙氏(趙允濟의 큰 고모이자 相國 閔鎭의 장자 閔安洙의 부인; 심태가 광주에 있을 때 사귄 분) 등 세 부인을 들고 있는데, 심태 역시 이들 仕宦家 가계의 인물들과 교분이 깊었다. 또한 모친은 女史를 널리 보았으며 손수 『朴學士傳』 諺本 1책을 필사하기도 했다. 심태에게 '學業도 좋지만 家間事를 소홀히 해서는 안된다'는 훈계를 남기기도 했다.

계속해서 具聖彦에게 시집간 막내 여동생의 삶을 다룬 「具妹行錄」에서는 특별한 현상이 눈에 띈다. 그것은 그녀의 본명 즉 沈敏惠를 명시한 것인데, 이런 예는 행장 일반에서 매우 드문 것이다. 그녀는 楊州의 白郊에 거주한 것으로 되어 있다. 이하, 「外王考進士安公行狀」은 부친의 장인인 安基에 관한 행장으로, 망자는 禮山縣에서 이주하여 彰義洞에서 살았으며 龍仁에 묻힌 인물인바, 심태는 京鄕을 오가는 길에 그의 묘소에 들르곤 했다. 이어서, 「亡失淑人扶安金氏行狀」은 장인인 金坤에 대한 묘사로써 서두를 연 것이 이색적인데, 그는 湖西의 連山縣에서 京師 근처로 이사하고자 하여 婚處도 서울에서 구하였고, 그 결과 심태를 사위로 선택했다는 내용이 있다. 또한 아내 김씨 부인의 재산이 넉넉했으며, 결혼지참금으로 가져온 錢米를 시부모에게 맡기고 검소하게 살았다는 내용이 눈에 띈다. 행장 부분의 끝에는 36세로 졸한 姊兄 李元復의 삶을 기록한 「姊兄生員李公行狀」이 있다.

행장에 이어 제문 29편이 나온다. 제목은 「祭伯姑文」·「祭亡室淑人安東金氏文」·「祭外母光山金氏文戊辰」·「祭季妹文己卯朔」·「祭舍弟室李恭人文」·「祭外兄果菴文」·「祭亡女趙氏婦文」·「祭姊兄李公大始文」(李元復)·「祭澹軒先生李公文丙午」·「祭曺判決事景顔丈夏奇文」·「祭吏曺正郎曺季明文」·「又代人作」·「祭趙長城命宗文」·「祭趙高陽命宰文代人作」·「祭文代人作」·「祭舍季子涯文」·「祭林應敎珖文代人作」·「祭元氏婦曺孺人文」·「祭故敎官李公必興夫人豊城趙氏文」·「寒食送祭亡室淑人金氏墓文」·「祭始祖衛尉丞府君墓文」·「家廟考妣合櫝因端午茶禮擧行告文」·「考妣合櫝日亡室扶安金氏韜櫝告改文」·「考妣合櫝日亡室淑人安東金氏告文」·「祭李叔度德謙文」·「長女醮禮後追告家廟文」·「次女醮禮後追告文」·「送痘神文」·「祭趙兵使允成文」이다. 제문이 적지 않은 까닭은 아마도 그가 평소 喪祭禮에 관심이 많았던 것, 官歷이 이와 관련되어 있다는 것 등에서 이유를 찾을 수 있을 듯하다. 이들은 제문의 정식대로 哀悼의 뜻을 살린 예가 대부분인데, 그 중에서도 長文인 「祭亡室淑人安東金氏文」은 '천하에는 情과 理 두 가지 있을 뿐'이라는 서두의 명제를 관통시킨 매우 조리 있고 문학적인 글이다.

제6책 권9: <帝王>과 <在邑時>로 나누어 喪祭禮에 관련된 내용을 정리하였다. 먼저 <帝王>은 전생서 주부를 지낸 이후에 쓴 것으로 추측된다. 대체로 국가적 단위의 제사와 관련된 예절을 소개하였다. 권점을 찍어 항목화하면서, 南壇 祭祀, 禫祭, 祭服, 太廟 神榻, 社稷 告祭, 典牲署 犧牲, 山陵 屛風石, 陵享素饌, 宗廟祭禮, 禜祭, 太廟位版, 祭物, 祭官, 祈雨祭, 日祭 月享 歲祀, 祝文, 祭器, 朝祭時 君臣位版, 陳設圖, 祭禮時 樂章 등을 차례로 소개하였고, 바로 이어 「大報壇祭物」·「宗廟朔望祭物」·「五享大祭祭物」 등의 祭品을 열거한 뒤, 다시 제사의 종류에 따

른 각종 제물을 항목별로 소개하였다. 祭物 기록 중에는 특히 犧牲에 관한 내용이 많으며, 간간이 자신의 경험을 토대로 발언한 것이 보인다.

다음으로, 淸河縣監 시절의 제례를 종합한 <在邑時>에는 玉山書院 參謁時의 제례, 望闕禮, 土神祭, 鄕校 犧牲, 釋奠, 官衙의 秋祭 등 수십 가지를 항목별로 기술하였으며, 이어 「淸河縣社稷神室新瓦改盖時移安告祝」·「城隍告祝」·「還安告祝」·「城隍告祝」·「淸河縣社稷大祭牲體陳設法」·「淸河縣厲祭牲體陳設法」·「內延山祈雨祭祝文」·「內延山龍湫祈雨祭祝文」·「社稷祈雨祭文」·「土龍祈雨祭文」·「興海騎龍山祈雨祭祝文」·「興海曲江祈雨祭祝文」·「興海滴水巖祈雨祭祝文」·「興海社稷祈雨祭祝文」·「內延湫龍四次祈雨祭祝文」·「內延山后土祭祝文」·「淸河釋奠大祭諸執事」·「城隍發告厲祭」·「淸河釋奠祭牲肉陳設式」·「官家籩正式」·「甲戌春定式」 등을 수록해 놓았다. 말미에는 자신이 주관했던 春祭, 秋祭 등을 항목별로 기술하였다. 이 卷은 자신의 직분 및 관심사를 최대한 반영한 저작이었다고 볼 수 있다.

제7책 권10: 記 9편, 序 2편, 說 4편, 榜文 1편, 書 26편, 雜文 3편이 묶여 있는데, 동종의 문체가 앞뒤로 混在된 부분이 있다. 그 내용을 보자면, 「無聞齋記」는 '각자에게 내재된 忠, 孝, 信義 등을 제대로 듣지 못한다면 귀가 있다고 해도 잘 들은 것은 아니다. 그러니 스스로 無聞에서 有聞으로 나아가는 것이 바른 도리이며 이를 위해서는 꾸준히 노력하는 자세가 필요하다'고 다짐한 글이다. 無聞齋를 號로 삼았던 것과 관련하여, 이 글은 심태의 인생관이 집약된 글이라 볼 수 있다. 그 다음의 「慕鈍窩記」에서도 그의 인생관이 함축되어 있다. 이 글은 '鈍은 敏과 대비되는 氣質의 病이지만 魯鈍한 자질에서 출발하여 두 배로 정진하는 것이 바람직하다. 堂號를 鈍으로 정한 先祖 鈍菴公을 흠모했는데 이제 그 뜻을 알고 자신의 당호를 慕鈍窩로 정한다'는 취지를 담았다. 뒤따르는 「褧庵記」는 족질 沈翼鎭의 요청에 응한 글인데, 옛 제왕들이 비단옷을 입고도 그 위에 다시 褧衣, 즉 홑옷을 덧입었던 겸손한 자세를 기리는 한편으로, 심익진이 타인의 칭찬을 바라는 것보다도 爲己之學에 전념하며 학문과 선행으로 나아가기를 권면한 글이다. 논거와 추론의 과정이 돋보이는 정연한 글이다. 「英陵齋廨修補記」를 지나, 「廣李世蹟序」는 廣州李氏家 인물들의 행적을 보충하여 2권으로 저술한 李養正의 책에 써준 1742년의 글이다.

湖南 출신 張生의 시집에 부친 그 다음의 「張晦之文顯詩集序」는 그의 詩觀이 드러나 있다. 이 글은 '詩는 樂이며 敎化의 근본이다. 그래서 가르치는 자나 배우는 자 모두 그 性情을 바르게 하는 것으로 근간을 삼는다. 실례로 盛世의 시가 雅한 것은 그것을 지은 사람이 실지로 雅했기 때문이다. 그러나 훗날에는 그렇지 아니하여 陶潛 한 사람을 빼놓고는 심지어 李白도 長安市上의 一醉漢으로 귀결되었고 杜甫마저도 躁誕不拘檢하다는 비판을 받았다. 요컨대 그 사람이 바르면 그 시도 바른 법이니, 한 점의 浮躁狂傲한 기운이 없는 張生의 사람됨을 보고 그 시가 어떠한지를 알겠다'는 내용으로 요약되는바, 작가의 인격을 작품의 필수적 선행조건으로

보는 문학관이 피력된 셈이다.

계속하여, 「觀山水說」은 '천하의 기이한 산수를 찾아가 보려는 것이 인지상정이지만, 천하의 사물은 모두 常物에 불과할 뿐이므로, 결국 자신이 가진 山水를 귀하게 여겨야 한다'는 깨달음을 담은 글이고, 「草蟲說」은 '草蟲이 비록 여름과 가을 두 철에만 우는 듯하지만, 그 기운의 動과 靜으로 보면 실제로는 사시사철 내내 움직이고 있는 것'이라 하여, 간단없는 노력 끝에 善鳴을 이룰 수 있으리라는 주제를 비유적으로 형상화하였다. 이하 湖西의 結城으로 돌아가는 김군에게 준 「與金君擧還鄕文」, '흉중에서 妄發을 걸러내고 저절로 나오는 소리라야 바른 소리인데, 李幼文이 평소 저술을 많이 하면서도 그다지 사람들에게 내놓지 않음'을 기린 「无妄說贈李幼文」, 그리고 「慰曺大憲喪子文乙丑」·「送童子尹起文隨其大人使君如提川文」·「淸河縣鄕校四書三經新備記」·「淸河縣鄕校禮記新備記」·「淸河縣鄕校濂洛風雅新備記」·「淸河縣役價廳設立小記」·「淸河縣責應廳設立小記」·「明川府勸諭榜文代作」이 있다. 이중 淸河縣 鄕校에 書冊을 새로 갖추게 된 전말을 적은 일련의 글은, 목민관으로서의 그의 포부가 엿보이는 것이자, 동시에 당시 향교의 열악했던 장서 상황을 알려준다. 끝의 권유문은 農務, 學校, 訟事 등 세 가지를 소재로 삼았다.

중반부 이후부터는 별도로 <書牘>이라 표시한 뒤, 「答金聖凞鼎載戊辰」(金鼎載, 1748)·「與曺校理命采」·「與李哀運元」·「寄翰子在邑時」·「答金聖凞」·「答金聖凞」·「寄通信從事曺疇卿紆幀槎次」·「答金聖凞」·「答金聖凞」·「與李運元」·「寄韓汝溫」·「寄人」·「寄人」·「寄人」·「上巡相」·「上領府事兪公書」·「答巡相榮茶三獻疑文」·「與君擧書」·「市隱經案」·「答衿川倅李養正」·「答人三年後致弔賻書」 등의 편지글을 실었다. 이들 중에는 「答金聖凞」에서, 挈矩圖를 그려 설명하거나, 혹은 告祝 등을 비롯한 喪祭禮의 問議에 답한 내용에서 보듯이, 喪祭禮에 대한 답변이 적지 않다. 참고로, 위에서 「寄韓汝溫」 이하는 淸河縣監 이후 所作으로 보인다.

書牘에 이어 「題破唾壺」가 나오는데, 이 글은 唾壺를 잘못 두어 생질이 이를 깨뜨리게 된 일을 두고 쓴 일종의 雜文으로서 사물이 제자리에 있어야 함을 비유하였고, 그 다음의 「恕庵說」은 恕의 德을 함양하려는 南白叟의 자세를 기렸다. 계속하여 「寄家兒」는 산소에서의 祭器 陳設法을 설명한 것이고, 「題王維過秦始皇陵詩後」는 王維의 시 구절을 변증한 것이며, 「喫馬歎半篇 幷小序」는 小序만 남아 있는 글로써 자신이 季妹에게 빌려 탄 병든 말을 팔게 되어 결국 이 말이 屠戮 당한 일을 탄식한 글이다.

第7책 권11: 권두의 <經義>라는 제목이 보여주듯, 경전의 구절 풀이 등을 수록하였다. 먼저 「書筵講義」가 나온다. 이 글은 1751년 윤5월 28일, 심태가 桂坊 翊贊의 자격으로 春坊 弼善 權基彦, 說書 李宜翰과 함께 『詩經』「七月篇」을 東宮에게 강의한 일을 기록하였다. 入侍, 참가자의 역할, 문의와 답변 등을 비롯하여 당시 書筵의 전반적 과정을 기술하였다. 끝에 「擬追達」이라 하여 書筵에서 물러난 후 의문의 소지가 있는 어휘 등을 변증한 내용이 덧붙여 있다.

계속해서 圈點을 찍어 수십 가지 항목으로 세분한 다음, 역대의 전적과 논설을 근거로 삼아 經典의 요처 및 難解處 등을 설명한 부분이 있는데, 특히『周易』을 설명한 내용이 많다. 이하 「周禮考疑」에서는 역시 권점을 찍어 수십 가지 항목을 마련하면서 磬師, 鍾師, 旄人, 典庸器 등 어휘에 대한 설명과 변증을 제시하였으며 이후 祭品, 祭禮樂, 犧牲, 祭服 등에 관한 내용을 다루었다. 마지막 부분은 經典에서 주요어나 핵심 구절 등을 뽑아 이를 변증하고 있는데, 대상 경전은 『詩經』·『書經』·『易經』·『論語』·『大學』·『孟子』·『中庸』·『禮記』·『左傳』·『春秋』 등이었다. 경학에 대한 소양이 집적된 저술이라 할 수 있겠다.

제8책 권12: 권두의 제목 <襍錄>으로 되어 있는데, 이는 隨想錄과 讀書雜錄을 혼합한 형태로서 자신이 깨닫거나 확신하게 되었던 갖가지 내용 및 기타 체험과 일화 등을 잡술한 것이다. 圈點을 찍어 항목을 구분하는 체재를 유지하였다.

여기에 실린 내용은 몇 갈래로 분류하기 어려울 만큼 잡박한 편이다. 그 안의 소재 일부를 들자면, 사물의 이치, 心, 安貧, 讀書와 自得의 관계, 자신의 詩句, 科擧試驗과 山林學行의 대비, 자질과 노력의 관계, 常과 變의 관계, 讀書次第, 성인들의 治財法, 傑人에 대한 常人의 가치, 茅字와 茆字의 관계, 道聽塗說에서 塗字의 의미, 潦字와 霾字의 차이, 편지 皮封의 문구, 朱子語類 속의 글자 및 어휘 변증, 行列字 制名法, 釋奠에서의 祭服 색깔, 笏子의 이용범위, 『爾雅』의 어휘 해석, 東國書의 오류, 동국의 풍속, 식물명(예: 근대, 순무우) 고증, 韻書, 病名 '뾔야기'의 어휘변증, 東方의 僻姓, 세속의 陰陽家, 고려왕실이 용의 자손이라는 통설에 대한 비판, 중국의 試題, 술잔 고증, 東都樂府의 하나인 怛忉歌의 고증, 律詩沿革, 科文과 古文의 관계, 각종 식물과 기물의 고증, 律詩 작법의 금기사항, 烽火, 28宿 등이 있는데, 이들은 일정한 질서를 배제한 채 자유로운 서술방식을 취하였다. 그중 흥미로운 바는, 부모를 모신답시고 官德(세주: 官況所得)을 모두 집으로 가져가는 것이 좋게 보이지 않는다는 내용, 中國事에 대한 지식이 모자란다고 부끄러워하는 이가 많은데 常理로서 유추하면 될 뿐이라고 한 논의, 唐人의 俗舞에 打令이라는 것이 있는데 지금의 악부인 關東別曲도 打令이라 하는바 박수를 치면서 노래를 부른다는 점에서 打令의 하나인 搖와 같다고 한 내용 등이 눈에 띈다. 또 독서공부와 관련한 항목 하나가 주목을 요한다. 즉, '학자가 마땅히 외워야 할 것은 六經과 四書뿐이며 기타의 史子諸集은 읽지 않아도 무방하다. 詩家에 대해서도 古詩十九首, 李白, 杜甫, 韋應物, 柳宗元, 白居易, 韓愈의 시 약간 편을 초록해 보면 그만일 터이지만, 擊壤歌나 朱熹의 시는 항상 詛嚼할 필요가 있다'고 한 대목은, 그의 학문관과 문학사관이 비교적 뚜렷하게 표현된 예라 하겠다.

제8책 권13: 권두에 <襍錄下>라 하였지만, 실제로는 <性理>·<禮樂>·<異端> 등을 함께 묶었다. 먼저 <襍錄下>는 권12의 내용을 잇는 것으로써, 전반부에서는 翊贊의 직분과 내력, 犧牲의 進排, 臣僚들의 肅拜, 譯學에 대한 고래 인물들의 태도, 殿閣의 門額, 『公羊傳』·『左傳』 소재의 기사 고증, 字書, 韓愈의 시구, 鄭玄의 주석 등을 소재로 삼았다. 이중 翊贊에 관한 기사는 書筵講義에 참석할 당시 그가 얻었던 직함이자 세주에 '庚午 五月'(1750년 5월)이 적힌 것으로 보아, <襍錄下>는 대략 1750년 이후에 작성된 것이라 추측된다. 또한 앞서 생애 부분에서 밝힌 바와 같이, 자신의 젊은 시절의 학문적 관심분야에 대한 정보가 적혀 있기도 하다. 계속해서 후반부는, 옛날의 紀年法, 『佔畢齋集』, 『東坡集』, 柳宗元의 시문, 『國語』, 『文選』, 『本草綱目』, 『史記』, 風水說, 五言律詩의 用字法, 眼鏡, 義父의 의미, 大口魚 고증, 고래의 詩文에 四字句가 많은 이유, 특정 詩句에 대한 口訣, 편지에서의 호칭법 등이 기술되어 있다.

이어, 권13을 종료시킨 다음, <性理>라는 제목으로 수십 면에 걸쳐, 道, 氣, 知行, 敬, 動靜 등의 주요 개념 및 성리설과 관련된 기사를 권점별로 항목화하여 기술하였다. 권13의 종료 標識로 보아, 이 이하는 그가 별도로 分卷하고자 했음을 유추해 볼 수 있다. 이점은 그 다음의 <禮樂> 부분 끝에 '無閒齋集卷之十三中'이라 표시한 데서도 그 일단이 보인다. 여기에는 禮樂에 대한 각종 사항을 기술하였다. 다시 그 다음의 <異端>에서는 佛家, 禪家를 비판하였는데, 특히 佛家의 비판수위가 높다. 짐작컨대, 그는 애초 性理, 禮樂, 異端으로 구분된 저술을 기획하였던 듯하다.

제9책 卷終: 표지에 '無閒齋集卷之終'이라 하였는데, 이는 권14에 해당한다. 다만 이 卷의 본문은 <茶禮要見> 권1, 2, 3으로 구분되어 있다. 권두에 1750년에 쓴 「祭品陳設一統圖序」가 붙어 있어서 집필내용과 의도를 알려준다. 그 내용은 '天下事 중에 祭禮가 가장 중요하니 誠과 敬을 다해야 할 터인데도 士庶들의 陳設法에는 그른 데가 있다. 그래서 古今禮家의 祭饌陳設圖를 수집하고 脈通하는 요소를 취하여 祭品陳設一統圖를 만들어 公私間의 소용에 참조케 하는바, 한두 가지 別圖를 덧붙이는 것은 朱子의 예를 따른 것이다. 그러나 正典·成憲이 된 『儀禮』·『家禮』·『大明集禮』·『國朝五禮儀』는 私議를 달지 않고 그대로 따른다'고 하였다.

본문은 <茶禮要見卷之一> 첫머리에 「祭品陳設一統圖」가 나오는데, 이는 庶人, 士, 九品至七品, 六品至三品, 大夫로 구분하면서, 그림과 해설을 함께 곁들인 것이다. 그 다음에는 <邦國禮>라 구분한 뒤 「本朝宗廟五享大祭」를 圖解하였고, 다시 <王朝禮>라 하여 「皇明五享大祭」를 설명하였다. 이하 <茶禮要見卷之二>에는 <時祭設饌圖>를 수록하였는바, 『擊蒙要訣』·『喪禮備要』·『澤堂集』·『尤菴宋文正公家禮儀』 등을 차례로 설명하였다. 마지막의 <茶禮要見卷之三>에는 <五禮儀補遺私議>라 하여 「大報壇祭陳設圖」·「宣武祠祭陳設圖」·「昭顯廟祭陳設圖」·「德興宮陳設」·「龍山江龍祭陳設圖」·「百神解怪祭陳設圖」·「陵寢忌晨祭陳設圖」·「賜額書院春秋享陳設圖」·「南關王廟祭陳設圖」 등 수십 가지 사례에 걸쳐 도판과 설명을 곁들여 기술하였다.

끝에는, 趙顯命·李天輔·兪拓基·李錫祥·李匡尹 등 7인이 보낸 편지, 曺允迪·李匡尹·從兄 蒼庵老人이 쓴 제문, 李匡尹이 보낸 시 3수 등이 실려 있다. 이는 부록 성격의 글이라 할 수 있다.

이상 『無聞齋集』의 내용을 개괄하였다.

4. 가치

이 문집의 가치를 세 가지 측면에서 생각해본다. 첫 번째는 시문이 18세기 문단에서 지닌 특징과 관련된다. 주지하듯 18세기는 百家爭鳴의 시대로 묘사될 만큼 문인의 개성이 부각되었던 시대이다. 그의 시문도 이러한 특성을 보여주는바, 의식주를 비롯한 생활 주변의 특이한 소재를 다루었던 시편들은 당시 문단의 주요한 특징과 직결되는 부분이라 할 수 있다. 또한 시대적 특징을 논하기에는 약간의 한계가 있다 하더라도, 그의 산문들 역시 18세기 문인의 정신세계를 이해하는 데 도움을 주기는 마찬가지이다.

두 번째는 그의 저술이 지닌 특장과 관련이 있다. 즉 典牲署 主簿의 직분과 관련된 각종 喪祭禮에 대한 내용은 官撰의 儀軌로서는 접근하기 어려운 현장감이 개재되어 있으므로, 이를 통해 각종 喪祭禮 현장의 구체적 정보를 얻을 수 있을 것이라 기대된다.

세 번째는, 그가 그 시대의 또 한 갈래 전형적 삶을 보여주었다는 데서 의의를 찾을 수 있다. 현전 『無聞齋集』은 한 문인의 삶과 정신세계를 추적할 수 있을 만큼 양이 풍부하거니와, 어떤 정신적 굴절을 거치면서 문학행위를 계속해나가는지, 삶의 경력과 학문이 어떻게 밀착되는지를 분명하게 보여준다. 그리고 오랜 기다림 끝에 陵參奉이 되고 다시 縣監이 되기까지의 삶과 이에 대응되는 정신적 활동은 이미 그것대로 이 시대가 안고 있었던 한 갈래 삶의 방식을 전달해주는 예라 할 수 있을 것이다.

【김동준】

無何堂遺稿

洪柱元(1606~1672) 著.

原稿本. 6冊, 26.5×17㎝.

10行 20字. 表題: 無何堂集. 序文: 宋時烈(1684).

無何堂遺稿卷之一

五言律

永昌大君遷葬挽

遺敎終無賴深究孰不冤人生八歲盡天道十年回

白日重泉照青山永宅開千秋長樂殿還作望思臺

中興寺奉送仲父高陽之行

法界人誰到禪關晝不開新青庭合草旧綠戶封苔

幽鳥鳴春意閑花照客杯去留俱疋馬回首白雲臺

挽唐原尉洪公友敬

駙馬年纔立蘭摧命矣夫半生嬰二豎華屋忽冥途

1. 저자

洪柱元(1606~1672)의 本貫은 豐山, 字는 建中, 號는 無何堂, 諡號는 文懿이다. 대사헌 洪履祥의 손자이자 좌의정 李廷龜의 외손이며 아버지는 예조참판 洪霙이다. 외조부 이정구와 金瑬에게 수학하였다.

1623년 선조의 딸 貞明公主와 결혼하여 永安尉에 봉해졌다. 이 해 사간원에서 인목대비가 정명공주의 혼수를 지나치게 사치스럽게 하여 홍주원에게 어승마까지 내린 잘못을 간하였으나 받아들여지지 않았다. 1625년 홍주원이 집을 수리하는데 노비들이 민폐를 끼쳐 사헌부에서 노비를 잡아들인 일이 있었다. 당시 홍주원은 어린 나이에 교만하여 법도를 넘어서는 일에 별로 거리낌이 없었기 때문에 많은 사람들이 통쾌하게 여겼다고 한다. 이듬해 양사에서는 홍주원의 집을 수리하도록 한 명령을 거두어달라고 인조에게 아뢰었다. 이유는 사가의 법도를 넘어서 아름답게 꾸몄기 때문이었다. 그러나 끝내 인조는 이 명을 거두지 않았다. 1628년에 인목대비가 홍주원에게 밀교를 내려 사적으로 약을 제조하여 올리게 한 일 때문에 사간원에서 홍주원을 파직할 것을 청하였으나 이 역시 받아들여지지 않았다. 이는 정명공주에게 대한 인목대비와 인조의 특별한 사랑 때문이었다. 정명공주는 선조가 만년에 얻어 매우 사랑한 딸이었다. 하지만 그의 아우 영창대군은 선조의 유일한 적자였으나 왕위에 오른 광해군에 의해 살해당했고 어머니 인목대비는 광해군에 의해 서궁에 유폐되었다. 정명공주는 어머니를 따라 서궁에서 자라다가 인조반정이 일어난 해 곧 홍주원에게 시집을 갔다. 불우했던 어린 시절 때문에 인목대비의 도에 지나친 사랑을 인조가 어느 정도 눈감아 주었던 것으로 보인다. 왕조실록에 따르면 홍주원은 "공주와 함께 부귀를 모두 누리며 수명도 70세 가까이 되어 복록의 성대함이 조선부마 중에 제일이었다(且與公主, 備享富貴, 壽近七十, 其福祿之盛, 國朝駙馬所未有也)"[1]고 한다.

또, 왕조실록에 따르면 홍주원은 “귀척 가운데 부모를 가장 잘 섬겼고 또 문학적 재능이 있었으며 빈객을 좋아하여 당시 명류를 두루 사귀었다(在貴戚中, 能善事其親, 且有文華, 喜賓客, 遍交一時名流)”[2]고 한다. 송시열도 서문에서 그가 "인목대비의 돌보심을 지극히 입었으며, 그의 부귀함이 둘이 없다고 이를 만 하나 공이 모두 소유하지는 않았다. 문학과 사화는 탐닉하고 익혀, 조부와 외조부 두 공의 의발을 전수 받아 거의 소유하고 있었다(極被仁穆聖后眷遇, 其富貴可謂無二, 而公皆不有焉. 惟文學詞華, 是耽是習, 兩公衣鉢之傳, 庶幾乎有在矣)"라고 언급하였다. 홍주원이 문학적으로 당시 유명했었음을 알 수 있다. 조부 홍이상과 외조부 이정구는 모두 문장으로 이름이 났던 인물들이고 그의 아들 洪萬容과 洪萬衡 둘 다 문과에 급제하여 높은 벼슬을 누린 것으로 보아 홍주원의 집안은 부귀와 문장을 두루 갖춘 명문가라고 할 수 있다.

홍주원의 일생에서 특기할 만한 일은 네 차례 사신으로 청에 다녀온 점이다. 1647년(인조

---

1) 『顯宗改修實錄』卷26, 顯宗 13年 9月 14日 丙戌(38책 123쪽)

2) 위와 같음.

25) 謝恩使로, 1650년(효종 원년) 告計請諡請承襲使로, 1653년(효종 4년) 사은사로, 1662년(현종 2년)에는 황후의 진향사와 황제의 진향사를 겸하여 청나라를 왕래하였다. 청을 사대하기 시작한 지 얼마 되지 않아서부터 홍주원이 청나라에 사신으로 다녔던 것은 그만큼 그가 국가의 신임을 얻고 있었기 때문으로 보인다. 『무하당유고』에는 이 때 쓴 시를 따로 「燕行錄」이라는 이름으로 묶어놓았다.

1672년 홍주원이 죽자 현종은 禮葬을 명하고 관재까지 지급하였다. 영조 33년 왕이 궁으로 돌아오는 길에 홍주원에게 치제하도록 명한 일이 있었다. 이를 보면 사후에도 홍주원은 왕실에서 기려지는 인물이었으며 풍산 홍씨의 기반이 그에서부터 닦여졌음을 짐작할 수 있다.

2. 구성

『무하당유고』의 구성을 간단히 도식화하면 다음과 같다.

책	제목	구성	편수
1	詩	序文	崇禎閼逢困敦仲冬日 恩津宋時烈序
		五言律詩	405수
2	詩	七言律詩	409수
3	詩	七言律詩	349수
4	詩 疏 啓	五言絶句	27수
		七言絶句	416수
		五言排律	20수
		七言排律	11수
		五言古詩	10수
		七言古詩	1수
		疏	24편
		啓辭	5편
5	祭文	祭文	70편
6	燕行錄	五言律詩	70수
		七言律詩	82수
		五言絶句	11수
		七言絶句	193수
		七言排律	2수
		五言古詩	4수
		七言古詩	2수

3. 내용

1) 詩

문집에 실린 시는 연행록을 제외하고 모두 1,648수이다. 시의 형식에 따라 위의 표와 같이 나뉘어 묶여 있으며 시간의 순차적인 순서인지에 관해서는 별다른 표시가 없다.

서문을 쓴 송시열은 이 문집에 실린 홍주원의 시에 대해 "성운이 맑고 밝으나 화려한 장식을 한 말을 타고 봄 길을 걷는 기상은 전혀 없고, 구어가 넉넉하고 풍성하나 때때로 맹교와 가도처럼 헐벗고 여윈 느낌이 있다(聲韻瀏浣而絶無珂馬春陌之氣像, 句語贍蔚而時有郊寒島瘦)"라고 평가하였다. 그가 부귀를 가장 많이 누렸던 부마임에도 화려한 귀공자의 기상이 없게 된 데에 표면적으로 두 가지 이유를 추측해 볼 수 있다.

첫째, 당시 역사적 상황에서 기인한다. 1623년 그가 정명공주와 결혼하여 부마가 되기 전까지 조선은 광해군의 집권하에 있었다. 인조반정 후에는 정묘호란과 병자호란을 겪는 등 인조가 삼전도에서 항복하기까지 청과의 대립 속에 역사적 풍파를 겪었다. 왕실과 가까운 위치에서 홍주원은 국사로 근심할 수밖에 없었다. 「江華寓舍」와 같은 시에 이런 근심스러운 홍주원의 마음이 잘 드러난다.

和議終奚補	화의가 끝내 어떤 도움이 되려는지?
差胡去又來	오랑캐 사신이 갔다가 또 왔네.
天心今亦悔	임금님 마음도 지금 후회하시리니
國事已堪哀	나랏일로 이미 슬픔을 어찌 견디랴?
關塞氈車滿	국경에 전거가 가득하여
江城帳殿開	강화에 장막 친 행궁을 열었네.
誰令漢飛將	누가 한나라 악비 같은 장군을 시켜
不遣隻輪廻	수레 한 대 보내주지 않으려나?

둘째, 홍주원의 사회적 지위에 기인한다. 부마였던 홍주원은 왕실의 일에 깊이 간여하고 있었고 교유관계도 넓었다. 문집의 시 가운데 다수를 차지하는 것이 晩詩와 이별시이다. 만시는 죽은 사람을 애도하여 쓰는 것인 만큼 슬픔을 드러내며 이별시 역시 헤어지는 슬픔을 드러낸다. 홍주원의 시가 전체적으로 애조를 띨 수밖에 없다. 대표적으로 「永昌大君遷葬挽」을 보자. 선조의 유일한 적자였던 영창대군은 선조의 뜻대로 보위를 잇지 못하고 서형인 광해군에게 목숨마저 잃었다. 그가 죽은 지 십년 만에 인조반정이 일어났고 영창대군 역시 원래의 지위를 되찾아 무덤을 옮기게 된 것이다. 아래 시는 홍주원이 이때 쓴 만시이다.

遺敎終無賴	선왕의 유교에 끝내 힘입지 못했으니
深寃孰不哀	깊은 원한 누가 슬프지 않으랴?
人生八歲盡	인생이 여덟 살에 다하였으나
天道十年回	천도가 십 년만에 돌아와
白日重泉照	밝은 해가 중천을 비추고
靑山永宅開	청산에 무덤을 열어
千秋長樂殿	영원한 장락전에
還作望思臺	망사대를 다시 지었네.

이외에도 홍주원의 문집에는 인목대비를 비롯하여 여러 왕족과 의빈의 만시가 있다. 또 장유, 신흠을 비롯한 당대 명사와 친지들의 만시도 다수를 차지한다. 개인적인 친분 때문에 쓴 것도 있지만, 위의 영창대군처럼 만나지 못한 사람이더라도 사회적인 관계 때문에 쓴 만시도 있다. 이것이 만시와 이별시가 문집의 다수를 차지하는 이유이다.

홍주원이 문학적인 재능을 충분히 가지고 있는 사람이기는 했어도 그의 문집에는 개인적인 정서를 드러내려고 지은 시가 거의 없다. 풍류를 즐기려고 음풍농월의 시를 짓는 사람은 아니었던 것이다. 호란이 지나가고 평화로운 시기에 그는 부귀를 누리며 일흔 살까지 살았으나 이런 흔적을 드러내는 시가 없다. 그래서 송시열은 '絶無珂馬春陌之氣像'이라는 말로 그의 시를 평가한 것으로 보인다. 비교적 의도가 없이 지어진 시 「述懷」를 보자.

十八年間可入身	십팔 년 간 입신도 하련마는
如今還作一庸人	지금처럼 하나의 보잘 것 없는 사람이 되었네.
劇知萬事終歸幻	만사가 끝내는 허깨비로 돌아감을 잘 알지만
猶恨初心菀未伸	아직도 처음의 마음이 굽혀진 채 펴지 못한 것이 한스럽네.
醉後任遭諸子笑	취한 후 멋대로 여러 사람들의 비웃음을 받았다가
醒來從被細君嗔	깨어난 후 아내에게 야단을 맞았네.
虛堂睡起渾無賴	빈 방에서 졸다 일어나니 의지할 것 전혀 없이
滿案經書只自親	서안 가득 경서가 스스로 친할 만 한 것일세.

한창 공부할 때의 홍주원의 일상을 엿볼 수 있다. 입신을 하겠다는 꿈을 품고 학업에 매진해야 하는데 아마도 젊은 나이에 취하도록 술을 마셨나 보다. 취해서 주사를 부려 여러 사람들에게 비웃음을 당하고 술을 깨어보니 이제 아내가 야단을 친다. 결국 그런 자신의 행동을 반성하며 경서를 가까이하겠다는 다짐으로 잠깐의 일탈은 끝을 맺는다.

다음은 입춘일을 맞이하여 지은 시 「立春」이다.

庚辰季冬壬午日	경진년 섣달 임오일
葭管灰飛報立春	갈청의 재가 날아 입춘을 알리네.
陰谷雪消枯木潤	그늘진 골짜기에 눈 녹아 흐르자 마른 나무에 물이 오르고
凍池波暖蟄龍伸	언 연못 물결이 따뜻해지자 숨었던 용이 기지개 펴네.
亦知人事憂移樂	인간사 근심이 즐거움으로 바뀐다는 걸 알았으니
爭賀天時舊換新	다투어 계절이 새것으로 바뀐 것을 축하하노라.
從此此身無一事	이로부터 내 몸은 다른 일 없이
百年忠孝奉君親	백 년 동안 충효로 임금, 부모님 모시는 것이라네.

이 시는 경진년, 즉 1640년 홍주원이 34세일 때 지은 시이다. 추운 겨울에서 따뜻한 봄으로 바뀌는 전환점인 입춘을 맞이해 감상을 적은 것이다. 고대에는 십이율관에 갈청 태운 재를 넣어두고 계절의 변화를 측정했다고 한다. 계절은 변함없이 봄으로 돌아와 눈이 녹고 물이 풀린다. 이때 느끼는 즐거운 기분을 '憂移樂'이라고 표현하였다. 옛것이 새것으로 바뀌는 것에 대해 애상적인 감상이 아닌 희망을 가지는 것에서 포부를 지닌 장년의 홍주원을 느낄 수 있다. 그의 포부는 대단한 것이 아닌 '忠孝奉君親'이라는 매우 원칙적인 것이다. 그가 부모님을 잘 섬겼다는 실록의 기록에서 보이듯이 이 명제는 그의 생애에 일관되게 추구되었던 것으로 보인다. 젊은 시절 '立身'에 대한 열망으로 경서를 가까이 하던 모습에서 훨씬 진중하고 성숙한 태도로 바뀐 것을 엿볼 수 있다. 다음은 「醉中贈群從諸兒」이다.

子弟何能敎	자제를 어찌 가르칠 수 있으랴?
偏慙我父兄	내 부형께 부끄럽지만
猶將一杯酒	오히려 술 한 잔 들고
相對語分明	마주하여 말은 분명하게 하노라.

자식들과 마주하여 술을 마시며 할 수 있는 말은 홍주원 자신의 생활 속 목표인 '忠孝奉君親'일 것이다. 그러나 자식들에게 가르치기에 앞서 나이 먹은 자신이 부형에게 이것을 잘 실천했는가 반성한다. 그런 자신이 부끄러운 것은 자신도 여전히 미진하다고 여기기 때문일 것이다. 그런데도 술을 들며 원칙적인 교훈을 자식들에게 전할 수밖에 없다.

이상 시기 별, 세 수의 시를 통해 본 홍주원의 모습은 부마라는 지위의 화려한 귀공자 모습이 아니라 한 선비의 모습이다. 또 자신의 문학적 재능을 펼쳐 보이는 시인의 모습이 아니라 성실한 생활인의 모습이다. 그렇기 때문에 송시열이 문집을 열람하고 '句語贍蔚而時有郊寒島瘦'라고 평가했던 것이다.

2) 疏와 啓辭

『무하당유고』에는 24편의 소와 5편의 계사가 실려 있다. 32세였던 1638년부터 죽기 전해인 1671년 사이에 쓴 것이다. 여기에서는 주로 홍주원의 관직생활과 관련된 모습들을 볼 수 있다.

「戊寅年因親患乞免使臣疏」
1638년. 節使로 임명되었으나 아직 어려 일을 잘 모르고 또 사적으로 부친이 반신불수로 위급한 지경에 있으므로 명을 거두어 달라는 내용이다.

「因楊根柴場事陳疏」
양근의 柴場을 홍주원이 점거한 채 사대부들이 산소를 쓰는 일을 금지하고 있다고 경연에서 신하들이 아뢴 말에 대해 반론하는 상소이다. 원래 이 곳은 홍주원의 집에 내려진 것으로 선조의 무덤이 있는 고양과 가까워 앞으로 무덤자리로 쓸 곳이었는데 여러 사대부들이 임의로 들어와 묏자리를 쓰고 있으니 賜劵과 본부 문서를 대조하여 밝게 처리해 달라는 내용이다.

「丁亥免制肅謝日有宣醞賜馬之命進箋以謝」
1647년. 숙사일에 宣醞의 명과 내구마를 내리시어 황공하다는 내용이다.

「戊子以掃墳事陳疏」
1648년. 아버지의 묘소가 고양에 있는데 작년 북경에 다녀오느라 잠깐 다녀왔을 뿐이니 이번에 가서 살필 수 있도록 해달라는 내용이다.

「己丑五月十五日陳疏」
1649년. 사신의 임무를 면하게 해달라는 상소이다. 아버지의 복상이 끝난 지 얼마 안 되었을 때 어머니의 병이 이미 위중하였으나 사적인 일로 면해 달라고 하지 못하고 사은사로 다녀왔는데, 이번에 65세인 어머니의 병이 더욱 위중하여 떠날 수 없으니 사신의 명을 거두어달라는 내용이다. 그러나 이 해에 홍주원은 인조의 죽음을 알리는 告訃兼奏請使로 북경에 갔다.

「辛卯辭祔廟都監提調疏」
1651년. 이조에서 인조의 부묘도감제조로 이름을 올렸다는 말을 들었으나 다리에 난 병 때문에 움직이기 힘들고 고례 상 자신이 제조에 임명되면 일 처리에 불편한 일이 많을 것 같으니 명을 거두어 달라는 내용이다.

「辛卯辭尊崇冊禮都監提調疏」

1651년. 인조의 존숭책례도감의 제조에 임명되었으나 자기 같은 사람이 맡기에는 적당치 않다고 사양하는 내용이다. 홍주원은 부묘도감제조와 존숭책례도감의 제조를 사양한 상소를 올렸으나, 왕조실록에 따르면 모두 수행하였다.

「辛卯因脚患乞免永思殿獻官疏」

1651년. 영사전에서 인조에게 제사를 지낼 때마다 누차 헌관으로 차임되어 일을 행하였으나 다리의 병이 더욱 심해져 이번에는 임무를 수행할 수 없을 것 같다고 아뢰는 상소이다.

「永思殿差祭時與監察相揖不可陳疏」

정일품인 헌관과 정육품인 감찰이 제물을 바치고 모일 때 서로 읍을 하는 것은 품계상 예에 어긋나니 사소한 일이지만 바로잡는 것이 좋겠다는 내용이다.

「辛卯掃墳時乞暇疏」

1651년. 아들 洪萬容이 소과에 응시하여 아버지의 무덤에 아뢰고 오겠으니 휴가를 달라는 내용이다.

「壬辰以兼帶各司褒貶時封書事與海嵩聯名疏」

1652년. 대신이 각 사를 맡고 있더라도 포폄 때에는 봉서를 사용하는 것이 예에 맞는다고 아뢴 상소이다.

「以封書事陳疏」

봉서를 사용하는 것이 구례에 맞으므로 제조가 마음대로 그만둘 일이 아니라고 다시 한 번 아뢰는 내용이다.

「壬辰氷庫提調時郎僚見罷後陳疏」

1652년. 빙고 제조를 맡은 지 3년이 되었는데 올해 더위가 더욱 심해 얼음이 녹는 일이 倍加되어 빙고의 낭료가 파직을 당하게 되었으나 사실 평소 檢飭을 하지 않은 자신의 죄이니 다스려달라는 내용이다.

「因仝慶承擊錚陳疏」

외가에서 아우의 집에 준 노비의 소유를 둘러싸고 김두영이라는 자와 쟁송하였다가 판결이 난 일이 있었는데, 이번에 두영의 처남 전경승이 다시 과부 신씨의 집과 소송을 일으키면서 자신의 집과 관련이 있는 것처럼 말이 났으므로 문안을 살펴 밝혀달라는 내용이다.

「甲午以趙樂靜朴承旨事陳疏」

1654년. 趙錫胤과 朴長遠의 석방을 청하는 상소이다. 조석윤과 박장원이 무슨 죄를 지었는지는 알지 못하지만 평소 그들이 임금을 사랑하는 마음이 깊었고 병든 노모가 계시니 불쌍히 여겨달라는 내용이다. 효종은 이 상소를 받아들이지 않고 두 사람을 파직하였다.

「壬寅設慶筵被論後上疏」

1662년. 병중에 아들 洪萬衡이 감시에 급제하여 기쁜 마음에 친척들끼리 모여 기생을 불러 모임을 열었는데, 화려한 잔치는 아니었으나 나라에서 聞喜宴을 금한 일을 범하였으니 죄를 다스려 달라는 내용이다. 이 일로 홍주원은 파직당했다.

「癸卯年遭南重維之醜詆陳疏」·「癸卯年南重維疏後陳疏」

1663년. 남중유 등이 홍주원의 아버지 이름까지 들먹이며 비난하는 상소를 올렸다는 얘기를 듣고, 병 든 몸으로 전원에 은거하며 친구들만을 가끔 만날 뿐 조정을 도모하려는 일은 전혀 없는데 추문을 만들어내는 그들의 말을 잘 분별해 달라고 올린 상소이다.

「乙巳因全羅監司狀啓以壬生事陳疏」

1665년. 홍주원의 집 노비가 살인을 하여 전라도에서 공문을 받고 결박해서 형조로 보낸 일이 있었다. 형조에서 전라도로 압송하던 중 도망치자 전라감사 민유중이 홍주원이 그를 도피시켰다는 장계를 올렸다. 여기에 노비가 도망 친 일은 압송하던 사람의 잘못이지 자신은 아무 관계가 없으니 살펴달라고 상소를 올린 것이다.

「啓覆時不得入參後陳疏」

眩症과 두통에 다리의 병 때문에 기동할 수가 없고 啓覆에 참석할 수 없었으니 삭직하고 태만한 죄를 다스려 달라는 내용이다.

「丁未因眩症未參擧動問安陳疏辭職」

1667년. 병이 심하고 죽을 날이 가까워 오는 상태라 거둥 문안에 참석하지 못할 정도이니 이만 사직하고 싶다고 아뢰는 내용이다.

「戊申九月溫泉隨駕還來後因病陳疏」

1668년. 임금을 수행하여 온양 온천에 다녀오던 중 온갖 병증이 발병하여 일을 제대로 수행할 수 없었고 돌아와서도 차도가 없으니 자신의 직임을 거두고 태만히 한 죄를 다스린 후 조용히 칩거한 채 여생을 마칠 수 있도록 해달라는 내용이다.

「因造紙署移設賑恤事陳疏」

종이를 만드는 일이 하찮기는 하지만 사대교린에 사용할 종이가 다 여기에서 나오므로 홀시해서는 안 되는데 점점 인력이 줄이더니 이제 진휼청이 조지서 본청으로 옮겨와 진휼당상이 조지서까지 관할하게 한다니 앞으로 소용할 종이조차 책임질 수 없게 될 것이라는 조지서 제조로서 올린 상소이다.

「辛亥因病重辭祿俸疏」

1671년. 풍증이 일어난 후 각종 병이 도져 아무 일도 할 수 없는데 사직을 하고서도 예에 따라 녹봉을 받고 있으니 이를 거두어달라는 내용이다.

「儀賓府啓辭」

의빈부 소속 인원이 여러 가지 이유로 줄어 임무를 수행할 수 없을 정도로 부족하니 종친부 예에 따라 늘려달라는 내용이다.

「活人署提調時啓辭」

활인서의 인원이 부족한 데다 잡역까지 가중되어 일을 제대로 할 수 없으니 시정해달라는 내용이다.

「氷庫提調時啓辭」 2편

빙고의 제조로서 얼음 부족에 대한 대책을 아뢰는 내용이다.

「氷庫提調時郎廳罷推後待罪啓辭」

앞에 나온 상소와 연관된 내용으로 얼음의 부족 때문에 치죄당한 낭청의 일은 검칙하지 못한 자신의 죄이니 땅에 엎드려 대죄한다는 내용이다.

3) 祭文

『무하당유고』 5冊에는 총 70편의 제문이 실려 있다. 명류와 교유가 많았던 홍주원이므로 제문의 대상이 된 인물은 당시 명사들이다. 특히 이씨 집안 사람들의 제문이 많은 것은 그의 외가가 연안 이씨 집안이기 때문이다. 시묘 때 산신에게 지낸 제문과 가족이나 가까운 친지의 제문을 제외한 제문의 대상은 다음과 같다.

李景稷(1577~1640), 李行遠(1592~1648), 李景曾(1580~1648), 金堉(1580~1658), 李時白(1581~1660), 麟坪大君, 南以雄, 李時楷, 閔光勳(1595~1659), 郭之欽(1601~ ?), 鄭雷卿(1608~1639), 蔡裕後(1599~1660), 沈儒行, 李萬雄(1620~1661), 權淸風, 吳翔之, 鄭齊賢, 兪棨, 元斗杓(1593~1664), 郭希泰(1577~1666), 李行進(1597~1665), 李一相(1612~1666), 柳炫, 洪命夏(1608~1668), 金光燦(1597~1668), 姜瑜(1597~1668), 尹履之, 李慶徽(1617~1669), 權斗樞(1632~1670), 柳之芳, 曹漢英(1608~1670), 趙復陽(1609~1671), 金佐明(1616~1670), 吳翻(1592~1634), 李行遇, 朴遾(1602~1653), 李震發, 李弘相, 李世長(1628~1668), 李潤朝, 尹世喬, 李明漢(1595~1645), 李昭漢(1598~1645), 朴德雨, 宋中立, 金益熈(1610~1656), 朴淳, 李幼能, 李士强

4) 燕行錄

『무하당유고』 6冊에는 총 364수의 시가 실려 있다. 홍주원은 총 네 차례 중국을 다녀왔는데 이 때 지은 것들이다. 시기별로 보면 1647년(인조 25)에 지은 시가 오언율시 48수, 칠언율시 46수, 칠언절구 113수, 칠언배율 2수, 오언고시 4수, 칠언고시 1수로 213수이다. 1653년(효종 4)에 지은 시는 오언절구 11수, 칠언절구 13수로 총 24수이고, 1661년(현종 2)에 지은 시는 오언율시 22수, 칠언율시 46수, 칠언절구 67수, 칠언고시 1수로 총 136수이다. 첫 번째 연행 때인 1647년의 시가 가장 많고 2년 후 두 번째 연행 때의 시는 한 수도 없다.

『무하당유고』에 실린 燕行詩는 인조 25년, 효종 4년, 현종 2년 연행 때 쓰인 시들로 각 시기별로 칠팔년 정도의 사이를 두고 지어진 것들이다. 당시는 청에게 조회를 시작한 초기에 해당된다. 병자호란을 겪었던 조선인인 홍주원에게 청에 대한 원한이 아직 선명할 수밖에 없었다. 그런 감정은 연행 도중 지나가는 유적에 대해 읊으면서 돌려 말해지곤 하는데, 특히 백이숙제의 사당은 좋은 소재로 사용되었다. 다음은 1647년 연행 때 지은 「夷齊廟」이다.

孤竹城中淸節祠　　고죽성 안 청절사
滿庭松栢碧參差　　뜰 안 가득 송백이 들쭉날쭉 푸르네.
君臣大義扶持處　　군신의 대의가 부지되었던 곳이자
兄弟天倫遜讓時　　형제의 천륜이 양보하던 때가 있었지.
香火不隨人代變　　향화는 사람이 바뀌어도 변하지 않아
姓名長與日星垂　　성명이 길이 해와 별과 드리웠네
吾儕此役誠堪愧　　우리들의 이번 사행이 부끄러움 감당하랴?
爲問英靈知不知　　영령께서 아는지 모르는지 물어보노라.

백이와 숙제는 끝내 주나라에 복종하지 않고 은나라에 대한 절의를 지켜 굶어죽었다. 그들이 태어난 나라인 고죽국의 옛터에 있는 사당에는 절의를 상징하듯 변하지 않는 소나무와 잣나무가 푸르고 그들의 절의를 기리어 나라가 바뀌었어도 여전히 향화가 피어오른다. 그런 속에서 청나라로 사대를 바꾼 조선의 신하인 자신들이 조회를 가는 길은 부끄러울 수밖에 없는 것이다. 7년 후 연행에서 홍주원은 또 이제묘를 찾았다. 다음은 이 때 지은 「夷齊廟」이다.

一帶灤河水	한 줄기 난하수에는
淸風萬古長	맑은 바람 만고에 영원하건만
誰知東海客	누가 알았으랴, 동해의 나그네가
七載再焚香	칠년만에 다시 분향할 줄을.

난하 주변에 있는 백이숙제의 사당에 맑은 바람이 영원하다는 것은 그들의 절개가 여전히 변하지 않고 기리어지고 있음을 뜻한다. 첫 번째 시의 松栢과 이 시의 淸風은 백이숙제의 맑은 지조를 가리키는 시어이다. 그곳에 조선 사신인 자신이 또 분향을 한다. 직접적인 언술은 없지만 아직도 오랑캐인 청에게 조회를 하러가고 있다는 데 대한 한탄이 이 시의 주제이다. 그리고 8년후 홍주원이 이곳에서 다시 한 수의 시를 짓는데 「到夷齊廟有感記懷」이다.

靑山如畵水粼粼	청산은 그림 같고 물은 맑게 흐르는
古廟荒凉草又春	옛 사당 황량해도 봄풀 다시 돋는구나.
天地綱常扶植處	천지의 강상이 자라나던 곳이라
君臣父子弟兄倫	군신, 부자, 형제간의 도리가 떳떳했네.
江河不廢高名在	강하처럼 버려지지 않아 높은 이름 남아있고
日月長懸精氣新	일월처럼 길이 매달려 정기가 새로워라.
想得精靈應笑我	정령이 우리를 분명 비웃을 테지
向來何事此行頻	여태까지 무슨 일로 이렇게 자주 다니냐고.

절의를 지킨 백이숙제의 고명한 이름은 세월이 흘러도 여전하고 정기 역시 새롭지만 조선의 사신 행렬은 청나라에 조회하기 위해 이곳을 또 지나가게 되었다. 마지막 연의 백이숙제의 정령이 왜 그리 자주 사행길을 다니냐고 비웃을 것이라는 말은 두 번째 시의 다시 분향할 줄 몰랐다는 3, 4구보다 자조적인 한탄이 더욱 심하다. 같은 해 같은 장소에서 지은 「又次外祖淸節祠韻」에서도 '서산의 고사리 해마다 자라 공연히 지나가는 사람 옷깃에 눈물 가득하게 만드네(西山薇蕨年年長, 空使行人淚滿襟)'라고 하여 백이숙제처럼 고사리를 캐먹으며 굶어죽지 못한 자신에 대한 비통한 심정을 드러낸다.

홍주원은 마지막 사행길에서 여러 차례 외조부 이정구의 시에 대해 차운시를 지었다. 이정구는 1598년 조선이 왜병을 끌어들여 중국을 침범하려 한다는 무고사건이 일어나자 명나라에 사신으로 가서 「戊戌辨誣奏」를 지어 바쳐 사실을 밝혔던 인물이다. 명나라에 사신으로 갔던 외조부 이정구는 청나라에 사신으로 가는 자신과 대조되어 백이숙제의 사당처럼 한스러움을 야기시키는 실마리가 되었다. 대표적인 시로 1661년 북경에서 이정구의 시에 차운해 지은 「北京次外祖燕都韻」이 있다.

行旋昨日到天津	떠난 길 어제 천진에 도착했더니
節序駸駸已殿春	계절은 빨리 지나 이미 봄이 되었구나.
病後羈懷難自遣	병 앓은 후 나그네 심사 풀어버리기 어려우니
亂來人事可重陳	난리 이래로 인사야 거듭 펼 수 있겠는가?
何緣去作殊方客	무슨 까닭으로 타국의 나그네가 되었는지
最恨生爲弱國臣	가장 한스러운 것은 약국의 신하로 태어난 것이라네.
直欲乘風凌九萬	곧바로 바람을 타고 구만 리 장천에 올라가서
萬端哀怨訴穹旻	수만 가지 애원을 하늘에 하소연하고 싶구나.

이 시는 표면상 멀리 타국으로 사행을 떠나온 외로운 신세를 읊은 것이지만 실제로는 병자호란 이후 힘에 밀려 어쩔 수 없이 청나라를 섬겨야하는 비통함에 대해 노래한 것이다. 함련에서는 '病後羈懷'보다 더한 '亂來人事'를 강조하였고, 경련에서는 상국에 조회 온 신하로서 '何緣'이라고 물음으로써 약소국이기 때문에 정신적으로 받아들이기 힘들어도 섬겨야 하는 어려움을 말하였다. 보통 하늘은 천자나 천자의 조정을 상징하지만 여기에서 애원을 호소하고 싶은 하늘은 청나라의 천자가 아니라 실제 하늘을 뜻한다. 첫 번째 연행에서 백이숙제의 사당을 지나가며 부끄러움을 느낀 것에 비하면 체념에 가까울 정도로 강도가 높아진 비애라 하겠다.

홍주원의 「연행록」에 나오는 시의 특징은 客懷를 읊는 것과 더불어 위와 같이 절제된 속에서도 병자호란의 여파에서 오는 원통함과 비애가 드러난다는 점이다. 특히 만시와 이별시가 주조를 이루는 1, 2, 3, 4冊의 시에 비해 연행록의 시가 훨씬 개인적인 감정과 역사적인 의식을 드러낸다는 점에서 홍주원의 내면의식에 가깝기 때문에 연구할 가치가 높은 것으로 보인다.

4. 가치

홍주원은 1600년대 부마의 신분이었으나 정치적으로나 외교적으로 활발한 활동을 했던 인물이다. 조선 후기 대표적인 경화세족이었던 풍산 홍씨 집안의 기틀을 마련한 인물로 빈객을 좋아하고 명류들과 사귀는 명문가의 기풍이 그에게서 비롯되었다. 그는 당시를 대표하는 문장가 및 시인들과 깊은 관계를 맺고 있었고 2,012 수의 많은 시를 남겼다. 아직 문학사에서는 그를 다룬 적이 없지만 그가 명사들과 주고받은 시를 분석하면 당시 교유관계와 시적 분위기를 파악하는데 도움이 될 것이다.

특히 그가 세 차례 연경으로 사행을 다녀오면서 남긴 시작품이 「연행록」으로 묶여 있다. 이것을 통해 청과 사대관계를 맺은 직후 청에 대한 지배층의 의식구조를 엿볼 수 있다. 그리고 세 시기를 구분하여 작품을 세밀히 분석한다면 의식의 흐름을 포착할 수 있는 좋은 텍스트가 될 것이다.

5. 기타

『無何堂遺稿』의 異本에 대해 간략히 소개한다. 現傳하는 『무하당유고』는 인쇄본이 없고 寫本뿐이다. 연세대 소장본 외에 규장각에 소장되어 있는 『無何堂遺稿』가 있다. 연세대본과 규장각본 둘 다 표제는 『無何堂集』이라고 되어있으나 卷首題는 『無何堂遺稿』라고 씌어있다. 그러나 두 本은 글씨체와 각 작품의 제목이 다르고 분책도 다르게 되어 있는 것으로 보아 다른 사람이 각기 다른 경로로 입수한 자료를 바탕으로 하여 쓴 것으로 추정된다. 인쇄된 『무하당유고』가 발견되지 않았고 필사기나 인장이 없으므로, 이것이 문집의 초고로 작성된 것인지 후에 필사된 것인지 확정할만한 근거가 없다.

규장각 소장 『무하당유고』는 7책으로 되어 있다. 1冊은 오언율시, 2冊과 3冊은 칠언율시, 4冊은 오언절구, 칠언절구, 오언배율, 칠언배율, 오언고시, 칠언고시가 실려 있다. 5冊과 6冊은 疏, 啓, 祭文이 실려 있고, 7冊은 연행록이다.

분책을 비교하면 규장각 소장본의 1冊, 2冊, 3冊, 4冊과 5冊의 일부분인 疏와 啓가 연대 소장본에서는 4冊으로 나뉘어져 있으며, 규장각 소장본의 5冊 일부분인 제문과 6冊이 연대 소장본의 5冊이 되고 규장각 소장본의 7冊이 연세대 소장본의 6冊에 해당된다.

내용은 작품의 제목이 약간씩 다를 뿐 기본적으로 같은 내용이고 작품 수도 대동소이하다. 다만 규장각 소장본에는 5冊에 기재된 啓와 祭文 사이에 「題子修手抄自警編」이라는 제발문과 「抵李姪成朝兄弟」와 「抵李姪喜朝」라는 편지글이 더 첨가되어 있다.

【구지현】

放言

黃德吉(1750~1827) 著.
原稿本. 34卷 11册, 28.5×18.5㎝.
10行 20字.

放言卷之一
詩
歲暮放言 甲辰寓召忽海上作
吁嗟乎爾生大圜戴大方履耳目聰明又是男子今
胡不君子以經綸爲斯世尊主庇民又胡不鳳蔵鵠
冥々超然肥遯絕囂塵不然太上學道學明德明上法孔
顏下紹朱程其次文章震耀今古如太史公昌黎氏
不朽名又不然寧學農於奴服其力計口以糊學樵
於山學釣於水冬無凍食有魚爾胡爲荒灘弊廬下
陰々雨雪日夕打蒼々 澗底盈尺松爲補鎛籬障北
牖開臚風其凉敗篋殘書老無功 吁嗟乎爾其不忘
放言卷之一

1. 저자

黃德吉(1750~1827)의 本貫은 昌原, 字는 耳叟, 號는 下廬・斗湖이다. 1750년(영조 26) 12월 4일 경기도 陽川縣에서 黃以坤(1719~1750)과 白川 趙氏 사이에서 둘째 아들로 태어났다. 그의 집안은 대대로 서울 서남쪽 한강 이남 양천에 거주하였다. 황덕길의 祖父 黃最(1680~1750)는 丁時翰(1625~1707)의 문인으로 金華潤과 南夏正(1678~1751), 睦天任(1673~1730) 등과 교류하였으며, 이들은 李瀷(1681~1763)과도 親分이 있었다. 이와 같은 인연으로 황이곤은 星湖學派에 入門할 수 있었다. 그러나 황이곤이 32세 젊은 나이로 요절하자 이익은 우리 당에 인물이 있었는데 불행히도 일찍 세상을 떴다고 애통해할 정도로 그의 학문을 높이 평가하였다.[1] 이렇게 일찍 아버지를 여읜 황덕길은 어린 시절 어머니 조씨로부터 엄격한 가정교육을 받으며 학자로서 기본자세와 태도를 익혀 나갔다. 9살부터 형 黃德壹(1748~1800)과 함께 외할아버지 趙景采(1694~1765)로부터 7년 동안 經史子集과 詩文 등을 수업 받았다. 또한 14세 때에는 安山의 이익을 방문하기도 하였다. 외할아버지가 죽자, 수업을 중단하고 집으로 돌아온 황덕길은『心經』과『近思錄』을 읽으며 가르침을 이어갔다. 그러던 중 25세 되던 해(1774) 어머니는 두 아들에게 당시 경기도 廣州 德谷에서 후학을 양성하고 있던 安鼎福(1712~1791)의 문하에서 공부할 것을 권하였다. 두 집안은 近畿 南人으로 先代로부터 교분이 있어왔다. 蔚山府使를 지낸 안정복의 祖父 安瑞羽와 황최는 서로 잘 아는 사이로서 황최는 안정복의 從姑母夫였다. 안정복과 황덕길의 교유는 자연스러운 것이었다. 당시 안정복은 이익의 直系제자였던 尹東奎(1695~1773)와 李秉休(1710~1776) 등이 타계한 1770년대 이후 실질적으로 학파를 이끌어 나갔다. 그는 德谷精舍에서 학문 연구와 함께 후학을 육성하였으며, 翊衛司에 들어가 王世子(후일 正祖)의 교육을 맡기도 하였다. 후학 육성에 남다른 열정을 갖고 있었던 안정복은 황덕일・황덕길 형제가 門下生이 되기를 청하자 흔쾌히 받아주었다.

첫 面對과정에서 안정복은 이들 형제에게 학문방법에 대해서 자세히 일러주었다. 그는 우선 배우는 자의 법도는 마땅히 朱子를 주인으로 삼고, 주자를 배우려면 먼저 退溪를 공부해야 한다면서『李子粹語』를 읽을 것을 권하였다. 李滉(1501~1570)은 주자학을 수용하여 16세기 조선의 현실에 적용함으로써 '朝鮮性理學'을 확립시킨 대학자였다. 안정복은 주자학 자체에 대한 원용보다는 이황처럼 이를 어떻게 현실에 體化시켜 나아가는 것인지에 대해 궁구해야 한다는 가르침을 내려주었던 것이다. 退溪學을 존숭하는 면모는 성리학의 핵심인 理氣說을 書筵하는 과정에서도 잘 나타나고 있었다. 황덕일이『이자수어』에 들어 있는 理氣論에 대한 자신의 견해를 밝히자 안정복은 이황의 견해를 따를 것을 권면하였다. 이와 아울러 '下學'을 강조하였다. 즉 옛 성인들이 하학을 먼저 가르쳤듯이 배우는 자 또한 하학에 힘써야 한다는 것이었다.[2] 하

1)『拱白堂先生文集』卷8, <附錄>,「拱白堂先生行狀」.

2)『拱白堂先生文集』卷4,「德谷記聞」.

학을 중시하는 가르침은 이후로도 지속되었으며, 황덕일과 황덕길은 『이자수어』와 함께 안정복의 저술인 『下學指南』을 교본 삼아 그 가르침을 충실히 실천하였다. 이처럼 형제는 1774년 순암 문하에 들어간 이래 1791년 안정복이 타계할 때까지 17년 동안 양천과 덕곡을 왕래하면서 수업을 받았다. 스승의 사후 황덕일은 양천에 칩거하면서 후학을 양성하였으나 1800년 53세를 일기로 病死하였다. 형이 죽은 뒤 황덕길은 형이 계획했으나 병으로 중단되었던 '斗湖精舍'를 마저 완공하고, 이곳에서 평생 학문 연구와 후학 양성에 힘을 기울였다. '두호정사'에서 양성한 문인으로 韓載權(1763~1803)・韓益相(1767~1851)・安景禕(1781~1857)・李正煥(1775~1862)・許傳(1797~1886)・許儔(1803~1836)・李祥奎(1804~1881) 등이 있다. 이중에서도 허전은 1862년 農民抗爭의 수습방안을 정리한 「三政策」에서 이익의 均田이념을 계승한 토지개혁론을 제시하였다. 그는 地主佃戶制와 신분제 모순으로 인해 발생한 農民抗爭을 三政의 改善이나 稅制개혁으로써 수습할 수 없다고 보고, '民産漸均'의 차원에서 토지개혁을 통한 사회변혁을 추구하였다.

황덕길은 자신이 보유하고 있었던 100여 편의 이익의 저술을 제자들을 가르치는데 적극 활용하였다. 이때 이익의 理氣心性論을 정리한 『四七新編』과 '實學'의 집결체라 할 수 있는 『星湖僿說』・『藿憂錄』이 강학의 교재로 이용되었다고 한다. 그는 이익의 저술을 일일이 내보이며 이익의 도덕과 문장을 가르쳤던 것이다.[3] 그는 말년에 성호문집을 정리하면서 우리 儒家의 百世不朽의 자료로 삼아야 한다고 했다. 이를 통해 이익의 가르침을 온전히 전수하려는 의지를 엿볼 수 있다. 이러한 가르침에 따라 제자들은 자연스럽게 성호학파의 학풍을 익히고 체득해 나아갈 수 있었다. 그 중에서도 하학은 주요한 敎示 중 하나였다. 황덕길은 문인들에게 자신이 지켜 온 '下學而上達'을 가르쳤다. 그는 평생을 하학에 전념했지만 여전히 능치 못했다고 自評할 정도로 학문의 대상과 방법으로 하학을 중시하였고, 선비로서 갖추어야 할 제일의 덕목으로 생각하였다.

노년에 들어 황덕길은 안정복의 문집과 이익의 遺稿를 수집하고 정리하는 사업에 힘을 기울였다. 순암문집은 안정복의 손자 安喆重(1755~1820)과 증손자 安孝根(1802~1855)의 협조를 얻어 저술을 모아 수년동안 세밀하게 검토 정리하는 일이었는데, 작업이 잘 진행되지 않아 고심하기도 했다. 이익의 유고는 증손자 李載南(1755~1835)과 협조하여 흩어져 있는 저술을 모아 정리하고 소장되어 있는 자료도 종류에 따라 분류・편찬하였다. 한편 말년에 황덕길은 성호문인으로서의 긍지와 자부심을 갖고 順菴學을 선양하는 데 전념하였다. 그는 『順菴先生行狀』에서 이익을 이황의 학맥을 이어 도학을 전달한 학자라고 자리 매김 하였다. 그 뒤를 이어 안정복이 이익의 학문을 계승하여 切磋琢磨하였다는 것이다. 결국 퇴계의 도는 안정복을 통해 전해지게 되었고, 이익의 학문 역시 안정복을 얻어서 드러나게 되었던 것이다. 황덕길은 이익 사후 성호학파의 학맥이 안정복을 통해 온전히 보전되고 계승되었음을 천명하였다. 그 뒤를 이

3) 『性齋先生文集』 附錄2, 「年譜」.

어 성호학파의 학통을 황덕길이 잇고 있음이 문인들에 의해 주장되어졌다. 한익상은 황덕길이 형과 함께 안정복의 문하에서 수업 받고 講究하게 되면서 마침내 嫡傳을 얻게 되었다고 평가하였다. 또한 안경위는 이황 이후 수백 년만에 이익이 정학을 강명하여 앞과 뒤를 이어 놓았고, 이것이 사제간의 학통을 통해 안정복을 거쳐 황덕길에게 전수되었다고 보았다.[4] 이황을 존숭하면서 이익이 확립했던 성호학파의 학문전통이 안정복을 거쳐 황덕길에게로 계승되고 있음을 알 수 있다.

황덕길은 이익의 문집을 정리하던 1827년 11월 15일 78세를 일기로 타계하였으며 巴陵 南山에 묻혔다. 그가 남긴 저서는 다음과 같다. 『東國九賢贊』(22세)·「四官之戒」(32세)·『三子實記』(33세)·「三先生詩」(35세)·『東賢學則』(37세)·『日用輯要』(38세)·『增補聖賢群輔錄』(39세)·「四端七情說」·「異端說」(42세)·「陽川鄕約」(48세)·『邃古史』(53세)·「濂閩文粹」(60세),『道學源流』(61세)·「讀書次第圖」·「日省圖」(71세) 등이 있다. 그의 문집인 『下廬先生文集』(19권 10책)은 『방언』을 교정·編次한 것으로 1918년 창원에서 盧相稷(1855~1931)을 중심으로 趙昺奎·金鎬源 등 허전의 문인과 허전의 증손 許應, 그리고 황덕길의 자손 黃洙建에 의해 간행되었다.

2. 구성

문집의 전체 목차는 다음과 같다.

一冊 :

卷一(詩) : 「歲暮放言」·「雉岳高」·「擬晦菴十二辰詩」·「乙巳立春日題」·「拙者吟」·「奉和順菴先生」·「敬呈順菴先生」·「鶴山洪丈瓜圃韻」·「書百家詩史後」·「此日不再得詩示同志」·「遊楓嶽」·「奉呈沈正言從兄古湍州寓所」·「反忽忽」

卷二(詩) : 「乙未除夕拈元字一呼一詠止二十韻」·「讀易」·「見唐菊早開偶題」·「奉和恬翁愁字」·「秋日憶吳孟九寄三疊」·「吳圭玉芝溪別業八詠用原韻」·「蘆谷精舍秋衣會話同賦」·「宗姪奎年東歸贈言」·「偶題」·「移寓邵城之南藝淵村」·「答李順養贈別」·「登終南蠶頭峰己亥」·「臘夜權上舍共會睡心館」·「李善始宅遇趙丈同賦」·「再從叔仁得甫輓」·「理谷精舍十二詠」·「悠菴八詠戊申」·「中江夏日雨中辛亥」·「野居」·「有懷」·「東遊十二詠」·「次花村回甲韻壬戌」·「次巴陵倅新構在一亭」·「次柳幼吉梅花韻二絶」·「奉和洪參議丈見寄甲子」·「次淡所洪丈題寄傲窓」·「江居謾詠」·「題壁己巳」·「朴厚之來訪斗湖吳澧瑞諸君竝會夜話同賦」·「斗湖偶題示吳澧瑞諸君庚午」·「贈許戴日酬原韻辛未」·「酬崔麟之山行二絶壬申」·「安公美偕許戴日來訪于斗湖用前韻留題因和之贈行以見志」·「李景虞來留讀戴記書一絶贈之」·「酬許戴日見寄兼示安公美甲戌」·「和沈從姪履亮韻」·「秋夜聞鴈有感丙子」·「貽淵孫勉學」·「斗湖郊居雜題辛巳」·「自嘲因以

4) 『小訥先生文集』 卷17, <書>, 「與恩居堂諸公」.

警學子用其所賦韻」·「郊居遣興」·「示學子」·「李公倬來留讀書賦一絶贈之」·「和李聖九見贈」·「和金遂能用聖九韻見贈」·「題鄭穉祥弄月軒步原韻」·「鄭壺隱見寄步原韻酬之」·「酬鄭雲岡學士次壺隱韻」

卷三(輓詞) : 「擬嗟哉行輓吳孟九壬寅」·「朴生輓癸卯」·「洪源卿挽章辛亥」·「宗兄輓壬子」·「順菴先生輓詞辛亥」·「金持平德勝輓乙卯」·「鄭正言道深輓」·「金顯甫輓丙辰」·「馨菴鄭丈輓丁巳」·「斧窩權公輓丙辰」·「樊菴蔡相國輓己未」·「金通川輓壬戌」·「洪判尹輓庚申」·「表叔李忠州輓庚申」·「李交河輓辛酉」·「李丈輓壬戌」·「吳仲七輓癸亥」·「權汝周輓」·「權正言輓庚申」·「許士益輓辛未」·「吳圭玉輓壬申」·「明峯李仁得輓乙亥」·「李順陽輓戊寅」·「權參議輓辛巳」

二冊

卷四(書) : 「上順菴先生書戊戌」·「上順菴先生書己亥」·「上順菴先生別紙乙巳」·「答趙敏中書」·「與吳圭玉別帖壬寅」·「與金士範書丙午」·「答趙敏中書庚戌」·「答朴厚之書乙卯」·「答姜伯賢書戊午」·「答韓穉厚書」·「答韓穉厚書戊午」·「答李得仁書」·「答趙敏中書己亥」

卷五(書) : 「答李弦如書己酉」·「答李善始書」·「書答李善始論禮書後」·「答李善始書庚戌」·「答李紘如書」·「答吳河瑞書己未」·「答權誠如書壬戌」·「答睦汝貫書」

卷六(書) : 「答吳河瑞書癸亥」·「答崔麟之書」·「重答崔麟之書」·「答權子原書乙丑」·「答李明羲書」·「答李穉圭書丁卯」·「別紙答禮問目」·「答李台季受問目」

三冊

卷七(書) : 「答李穉圭書戊辰」·「重答李穉圭書」·「答李穉圭別紙」·「答沈君實問目己巳」·「答崔麟之書」·「答吳璜喪禮問目庚午」·「答申戚從思深書辛未」·「答李光國書壬申」·「答權誠汝甲戌」

卷八(書) : 「與李晉汝書」·「答李穉圭別紙」·「答李善始書」·「答李瀅夏問目丙子」·「答權參議謙甫問目」·「答柳承旨河源問目丁丑」·「答鄭南一問目戊寅」·「答鄭南重問目」·「答鄭穉明書己卯」·「再答鄭穉明書庚辰」

卷九(書) : 「答安重吉書庚辰」·「答李穰書問目」·「答李紀瑞書」·「答鄭掌令希仁書」·「再答鄭希仁書」·「重答鄭希仁書」·「答鄭希仁第三書」

四冊

卷十(書) : 「答李敏敎書庚辰」·「答李重聃問」·「答李紀瑞問」·「答許而老」·「答柳生英會書」·「答李景虞書辛巳」·「答李士克問目」·「再答李士克問」·「答安公美書壬午」·「答李紀瑞書」

卷十一(書) : 「答尹進士克培書壬午」·「答韓務安稚文書」·「答李紀瑞問目癸未」·「答韓稚文書」·「書示韓孟沃」·「與安公美書」·「答李紀瑞問目別紙」·「誡崔孫遇周書」·「與許希文書」·「與李乃心書」·「與權養叟書」

卷十二(書) : 「答三從孫始溥問甲申」·「答李紀瑞問目」·「答李獻納游夏書」·「書李獻納問出後孫爲本生祖服制答書後」·「答吳生周泳書乙亥」

五冊

卷十三(書)：「答鄭穉明別祗乙酉」·「與許極天書」·「答李泰川書丙戌」·「與韓生致寬書」·「與安戚孝根書」·「答金邃能問目」·「答鄭希仁書」·「答安公美書丁亥」·「答許戴日書」·「與李侯良書」·「答李紀瑞問」

卷十四(序) ：「昌原黃氏世乘序」·「日用輯要序」·「東賢學則序」·「三子實記序」·「九拙窩遺藁序戊辰」·「三先生詩序」·「三先生詩後序」·「韓山世稿書癸酉」·「道學源流纂言後序庚午」·「道學源流纂言續後序」·「石門集序戊寅」·「贈韓鏡城之任序己卯」·「鄭穉永性理字訓序己卯」·「贈南明彦南歸序庚辰」·「贈李景興序言己巳」·「送李君景興東歸序己卯」·「友山齋遺稿序癸未」·「送許汝南東還贈言癸未」·「金陵鄕約案序甲申」·「斧窩集序甲申」·「芙江書院新設錄序乙酉」·「岳陽子遺稿書丙戌」·「夏範衍義序丙戌」·「送尹聖圭移居汾津序丁亥」

卷十五(記)：「昌原始祖古蹟記」·「魯谷草堂重修記己丑」·「柳北僑居記丁酉」·「記釋廣訓記」·「巴上舟行記癸丑」·「一檜堂記」·「愼菴記戊申」·「六餘齋記丁卯」·「八當藏小記己巳」·「庸齋記壬戌」·「吳圭玉泛溪幽居記甲子」·「繼拙齋記丁卯」·「延城遮路圖記甲戌」·「己齋記己卯」·「妥菴記」·「順窩記辛巳」·「斗湖精舍記」·「斗湖古蹟記」·「五然齋記」·「而立齋記甲申」·「慕學堂記」·「金陵椽廳重修記」·「巴陵掾廳重修題名記」·「記夢」

六冊

卷十六(跋) ：「書昌原黃氏世乘後」·「書摭見雜錄後」·「書奇高峯論盧蘇齋語後」·「書退溪先生寄書朴松堂門人論白鹿洞規解後壬寅」·「書顔魯公書帖後」·「詩變後語」·「書五子近思錄後丙寅」·「書文章正宗後」·「書㜸古史後」·「書栢谷金得臣讀數記後丁卯」·「題從子婦許氏識家臧書目」·「書從子婦許氏遺墨後」·「書菊齋晩拾後」·「書陳同父勸東萊勿許講座後壬午」·「書喩南强事後」·「書檜山黃氏世訓帖後」·「檜山世訓帖後小識」·「書檜山世墨帖」·「書朱子記旌儒廟碑陰語後癸未」·「眉叟許先生篆帖跋乙酉」·「增補聖賢羣輔錄跋甲申」·「書心經發揮序後」

卷十七(說)：「擺落戶說甲寅」·「自軒說癸酉」·「欽賜李忠肅公遲滯說甲戌」·「慕儉齋說癸未」·「一疎說」·「四端七情說」·「跋四七說」·「異端說辛亥」·「三不幸說癸未」

卷十八(講義) ：「大學講義」·「大學之道至止至善」·「明明德」·「知止后至能得」·「致知在格物」·「湯之盤銘至日新」·「詩云瞻彼至不能忘也」·「子曰聽訟至知本」·「間嘗竊取程子之意以補之」·「所謂誠其意至愼其獨也」·「所謂修身在正其心」·「所謂治國必先齊其家」·「堯舜率天下之未之有也」·「所謂平天下之絜矩之道也」·「是故財聚至民衆」·「秦誓曰至殆哉」·「中庸講義」

七冊

卷十九(講義)：「朱子大全講義上李延平先生書曰義理之分止可懼者」·「答張敬夫書曰夫帝王之學可得以推矣」·「答張敬夫書曰筵中見講何書愚意孟子一書最切於今日之用無自啓矣」·「與留承相書曰垂諭深以士大夫之朋黨爲患云云」·「答汪尙書曰蘇氏之學雖王氏若有不同其禍而已」·「答張敬夫書曰

太極圖立象盡意其弊必有甚焉」·「答張敬夫書曰鄕約之書小補耳」·「答陳同甫書未喩所謂三代做得盡漢唐做得不盡其在此矣」·「答范伯崇書曰異端害正自弊之譏也」·「答黃直卿書曰武侯所謂鞠躬盡力自遠矣」·「答黃直卿書曰爲學先要立本却誤入也」·「答蔡季通書曰性主於理故其發精一之地也」·「春秋書正」·「經筵講義大學首章止於至善」·「名堂堂記曰嘗讀易得兩言貫乎一者」·「跋胡五峯詩曰初紹興庚辰有發也」·「讀唐志曰歐陽子曰三代以上出於二也」·「尊德性銘大旨」

卷二十(齊居感興詩講義) : 「第一章」·「第三章」·「第十章」·「第十一章」·「第十二章」·「第十三章」·「第十五章」·「第十六章」·「第十七章」·「第二十章」

卷二十一(銘·箴) : 「左右銘」·「下廬銘」·「寄傲窓銘」·「八一銘」·「續八一名」·「兀銘贈徒第敬心癸卯」·「四隱齋銘」·「團扇銘壬寅」·「黃蘗杖銘丁卯」·「烏竹杖銘」·「杖銘奉酬開野高居丙戌」·「景賢贊壬辰」·「圃隱先生」·「寒暄先生」·「一蠹先生」·「靜菴先生」·「晦齋先生」·「花潭先生」·「退溪先生」·「南冥先生」·「寒岡先生」·「墨龍贊丁未」·「春居贊甲寅」·「自警箴」·「丙戌元朝自警」·「多少箴誡柳童子順甲癸未」·「自警文戊申」·「四官之誡辛丑」·「俗戒壬午」·「儆約己酉」·「兄子奎鈾字辭」

八冊

卷二十二(雜著) : 「讀史」·「羅泌路史表題己酉」·「南郭病中對」·「困喩辛亥」·「壽母生朝錄」·「金剛山誌癸丑」·「不祧祀議甲申」·「眉叟先生祀享祝文」·「李忠肅公祀享祝文」·「日省圖示學子」·「後說」·「塾規」·「士林議復修孤山書院文庚申」·「洛下儒生諭嶺南士林文己未」·「洛下儒生與虎溪屛山兩書院諸生書甲寅」·「高陽儒生上觀察使李公節義于宰相書戊申」·「西湖民人上劉氏節行于京兆尹書」·「陽川士林上縣宰請行鄕約書丁巳」·「士林七賢辨誣疏庚申」

卷二十三(哀辭) : 「權于四哀辭」·「權山如哀辭」·「午菴尹公哀辭戊申」·「恭人延城李氏哀辭」·「韓甥哀辭辛亥」·「朴仁伯哀辭丙辰」·「柳生哀辭甲戌」·「竹帶李公哀辭戊寅」·「孺人延城李氏哀辭」

卷二十四(祭文) : 「祭仲父文」·「祭吳孟九文」·「祭任公文」·「祭權山如文」·「祭姒姆文」·「禱巴山逐厲文」·「祭順菴安先生文」·「祭韓甥聖範文」·「祭表叔墨醉趙公文甲寅」·「社稷祈雨文」·「祭韓稚厚文」·「祭外從兄沈正言文」·「祭丁聖文文」·「祭從子文」·「祭從子婦許氏文」·「再祭從子文」·「祭亡子文」·「祭亡室盧氏文」·「祭趙令文」·「祭金令公文」·「祭許掌令行玉文」·「祭崔麟之文」·「祭崔信庸暨崔室墓文」·「祭許文心文」

九冊

卷二十六(遺事) : 「刑曹判書義昌君公遺事」·「三登縣令公遺事」·「平安道兵馬節度使公遺事」·「淑人陽川許氏遺事」·「寬谷金先生遺事辛未」·「桐巢先生南公遺事癸未」·「蘆村先生許公遺事甲申」·「孝婦慶孺人遺事」

卷二十七(行狀) : 「先考魯野府君行狀」·「先妣夫人白川趙氏家狀」·「從子奎軸暨陽川許氏行蹟記」

卷二十八(行狀) : 「順菴安先生行狀辛酉」·「拱白堂先生行狀」

十冊

卷二十九(行狀) : 「權君山如行狀」·「通德郎申公行狀丙辰」·「市隱吳君仲七行狀壬戌」·「孺人晋州柳氏行狀」·「友山齋韓君行狀丁卯」·「孺人平山申氏行狀」·「蘇谷李公行狀」·「兵曹參判安公行狀乙亥」·「廣陵李公行狀」

卷三十(行狀) : 「宗廟署奉事西湖姜公行狀辛巳」·「直長姜公行狀」·「司憲府掌令許君行狀壬午」·「弘文館校理贈直提學朴公行狀」·「西巖處士李公行狀乙酉」

卷三十一(墓誌) : 「戶曹參判公碑」·「金浦縣令公墓碣」·「洪川縣監公墓碣」·「後村公墓碣」·「曾祖考橡坡公墓碣」·「孺人豊川盧氏墓誌」·「畢谷黃公墓誌丙午」·「殤女壙銘」·「成均館典籍黃公墓碣銘甲申」·「陶坡處士黃公墓碣銘」·「服齋先生黃公墓碑銘甲申」·「再從叔上舍公誌文」·「亡子奎郁墓地銘」

十一冊

卷三十二(墓誌) : 「贈吏曹判書行黃海道觀察使丁公墓誌銘辛巳」·「成均進士觀瀾丁公墓誌銘」·「關西孝子許公墓碣銘壬午」·「權君久之墓誌銘己巳」·「兢菴權公墓誌銘」·「惜陰齋許公墓誌銘辛未」·「蔚珍縣令許公墓銘己卯」·「廣陵李公墓碣銘己卯」·「成均進士安公墓碣銘」·「明峯處士李君墓銘庚辰」·「成均進士權君墓銘」

卷三十三(墓誌) : 「春官郎許公墓碣辛巳」·「贈童蒙教官金公墓誌銘壬午」·「李君稚格墓碣銘辛巳」·「僉中樞李公墓碣銘」·「密陽朴君墓誌銘」·「處士南公墓碣銘癸未」·「司諫院正言權君墓銘癸未」

卷三十四(墓誌) : 「尙窩沈公墓誌名癸未」·「司諫院正言沈公墓碑銘癸未」·「兵曹參議韓公墓碑癸未」·「幾菴李公墓銘乙酉」·「月磐李公墓誌銘」·「許公文心墓誌銘」·「死義宗臣通德郎李公墓表丙戌」·「嘉善大夫同知中樞府事鄭公墓誌銘丙戌」·「拱白堂先生壙記」

3. 내용

『하려선생문집』과 비교해 볼 때 『방언』을 편차하면서 빠진 내용은 대략 다음과 같다. 우선 詩文에서는 「宗姪奎年東歸贈言」·「登終南蠶頭峰己亥」·「臘夜權上舍共會睡心館」·「再從叔仁得甫輓」·「中江夏日雨中辛亥」·「次巴陵倅新構在一亭」·「題壁己巳」·「朴厚之來訪斗湖吳澧瑞諸君竝會夜話同賦」·「斗湖偶題示吳澧瑞諸君庚午」·「贈許戴日酬原韻辛未」·「酬崔麟之山行二絶壬申」·「安公美偕許戴日來訪于斗湖用前韻留題因和之贈行以見志」·「李景虞來留讀戴記書一絶贈之」·「秋夜聞鴈有感丙子」·「李公倬來留讀書賦一絶贈之」·「和李聖九見贈」·「和金遂能用聖九韻見贈」·「題鄭穉祥弄月軒步原韻」·「鄭壺隱見寄步原韻酬之」·「酬鄭雲岡學士次壺隱韻」(이상 권2) 등이 빠져있다. 書簡에서는 「答韓穉厚書」(권4), 「答李善始書」·「書答李善始論

禮書後」·「答李紘如書」(권5), 「重答崔麟之書」(권6), 「重答李穉圭書」·「答李穉圭別紙」·「答崔麟之書」·「答權誠汝甲戌」(권7), 「答權參議謙甫問目」·「答柳承旨河源問目丁丑」(권8), 「答李穰書問目」(권9), 「答李重聃問」·「答李景虞書辛巳」·「再答李士克問」(권10), 「答尹進士克培書壬午」·「答韓務安稚文書」·「與許希文書」(권11), 「答李泰川書丙戌」(권13). 序에서는 「昌原黃氏世乘序」·「贈李景輿序言己巳」·「送許汝南東還贈言癸未」(권14) 등이 제외되었다. 한편 記에서는 「記釋廣訓記」·「記夢」(권15) 등이 편차 과정에서 빠졌으며, 跋과 說에서는 「書檜山黃氏世訓帖後」(권16)과 「擺落戶說甲寅」·「跋四七說」(권17) 등이 각각 제외되었다. 다음으로 雜著중에는 「南郭病中對」·「困喩辛亥」·「士林議復修孤山書院文庚申」·「洛下儒生諭嶺南士林文己未」·「洛下儒生與虎溪屛山兩書院諸生書甲寅」·「高陽儒生上觀察使李公節義于宰相書戊申」·「西湖民人上劉氏節行于京兆尹書」·「陽川士林上縣宰請行鄕約書丁巳」(이상 권22), 哀辭중에는 「午菴尹公哀辭戊申」(권23)이, 祭文중에는 「祭姝姆文」·「祭亡子文」·「祭趙令文」·「祭金令公文」·「祭許掌令行玉文」·「祭崔信庸暨崔室墓文」(권24), 遺事중에는 「刑曹判書義昌君公遺事」·「三登縣令公遺事」·「平安道兵馬節度使公遺事」·「淑人陽川許氏遺事」(권26), 行狀중에는 「從子奎軸暨陽川許氏行蹟記」(권28), 「孺人平山申氏行狀」(권29), 墓誌중에는 「戶曹參判公碑」·「金浦縣令公墓碣」·「洪川縣監公墓碣」·「後村公墓碣」(권31), 「成均進士權君墓銘」(권32) 등이 편차 과정에서 각각 제외되었다.

『방언』에서 주목해 볼 주제는 다음과 같다. 우선 황덕길의 '하학'관이다. 하학은 이익과 안정복에 의해 고취되면서 후학들에게 전수된 성호학파의 주요한 학풍 중 하나였다. 따라서 이에 대한 그의 인식을 정리해 보면 성호문인으로서 학문관과 사상체계의 특징이 드러날 것으로 기대해 본다. 우선 하학과 관련하여 황덕길은 안정복에게 보낸 편지에서(「上順菴先生別紙乙巳」; 권4) '允執厥中'을 聖學의 祖宗이자 道統의 淵源인 천하의 大經·大法이라고 인식하였다. 이는 그의 학문 지향이 內面의 성찰을 통한 '爲己之學'의 확립에 두어지고 있음을 잘 보여주는 것이다. 이어 그는 이를 실현할 구체적인 방안으로 하학을 강조하였다. 그는 '學'은 致知보다 日用공부가, '知'는 性情의 辨別을 급선무로 생각하였다.

일찍이 이익은 進道의 순서로 '하학이상달'을 상정하면서 하학에 대해서 審問明辨해야 한다고 하였다.[5] 그는 도를 '深極高之物'로 간주하여 사람들로 하여금 쉽게 접근할 수 없도록 하는 것은 납득할 수 없으며, 이는 어진 사람의 敎導之意가 아니라고 보았다. 안정복 역시 하학을 주요한 학문대상으로 상정하고,[6] 입문이전부터 이를 체계화하는 작업을 진행하였다. 또한 그는 후배문인들에게 하학을 聖門敎學의 최우선 과제로 제시하였으며, 儒者에게 있어서 가장 절실한 학문이라고 하였다.[7] 따라서 그는 황덕길에게 四七理氣論을 둘러싼 논란에 대해 '實學'에

5) 『星湖全集』, <附錄> 卷2 「論狀」.
6) 『順菴集』 卷8, <書>, 「答韓士凝書庚寅」.
7) 『順菴集』 卷8, <書>, 「答黃耳叟癸卯」.

아무런 도움이 되지 못한다고 가르쳤으며, 高遠懸空한 주제에 대해 궁구하기 보다는 하학을 통한 상달의 공부방법을 적극 추천하였다.

이 같은 가르침을 전수 받은 황덕길은 道理는 지극히 緊切한 대상을 공부하여 얻어진 경험을 통해서 이루어질 수 있다고 보았다(「答趙敏中書」; 권4). '도는 인간으로부터 멀리 떨어져 있지 않다(道之不遠於人)'고 한 언설을 통해 그가 하학에 대한 스승의 가르침을 분명히 인지하고 있었음을 알 수 있다(「日用輯要序」; 권14). 또한 그는 '하학이상달'의 가르침을 퇴계 문하에서 相傳되는 것으로 이해하였다(「送許汝南東還贈言癸未」; 권14). 평생토록 하학을 중시하고자 했던 황덕길의 모습은 號에도 반영되었다. 그는 「下廬銘」(권21)에서 '知天下之不可上也, 故下之. 升高必自下, 德之進也'라고 하여 군자의 학문으로 하학을 거듭 강조하였다.

이처럼 황덕길이 하학에 관심을 기울이게 된 것은 단순히 학풍 혹은 스승의 가르침 때문만은 아니었다. 그는 李得仁에게 보낸 편지(권4)에서 당시 道術이 쇠미해지면서 선비들이 名利나 文藝만을 좇는 데 물들어 있는 형태에 대해서 비판하였다. 그는 실천의 중요성을 강조하였다. 그는 일상에서 크게 실행해야 할 것으로 夫子가 언급했던 '事父·事君·事兄·朋友交'를 들면서 이를 군자가 지켜야 할 네 가지 도[孝悌忠信]로 상정하였다. 독서는 바로 이러한 학문의 방도를 알기 위한 수단에 불과할 뿐 독서 자체가 목적이 될 수는 없다는 의견을 제시하였다(「書示韓孟沃」; 권11). 이러한 窮經 태도는 星湖學에서 유래한 것이었다. 이익은 경에 대한 기본 태도로 사변적인 이해보다는 실천을 강조하였다.[8] 황덕길은 성현이 돌아간 후에 도는 성현의 책에 남겨져 있다고 했다. 따라서 독서를 하지 않으면 성현의 法言과 德行 그리고 心學의 가르침을 전수 받을 수 없었다(「讀書次後說」; 권22). 이때 그가 제시한 독서순서는 다음과 같다. '先讀' 해야할 경전으로 『小學』·『大學』·『論語』·『孟子』·『中庸』·『近思錄』·『心經』·『家禮』가 있다. '次讀'으로 『詩傳』·『書傳』·『周易』·『禮記』·『周禮』·『通解』·『春秋』·『二程全書』·『朱子大全』·『朱子語類』·『伊洛淵源錄』·『理學通錄』·『性理大全』·『綱目』·『資治通鑑』·歷代正史·東國諸史·諸家書를 제시하였다(「讀書次」; 권22). 황덕길은 이와 같은 순서에 따라 경전을 읽은 후 독서를 통해 얻어진 도를 일용에서 실천하는 것이 중요하다고 보았다. 그리고 이를 '傳曰, 升高必自卑, 行遠必自邇'라고 하여 예의 하학의 방식을 강조하였다.(「讀書次後說」; 권22)

그는 하학을 추구하는 독서법으로 다음과 같은 방법을 제시하였다. 먼저 經文을 읽고 그 다음 章句를 보면서 觀心玩味하고 반복하여 涵泳함으로 점차 그 실체를 이해하고 마침내 자신의 몸과 마음에 體認하는 것이었다(「答吳河瑞書己未」; 권5). 이러한 독서방법이 하학과 관련을 맺고 있음은 다음의 사례를 통해 이해될 수 있다. 황덕길은 1807년 李穉圭에서 보낸 편지에서(권6) 이황의 언설을 인용하여 易象을 독서함에 있어서 중요한 것은 그것을 완미하여 心身 일용공부에 도움이 되게 하는 것임을 강조하였다. 그는 공부방법으로 강습을 통하여 배우

8) 『星湖全書』 6, 「窮經」.

고[學], 그 이치를 연구하고 궁리하여 생각하는[思] 과정을 통함으로써 학문의 경지에 이른다고 하였다. 이를 위해 황덕길은 하학을 날로 익히고 연마할 것을 권고하였다(「答李景虞書辛巳」; 권10권). 그는 하학과 관련된 경전공부 대상으로 四書와 그 내용을 일상 생활에서의 실천하는 것을 들었다(「答李穉圭書丁卯」; 권6).

황덕길은 하학 연마에 필요한 책으로 안정복의 『下學指南』과 이익의 『李子粹語』를 꼽으며, 두 책을 후학들이 학칙으로 삼을 만하다고 평가하였다(「答安重吉書庚辰」; 권9). 그는 후학들이 하학을 평소 실천할 수 있게 하기 위해서 「塾規」(권22)를 작성하였다. 그 내용은 대체로 灑掃應對로부터 窮理盡性에 이르는 敎人과정을 단계별로 구분해 놓고 몸소 지켜야할 행동규범을 자세히 명시하여 놓았다. 이는 사제간 가르침을 전수 받는 자리에서조차 하학을 실천함으로써 보다 용이하게 학문 목표를 달성하기 위해 차원에서 마련되었던 것이다.

한편 황덕길은 道問學에만 전념하는 폐단을 근절하기 위해 다음과 같은 견해를 제시하였다. 그는 爲學之道 네 가지 중 첫 번째로 窮理(=도문학)를 들었다. 그런데 그는 궁리를 행하는 바의 이치를 스스로 窮行하는 것으로 해석하였다. 즉 궁리는 사물의 이치를 파악할 뿐만 아니라 획득한 지식을 활용하여 실천에 옮기는 개념이었다. 그는 강화된 궁리의 실천성을 구현하기 위해 다양한 방법을 소개하였다. 그는 궁리를 독서를 통해서 뿐만 아니라 강론이나 思慮, 심지어 行事하는 사이에서도 얻을 수 있다고 보았다(「書示韓孟沃」; 권11). 특히 行事를 궁리의 한 방법으로 상정했다는 사실은 결국 궁리를 知行竝進의 관점에서 지식을 탐구하는 과정임과 동시에 획득된 지식을 실천해 나아가는 과정으로 인식하고 있었음을 의미한다. 그는 지행관과 관련하여 본받을 학자로 주자를 상정하였다. 그가 이해하고 있었던 주자는 존덕성과 도문학, 양쪽을 모두 중시하면서 존덕성을 소홀히 한 채 도문학에 치중하였던 후학을 질책했던 학자였다. 그는 '知行相須'를 程子 이래 주자에 이르도록 거듭해서 주목해 온 지행관으로 이해하였다.

하학과 관련하여 황덕길이 주목했던 학문 분야가 역사학이었다. 그는 안정복의 학문을 평가하면서 하학을 순암학의 條例이며, 이를 행사한 연구성과로 『東史綱目』을 들었다(「祭順菴安先生文」; 권24). 그에게 『동사강목』은 하학의 관점에서 東事를 정리한 역사서로 인식되었던 것이다. 그는 「讀史」(권22)에서 역사학의 필요성을 다음과 같이 강조하였다. "나라의 다스려지고 어지러움이 역사가 아니면 징험할 수 없고, 사람의 선과 악이 역사가 아니면 믿을 수 없으며, 예악과 형법의 변화가 역사가 아니면 고찰할 수 없으며, 정령과 풍속이 역사가 아니면 전해지지 않는다(國之治亂, 非史不徵. 人之善惡, 非史不信. 禮樂刑法之變遷, 非史不攷. 政令風俗之沿革, 非史不傳.)". 따라서 역사학은 諸子百氏의 流派 중에서도 중요한 위치를 차지한다고 규정하였다.

그런데 그가 「讀史」를 통해 예악과 형법 등 문물제도에 주목했던 것은 평소 事務를 중시하는 경향 때문이었다. 황덕길은 事務와 學業 어느 쪽도 한쪽을 위해서 폐기할 수 없다고 보았다. 그는 이것이 공자와 주자가 추구했던 학문목표라고 하였다. 따라서 그는 사대부의 학업은 이를 전제로 聖賢之書를 읽고 스스로 몸과 마음에 체험할 때 진보될 것이라고 기대하였다. 그는 시무의 요체를 아는 자를 眞儒로 규정하였다. 반면 경전의 자구에만 얽매여 時務에 어두운 자는 腐儒에, 일을 좇아 事功에만 힘써 天理에 어두운 자는 俗士로 분류하였다. 결국 천리를 제대로 파악하고 시무의 요체를 아는 사람만이 진정한 儒者의 반열에 들 수 있었던 것이다.[9] 이에 해당하는 학자로 주자를 꼽았다. 그는 주자의 釋經之意는 '堯舜之利民也大, 禹之慮民也遠'을 따라서 백성을 이롭게 하려는 데 있었다고 보았다. 그런 주자의 본의를 제대로 이해하지 못한 채 文義의 말단에만 얽매이거나 자구의 辨析에 몰두하는 태도를 문제로 보았다(「答黃直卿書曰武侯所謂鞠躬盡力自遠矣」; 권19).

하학과 함께 본 문집에서 주목되는 주제로 理氣心性論을 들 수 있다. 해당주제는 성호학파의 분기를 초래할 만큼 오랜 시일에 걸쳐 문인간 논쟁이 되었던 대상이었다. 따라서 이는 조선 후기 실학을 대표하는 학문집단으로서 성호학파의 성격과 정체성을 파악하는 데 간과해서는 안될 주제인 것이다. 심성구조에 대한 철학적 구명은 성리학의 本과 體에 해당하는 것으로서 修己와 治人을 이루기 위해서 반드시 검토해야할 주제였다. 인간본성에 대한 이해를 전제로 할 때 性善을 회복하기 위한 구체적인 도덕수양법과 경세론이 마련될 수 있기 때문이다. 황덕길은 1820년 李秉圭에게 보낸 편지에서(권7) 학문의 요체로 治心을 들었다. 치심을 위해서는 무엇보다 致知가 중요하며 치지의 요체는 一身上의 性情을 분변하는 것이라고 했다. 그는 '性卽理'에 입각하여 理氣의 互發과 '心卽理氣之合而統性情'을 주장하였다. 이러한 견해는 孟子와 朱子, 퇴계의 학설에 근거하여 입안되었다. 또한 안정복의 견해를 인용하면서 四端은 性命의 본성에서 발현되는 것으로 선하지 않음이 없는 것으로, 七情은 形氣의 사사로움에서 발현되어 혹 선하기도 혹 악하기도 한 것으로 보았다. 안정복은 이황의 '理發氣隨'설을 따른 이익의 입장을 그대로 계승하고 있었다. 황덕길 역시 이익의 『四七新編』이 이황의 遺意를 발휘한 것으로 보고 理氣의 '大公案'이라고 평가하였다. 즉 황덕길은 이황의 이기론에 바탕을 두면서 이익의 그것을 안정복을 통해 전수 받아 계승하고 있었던 것이다.

성호학파 내부에서 성리논쟁은 이익의 저술인 『四七新編』重跋에 언급된 '聖人의 喜怒가 理發인가 氣發인가'에서 비롯되었다. 이익은 주자의 학설과 이황의 '理發氣隨 氣發理乘'을 따라 성현의 七情도 보통 사람과 마찬가지로 氣發이라는 견해를 제시하였다.[10] 이때 성호문인들 사이에 쟁점으로 등장한 문제가 '聖人의 七情'이었다. 즉 성인의 칠정은 일반 사람의 칠정과 달리 실제로 표출되는 내용이 公的이기 때문이었다. 이에 대해서 愼後聃(1702~1761)은 성현의 칠정 公喜怒는 기발이 아니라 理發이라는 반대 의견을 내놓았다. 즉 성현이 기뻐하고 노하는 것은 공변되기 때문에 보통사람과 달리 리발이라는 것이었다.[11] 이에 대해 이익은 신후담의

---

9) 『性齋先生文集』 5, 卷28, <行狀>, 「下廬先生行狀」.
10) 『星湖全書』 7, 「四七新編」.
11) 『河濱集』 卷9, 「四七新編記疑附」.

사칠론이 奇大升(1527~1572)의 견해에 부합된다고 보아 거부했지만 마침내 입장을 바꾸어 신후담의 견해를 수용하면서 『사칠신편』의 학설을 수정하여 '성현의 公七情을 理發로 볼 수 있다'고 하는 「重發」을 내놓았다.12) '공희노 리발설'은 16세기 후반 기대승의 주장에 근원하고 있으며 李珥(1536~1584)를 통해 기대승의 주장이 더욱 구체성을 가진 이론으로 정립되었다. 이후 이 학설은 18세기 신후담에 의해 주목되어 이황, 기대승, 이이의 학설을 통합절충한 이론으로 완성되었던 것이다. 칠정 가운데 성인의 공정한 기쁨[公喜]과 분노[公怒] 등은 私事가 개입되지 않기 때문에 리가 발한 것이라는 학설은 사단은 리발이고 칠정은 기발이라는 기존의 이황의 학설에 대한 비판이 내포된 것이었다.

황덕길은 신후담의 설이 기정진의 학설과 합치된다고 보았다. 그러면서 신후담의 학설에 반대했던 윤동규의 견해를 인용하였다. 윤동규는 신후담의 '공희노 리발론'에 적극적으로 반대하였다. 그는 희노는 스스로 희노일 뿐이지, 사단과 동등하게 쓰는 것에 부정적이었다. 공희노는 道心을 주로 삼고 人心이 聽命하는 데 불과할 뿐이며, 공변된 희노라 하더라도 形氣의 사사로움에서 생기는 것인데, 의리로 귀결시키는 것은 부당하다는 것이다. 반면 이병휴는 신후담의 견해에 동의하면서 성인의 칠정은 形氣에 간섭받지 않고 의리에서 직접 발한 공변된 것이기 때문에 리발이 맞다고 했다. 황덕길은 이이의 氣發一途說을 반박하면서 기본적으로 이황의 성리학설에 근거하여 理氣互發論을 주장하였다. 그는 성은 리발이고 정은 이기가 호발한다고 보고 사단칠정의 생성을 전적으로 이발이라 한다던가 기발이라고 하는 것은 온당치 못하다고 주장하였다. 즉 리 일변도는 갖추어지지 못한 것이고, 기 일변도는 분명하지 못하다는 것이다. 그의 이기론은 기가 리에 순종한다는 대전제를 지니지만 이기를 표리관계로 보고 경위를 이룬다는 이기의 수평적 작용관계를 중시하는 호발을 강조하였다. 이처럼 황덕길은 사칠논쟁을 둘러싼 직계문인들의 제 견해를 정리하면서 최종적으로 안정복 견해에 따르고 있었다(「重答李穉圭書」; 권7). 그 이유는 스승의 학설이 주자로부터 이황에게 이어지는 사칠설 견해와 일치했기 때문이었다(「四端七情說」; 권17).

황덕길이 안정복의 견해를 추종한 또 다른 이유는 이기론에만 빠져 공허한 논의만을 일삼는 학문 태도를 걱정해서였다. 안정복은 문인간 사단칠정설을 둘러싼 논쟁이 實用과 별 관계가 없이 한갓 紙面의 한가한 대화로 변모했다고 판단되자 논쟁의 중단을 요청하였다.13) 그는 의를 변별하고 마음의 자취를 판별하는 것은 하학공부를 마친 연후에 가능하다는 견해를 제시하였다.14) 사칠논쟁에 앞서 하학을 실천하는 것이 중요하다는 생각을 가지고 있었다. 그래서 안정복은 선현들에 의해 상당한 수준의 성리설이 해명된 상황에서 더 이상의 논의를 진전시키지 말 것을 제안하였다.15) 안정복은 이발기발의 문제는 한갓 辭說에 불과할 뿐 師說을 준수하는

12)『星湖全書』7, <四七新編>,「附錄重發」.
13)『順菴集』卷3, <書>,「答昭南尹丈書己丑」.
14)『順菴全書』二, <擬問>,「四七理氣」.
15)『順菴集』卷19, <題後>,「題下學指南庚申」.

것이 타당하다고 보았다. 그가 주장한 사설이란 이황의 성리설을 의미하며, 이는 '不出於渾淪分開' 四字(渾淪分開)에서 크게 벗어나는 것이 아니라고 보았다.[16] 황덕길 역시 스승과 동일한 관점에서 사단칠정논쟁의 폐해를 지적하였다. 그는 후대 학자들이 性命을 둘러싼 高談을 일삼으면서 스스로 天人을 學究한다고 하지만 이는 倡家가 禮를 말하는 것과 같다고 평가하면서 더 이상 立論하지 말 것을 제안하였다.

사단칠정론과 함께 학파의 분기를 초래할 만큼 문인간에 논란이 되었던 학술주제는 西學, 즉 천주교 문제였다. 이익 死後 발생한 천주교 문제는 그 동안 구축해온 성호학파의 학문기반을 한 번에 무너뜨리게 할 수 있는 중대사안이었다. 안정복은 이 문제를 학파의 命運이 걸린 사안으로 판단하였다. 1784년 金範禹, 李承薰(1756~1801) 등의 천주교 신앙을 적발해 낸 '乙巳秋曹摘發'사건(1784, 정조 8)을 계기로 성호문인들의 천주교 문제가 정치 쟁점화 되면서 그 혐의가 점차 權哲身(1736~1801) 등 소장문인들에게로 확대되었다. 그리고 관련 사건들이 일어날 때마다 성호문인들이 연루되어 처벌을 받는 상황이 반복되었다.[17] 더욱이 천주교와 관련된 혐의가 이익에게까지 확대되는 상황에서[18] 이 문제에 대한 학파의 입장을 정리하는 것은 매우 중요한 일이었다. 이에 안정복은 천주교 문제가 표면화되기 시작한 무렵부터 이에 경도된 후배문인들을 대상으로 본격적인 설득작업에 나섰다.[19] 동시에 『天學考』·『天學問答』 등을 저술하여 천주교 교설을 비판하였다.

황덕길은 이와 같은 스승의 노력을 높이 평가하면서 이익의 문도 가운데 이단의 학설에 빠진 자들을 師門을 배반한 것으로 규정하였다. 즉 이익은 「七克說」과 「天主實義辨」을 지어 후학들로 하여금 경계토록 하였고, 안정복은 이익의 뜻을 이어 천주교의 확산을 막아 혹 성호문인 가운데 한 두 명이 천주교에 빠졌을 때에 그 노력에 감화되어 햇빛을 보았다고 하였다(「答鄭希仁書」 別紙, 13권 5책). 또한 그는 이익이 서학에 연루되었다는 소문이 나돌면서 더 이상의 논란의 소지를 없애기 위해 스승이 추숭한 학문은 孔·孟子, 程·朱子學이며 異端과 雜學을 배척한 것이라고 하였다.[20] 본인 스스로는 儒道를 위해 선유들의 학설을 따라 法門을 지켰다고 하였다. 특히 이단 학설에 대해서는 엄격한 비판과 더불어 반드시 바른 도리로 돌려놓기 위해 노력했음을 부각시켰다.[21] 황덕길의 서학인식은 「異端說」(17권 6책)에 잘 나타나 있다. 그는 천주교를 도교, 불교, 양명학과 함께 이단으로 규정하였다. 그가 볼 때 천주교는 예의범절을 무시하고 윤리를 끊으며 허황됨이 노자나 석가 보다 심하다고 보았다. 또한 그 해독이 심하기 때문에 맹자나 정자, 주자가 다시 나타난다면 엄하게 배척하였을 것이라 하였다. 그는 이단

16) 『順菴集』 卷8, <書>, 「與韓士凝書庚寅」.
17) 『正祖實錄』 卷33, 正祖 15年 11月 3日(甲戌)~8日(己卯).
18) 『順菴集』 卷8, <書>, 「答黃莘叟書戊申」.
19) 『順菴集』 卷6, <書>, 「答權旣明書甲辰」·「與權旣明書甲辰」; 『順菴集』 卷8, <書>, 「答李士興書乙巳」.
20) 『順菴集』 卷8, <書>, 「答黃莘叟書戊申」.
21) 『順菴集』 卷27, <行狀>, 「順菴先生行狀」.

변척의 방법으로 '自治'를 제시하였다. 자치는 先王의 法言과 德行을 따라 大道를 밝히는 것이다. 따라서 後士들의 임무는 斯文에 매진하여 程·朱子學을 다시 세상에 밝혀 공자의 憲章을 失墜시키지 않고, 천하의 理를 획득하는 것이라고 규정하였다.

황덕길은 이를 밝히는 작업의 일환으로 『大學』과 『中庸』, 『朱子大全』을 講義한 글을 남기고 있다. 우선 「大學講義」(17권 6책)와 「中庸講義」(17권 6책)를 통해 經文과 傳文을 읽고 난 후 해당 구절에 대한 자신의 견해를 피력하였다. 이때 주목되는 점은 앞선 시기 『대학』의 해석을 둘러싸고 성호 직계문인들 사이에 벌어졌던 논쟁에 대한 황덕길의 견해였다. 이 문제는 '공희노리발 기발' 논쟁과 함께 성호문인들의 철학사상을 구분해 볼 수 있는 주요한 지표이다. 일찍이 신후담은 이언적의 학설에 따라 주자의 『대학』보다 古本『대학』이 옳고 '格物致知'장은 별도로 설정할 필요가 없다고 보았다. 그는 격물치지의 '物'의 의미를 '明德'과 '新民'으로 '知'의 의미를 '知止'로 한정시켜 보았다. 비슷한 해석이 이병휴의 『大學心解』에서 나타나고 있었다. 그는 『대학』의 편제가 잘못된 것으로 보지 않았고 주자가 생각한 것처럼 빠진 부분도 없다고 보았다.

『대학』은 원래 『禮記』속에 편제되어 있었다. 그런데 『예기』 속에 들어 있는 고본 『대학』에는 經文과 傳文의 구별이 없었다. 이것을 주자가 따로 분리하여 독립시킨 뒤, 그것의 전체 내용을 經1章과 傳10章으로 나누고, 傳文에 錯簡과 闕文이 있음을 들어 일부 순서를 바꾸고 '格致'章을 새롭게 보충하여 『大學章句』를 완성하였다. 주자에 의해 새롭게 편찬된 『대학장구』는 고본『대학』과 체제가 크게 바뀌게 되었다. 따라서 闕文이라 하여 첨가된 傳5章과 '補亡'章은 후대 학자들 사이에 논란의 대상이 되었다. 더욱이 陽明學者들이 고본『대학』을 추종하게 되면서 복잡한 양상을 띠게 되었다. 이를 둘러싼 논쟁이 성호문인들 사이에서도 벌어졌고, 그 과정에서 이병휴는 고본『대학』체계를 존중하면서 격물보다 誠意를 중시하였다. 이에 대해 안정복은 주자의 해석에 큰 오류가 없다고 보고 『대학』을 둘러싼 논쟁이 무의미하다고 생각하였다. 황덕길 또한 「대학강의」에서 논란이 되었던 '격물치지'장에 대해 편제상 아무런 문제가 없다고 보았다. 오히려 양명의 무리들이 '격물'을 알지 못하고 '致良知'만을 고집한 점을 비판하였다.

이 같은 양상은 『朱子大全』에 대한 講義(18권 7책)로 이어졌으며, 朱書를 중심으로 주자의 제 학설을 정리하였다. 황덕길은 朱書의 가치를 '愚亦以爲欲學孟子, 當以朱子書爲先', '…… 在朱子後則朱子書爲最切'이라 하여 講學者로서 반드시 읽어야할 글로 평가하였다. 따라서 주서에 대한 내용 분류를 통해 황덕길이 주목했던 주자의 가르침, 學理·學說이 무엇인지를 알 수 있다. 그가 관심을 가졌던 주제는 天理人欲, 帝王之學(格物致知·正心誠意), 五經(帝王爲政之道), 朋黨(君子小人), 王學(王陽明), 太極圖, 鄕約, 三代義理(漢唐功利), 異端, 仁義之說, 讀書, 人心道心(四端七情), 春秋, 存心養性 등이었다. 여기서 성리학설과 관련된 주자의 편지글이 주목되는 데에는 '必反之身 以踐其實者', '必體於身'이라는 표현을 통해 황덕길은 학자들이 주서를 읽음으로써 경전의 의미를 이해할 뿐 아니라 배운 내용을 실천할 것을 강조하였다. 이처럼 주요경전과 주자의 저술, 편지글에 대한 일련의 강의 작업은 이단사학으로 초래된 성호학파 내부의 동요를 막고, 학파로서의 면모를 일신하는데 적지 않은 도움이 되었다.

마지막으로 황덕길이 문인들과 주고받은 편지글에 실린 禮學 관련 내용을 주제별로 정리하면 다음과 같다. 家禮에 없는 喪禮 成服(服制) 관련 질문에 답변하는 편지글로는 「答李弦如書己酉」·「答李善始書庚戌」(권5)·「答吳河瑞書癸亥」·「答崔麟之書」·「重答崔麟之書」·「答權子原書乙丑」·「別紙答禮問目」(권6)·「答李光國書壬申」(권7)·「答李穰書問目」(권9) 「答許生傳問目」·「再答李士克問」(권10)·「答李紀瑞問目別紙」(권11)·「答三從孫始溥問甲申」·「答李獻納游夏書」·「書李獻納問出後孫爲本生祖服制答書後」(권12) 「答鄭穉明別祗乙酉」·「答許戴日書」 別紙(권13)들이 있다. 喪祭 小祥에 대한 편지글로 「答李善始書」·「書答李善始論禮書後」(권5), 「答沈君實問目己巳」·「答權誠汝甲戌」(권7권), 葬祭와 관련된 편지글로 「答李絃如書」(권5), 神位와 관련된 편지글로 「答李台季受問目」(권6), 忌祭와 墓祭 관련된 편지글로 「答李穉圭別紙」·「答崔麟之書」(권7), 哭禮와 관련된 편지글로 「答吳璸喪禮問目庚午」(권7), 儀禮와 관련된 편지글로 「答柳承旨河源問目丁丑」(권8), 卒哭과 관련된 편지글로 「答鄭南一問目戊寅」(권8), 祔禮와 관련된 편지글로 「答李重聃問」(권10), 殯禮와 관련된 편지글로 「答李紀瑞問目」(권12)이 있다.

4. 가치

『放言』에는 황덕길 개인의 학문관과 사상체계를 해명하는 데 유용한 자료들이 게재되어 있다. 더욱이 황덕길이 성호학파의 일원으로 활동했다는 점에서 이익을 거쳐 안정복에게로 전수된 성호학파 학풍의 구체적 내용과 특징을 일관된 흐름 속에서 고찰하는데 도움이 되는 자료들이 적지 않게 실려있다. 따라서 『방언』을 통한 황덕길의 학문관과 사상체계에 대한 검토는 조선후기 실학을 대표하는 학문집단으로서 성호학파의 학풍 흐름이 18세기를 거쳐 19세기에 이르도록 어떤 경과과정과 양상을 띠면서 전개되고 있는지를 한 눈에 살펴볼 수 있는 작업이 될 것이다.

【원재린】

白雲筆

李鈺(1760～1815) 著.

寫本. 2冊, 25×16cm.

11行 23字; 絲欄空卷, 上下內向花紋魚尾, 界線, 四周雙邊, 16.4×13.4cm.

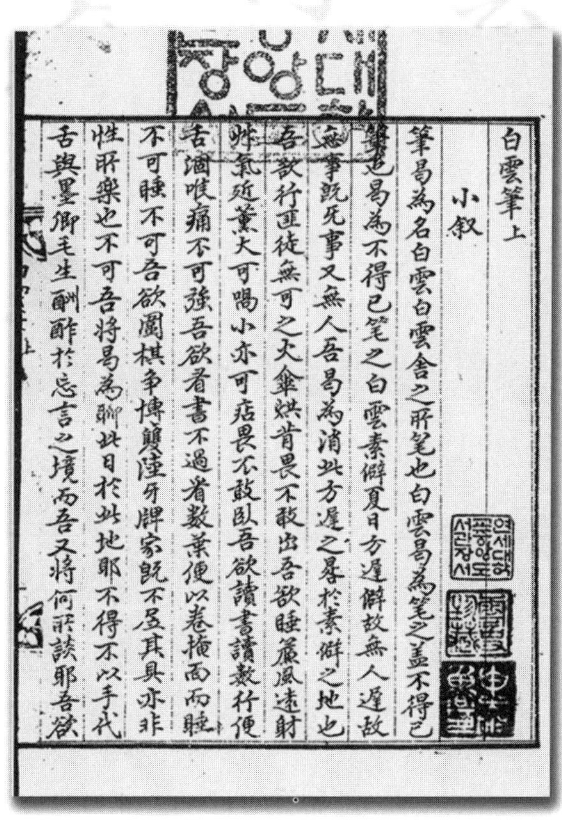

白雲筆上

小叙

筆曷爲名白雲白雲舍之所筆也白雲曷爲筆之蓋不得已
筆也曷爲不得已筆之白雲素僻夏日方遲僻故無人遲故
無事旣无事又無人吾曷爲消此方遲之晷於素僻之地也
吾欲行逕徒無可之丈傘烘背畏不敢出吾欲睡簾風透射
吁氣近薰大可暍小亦可痁畏不敢臥吾欲讀書讀數行便
舌澀喉痛不可強吾欲看書不過看數葉便以卷掩面而睡
不可睡不可吾欲鬬棋爭博雙陸牙牌家旣不蓄其具亦非
性所樂也不可吾將曷爲聊此日於此地耶不得不以手代
舌與墨卿毛生酬酢於忘言之境而吾又將何所談耶吾欲

1. 저자

李鈺(1760~1815)의 本貫은 全州, 字는 其相, 號는 花石子·絅錦子·文無子 등이다. 그의 집안은 武班 출신의 庶族으로 한미하였으며, 경기도 남양에 선산이 있었다. 성균관 재학 시절 패사소품체를 썼다는 이유로 정조로부터 견책을 당하여 경상도 三嘉縣으로 充軍되었다. 이 사건을 계기로 하여 그는 과거를 통한 진출을 차단당하게 되며, 1796년 부친상 이후로는 경기도 남양으로 낙향하였다. 이후 서울을 이따금 오가며, 시문 저술에 전념하였다.

이 책에는 저자가 따로이 표시되어 있지 않다. 연세대 중앙도서관『고서 목록』에도 저자 미상으로 나와 있다. 그러나 이 책 안의 여러 정황 자료를 통해 저자가 18세기 후반의 대표적 문인이었던 李鈺(1760~1815)임이 분명하다. 그 증거가 되는 자료를 몇 가지만 들어 본다.

저자는 복사꽃, 배꽃, 살구꽃을 비교하여 품평하는 조목(「談花」, 3則)에서 이렇게 말하였다. "일찍이 俗樂府를 지었는데, '복사꽃은 너무 붉고 / 배꽃은 서리처럼 하얗다네 / 연지와 분을 고르게 발라 / 살구꽃 화장을 한다오.'라 하였다(故嘗戲作俗樂府曰 : "桃花嫌太紅, 梨花白如霜. 停勻脂與粉, 儂作杏花粧.)" 여기서 말한 '俗樂府' 작품은 바로 李鈺의『俚諺』중「艶調」에 나오는 한 수를 말한다. 이 조목은『백운필』의 저자가 이옥임을 밝혀주는 증거가 되는 동시에, 이옥 스스로 자신의 글 속에서『이언』을 인용하였다는 점에서 주목되며, 다른 한편『이언』의 해당 작품을 이해하는 하나의 배경을 제공해 준다는 점에서도 주목된다.

이 책이 이옥의 저술임을 알려주는 다른 증거로 '발이 여섯 달린 쥐'에 대한 언급해 놓은 항목을 들 수 있다.『백운필』,「談獸」13則에서 저자는 "네 발 달린 것을 짐승이라고 하는데, 나는 嶺南의 岐邑(三岐, 즉 삼가현)에서 발이 여섯 달린 쥐를 보았고, 소의문 밖에서는 돼지가 새끼를 낳았는데 다리가 여덟 개에 머리가 둘, 그리고 꼬리가 둘인 것을 보았다.(四足曰獸, 而余於嶺之岐邑, 見有六足鼠, 於昭義門外, 見有豕生子, 而八足兩首二尾.)"라 하여, 발이 여섯 달린 쥐를 영남의 岐邑(즉, 삼가현)에서 보았던 일을 소개해 놓았다. 이 일은 바로 李鈺 자신이 경상도 삼가현으로 다시 충군갔을 때 겪은 것으로, 이옥 스스로『鳳城筆』(『藫庭叢書』에는『鳳城文餘』로 수록)「六足鼠」항목에서 그 때의 일을 상세하게 다루어 놓았다.

또 다른 증거로는「談菜」14則에서 "을묘년(1795) 10월 전주 東城店을 지나갔다.(乙卯十月過全州東城店.)"고 한 기사가 나오는데, 이것 또한 경상도 삼가현으로 충군하러 갈 때 전주를 들렀던 것에서 나온 것이다.「談魚」4則에서 "갑진년(1784) 7월에 나는 화석에 있었다.(甲辰七月余在花石.)"고 하였는데, 여기서 화석은 이옥의 경기도 남양의 고향집 花石精舍를 가리킨다. 그리고「談鳥」18則에서는 연암 박지원을 안의에서 만났던 일(朴燕巖言, 中國人多馴鳥雀, 上自孔雀鸚鵡, 下逮微禽, 皆養以爲翫. --- 嘗見安義官池邊, 有鳥群集者, 皆蠟觜也. 蠟觜者, 乃桑扈也.)을 소개해 놓기도 하였는데, 이옥은 삼가현으로 충군 가는 길에 박지원을 만난 적이 있으며 이 때의 일은『鳳城筆』에 수록된「屋辨」항목에도 기록해 놓았다.

그 밖의 관련 증거로는 「談蟲」 13則에서 "임술년(1802) 겨울에 1남 4녀가 모두 홍진에 걸렸다.(壬戌冬, 余一子四女, 皆患紅疹.)"고 하여, 자녀가 1남 4녀로 소개되어 있는데, 이옥은 실제로 1남 4녀의 자녀를 두었다. 또 「談花」 9則에서는 "나의 집은 서울에서 불과 120 여리 떨어져 있다.(余家之距洛, 不過百有二十里.)"고 하거나, 南陽과 관련된 이야기가 자주 나오고, 자신이 현재 살고 있는 곳이 바닷가라는 점을 여러 곳에 쓰고 있는 점 등도 이옥이 경기도 남양에 머물러 있을 때에 쓴 저술임을 짐작게 해 주는 자료들이다.

이상의 몇 가지 증거를 통해 『白雲筆』의 저자가 이옥임은 분명하다. 그리고 이 책은 小敍에서 저자가 "歲癸亥五月上浣白雲舍主人筆于白雲舍之前軒"이라고 밝혔듯이, 1803년 5월에 경기도 남양에서 완성되었다.

2. 구성

『백운필』은 새, 물고기, 짐승, 벌레, 꽃, 곡식, 과일, 채소, 나무, 풀 등 10개 부문으로 나누어, 각 부문별로 다양한 내용을 다루고 있다. 『백운필』은 크게 상하 2권(上卷 41張, 下卷 35張)으로 나누어 있고, 각 권은 5개 부문으로 구분되어 있어, 총 10부문 164칙의 기사를 실었다.

『백운필』의 앞에 수록된 '目錄'에는 이 책의 전체 내용이 제시되어 있다.

<上卷 : 89칙>
筆甲 談鳥 : 21則
筆乙 談魚 : 17則
筆丙 談獸 : 17則
筆丁 談蟲 : 19則
筆戊 談花 : 15則

<下卷 : 총 75則>
筆己 談穀 : 12則
筆庚 談果 : 17則
筆申 談菜 : 15則
筆壬 談木 : 17則
筆癸 談草 : 14則

새, 물고기, 짐승, 벌레, 꽃, 곡식, 과일, 채소, 나무, 풀 등처럼 일상 주변의 사소한 소재를 대상으로 이 책을 저술하게 된 동기는 무엇이었을까? 이 책을 저술하게 된 동기와 관련하여 저자의 말을 직접 들어볼 필요가 있다.

> 이 책을 왜 白雲筆이라고 이름하였는가? 白雲舍에서 쓴 것이라서 그렇다. 白雲筆은 무엇 때문에 쓴 것인가? 대개 부득이 해서 쓴 것이다. 왜 부득이 해서 썼는가? 白雲舍는 본래 궁벽진 곳이며, 여름철은 더디기만 하다. 궁벽하기 때문에 찾아 오는 사람이 없고, 더디기 때문에 할 일이 없어서다. 할 일이 없는데다가 찾아 오는 사람조차 없으니, 내가 어떻게 궁벽진 곳에서 이 지루하고 더딘 날들을 보내면 좋겠는가? ---- 그렇다면 이 곳에서 이런 날을 무엇을 하며 지낼 수 있다는 말인가? 부득불 손으로 혀를 대신해, 먹과 붓을 가지고 말없이 수작을 하는 일 밖에 할 일이 없다. 그렇다면 나는 장차 또한 무엇을 이야기할 것인가? (「小敍」)

『백운필』의 앞에 붙어있는 저자의 自序이다. 이 글은 『백운필』의 전체 내용을 이해하는 데에도 중요할 뿐만 아니라, 이옥 자신의 삶과 의식 지향을 반영하고 있는 의미있는 소품문이기도 하다.

『백운필』의 저술 동기를 밝혀 놓은 서문의 이 논조는 『俚諺』의 창작 동기를 밝혀 놓은 「俚諺引」의 그것과 흡사하다. 물음과 답변의 연속된 형태 속에서, 스스로 쓰지 않으면 안되는 절실한 이유를 밝혀 놓고 있다. 『백운필』에서 이옥은 사람도 없는 궁벽한 곳에서 할 일이 없이 시간이 더디 흘러가는 지루하고 무료함을 달래기 위해, 부득불 쓰지 않을 수 없다고 하였다. 무료함을 달래며 스스로를 즐기려는 것이 저술과 창작에 있고, 이것이 이 책을 쓰게 된 동기임을 밝혀 놓았다.

글을 쓰는 목적으로 다른 거창하고 의미있는 그 무엇을 앞세우지 않고 있다는 점이 무엇보다 주목된다. 서울에서의 생활을 청산하고 경기도 남양땅에서 묻혀 지내야 했던 저자 자신의 무료, 소외, 불우, 우울을 달래기 위한 글쓰기였다. 다른 누군가에게 보이기 위함도 아니고, 명예를 얻거나 출세를 위함도 아니며, 혹은 당대의 사회적 문제를 고려한 경세적 의식 등도 보이지 않고, 철저하게 자신의 무료함과 소외를 달래기 위한 저술이었다.

그렇다면 무료함을 달래기 위해 지었다면 무슨 내용을 쓸 것인가? 이에 대해 저자는 다음과 같이 역시 밝혀 놓았다. 저자가 관심을 갖고 글쓰기의 소재로 택한 대상은 무엇인가?

> 내가 하늘에 대해 말하고자 하지만, 사람들은 필시 天文學을 배웠다고 할 것인데, 천문을 배운 사람은 재앙을 당하니, 하늘에 대해 말할 수 없다. 내가 땅에 대해 말하고자 하지만, 사람들은 필시 地理를 안다고 여길텐데, 지리를 아는 자는 남들에게 부림을 받으니, 땅에 대해 말할 수 없다. 내가 사람에 대해 말하고자 하지만, 사람에 대해 말하는 것은 남들 또한 그 사람을 두고 말할 것이니, 그것도 불가하다. 내가 귀신에 대해 말하고자 하지만, 사람들은 필시 내가 망령된 말을 한다고 여길 것이니, 그것도 불가하다. 내가 性理說에 대해 말하고자 하지만, 나는 평소 들은 바가 없다. 내가 문장에 대해 말하고자 하지만, 문장은 우리네들이 품평할 바

> 가 아니다. 내가 불교와 도가 및 方術에 대해 말하고자 하지만, 내가 배운 것이 아닐 뿐 아니라, 내가 말하고 싶은 것도 아니다. 조정의 이해관계, 州縣의 좋고 나쁨, 관직, 재물, 여색, 술과 음식 등에 대해서는 范益謙(范沖)이 '일곱가지 말해서는 안될 일'이라고 말했던 것으로, 내가 일찍이 좌우명으로 써 두었으니 이것도 말할 수 없다.
>
> 그렇다면 나는 무엇을 말하고 써야 할 것인가? 그 형세가 말하지 않을 수 없다. 말하지 않는다면야 그만이지만, 말해야 한다면 부득불 새를 말하고, 물고기를 말하고, 짐승을 말하고, 벌레를 말하고, 꽃을 말하고, 곡식을 말하고, 과일을 말하고, 채소를 말하고, 나무를 말하고, 풀을 말할 수밖에 없다. 이것이 白雲筆을 부득이 해서 쓴 까닭이며, 또한 부득이 해서 이것들을 말한 까닭이다. (「小敍」)

이옥에게 있어 개인적인 관심사, 생활 주변의 천근한 소재들이 글쓰기의 주대상이다. 심오한 학문적 담론 혹은 사회적 문제 등이 아니라, 새, 물고기, 짐승, 벌레, 꽃, 곡식, 과일, 채소, 나무, 풀 등과 같이 우리 주변의 사소하고 천근한 소재들이 바로 이 책의 주요한 서술 대상이다. 天文, 地理, 人事 등과 관련된 거대하고 심각한 주제를 다루는 것도 아니고, 조정의 이해관계, 지방 고을의 득실, 재물 등과 같은 문제를 말하는 것도 아니며, 술과 여색 등의 풍류한담을 소재로 택하지도 않았다. 저자 주변에서 흔히 볼 수 있는 소재들을 대상으로 하여 자신의 견문과 경험을 다채롭게 기록해 놓았다.

이 책의 성격을 살펴 보면, 이옥이 이보다 앞서 저술한 『鳳城筆』과 마찬가지로, 여러 다양한 내용들을 적어놓은 雜錄類이다. 『봉성필』은 1800년에 경기도 남양의 花石精舍에서 탈고되었고, 『백운필』은 그로부터 3년 뒤인 1803년에 경기도 남양의 白雲軒에서 탈고되었다. 『백운필』은 『봉성필』의 후속작인 셈이다. 이로 미루어 보면, 이같은 잡록류의 저술이 더 있었을 것으로 짐작되기도 한다.

『백운필』은 내용이 풍부하며, 또한 鳥獸草木 등 생활 주변의 사물과 존재들을 대상으로 하고 있는데, 저자는 이 책에서 자유로운 글쓰기를 다양하게 시도하고 있다. 저자 자신이 직접 경험한 이야기를 쓰거나, 다른 누군가로부터 전해들은 이야기를 옮겨 놓기도 하며, 때로는 자신의 생각과 견해를 의론의 형태로 펼치기도 하고, 우언적 형태의 흥미로운 글을 집어 넣기도 하고, 혹은 소설적 분위기가 완연한 기이한 이야기들도 수록해 놓고 있다. 특히 기이하고 신비로운 이야기에 대한 관심이 눈에 띈다.

3. 내용

『백운필』을 통해 우리는 이옥의 생애, 처지, 인생관, 교유관계, 독서 체험, 작품 배경 등과 관련된 새로운 사실을 알 수 있다. 다음 몇 가지 항목으로 나누어, 『백운필』이 지니는 자료적 가치를 중심으로 하여 수록 내용을 소개하도록 한다.

첫째, 이옥의 생애와 관련된 주요한 정보들을 제공해준다. 이옥의 생애에 대해서는 그동안 여러 연구가 있어 왔지만, 아직도 그의 삶의 전반을 재구성하기에는 자료의 한계가 많이 있다. 더구나 그는 교유했던 인물이 많지 않았으며, 당시 이옥에 대한 기록을 담긴 인물이나 자료 또한 매우 적다. 이옥의 생애와 행적을 알려줄 수 있는 자료가 매우 부족한 실정에서, 『백운필』은 이옥의 삶을 구체적으로 재구성하는 데에 매우 유용한 자료를 제공해 준다.

> 나는 나이 15세에 처음 양주의 선영에 성묘를 하러 갔다. --- 신축년(1781) 가을에 비로소 시골에 僑居하게 되었다. (「談菓」, 14則)

1774년 이옥의 나이 15세에 경기도 양주(여기서 양주는 경기도 남양을 가리키는 것으로 보임)의 선영을 처음 찾아가 성묘를 하였다. 이옥은 1791년 봄에도 양주의 선영을 찾은 적이 있다.(談蟲」, 3則) 그리고 1781년 이옥의 나이 22세 때에 경기도 양주로 처음 거처를 잡게 되었다고 하였다. 아마도 이때부터 이옥은 경기도 양주와 서울을 오가며 생활을 하였던 것으로 추정된다. 1796년 부친상 이후에는 고향집에서 주로 지냈던 것으로 보이는데, 때때로 서울을 오가기도 하였다. 「談花」 9則에 보면, "나는 올해 4월 초에 서울에 갔다가, 곳곳마다 석류화가 활짝 핀 것을 보았다.(余於今年四月初赴洛, 見處處石榴花爛開.)라 하여, 경기도 남양에 머물면서 이따금 서울 출입을 하였음을 알 수 있다.

한편 이옥은 경기도 남양에 머물면서 특히 화초 가꾸기에 더욱 열성을 쏟았다. 이옥은 서울에 있을 때에도 꽃을 심고 완상하는 데 남다른 취미를 갖고 있었으니, 「花說」·「三遊紅寶洞記」 등의 소품문에서 이러한 점을 엿볼 수 있다. 남양의 고향땅으로 돌아와 살면서부터는 화초 가꾸기에 더욱 더 열성을 쏟았던 것으로 보인다. 이옥 스스로 다음과 같이 언급한 바 있다.

> 나는 성품이 게을러 평소 꽃 가꾸기에 정성을 기울이지 않았다. 나이가 늙어 꽃을 몹시 사랑하게 되니, 점차 하루라도 꽃이 없으면 안될 정도였다. --- 매번 다른 사람들과 농담삼아 말하길, "나는 후생에서 大理地方에 태어났으면 족하겠다."고 하니, 다른 사람들이 그 연유를 물었다. "大理는 佛家의 妙香國이다. 그 곳에는 기이한 꽃들이 많이 있다." (「談花」, 13則)

이옥은 스스로 죽은 뒤에 내세에서는 기이한 꽃들로 만발한 大理國에서 환생하기를 희망한다고 하였으며, 또한 하루라도 꽃이 없으면 살 수 없는 데까지 이르렀음을 고백하기도 하였다. 화초 가꾸기 이외에 이옥은 나무 심기에도 열성을 쏟았으니, "내가 시골에 거처하면서 시끄러우면서 일이 없어, 과수 재배에 전념을 하였다. 전후로 심은 것이 소나무 500 여그루, 떡갈나무

100 여그루, 산뽕나무 30~40 그루, 버드나무 30 여그루, ---- 심은 나무의 종류가 모두 30 여종이었다.(余旣鄕居, 閒而無事, 專意於槖駝之業. 前後所種者, 松五百餘本, 柞百餘本, 柘三四十本, 柳三十餘本, ---- 所種者, 凡三十餘種.「談木」, 6則)"고 하였다. 과거를 통한 진출이 차단된 가운데 고향집으로 물러나, 화초를 가꾸고 나무를 재배하며 전원 속에서 생활하던 이옥의 모습을 떠올리게 된다.

둘째, 이옥의 처지, 인생관, 독서 범위 등을 알려준다.『백운필』에 수록된 내용들 가운데 이옥의 의식 세계를 엿볼 수 있는 자료로 아래 인용문이 주목된다.

> 아! 천지 사이에 생명을 받고 움직일 수 있는 것은 모두 다 벌레이다. 날개달린 벌레, 털을 가진 벌레, 비늘이 있는 벌레, 껍질이 있는 벌레, 그리고 벌거벗은 벌레 등이 있으니, 상서로운 기린과 봉황, 거대한 붕새, 신성한 거북과 龍도 하늘로부터 바라보면 모두 다 벌레이다. --- 훨훨 날고 으스대고 뻐길 때에는 천지 사이에 벌레가 어떤 것인지, 자신이 어떤 벌레인지를 스스로 알지 못한다. 지위가 높고 재주 많으며, 덕망도 갖추고 세력도 큰 사람도 그와 같다. 하물며 우리들처럼 꿈틀대며 숨 쉬고 움직이는 것은 하나의 하루살이요 하나의 눈에놀이에 지나지 않으니, 몸집이 조금 크고 지각이 조금 뛰어나다고 해서 저 미세하고 작은 벌레들을 비웃을 수 있겠는가? (「談蟲」, 9則)

여름철 습기가 차고 후덥지근한 날씨 속에서 이옥 자신의 방으로 날아드는 벌레들을 관찰하면서 느낀 점을 적어 놓았다. 모기, 파리, 이, 벼룩 이외에 이름도 없는 미미한 벌레들로 이야기의 실마리를 연 다음, 이옥은 이 세상의 생명체가 모두 벌레라는 관점에서 몸집의 크고 작음을 갖고 그 우열과 가치를 판단할 수 없다고 하였다. 장자나 불교의 상대주의적 사고를 원용하면서, 이 세상에 존재하는 사물들간의 상대성을 강조하고 있는 셈이다. 이옥은 세력 있는 가문들, 재주 많은 사람들의 화려하고 빛나는 업적과 공업도 '達觀'의 관점에서 보면 하나의 미미한 것에 지나지 않음을 설파하였다. 이어지는 대목에서 이옥은 불경에 나오는 이야기를 소개한 다음, "그러니 내가 어찌 그것이 작다고 해서 업신여길 수 있겠는가? 나나 저나 모두 다 벌레이니."라 하였다.

인간도 하나의 벌거벗은 벌레 [倮蟲] 에 불과하다는 이러한 이옥의 언급 속에서 우리는 그의 상대주의적 사고, 그리고 少數者 의식을 읽을 수 있다. 세상의 모든 존재를 상대주의적 시각으로 파악하고자 하는 의식과 함께, 재위자와 양반의 의식으로부터 벗어나 소수자로 자처하거나 혹은 소수자를 대변하는 의식을 읽을 수 있다. 그 속에서 우리는 저자 자신이 한미한 가문 출신으로 과거를 통한 진출이 차단된 채 경기도 남양 땅에서 무료한 나날을 보내며 느껴야 했던 심정을 느낄 수 있다.

이와 관련해「談獸」, 17則에서는 "천하의 짐승 중에서 코끼리보다 큰 것이 없으며, 또한 쥐보다 작은 것이 없다. 그런데 쥐는 능히 코끼리에게 해를 입힐 수 있으니, 코끼리는 쥐를 매우 무서워한다. --- 그러므로 군자는 큰 것을 가지고 작은 것을 소홀히 하지 않으며, 소인은 작다고 하여 큰 것을 두려워 하지 않는다.(天下之獸, 莫大於象, 亦莫小於鼠, 而鼠能爲害於象. 故象畏鼠甚. --- 故君子不以大忽小, 小人不以小畏大.)"라 하였는데, 이 언급은 연암 박지원도 비슷하게 말한 바 있다. 이옥이 연암의 글을 읽었음을 짐작케 해 주는 자료이다. 그리고 작다고 하여 업신여기지 않는 정신과 태도, 오히려 작은 것 하나하나에 나름의 가치와 의미가 있다고 하는 사고 방식은 연암 박지원의 상대주의적 시각과 공유하는 측면도 있지만, 그와는 구별되는 지점에서도 이해될 필요가 있다. 이 점에 대해서는 앞으로 면밀한 검토가 필요하다.

한편 『백운필』에는 이옥의 독서 범위를 알 수 있는 자료가 다수 실려 있다. 『백운필』은 이옥 자신의 견문과 경험 등을 토대로 하여 저술된 것으로, 자신이 보았던 서적들을 다수 인용해 놓고 있어, 그의 폭넓은 독서 체험에 대한 정보를 알 수 있게 해준다. 이 책에서 인용되고 있는 서목 중에서 중국쪽 저술로 다음과 같은 것들이 보이는데, 책에 나오는 순서대로 열거하였다.

『字會』·『漢淸文鑑』·『廣雅』·『爾雅』·『蛇譜』·『本草綱目』·『禽經』·『菊譜』(劉蒙, 范成大, 史正志 등 3종)·「花王本紀」(王世貞)·『歸田錄』(歐陽修)·『閩小紀』(周亮工)·『花曆』(石成金)·『淸異錄』(陶穀)·『倭漢三才圖會』·『詩經草木攷』·『蘇頌圖經』·『通志』·『嘉話錄』(劉禹錫)·『唐本艸』·『食憲五十章』(鄒平公)·『蚓菴瑣語』·『綏寇紀略』·『古今注』·『南方草木狀』

이들 서적 가운데 『漢淸文鑑』은 司譯院의 교재로 사용되던 것으로 주로 역관이 보던 당시에 희귀한 책으로 이옥이 백화문에 능했던 것과 관련된다. 『倭漢三才圖會』 또한 방대한 분량의 백과사전으로 당시에 매우 희귀한 서적이었다. 그리고 『閩小紀』와 『蚓菴瑣語』는 청나라 때의 叢書인 『說鈴』에 수록된 저술로, 이옥의 문학 창작과 明淸 叢書의 영향 관계를 확인케 해 준다. 이들 책에는 기이한 이야기들이 풍부하게 수록되어 있는 바, 이옥 문학이 지닌 특징과 관련하여 주목된다.

셋째, 기이함에 대한 추구, 희작적 성향이 이옥 문학의 주요한 성향의 하나임을 다시 한번 확인할 수 있다.

세상에 이런 이야기가 전한다. 벼룩 한 마리와 이 한 마리가 있었는데, 사람이 던져서 요강 속에 빠지게 되었다. 밤껍질 조각을 하나 구해 그것을 부여잡고 올라타 가운데를 떠다녔다. 벼룩이 이에게 말하길, "풍경이 정말 좋으니, 對句를 지어 놀이를 기록하지 않겠는가?"라 하였다. 마침 주인이 요강을 열고 오줌을 누었다. 이가 곧장 짓기를 "날아서 삼천척을 곧장 떨어지니 / 아마도 은하수가 구천 세계에서 떨어지는 듯하네"라 하였다. 오줌을 다 누고 요강 뚜껑을 닫으니 쟁그렁 소리가 났다. 벼룩이 對句를 완성하기를, "姑蘇城 밖 寒山寺에 / 한밤중 종소리

> 가 나그네 뱃전에 이르네."라 하였다. 마침내 서로 칭송하기를 그치지 않으며, 맑은 홍취에 아름다운 시구라고 자부하였다.
>
> 이것은 호사가들의 재미있는 이야기이다. 그러나 그 이야기 속에는 풍자의 뜻이 숨어 있다. 세상 사람들은 아름다운 산수를 만나면 필시 배를 띄워 유람을 하고, 배를 띄우면 반드시 시구를 지어 기록해 두니, 이것들은 대부분 벼룩과 이가 요강 속의 맑은 홍취에 해당된다. 또한 읊조린 시구들은 옛사람을 답습하지 않는 것이 드무니, 벼룩과 이가 지은 정도에 불과하다. 그러하니 이 이야기를 만든 자는 천고의 유람하는 이들을 모조리 꾸짖는 것이니, 소동파가 적벽에서 배를 띄운 것 정도가 이러한 비난을 면할 수 있을 것이다. (「談蟲」, 19則)

민담에서 차용한 이 이야기는 이옥 자신의 창작은 아니지만, '벌레'에 대해 서술하는 대목에서 저자는 재미있는 민담을 들어서 독자의 흥미를 유발하고 있다. 그리고 민담을 소개하는 데에서 그치지 않고, 저자 자신의 해석을 적어 놓았다. 민담 자체는 우스개 이야기이지만, 그 속에 양반 사대부들의 유람 및 고루한 시문 창작에 대한 풍자의 뜻이 담겨 있다고 해석하였다.

이외에도 '반디'(盤臺先生)와 '모기'(慕機先生)가 서로 이야기를 주고 받는 희작 성향의 우언(「談蟲」, 11則)을 창작하기도 하였는데, 이 작품은 전체가 모두 『논어』·『대학』·『중용』·『시경』·『서경』·『예기』 등의 경전에서 구절을 인용해 와 지었다. 『鳳城筆』 내에 실려 있는 「愛琴供狀」·「必英狀辭」와 같은 성격의 글로서, 이옥의 희작적 성향의 글쓰기를 대표적으로 보여준다.

아울러 이옥은 말[馬] 모양을 한 물고기에 대한 이야기(「談魚」, 2則), 이무기를 잡아먹는 사람들 이야기(「談蟲」, 10則), 사람 모습을 한 人魚 이야기(「談魚」, 3則) 등 기이한 이야기들을 다수 수록해 놓았다. 이 중에서 이무기를 사냥해서 잡아먹는 이야기와 사람 모습을 한 人魚 이야기는 무척 흥미롭게 읽힌다. 人魚와 관련된 이야기는 이옥이 서울 용산에 집이 있을 때 이웃에 사는 남옹에게서 들은 이야기, 그리고 해서 지방에서 온 사람에게서 들은 이야기를 토대로 하여 매우 흥미롭게 구성해 놓았다. 이옥 자신이 단순히 견문담을 소개하는 데 머무는 것이 아니라, 보다 흥미롭고 기이한 사건과 이야기에 대해 특별한 관심과 애호를 갖고 있었음을 보여준다.

넷째, 이옥의 교유 관계를 새롭게 확인해 주는 자료들이 다수 있다. 『백운필』에는 자신의 경험 이외에 다른 사람의 견문을 듣고 적어 놓은 것들이 많이 있다. 이를 통해 이옥의 교유 관계를 새롭게 확인할 수 있는데, 예컨대 보성군수 李城檍, 參判 趙觀鎭, 나주목사 李寅燮, 金重卿 등을 들 수 있다.

특히 柳得恭과 이옥의 교유를 밝혀주는 자료는 주목된다. 최근 연구에서 이옥의 가계가 새로이 밝혀지고, 유득공과 이옥이 이종사촌임이 밝혀졌다. 이옥은 유득공과 밀접한 교유를 지속하고 있었고, 유득공의 저술을 빌려 보았음을 확인할 수 있다. 관상용 비둘기를 기르는 풍속을 설명한 조목(「談鳥」, 4則)에서 여덟 종류의 비둘기 [八目] 가 최고의 관상용 비둘기라고 하였는데, 이는 유득공이 저술한 『鵓鴿經』에 나오는 언급과 일치한다. '石花'(「談魚」, 31則), '落花生'(「談穀」, 10則), '취나물'(「談菜」, 7則) 등의 조목이 유득공과의 교유를 확인케 해주는 자료들이다.

다섯째, 작품 창작의 배경을 이해할 수 있게 해 준다. 기왕에 알려져 있는 이옥의 작품을 이해하는 데에 도움이 될만한 자료들이 『백운필』 내에 다수 실려 있다. 예를 들면, 이옥은 평소 꽃을 품평하는 일에 큰 관심을 갖고 있었는데, 그 한 예로 「談花」 3則에 복사꽃, 배꽃, 살구꽃을 서로 비교, 품평하는 대목이 나온다. 거기에서 이옥은 "복사꽃은 너무 농염하고, 배꽃은 너무 담백하여 살구꽃이 중용을 얻음만 못하다.(桃花太濃, 梨花太淡, 皆不如杏花之得中)"고 언급하면서, 각각의 꽃을 여인의 모습에 비유하였다. 그리고 이어서 자신의 이러한 세 꽃에 대한 상이한 품평을 한편의 작품으로 남겼다고 하면서 실제로 예로 들었는데, 그것이 바로 『俚諺』의 「艶調」에 수록된 한 작품이다.

창작 배경을 알려 주는 다른 자료로 이옥의 賦 작품의 하나인 「龍賦」를 들 수 있다. 이 작품은 이옥 자신이 신기루 현상에 대해 이웃 사람들로부터 전해 들은 이야기와 자신의 체험(「談魚」, 16則)에 기초하여 창작한 것이다.

다른 예를 들면 이옥의 희작 성향의 소품문 가운데 대표작으로 꼽히는 「圓通經」을 들 수 있다. 이 작품에서 이옥은 혹독한 추위를 겪으면서도 자신보다 더 극한 상황에 처해 있는 사람을 떠올려 보니 만사가 다 圓通하게 되었다는 내용을 다루고 있다. 이 작품의 창작 배경으로 이옥이 남양에서 경험했던 것을 들 수 있다. 이옥은 「談蟲」 3則에서 시골집에 거처할 때 여름철만 되면 파리, 모기, 이, 벼룩 때문에 도저히 견딜 수 없을 지경이었다고 하였다. 그런데 생각을 바꾸어 다른 사람의 괴롭고 견디기 힘든 상황을 떠올려 보니, 지금의 자신의 처지는 전혀 괴로울 것이 없다는 것이다. 시름이 다 사라지고 깊은 잠에 들어 파리, 모기, 이, 벼룩의 네 벌레가 자신을 괴롭게 하는 것을 알지 못한다고 하였다. 「圓通經」의 창작 배경에는 바로 이러한 이옥 자신의 체험이 자리하고 있는 것이다.

한편, 이처럼 다른 사람의 힘든 처지나 절망적 상황을 떠올려 봄으로써 자신이 현재 처하고 있는 힘들고 괴로운 상황으로부터 벗어나고자 하는 작품의 기본 발상은 李學逵(1770~1834)의 「譬解」라는 작품에서도 확인되어 흥미롭다.

여섯째, 이옥이 지은 다른 저술에 대한 정보를 제공해 준다. 꽃에 대한 남다른 관심은 앞서 지적한 바 있는데, 이러한 관심의 일환으로 이옥은 『花國三史』를 1781년에 지었음을 밝혀 놓았다. 假傳 작품으로 보이는데, 현재 전하지는 않는다.

> 신축년(1781) 여름에 나는 『花國三史』를 지었다. 상편에는 花典, 花謨, 花命, 花誥가 있고, 중편에는 花史綱目, 附錄이 있으며, 하편에는 花王本紀, 梅妃竹夫人列傳, 尙昭華列傳, 三容華列傳 등이 있다. 모두 「毛穎傳」, 「陸吉傳」, 王世貞의 『藝苑巵言』에 수록된 「花王本紀」 및 趙龜命의

「花王本紀」 등의 체제를 본떠 지은 것이다. 序文, 凡例, 緣起가 있다. (「談花」, 15則)

『書經』·『通鑑』·『史記』 등의 체제를 본받고, 기왕에 나온 중국과 우리나라의 花史 관련 저술(王世貞, 林悌, 南夏正, 趙龜命 등의 작품) 등을 참조하여 엮었다고 하였다. 이밖에도 『禽言』(「談鳥」, 2則)과 『花令』(「談花」, 13則) 등 鳥獸草木과 관련된 별도의 저술을 계획했음을 밝혀 놓고 있다.

4. 가치

『白雲筆』은 李鈺이 1803년에 경기도 남양에서 완성하였다. 이 책은 이옥이 경상도 삼가현으로 다시 充軍갔을 때 그곳의 풍속과 인물을 기록한 『鳳城筆』과 함께 이옥의 대표적인 雜錄의 하나이다. 『백운필』은 李鈺의 생애, 교유 관계, 독서 체험, 현실적 처지, 인생관, 문학 경향, 작품 배경 등을 구체적으로 밝혀줄 수 있는 새로운 사실들을 풍부하게 담고 있어 그 자료적 가치가 매우 높다.

【정우봉】

三當齋遺稿

姜俒(1739~1775) 著.

原稿本. 4卷 4册, 22×15.5㎝.

8行 20字; 朱絲欄, 四周雙邊, 17.5×12.4cm.

表題: 三當齋稿.

三當齋遺稿卷之一

詩

過李氏庄

夕陽溪上幾村家終日繅車響軋鴉可惜主人閒趣

少無詩酬與一春花

遊北營

名園多北里輕袷御東風病客驢鳴樹斜陽烏在空

莫言春亦暮猶得杏含紅何處笙歌起樓臺萬柳中

1. 저자

姜俒(1739~1775)의 本貫은 晋州, 字는 全中, 號는 三當齋이다. 1739년 豹菴 姜世晃(1713~1791)과 晋州 柳氏(1713~1756) 사이에서 둘째 아들로 태어났다. 그는 東萊 鄭氏 進士 光瑞(1718~1803)의 딸(1738~1788)과 혼인하였으며, 1775년 37세의 나이로 별세하였다. 그의 생애는 다음과 같다.

1739년(영조 15, 1세) : 8월 24일, 漢陽에서 아버지 姜世晃과 어머니 晋州 柳氏 사이에서 둘째 아들로 태어났다.

1744년(영조 20, 6세) : 아버지 강세황이 安山으로 거처를 옮겼다.

1756년(영조 32, 18세) : 어머니 진주 류씨가 세상을 떠났다.

1763년(영조 39, 25세) : 8월 16일 임금이 崇政殿에 나아가 京外에서 祗迎한 儒生에게 親試하고 九日製를 設行하였는데 저자가 이에 뽑히고, 이후 癸未增廣文科 丙科에 급제하였다.

1765년(영조 41, 27세) : 아들(庶子) 彛大(1765~1833)가 출생하였다.

1766년(영조 42, 28세) : 9월 4일 임금이 資政殿에서 翰林追召試를 행하였는데, 저자가 장원으로 뽑혔다.

1767년(영조 43, 29세) : 6월 24일 임금이 德游堂에서 翰林重召試를 행하였는데 저자가 장원하였다. 임금은 저자가 연이어 장원하여 선조의 기풍을 떨어뜨리지 않았다고 하여 半熟馬 1필을 하사하였다. 待敎가 되었다가, 10월 6品에 올랐다.

1769년(영조 45, 31세) : 6월 12일에 아들 彛天(1769~1801)이 출생하였다. 7월에 扶寧縣監에 제수되었다.

1772년(영조 48, 34세) : 형 俒이 문과에 급제하였다.

1773년(영조 49, 35세) : 正郎으로 재임 중, 임금을 모시고 集慶堂에서 치른 文臣製述에서 수석하여 半熟馬를 하사받았다. 같은 해 아버지 강세황(61세)이 영릉 參奉으로 처음 벼슬길에 올랐다.

1774년(영조 50, 36세) : 9월에 임금이 大提學 鋧(1650~1733)의 손자라 하여 특별히 校理를 제수하였다. 이후 우승지를 역임하였다.

1775년(영조 51, 37세) : 10월 26일 세상을 떠났다. 天安 豊西(現 天安市 豊歲面 龍井里 觀音골) 선영에 장례했다. 12월 16일 아들 彛文이 출생하였다. 사후 그에게 吏曹參判 벼슬이 내려졌다.

이외에도 상소문을 통해 보면, 저자는 藝文館 檢閱, 司憲府 指平 등의 벼슬을 역임했다. 또한 강세황의 『豹庵遺稿』卷之一에 나오는 「仲兒以省峴郵丞擢召試壯元拜翰林仍赴任所臨別書此以贈」을 보면, 저자가 1766년 9월에 시행한 翰林追召試에서 장원한 뒤,[1] 驛官 벼슬을 받고 부임지로 떠난 것으로 보인다. 부임지는 鳥嶺인 듯 한데, 이는 강세황과 저자의 詩를 통해 알 수 있다. 그리고 3冊의 「借菴記」에 따르면, 저자는 1770년(32세)에 관직을 버리고 고향으로 돌아오기도(解紱而歸) 하였다.

저자가 31세 되던 해인 1769년 여름에 작성한 「三當齋記」에 따르면, 저자가 자신의 號를 三當齋라고 지은 유래가 나온다. 여기서 저자는 자신에게 세 가지의 다행한 일이 있다고 술회하는데, 그것은 다음과 같다. 첫째 관직이 낮아 중벌을 만나지 않은 것이고, 둘째 어릴 때는 허약하였지만 나이가 들면서 몸이 건강해져 산과 들을 유랑하는 데 어려움이 없어진 것이며, 셋째 집안이 지극히 가난하였지만 근근히 생계를 유지할 수 있었던 것이다. 그러므로 저자가 이 세 가지 다행한 상황에 마주 대하였다는 뜻에서, 자신의 호를 三當齋라고 지었음을 알 수 있다.

저자는 25세에 처음 관직에 올랐지만, 자신의 小齋를 짓고 그것의 記를 지은 31세 되던 해에 들어서야 비로소 그간의 생활을 돌아볼 수 있는 여유를 가졌던 듯 하다. 「三當齋記」에 따르면, 이 小齋에는 3000권의 책이 소장되어 있었고, 걸상·화로·가야금 등이 있었다. 또한 뜰에는 앵두·살구·배·밤 등의 나무와 국화 몇 송이가 심어져 있어 가을이 되면 모두가 아낄만한 풍경을 만들었다고 한다. 이런 속에서 저자는 杜甫의 詩를 감상하면서, 꽃과 古石을 멀리했던 자신을 부끄러워하고 있다.

그의 아버지 강세황은 詩·書·畵에서 모두 일가를 이룬 인물로 평가되는데, 강세황의 문집인 『豹庵遺稿』에는 특히 둘째 아들인 저자에게 쓴 詩가 많이 보이며, 그에 대한 애정이 각별했던 것으로 보인다. 강세황은 안산에서 살던 시절에 자신의 처남인 海巖 柳慶種의 집으로 놀러 갈 때면 늘 저자를 대동하였다. 유경종의 문집인 『海巖稿』에는 자신의 외조카인 흔이 급제했을 때 쓴 시와 부령현감으로 떠날 때 쓴 시가 보이는데, 부령현감으로 떠나는 조카에게 쓴 시에 대해 강세황이 次韻한 시가 『표암유고』에 보인다.

2. 구성

『三當齋遺稿』는 春·夏·秋·冬의 4卷 4冊으로 구성되어 있다. 책의 겉표지에는 '三當齋稿'라고 씌어 있으며, 그 다음에 目錄과 본문이 나온다. 목록에는 '三當齋遺稿'라고 씌어있다. 나머지 세 책의 형식도 마찬가지인데, 1책 목록 앞에 「三當齋稿自序」가 나온다. 목록과 본문에는 '一, 二……' 와 같이 페이지가 매겨져 있다.

卷一은 모두 詩로 이루어져 있으며, 171首가 실려 있다. 卷二도 모두 詩로 이루어져 있으며, 91首가 실려 있다. 卷三은 序 16편, 記 17편, 題跋 29편, 傳 2편, 說 3편으로 구성되어 있다.

---

1) 강세황이 지은 詩의 첫 구가 "資政殿前親召試"이므로, 이 때가 1766년임을 알 수 있다.

卷四에는 墓地銘 4편, 書 2편, 雜著 11편, 疏 9편, 祭文 8편, 箋文 5편, 上樑文 3편, 募緣文 2편이 있으며, 三當齋遺稿拾遺로 祭文 1편이 있다. 卷四의 雜著 가운데 「弁州題法華碑」·「唐人洗竹詩」는 목록에는 수록되어 있지만, 문집에 수록되어 있지는 않다.

「三當齋稿自序」에 따르면, 저자는 과거에 합격(25세)하고 7, 8년이 지난 후(32~33세 무렵), 자신이 쓴 글을 모아 서너 편으로 편집하여 『三當齋稿』라고 이름 붙였다. 그러므로 『三當齋遺稿』 4책은 저자인 강흔이 32~33세 무렵, 3~4편으로 직접 편집한 문집을 바탕으로 삼아, 저자가 세상을 떠난 37세(1775) 이후에 다시 그가 남긴 遺文을 모아 편찬한 것으로 볼 수 있다. 문집의 구체적인 목록은 다음과 같다.

卷之一

詩(171首): 「過李氏庄」·「遊北營」·「題友人幽居」·「就直槐院」·「夜坐」·「次香山」·「城池」·「慶熙宮夕眺」·「院直卽事」·「觀中日組練」·「綾羅房」·「憶西溟」·「憶安陽」·「書劒」·「院中笻菊」·「本院掌事大交隣有感」·「愛君吟」·「睡起有雨意枕上戲賦二首」·「鳳沼」·「思鄕」·「院直晚凉二首」·「欲眠」·「次樂天」·「聞家弟之青坪」·「卽事」·「夜坐用杜韻」·「復用前韻」·「晚眺」·「憶前遊」·「感年華」·「禁樹」·「遠望」·「夜坐」·「日長」·「逢秋」·「花石」·「院直用唐韻」·「夕景」·「歎息」·「漫書」·「眺望」·「卽事」·「憶南里故宅」·「庭畔移松」·「祈雨 親傳香」·「咏懷」·「吟哢」·「漫成」·「山河」·「官閑」·「夜坐憶歸」·「漫成」·「宮詞」·「秋夜」·「悶旱」·「述懷二首」·「七夕無雨」·「次表叔韻外再從柳玉卿三加日」·「出城」·「臨發」·「宿眞木四首」·「店夜」·「山河」·「路上」·「早發失道」·「嶺上」·「雪程」·「過竹山」·「行路」·「途上」·「終朝」·「雪」·「口占」·「登嶺」·「馬」·「雪後晚發」·「過林將軍廟」·「雪山」·「丹月」·「店夜」·「憶昔」·「到嶺下」·「登鳥嶺三首」·「鳥嶺」·「夜店口占」·「送人蓮城」·「出主屹門」·「南下」·「登洛東江觀水樓」·「雪夜過仁同府界」·「大邱」·「省峴」·「除夕二首」·「乙酉元日曉起二首」·「新年寄人」·「贈人」·「早往達成」·「記事」·「淸道途上」·「次巡相南樓韻」·「竹館漫成」·「閱馬」·「題舊曆」·「自悼」·「立春」·「立春日感舊」·「甲申五月六日夜夢」·「立春書壁二首」·「遊大寂寺」·「看鏡」·「次板上韻」·「官庭松笻」·「次巡相白日場韻二首」·「新晴」·「雨晴日長」·「次唐人五排」·「到官經春」·「官門」·「早日巡營」·「咏烟茶草十首」·「發東萊行」·「楡川館」·「登嶺南樓」·「甘露寺」·「黃山」·「萊州」·「海雲臺」·「永嘉臺」·「倭館見倭人」·「多大浦夜遊」·「沒雲臺」·「還梁山」·「宿通度寺」·「宿彦陽盤龜堂」·「天龍寺望見梅月堂」·「崇德殿」·「東京故都」·「登慈仁樂山樓」·「歸來」·「春愁」·「桃花」·「次崔斯文宗崋韻」·「秋日」·「驛路」·「尋雲門山」·「到梅田驛」·「到寺」·「夜吟」·「日昏艱辛到寺戲吟」·「枕上」·「記路險」·「雲門寺」·「還到梅田驛」·「宜寧縣」·「淸道途上」·「到晋州」·「謁 殷烈祠」·「到陝川與主倅偕作伽倻行」·「出山贈主倅用前韻」·「雪夜漫吟」·「次隣生韻」·「更步前韻三首」·「海印寺」·「次多大鎭使詠尹將軍韻」·「次巡相太夫人壽席韻」·「別巡相」·「漫成」·「暴雨小過」·「雨中遊德寺」·「雪夜與諸友會遊二首」·「歸蓮城復用前韻寄諸友」

卷之二

詩(91首): 「早春騎牛野行」·「丁亥上元卲城路上二首」·「茨屋漫述」·「送洪內翰彦喆五臺曝吏行」·「送人赤裳晒吏行四首」·「重陽漫述」·「與隣社會遊邑後」·「曉吟」·「復用前韻夜詠」·「夜夢」·「夢覺有述」·「謹次蟻菴丈韻二首」·「己丑元朝次王元美韻」·「謹步蟻菴丈韻」·「寄愚軒趙上舍二首」·「漫成」·「呈澗皐丈三首」·「春日偕友遊元堂寺」·「次愚軒韻二首」·「餞春日感吟」·「上元堂寺」·「寺曉」·「趙上庠大夫人慶壽韻」·「次小乞花場韻」·「乞花場小集」·「花場偶拈袁中郎韻」·「次納彌樓韻」·「夏日偕趙安叔分韻二首」·「復拈唐人韻」·「次淸麓韻」·「夏夜與安叔共吟二首」·「重拈唐人韻二首」·「復拈唐人韻」·「夏日與安叔共賦」·「夏日遊仙遊潭」·「再疊前韻」·「重遊安元寺二首」·「安元寺重題」·「復拈唐人韻」·「用李笠翁韻二首」·「復次笠翁」·「復題五律」·「復次韻四首」·「歸山寺翌日會納彌樓」·「會花場三首」·「花場夜集二首」·「和元人韻」·「花麓亭次三淵韻」·「和香山韻」·「又和香山韻」·「安叔入京有懷」·「寄安叔」·「完營寒碧堂次韻三首」·「秋日吳伯深登萬景臺四首」·「冬夜話吳伯深扶風亦樂軒」·「伯深歸興城用前韻」·「和梅湖李大士」·「次巡相水營韻」·「巡使到縣重陽次韻」·「次梅田李雅士韻」·「夜集安叔湘玉堂」·「更步前韻乞和」·「解官歸夢述送銅章」·「夏日與諸友會芝湖」·「鄭侍郞宅醉吟」·「送尹參判東昇之燕」·「南奉朝泰著致仕韻」·「輓尹參判東昇」·「送洪泰川鳴漢之任」·「中宮殿延祥詩」·「疑河樓雅集」·「被南汝聲追題更步」·「送蔡尙書按關西」·「送南汝聲謫公州十首」·「夜坐」·「冬夜聞雪四首」·「藝苑憶昔年應制排律」·「春雨逢士精柳烱」·「紅葉樓拈安陽韻」·「明厓小集」·「復步前韻」·「遊桃花洞二首」·「借軒酒席拈唐韻」·「雨後疑何樓雅集」·「春日明厓見訪二首」·「偶集無限景樓」·「無限景樓小會二首」·「寄士精二首」·「季秋紅葉樓小集」·「輓申承旨光洙七首」·「輓順義君烜」

卷之三

序(16편): 「送姜洛瑞歸金山序」·「送雪潭上人序」·「廣蒐序」·「贈趙景表序」·「贈白生序」·「白虎通序」·「文章掇英序」·「晉州姜氏族譜重刊序」·「新婦譜序」·「贈鄭斯年序」·「天下名山記序」·「湘玉淸音序」·「何仲默集序」·「贈趙景心序」·「雪樓集序」·「扶安縣誌序」

記(17편): 「淸密齋記」·「面圃軒記」·「遊元堂寺記」·「聽洞簫記」·「小乞花場記」·「三當齋記」·「雲潤閣記」·「靜春樓記」·「重修候仙樓記」·「扶安縣廨圖記」·「木龕記」·「賀雪樓記」·「格浦行宮記」·「借菴記」·「心蘇亭記」·「芝湖別墅記」·「友鹿齋記」

題跋(29편): 「百衲琴跋」·「題李一之靖節集後」·「題靜春樓印叢後」·「題蔡京書大觀御筆記」·「題雙井尺牘」·「題米南宮蕭閒堂記」·「題宋徽宗花鳥圖」·「題董容臺戱鴻堂帖」·「題淳化閣帖後」·「題韓石峯書後」·「題白雪齋帖」·「題懷素藏眞律公帖」·「題董文敏思園記」·「題崇蘭館帖後」·「題玄秘塔銘」·「題倉篆心法」·「題弘慶寺碣」·「題周易校正諸臣錄後」·「題何大復集後」·「題漢書後」·「題史評後」·「題右軍書法」·「題任肅如堂姪攸好蓮城詩卷後」·「書治家要法後」·「題李夕可齋東遊詩草」·「書玉河漫錄後」·「玉壺氷跋」·「輞川圖跋」·「精忠錄跋」

傳(2편): 「金舜蔓傳」·「金烈婦傳」

說(3편): 「愛梅說」·「忘機說」·「貯書說」

卷之四

墓地銘(4편): 「昌原兪子厚墓地銘」·「伯父華嶽府君墓地銘」·「從兄愼齋公墓地銘」·「仲父府君墓地銘」

書(2편): 「答姜伯安守仁書」·「答洪尙書樂性書湖南伯」

雜著(11편): 「弇州題法華碑」·「唐人洗竹詩」·「修金濳齋墓蹟」·「櫟翁稗說」·「王文正不見張師德」·「方正學」·「王太倉」·「錢虞山」·「曇陽大師」·「惡文字好文字」·「岳武穆」

疏(9편): 「辭藝文館檢閱陳情下鄕疏」·「因館規徑出疏」·「因館規陳情疏」·「因館規徑出疏」·「因館規聯名陳情辭待敎疏」·「自鄕上來援例辭待敎疏」·「會圈時與諸僚聯名疏」·「諸僚被罪後聯陳情疏」·「辭司憲府指平疏」

祭文(8편): 「聘丈鄭竹林文」·「從兄嫂完山李氏文」·「爲嚴氏葬祭古塚文」·「爲安山儒林改封金濳齋墓文」·「祭上蘇山神文」·「祭外王母文」·「祭仲父府君文」·「祭姜厚叔文」

箋文(5편): 「聖節箋文」·「聖壽八旬陳賀箋文」·「冬至賀箋」·「正朝賀箋」·「聖節賀箋」

上樑文(3편): 「受月亭重修上樑文」·「慶山東軒重修上樑文」·「完營宣化堂重修上樑文」

募緣文(2편): 「法蓮菴重修募緣文」·「元堂寺佛鉢募緣文」

三當齋遺稿拾遺 祭文(1편): 「祭兪子厚文」

3. 내용

문집의 1, 2책은 모두 詩이다. 安山 시절에 저자의 부친 姜世晃은 詞壇 활동을 전개했는데, 저자 역시 부친과 외삼촌 柳慶種을 좇아 安山에 거처하던 여러 文人들과 交遊했던 것으로 보이며, 벼슬에 오른 이후에는 부친이 남산기슭에 세운 借軒 등에서 여러 문인들과 交遊했던 것으로 보인다. 南山시절의 詩는 2책에 보인다.

1책에는 저자가 영남지방으로 벼슬길에 오르면서 쓴 시들이 많이 보이는데, 특히 1766년 翰林追召試에 장원한 뒤 부임지로 떠나는 여정은 지나는 곳마다 꼼꼼하게 그려져 있다. 이 때 저자는 처음으로 一家를 멀리 떠나게 되었기 때문에, 부모에 대한 걱정이 근심으로 바뀌어 끊임없이 詩心이 움직였던 것으로 보인다. 그리고 鳥嶺에 도착한 후에는 부모가 있는 安山으로 자신의 소식을 보내기도 하였다. 鳥嶺에 도착한 이후의 詩들은 대부분 영남지역을 돌아보면서 쓴 것으로, 저자는 낙동강의 觀水樓로부터 仁同, 大邱, 達成, 淸道 등의 경북지역과 通度寺, 雲門寺, 晋州, 陜川, 海印寺 등의 경남지역까지 두루 다니며 그곳의 풍경을 읊고 있다.

저자의 부친 姜世晃은 安山에서 漢陽으로 올라온 뒤 南山기슭에 거처했는데, 여기에 借軒을 마련하여 벗들과 어울렸고, 紅葉樓와 無限景樓를 지어 문인들과 교유했다. 2冊에는 이 곳에서 지은 「紅葉樓拈安陽韻」·「借軒酒席拈唐韻」·「偶集無限景樓」·「無限景樓小會二首」·「季秋紅葉樓小集」 등의 詩가 보인다.

3책[秋]의 내용 가운데 序는 모두 16편이 있는데, 그 중 몇 편의 내용을 살펴보면 다음과 같다.

「送姜洛瑞歸金山序」는 저자의 一族인 姜碩龜가 歸鄕하면서 저자에게 글을 부탁하여 이에 써 준 것이고, 「送雪潭上人序」는 蓮城(지금의 安山)의 元堂寺에 주석하던 雪潭上人과 이별하며 써 준 글이다. 元堂寺는 저자의 부친인 강세황이 머물기도 한 곳이어서, 저자와도 깊은 인연이 있음을 알 수 있다. 「廣蒐序」는 屠緯眞의 『鴻苞』의 내용은 잡스러워 불순하지만, 그것이 고금을 망라하여 여러 자료를 널리 수집한 것은 『爾雅』나 『白虎通』과 같은 류가 된다는 점을 말한 글이다. 「贈趙景表序」는 저자의 벗인 趙景表가 武의 길을 가는 것을 부끄럽게 여기자, 武 역시 先王이 백성을 다스렸던 방법이었음을 말해준 글이다. 「白虎通序」는 『白虎通』이 성립된 유래를 설명하고, 당시에 전해지던 『白虎通』의 판본에서 빠진 부분에 대해 저자가 교정하여 上·下 2권으로 정리하였다는 내용을 담고 있다. 「晋州姜氏族譜重刊序」는 1769년(영조 45, 己丑)에 진주 강씨의 족보를 중간하면서 작성한 것이다. 「新婦譜序」는 저자가 일찍이 婦女를 가르칠 책을 따로 지으려고 하다가 짓지 못하고, 다른 사람이 딸을 시집보내며 써준 『新婦譜』라는 책을 구한 뒤 쓴 글이다. 「扶安縣誌序」는 저자가 1769년 7월 扶寧縣監에 제수된 이후, 임지에서 扶安縣誌의 刻本을 얻은 후 쓴 序이다.

記는 모두 17편인데, 그 중에는 저자 자신이 기거하던 곳에 대한 기록과 부령현감으로 있을 때의 기록이 눈에 띈다. 「三當齋記」는 저자가 31세 되던 해인 1769년 여름에 작성한 것으로, 자신의 小齋를 三當이라 이름한 이유, 三當齋의 모습, 그리고 지나간 자신의 삶을 돌아보고 느낀 감회 등을 서술한 글이다. 「靜春樓記」는 봄이 되면 생명이 활발히 움직이는데, 생명이 태어나서 움직이는 所以然을 살펴보면 그것은 바로 고요함에 있다는 것을 말하여, 靜春樓의 '靜'과 '春'의 의미를 풀어준 글이다. 1769년 여름에 작성된 글로 '靜春主人書'라는 글이 있으므로, 이 樓 역시 저자가 기거했던 곳임을 알 수 있다.

「重修候仙樓記」는 저자가 부령현감으로 있을 때, 城의 南門에 '候仙樓'라는 쇠락한 樓가 있는 것을 보고 이를 重修하면서 쓴 글이다. 「扶安縣廨圖記」는 부안현 관청의 모습을 그림 그리듯 소상히 기록하고, 부안의 主山인 上蘇山에 올라서 본 주변의 풍경을 기록한 글로서, 12월 17일에 관청 내에 있는 濟民軒에서 작성하였다. 「木龕記」 역시 부령현감시절에 지은 글로서, 저자가 한가한 때에 기술자를 시켜 木龕을 만들게 한 후, 이 목감의 모양을 자세히 묘사하고 그것의 용도를 기록한 글이다. 「賀雪樓記」는 앞서 重修를 命한 候仙樓가 눈이 많이 오는 겨울에 완성되자 이를 계기로 해서 樓의 이름을 '賀雪'로 바꾼 것과 이전에 눈이 많이 내렸던 때의 좋은 기억을 회고하면서 쓴 글이다. 「格浦行宮記」 역시 저자가 부령현감 시절 배를 타고 格浦鎭에 이르러, 그로부터 서쪽으로 1里 정도 떨어진 곳에 세워져 있던 行宮을 방문한 기록이다.

格浦鎭은 仁祖 때 설치된 것이고, 行宮은 1724년(경종 4)에 설치된 것이다.

「借菴記」는 저자가 1770년(32세)에 지은 것으로, 이 때 저자는 관직을 버리고 고향으로 돌아온(解紱而歸) 상태였다. 그런데, 저자는 자신이 생활을 영위하는 데는 졸렬하여 자신의 몸을 감출만한 곳을 소유하지 못하고 이웃사람의 집을 빌려 자신의 거처로 삼았기 때문에, 자신의 거처를 借菴으로 하였다고 말하고 있다. 「心蘇亭記」는 저자가 자신의 아버지인 강세황이 낚시하며 노닐던 정자에 '마음을 쉬는 곳'이라는 뜻의 '心蘇'라는 이름을 붙여, 티끌에 물든 자신의 마음을 쉬고자 하는 뜻을 쓴 글이다.

題跋은 모두 29편인데, 비교적 짧은 문장으로 이루어져 있으며, 書·畵 등에 대한 저자의 평가가 주를 이룬다. 그 중 몇 편의 내용을 살펴보면 다음과 같다.

「題李一之靖節集後」는 李一之이 소장했던 『靖節集』에 쓴 題跋이다. 저자 역시 이 책을 소장하고 있었지만 서로가 지닌 책의 字體가 조금씩 달랐기 때문에 저자가 먼저 李一之에게 책을 바꾸어보기를 청하였다고 한다. 여기서 저자는 오래된 책을 아끼는 것이 자신의 癖임을 말하고 있다. 1768년 저자가 30세 때 지은 글이다.

「題靜春樓印叢後」는 저자가 印譜를 만들었음을 말해주는 글이다. 이는 저자의 또 다른 癖으로, 저자는 인장을 새기는데 있어 '남에게 전할 수 없는 비결(不傳之秘)'을 얻었다고 말하고 있다.

「題蔡京大觀御筆記」는 北宋 말기의 재상이었던 蔡京(1047~1126)이 쓴 「大觀御筆記」의 내용과 그 글씨의 오묘함을 얘기한 글이다.

「題米南宮蕭閒堂記」는 北宋의 米芾(1051~1107)이 쓴 「蕭閒堂記」를 보고 감탄한 내용을 담고 있다. 米芾의 字는 元章, 號는 襄陽漫士, 鹿門居士 등이며, 사람들이 米襄陽, 米南宮이라고 불렀다. 宋代四大書法家의 한 사람으로 불려진다.

「題董容臺戱鴻堂帖」은 董其昌(1555~1636)의 글씨에 대한 저자의 평가가 담긴 글이다. 董其昌의 字는 玄宰, 號는 思白이며, 明나라의 문인·화가·서예가이다. 董其昌은 그의 書法을 본인이 직접 새겨 『戱鴻堂帖』을 만들었다. 저자는 우연히 책을 한 권 얻었는데, 그것이 바로 手稿로 된 『戱鴻堂帖』이었다. 저자는 이를 刻本과 비교하고는, 그 글씨가 매우 화려하긴 하지만 어느 정도 俗氣가 있다고 評하면서, 어째서 당시 사람들이 董其昌의 筆法이 天下에서 오묘하다고 말했는지 모르겠다고 말하고 있다.

「題淳化閣帖後」는 당시에 통용되던 『淳化閣帖』의 그림과 글씨에 대한 저자의 비판을 담은 글이다. 『淳化閣帖』은 본래 宋 太宗 淳化 3年(992)에 만들어진 것인데, 곧 원판이 소실되면서 번각판이 많이 나왔다. 저자에 따르면, 특히 여기에 나오는 書法에 대해 후세 사람들이 참된 書法이라고 여기는 것은 큰 해가 되므로, 이에 대해 바로잡지 않을 수 없다고 하였다.

「題倉篆心法」은 저자가 어느 여름날 舊籍을 보다가 발견한 『倉篆心法』 4冊에 대한 내용이다. 저자는 이전에 일본인의 印譜를 본 적이 있는데, 그것의 刻法에는 간혹 졸렬한 데가 있지만, 秦漢의 古法을 얻은 것이라고 여겼다. 그런데, 중국사람이 지은『倉篆心法』을 보니 모두 졸렬하고 추악한 것이어서 이것이 조선에 이르렀기에 그 허물을 덮을 수 있었지만, 만약 일본에 전해졌다면 그들에게 譏弄받았을 것이라며 애석해하는 내용이다.

「題弘慶寺碣」은 현재 충남 청원군 성환읍에 있는 국보 7호 弘慶寺 碣碑에 대한 저자의 글이다. 弘慶寺는 고려 顯宗 12년(1021)에 만들어진 사찰이다. 저자 당시에도 이미 사찰은 사라지고 다만 碣만 남아 있었는데, 이는 翰林이었던 崔冲이 撰하고, 國子丞이었던 白玄禮가 글씨를 쓴 것이다. 碣의 끝에 '太平六年立'이라는 글이 있으므로, 저자는 이 碣이 만들어진 때가 고려 顯宗 18년(1027)이라고 보았다.

「題周易校正諸臣錄後」는 宣祖 때인 1601년~1603년까지 이루어진『周易傳義』의 교정에 저자의 高祖父인 姜籒가 참여하여 이름을 남겼는데, 저자가 이를 옮겨 적어 집안에 길이 전하고자 한다는 내용이다. 1769년 여름에 작성되었다.

「輞川圖跋」은 王維가 살았던 輞川의 풍경을 담은 그림을 보고 소회를 읊은 글이다.

「精忠錄跋」은 영조가 1769년 간행한『精忠錄』을 읽고 자손에게 물려주어 이를 기억하게 하겠다는 내용이다.

傳은 2편인데, 「金舜蔓傳」은 南陽府民인 金舜蔓의 일생을 기술한 것이다. 金舜蔓은 어려서 부모를 잃고 가난하게 살다가 19세에 이르러 혼인하였다. 그 이후로 낮에 부지런히 일하는 것 뿐 아니라, 달이 뜬 밤이면 밭을 갈고 달이 없으면 새끼를 꼬아 다른 사람보다 두 배 이상 이익을 남겼다. 그러나 그는 늘 자신은 20년 간은 부지런히 일하겠지만, 40이 되면 쉴 것이라고 말하였다. 부유하게 되었어도 늘 검소하게 생활하다가 61세에 세상을 마쳤는데, 저자는 金舜蔓에 대해 '몸과 마음을 쉬어 스스로 즐기고, 공이 이루어지면 물러나는(處息心休生以自樂, 功成而身退)' 삶을 살았다고 보았다. 그래서 저자는 그칠[止] 줄 모르는 사람을 위해 金舜蔓의 전기를 남긴다고 말하였다.

「金烈婦傳」은 임금이 金氏女에게 烈婦門을 내린 상황을 기록한 글이다. 이는 1759년(己卯)에 일어난 일로, 金堤郡守였던 崔範興이 자신과 친한 金相珏이라는 인물의 請을 받아 일찍 과부가 된 金氏女의 아버지를 옥에 가두고 협박하여, 金氏女를 金相珏에게 시집보내려 하였다. 이에 金氏女가 스스로 목숨을 끊음으로써 자신의 아버지를 구하고 또한 자신의 정절을 지킨 것에 대해 임금이 崔範興을 파직하고 金相珏을 붙잡아 벌한 뒤, 金氏女에게 烈婦門을 내렸다는 내용이다.

說은 3편으로 「愛梅說」은 저자가 매화를 아끼는 이유에 대해 쓴 글이다. 「忘機說」은 안팎으로 거짓·허위[機]가 없어야 사람들과 서로 다투지 않을 수 있다는 내용으로, 거짓·허위가 없는 사람은 바로 진실할[誠] 뿐이라고 말하고 있다. 「貯書說」은 세상 사람들은 집안에 책을 많이 보존하는 것을 상서롭지 못하다고 여기는데, 저자는 이에 대해 그것이 어리석을 뿐 아니라 사람을 미혹시키는 말임을 역설하면서, 자신은 결연히 책을 모아 자손에게 보배로 삼게 하겠다는 내용이다.

4책[冬]의 내용은 다음과 같다. 墓地銘은 모두 4편이다. 「昌原兪子厚墓地銘」은 저자의 절친한 벗이었던 兪㙉(1736~1765)이 30세의 나이로 세상을 떠난 것을 슬퍼하며 지은 묘지명이다. 「伯父華嶽府君墓地銘」은 저자의 큰아버지인 姜世胤(1684~1741)의 묘지명이다. 강세윤의 字는 胤之, 號는 華嶽으로, 1728년(영조 4) 利川府使로 있을 때 戊申亂(이인좌의 난)을 만나 誣告로 逆謀에 몰려 1729년(영조 5)에 定配되어 10년 간을 보내다가 풀려난 후 곧 세상을 떠났다. 이 글에서 저자는 큰아버지의 누명이 풀리게 된 사정을 자세히 설명하고 있으며, 아울러 자신의 선대에 대해서도 기록하고 있다. 「從兄愼齋公墓地銘」은 사촌형인 姜偉(1705~1741)의 묘지명이다. 강위의 字는 道淳, 號는 愼齋이며, 강세윤의 아들이다. 여기서 저자는 사촌형이 37세의 젊은 나이로 세상을 떠난 것을 안타까워하고 있다. 「仲父府君墓地銘」은 저자의 작은아버지인 姜世元(1705~1769)의 묘지명이다.

書는 2편이 있는데, 「答姜伯安守仁書」는 姜守仁에게 답하는 글이고, 「答洪尙書樂性書湖南伯」는 洪樂性(1718~1798)에게 답하는 글이다. 洪樂性은 1744년(영조 20)에 춘당대문과 을과에 급제한 이후로 1768년 이조판서가 되고, 1771년 전라도관찰사가 되었는데, 저자와는 아마도 전라도관찰사 시절에 인연이 있었던 듯 하다.

雜著는 모두 11편으로 그 중 몇 편의 내용을 살펴보면 다음과 같다.

「王文正不見張師德」은 『宋史』「王旦傳」에 나오는 王旦(王文正)과 張師德의 고사에 대한 저자의 생각을 밝힌 글이다. 宋代의 재상이었던 王文正은 諫議大夫인 張師德이 그를 만나러 왔을 때 만나주지 않았다. 이 고사를 논하는 사람들은 王文正이 옳다고 여기지만, 저자는 그렇지 않다고 생각했다. 그 이유는 다음과 같다. 재상이 사람을 등용할 때는 우선적으로 그 사람 재주를 보고서 그에게 일을 시켜, 현명하게 처리하면 등용하고 그렇지 않으면 물리치면 되는데, 王文正이 張師德에게 일을 맡겨 보지도 않고 물리친 것은 국가를 위해 인재를 모으는 방법이 아니라고 생각했기 때문이다. 그러나 張師德이 王文正을 찾아간 일 역시 부끄러운 일이라고 말하고 있다.

「方正學」은 明代의 학자인 方孝儒(1357~1402)에 관한 내용이다. 方孝儒는 學問이 뛰어나고 言行이 方正하여 方正學으로 불렸다. 저자는 方正學의 節義있는 행동이 明 太祖의 한마디 말에 의한 것이었음을 상기시키며, 이를 통해 군주가 진실한 마음으로 신하를 칭찬하고 이끌어 주는 것의 功效가 어떠한지를 부각시키고 있다.

「錢虞山」은 저자가 어렸을 때 지극히 좋아했던 錢虞山의 글이 시간이 지나면서 싫어지게 되었음을 말한 내용이다. 저자에 따르면, 錢虞山의 글은 천편일률적인데다, 진실한 곳은 적고 거짓된 곳은 많으며, 節義에 대해서는 마음을 두지 않은 점이 애석하다고 말하였다.

「曇陽大師」는 저자가 『曇陽大師傳』을 읽고, 그 내용에 대해 요망하고 괴이하여, 천지간에 가득찬 이치에 어긋난다고 비판한 글이다.

「惡文字好文字」에서 惡文字는 탄핵하는 글이고, 好文字는 묘지명을 가리킨다. 저자에 따르면, 惡文字는 얻기가 어렵고 好文字는 얻기가 쉽지만, 사람이 죽고 나면 대개 칭찬하는 말을 많이 하기 때문에 好文字로 그 사람을 충분히 드러낼 수 없다. 그러므로 惡文字·好文字 둘 다 없어야 비로소 君子라고 부를 수 있다는 내용이다.

「岳武穆」은 南宋 초기의 武將이었던 岳飛(1103~1141)의 죽음을 애도하는 글이다.

疏에서 「辭藝文館檢閱陳情下鄕疏」는 저자가 예문관 검열로 있을 때, 부친의 병으로 인해 관직을 사직하고자 한다는 내용이고, 「因館規徑出疏」·「因館規陳情疏」·「因館規徑出疏」는 모두 鄭好仁과 관련된 일인데, 맡은 일을 제대로 처리하지 못하여 관직을 사직하고자 한다는 내용이다.

祭文은 모두 8편이 있는데, 그 중 몇 편의 내용을 살펴보면 다음과 같다.

「聘丈鄭竹林文」은 저자의 장인인 東萊 鄭氏 進士 光瑞에 대한 제문이고, 「祭上蘇山神文」은 1769년 10월에 작성된 글로서, 저자가 扶寧 현감으로 있으면서 扶寧의 주산인 上蘇山의 山神에게 제사 드리며 쓴 제문이다. 「祭外王母文」은 1769년 12월에 작성된 글로서, 외할머니인 泗川 睦氏의 제사에 직접 참석하지 못하고, 扶寧에서 따로 제사 올리며 쓴 제문이다. 「祭仲父府君文」은 1770년에 작성된 글로서, 작은아버지 姜世元에 대한 제문이다. 「祭姜厚叔文」은 1769년 겨울 扶寧으로 자신을 찾아왔던 漢城 출신의 姜厚叔이 그 다음해(1770) 正月 병에 걸려 죽자, 이를 애도하면 쓴 제문이다.

箋文은 모두 5편이 있는데, 그 중에서 「聖節箋文」은 1765년(영조 41) 영조의 72세 생일을 맞아 올린 箋文이고, 「聖壽八旬陳賀箋文」은 1775년(영조 51) 영조의 82세 생일을 맞아 올린 箋文이다. 이외에도 「冬至賀箋」·「正朝賀箋」·「聖節賀箋」이 있다.

上樑文은 3편으로, 「受月亭重修上樑文」은 受月亭을 중수하면서 쓴 글이다. 「慶山東軒重修上樑文」은 慶山縣의 東軒을 重建하면서 쓴 글이고, 「完營宣化堂重修上樑文」은 完營(全州)의 宣化堂을 중수하면서 쓴 상량문인데, 모두 三災가 소멸하고 좋은 일이 생겨나기를 바라는 내용을 담고 있다.

募緣文은 2편이다. 「法蓮菴重修募緣文」은 見佛山(지금의 安山 수리산)에 위치한 法蓮菴의 重修를 위해 여러 사람들에게 시주를 권하는 글이다. 「元堂寺佛鉢募緣文」은 安山 元堂寺에서 공양에 쓸 鉢盂를 장만하기 위해 여러 사람에게 시주를 권장하는 글이다. 글의 처음에 '如是我聞'이라는 말로 시작하여, 마지막에 '唯我同願共發信心'이라는 말로 끝을 맺고 있는데, 이는 일반적인 佛經의 구조와 유사하다고 볼 수 있다. 모연문을 통해 安山 시절 동안 저자가 佛敎와 깊은 인연을 맺고 있었음을 알 수 있다.

마지막으로 三當齋遺稿拾遺로 祭文인 「祭兪子厚文」이 남아 있는데, 제문의 뒷부분에 '以下缺亡'이라고 작은 글씨로 표기되어 있으며, 후반부가 남아 있지 않다. 이는 저자의 벗인 兪塽

(1736~1765)의 제문으로, 兪㙉이 세상을 떠난 1765년(己酉)으로부터 3년이 지난 1768년(戊子)에 작성된 글이다.

4. 가치

『三當齋遺稿』의 저자 姜俒은 姜世晃의 아들이며, 姜彝天의 아버지이다. 이들 三代는 모두 문집을 남겼는데, 강세황은 『豹庵遺稿』를, 강흔은 『三當齋遺稿』를, 강이천은 『重菴稿』를 남겼다. 강세황은 小北문인으로 詩·書·畵에 뛰어났으며, 安山과 漢陽에서 모두 활발한 詞壇활동을 전개하였다. 강이천 역시 어릴 때부터 詩才가 있어, 12세에 童蒙으로 被選되어 正祖 앞에서 詩를 짓기도 하였다. 그러므로 『三當齋遺稿』는 우선적으로 이들 三代 간에 주고받은 영향을 확인해볼 수 있는 자료로서의 가치를 지닌다. 더 나아가 이는 단지 家學의 영역뿐 아니라, 18세기 중반에 활동했던 小北계열의 학문과 예술 방면에 있어서의 흐름을 알 수 있는 자료가 될 수 있다. 다음으로 저자는 독서의 폭이 넓고 비판적 의식을 가지고 있었기 때문에, 古今의 유명한 문인과 그들의 작품에 대해 때로는 날카로운 비판을 가하였다. 그러므로 이를 통해 18세기의 한 지식인이 취했던 當代 文化에 대한 비판적 시각을 접할 수 있다.

【박인석】

石萊堂草稿

李憲球(1784~1858) 著.
草稿本. 零本 3冊(卷3, 4, 8), 34×21㎝.

伴春錄

簡和順倅徐羨揆 壬辰

稚齒相從到髮皤別來寒暑幾經過曾非厚祿書猶
斷塵事麽人誤了多

往歲襜帷駐汝湄溪山小郭尚依依秪慚棠茇無新
頌豈恨萍鄉逢舊知

官清地僻事從容鈴索無聲篆盝封未必盤桓歸栗
里公庭亦可撫孤松 和邑衙庭有盤松

訪崔凡宅拈坡韻共賦

新雨添泥道少人却來相對一牀塵園荒薜蔓緣墻

1. 저자

李憲球(1784~1858)의 本貫은 全州, 字는 稚瑞, 號는 菊軒이다. 高祖父는 景宗代 辛壬士禍(1721~1722)로 賜死당했던 老論 四大臣중 한 명이었던 李健命(1663~1722)이다.[1] 曾祖父 李勉之 역시 이건명과 함께 治罪되었다.[2] 祖父는 李徹祥이고, 父親은 李章顯이다. 이장현은 黃州鎭管과 兵馬節制都尉를 역임하였으며, 어머니는 英祖代 郎廳을 지낸 金致溫[3]의 딸로 淸儉하며 근면하기로 이름났다.

이헌구의 주요 仕宦 經歷을 정리하면 다음과 같다. 1814년(순조 14) 製述科에서 수석을 차지하여 進士가 되고, 1816년 式年文科에 丙科로 급제하였다.[4] 1827년 通政大夫에 오르고, 1830년 成均館 大司成에 제수되었으며, 1831년 吏曹參議, 1836년(헌종 2) 이조참판을 거쳐 1837년 全羅道觀察使에 임명되었다. 이후 1841년(헌종 7) 漢城府 判尹, 그 해 3월 工曹判書, 7월 司憲府 大司憲을 역임하였다. 1842년 刑曹判書, 禮曹判書, 平安道 觀察使를 각각 지냈다. 평안감사로 재임중 義州의 白馬山城, 龍川의 龍骨山城, 鐵山의 雲暗山城, 宣川의 劍山山城, 郭山의 凌漢山城에 粮餉을 저장할 것을 청하였다.[5]

1844년(헌종 10) 兵曹判書를 거쳐 사헌부 대사헌에 임명되었다. 이때 이헌구는 閔純鏞을 供招하는 과정에서 金逌根(1785~1840)과 金弘根(1788~1842)의 연루된 발언을 문제삼아 이들을 追罪하는 상소문을 올렸다. 당시 민순용은 逆黨과 綢繆하여 흉악한 모의를 도모하였다는 혐의를 받고 있었다. 그런 그가 捕盜廳의 공초과정에서 "세상에 김유근과 김홍근 같은 柱石이 되는 신하가 없다(世旣無金逌根金弘根柱石之臣)"고 발언하였다. 문제는 담당 捕將이었던 任聖皐와 柳基常이 이 같은 自服내용을 공초에서 임의로 제외시킨 것이었다. 이헌구는 亂逆과 관련된 사안을 멋대로 제외시킨 잘못을 지적하면서 두 포장의 처벌을 요구하였으며, 그것이 世道와 民志를 확립하는데 주요한 일임을 거듭 강조하였다. 그의 상소는 국왕으로부터 긍정적인 批答을 들었으나, 勢道政權의 핵심인 金祖淳(1765~1831)의 아들이었던 김홍근이 연루되었다는 점을 부각시킴으로 인해 安東 金門의 미움을 받게 되었다. 그 결과 同年 8월 德源으로 귀양을 가게 되었으나 바로 다음 달에 석방되었다.[6]

이후로도 이헌구는 국왕의 지속적인 신임을 받으면서 要路에 진출하였다. 1844년 12월 한성부 판윤에 임용되었으며, 다음해(헌종 11) 謝恩兼冬至使의 자격으로 淸나라에 다녀왔다. 1847년

---

1) 『景宗實錄』 卷9, 景宗 2年 8月 19日 壬申(41책 242쪽).
2) 『英祖實錄』 卷6, 英祖 元年 5月 11日 戊申(41책 514쪽).
3) 『英祖實錄』 卷75, 英祖 28年 2月 28日 庚申(43책 437쪽).
4) 『純祖實錄』 卷17, 純祖 14年 7月 13日 辛丑(48책 63쪽) ; 『純祖實錄』 卷20, 純祖 17년 10월 28일 戊戌(48책 123쪽).
5) 『憲宗實錄』 卷11, 憲宗 10年 6月 10日 乙巳(48책 501쪽).
6) 『憲宗實錄』 卷11, 憲宗 10年 8月 25日 己未(48책 502쪽).

(헌종 13) 사헌부 대사헌·형조판서를 거쳐 이듬해 右參贊, 그리고 1849년(철종 원년) 이조판서·예조판서·判義禁府事 등의 직책을 거쳐 마침내 1852년 右議政에 올랐다. 그 때 나이 69세로 致仕하기를 연이어 간청하였으나 허락되지 않았으며 오히려 左議政이 되었다. 좌의정으로 재임시 그는 새로운 人事 考課 방식과 民生救濟策을 제시하였다. 우선 武臣으로서 邊地 履歷이 이미 15개월이 차서 三考를 준하지 않고서도 遞職된 자는 비록 該堂의 주청한 바가 없더라도 이력을 허용하며, 15개월 이외의 貶下된 자와 邑鎭의 일로 인해 罪罷된 자는 이력을 시행하지 말 것을 定式으로 삼아야 한다는 상소를 올렸다. 한편 민생구제책으로 外邑에서 벌어지는 都結의 폐단을 엄중하게 申飭하여 禁斷할 것을 奏請하였다. 또한 宣惠廳의 錢文 5만 兩과 司譯院의 包稅錢 6만 냥을 關西지역에 빌려주어 굶주리는 백성을 구제하고 監營의 모양을 一新할 것을 주장하였다.7) 70세가 되어 국가로부터 几杖을 수여 받고 耆老所에 들어갔으며, 哲宗의 廟庭에 배향되었다. 謚號는 忠簡이다.

2. 구성

『石萊堂草稿』의 전체 권수는 알 수 없다. 현재 연세대 중앙도서관에서 소장하고 있는 『석래당초고』는 3권, 4권, 8권이다. 각 권은 다음과 같은 편으로 구성되어 있다. 3권은 「伴春錄」·「華祝錄」·「常見錄」의 세 편으로 이루어져 있다. 4권은 「燕槎錄」·「利涉錄」·「豊沛錄」·「朝京錄」이며, 8권은 「公車錄」으로 구성되어 있다. 각 권 각 편의 주요 세부목차를 정리하면 다음과 같다.

3권 (伴春錄) : 「簡和順倅徐義撥壬辰」·「訪崔兄宅拈坡韻共賦」·「用前韻」·「次韻題金炭翁忠柱事蹟帖甲午」·「純宗大王輓章乙未」·「集中韻韻字下有與字賦甲申」·「閣中拈韻得攀字」·「次雲石趙台寅永仁陵志感韻」·「次經山鄭台元容孝和殿志感韻」·「次淵泉洪相國奭周華寧殿志感韻」·「畢役後更次校餘集韻」·「盆梅」·「別崔姨兄赴任山淸丁酉」·「兒子以童蒙入侍」·「到牛川」·「與匡山族叔同舟發牛渚」·「史局次趙太史羲卿寅永餞秋詩韻」·「疊樓字贈族弟星伯渡灞之行」·「大殿延祥詩」·「大殿春帖子戊戌」·「李僉樞相斗丈推恩加資用慶席韻以賀」·「尋李友子直是遠山居歸後寄贈」·「寶錄告成行洗草晏于遮日巖與諸公呼韻共賦」·「大殿端午帖」·「追寄關西刺史鄭元伯□赴任之行」·「梅花樹歌次李上舍翼綺韻呈愼菴尙書」·「次竹溪吳丈彦誼賀新資韻」·「子直用吳丈韻追賀又次」·「疊前韻寄子直」·「族弟星伯爲光寢郞用其赴直時途中韻追賀己亥·雲夜申仲韶□□□韻共賦」·「學習齋」·「次兒輩詠梅韻」·「道彬冠日書示庚子」·「賀侍郞李丈鍾運八十壽席」·「蔣園餞春後和大始台見示韻」·「允賓和寄前詩又寅二絶故走筆更次」·「石榴」·「新晴」·「豹皮」·「李令

7)『哲宗實錄』卷4, 哲宗 3年 12月 25日 庚子 (48책 579쪽).

子直尹友恭命滋三重陽日登摩尼山有詩寄示步其韻」·「餞春日龍園小集」·「約始台洛令賞花南山洛令以詩譏余後至走筆次韻」·「走筆戲次洛重韻」·「福泉菴小集」·「外有懷李友子直拈李義山詩韻各賦以寄」·「又次若重再疊」·「偶吟寄洛重」·「歸路拈唐詩韻各賦」·「又和斐堂竹下韻」·「又疊前韻分屬同遊三友」·「戲答沙磯書語」·「贈別靑松使君李孝七炳斗」·「贈別鄭生台魯還鄕」·「福泉庵聯句」·「次老杜秋興八首韻」·「夜會晴沼宅拈老杜韻共賦」·「次星伯寢郎寄示五絶」·「贈別赴燕上价李尙書景容若愚」·「夜會竹下宅」·「徐寢郎天與恩淳宅夜會拈唐律韻」·「梅花聯句」·「夜會松嶠宅拈唐律韻」·「賢坊夜會拈唐律韻」·「元月第三夜斐堂携燭而至喜甚共賦壬寅」·「松屛聯句」·「社中諸公將遊山寺臨行寄詩走次其韻」·「用進退格賀竹下解臺衡」·「五月十八會社中諸公於園亭」·「和斐堂承宣寄示韻」·「發楸行乘四人步轎」·「默巖途中」·「過臨津」·「過崇義殿」·「楊洲途中遇雪」

3권 (華祝錄) : 「發向華城路次得斐堂別詩步韻追寄壬寅」·「和蕉下宅梅花詩會韻」·「不淺遂和各一首」·「用蕉下前韻簡斐堂兼示蕉下晴沼」·「書贈李甥崙夏新榜進士癸卯」·「馳賀成虞八進士」·「訪花隨柳亭晚眺」·「迎華亭賞蓮兒子與諸客從之」·「西北屯」·「華虹樓觀水」·「再遊荷亭」·「與虞八上舍登西城將臺令兒子呼韻共賦」·「講武堂射帿」·「聞有度支新命」

3권 (常見錄) : 「贈別斐堂之任伊川 癸卯」·「斐堂之任伊川和向日蕉下宅會席所拈韻以示故走草還寄」·「酬寄太倉卽申仲韶見示韻」·「南宮鎖院日次趙侍卽元七斗淳韻」·「兩學士坐達河樓圍棋故戲贈」·「太倉卽申仲韶卽席賦一律故和其韻」·「春帖子」·「延祥詩」·「亡娣生辰之感」·「以儐使西出途中口吟」·「臨湍途中志感」·「偶吟以示問禮官趙友文甫然昌」·「練光亭疊前韻」·「和族弟星伯寄示韻」·「統軍亭」·「和巡使趙景吉秉鉉屬贈」·「和問禮官屬贈」·「還到平壤宿練光亭」·「黃州途中吟成」·「書便面贈妓」·「端午帖」·「解銓任閒居喜甚口呼」·「用前韻偶吟」·「再疊春韻和篁谿屬贈」·「陶厓和春字韻自託康健又疊以賀」·「和寄樂山伯趙德卿見贈韻」·「相思遷」·「贈別蕉下之任湖西營」·「延祥詩丙午」

4권 (燕槎錄) : 「松京道中丙午」·「浮碧樓」·「金石山懷古」·「溫井坪露宿」·「葱秀」·「連山關途中」·「遼野」·「華表桂月峯」·「廣寧城懷古」·「觀音寺」·「閭陽驛途中唫成」·「戲題」·「過古戰場」·「松山堡」·「杏山堡」·「高橋堡」·「望海」·「寧遠城 次沈大雅寄贈韻」·「次金進士寄贈韻」·「寄贈副价趙台」·「寄贈趙上舍景猷升敎」·「大松嶺望萬里長城舊墟」·「中前所見柳色已碧」·「望夫石」·「登望海亭」·「次沈默所寄贈韻」·「次金進士韻」·「漫筆記所未見」·「射虎石」·「夷齊廟二首」·「和李少卿伯衡號兩帆見贈韻」·「次沈孝廉亨惠字慕琴見贈韻」·「蘆溝橋」·「又和李雨帆再疊見贈韻」·「五龍亭」·「望萬歲山」·「文丞相祠」·「留別李雨帆」·「留別沈慕琹」·「發燕京」·「薊州道中遇雨」·「追次副价蘇門炯樹韻」·「高麗店」·「贈撫寧單孝廉沆號心水」·「登角山」·「會寧嶺得家書喜甚口呼」·「連山關道中」·「還到柵門」·「葱秀前川乘筏以渡」·「渡灣次副价韻」·「箕子古蹟」·「又以一律寄沈默所」·「發金川向大興山城」·「朴淵瀑」·「送別金進士」·「沙峴口唫」

4권 (燕槎錄) : 「重陽日簡聚堂丙午」·「寄李雨帆」·「寄贈沈慕栞」·「贈別朴侍郎仲成容壽以副价赴燕」·「春帖子」·「延祥詩丁未」·「別權景實之任谷城」·「端午帖」·「立秋應製」·「寄贈李沙卿伯衡」·「寄贈沈孝廉亨惠」·「春帖子丁未」·「延祥詩甲戌」

4권 (豊沛錄) : 「次永平題別有洞精舍」·「淮陽」·「到營」·「延祥詩己酉」·「春帖子」·「發南巡永興東閣初見杜鵑花」·「發文川向德源途中唫成」·「國島八詠」·「還發安邊」·「高原途中口占」·「次經山相國贈別韻」·「咸關嶺」·「途中餞春」·「摩天嶺」·「題明川衙閣」·「題七寶山萬歲樓」·「留別鏡城通判」·「自鏡城回程永康途中望長白山」·「吉州衙閣見李台景服板上詩有懷」·「城津」·「和送錦樵見寄韻」·「谷口途中疊聖賓韻」·「文星巖」·「學士臺用昆侖集中韻效其體」·「北青途中」·「松間亭射小帿」·「端午帖己酉」·「題樂民樓」·「題知樂亭」·「玉簫亭偶唫」·「憲宗大王輓章」·「封疏乞解蕃任蒙恩準請庚戌」

4권 (朝京錄) : 「贈別待汝還任成川庚戌」·「自笑」·「亡室周甲晬日志懷辛亥」·「次道兒遊淸水洞韻」·「次崔姨兄賀回甲詩韻」·「賀經山相國耆社壬子」·「贈別娣兄公弼氏赴任晋州」·「賀經山相國耆社壬子」·「壽趙侍郎伯泳周甲」·「壽桐泉李尙書德叟周甲」·「出住淸水山莊口呼」·「更次錦舲」·「贐別徐尙書敬祖念淳以上价赴燕」·「和沙磯李台子直是遠見贈韻」·「十五夜乘月上山眺望」·「山居卽事」·「丹楓」·「文杏樹」·「獼猴藤」·「石泉」·「綠園小集拈韻共賦」·「贐石梁徐尙書啓南有薰之燕」·「和沙磯元日口占六七言韻仍寫柱聯以送癸丑」·「李御將升權輓」·「緣庄對花拈韻與兒子及諸生癸丑」·「首夏初吉來山莊次東坡七絶韻三首」·「燈夕次東坡韻」·「十五夜待月」·「怪石聯句」·「更疊淸水韻分屬同遊以及蕉下」·「趙台德卿用淸水洞韻見寄又和以謝」·「山居卽事」·「賀陶厓回巹」·「緣庄雜詠用前韻」·「次蕉下詠盆蓮韻」·「次蕉下苦熱韻禁體也」·「和德卿台三疊續贈韻」·「兪兮山敎煥用溪亭韻見寄故更步和送」·「又次放翁幽居述事韻」·「又次王半山太湖括亭韻」·「以一詩志感」·「和蕉下詠影戱作」·「園亭夏日」·「次聖欽述懷作」·「黑白燭籠」·「翠屛」·「過五六日楓菊向佳」·「翌日疊前韻更簡諸公」·「初冬之旬日來看緣庄述卽景」·「贐星叟侍郎以副价之燕」·「贐經山相公就養湖藩甲寅」·「山居漫吟」·「用前韻送竹西還痲田衙」·「歸路唫成」·「續前韻寄竹西嵋陽郡齋」·「自緣莊還家簡陶厓」·「仲夏吉日偶至緣莊常園來會拈韻」·「重陽前二日始看盆菊」·「冬夜病枕口吟」·「吟申紫霞墨竹」·「咏單心水墨畵」

8권 (公車錄) : 「在翰苑以親病徑出疏己卯」·「在翰苑以館規徑出疏」·「在翰苑以親病徑出疏庚辰」·「由限後申懇請急疏」·「以別兼春秋陳館規徑出疏」·「乞解別兼春秋疏壬午」·「因冬雷應旨疏在玉堂」·「乞解館職疏」·「在玉堂論白笠視事疏癸未」·「辭直閣疏」·「就理蒙宥後引咎疏」·「闋服後辭承旨書丁亥」·「請楊州城餉穀捧留本邑書戊子」·「辭全羅監司書庚寅」·「乞省先壟書」·「承嚴旨後待罪疏辛卯」·「請大同綿布代錢疏」·「辭大司成疏壬辰」·「辭吏曹參議疏」·「乞解銓任疏」·「辭新資疏癸巳」·「先壟徑行疏甲午」·「請復膳聯箚」·「公除後請開講聯箚」·「請還宿

諸罪人疏蕩之命聯箚乙未」·「辭內閣直提學疏」·「陳情乞暇疏」·「因大僚筵奏自引請勘疏」·「辭吏曹參判疏丙申」·「乞解銓職疏」·「徑尋鄕路疏丁酉」·「辭江華留守疏戊戌」·「乞往省先壟疏」·「辭資憲疏」·「乞解江華留守疏己亥」·「因試牌自引疏庚子」·「乞解使御疏」

3. 내용

3권의 「伴春錄」은 봄날에 朋友들과 交遊하며 지은 詩들과 立春과 端午 같은 節氣에 맞추어 국왕 앞에서 지은 시, 혹은 특정한 지역의 名勝地를 소재로 한 작품들로 구성되어 있다. 또한 事物 가운데 梅花를 소재로 한 시들이 있는데 대체로 매화의 모양과 향기 등을 통해 꽃의 品格을 평가하고 있다. 「반춘록」을 통해서 확인된 이헌구와 교류했던 당대 名士들로는 洪奭周(1774~1842), 趙仁永(1782~1850)과 鄭元容(1783~1873), 李是遠(1790~1866) 등을 꼽을 수 있다. 揭載된 시의 형식은 7言詩가 주류를 이루며, 간혹 5언시가 보이고 있다. 7언시의 경우 7言律詩와 連詩가 대부분이다. 「반춘록」에 실려 있는 몇편의 문장 중 '學習齋'는 자손들에게 한순간도 間斷없이 독서를 통해 학문에 정진할 것을 촉구하는 내용으로 이루어졌다.

「華祝錄」은 正祖 20년(1796)에 조성되었던 水源 華城의 주요한 건축물과 그 주변 風光을 소재로 역시 벗들과 어울려 지은 시들로 구성되어 있다. 대부분 7언시의 형식을 갖추고 있다. 성밖의 적군의 동향을 살펴보는 望樓이자 龍淵을 굽어볼 수 있었던 訪花隨柳亭의 주변 風致와 華虹樓 아래를 통과하여 흐르는 물을 보고 느낀 所懷를 정리한 글을 통해 화성의 아름다운 情趣를 세밀하게 표현하고 있다. 또한 '華城將臺'로 불리우는 西將臺에 올라 비 온 뒤 八達山의 모습과 주변 경관을 묘사한 시에서는 당시 수원 화성의 풍광을 한 눈에 굽어보는 듯한 느낌을 주고 있다. 마지막으로 편제된 「常見錄」에는 옛 친구들의 안부를 묻고, 지난날 함께 했던 시절을 회고하는 시들과 벗들이 지은 시에 대한 和答詩들로 구성되어 있다.

4권의 「燕槎錄」은 1845년(헌종 11) 謝恩兼冬至使의 자격으로 淸나라에 다녀오는 旅程에서 작성된 시들로 꾸며져 있다. 청의 수도 燕京에 이르기까지 지나쳤던 주요 도시와 명승지, 이름난 유적지에서 撰者가 느꼈던 다양한 所懷들이 시문의 형식을 빌어 정리되었다. 조선 내 대표적인 도시와 유적지로는 開城의 滿月臺와 平壤의 乙密臺가 있으며, 국경을 너머 遼城에 이르러서는 드넓은 평원의 壯觀을 기술하고 있으며, 滿洲의 蘆溝橋를 소재로 한 글도 눈에 띤다. 또한 瀋陽 부근에 위치했던 高麗店을 직접 보고는 주변 경관이 조국의 그것과 비슷함을 노래하였다. 한편 주목되는 내용으로는 '箕子古蹟'을 정리한 부분이다. 이헌구는 기자가 한반도로 東來한 이후 對民敎化를 위해 八條를 펼친 사실과 '四田八區'의 遺制를 남긴 점을 기록하였다. 그리고 기자의 이와 같은 노력으로 오늘날 조선이 禮義를 갖추고 小華로 자처할 수 있음을 부연하고 있다.

「利涉錄」에는 편지글과 시문이 혼재되어 있다. '이섭'은 '건너는데 편리함', '항해에 편리함', '하는 일에 이익이 있다'는 뜻을 지니고 있다. '이섭'의 表題와 상통하는 의미의 문장을 찾아보기 어렵다. 본문의 내용 중 눈에 띠는 것은 延祥詩이다. 연상시는 文官이 정월 초하루날 국왕에게 지어 바치는 시로서, 궁궐 안의 정각 기둥에 붙였다고 한다. 그 주된 내용은 정월 초하루를 맞이하여 사람들이 새해를 축하하면서 서로 인사하는 모습을 표현하고 있다.

「豊沛錄」의 '풍패'는 본래 漢나라 高祖 劉邦(BC 247~BC 195)의 고향으로 현재 江蘇省 豊縣을 지칭한다. 여기서 '풍패'는 태조 이성계가 함흥에 살다가 조선을 건국하고 왕이 되었으므로, 함흥, 또는 함경도를 가리키는 말로 쓰였다. 따라서 「풍패록」에서 거론되는 지역은 주로 함경도 지방이다. 우선 함경남도에 해당하는 곳으로 永興, 文川, 德源, 安邊, 高原, 咸關嶺, 摩天嶺, 谷口, 摩雲嶺, 北靑 등 있다. 함경북도로는 七寶山, 鐘城, 城津이 있다. 이헌구는 해당지역을 巡狩하면서 그 곳의 산천을 돌아본 소감들이 적고 있다.

「朝京錄」은 長壽를 기원하거나 赴任을 축하하는 시, 이별할 때 쓰는 贈別詩로 구성되어 있다. 또한 자연의 아름다움을 묘사한 敍景詩들로 이루어져 있다. 대표적인 서경시로 '丹楓'을 풀어보면 다음과 같다.

> 차가운 기운에 부끄러워 모든 잎이 누렇게 되고, 우뚝히 홀로 서서 추운 서리를 견디네.
> 辣性羞 同萬葉黃 亭亭特立 耐寒霜
> 황홀하기는 선녀가 꽃비를 뿌리는 듯 하고, 누가 구름의 손자를 보내 비단치마를 만들었는가.
> 恍如天女 散花雨 誰遣雲孫 織錦裳
> 赤帝가 명령을 거두었으나 아직 火德이 남아 붉은 회초리가 퍼져서 봄날에 경치를 되살렸네.
> 赤帝收令 猶火德 赭鞭覃 化再韶光
> 홀로 물들었나. 모습과 바탕이 모두 옮겨졌는가. 원래 바른 색은 푸른색인데.
> 緣他濡染 移形質爾 亦元來正色蒼

이상의 내용에서 알 수 있듯이 詩語가 화려하고 단풍 든 모습을 봄날이 다시 온 것처럼 화려하고 아름답게 묘사하고 있다.

8권의 「公車錄」은 仕宦과정에서 奏達했던 上疏文을 모은 것이다. 주요한 상소문 내용을 정리하면 다음과 같다.

이헌구가 弘文館 재임시 純祖에게 올린 '因冬雷應旨疏'에서는 그의 時政觀을 엿볼 수 있다. 그는 국정운영의 관건으로 睿學에 힘써서 聖志를 확립하고, 紀綱을 진작시켜 朝廷을 바로 잡는 것을 상정하였다. 성지를 확립하는 구체적인 수양법으로 誠을 강조하였다. 즉 '不誠無物'에 입각하여 반드시 성에 근본할 것을 국왕에게 進言하였다. 그는 君心을 萬化의 근원으로 상정하고 實心을 가질 것을 촉구하였다. 또한 사특함을 제거할 때 公道가 회복되고 이로움이 진작될 것으로 생각하였으며, 人才의 등용과 賞罰의 공정한 운영을 촉구하였다. 한편 愛民의 방도로 徭役을 가볍게 하고 부세를 경감해 주는 것을 주달하였다. 이것이 天人感應의 관점에서 人事에서 저질러진 실수를 만회함으로써 天災를 모면할 수 있는 방안이었으며, 모든 인사 성패의 요체는 '殿下一心'에 있다는 점을 거듭 밝히고 있다. 결국 雷震과 같은 천재가 닥쳤을 때 實心을 가지고 마음을 修省할 때 천재지변이 사라지고 至仁盛德을 이룰 수 있다는 논지였다.

다음으로 이헌구가 牧民官으로서의 책무를 다하고자 노력했던 모습을 살필 수 있는 상소문들이 있다. 「請楊州城餉穀捧留本邑書戊子」(1828)에서 그는 극심한 가뭄으로 소출을 제대로 거두지 못한 邑들에 대한 구휼을 위해 양주성의 향곡을 본 읍에 봉유하기를 청하였다. 이처럼 민생을 고려한 道臣으로서의 책무감은 전라감사 시절 올린 상소문에서 잘 반영되어 나타나고 있다. 그는 「辭全羅監司書庚寅」(1830)에서 호남을 국가의 근본이 되는 지역이며, 經用의 府庫임을 강조하면서 田政이 문란하고 부세가 불균등한 점을 지적하였다. 민생을 구제하기 위한 구체적인 조치는 「請大同綿布代錢疏」에서 제시되었다. 그는 연이은 흉년으로 고통받는 백성들의 고초를 다소나마 완화시키기 위해 대동면포를 돈으로 바치게 할 것을 疏請하였다.

外官에서 뿐만 아니라 內職에 있으면서 이헌구는 맡은바 책무를 다하였다. 그는 판서・참판을 도와 국가의 주요한 정책과 인사를 관여하는 參議로서 소임을 다한 후 올린 사직소(「辭吏曹參議疏」)에서 다스림의 요체로 任官을, 임관의 요체로 '選部得人'을 거론하였다. 그리고 이렇게 해서 뽑힌 인재들이 각각의 능력을 발휘하여 임금을 보좌할 때 다스려짐이 온전히 이루어질 것을 강조하였다. 「乞解銓任疏」에서도 역시 銓衡의 중요성을 강조하면서 막중한 임무를 감당하기 어려움을 호소하면서 교체를 청하기도 하였다.

4. 가치

『석래당초고』는 세도정권하 활발한 활동을 펼쳤던 이헌구의 시문과 상소문을 모은 문집이다. 우선 시문을 통해서 문학관은 물론 양반사대부의 일상을 엿볼 수 있다. 그리고 상소문을 통해 19세기 토대 변화에 따라 초래되었던 三政紊亂등 당대 사회 제 모순의 구체적 양상과 이를 바라보는 관료들의 현실 인식, 그리고 문제를 해결하기 위해서 제안했던 주요한 정책 및 그 이념지향을 살펴볼 수 있다.

【원재린】

碩齋別稿

尹行恁(1762~1801) 著.
未刊稿本. 23卷 11册, 32×21cm.
10行 20字.

碩齋別稿卷之一

詩

以湖南伯辭朝

辛酉五月十日因 慈旨特補湖南觀察使
同有當日辭朝之 命倉皇詣 闕就惶羅
措受符將出 上命登對與承旨鄭東觀入
侍于重熙堂 上教曰卿須善往臣潛泣曰
此時遠違 軒陛下情缺然何可盡達曰
命退時已夜闌雨亦霪下矣
聖母垂簾日 嗣王宅宗時禁闈臣所願方岳濫洪

1. 저자

尹行恁(1762~1801)[1]의 本貫은 南原, 字는 聖甫, 號는 碩齋, 또는 方是閒齋·蓍泉堂·留餘觀·弗欺軒이다. 특히 碩齋라는 호는 1782년 그가 갓 관직에 나아갔을 때 정조가 직접 하사한 것이다. 初名은 行任이었는데, 순조가 5세 되던 1794년에 그의 이름을 쓰면서 '任'자 아래에 '心'자를 덧붙이자 곁에 있던 정조가 이름을 고쳐 그대로 쓰도록 한데서 '行恁'이 되었다. 윤행임은 斥和派로 三學士 중의 한 사람인 尹集(1606~1637)의 五世孫이며, 그의 조부는 인조에게 龍安君이라는 君號를 하사 받은 尹宗柱이고 父 또한 龍恩君에 봉해졌던 尹琰(1709~1771)이다.

1782년(정조 6) 별시 문과에 병과로 급제하여 예문관 檢閱·승정원 注書 등을 거쳐 抄啓文臣으로 선발되었고 규장각 待敎와 세자시강원 兼說書 등에 임명되었으며, 義城·高陽·稷山·果川 등의 지방관을 거쳤다. 時派로서 1788년 閔致和와 더불어 유언비어를 퍼뜨리며 백성의 재산을 약탈하였다는 僻派의 탄핵을 받아 성환에 유배되었다. 이듬해 규장각직각으로 복직되었으며 1792년 이조참의에 이르렀다. 그해 대사간·이조참의를 거쳐, 이듬해 비변사부제조로 특차되었다가 이조참의로 복직되었으나 벽파의 공격으로 鄭民始와 함께 고양으로 유배되었다. 1794년 유배에서 풀려나와 徐有防·李時秀 등과 함께 整理使가 되었으며, 이조참의로 재차 임명되었으나 皇壇大享의 헌관을 儀賓으로 차출하였다 하여 파면되었다. 1800년(순조 즉위년) 도승지에 임명되었고, 선혜청제조·관상감제조·이조판서·이조참판·홍문관제학을 거쳐 실록청이 개국될 때 양관 대제학을 겸하였다. 이해 수렴청정을 하던 貞純王后가 시파를 추방시키기 위하여 일으킨 신유박해로 강진현 薪智島에 유배되었으나 곧 풀려나와 예조판서를 지내다 다시 외직인 호남관찰사로 나갔다. 하지만 호남관찰사로 나간지 5일 만에 戚臣 金祖淳의 사주를 받은 玉堂으로부터 서학을 신봉하였다는 탄핵을 받아 1801년 5월 10일 薪智島에 안치되었다가 1801년 9월 16일에 賜死되었다.[2] 헌종초에 신원되었고 영의정에 추증되었다. 시호는 文獻이다.

윤행임은 20여 년간 특별히 정조의 신임을 받았던 것으로 알려져 있다. 그래서 그가 남긴 글 가운데는 정조의 死後 그를 못내 그리워하는 정으로 가득 찬 글들이 많이 엿보인다. "걸핏하면 (정조의) 남기신 뜻이라 하면서 조정 신하들의 입을 막았다(動稱遺意, 鉗制朝臣)"[3]라고 하는 史官의 評을 보게 되는데, 이것으로도 그와 정조의 관계를 충분히 짐작할 수 있다. 한편 평소에 그와 매우 가깝게 교유했던 인물로는 雅亭 李德懋(1741~1793), 사돈간이었던 楚亭 朴齊

---

1) 윤행임의 생애에 대한 것은 『碩齋稿』, 「附錄」에 실려있는 그의 아들 尹定鉉이 쓴 「行狀」에 자세하다. 한편 그에 대한 연구로는 1995년에 金允朝 교수가 쓴 「碩齋 尹行恁 연구 - 生涯와 학문 경향을 중심으로 -」(『漢文敎育硏究』 第9號)가 유일하다.

2) 『한국민족문화대백과사전』에는 윤행임이 斬刑을 당한 것으로 되어 있으나 『純祖實錄』 純祖 1年 9月 10日에 보면 정순왕후는 윤행임이 측근에 있었던 사람이요 또 자신이 직접 발탁한 사람임을 감안하여 奏請한 刑律에 따르지 않고 減等하여 賜死한다고 하였다.

3) 『純祖實錄』 卷3, 純祖 1年, 9月 10日, 甲申(47책 406쪽).

家(1750~1805)와 冷齋 柳得恭, 그리고 明皐 徐瀅修(1749~1824), 薑齋 李崑修(1762~1787) 등을 들 수 있다.

2. 구성

책의 표제는 1책에는 『碩齋別稿』라고만 되어 있지만 2책부터 11책까지는 모두 『碩齋別稿』라는 큰 표제 외에 오른쪽 상단에 또 조금 작은 글씨로 '薪湖隨筆'이라고 되어 있다. 신지도에서 썼기 때문에 이렇게 붙인 것이다. 1책도 대부분 신지도에서 쓰여진 것이지만 그 앞부분에 호남관찰사로 나가면서부터 지은 시가 몇 수 수록되어 있기 때문에 그냥 『碩齋別稿』라고만 표제한 것으로 보인다. 『碩齋別稿』는 훗날 그의 아들인 尹定鉉이 문집을 편찬할 때에 붙인 이름이며 '薪湖隨筆'은 권3 첫머리 글에 '名之曰, 薪湖隨筆'이라고 하였으니 윤행임이 직접 붙인 이름이다. 따라서 이 『碩齋別稿』의 原題는 '薪湖隨筆'로 보아야 할 것이다. 모두 23권 11책으로 되어 있다. 권1에는 詩 96수가 실려 있으며, 권2에는記로 「誕報廟記」·「馬島記」·「弗欺軒記」·「李貞翼公浣御賜甲冑記」·「薪智島記」, 권2에는 碑로 「誕報廟碑」·「陳都督璘勝戰碑」·「遲遲臺碑」·「少連大連遺墟碑」·「坡平山玉匣池碑」·「鄧將君子龍殉義碑」,序로는 「皇明遺民傳序」·「東儒性理編序」·「明儒性理編序」·「左傳彙類序」가 실려 있다. 그리고 권3은 『論語上』, 권4는 『論語下』, 권5는 『孟子上』, 권6은 『孟子下』, 권7은 『大學』, 권8은 『中庸』, 권9는 『易』, 권10은 『繫辭傳』, 권11은 『尙書上』, 권12는 『尙書下』, 권13은 『毛詩上』, 권14는 『毛詩下』, 권15는 『小學上』, 권16은 『小學下』, 권17은 『禮記上』, 권18은 『禮記下』, 권19는 『左傳』, 권20은 『十九史略』, 권21은 『通鑑節要』, 권22는 『四勿要義』, 권23은 『經傳同異』이다.

현재 『碩齋別稿』는 연세대본 이외에도 규장각본과 국립중앙도서관본 두 가지가 더 있다. 규장각본은 필사본으로 卷數를 표시하지 않고 '碩齋稿卷之'라고만 되어있는 11冊이며 29×18.5cm이다. 국립중앙도서관본은 筆寫本(稿本)으로 21卷 10冊이며, 四周單邊 半郭 24.1× 17.1cm, 有界, 10行 20字 註雙行, 花口, 上2葉花紋魚尾, 30.1× 21.3cm로 되어 있다. 이 중 규장각본은 초고본이다. 하지만 내용면에서는 연세대본이 1책에서 목차를 따로 두고 있다는 것 이외에는 별다른 차이가 없다. 다만 초고본이라 대부분이 行·草書로 쓰여져 있으며 붓으로 수정한 흔적이 여러 곳에서 보인다. 그리고 책의 표지 오른쪽 위에 '薪湖隨筆'이라고 쓰여져 있다. 국립중앙도서관본은 『碩齋稿』와 함께 붙어있으며 글씨가 매우 깨끗한 사본이다. 그러나 국립중앙도서관본은 연세대본과 규장각본 권1·2에 있는 詩·記·碑·序가 빠져 있다.[4] 따라서 현재로서는 연세대본이 가장 善本으로 보여진다.

---

4) 현재 『韓國文集叢刊』 제 287 · 288집에는 『碩齋稿』와 『碩齋別稿』가 함께 실려있다. 『碩齋稿』는 규장각본을 영인한 것이고 『碩齋別稿』는 국립중앙도서관본을 영인하여 수록한 것이다.

3. 내용

『碩齋別稿』는 『碩齋稿』와는 달리 1801년(순조 원년) 그가 薪智島에서 賜死 되기 이전 대략 4개월 정도에 걸쳐서 쓰여진 글들이다. 권1에 실린 詩는 그가 1801년 5월 10일 外職인 호남관찰사로 나가면서부터 쓰여진 것이지만, 권3부터 권23까지의 四書五經 및 『小學』·『十九史略』·『通鑑節要』와 같은 책에 대한 방대한 주해서는 아들인 尹定鉉의 기록에 의하면 신지도에 유배된 이후 6월 보름에 시작해서 9월초에 마쳤다[5]고 했으니 거의 3개월만에 이루어진 것이다. 문집의 구성에서 보이는 것처럼 『碩齋別稿』는 권1·2에 실린 약간의 시와 몇 편의 記·碑·序를 제외하면 거의 전체가 경전에서 주로 논점이 될 만한 내용들을 뽑아 이를 자신의 관점에서 새롭게 해석한 것과 또 기타 이에 관련한 글들로 이루어져 있다. 아들 윤정현은 「行狀」에서 아버지 윤행임의 이 저작에 대해 다음과 같은 말을 남기고 있다.

> 채씨의 『상서』와 진씨의 『예기』 및 제가의 주해에 대해 그 잘못을 변정함에 적확해서 바꿀 수 없는 것이 있었고 새로운 의미를 밝혀내어 전석을 함에 독창적인 견해가 많았는데, 왕왕 근세 중국 사람들의 경전 해석과 대체의 논지가 부합되었다.

따라서 이 『碩齋別稿』는 윤행임이 자신의 성리학자로서의 면모를 그의 생애 마지막 순간까지 보여준 畢生의 力作으로 꼽힐 만한 저서라고 볼 수 있다.

1) 詩·記·碑·序

詩는 모두 124首가 실려 있다. 시에 간략한 설명을 붙여 놓은 것이 많다. 「以湖南伯辭朝」(五絶)로부터 시작하여 「謁慶基殿」(五律)까지의 13편의 시들은 그가 호남관찰사로 나가면서 이르는 곳마다 자신의 심회를 읊어 놓은 것들이며, 「南門店舍別家侄及幕府諸君發向配所」(七律)로부터 시작하는 나머지 시들은 모두 호남관찰사로 나간지 5일 만에 다시 薪智島로 유배되어 그곳에서 쓴 시들이다. 따라서 여기에 실린 시들은 첫 수인 「以湖南伯辭朝」에서부터 "엄정한 중희당에서, 이별 인사 드리니 마냥 눈물만 흘러내리네(肅肅重熙堂, 拜辭空涕洟)"라고 읊고 있는 것처럼 시의 대부분이 悲哀가 절절이 배어 있다. 특히 「到完山見例郡太守於宣化堂」에서는 자신을 "두 조정 사이에서 아직도 죽지 못한 신하라네(未死孤臣際兩朝)"라고 하면서 태수들에게 先王인 정조의 聖明을 만났던 것을 저버리지 말아야 할 것이라고 부탁하는 모습이라든가, 신지도에 들어간 날 밤 꿈에 선왕인 정조를 뵙고 지은 詩인 「入薪智島是夜夢拜先王」에서는 "오

5) 「行狀」(『碩齋稿』, 「附錄」) "自六月之望, 至九月上旬, 裒然成帙, 凡十冊二十一篇"

열하며 통곡하니, 외론 배만 바닷가 한 편에 떠 있네(嗚咽仍成哭, 孤舟海一邊)"라고 하여 자신을 그토록 아껴주었던 정조에 대한 그리움을 처절하게 드러내고 있는 모습이 매우 인상적이다. 「憶昔行」과 「紓哀」에도 정조에 대한 그리움이 배어 있다. 이밖에도 「島中雜詠十首」(五律)는 신지도의 풍경과 그 곳에서의 삶과 느낌들을 읊은 것이며, 「觀鷄鬪」(古詩)는 닭싸움하는 정경을 묘사했고, 「追詠俛仰亭三十景次梁靑溪」는 30수나 되는 가장 긴 연작시로 靑溪 梁大樸(1544~1592)의 시에 차운한 것이다.

「誕報廟記」는 임진왜란 때에 원정을 왔던 明의 都督 陳璘과 명량해전에서 전사한 李舜臣 및 명의 부총관 鄧子龍을 모신 사당에 대한 記이다. '誕報廟'는 1791년에 정조가 내린 賜額이다. 탄보묘는 현재 古今島에 있다. 「弗欺軒記」는 '자신의 마음을 속이지 않는다(弗欺吾心)'는 뜻에서 자신의 거처를 '弗欺軒'이라고 한 데 대한 記이다. 「薪智島記」에서는 주자가 동안현에 있을 때에 老聃과 庚桑楚의 말을 인용하여 자신의 거처를 '畏壘'라고 하였듯이 자신도 신지도를 '나의 畏壘'라고 한다 하였다. 신지도가 섬 가운데의 한 섬이 듯이 자신도 천지와 이 섬에서 나그네 중의 나그네이니 이 섬에 거처하는 것이 무슨 어려움이 있겠는가 라고 하여 신지도와 관련지어 자신의 생각을 펼쳤다.

「遲遲臺碑」는 현재 수원 파장동에 있다. 정조가 아버지 장헌세자의 원침인 顯隆園 전배를 마치고 환궁하는 길에 이 고개를 넘으면서 멀리서나마 현륭원이 있는 화산을 바라볼 수 있으므로 이곳에 행차를 멈추게 하고 현륭원 쪽을 뒤돌아보며 떠나기를 아쉬워하여 그 행차가 느릿느릿했다고 해서 遲遲臺라고 부른 것이다. 글의 앞머리에 순조의 命으로 감히 사양하지 못하고 울며 銘을 써서 바친다고 하였다. 「少連大連遺墟碑」는 『禮記, 雜記 下』에 少連과 大連이 居喪을 잘했다고 하여 공자가 칭찬을 하면서 이들을 '東夷之子'라고 한 것을 두고 쓴 碑이다. 조선에는 섬에도 이 소련과 대련을 기억하여 兄弟島가 있다고 하였다. 그는 이들의 자취가 바다 가운데에 湮沒되는 것이 안타까워 돌을 깎아서 글을 새기고 그 碑를 세운다고 했다. 「坡平山玉匣池碑」는 尹氏의 始祖인 太師公 尹莘達의 탄생 설화에 대한 碑이다. 즉 태사공이 파평산에 있는 사방 십리의 못 수면에 떠 있는 옥갑 속에서 3세의 아이로 들어있었다는 전설을 말하면서 이것이 괴이한 일이기는 하지만 『詩經』과 주자의 말을 인용해 볼 때 사실일 수도 있을 거라고 했다.

「皇明遺民傳序」는 硏經齋 成海應(1760~1839)이 쓴 『皇明遺民傳』이라는 책의 서문이다. 魯나라는 비록 小國이었지만 四書五經과 季札·韓起의 무리가 있었기에 후세에 찬탄을 받는 것처럼 그는 우리 나라가 비록 편벽한 곳에 있지만 훗날 천하에 으뜸이 되어 또한 이 傳과 성해응의 이름도 전해질 것이라고 하였다. 「東儒性理編序」는 자신이 직접 저술한 『東儒性理編』에 스스로 붙인 서문이다. 이 책은 조선조의 중요 경전 연구자들의 견해를 망라한 것이며, 「明儒性理編序」 역시 자신이 쓴 『明儒性理編』에다 쓴 서문이다. 『東儒性理編』을 완성하고 이어서 이 책을 썼다고 했으며, 『東儒性理編』과 비교하여 읽어본다면 性理에 대한 談論이 결코 어렵지 않을 것이라고 하였다. 이 두 책은 현재 『性理編』이라는 제목으로 7卷 3冊이 남아 있다. 「左傳彙類序」 역시 자신이 편찬한 『左傳彙類』에 대한 서문이다. 자신이 어릴 때부터 이 『左傳』 읽기를 좋아하였지만 너무도 浩瀚하여 그 요점을 잡기가 어려웠다고 했다. 그래서 『左傳』에 나오는 모든 사항들을 類聚하여 책을 읽는데 도움이 되도록 한 것이다.

2) 『論語上·下』

글의 첫머리에 '辛酉之夏, 謫居島中'이라고 하여 이 글이 1801년 여름 신지도에 유배되어 있을 때에 쓴 글임을 명시하고 있다. 上篇은 '學而'부터 '子罕'까지의 9편에 대한 것이고 下篇은 '鄕黨'부터 '堯曰'까지의 11편에 대한 것이다. 주로 경전 본문에 대해 자신의 해석을 붙인 것이다. 이하에서는 각 책마다 몇 조목씩만을 뽑아서 그 대체를 살펴본다.

『論語』의 綱領 : 제1편 '學而'는 '學'으로 시작하고, 2편 '爲政'은 '政'으로 시작하며, 3편 '八佾'은 '禮樂'으로 始終이 되게 하였다. 따라서 '政'은 '學'의 다음에 오며 '政'은 '禮樂'으로 근본을 삼기 때문에 禮樂인 八佾이 爲政에 이어 나오게 된 것이다. 이러한 차례는 제1편 '學而' 속에도 나타난다. 즉 1장 1절의 '學而時習', 5장의 '道千乘之國', 12장 1절의 '禮之用'의 차례도 그러하다. 따라서 '學而'. '爲政', '八佾' 3편의 綱領이 모두 여기에 있다.

"有朋自遠方來, 不亦樂乎"(「學而篇」) : '有朋自遠方來'를 '人不知'라고 말하는 것은 不可한 듯하다. 남들이 알아주기 때문에 '自遠而來'한 것이고 또 '來之自遠'하였으니 가까운 사람도 옴을 알 수가 있다. 夫子는 하늘이 내리신 聖人임에도 오히려 '學而時習'이라고 하시어 學者들에게 用工의 방법을 보여주셨다. '有朋自遠方來, 不亦樂乎'는 夫子의 盛德과 光輝가 한 세대에 미치어 삼 천명의 무리가 '自遠而至'한 것이고, 제3절인 '人不知不慍, 不亦君子乎'는 齊의 景公, 衛의 靈公, 魯의 哀公과 같은 이들이 夫子의 聖人됨을 알지 못하여 그를 쓰지 아니하였으나 夫子께서는 '성내지 아니하신' 것이다.

"君子去仁, 惡乎成名"(「里仁篇」) : '名'字는 '好名'이라는 뜻에서의 '名'이 아니라 大德으로 나아가 반드시 그 이름을 얻는다는 '名'이다. 이름을 위하여 仁을 구함은 君子가 아니다.

"子罕言利與命與仁"(「子罕篇」) : '罕言'과 '不言'은 차이가 있다. 즉 '罕言'이라는 것은 때로 혹 말씀하셨지만 매우 드물었다는 것이다. '利仁'의 '利'와 '仁至'의 '仁'과 '天命을 안다'는 뜻에서의 '命'은 일찍이 말씀하시지 않은 적은 없다.

"子疾病, 子路使門人爲臣"(「子罕篇」) : 자로가 공자의 질병을 위한 노력이 忠愛의 마음에서 나온 것이라 눈물을 흘릴 만큼 감동적인 것이었다. 하지만 禮에 어긋나고 이치와도 상반된다. 그래서 夫子께서 꾸짖으신 것이다. 군자는 바른 죽음을 귀하게 여긴다. 子路는 '私情'이었고 夫子는 '正道'이셨다.

"請益曰, 無倦"(「子路篇」) : '無倦' 두 글자는 평범한 말씀 같으나 夫子께서 自處하신 바요 또 門人들에게 교훈하신 것이다. 이 '無倦'은 쉬지 않는다는 뜻이니 쉬지 않는다는 것은 곧 自彊한 효험이다. 군자가 하늘을 법으로 삼는다는 것이 이와 같다.

3) 『孟子上 · 下』

『論語』에 대한 주해를 마친 지 7일 만에 『孟子』 주해를 쓴다고 하였다. 상편은 萬章篇까지이고 하편은 告子篇부터 시작하였다.

"仁義"(「梁惠王章句上」) : 『孟子』의 首篇은 '仁義'를 말한 것이고 『論語』의 首篇은 '學'을 말한 것이다. 맹자가 살았던 때는 공자의 때와 달라서 楊子와 墨子 같은 이들이 橫行하여 그 어버이를 버리고 그 임금을 뒤로하는 자가 계속해서 이어져 나왔다. 이 때문에 '仁義' 두 字로써 시대를 구하는 良藥으로 삼아 仁을 구하고 義를 행하였으니 이것이 바로 '學'이다. 『論語』의 首篇인 '學'과 『孟子』의 首篇인 '仁義'는 한 가지이다.

"浩然之氣"(「公孫丑章句上」) : '浩然之氣'는 근본을 다하고 그 근원을 窮究하는 것이니 곧 '天命'이다. 氣라는 것은 본래 스스로 浩然하여서 사람이 그 氣를 받는 것이니, 곧바로 기른 후에야 그 처음을 회복할 수가 있다. '養氣'는 '養性'과도 같은 것이다.

"聖人, 人倫之至也"(「離婁章句上」) : 聖人은 인륜의 지극함이다. 곧 『論語』는 至德이며 『大學』은 至善이며 『中庸』은 至誠이다. 그 아래에서 말한 堯 · 舜 · 孔子 이 세 聖人은 다 인륜의 지극한 자들이다.

"食色, 性也"(「告子章句上」) : '食'과 '色'은 性이다. 곧 食과 色을 살리는 것을 性이라고 한다. 食과 色 이것은 결단코 性이 아닌 것이 없다. 다만 食과 色이 性이 되는 것만 알고 그 본연의 善이 됨을 알지 못한다면 이것은 人心이 있는 것만 알고 道心은 있는 줄을 알지 못하는 것이다. 仁이 사람의 내면에 있다는 설(仁內之說)은 仁義를 행한다는 說과는 다소간 차이가 있다.

4) 『大學』 · 『中庸』

글의 머리 편에서 1799년(정조 23)에 선왕인 정조가 친히 御札을 내리시며 자신과 경전의 해석에 대해 서로 주고받았다고 했다. 그후 자신이 『大學』의 의문점들을 풀이하여 작은 책자로 만들어 정조에게 바쳤는데, 정조는 '答敎'를 하사하시면서 직접 그 책의 이름을 『魯傳秋錄』이라 하라고 命하였다 한다.

"在明明德, 在新民"(『大學』제1장) : 자기에게 있는 것을 '明'이라 하고 백성에게 있는 것을 '新'이라고 하는 것은 무엇 때문인가? 백성을 새롭게 한다는 것은 또한 그 '明德'을 밝히는 것이니 백성은 한 사람이 아니다. 四海의 모든 무리를 들어서 밝힌 것이다. 전체적으로 보면 마치 때에 맞추어 내리는 비가 지나가자 초목이 다 새로워지는 것과도 같다. 그 때문에 '明民'이라고 하지 않고 '新民'이라고 한 것이다.

"知止而后有定"(『大學』제1장) : '知止'는 '志學'이다. '定'은 '立'이다. '靜'은 '不惑'이다. '安'은 '知天命'이다. '慮'는 '耳順'이다. '得'은 '從心所欲, 不踰矩'이다. 그리고 이 '矩'는 '至善'이다.

"所謂治國, 必先齊其家者(『大學』제9장) : 堯·舜의 道는 孝悌일 뿐이다. '治齊章'은 孝悌로써 第1義로 삼는다. '齊家'로부터 '新民'에 이르기까지의 新民의 방도는 곧 孝요, 孝는 慈이다.

"致中和, 天地位焉"(『中庸』제1장) : '中'은 體의 바름이요, '和'는 用의 바름이다. '致中'한 후에야 '致和'할 수 있다. '致中' 두 字는 훗날의 儒子들이 잘못 보아 '求中'이라고 하였다. 본성의 고유한 바를 따라서 그 존재의 이유를 안다면 致中할 수 있다.

"至誠無息"(『中庸』제26장) : '至誠無息' 네 글자는 楊震의 門下 諸公의 해석이 다 언어의 병통을 면하지 못하였다. 다만 "至實하기 때문에 그침이 없다(至實故無已)"라고 한 것은 이치에 近似하다.

5)『易』·『繫辭傳』

四書를 모두 읽고 나서 생각나는 대로 썼다고 했으며, 비록 오묘한 뜻은 發明치 못하였으나 종일토록 할 일이 없는 것보다는 나았다고 하였다. 『繫辭傳』에는 『序卦傳』과 『雜卦傳』까지 언급하고 있다.

"其邑人, 三百戶"(『易傳』, 「天水訟」) : '邑人, 三百戶'를 정자와 주자는 다 '小邑'으로 해석하였으나 이 같은 것은 끝내 의심이 있는 부분으로 억지로 해석할 수는 없다.

"容民蓄衆"(『易傳』, 「地水師」) : '容民蓄衆'에서의 '容'字와 '蓄'字는 다 땅이 물을 받아들이는 것과 물이 땅에 모이는 형상을 취한 것이다.

"无妄"(『易傳』, 「天雷无妄」) : '无妄'은 혹 '无望'이라고도 되어 있다. 옛날에는 문자의 수가 매우 적어서 或者는 한 字로써 두 세 가지로 쓰이어 '妄'을 '望'으로 하였다고 하니 혹 그럴듯하기도 하다. 六二의 "갈고 거두지 않으며, 밭을 일구어도 삼 년 된 좋은 밭이 되지 않는다(不耕穫, 不菑畬)"와 같은 것은 바로 '無望'의 뜻이 있다.

"節以制度, 不傷財, 不害民"(『易傳』, 「水澤節」) : 공자가 "쓰기를 절도 있게 하고, 백성을 사랑한다(節用以愛人)"라고 하였는데, 여기서의 '節用'이란 '不傷財'이며, '愛人'이란 '不害民'이다. 『尙書』의「舜典」에서는 "법으로 도량형을 동일하게 한다(同律度量衡)"라고 하였는데, 이것은 또한 "수와 법도를 제정한다(制數度)"는 뜻이다.

"无思也, 无爲也, 寂然不動, 感而遂通天下之故"(『繫辭上傳』제10장) :'无思, 无爲'는 未發의 상태이다. 그러므로 '寂然不動'하다가 '느낌(感)'이 이미 나타나자 그 때문에 마침내 통하게 된 것이다. 소위 '故'라는 것은 맹자가 "性은 故일 뿐이다"(「離婁章句下」)라고 말한 것과 같다. '寂'

은 '坤'이요, '感'은 '復'이다. 고요하다가 느껴지고 느껴지다가 통하게 되며 통하여지다가 또 고요하게 된다. '寂'은 '隱'이요, 느껴서 통하게 되는 것은 '費'이다.

6)『尙書上·下』

『尙書』의 핵심은 「堯典」과 「舜典」 두 典에 있다고 하였으며, 三謨 이하로부터는 이 두 典을 벗어나지 않는다고 하였다. 上篇에서는 「虞書」와 「夏書」를 다루었고, 下篇에서는 '湯誓'로부터 시작해서 그 이하를 다루었다.

"以親九族…協和萬邦"(「堯典」) : "九族을 親和케 한다(親九族)"는 것은 "친척을 친히 한다(親親)"는 것이요, "만방이 기뻐한다(協萬邦)"는 것은 "백성을 仁하게 한다(仁民)"는 것이다. "親親仁民"은 모두 『大學』에서 "明德을 밝힌다(明明德)"는 데에 따른 것이다.

"詢事考言"(「舜典」) : 사람을 알아보는 법은 그 言行에 있다. 그 때문에 堯임금이 舜에게 "일을 묻고 말을 고찰(詢事考言)"해 본 것이다. '事'라는 것은 '行'이다. 舜이 堯임금에게 말한 것과 같은 것은 『尙書』에 실리지 않았으니 이것은 千古의 흠이 되는 일이다.

"非台小子敢行稱亂"(「湯誓」) : 湯임금이 桀을 치기에 앞서 "내가 감히 난을 일으키려고 하는 것이 아니다(小子不敢稱亂)"라고 하며 백성들에게 盟誓 하면서 桀을 치고자하는 일을 나타낸 것은 하늘의 뜻에 응하고 사람의 뜻에 따랐다는 뜻이다.

「康王之誥」 : 『大學』에서의 세 가지 綱領 중 그 두 번째가 「康誥」에 속한다. 무왕이 그 아우인 康王에게 告한 것은 반드시 그 사사로움에 가리우지 아니하고 대번에 高遠함으로 告하였으니 康叔의 현명함을 알 수 있다. 康王은 太王의 曾孫이요 王季의 孫子요 文王의 아들이요 武王과 周公의 아우였다. 그 가정의 연원이 이와 같았으니 嘉言과 善行이 반드시 볼만한 것이 많았을 터인데도 후세에 전하는 것이 없으니 안타깝다.

7)『毛詩上·下』

상편은 '國風'을 다루었고, 하편은 雅와 頌을 다루었다. 하루만에 국풍을 모두 읽고 3일만에 완성한 것이라고 하였다. 특히 雅·頌은 마음에 감동이 되고 몸에 징책이 되는 것이 결코 한두 가지가 아니어서 더욱 이 『詩經』의 가르침이 소중하다는 것을 알게 되었다고 하였다.

「周南·芣苢」: '芣苢章'은 舊說에 "부인들이 화평하여져서 그 자식 둠을 즐거워한다(婦人和平而樂有子)"라고 한 것은 近似한 말이다. 이것은 '螽斯章'에서 비유한 말과 다르지 않으니, 芣苢를 캔다는 것은 그 자식이 많음을 비유한 것이다.

「鄘風·蝃蝀」: '蝃蝀章'의 풍자는 性情의 바름을 얻은 것이다. 이미 그 행함을 말하였고 또 그 믿음을 말하여 順命한다는 뜻으로 그 말을 맺었으니 가히 말로 나타내어 經이 되게 한 것이다.

「衛風·淇奧」: 堯·舜·禹·湯·文·武王 이후로 학문의 가장 공교로움을 말한 것 중에 '淇奧章'의 詩 같은 것은 없었다. 만일 武公을 잘 보고 학문에 종사한 자가 아니라면 어찌 그 도가 이와 같음을 얻을 수 있었겠는가? 이것은 가히 武公의 盛德과 至善을 사람들로 하여금 보아서 느끼게 하고 그 興을 움직이게 한 것이니 「大雅·旱麓」의 여러 詩에 양보하지 않는다.

「小雅·伐木」: '伐木章'에서 "차라리 마침 일이 있어 오지 못할지언정, 내가 돌보지 않은 것은 아니니라(寧適不來, 微我不顧)"라 한 것은 흠이 있는 듯하다. 사람을 기다림에 성실하다면 마땅히 "저가 혹 오지 않아도, 내가 어찌 돌보지 않으랴(彼或不來, 我豈不顧)"라고 해야 할 것이다. '寧適' 두 字와 '微我' 두 字는 온당치 않은 듯하다.

「小雅·桑扈」: "저 사귐에 오만하지 아니하니(彼交匪敖)"라고 한 것은 '桑扈章'의 정신이 있는 곳이다. 이것은 『大學』에서 소위 "거만하고 태만히 하는 바에 편벽된다(之其所敖惰而辟焉)"라고 경계한 것과 같다.

8) 『小學上·下』

『小學上』은 稽古篇을 다루었고, 『小學下』는 嘉言과 善行篇을 다루었다. 앞의 立敎·明倫·敬身篇은 다루지 않았다. 그 이유로 그는 글의 서두에서 稽古篇은 聖人의 교훈이 넓고 넓으며 稽古篇 이하는 훌륭한 업적들이 빛나기 때문에 稽古篇부터 시작한다고 하였다. 이 글에는 특히 '或曰'로 시작하면서 경전의 의문들에 대해 하나하나 답하고 있는 부분이 많이 나타나고 있는 점이 특징이다.

乃徙舍學宮之旁, 其嬉戲, 乃設俎豆"(「稽古」) : 공자는 아이 때에 늘 祭器를 늘어놓고 놀면서 그 禮容을 갖추었다. 맹자는 學宮 곁에 가서야 비로소 공자가 아이 때에 했던 놀이를 하였으니, 이것이 大聖과 亞聖의 구분이 되는 것이다. 맹자가 聖人이 된 것은 그 어머니의 현명함 때문이었다. 맹자가 말하기를, "어진 부모 형제가 있는 것이 즐거움"이라고 한 것은 바로 이것을 두고 말한 것이다.

"少連, 大連, 善居喪"(「稽古」) : 少連과 大連의 그 지극한 哀悼는 禮에 合하였으니 소위 '三年憂'라는 것도 가히 그 도의 진정함을 얻은 것이라고 할만하다. 少連과 大連의 遺墟는 지금도 조선의 海州 땅에 있다.

"伯夷叔齊叩馬而諫"(「稽古」) : 或者는 말하기를, "백이와 숙제가 무왕의 말고삐를 잡고 諫할 뜻이 있었다면 어찌해서 紂임금에게 諫하여 그로 하여금 그 惡을 깨닫도록 하지는 못하게 하였는가?"라고 한다. 가로되, 말로 책망함이 있고서 諫함이 있는 것인데, 백이와 숙제는 바닷가의 한 노인에 불과했을 뿐이었다. 어찌 諫할 수 있었겠는가? 몸이 出仕하지 않았으니 말 또한 할 수 없는 것이다. 백이와 숙제의 현명함으로 어찌 聖人의 경계를 범하겠는가!

或者는 말하기를, "공자와 맹자는 小學의 道를 말씀하시지 않았다"라고 한다. 가로되, 공자와 맹자가 어찌 말씀하시지 않았는가? 공자가 "아래로 배우면서 위로 통달한다(下學而上達)"라고 한 것과 맹자가 "천천히 걸어서 長者보다 뒤에 감을 '공경한다'고 이른다(徐行後長者, 謂之悌)"라고 한 이것이 어찌 소학의 도가 아니겠는가? 공자가 '厥黨童子'(「憲問」)에 대해 말한 것과 맹자가 樂正子를 두고 말한 것(「離婁章句上」) 또한 소학에 대한 가르침이었다.

9)『禮記上·下』

상편은 「曲禮」로부터 「郊特牲」까지 다루었고, 하편은 「內則」부터 그 나머지를 모두 다루었다. 그는 「曲禮」로부터 시작하여 「郊特牲」에 이르기까지의 三代의 禮는 이해할 수 있으나 다만 전국시대 때 諸儒들이 만든 것은 혼란스러워서 족히 다 믿을 수 없는 것이 한스럽다고 하였다.

"安安而能遷"(「曲禮上」) : '安安'이라는 것은 평소의 지위에 편안해 하는 것이다. '能遷'이라는 것은 善을 보면 옮겨가는 것이다. 그 마땅한 바를 편안히 여기는 것은 '重山艮'괘에서 "산이 아울러 있는 것이 艮이니, 군자가 본받아서 생각이 그 位를 벗어나지 않는다(兼山, 艮. 君子以思不出其位)"라는 말과 같으며, 마땅히 옮겨야 할 바에 옮긴다는 것은 '風雷益'괘에 "바람이 매우면 우레가 빠르다(風烈則雷迅)"하여 군자가 이를 본받아서 착한 것을 보면 옮긴다고 하는 것과 같다.

"君子行禮, 不求變俗"(「曲禮下」) : "군자가 예를 행함에 본국의 풍속을 바꾸지 않는다(君子行禮, 不求變俗)"는 것은 옛 것을 잊어버리지 않는다는 말이다. 그러나 周와 魯의 禮는 진실로 바꾸어서는 안된다. 滕나라의 父兄이 喪禮에 선조를 좇아 三年喪의 제도를 하고자 하지 아니한 것은 禮가 변한 것이요 그 풍속이 변한 것은 아니었다.

"聞諸老聃"(「曾子問」) : "聞諸老聃"에서 老聃이라 하는 자는 鄭注에서는 옛날에 장수한 자라 하여 老子로 보지 않았으나 잘못이다. 이것은 소위 "老聃에게 禮를 들었다는"것인데, 『禮記』에는 어긋난 것이 많고 실제는 적은 듯하다.

"罕譬而喩"(「學記」) :"罕譬而喩"는 비유한 것은 적으나 그 깨우침은 간절하다는 것이다. 注說에는 '連珠'라고 보았으나 그렇지는 않은 듯하다. 이것은 "말하지 않아도 깨우친다(不言而喩)"는 말과 함께 그 뜻을 같이 한다.

10)『左傳』·『十九史略』·『通鑑節要』

『左傳』은 옛날 '鵝湖'라는 모임에서 再從兄인 海州公 槐里子에게 배웠는데 이제 와서 舊篇을 들추어보니 삶과 죽음의 감회를 금할 길이 없다고 하였다. 『十九史略』과 『通鑑節要』는 어부의 집에서 빌려 보았다고 했으며, 이 중 『十九史略』은 어부집의 아이들이 읽던 것이라고 했다.

『左傳』: 魯나라는 小國으로 强敵 사이에 있으면서도 능히 온전할 수 있었던 것은 周禮가 노나라에 있었기 때문이다. 그래서 仲孫湫가 桓公에게 고하여 이르기를, "周禮는 근본이 됩니다. 비록 그 周禮를 다 행할 수는 없다하더라도 周禮의 근본되는 바를 오히려 감히 취할 수가 없거늘 하물며 '關雎'와 '麟趾'의 德이 周官의 제도를 따름이겠습니까?"라고 하였다.

『左傳』: 軍에 근심이 있으면 素服을 하고 庫門 밖에서 哭하는 것이 禮이다. 秦의 穆公이 郊外에서 소복을 하고 군대를 향하여 哭한 것은 '野哭'이었다. 秦이 誓約을 만들어 잘못을 뉘우쳤다는 내용은 잘 알 수 없으나 다만 禮를 잃었다는 것이 흠이다.

『十九史略』: 神農氏가 처음으로 농기구를 만든 이후에 백성들이 곡식을 먹었다. 神農氏 이전에는 곡식을 먹지 못했다. 하지만 곡식을 먹지 못하고 火食을 했다는 것은 매우 괴이하여 믿을 수가 없다. 燧人氏는 부싯돌로 다만 불을 취하였을 뿐이요 삶고 구워먹은 일은 없었던 듯하다. 文字 이전의 일들을 누가 들었고 누가 전하였겠는가!

『十九史略』: 太公望이 동해 바닷가에 살다가 西伯이 노인을 잘 봉양한다는 말을 듣고 그에게로 歸附한 것이요, 文王이 수렵을 하다가 그를 만난 것은 아니다. 마땅히 『孟子』에 실려 있는 내용을 正史로 해야 할 것이다.

『通鑑節要』: 赧王이 비록 秦나라로 들어갔다 하더라도 東周에는 임금이 있었으니 周가 망하였다고 말할 수 없다. 南宮氏의 說은 족히 후세의 법이 될만하다.

『通鑑節要』: 曺操가 漢中을 평정하고도 군대를 益州로 옮기지 않고 바로 돌아온 것은 황제의 位를 찬탈하는 데에 급했기 때문이다. 劉裕는 義眞으로 장안을 지키게 하고 자신은 강남으로 돌아온 것도 이러한 생각에서였다. 그 계책은 한 가지이나 어찌 같겠는가. 중국의 地勢를 논할 것 같으면 남쪽에서 북쪽을 공격하는 것은 어렵고 북쪽에서 남쪽을 공격하는 것은 쉽다. 曺操는 북쪽으로부터 남쪽을 공격했는데도 패했고, 劉裕는 남쪽에서 북쪽을 공격했는데도 이겼다. 劉裕의 용맹스러움이 曺操보다도 낫다.

11) 『四勿要義』·『經傳同異』

『四勿要義』는 이미 經史를 모두 읽고 나서 조용히 생각해 보니 학문의 기술이 공자가 말한 視·聽·言·動의 四勿에 있다고 생각하여 自省하는 의미로 經禮 중 이 視·聽·言·動 사이에서 경계와 법이 될만한 것을 뽑아 기록한다고 하였다. 『經傳同異』는 經書 가운데에서 서로 어긋나 맞지 않는 부분이 많아 여러 경서들을 상호 참고하여 그 의혹들을 풀이하고자 한 것이다.

(『四勿要義』)"六五曰, 艮其輔, 言有序, 悔亡"(『易·重山艮』) : '輔'는 뺨이다. 말이 나오는 곳

이다. 만약 말에 차례가 없다면 반드시 후회가 많을 것이다. 입에서 그쳐서 아직 경솔하게 말을 하지 않고 입을 삼가서 아직 그 차례를 잃지 아니하니 이것이 '悔亡'이다. 이와 반대가 되면 禍가 된다.

(『四勿要義』)"舜典曰, 乃言底可績"(『尙書』) : 순임금이 순임금이 된 까닭은 때에 맞은 다음에야 말을 하였고 그 말이 반드시 禮에 맞았기 때문이다. 顔子의 힘씀은 復禮에 있었는데, 그가 일찍이 "순은 어떠한 사람이며, 나는 어떠한 사람인가?(舜何人, 予何人)"라고 하여 경계를 삼은 것은 바로 여기에 있었다.

(『四勿要義』)"魯頌駉曰, 思無邪"(『毛詩』) : 공자가 "詩三百, 一言以蔽之曰, 思無邪"라 한 것은 그 생각을 성실히 하고 志氣가 神妙한 듯하여 그 性情의 바름을 얻은 것으로 스스로 邪慾의 매임이 없었던 것이다. 魯頌 '泮水章'의 "濟濟多士, 克廣德心"은 德心이 넓어진 후에 마음에서 나타난 것이니 또한 바르다고 할 수 있다.

(『經傳同異』)"堯典曰, 克明俊德"(『尙書』) : 『大學』에서는 '俊'이 '峻'으로 되어 있다. '峻'과 '俊'은 다 크다는 뜻이다. '峻'을 '俊'과 비교하면 '峻'은 더욱 높아서 그 위가 없으며 넓어서 그 바깥이 없다는 뜻이다.

(『經傳同異』)"恒六五曰, 恒其德, 貞"(『易 · 雷風恒』) : 『禮記』'緇衣篇'에는 '貞'은 '偵'이라고 되어있으니 通用되는 듯하다.

(『經傳同異』)"關雎曰, 君子好逑"(『毛詩』) : 『禮記』'緇衣篇'에는 '逑'가 '仇'로 되어 있으니 또한 짝의 뜻이다.

(『經傳同異』)"子曰, 里仁爲美, 擇不處仁, 焉得知"(『論語 · 里仁』) : 『孟子』에는 '知'가 '智'로 되어 있다. 공자는 '知識'으로 말한 것이고, 맹자는 '仁智'로써 말한 것이다. 이 때문에 朱子의 注도 또한 다르게 되어 있다.

(『經傳同異』)"孟子曰, 孔子曰, 天無二日, 民無二王(『孟子 · 萬章上』) :『禮記』'坊記篇'에는 '子云, 天無二日, 土無二王, 家無二主, 尊無二上"이라고 하였다. 맹자는 대개 이를 인용하되 요약한 것이다.

4. 가치

『碩齋別稿』는 본집인 『碩齋稿』가 있기는 하지만 윤행임이 죽기 바로 전 약 4개월 동안에 쓰여진 그의 마지막 遺稿라는 점에서 주목된다. 특히 이 『碩齋別稿』의 대부분을 차지하고 있는 경전 연구는 그의 성리학자로서의 모습을 가장 잘 보여주고 있는 저작이라 할 수 있을 뿐만이 아니라 18세기 경전 연구의 또 하나의 모습을 엿볼 수 있는 귀중한 자료로 평가된다.

【전송열】

先考新齋府君遺稿

張錫愚(1787~?) 著.
草稿本. 21卷 11册, 32.5×20㎝.
10行 20字, 註小字雙行. 表題: 新齋遺稿草本.

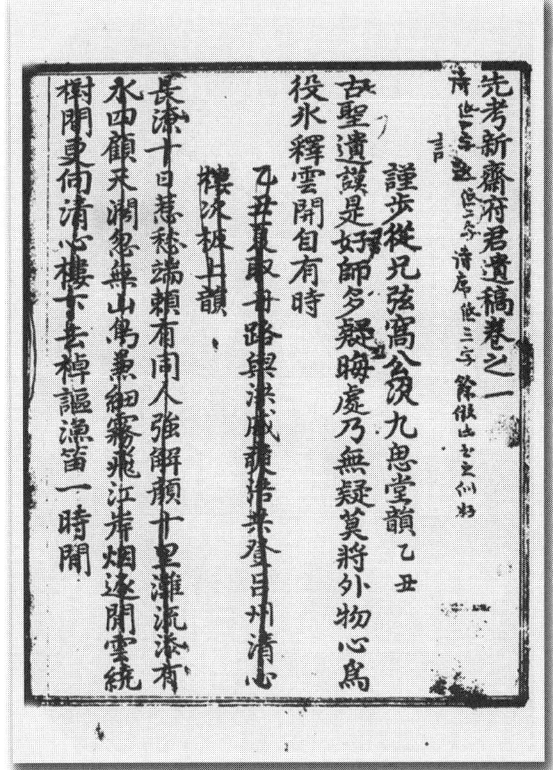

1. 저자

張錫愚(1787～ ?)의 本貫은 仁同, 字는 省伯, 號는 新齋이다. 旅軒의 后이고, 通德郎 埱의 子이다. 1813년(순조 13) 司馬에 入格하여 敬陵[德宗 : 成宗生父] 參奉, 義禁府都事, 木川縣監, 通訓大夫 景慕宮令을 歷任하였다. 著書로 『喪禮撮要』와 文集이 있다. 또한, 『司馬榜目』으로부터 다음과 같은 사항도 일부 확인된다.

【시험년도】 純祖 13(1813) 增廣 生員
【합격등위】 3등
【본인성명】 張錫愚
【본인 자】 省伯
【본인생년】 丁未(1787)
【본인본관】 仁同 張
【본인거주】 仁同
【본인구존】 具慶下
【본인전력】 幼學
【본인과목】 一義
【부친성명】 張琇
【부친관직】 幼學
【안항(제)】 張錫魯

현재 전해지는 『先考新齋府君遺稿』는 筆寫本으로서 저자에 대한 구체적인 行狀이나 家傳, 年譜, 序文 등이 명시되어 있지 않다. 다만 『司馬榜目』과 수록 시편 가운데 金載瓚(1746～1827)에게 바친 「伏呈德隱金相國」이라는 留別詩가 있는 것으로 미뤄, 나름대로 저자의 姓名과 생존 시기를 유추할 따름이다.

인동 장씨 대종회의 기록에 따르면 장석우의 부친은 張埱이나 『사마방목』에는 張琇로 기록되어 있어 차이를 보인다. 『사마방목』에 따르면 장석우는 1787년(丁未) 생이다. 그의 나이 55세 때 從祖父를 改葬하면서 지은 祭文인 「祭宗從祖考老窩府君文」이 1840년(庚子)에 쓴 것이라는 기록에 따르면 『사마방목』의 기록은 정확한 것으로 판단된다.

2. 구성

본 문집은 다음과 같이 구성되어 있다.

권1～권7 : 詩 1,037首
권8～권13 : 書 185篇
권14～권17 : 雜著 15篇
권18 : 序 14篇
권19 : 記 4篇, 錄: 1篇
권20 : 跋識 11篇, 箴銘 3篇, 上樑文 3篇, 奉安文 · 祝文 5篇
권21 : 祭文 14篇[1)]

3. 내용

1) 詩

문집을 통틀어 1,037首에 달하는 詩가 수록되어 있는데, 이 가운데 輓歌가 16首이고 저자 스스로 刪削의 의사를 표시한 작품이 215首이다. 따라서 순수 문학작품으로는 나머지 806首를 꼽을 수 있으며, 대략의 내용을 분류하자면 도학자적인 마음가짐을 보여주는 시들과 山水 遊覽을 통해 겪은 심미적 체험을 적은 詩, 교유 관계를 읊은 詩 등으로 나뉜다.

「謹步從兄弦窩公次九思堂韻」같은 작품은 수양에 힘쓰는 도학자의 태도가 잘 드러나 있고, 「記行」은 790字에 이르는 장편시로서 문학사적으로 주목할 가치가 있다. 도학자적 태도를 노래한 시들은 상당수가 朱熹나 李滉의 시를 次韻한 형식으로 지어졌는데, 여기에는 문학을 통해서도 性情을 도야하고자 했던 사림파의 특징이 십분 반영되어 있다. 산수유람시는 금강산을 비롯한 명산 여정의 소회가 담긴 예가 주류를 이루고, 교유 관계를 노래한 시에는 伯再從兄인 晩圃公과 雨坪 黃文吉이라는 벗이 단골로 등장한다. 저자와 마찬가지로 정확한 생몰 연대는 알 수 없으나, 그들과 빚어낸 시에서는 관념적이고 정형화된 사림의 빠듯한 이면, 저자의 소탈함이 적잖이 배어난다.

2) 書

書簡 역시 전하는 수가 많아 185篇이나 되는데, 어느 것 하나 빼놓을 것 없이 副本까지 일

1) 卷21에 '祭文上'이라는 假目次로 보아 落帙本일 가능성이 많다.

일이 矯正하는 작가적 習癖을 느낄 수 있다. 내용은 신변잡기적인 일상사로부터 성리학적 담론에 이르기까지 다양한 주제가 망라되어 있다.

3) 雜著

총 15편의 작품이 수록되어 있으며 주요 작품과 대략의 내용은 다음과 같다.

「大學疑義問答」

12,000言 정도의 분량으로 白山 金濈奮에게 『大學章句』의 義難處를 묻고 들은 내용을 기록하고 있다.

「中庸箚疑」

한양에서 벼슬살이를 하는 동안 『中庸』을 읽은 뒤의 단상을 기록한, 독서일기 형식의 글이다. 4,000言 정도의 분량으로 이루어졌다.

「敬齋箴集說講義」

『敬齋箴集說』[2]에 대한 독서일기 형식의 글이다. 敬 工夫를 密切硏究하는 저자의 열의가 뚜렷하게 드러나 있고, 敬에 관한 집중적인 해석서라는 점에서 그 학문적인 의의를 찾을 수 있으며 20,000言에 가까운 분량으로 이루어졌다.

「看書收錄」

『論語』의 朱子注 두 句節과 『川沙集』의 한 구절에 대한 저자 자신의 성리학적 견해를 밝히고 있다. 문집의 夾註에는 네 조항으로 이루어져 있다고 적고 있으나, 세 조항에 불과하고 내용상의 공통점도 발견되지 않아 본래의 집필 의도를 알 수는 없다.

「禮疑問答□□」

成服, 顯辟[3], 改題 등 禮法과 관련된 질문에 대해서 답해 준 내용으로 시작된다. 간혹 禮學

---

2) 1750년(영조 26)에 李象靖이 朱熹의 『敬齋箴』에 대한 여러 설을 모아 篇章을 나누고 해설한 책이다. 이 책은 전체가 160자에 불과한 것인데, 그것을 10장으로 나누고, 그것과 관련된 여러 학설을 한 칸씩 내려 大字로 쓰고, 그 아래에 小字雙行으로 다시 해석하면서 간간이 小註 내에 본인의 의견을 案字 아래에 부기하였다.

3) 神主나 祝文에서 죽은 남편을 이르는 말로 『退溪集』 37, 「答李平叔書」에 보인다. "妻存無子而夫亡, 未詳當何書. 都下有一家, 書曰顯辟. 蓋依禮記夫曰皇辟之語也(처는 살아 있고 아들이 없는데 남편이 죽으면 어떻게 써야 하는지 자세하지 않다. 都下의 한 집안에서 顯辟이라 적은 일이 있었는데, 아마도 『禮記』에서 남편을 皇辟이라 한 말에 의거했을 것이다)."

에 대한 精緻한 논의가 돋보이는 구절이 있지만, 집안에서 거행한 喪制나 祭禮에 대한 절차를 적거나 「從祖考都正公伸寃後告家廟文」·「堂叔祔祀時祖廟告辭」와 같은 祭文을 수록하는 등 체제나 내용에서 일관성이 부족한 것이 흠이다.

「理生氣理先氣後說」

朱熹의 학설을 근거로 '理生氣'를 논증하는 세 조항과 '理先氣後'를 明辯하는 한 조항으로 이루어졌다. 문집 체제로는 雜記類에 속해있으나 글의 성격을 감안한다면 論辨類의 글로 분류하는 것이 옳을 듯하다.

「同異說贈李好能」

嘉禾와 稊稗의 성장과정과 舜과 盜跖의 차이를 비교하면서 善惡의 기원을 밝히고 있다. 善惡의 차이가 天理와 人慾이라는 서로 다른 기원에서 비롯된다는 점을 입증하는 과정에서 적절한 故事와 比喩를 통해 주지성을 높인, 전체적으로 잘 짜여진 論辨體 散文이라고 할 수 있다.

「論門中文」

慕遠堂이라는 家塾을 重修하고 講論을 열면서 적은 글이다. 講堂의 扁額用으로 지어진 듯하며, 선조의 '積德遺澤'을 잊지 말 것을 강조하는 내용 위주로 작성된 작품으로서 쇠락한 가세를 다시 일으키려는 애절한 심정이 잘 드러난 작품이다.

「五幸」

작자가 말하는 五幸은 '人, 聖人氓, 士大夫之家·詩禮之族, 男子, 全人'을 일컫는다. 이상의 다섯 가지 幸運은 '외부로부터 얻어진[外至]' 것에 불과하니, 여기에 만족하지 말고 實質을 갖춘 士大夫가 될 것을 다짐하는 내용으로, 箴文의 성격이 강하다.

이 작품은 고문 형식의 글로서, 행운의 원인과 유래를 밝혀나가는 방식으로 서두를 시작해서 그 함의를 파헤치고, 다시 이를 근거로 자신의 논지를 총결하는 형식을 취하고 있다. 전체적으로 내용 구성에 치밀한 노력을 기울여 편장 구성, 단락 구분, 표현 기교가 뛰어난 작품이라 할 만하다.

「昏儀抄略」

당시에 이미 '親迎'의 풍속이 사라졌으나 집안에 사위를 맞으면서 이를 바로잡고자 하는 의도에서 쓰인 글이다. 전체적으로 『朱子家禮』에 근거하여 '納幣' 이하의 節目을 적고 있으면서도 矯俗의 거창한 명분보다는 俗禮를 감안한 절충의 흔적이 곳곳에 엿보인다.

「上言草」

張顯光(1554~1637)[4]의 8대조로서 杜門洞[5] 72賢 가운데 한 사람인 張安世에게 諡號를 내려 줄 것을 청하는 상소문이다. 士林을 대표해서 지은 것으로 되어 있으나, 張安世는 저자의 직계 조상인 까닭에 이 부분에 대한 결론은 확실한 고증을 필요로 한다.

「上言草」

張安世가 忠貞公이라는 諡號를 하사 받은 후 다시 그를 吳山書院에 배향할 것을 청하는 상소문으로, 윗글과 마찬가지로 士林을 대표해서 지은 것으로 되어 있다. 문집 전체를 통해 볼 때, 이 두 편은 가장 史料的 가치가 높은 글이라 할 수 있다.

「通疏行商山會文」

상소를 올려 鄭文康이란 인물을 추존하자는 문제가 당시 嶺南 士林간에 대두되었는데, 商山會라는 士林 일파와 이 문제를 처리하는 과정에서 불거진 갈등을 조정하기 위해서 보내는 書翰이다. 이 글은 저자가 文康의 本鄕 士林을 대표해서 작성한 것으로 보이며, 文康이라는 인물에 대해서는 본 편만으로는 자세히 알 수 없으므로 관련 사료의 뒷받침이 필요할 듯싶다.

「東洛通道內文」

저자가 살고 있던 고을의 首領을 대신하여 지은 글이다. 고을의 수령이 부임한지 3년만에 逋還[6] 문제를 바로잡을 것을 地方官에게 건의하였는데, 이 글을 저자가 대신하여 지어 바쳤다. 그러자 상급 관청에서는 節目을 마련하여 내려보냈고, 해당 節目이 篇末에 附記되어 있다.

「慕遠堂門講節目」

家塾인 慕遠堂에서 講學하던 내용으로 「晩學要會圖」·「近思篇」·「族契節目大略」 등으로 구성되어 있다.

4) 序

4) 本貫 仁同, 字 德晦, 號 旅軒.

5) 경기도 開豐郡 土城面 麗陵里에 있는 골짜기 이름이다. 고려가 멸망하자 고려의 유신 曺義生 · 林先味 · 申珪 · 申琿 · 申瑀 · 申珣 · 高天祥 · 徐重輔 등 72인이 이곳에 들어가 은거하여 붙여진 이름이다. 일설에는 동두문동과 서두문동이 있는데, 동두문동에는 고려의 무신 48인이 은거했다고 한다. 조선 正祖 때에 이곳에 表節祠를 세워 이들의 충절을 기렸다. 『英祖實錄』 卷74, 英祖27年條, 『大東韻府群玉』 등에 이와 관련된 내용이 보이고, 純祖 9년에는 成思齊를 중심으로 이들에 대한 실기인 『杜門洞實記』가 간행되기도 하였다.

6) 봄에 還穀으로 받은 곡식을 가을에 갚지 않는 일.

모두 14편의 작품이 序部에 속해 있으며 작품과 그 내용을 소개하면 다음과 같다.

「族大父重□禮序」

조부의 祝壽宴에 참석하여 일가 형제들의 부탁을 받고 지은 글이다. 齒·德·爵의 達尊에 결부시켜 族大父의 長壽를 家門에서 이룩한 積德의 所致로 귀결 짓는, 文人으로서의 재치가 돋보이는 작품이다. 문집 편집 과정에서는 序로 분류되어 있으나 내용을 검토해보면 序跋類나 贈序類 어디에도 속하지 않는다.

「送崔望而歸居昌序」

崔望而를 전송하는 贈序類의 글로서 내용은 이러하다. 崔望而는 堪輿說에 현혹되어 저자의 同族과 訴訟을 벌이는 악연으로 출발했지만, 그가 잘못을 뉘우치는 태도에서 君子의 풍모를 발견한 저자는 그와 교유 관계를 맺는다. 하지만 崔望而가 경제적인 어려움을 이기지 못하고 궁벽한 居昌으로 낙향하게 되자, 도와줄 수 없는 자신의 처지를 한탄하고 道友를 잃는 안타까움을 달래면서 후일을 기약한다는 격려의 내용으로 끝을 맺고 있다.

「送李聖揆南歸序」

사건에 연좌되어 파직 당한 李聖揆가 嶺南땅으로 돌아가면서 그의 동료였던 張省伯과 나눈 대화내용을 그대로 옮겨 贈言하고 있다. 다른 사람에 의한 것이든 자초한 것이든 官職에 몸담고 있는 것보다는 麋鹿, 江湖를 벗하는 것이 본성에 맞는 삶이라는 張成伯의 위로에, 貧賤은 천명에 의한 것이기 때문에 아무 걱정 없으나 그대와 함께 淸凉里 모래톱을 거닐지 못하게 된 것이 끝내 아쉽다는 李聖揆의 이별의 말로 구성되어 있다. 言表상으로 저자가 등장하지 않는 독특한 형식의 글이다.

「送副行人戶部侍郎李公之燕序」

副使 자격으로 燕京에 가는 戶曹 侍郎 李某를 전송하는 贈序體 文章으로, 문장 말미에는 贈詩까지 첨부되어 있다. 주요 내용은 李滉의 接賓 고사와 明의 멸망을 언급하면서 道統과 王統이 東土에 있다고 하여 강한 反淸 의식과 嶺南士林 출신으로서의 자부심을 드러내고 있다. 贈序의 일반적인 구성인 찬송보다는 勸戒의 성격이 강하고 인생의 문제를 전혀 언급하지 않았다는 것도 색다른 점이라 하겠다.

「手抄昌歜序」

저자가 평생 동안 文章學을 익힐 교본으로 삼고자 『古文眞寶』 137篇 가운데 선정한 24篇과 기타 名文 5篇을 합하여 選集을 만든 다음, 從兄에게 부탁하여 昌歜라는 書名을 얻게 된 경위를 기술하고 있다. 昌歜은 文王은 좋아했지만 다른 사람은 싫어했으니 적절치 못하다는 저자의 사양에, 六經은 血氣와 筋脈을 보양하는 粱肉에 비견되는 만큼 六經보다 選集에 더욱 潛心愛好할 것이 아니라면 昌歜이라는 名目이 적절하다는 從兄의 설득에서 재미를 느낄 수 있는 글이다.

「東洛學稧案序」

저자가 京師에서 6년만에 돌아왔을 때, 마침 그가 소속된 洛院에서 學稧가 조직되어 몇 백 명의 인원이 가입하게 되었다. 이에 주변의 권유로 저자가 작성한 稧案의 序文이다.

첫째 단락은 이 글을 짓게 된 동기를 밝히고 있다. 둘째 단락에서는 흉년의 어려움 속에서도 勸學을 급선무로 여겨 學稧를 조직한 父老들의 노고를 칭송하는 한편 조력자가 되지 못한 자신의 미안한 심정을 표현하고 있다. 셋째 단락에서는 慕遠堂이라는 家塾의 學規를 초안했던 경험을 서술하고 있으며, 마지막 단락에서는 干祿의 학문보다는 程朱의 학문에 더욱 힘써 줄 것을 당부하는 말로 맺음하고 있다.

「孫聞灘文集序」

姓 孫, 號 聞灘이라는 인물의 후손에게 부탁을 받고 지어준 文集의 序文이다. 문집의 간행 경위나 작자 자신의 문학관을 드러내는 일반적인 형식을 취하지 않고 '剛'이라는 단어를 文眼으로 삼아 전체를 관류하는 작자의 突兀한 수법이 특징적이다.

서두에 『論語』와 『朱子集註』를 인용하면서 주인공을 '剛者'로 묘사하여 칭송의 능숙한 솜씨를 과시하고, 다음 단락에서도 '剛'과 관련된 주인공의 일화를 소개하면서 이를 다시 蘇洵에 비견하여 칭송의 긴장을 잃지 않고 있다. 그 다음에는 저자의 宗祖인 旅軒公과 주인공의 관계를 언급하여 이 글을 쓰게 된 동기를 함축적으로 표현하면서 마지막으로는 다시 주인공의 大節을 강조하면서 마무리를 짓는다. 문집의 내용을 의도적으로 회피했다는 느낌을 주는 글로, 이러한 표현수법의 이면에는 문집의 質量이 개입되었을 것으로 추측된다.

「三疏齋文集序」

주인공의 손자인 李天永의 부탁으로 저자가 「三疎齋遺集」을 교정하고 서문을 쓰게 된 동기를 밝히고 있다.

서두에 德性과 敬信에 대한 언급을 통해서 글의 전체적인 성격을 정하고 난 후에야 비로소 본인 가계와의 인연과 교감, 서문 작성의 경위를 언급하고 있다. 다음으로는 주인공의 증손자 李浣模의 입을 빌어 三疏齋公의 인품을 敬心과 韜晦로 압축 묘사하여 儒林의 師表였음을 강조하고, 마지막으로는 遺集의 효용성을 世敎로 맺음하고 있다. 載道論者의 문집을 소개하는 序文으로서의 布置가 뛰어나다.

「黃雨坪文集序」

저자의 知己였던 黃文吉을 기리면서 쓴 序文이다.

起筆 단계에서는 道義와 文章, 公車業의 경중을 따지면서 자신이 黃文吉과 교유를 맺게 된 연유를 밝히고 있다. 黃文吉은 鄭谷口, 姜寢과 더불어 商南의 문장가로 손꼽히던 인물이었는데 저자와는 婚媾의 인연을 맺었고, 天人性命과 立身行己에 대한 강론을 통해서 知己의 관계로 발전하게 된 사연을 자세히 설명하고 있다. 그런 한편 鄭谷口와 姜寢의 沒世 과정을 거론하여 黃文吉의 짧은 생을 예감케 하는 복선의 일종으로 활용하고 있다.

다음은 烘雲托月의 筆法을 활용하여 黃文吉의 볼품없는 외모를 언급함으로써 才德을 부각시킨 후, 그가 莊子와 司馬遷의 文章, 屈原과 宋玉의 詞賦, 陶淵明과 杜甫의 詩篇을 겸비했다는 전반적인 인물됨을 평한다.

이어 다음 단락에서는 黃文吉의 文章이 六經에 근저를 두어 탁월한 성취를 이루었노라 칭송하고, 道義와 文章을 두루 갖춘 인물이면서도 公車業을 이루지 못한 그의 짧은 생을 안타까워 마지 않는다. 저자는 起筆 단계에서 文章과 道義의 상관관계를 피력하면서 자신의 보잘것없는 公車業을 탄식한 바 있다. 그리고 마지막 단락에서 재차 黃文吉 文章의 연원이 六經에 있다는 것을 강조함으로써, 黃文吉을 立身揚名에는 실패했지만 文章으로 일가를 이룬 인물이었고 더 나아가 道德君子의 전형으로 기리려는 의도를 보여준다.

序文 전체가 800言을 넘는 긴 편 폭으로 이루어져 있음을 감안할 때, 두 사람의 사이가 얼마나 긴밀했던가를 가히 짐작하고도 남음이 있다.

「先祖旅軒先生書筭題目序」

저자 나이 마흔 즈음에 선조인 文康公의 舊蹟을 읽다 발견한 書算을 보고 작성한 自警文의 일종이다. 내용은 서산의 발견 경위와 모양에 대한 자세한 소개에 이어 이상적인 독서 방법에 대한 논의와 '敬'의 중요성에 대한 강조로 이루어져 있다.

「權定夫字序」

定夫는 權鎭夏라는 인물의 字이며, 이 글은 저자가 觀行堂에서 주인인 權鎭夏를 위해 지은 贈序類이다. 내용은 權鎭夏의 풍모를 간략하게 묘사하고, 누대에 걸친 두 집안의 교분 관계와 家業에 精進할 것을 당부하는 勸勉의 말로 이루어져 있다.

「日記序」

저자가 나이 들어 健忘症 때문에 낭패를 겪게 되자, 日記를 적어 쇄신과 點檢의 기회로 삼으려던 중에 伯父 西巖公의 日記를 발견하고 쓴 序文이다. 西巖公의 日記序文을 그대로 옮겨 적어 자신의 日記序文을 대신함으로써, 伯父의 篤實勤儉을 자신의 警戒로 삼겠다는 다짐을 주된 내용으로 하고 있다.

「赤城山十六詩序」

朴穉承(? ~ ?)이라는 인물이 지은 「赤城山史」와 十六篇의 시를 위해 적은 글이다. 朴穉承과 일족인 南野 선생의 遺風에 대한 회상과 이 글을 짓기 십 년 전 저자가 楓嶽山과 關東 일대를 여행했던 추억을 되새기는 내용으로 이루어져 있다.

「無口瓢序」

친구 金立種을 위한 贈序類 문장이다. 金立種이 옹이가 있는 나무로 표주박을 만들어 '無口瓢'라는 이름을 지어주고 저자에게 記文을 부탁하자, 옹이는 나무에 병든 모습이지만 결국 표주박이 되어 '無口'라는 이름을 얻었듯이 '인생의 행복과 불행은 항상 반복되기 마련(幸不幸, 常反覆焉)'이라는 말로 西陵을 守直하는 郎官에 머물고 있는 친구를 위로하고 있다.

5) 記

「四而堂重修記」

四而堂은 저자의 선조인 翊贊公의 遺亭인 四而斯亭을 말한다. 전체 문장은 크게 두 부분으로 나뉘는데, 앞부분에서는 翊贊公이 四而斯亭을 건축하고 命名하게 된 유래와 당시의 일화를 소개하고, 뒷부분에서는 重修 과정을 자세히 서술하고 있다. 雜記類 형태의 글이며, 堂號에 담겨있는 네 가지란 鼓腹, 擊壤, 老人, 何有로 隱逸의 의미가 담겨있다.

「七柳軒記」

季父인 七柳公의 志節을 기리기 위해 적은 글이다. 숙부가 지병 때문에 출사의 꿈을 버리고 五柳先生 陶淵明의 遺風을 사모하여 집 주위에 버드나무 일곱 그루를 심고 七柳軒을 堂號로 삼게 된 배경을 서술하고 있다.

「活源亭記」

친구인 金孟庸이 세운 活源亭이라는 정자를 기념하기 위해 지은 글이다.

「兼二齋記」

西陵에서 함께 일하던 申士恭(? ~ ?)이라는 인물과 대화 중에 屋號를 兼二로 정한 연유를 듣고 이를 기록으로 남기기 위해서 지은 글이다. 董重舒 등의 일화를 빌어, 궁핍의 一掃와 世業의 계승이란 책임으로 말미암아 독서에 專一하지 못하고 農事와 讀書를 병행할 수밖에 없는

申士恭의 처지를 위로하고 있다.

6) 錄

「遊關東錄」

본 문집에 수록된 유일한 기행문이다. 만여 言에 가까운 분량으로 56일간 2750里의 여정을 상세하게 기술하고 있다. 작품의 성격을 개괄하자면 금강산 유람기라고 할 수 있는데, 湖南에서부터 關東에 이르기까지 모든 일정을 꼼꼼하게 적고 있다. 때문에 당시의 지명, 풍습 등을 파악할 수 있는 문헌으로서 사료적 가치를 지녔다. 결코 뛰어난 작품이라 단정지을 순 없지만, 樂山水에서 일궈낸 山水遊記인 셈이다.

7) 跋識

총 11편의 작품이 실려 있으며 작품의 내용을 소개하자면 아래와 같다. 이 문집에 수록된 序, 記, 錄, 跋識은 모두 문체 분류상 雜記類에 속한다. 간혹 語錄體가 산문에 채용되기도 하는데, 이는 저자가 士林 출신이라는 데서 이유를 찾을 수 있다.

「書手謄大學全部後」

1817년(丁丑)에 저자가 京師에 올라가 安東 金凞奮에게 『大學』과 『或問』을 배운 내용을 엮어 책을 만든 다음 그 경위와 목적을 밝힌 後記이다.

「書歷代圖像後」

宗家에 소장하고 있던 『歷代君臣圖像』을 보고 그 감회를 적은 글이다. 圖像은 盤古·蒼頡 이하 猛將·隱逸君子까지 79명에 이르고 있다. 幾千代·萬餘里 떨어진 곳에서 眞面을 확인할 수 없으니 好事者의 행위가 분명하겠지만, 그럼에도 불구하고 圖帖을 꺼낼 때마다 그들을 敬慕하는 마음이 절로 생겨날 것이라는 내용이 담겨있다.

「先祖續集後識」

『先祖續集』은 저자의 선조인 旅軒公 父子의 原集에서 누락된 작품들을 續集 8編 附錄 2編 合 10編으로 편집한 문집이다. 글의 내용은 續集의 序跋인 만큼 간행 경위만 짧게 언급하는 정도이다.

「橋梓錄小識」

『橋梓錄』은 저자 外祖父의 문집이다. 이 작품은 『橋梓錄』에 附한 序跋文으로, 주인공의 家系와 학문적 성취, 발행 경위 등을 적고 있다.

「書贈持平趙公狀略後」

1453년(癸酉)에 변방으로 유배되었다가, 그 이듬해에 처형된 趙完珪(? ~ 1454)라는 인물의 行狀에 附記한 글이다. 趙完珪의 行狀을 누가 작성했는지는 알 수 없다. 그의 후손이 작자와 同鄕人이었던 까닭에 이 글을 지은 것으로 보인다. 본격적인 傳狀類 문장이 아니라서 인물 묘사를 생략한 채, 작자가 평소에 품고 있던 趙完珪의 節義에 대한 감회를 서술하는 정도에 그치고 있다.

「題宋石泉日記後」

宋琥彬이라는 同鄕人의 청탁으로 그의 선조 石泉公의 手錄日記 『宋石泉日記』를 위해 지은 跋文이다. 서두에는 저자의 선조 旅軒公과 石泉公의 교유관계를 밝히면서, 일기가 落帙되어 불과 다섯 달 정도의 분량만 남게 된 원인을 자세히 밝히고 있다. 본문에서는 일기를 토대로 주인공의 品德을 묘사하는 내용이 이어진다.

「書弦窩記後」

저자의 從兄 弦窩子의 自撰 文集을 위해 지어준 跋文이다.

「書李毫宇耽羅錄後」

耽羅(지금의 濟州道)에 서양 함선이 출몰하는 사건이 벌어지자, 중앙에서 耽羅牧使를 해임하고 새로운 관리를 보내려고 하였다. 그러자 江陵府使로 있던 저자의 벗 星山 李周賢이 자청하여 耽羅牧使로 부임했는데, 서양 함선의 출현은 두 번 다시 일어나지 않았다. 제주에 내려간 李周賢은 善政에 주력하는 한편, 그곳에서의 경험을 한 데 묶어 『耽羅錄』이란 책으로 펴냈는데 그 跋文을 저자가 지었다.

跋文에서는 "독서·수신이 중요한 이유는 다른 사람에게 도움을 주기 위해서이다(士之所貴乎讀書修身, 將有以及人也)"라는 문장을 警策句로 삼아 서술을 전개하였는데, 李周賢이 耽羅에 가게 된 내력과 치적 등을 그의 근실한 학업과 결부시켰으며, 아울러 인물 묘사와 문집 편찬 경위까지 밝히고 있다.

「書李好能贈別序後」

西陵에서의 임직을 마치고 京官으로 돌아오던 길에, 동료였던 李好能에게 받은 贈別詩와 詩序에 답례를 표하는 贈言이다. 李好能의 詩에 등장하는 '祛私'라는 두 자를 字眼으로 삼아, 李

好能이 독서에만 급급하지 않은, 몸소 實踐躬行하기에 주저함 없는 뛰어난 학덕의 소유자였고 둘의 교제가 세속의 여느 面交之交와는 달랐음을 강조하고 있다. 글의 내용으로 미뤄 당시에 지은 글이 아니라, 뒷날 李好能과의 지난 일을 회상하면서 쓴 것으로 보인다.

「書愼百箴後」

권영수란 인물의 族老인 신백재공이 지은 箴文에 붙이는 跋文이다. 「愼百箴」에 관해서는 "일상생활에서 늘 하는 일이고, 사람들이 홀시하기 쉬운 몹시 비근한 일이다(是箴也, 皆是夫人日用常行, 人所易忽至卑至近之事)"고만 언급되어 있어 구체적인 내용은 알 길이 없다.

「祭田識」

저자의 祖父가 成婚하지 못하고 夭死하여 후사가 없는 叔父를 위해 마련한 祭田을 어떻게 처리할 것인가 논의한 글이다. 先考와 季父들의 喪으로 요사한 숙부의 제사를 받들 수 없게 되었으니, 禮法대로라면 다시 宗子에게 환속시켜 墓田으로 삼는 것이 마땅하리란 내용이 담겨있다.

8) 箴銘

箴文은 규제의 뜻을 담은 문체를 말한다. 箴은 針처럼 과실을 지적하여 개정토록 권면한다는 의미로 쓰이는데, 여기에 수록된 箴文은 좌석 가까이에 써두어 스스로 경계하는 좌우명의 성격이 짙다. 「懼箴」·「悔箴」·「書算箴」의 세 편이 실려 있으며 제목 그대로 懼와 悔, 書算을 箴하는 내용을 다루었다.

9) 上樑文

집을 지을 때 기둥에 보를 얹고 마룻대를 올리는 것을 上樑이라 하며 上樑을 讚하는 글을 가리켜 上樑文이라 한다. 「宗家廟宇上樑文」·「龜峯書院廟宇上樑文」의 두 편이 수록되어 있다.

10) 奉安文

「梅陽書院奉安文」과 네 편의 祝文이 있다. 奉安文, 祝文은 祭文과 함께 哀祭類에 포함시킬 수 있겠으나, 본 문집에서는 따로 나누어 편집하였다. 여기에 실린 5篇은 공히 實用文에 해당되므로 문학적인 감상의 대상은 아니다.

11) 祭文

글의 성격을 따지자면 哀辭, 祭文, 弔文, 誄 등으로 달리 분류될 수 있는 작품들이 같은 범주로 묶여 있다. 총 14篇이 수록되어 있는데, 문예물로 간주될 여지가 있는 몇 작품만 고르면 다음과 같다. 나머지는 제목만 적기로 한다.

「祭領議政德隱金公載纘文」

展讀하고자 지은 것이 아니라 張錫愚가 낙향한 이후, 金載纘의 忌日을 맞아 지은 제문으로 보인다. 韓愈의 「毛穎傳」을 연상시키는 '禿中山之毫' 같은 구절이나 『莊子』, 「大宗師」와 흡사한 '涸東海之水' 같은 구절을 보더라도 애도의 정보다는 수사의 기교가 두드러진다. 그 이유는 먼 곳에 있는 후학이 김공의 기일을 맞아 개인적인 追念에 의해 쓰인 글이기 때문으로 여겨진다.

「祭宗從祖考老窩府君文」

張錫愚의 나이 55세 때, 從祖父를 改葬하면서 지은 祭文이다. 본문 첫머리에 종조부가 가계의 흥망성쇠를 몸소 겪은 인물임을 전제하고, 다음 단락에서는 그의 외모를 자세히 묘사하여 우회적으로 墓主의 學德을 칭송하였으며, 炎涼世態를 비판하여 종조부의 隱逸者적 처세를 합리화하고 있다. 긴 폭의 祭文으로서 반대의 사례를 들어 주제를 효과적으로 강화시켰으며, 재능과 운명이 부합되지 못한 墓主의 삶을 능숙한 交錯의 솜씨로 표현했다.

「祭黃文吉文」

平生의 知友였던 黃文吉의 訃音을 듣고 지은 哀辭이다. 허나 저자 張錫愚도 때마침 삼년상 중이라 직접 조문하지 못하므로, 從姪 任遠을 시켜 展讀하게 했으니 祭文의 성격 또한 지니고 있다. 완곡한 필치로 평소 欽慕했던 亡者를 기리고 哀悼의 정을 표현하는 내용이다.

「祭伯從兄弦窩公文」

弦窩公의 殞命을 회상하는 것을 필두로 애도의 정을 점차 더해 가는 다소 특이한 구성의 글이다. 同心, 同室했던 두 사람간의 情이 잘 드러나 있다.

「祭伯從兄晩圃公文」

黃文吉과 더불어 『新齋遺稿』에서 가장 많이 인용되는 인물인 族兄 晩圃公의 忌日을 맞아 지은 祭文이다. 무려 2,000言에 달하는 긴 형식의 제문으로 편 폭만으로도 두 사람의 돈독한 관계를 헤아릴 수 있을 정도이다. 내용은 晩圃公 부자의 거듭된 불운을 안타까워하는 것을 시작으로, 구체적 일화를 통해 亡者의 인물됨을 묘사하고 있다. 내용보다는 표현 수법에 주안점을 두어야 할 것이다.

기타 문집에 수록된 祭文의 篇目은 다음과 같다.
「祭姨叔洪尙書義浩文」·「祭白山金丈文」·「祭王考府君遷□文」·「祭族大父湊氏文」·「祭族大父墪氏文」·「祭所庵李丈文」·「祭九巖李丈以豊文」·「祭姨叔金公文」·「祭再從兄學生公文」

4. 가치

본 문집은 저자에 대한 자세한 이력도 파악할 수 없을 뿐더러, 여러 사람의 필체로 쓰인 手稿本이다. 더구나 문집 곳곳에 저자가 직접 校勘한 흔적도 있어 正本을 결정하기에도 상당한 어려움이 따를 듯하다. 다만 이러한 서지학적 난관이 극복된다면 천여 편이 넘는 방대한 저작에 대한 문학적 가치를 提高하고, 조선시대 선비 생활의 다양한 측면을 확인해 볼 수 있는 귀중한 자료로 활용될 수 있을 것이다. 그 가운데서도 특히 「遊關東錄」같은 遊記文은 당대 신분계층의 독특한 풍속과 지리 연구에 보탬이 될 것으로 기대된다.

【장동우】

雪艇初集

徐翔龍(?～?) 著.

寫本. 2卷 2冊, 24.5×15.5cm.

印記: 雪艇 · 徐翔龍印.

雪艇初集卷一

花縣徐翔龍聖申著

五絕

夏日書懷寄申希庵樓

剩閒懷葛世少疾老彭年蓮葉波心泛欲來太乙船

過燕川

衡雨行湖岸黑雲頭上天揷秧男女立看我渡前川

耕山齋分楓落吳江冷韻

客來山雨晴古郈秋擣落隴畝黍離離羣飛黃口雀

甕谷雜詠 并小引

1. 저자

徐翔龍(? ~ ?)이 누구인지 자세히 알 수 없다. 단, 『雪艇初集』안에 「八月六日逢韓冬郎致元」이라는 시가 있는데, 이 시에서 말하는 韓致元(1821~1881)은 號가 冬郎이며, 詩文에 능한 武臣이다. 徐翔龍이 韓致元과 만난 적이 있다면, 서상룡도 대략 한치원과 동시대인 조선말기의 인물임을 알 수 있다. 「雪艇無邪詩選序」에서는 다음과 같이 徐翔龍을 묘사하고 있다.

> 지금 雪艇子는 처음에는 詩로 이름을 날렸으니, 文學은 그의 가업이다. …… 當時의 고관대작과 거유 석학들 중에 그 누가 부러워하고 추천하지 않았겠는가!

이 글을 통해 徐翔龍은 당시 상당히 詩名을 날리던 인물임을 알 수 있다. 단 『雪艇初集』을 근거로 볼 때, 그가 교유했던 인물 중에 當代名人이나 高官大爵이 매우 적은 점으로 보아 서상룡은 벼슬을 하지 않았었던 것 같고, 다른 문집이나 기록 등에서 서상룡이 등장하지 않는 점으로 보아 그 詩名도 그 詩友들 사이의 명성으로 보여진다. 그러나 「序」와 「雪艇無邪詩選序」가 매우 정성스럽게 쓰여졌고, 거기에서 서상룡을 극찬하고 있는 점으로 보아, 그 詩友들 사이에서는 명성이 매우 높았음을 알 수 있다.

『雪艇初集』에서는 名儒들의 이름이 거의 거론되지 않지만, 「搜勝臺奉和退溪先生韻」에서 매우 존경하는 어투로 퇴계 선생의 운을 이용하여 작품을 만든 것으로 보아, 그가 남인 계열일 가능성이 있다. 단 詩에 성리학적인 내용이 전혀 없고 도학가적 분위기도 아닌 점으로 보아, 理學이나 經學보다는 文學에 치중한 학자라는 점을 알 수 있다. 그는 비록 「雪艇無邪詩選序」에서 "공손하고 검소함은 그 일반적인 생활이었다(恭儉, 其茶飯也)."라고 말하고 있지만, 생활은 어느 정도 풍족하고 자유로워 많은 여행을 하며 詩作을 하였던 것으로 보인다.

2. 구성

문집의 구성은 기본적으로 문집의 첫머리에 두 개의 서문이 있고 목차가 있으며 그 이후로는 전부가 詩인데, 詩는 형식에 따라 분류되어 있다. 즉 卷一에서는 五言絶句・七言絶句・五言古詩・七言古詩・五言排律의 순서로 배열되어 있으며, 卷二에서는 五言律詩・七言律詩의 순서로 배열되어 있다. 구체적으로 문집 구성을 살펴보면 다음과 같다.

雪艇初集卷一

序
雪艇無邪詩選序

雪艇初集卷一目錄

五絶
「夏日書懷寄申希庵樱」·「過燕川」·「耕山齋分楓落吳江冷韻」·「甕谷雜詠并小引」·「匡山撥悶」·「途中棄弊屣」·「夏日遊北漢山中」·「春夜」·「山家卽事」

七絶
「夜坐」·「冬日麻橋途中」·「有感」·「趙漁儂升鎬讀書白雲庵有懷却寄」·「甕谷雜詠」·「重陽」·「比衆郡齋夏日二首比衆庇仁古號」·「落照」·「集句」·「次金注書炳陸韻」·「別」·「晩發華城到發願店店婆具飯食我欣然一飽有淮陰重報母意」·「午憩海倉酒肆」·「鶉」·「途中飢甚買二條餹下嚥」·「石門沽酒」·「題田家壁」·「訪漁儂不遇」·「暮春寄諸君子」·「偕漁儂渡長安津少憩上桂酒肆」·「匡山夏夜」·「壬戌仲夏避暑白雲庵沈濁酒一壺於碧溪中」·「口號鳧字有先成詩者先飮一杯」·「孟秋一日撤硯下山到觀魚亭口號」·「陪叔兮梅下夜坐戲出詩令不寫疊韻」·「南郭耕山齋」·「有懷希庵」·「夜歸升鶴山」·「觸目有感」·「觀西湖漁子疊前韻」·「秋夜收稻」·「凍井村値雨」·「栗里別希庵」·「匡山撥悶」·「渡銅雀津」·「長安卜築長安村名」·「歸山夜坐」·「夕陽登高」·「戲贈朴棟庵鳳基申秀才興均」·「西湖」·「端午日偕詩伴入南郭」·「孟夏出東水門外」·「孫家莊水榭」·「五月十七日赴小叔生朝宴」·「荷花三朶爲風雨所折」·「月夜得三字」·「村女」·「毆雀兒」·「花園曉步」·「發願柳婆店」·「長安門華城之北門」·「碑閣所」·「交龜亭」·「携妓登降仙樓」·「凌波亭沸流江干官船有樓以白玉石爲扁曰凌波亭」·「泛沸流江」·「夜宴玄虛閣」·「溫泉觀浴溫井在成川府西三十里」·「浴溫泉」·「再浴溫泉」·「箕城贈蘭心」·「中和郡齋別楚玉」·「靑石關」·「黃澗途中」·「三月二十三日見杏花」·「安義途中幷序」·「途中遇風」·「易馬」·「靑苔」·「萬馬關聽雙笛」·「南古山城」·「薪旨朴氏莊有引」·「呈金蕉山翊性」·「白園小集」·「希庵自淸和縣來淸和抱川古號」·「同希庵秋夜談山水」·「興川訪漁儂不遇」·「秋夜」·「過柏嶺」·「光陵川途中」·「水落山屛邑」·「方丈山中方丈卽智異山」·「詠解語花選五首幷引」·「自況」·「雨夜逢棟庵」·「詠蝦蟆」·「渡楊子江」

五古
「耕山齋分其人如玉韻」·「宿溫泉店」

七古
「牧童」·「卽事」

五排

「三十二韻奉呈南郭諸詩朋」

雪艇初集卷二目錄

五律

「搜勝臺奉和退溪先生韻」·「甕谷雜詠」·「次耕山齋韻」·「庚申嘉平月叔兮梅下同漁儂希庵賦詩于白雲庵聊以寄懷」·「過淸州朴渭原莊」·「洞仙嶺」·「足繭過南原栗峙時」

七律

「人日前夕逢沈錦湖宜壽」·「丁巳上元」·「呈作叔王山東濟運」·「同金先生石泉善明金北厓止善作有小序」·「次盧綸長安春望韻戱呈山東」·「冬夜」·「夢白雲庵詩伴」·「辛酉元日」·「孟秋十日同元聽石翊常漁儂希庵友梅作」·「陪叔兮梅下作」·「仲秋九老會」·「甕谷雜詠」·「鳳巢村舍同李孝圃芝秀李止窩承高王山東作」·「宿眞木村漁儂宅」·「升鶴秋夜同漁儂希庵作」·「秋日逢李華山允龍石泉金先生」·「南郭耕山齋」·「雁并小引」·「燕」·「烏」·「鷄」·「鶯」·「稚」·「贈法悟上人」·「立春日同希庵次杜艸堂韻」·「逢沈錦湖碧梧兄弟」·「壬戌元日」·「逢沈錦湖」·「耕山齋春日」·「鳳巢村舍同漁儂錦湖山東老圃止窩作」·「老圃村居」·「果川途中」·「宿耕山齋」·「仲秋陪李先生洞隱錫麟作」·「秋日逢石泉先生」·「小叔友梅客鳳巢村七日訪之書懷」·「秋日同希庵友梅作」·「漁隱洞弊廬逢漁儂」·「耕山齋小集」·「四月七日家君生朝也叔兮梅下朴錦史宗近趙漁儂朴棟庵申希庵晩翠桂兄弟沈錦湖碧梧宜善兄弟會鶴山之花園」·「別諸朋日逢靈通權溪軒」·「南郭耕山齋」·「遊白雲庵」·「十橋書館謁石泉先生」·「友梅登第遊鶴山田廬」·「逢金屛山龜鎭」·「雪夜逢車鳴鶴」·「向長安駐馬老圃莊」·「內院庵逢李汕觀準鉉」·「耕山齋逢元聽石」·「夏日逢希庵」·「金溝仙巖」·「舒嘯亭金溝退吏崔樵愚作亭于郡之東□多宗柿栗」·「綠泉亭」·「希庵自淸和縣歷訪三宿而出城至南泰嶺聞科聲還來以詩嘲之」·「終南金蕉山僦舍」·「沙浪金氏莊」·「松漪觀秋夜」·「耕山齋雨中」·「白園春日」·「宿歸川金雪蓬基鳳莊」·「秋夜過金香畹基鵬書館」·「鶴山田廬逢希庵」·「苔錢」·「宿荳江金正言基龍宅」·「香谷小集」·「香谷逢蕉山桐庵」·「鬪鷄」·「荳江冬之夜逢少陵晩翠」·「旗田雜詠并小序」·「匡山撥悶」·「四月十三日叔兮梅下壽母生朝讌」·「與漁儂訪允石東泰榮村居」·「山家書事」·「冬日逢漁儂」·「升鶴秋日同李桂巖鍾植作」·「長安弊廬逢洪上舍祐大」·「蓮城權杜菴來蓮城安山舊號」·「八月六日逢韓冬郎致元」·「鴨汀歸路偕漁儂錦湖欲別不忍別同宿石塘錦湖莊」·「正月七日漁儂至可謂人日」·「鶴山小集有引」·「十月之望與漁儂希　庵歸升鶴山」·「次鳳凰臺韻臺在金山郡」

3. 내용

이 문집은 서상룡이 아닌 타인에 의해 쓰여진 두 편의 서문[1] 이외에는 모두 詩로 구성되어 있다. 이미 앞에서 살펴 본 바와 같이 문집은 시의 형식에 의거하여 분류되어 있다. 그 내용에 따라 분류를 다시 하자면 대략 旅行詩·人生述懷·寫景·人情·遊戲 및 기타로 나누어 볼 수 있다.

1) 旅行

『雪艇初集』에는 여행을 떠나 얻은 새로운 경험을 바탕으로 쓰여진 시가 많다. 이것은 물론 徐翔龍의 개인적인 기호 및 人生 歷程과 밀접한 관련을 가지고 있을 것이다. 또 한편으로는 서상룡은 모든 새로운 경험에 대해 詩想을 가지고 관조했다는 것을 의미하기고 한다. 『雪艇初集』에는 甕谷에서 읊은 시가 꽤 많은데, 대부분 「甕谷雜詠」이란 제목으로 되어있다. 우선 徐翔龍이 瓮谷에 가게 된 경위를 들어보자.

> 辛酉年 仲夏에 尹氏 어른 三川께서 平康[2]의 현령이 되셨다. 나는 사슴피를 먹는 여행을 만들었는데 韓華庵 中履와 趙杞圃 英哲이 따라 나섰다. 현의 북쪽 80里 되는 곳에 하나의 촌락이 있었는데 골자기 입구가 마치 옹기그릇[甕] 같았다. 그래서 촌락의 이름을 甕谷이라 하였다. 그곳에 가서 한달 동안이나 집을 잡아 머물러 있었는데 사냥하는 사람이 오지 않아 하루가 마치 일년처럼 느리게 지나갔다. 적적하고 심심하여 사물을 보고 시흥을 돋우는 것으로 시간 보내는 방법을 삼았다.

거기에서 읊은 五言絶句는 다음과 같다.

雲隨飛鳥疾	구름은 두둥실 새를 따라 날아가고
樹與亂烟深	나무는 여기저기 피어나는 산 안개 속에 아득하다.
正是多愁思	이런 저런 근심 하다보니,
峰頭日欲沈	봉우리 위에 해는 뉘엿뉘엿.
纖緇無苦熱	가는 베옷 입었더니 무덥지는 않고
輕箑得凉秋	가벼운 부채 덕분 시원한 가을 같다.
濯足前溪右	앞의 개울가에 발을 담그고
豊林看鹿遊	우거진 수풀 사이 뛰노는 사슴을 바라본다.

---

1) 두 편의 서문의 있다. 첫번째는 「序」로서 그 끝에 '七寶山人自序'라고 되어 있는데 七寶山人이 누구인지 분명하지 않다. 自序라고 쓰여 있는 점으로 보아 서상룡 자신의 글인 것도 같다. 두 번째는 「雪艇無邪詩選序」로서 작자는 趙顯台이다.

2) 현재 강원도 서북단에 위치한 곳. 조선시대에는 平康縣이었고 현재는 북한 땅으로서 平康郡이다.

사슴피를 먹으러 시골로 들어왔는데, 사냥꾼을 구하지 못해 한달 여를 허송세월하고 있다. 크게 할 일도 없고 무더운 여름날 시원한 옷차림으로 부채질하고 시냇가에서 피서하며, 여러 가지 갈등을 하고 있음을 알 수 있다. 크게 할 일이 없기에 구름은 유달리 빠르게 느껴지고, 숲 속의 나무도 몽롱하게 보였을 것이다. 본래 목적이 '사슴'이기에 멀리 뛰노는 사슴을 그저 아쉽게만 쳐다보면서 하루하루를 소일하였을 것이다.

徐翔龍은 이 甕谷에서 지낸 한 달이 오랜만에 얻은 한가한 시절이라 그런지는 몰라도 상당히 인상적이었던 것 같다. 五言絶句의 작품 이외에도 七言絶句 五言律詩 七言律詩에 「甕谷雜詠」이란 작품이 보인다. 물론 모두 이 시기의 작품들일 것이다.

그리고 자세히 살펴보면 이 「甕谷雜詠」란 詩가 五言絶句 七言絶句 五言律詩 七言律詩의 앞부분 비슷한 곳에 위치하고 있음을 알 수 있는데, 이것을 미루어 서상룡은 기본적으로 시의 형식에 따라 배열을 하였지만, 각 형식의 안에서는 창작의 시간을 염두에 두고 배열하고 있음도 추측해 볼 수 있다.

徐翔龍은 여행을 꽤 많이 했던 사람인 듯하다. 그리고 시의 내용이 벼슬과 관련이 없는 것으로 보아 순수한 관광이 목적으로 보인다. 위에서 말한 甕谷이외에 沸流江 일대를 유람하며 창작한 시도 여러 수가 수록되어 있다.

「携妓登降仙樓」

綠綠紅紅後先行	아름답게 장식한 기생들 앞서거니 뒤서거니
樓無虛得降仙名	樓臺는 이유 없이 '선녀가 내려온 곳'이란 이름 얻었겠느냐!
我一腐酸窮措大	나는 한 명의 迂闊한 더벅머리 서생, 가난도 하여,
卅年今日管風情	서른이 된 지금에야 풍류를 알겠네.

「泛沸流江」 제1수

蒼嵒矗立九霄間	푸르른 암석들 하늘 끝까지 깎아질러서 가지런히 서있으니,
難畵難詩遠遠山	그림도 시도 묘사하기 어려우니 멀리 멀리까지 산이로다.
兩行紅粉扁舟裏	두 줄의 붉은 칠을 한 배 속에
贏得淸秋第一閒	맑은 가을 제일의 정취만이 넘쳐난다.

『雪艇初集』의 배열 순서로 볼 때, 서상룡은 成川에 가서 그곳의 명소인 降仙樓 등을 구경하고 비류강에서 배를 타고 유람한 뒤 다시 成川으로 돌아와 온천을 즐겼던 듯하다. 본래 궁벽한 서생으로 살아오다 오랜만에 勝景을 보고 마음도 상기되어 한껏 豪氣도 부려보고 있음을 첫 번째 시에서 알 수 있다. 두 번째 시에서는 沸流江의 시로도 표현하기 어려운 무한 勝景을 시로 그려보고 있다. 당시에도 일종의 화려한 유람선이 있어 遊客들을 태우고 風光으로 인도하였음도 알 수 있다. 이처럼 서상룡은 명승지를 유람하며 경치와 자기의 감정을 시로 나타내고

있다.

여기에서 한 가지 더 살펴보아야 할 것은 서상룡 시의 풍격이다. 산중에 들어가 치닫는 사슴을 한 칼로 잡아 단박에 그 鮮血을 마시고, 몇 천만년의 신비를 간직하고 있는 山谷大河를 유람하고 아리따운 기생의 손을 잡고 신선처럼 누각에 내려 천리의 풍광을 한눈에 안아보는 것은 본래 호기로운 일이다. 특히 서른이란 血氣强盛한 나이에 더 말할 것도 없다. 이런 소제들은 모두 '호방'의 기상과 언어로 표현하기 좋은 내용이다. 그런데 서상룡의 시를 보면 소제에 비해 그리 호방해 보이지 않는다. 전반적으로 '平靜'의 心態를 크게 벗어나지 않고 있으며, 그 결과 詩語도 상당히 절제되어 있다. 이 특징은 비단 위에서 보이는 몇 수의 시뿐만이 아니라 『雪艇初集』 전체의 詩에서 보이는 보편적 특징이다. 서상룡은 정갈한 느낌의 시를 쓰는 작가이다. 위에서 보이는 몇 수 이외에도 『雪艇初集』안에는 상당수의 여행시가 있는데, 이것은 한편으로 서상룡의 삶의 한 단편을 보여주고 또 한편으로는 그 시의 주요 소재를 보여주고 있다.

2) 人生述懷

인생을 살아가다 보면 누구라도 감회가 있기 마련이고 文才 혹은 詩才가 있는 사람은 그 장기를 활용하여 그것을 술회한다. 서상룡도 마찬가지이다.

「途中棄弊屣」

至弊渾無惜	헤지고 떨어져 도무지 아까울 것 없더라도
須思在足時	신고 다닐 때를 생각해 보라.
曾聞虞舜孝	일찍이 舜임금이 했던 효를 나에게 하지 않았던가!
天下棄如斯	세상의 버림은 본래 이 같구나.

옛날의 여행객들은 주로 신발에 의존하여 사방을 유랑하였나. 신발을 가지고 다니다가 헤져서 더 이상 못 신게 되면 본래 모르던 사이였던 것처럼 그 자리에서 벗어 던져버리고 다른 신발을 신고 다시 여행길을 오른다. 서상룡도 예외는 아니었을 것이다. 단지 그에 대해 불현듯 감회가 생겼고 인생에 대한 어떤 슬픔이 생겨났을 것이다. 지금가지 나에게 해오던 그 미덕을 나는 지금 터럭만큼이나마 고려하는가? 그 신발이 나라면 어떨까? 세상만사 甘呑苦吐 이것이 존재의 실상일까? 이 한 순간의 斷想을 그는 위와 같이 말하고 있다.

「途中飢甚買二條餹下嚥」

飢人易食怎虛談	배고픈 사람에겐 음식이 달단 말 어찌 虛言이겠나!

崖密氷苽不獨甘　　石淸이나 氷苽만이 맛있는 것이 아니라네.
生平始有飴腸買　　평생 처음으로 막대 엿을 사먹으면서
笑殺頎然七尺男　　훤출한 七尺丈夫 한바탕 웃어본다.

굶주림에 애어른이 있겠는가? 그래도 음식에는 아이들 음식, 점잖은 음식의 구별이 있다. 어릴 적 먹어보고 장성한 이후 돌아 보지도 않았던 음식 군것질 거리, 먼 여행길 어떤 길목에서 우연히 주린 배를 움켜쥐고 사방을 둘러보니 있는 건 오직 아이들 군것질 거리. 평상시라면 그냥 무심코 지나쳤을 엿을 배고픔에 못 이겨 먹어보니 그 어떤 고급음식보다도 맛이 있다. 배가 좀 부르고 마음에 여유가 생기자 드는 멋쩍음. 그 멋쩍음을 한바탕 웃음으로 흘려보내면서 피어오르는 시상, 그리고 이것을 설명하는 평범한 진리가 있으니 '飢人易食'이 이것이다. 이 시도 이와 같은 한 순간에 떠오르는 인생에 대한 통찰을 시작의 素材로 삼고 있는 것이다. 이 외에도 적지 않은 시들이 이와 같은 인생에 대한 순간의 斷想을 소재로 하고 있다.

3) 寫景

유람의 중요한 내용 중 하나가 풍광이다. 그러므로 일반적으로 여행시에는 寫景詩가 많기 마련이다. 본 시집도 그러하다. 여행시 안에는 적지 않은 寫景詩가 포함되어 있다.

「搜勝臺奉和退溪先生韻」
飽聞搜勝好　　포승대가 좋다고 말을 많이 들어 왔지만
臨眺景逾佳　　와서 보니 경치는 듣던 것보다 아름답다.
流水心如洗　　흐르는 물을 보니 마음의 때가 씻기는 듯
靑山憂可埋　　靑山은 근심 걱정을 묻어 버릴 만 하다.
巖刻先賢蹟　　바위에 새긴 글은 先賢의 유적이고,
退溪先生詩, 刻于嵒上　　퇴계 선생의 시가 바위 위에 새겨져 있다[3])
亭扁智者懷　　亭子의 扁額은 지혜로운 자의 생각이로다.
愼氏作亭, 扁曰智水　　愼氏가 亭子를 만들고 扁額에 智水라고 썼다)
落日扶筇立　　지팡이 집고 저녁노을에 서 있으니,
松陰遍石厓　　바위 언덕엔 온통 소나무 그늘이네.

여행객의 발길이 명승고적에 이르고 거기에 고인의 흔적이 보이면, 거기에 대해 감회가 없을 수 없다. 더욱이 거기에 평소에 존경하던 분의 遺澤이 남아 있으면 그 감회가 배가될 것이

3) 이 부분은 原註. 작은 글자로 해당 구절 아래에 分註되어 있다.

다. 서상룡은 평소 搜勝臺가 아름답다는 것을 듣고 있다가 직접 찾아가 살펴보니, 눈으로 보는 경치는 귀로 듣던 風聞보다 빼어나고, 멀리 바위에는 퇴계 선생의 詩가 새겨져 있다. 마치 심성이 맑아지고 마음속에 묵은 근심걱정이 陽春의 日光에 눈 녹듯 없어지는 것 같다. 비록 형식은 퇴계 선생의 詩韻을 가져다가 시작을 하였지만, 비교적 전형적인 寫景詩이다. 단지 寫景의 行間에 모두 작자의 감정이 흐르는 듯하다.

「夜宴玄虛閣」

多謝前人起此樓	누가 이 樓閣을 세웠나? 고맙기도 하여라.
如今我亦卜淸遊	나에게도 오늘 맑은 관람 거리 주시고.
三百朱欄十二嶂	삼백 개의 붉은 난간에 열두 개의 봉우리가 들어오고.
一輪明月近中秋	중추절이 가까운지 달빛은 휘영청 밝다.

이 詩는 배열의 순서로 보아 沸流江邊에서의 작품인 듯하다. 成川 여행길 부산한 대낮의 유람을 보내고 으슴푸레한 저녁 무렵 한적한 관광을 하다 얻은 시이다. 밝은 달 아래 만난 樓閣 그 난간 사이로 달빛에 비친 사방 열두 봉우리가 열두 폭의 그림처럼 들어온다. 이 시도 비교적 전형적인 寫景시로 볼 수 있다. 그리고 시풍으로 볼 때, 「搜勝臺奉和退溪先生韻」보다 좀 더 서상룡의 풍격에 가까이에 있는 듯하다. 그것은 아마도 위 시에서는 퇴계선생의 유적을 보고 心胸이 肅然해져 엄숙한 시풍이 되었을 것이다. 보다 서상룡의 시품에 가까운 시 한 수를 보자.

「秋夜」

雨晴秋氣一層高	비 긋고 가을 기운 한층 더 높아지니
鳴蟋流螢碧樹皐	언덕 위 푸른 나무 사이에서 베짱이는 울고 반딧불은 헤엄친다.
萬戶長安砧杵月	長安의 많고 많은 집 달을 보고 다듬이질을 하니,
銀河如練靜無濤	은하는 다루어진 명주처럼 고요하여 주름도 없어라.

이 작품은 비교적 충실하게 서상룡의 시세계를 보여주고 있다. 서상룡은 비교적 정련된 시어를 가지고 靜謐한 詩境을 나타내 보여준다. 이 시에서 보면 베짱이가 울고 반딧불이 헤엄쳐 다님도 마치 한 컷의 사진처럼 느껴질 뿐만 아니라, "은하는 다루어진 명주처럼 고요하여 주름도 없어라"라는 구절은 공기의 유동도 없는 그야말로 정밀한 세계 그리고 정밀한 작가의 심정을 그대로 보여주고 있다. 이것은 물론 말할 것도 없는 寫景詩이다. 그러나 어떤 특별한 경관을 읊었다기보다는, 비교적 평범한 깨끗한 가을 저녁의 하늘을 그대로 보여주고 있다. 언뜻 보기에 단순한 사경이라 보이지만 작가의 심리가 어수선하다면 그려질 수 없는 풍광이다. 이런 의미에서 보자면 또한 절제된 형태의 '情景交融'의 시라고도 말할 수 있다.

『雪艇初集』에는 이 이외에도 몇 수의 寫景詩가 있다. 단 순수한 寫景詩는 많지 않은 반면 여행시와 사경시의 성격이 복합되어 있는 작품은 매우 많다.

4) 人情

『雪艇初集』에는 만남과 이별을 주제한 시가 상당수 있다. 특히 詩友들 간의 애틋한 감정을 노래한 시는 서상룡이란 사람의 心性을 알 수 있게 해준다.

「呈金蕉山翊性」 제2수

透心相憶夜偏淸	그대 생각 너무나 간절한데 밤은 맑기만 하니,
不是愁多夢不成	근심이 많아 꿈자리에 들지 못하는 것이 아닐세.
披衣欲訪還深坐	옷 걸치고 그대에게 갈볼까 하다 다시 돌아와 방안에 앉아 있자니
燈下如聞驚欬聲	등잔 불 밑에서 마치 인기척 소리 들리는 듯 하오.

서상룡이란 사람은 사람을 많이 그리워하는 사람인가보다. 특히 詩伴들에 대한 그의 그리움은 좀 유별나다. 밤새껏 벗을 그리워하다, 밖을 바라보니 날은 그지없이 맑다. 날이 궂으면 날씨를 탓하련만 몇 번이고 옷을 주섬주섬 입고 벗을 찾아 마실을 가려다가 다시금 돌아와 방안에 누워본다. 그래도 잠이 오지 않아 등불 아래 뒤척이며 '그 사람도 날 생각하고 있겠지'라고 생각하자 바로 문밖에서 '자네 자나'라는 소리가 들리는 듯하다. 이를 통해 서상룡이 詩를 樂으로 삼아 살고 있는 사람이라는 것을 간접적으로 알 수 있다. 그리고 서상룡의 벗들간의 以心傳心적인 분위기도 읽을 수 있다.

「輿川訪漁儂不遇」 제3수

何日何時懷抱開	어느 날 언제 회포를 풀려나?
此行難道夢中來	이번 길 떠나면 꿈속에서도 돌아오기 힘든데.
三百六旬長共憶	삼백 육십일 오래도록 그리워함이
不如一刻對深杯	잠시 동안 얼굴 보며 한잔 술 기울이는 것만도 못한데.

아무리 오래도록 그리워하여도 회포는 그리움으로 풀리지 않는다. 잠시간의 만남 몇 잔의 술은 천 일의 그리움을 일순 녹이기도 한다. 漁儂은 『雪艇初集』에 매우 자주 등장하는 서상룡의 절친한 詩友이다. 이제 먼길을 떠나야 할 때, 한번 떠나면 꿈속에서도 찾아오기 힘든 길을 나서려고 한다. 매일 만나 詩짓고 담소하던 친구 작별인사나 해야지. 친구는 집에 없고 헛걸음으로 돌아오며 길 떠나 그리움으로 서글퍼질 것을 근심한다. 길은 떠나야 하고 그리움은 피할 수 없다. 언젠가 만나 한 잔 술로 서로의 회포를 풀 날을 기약할 수밖에 없다.

「希庵自淸和縣來淸和抱川古號」

藜笻落日入門呼　　석양에 지팡이 소리 들리더니 문안에 들어와 소리치니,
相訴平安酒滿壺　　서로 '잘 지내고 있소' 말하고 한 동이 그득한 술을 준비하네.
鄕關百里漫漫路　　포천에서 여기 구불구불 백리길
露宿風餐信一奴　　종놈 따라 風餐露宿하며 왔다지.

내가 벗을 그리워 할 뿐 아니라 벗도 나를 그리워한다. 『雪艇初集』만을 근거로 보면 서상룡의 가장 절친한 詩友는 希庵인 듯하다. 그에 대한 감정도 가장 애틋하다. 포천에서 우리집, 가깝지도 않은 거리이고 길도 험하다. 그리움에 사무쳐 모든 일 제쳐두고 길에 밝고 튼튼한 종 하나 앞세워 멀고 험한 길을 따라 우리 집을 방문한다. 나도 그리워하던 차라 얼른 술상을 보라하고 벗의 고생을 치하한다. 여기에서 당시 문인들간의 그리워함이 단지 심정적이고 문학적인 수사가 아니라 그들이 실제 일상이었다는 것을 알 수 있다. 서상룡은 그런 일상을 보내던 사람이었던 것 같다.

「鶴山田廬逢希庵」

三月相思此日看　　몇 달을 그리워하다 오늘 얼굴을 보았는데,
逢應有別笑啼難　　만나면 헤어지는 법, 웃지도 울지도 못한다.
踰嶺衣稜生石翠　　산 넘어 와, 옷 가에는 돌이끼가 피어오르고
滿林詩境落風丹　　온 수풀 詩意 가득한데 붉은 단풍은 진다.
花上榮枯猶有數　　꽃의 피고 짐은 그래도 기약이 있는데
夢中憂樂太無端　　꿈속의 憂樂은 너무도 이유가 없다.
癯燈不滅長瓶臥　　가느다란 등불 깜박이는데 긴 병처럼 누워있으니,
一雁群蛩夜雨寒　　밤비 내려 쌀쌀한 산중에 기러기 한 마리와 무수한 메뚜기들.

보고 싶던 친구를 만나면 반가워야 정상이련만, 만나도 불안한 것은 만나면 헤어지기 마련이어서, 헤어짐의 슬픔이 반가움에 끼어 들기 때문이다. 서상룡이 鶴山[4]의 농가에서 평시에 그리워하던 친구 希庵을 만나 느끼는 감회는 바로 이것이다. 이것은 만나면 즐겁고 헤어지면 그만인 보통 그리움이 아니라 한 순간에도 영원을 계산하는 깊은 그리움이라 할 수 있을 것이다. 이런 그리움 탓인지 이 시의 전체 분위기는 만남[逢]의 밝은 즐거움보다는 우려[逢應有別]에 기반한 어두운 근심이다. 너와 내가 이 험준한 산을 옷 가에 靑苔가 입히도록 넘어와 만났고, 가을 단풍이 지는 산 속은 詩人騷客들에게 무한한 詩意를 제공해 주는데, 이 좋은 만남 이 좋은 作詩의 기회는 마치 향로에 피어오르는 실낱같은 연기처럼 연약하다. 저 부질없다는 꽃들

4) 『雪艇初集』의 전반적인 내용으로 볼 때, 鶴山은 升鶴山의 약칭인 듯하다. 현재 어느 곳인지는 미상.

도 때가되면 피고 때가 되어 지는데, 꿈같은 우리 인생은 아무런 기약도 법칙도 없다. 그냥 우연처럼 왔다가 왠지도 모르고 언제인지도 모르면서 그냥 간다. 이 친구와의 만남은 이제 우연처럼 왔다가 훗날을 기약할 수도 없는 헤어짐을 향한 전진인가보다. 농가에 함께 누워 보고 듣는 메뚜기와 기러기 그리고 불빛마저 의미 없이 서럽다. 이 시에는 서상룡의 맑은 정서가 투명하게 보이는 듯하다. 여기에서 서상룡의 詩風도 볼 수 있지만 또 한편으로 知音間의 순수한 감정도 볼 수 있다.

이 외에도 人情詩라고 할 수 있는 것이 상당수 있다. 예를 들면 「晩發華城到發願店店婆具飯食我欣然一飽有淮陰重報母意」도 비교적 전형적인 인정시라 할 수 있다. 단 『雪艇初集』에 보이는 人情詩 중 시우들간의 만남과 헤어짐을 주제로 한 시보다 애틋하고 진솔한 인정시는 없는 듯하다.

5) 遊戱

『雪艇初集』에는 적지 않은 유희시들도 눈에 띈다. 이것은 서상룡의 일상의 한 단면을 보여주는 것이지만 동시에 당시 일반 文人詩客들의 일반적인 한 단면을 보여주는 자료이다.

「集句」

芙蓉花外夕陽樓	연꽃 넘어 夕陽樓에서
趙嘏	趙嘏의 시중에서
遙指白雲天際頭	멀리 하늘 가 아스라한 흰구름을 가리킨다.
呂洞賓	呂洞賓의 시중에서
江上晩來堪畵處	저녁 무렵 강가의 그림처럼 아름다운 곳에 오르니
鄭谷	鄭谷의 시중에서
一雙鸂鶒對沈浮	한 쌍의 물오리 돌아가며 수맥질 하네.
杜甫	杜甫의 시중에서

일반적으로 「集句」니 「聯句」하는 시들은 대부분 유희시들이다. 자기가 어떤 소회가 있어 그것을 주제로 시를 짓는다기보다는 先人의 시구를 모아 다시 한 수의 시를 짓는 것이다. 이것은 크게 두 가지 목적이 있다. 첫째 선인의 시를 많이 알기 위한 연습이라 할 수 있다. 왜냐하면 이런 시를 짓기 위해서는 선인의 시를 많이 알아 그것을 능란하게 활용할 수 있는 것이 전제조건이기 때문이다. 두 번째는 심심풀이이다. 시간이 있을 때 선인의 시를 이리 저리 맞추어가며 또 한 편의 시를 지어 自娛自樂할 수 있기 때문이다. 위에서 보이는 「集句」도 이런 목적으로 지어진 시로 보인다.

또 「詠解語花選五首幷引」의 引에서는 다음과 같이 말하고 있다.

> 鄭其山 憲時이란 사람이 晉陽의 기생 八十一人의 이름[妓名]을 모아 각 그 하나 하나의 이름에 시를 한 수씩 짓고는 『晉陽花譜』라 명명하였다. 이것을 가지고 와서 나에게 보여주며 화답을 해달라는 사람이 있어, 재미삼아 解語花[5]를 제목으로 시를 지었다.

이와 같은 설명 아래 다섯 수의 시가 수록되어 있다. 아마도 81수의 시를 지었는데, 그 중 다섯 수만 골라 수록하였을 것이다. 이를 통해 다른 사람의 부탁으로 遊戱詩를 지었음을 알 수 있다. 「雁并小引」의 引에서는 또,

> 어느 가을 날, 希庵과 같이 있었는데 심심해서 사물을 읊으며 시간을 보냈다. 첫 번째로 기러기를 제목으로 삼았고 그 다음 차례로 제비·까마귀·닭·꾀꼬리·꿩을 제목으로 하면서 재미삼아 어려운 운을 선택하여 시를 지으면서 서로 우열을 겨루었다.

이 引文 중 심심함[無聊]과 재미삼아[戱]는 유희시의 정확한 의미를 보여주고 있다. 이 글을 통해 시인들끼리 만나 재미삼아 시를 지으며 보내는 모습을 볼 수 있다. 만약 그 운과 그 제목을 참고하며 그 시들을 하나하나 읽는다면 봄날 詩場 시인들의 끙끙거림과 웃음소리를 아련하게 들을 수 있을 것이다. 이외에 「口號覓字有先成詩者先飮一杯」와 같이 술을 걸어놓고 어려운 운에 맞추어 먼저 시를 지은 사람이 술 한잔을 마시는 것과 같이 일종의 게임형식의 유희시도 보인다.

이상으로 『雪艇初集』의 대략적인 내용을 알아보았는데, 이것들 이외에 다른 주제로 이루어진 작품들도 간간이 보이다. 예를 들면 당시의 풍습을 볼 수 있는 것으로 溫泉을 주제로 다룬 시가 여러 수 보인다. 모두 成川에서 지은 듯한데, 溫泉浴에 서상룡에게 상당히 강한 인상을 주었던 것 같다. 그 중 한 수를 보자.

「再浴溫泉」

溫水源處我又來	온천수 니오는 곳을 나는 다시 왔다네,
四時如沸儘奇哉	사계절 항상 끓는 듯하니 너무도 신기하다.
不知有甚驚惶事	모르겠네, 무슨 놀랄 일이 있어,
汗出沾身做一堆	땀이 몸들 타고 흘러내려 한 무더기가 되는지.

작가가 온천을 보고 얼마나 신기해하는지를 알 수 있다. 당시에는 온천이 그리 흔하지는 않았었나 보다. 이 외에도 당시의 풍습을 알 수 있는 시는 적지 않은데, 예를 들면 「偕漁儂渡長安津少憩上桂酒肆」에서는 술집의 아가씨가 아름다워서 영업이 잘된다는 구절이 보인다. 이것

---

5) 말을 할 줄 아는 꽃이란 의미로 妓生의 이칭이다.

역시 조선말기 사회상을 알 수 있는 자료라 할 수 있는데, 讀詩者로 하여금 古今一般이란 생각을 가지게 한다. 또 한 가지 부가할 것은 『雪艇初集』에는 사회시는 거의 없으며, 몇 수 안 되는 그 시들도 엄격한 의미의 사회시라 하기에는 부족하다고 생각된다.

4. 가치

이 시집은 조선 후기 시인인 서상룡의 시를 모은 것이다. 서상룡이 누구인지 그의 시학은 어떤 연원을 가지고 있는지는 알 수 없다. 단 시집의 내용을 볼 때, 일생의 대부분 혹은 전부를 벼슬을 하지 않고 白面書生으로 지내면서 시작을 하였던 것 같다.

이 시집은 조선 후기 일반 시인의 시작을 보여준다고 하는 점에서 가치가 있다. 왜냐하면 서상룡은 비록 당시에 지명도 있는 시인은 아니라고 하더라도 스스로 시인이라고 여기고 있었고 또한 그의 시우들 사이에서는 인정을 받고 있는 사람이었기 때문이다.

이 이외에 이 시집은 두 가지 각도에서 의미가 있다. 첫째, 물론 직접적이지는 않지만 본 시집에서는 조선 후기의 풍속을 진솔하게 반영하고 있다. 조선 후기 풍속사를 연구함에 일고의 가치가 있다. 둘째, 서상룡은 古地名을 시어로 사용하기를 좋아한다. 대부분 註의 형태로 설명까지 해 주는 경우가 많다. 여기에 등장하는 古地名도 현재의 안목으로 보면 학술적 가치가 없다고 볼 수 없다.

5. 기타

『雪艇初集』을 보면 석연치 않은 부분이 있다. 즉 현재 연세대 귀중본 『雪艇初集』의 형성과정에 대한 것이다. 왜냐하면 연대본 『雪艇初集』에는 두 개의 序文이 있고 그 뒤에 目錄과 시들이 있다. 그런데 언뜻 보기에 서문에서 서술하고 있는 내용과 본 『雪艇初集』이 일치하지 않는다. 그 일치하지 않는 점을 들면 다음과 같다.

첫째, 현재 연세대본 『雪艇初集』의 表題는 보존상태의 불량으로 말미암아 알아볼 수 없지만, 內表題나 卷首題로 볼 때 문집명이 '雪艇初集'임이 분명하다. 그런데 두 번째 서문의 제목은 '雪艇無邪詩選序'라고 되어 있다. 이 서문의 작자인 趙顯台는 『雪艇初集』을 보고 서문을 지은 것이 아니라 『雪艇無邪詩選』을 보고 서문을 쓴 것이다.

둘째, 『雪艇初集』과 『雪艇無邪詩選』은 동일한 책인지의 문제이다. 「雪艇無邪詩選序」에서는 다음과 같이 기록하고 있다.

스스로 수정한 뒤 자기가 평생 지은 시 가운데 삼백 편을 뽑아놓고, 그것을『無邪詩選』이라 명명하였다.

아마도 無邪詩選은 雪艇無邪詩選의 약칭일 것이다. 문제는 三百篇에 있다. 서문의 작자는 반복해서 이『雪艇無邪詩選』이 夫子 三百篇을 계승하고 있음을 강조하고 있다. 즉 趙顯台가 본 저본은 삼백편본『雪艇無邪詩選』이다. 그런데 연세대 소장본『雪艇初集』에는 200편에도 미치지 못하는 시만이 수록되어 있다. 해제가가 보기에 비록 위와 같은 문제가 있지만『雪艇無邪詩選』과『雪艇初集』은 기본적으로 동일한 책이라고 생각한다. 그 이유는 다음과 같다.

첫째, 두개의 서문은 모두 雪艇初集卷一이란 題下에 들어 있다. 즉『雪艇初集』을 편집한 사람이『雪艇初集』의 서문으로「雪艇無邪詩選序」가 별 문제 없다고 여기고 있음을 알 수 있다. 만약 그렇지 않다면 저본 변동에 대한 사유가 기록되었을 것이다. 그리고「雪艇無邪詩選序」의 내용으로 볼 때, 그것은 분명 徐翔龍의 시집에 대한 서문이다.

둘째 三百篇에 관한 문제이다. 만약『詩經』의 편수 계산법에 따른다면『雪艇初集』은 186편에 불과하다. 그러나 만약 首라는 방식으로 계산을 한다면『雪艇初集』은 303首로 이루어져 있다. 그러므로 해제자가 보기에 趙顯台가 말하는 詩三百篇은 사실상 300首의 의미이고 이것은 303수에 대한 大數라고 보아야 할 것이다. 趙顯台이 본 저본에 대해 다시 일부의 수정이 있었는지는 몰라도 본질적으로는 동일한 책이라 볼 수 있다.

그렇다면 徐翔龍이 평생의 詩作 중 三百餘首를 뽑아서 '雪艇無邪詩選'이라 명명하여 知音인 趙顯台에게 序文을 받은 뒤, 스스로 생각하기에 '無邪'란 두 글자가 자기의 시집에 과분하다고 여겨 '아직도 고칠 부분이 많은 초고'라는 의미의 '雪艇初集'으로 시집을 개명한 것으로 보인다. 단지 書名만을 改定한 것이기에 序文등은 그대로 수록하였을 것이다.

【서대원】

成齋集

趙秉鉉(1791~1849) 著.

草稿本. 零本 3冊(冊 2, 3, 4) 落帙本, 34×23.5㎝.

1. 저자

趙秉鉉(1791~1849)의 本貫은 豊壤, 字는 景吉, 號는 成齋·羽堂이다. 증조는 庶尹 鎭明이고, 아버지는 이조판서 趙得永(1762~1824)[1]이다. 연보[2]와 왕조실록을 참고하여 그의 전기를 구성하면 다음과 같다.

조병현은 1791년(정종 15, 1세) : 한양성 의동 外王考 익헌 李公의 집에서 태어났다. 4세 때 천자문을 배우기 시작했는데 10여자 정도 배운 후 창의 무늬를 보고 글자를 조합해서 알 수 있었다고 한다. 이에 증조 할아버지 鎭明이 반드시 문장을 이룰 것이라고 칭찬하며 기대하였다고 전한다. 이러한 기대에 부응했음을 증명하는 듯 7세에 글을 짓고 연구와 절구를 지었으며 10세에 다른 사람이 시를 짓는 것을 보고 1년 만에 그 체를 본받아 쓸 수 있었다고 한다.

그가 문장 짓기에 남다른 두각을 보였다는 것과 더불어 강조되는 덕목의 하나는 형제간의 우애에 관한 것이다. 그에 대한 기술 가운데 저자가 6세 때, 庶兄이 회초리를 맞자 공이 울면서 끌어안아 아버지 득영이 그 우애가 돈독함을 보고 마침내 회초리 치는 것을 그쳤다는 것을 비롯하여 두 동생이 연달아 죽자 그들의 자식을 친자식처럼 키우고 결혼시켰던 사실이 특히 강조되어 있다. 그의 우애에 대한 강조는 연보 작성자가 풍양 조씨 가문의 집권의 당위성을 드러내기 위한 배려에서 서술했다고 볼 수 있을 것이다.

1805년(순조 5, 15세) : 관례식을 치르고, 7월에 이조참판 서정보의 딸 대구 서씨와 결혼하였다.

1809년(순조 9, 19세) : 증광 감시 생원에 초시 합격하고, 10월에 증광 문과 초시부과에 합격하였다. 그러나 연달아 회시에 불합격하여 더 이상 과거 시험에 연연하지 않고 여러 경전과 성리학의 서적을 읽으며 인격 함양에 힘썼다.

1815년(순조 15, 25세) : 큰 아들 龜夏가 태어났고 2년 뒤 둘째 아들 鳳夏가 태어났다.

이 사이 아버지 득영이 금갑도로 유배되어[3] 그가 여러 차례 배소를 방문하였다.

1820년(순조 20, 30세) : 주시 반장이 공의 문장과 박학함을 사모해 응시하도록 하였으나 막내 동생이 아직 초시에도 합격하지 못함을 들어 양보하였다.

1821년(순조 21, 31세) : 딸이 태어났다.

1822년(순조 22, 32세) : 4월에 식년 문과에 을과로 급제하였다. 이 때부터 문학과 명성이 신진 중에 뛰어나 가주서에 15차례 제수되었다.

---

1) 字는 德汝, 號는 日谷. 순조의 묘정에 배향되었고 諡號는 文充이다.
2) 국립중앙도서관에 소장된 『成齋集』에 연보가 첨부되어 있다.
3) 1812년 척신 박종경에 대한 비위 사실을 낱낱이 지적하면서 정사를 어지럽히고 있다는 내용의 상소문을 올렸다가 진도 金甲島에 유배되었다. 6년 뒤에야 특명으로 향리에 옮겨졌다가 1819년 여러 대신과 삼사 관원들의 청원에 의하여 오랜 유배생활에서 풀려 나왔다. 곧이어 형조판서에 임명되었으나 어머니의 상을 당한 것을 계기로 사임하고 관직을 떠났다.

1823년(순조 23, 33세) : 딸이 죽었고, 6월 부인을 잃었다. 승정원 주서에 임명되었다.

1824년(순조 24, 34세) : 아버지 득영의 상을 당하였다.

1826년(순조 26, 36세) : 사간원정언에 제수되고, 추도기봉독관에 임명되었다.

1827년(순조 27, 37세) : 사헌부 지평, 교리를 거쳐 암행어사가 되었다.

1832년(순조 32, 42세) : 이조참의 시강원겸 보덕에 임명되었다가 특명으로 형조참판에 임명되었다.

이듬해인 1833년(순조 33, 43세) : 공충도 관찰사가 되었다.

1837년(헌종 3, 47세) : 연경에 다녀왔다.

1838년(헌종 4, 48세) : 예조판서에 올랐다. 다음해 병조판서, 대사헌을 거쳐 형조판서에 올랐다.

이 때 『순조실록』을 강릉 오대산에 봉안하고 영월 장릉에 奉審하였다.

1840년(헌종 6, 50세) : 호조판서로 전임하여 『同文彙考』[4]를 편찬할 때 校正堂上을 겸하였으며, 그 뒤 이조판서 판의금부사를 지냈다.

1843년(헌종 9, 53세) : 효현왕후 승하시 내의원제조로서 일하면서 「효현왕후만사」를 지었다.

1844년(헌종 10, 54세) : 판의금부사, 좌참찬에 올랐다가 과거부정사건에 연루되어 평안도관찰사로 좌천되었다. 그 뒤 병조판서 규장각제학, 예조판서, 홍문관대제학 등을 지냈다.

1847년(헌종 13, 57세) : 광주부유수가 되었다. 이해 안동 김씨파의 정언 尹行福의 상소를 받았고 이어 대사간 이원달, 대사헌 李穆淵[5] 등의 탄핵상소를 받았다. 이 때문에 조병현은 거제도로 유배되었다.

이듬해 유배에서 풀려나게 되었으나 정언 姜漢赫과 대사헌 李景在 등의 탄핵을 받아 전라도 智島에 위리안치 되고 加棘이 더해졌다. 1849년 철종이 즉위하고 대왕대비 김씨가 수렴청정하자 그 해 9월 사사되었다. 양주 금촌면 양곡리 해좌을향 방향에 장사지냈다.

1853년(철종 4) : 은명을 받아 신주에 이전처럼 작록을 붙이게 되었고, 1854년(철종 5)에 묘지를 완성하였다.

조병현은 아들 둘과 딸 하나를 두었다. 장남은 趙龜夏인데 강원도 관찰사를 지낼 때 치적이 현저하다하여 인민이 더 재임해 줄 것을 요청하여 1년 동안 임기가 연장될 만큼 민정을 잘 보살폈다. 한성부판윤과 의정부우참찬 공조판서를 역임하였다. 둘째 아들은 趙龜夏이다. 딸은 3

---

4) 129권 60책. 활자본. 1784년(정조 8) 鄭昌順 등이 왕명을 받아 承文院에 보관 중인 외교문서. 詔 · 咨 · 表 · 奏 및 사신 명단 · 譯官手本 등에서 자료를 모아 4년 간에 걸쳐 편찬했다. 이것이 原編 79권이며, 그 후 순조 · 헌종 · 철종 · 고종 때 필요에 따라 증보하여 1881년(고종 18)까지 別編 4권, 補編 10권, 附編 36권을 완성했다. 원편은 封典 · 哀禮 · 進賀 · 陳慰 · 問使 · 節使 · 陣奏 · 表箋 · 請求 · 錫賚 · 飭諭 · 曆書 · 日月食 · 交易 · 疆界 · 犯越 · 犯禁 · 刷還 · 漂民 · 追徵 · 軍務 · 賻恤 · 倭情 · 雜令 등으로 분류하여, 1643년(인조 21) 이후의 사실을 수록해 놓았다.

5) 이목연이 소장을 올리자 임금은 도리어 조병현의 탐학과 농권을 탄핵한 소장에 과격한 문구가 들어 있음을 문제 삼아 이목연을 전라도 荏子島에 유배 보낸다. 이목연은 이듬해에 유배에서 풀려 났다.

세에 죽었고 딸이 죽은 해에 아내도 죽었다.

조병현이 살았던 순조 때부터 헌종 때까지 3대 60여 년 간은 외척 세력에 의한 세도정치가 실시되던 시기이다. 순조 때는 김조순을 위시한 안동 김씨 집안이 세도를 부렸고 헌종 때는 조만영・조인영 형제를 주축으로 풍양 조씨가 정권을 좌지우지하였다.

조병현의 작은 아버지 趙萬永(1776~1846)[6]은 익종의 國舅가 되었다. 1827년 안동 김씨 세도를 견제할 목적으로 순조가 건강상 이유를 들어 세자에게 대리청정을 명하자 그는 이조판서로서 어영대장을 겸하여 실력자로 부상하여 풍양 조씨 세도의 기초를 마련하였다. 1830년 왕세자의 병사로 그 일파는 안동 김씨파에 밀려났지만 그만은 호조판서・판의금부사・지중추부사・예조판서 등을 역임하면서 어린 세손의 보호에 힘썼다. 헌종이 어린 나이로 즉위하자 그 외할아버지로서 호위대장・어영대장・훈련대장을 역임하면서 불안한 왕실을 보호하는 한편, 자기파인 홍석주와 이지연을 계속 상위에 머물게 하며, 동생 인영과 조카 병현 등을 이조와 형조판서 직에 앉히는 등 세력만회를 도모하였다. 안동 김씨 정권의 미온적인 태도로 천주교 교세가 확장되자 이를 안동 김씨 세력을 꺾는 호기로 삼아 1839년(헌종 5) 천주교도에 대한 일대 탄압을 전개하며[己亥邪獄] 인영으로 하여금 척사윤음을 올려 그 명분을 세우게 했다. 이로써 풍양 조씨의 세력을 확립, 이후 정권을 쥐고 그 일족이 현달하게 되었다.

조병현은 趙萬永과 趙寅永, 사촌 동생인 趙秉龜 등과 함께 풍양 조씨 세도정치의 중심 인물이 되어 안동 김씨와 권력다툼을 벌이는 데 앞장섰다. 풍양 조씨는 기해교난 이후부터 1849년 헌종이 서거하기까지 약15 년 간 세도를 부리게 되는데, 조병현이 죽은 해가 바로 1849년에 해당하니 조병현은 풍양 조씨의 세도 정치가 끝나는 것과 때를 맞춰 세상을 떠나게 되는 셈이다.

조병현이 관직을 삭탈 당하고 유배지에서 결국 사사 받게 되는 이유는 과거시험에서의 부정 때문이었다. 세도 정치가 성행하던 이 시기에는 과거제의 문란이 심하여 많은 폐단이 성행하였다. 세도 가문에서 시험관을 장악하여 시험문제를 미리 빼내어 알려주거나 다른 사람으로 대신 시험을 보게 하고 또 다른 사람의 시험지와 바꿔 내게 하는 등 온갖 부정 행위를 자행하여 특정 가문 출신이 아니면 과거에 합격할 수 없었으며 아무리 학식이 뛰어나도 세도 가문과 줄을 대지 않으면 합격되지 못하는 폐단이 일어났다.

---

6) 字는 胤卿, 號는 石厓. 이조 판서 鎭寬의 아들이며, 영의정 寅永의 형이다. 그의 딸이 孝明世子의 빈으로 책봉되었다. 1827년 안동 김씨 세도를 견제할 목적으로 순조가 건강상 이유를 들어 세자에게 대리청정을 명하자 그는 이조판서로서 어영대장을 겸하여 실력자로 부상 풍양 조씨 세도의 기초를 마련하였다. 1830년 왕세자의 병사로 그 일파는 안동 김씨파에 밀려났지만 그만은 호조판서 판의금부사 지중추부사 예조판서 등을 역임하면서 어린 세손의 보호에 힘썼다. 헌종이 어린 나이로 즉위하자 그 외할아버지로서 호위대장 어영대장 훈련대장을 역임하면서 불안한 왕실을 보호하는 한편, 자기파인 홍석주와 이지연을 계속 상위에 머물게 하며, 동생 인영과 조카 병현 등을 이조와 형조판서직에 앉히는 등 세력만회를 도모하였다. 안동 김씨 정권의 미온적인 태도로 천주교 교세가 확장되자 이를 안동 김씨 세력을 꺾는 호기로 삼아 1839년(헌종 5) 천주교도에 대한 일대 탄압을 전개하며[己亥邪獄] 인영으로 하여금 척사윤음을 올려 그 명분을 세우게 했다. 이로써 풍양 조씨의 세력을 확립, 이후 5~6년간 정권을 쥐고 그 일족이 현달하였다.

조병현은 과거 부정 시험에 연루되었다는 탄핵을 받았지만 막강한 세력을 갖고 있던 인물이었기 때문에 처음에는 왕의 배려를 받아 비교적 가벼운 형벌에 처해졌다. 하지만 풍양 조씨의 세도 정치에 불만을 품은 대신들과 삼사에서 소장을 내고 일어나 결국 왕은 그를 智島에 유배 보내게 된다. 그리고 얼마 지나지 않아 김문근의 딸이 대왕대비(순원왕후)가 되자 바로 사사되었는데, 이는 풍양 조씨의 정권이 다시 안동 김씨[7]의 수중으로 넘어감에 따라 피할 수 없는 일이었다.

2. 구성

연세대학교 중앙도서관본 『성재집』[8]은 조병현의 시를 수록한 작품집으로 <詩二>, <詩三>, <詩四> 총 3책 192장으로 이루어져 있다. 필사자는 저자 조병현으로 추정되지만, 문집 중간에 저자의 생몰 연대와 인적 사항에 대한 기록이 발견되는 것으로 보아 조병현 사후 본 문집 소장자인 제 3자가 편집에 개입한 듯하다.

그런데 3책 가운데 어느 표지에도 문집의 제목이 표기되어 있지 않다. 문집에는 각 장의 수가 표기되어 있지 않으며, 시의 목록과 본문의 시가 일치되지 않는 경우도 종종 발견된다. 詩題가 중복되어 기록된 경우도 있고, 중간에 다른 시가 삽입된 경우도 보인다. 본 문집은 이처럼 완성되지 않은 상태를 보이는 것과 전 편에 걸쳐 제거와 첨부 표시 등의 수정과 교정을 본 흔적이 많은 것이 특징이다. 이처럼 교정의 표시가 많은 것으로 보아 연세『성재집』은 이후 완성된 문집의 초본이었을 가능성이 크다. 실제 국립중앙도서관 소장본 『성재집』[9]은 시만 수록

7) 풍양 조씨 내부의 알력과 1846년 조만영의 죽음을 계기로 정권은 다시 안동 김씨의 수중으로 넘어가게 되었다. 안동 김씨의 대표적인 인물인 김문근의 딸이 1849년 철종의 비가 되면서 조병현이 사사되고 김문근 김좌근 김병기 등에게로 정권이 완전히 넘어가게 된다.

8) 이 문집명에 대한 고증은 본 장에서 자세하게 소개할 것이다. 그 내용을 간략히 밝히자면, 연세대 중앙도서관 『고서 목록』에는 『羽堂集』으로 기록되어있다. 처음, 이 문집을 접하는 연구자들은, 落帙本인 이 책의 표제나 장, 어디에도 문집과 관련한 이름을 찾을 수 없어, 본 도서관 『고서 목록』상의 기록만을 믿을 수 밖에 없었다. 그러나 필자는, 본 해제과정에서 『우당집』이라는 문집명에 의심을 품게 되었다. 바로, 동일인의 문집으로 전해지는, 국립중앙도서관에 소장된 조병현의 『成齋集』 때문이다. 『成齋集』은, 시만 수록되어 있는 본 도서관의 문집인 『羽堂集』과 달리, 조병현의 산문 작품과 연보가 첨부되어 있어 완결된 문집의 형태를 갖추고 있다. 결국, 낙질본인 문집이 도서관에 유입되는 과정에서 작가의 호가 '羽堂'이기 때문에 서지관리자에 의해 임의로 붙여진 이름이라 추측된다. 실제, 문집 안에 "著者 趙秉鉉 號 羽堂---" 이라고 한 대목이 있다. 하지만, 조병현의 문집이 『성재집』이란 이름으로 현전하고 있고, 조병현 관련 연보와 사적 어느 곳에도, 본 문집의 이름을 『우당집』이라 할 근거는 찾을 수 없었고, 실제 대조해본 결과, 연세대본 『羽堂集』은 국립중앙도서관본 『성재집』의 초고본이었을 것이라는 단서를 찾아냈다. 이에 필자는, 본 문집명을 『成齋集』으로 정정하였다. 각 문집에 대한 내용과 구성에 대한 비교 검토는 본 장에서 자세히 다루었다. 이후로 연세대본 『성재집』은 '연세 『성재집』'으로, 국립중앙도서관본 『성재집』은 '국립 『성재집』'으로 부른다.

9) 15권 別冊附合 10책. 四周雙逸, 半廓 20.8×15.3 10행 20자, 內向二葉花紋魚尾: 31.3×20.8. 간사지미상.

되어 있는 연세『성재집』과 달리 조병현의 산문 작품과 연보가 첨부되어 있어 완결된 문집의 형태를 갖추고 있다. 따라서 연세『성재집』은 국립『성재집』의 초고본이었을 가능성에 대한 추론은 상당한 근거를 갖는다.

이에 연세『성재집』을 조병현의 또 다른 문집인 국립『성재집』과 교감하여 본 문집의 구성과 내용에 대해 살펴보는 것이 본서의 구성과 내용을 살피는데 적절한 방법이라 생각한다.

국립『성재집』은 총 15권 10책이다. 1책에서 4책까지 전 편에 시가 수록되어 있고, 각 책은 2권씩 묶여 있다. 5책에서 8책은 祭文과, 箋文 등의 산문이 실려 있고, 9책은 표지만 있으며, 10책엔 표지와 작가의 年譜가 첨부되어 있다. 연세『성재집』에는 시만 수록되어 있으므로 국립『성재집』 가운데 시가 수록되어 있는 1책에서 4책을 비교 대상으로 삼아 각 책을 비교해 보기로 한다.

1) <詩二>

시집 이름은 표기되어 있지 않은 채 다만 겉 표지 오른 쪽 상단에 종서로 "自乙亥至己卯"라고 하는 연도가 기록되어 있고 왼편에는 역시 종서로 "詩二"라고 적혀 있다. 연도는 시가 창작된 시기를 나타낸다.

연세『성재집』, <詩二>에는 시 제목을 적은 총 두 종류의 목록이 실려 있고 각각 그에 해당하는 내용이 나누어 수록되어 있다. 첫 번 째 시 목록이 기록된 하단에 '以上二卷之上篇'이라는 표기가, 그리고 두 번 째 시 목록이 기록된 하단에 '以上二卷之下篇'이라는 표기가 있는 것으로 보아 <詩二>는 전체 문집 가운데 2권에 해당한다는 사실을 알 수 있다.

그러나 이 <詩二>를 국립『성재집』과 비교해 보면, 국립『성재집』의 2책, 권 3, 4에 해당한다.[10] 연세『성재집』과 마찬가지로 국립『성재집』 2책의 표지 역시 <詩二>라고 쓰여 있다. 단지 연세『성재집』은 좌측 상단에 종서로 <詩二>라고 쓰여져 있는 것에 비해, 국립『성재집』은 좌측 하단에 횡서로 쓰여 있으며 시 창작 년도가 기록되어 있지 않은 것이 다르다.

연세『성재집』의 필사자가 해 놓은 교정 표시를 헤아려가며 국립『성재집』과 교감해 보았을 때 두 문집의 목록과 시는 거의 일치한다. 연세『성재집』, <詩二>에는 상편에 71제 308수, 하편에 143제 207수가 실려 있다.

2) <詩三>

<詩三>의 표지에는 오른편 상단에 "自庚辰至己酉"라고 적혀 있고 왼편 상단에 <詩三>이라

간사자미상. 간사년미상. 국립중앙도서관 소장.

10) 연세『성재집』, <詩二>의 上卷은 국립『성재집』 2책의 권3에, 下卷은 2책의 권4에 해당한다.

고 적혀 있다.[11] <詩三>에는 두 편의 목록과 해당 시 작품이 나누어져 실려 있다. < 詩三>의 첫 번 째 시 목록 하단에는 '以上三卷上篇目錄'이라고 기록되어 있고, 두 번 째 시 목록 하단에는 아무런 표기도 보이지 않는다.[12]

본 도서관 문집의 <詩三>은 국립 『성재집』의 3책, 권5와 권6에 해당한다. 국립 『성재집』 3책의 표지 역시 연세 『성재집』과 마찬가지로 <詩三>이라고 표기되어 있다. 이 부분에 해당하는 연세 『성재집』의 시 목록과 작품 역시 국립 『성재집』의 그것과 거의 일치한다.

연세 『성재집』, <詩三>에는 上篇에 108제 223수, 下篇에 131제 237수가 실려 있다.

3) <詩四>

<詩四>의 표지에는 오른편 상단에 종서로 "未詳年及無題別編"이라고 쓰여 있고 왼편 상단에 역시 종서로 <詩四>라고 적혀 있다. 두 개의 목록과 해당 작품이 나누어 실려 있는데. 뒷부분의 목록 표지에는 "詩別篇"이라고 적혀 있다.

<詩四>는 국립 『성재집』의 4책, 권7과 권8에 해당한다. 연세 『성재집』의 목록에 기록된 시 제명과 작품 역시 국립 『성재집』의 그것과 일치한다. 연세 『성재집』, <詩四>에는 앞 부분에 97제 231수, 뒷 부분(詩別篇)에 64제 74수가 실려 있다.

연세 『성재집』의 편찬 내용을 국립 『성재집』과 비교하여 정리하면 다음과 같다.

연세 『성재집』의 구성

<詩二> 목록(二卷之上篇), 시- 국립 『성재집』 2책 권3에 해당
목록(二卷之下篇), 시- 국립 『성재집』 2책 권4에 해당
<詩三> 목록(三卷之上篇), 시- 국립 『성재집』 3책 권5에 해당
목록, 시- 국립 『성재집』 3책 권6에 해당
<詩四> 목록, 시 -국립 『성재집』 4책 권7에 해당
목록(詩別篇), 시-국립 『성재집』 4책 권8에 해당

연세 『성재집』을 조병현의 완성된 문집 국립 『성재집』과 교감해 본 결과, 연세 『성재집』에는 국립 『성재집』의 1책에 실린 시를 제외한 나머지 시가 실려 있다. 국립 『성재집』 1책은 권1과 권2의 합본이며 총 143제 (권1에 88제, 권2에 55제의 시)가 실려 있다.

연세 『성재집』에 표시된 수정 표시를 감안하여 작품을 살펴보면, 국립 『성재집』에 실린 시

---

11) 본래 "自庚辰至癸未"라고 쓰여져 있었던 것을 "乙酉"로 수정한 흔적이 남아 있다.
12) 이는 필사자가 실수로 기록하지 않은 것으로 보인다. '以上三卷下篇目錄'이라고 기록되어야 할 것이 누락되었다고 볼 수 있을 것이다.

와 거의 작품 수와 내용이 일치한다.

3. 내용

1) <詩二>

겉 표지에 기록된 '乙亥'에서 '己卯' 연도는 시가 창작된 시기를 진술하는 것으로 보인다. 해당연도는 1815년 (순조 15)에서 1819년(순조 19)이고, 조병현의 나이 25세에서 29세에 해당한다. <詩二>는 상편과 하편에 해당하는 목록과 작품이 한 책에 합쳐져 구성되어 있다. 이를 나누어 작품 수 및 내용을 살펴보기로 한다.

(1) 二卷之上篇 : 71제, 총 308수

첫 수는 「次社中諸朋所示韻二十首」로 시작한다. 문집 중간에 "著者 趙秉鉉 號 羽堂 御史 (得永子) 官 提學 兵判 廣州留守 憲宗丁未(1847) 罷職島配 哲宗己酉(1849) 賜死"라는 기록이 표 안에 적혀 삽입되어 있다.

이 시기에 지은 시는 일반적인 서정시를 비롯하여 동생 및 사촌, 친구들과 함께 지은 교유시, 풍속을 읊은 죽지사 계열의 시, 여성 정감을 읊은 시 등이 주류를 이룬다.

「述懷」는 자신의 내면을 직접 읊었고, 「秋日述懷」에서는 "푸른 산봉우리에 가을 비 쓸쓸히 내리는데 누대 위엔 아무도 없어 적막하기만 하네. 맑은 날 오겠다는 약속 기다리며 어느 곳에서 넋 나간 혼 불러줄까 기다릴밖에.(碧峰秋雨下蕭蕭, 樓上無人且寂寥. 爲待清暉來有約, 更堪何處斷魂招.)", "동쪽 산에 가을 비 부슬부슬 내리는데 언덕과 시냇가의 꽃 아득히 보인다. 버들가지 꺾어 이별 곡을 부르니 애련타! 오늘 밤 낮게 뜬 달빛이. (東山秋雨下凄凄, 崖華溪花極目米. 爲折楊枝歌別曲, 可憐今夜月光低.)"라고 하여 여성을 화자로 내세워 이별의 슬픔을 그려내었다. 조병현은 이처럼 여성 화자를 내세워 여성 정감을 드러내는 시를 즐겨 지었다.

조병현은 동생을 묘군[13]이라고 칭하며 「雪後共卯君洞天諸社友作」·「其卯君夜訪北渚洞」 등을 비롯하여 동생과 관련된 여러 편의 시를 지었다. 한편 풍양 조씨가 세도를 잡는데 결정적인 역할을 한 조병현의 작은 아버지 조만영과 조인영, 그리고 사촌 동생 조병헌과 관련된 작품을 다수 남기고 있다. 「謹賭族叔石厓先生萬永氏專對瀋陽之行」과 「別瀋陽使」는 조만영이 심양에 사신으로 가는 것을 송별하는 시이며, 「和族弟允文秉憲景寶秉龜軸韻」·「和族弟允文景寶殘春韻」은 사촌 동생 趙秉龜(1801~1845)[14]와 趙秉憲(1803~ ?)[15]에게 화답한 시이다. 「發向

13) 소식이 기묘년에 태어난 동생 철을 일컬은 말이다. 조병현은 자신의 동생을 소철에 비유하고 자신 또한 소식이라 생각했던 듯 줄곧 동생을 묘군이라고 지칭하고 있다.

甲島」·「甲島偶吟」은 아버지의 유배지였던 금갑도에 왕래하면서 지은 시이다.

조병현은 조카 사위였던 익종이 입학하는 것을 기념한 시 「王世子翼宗大王入學日」을 짓기도 했는데 외척으로서 임금과 가까웠던 일면을 작품을 통해 살필 수 있다.

「大同江」은 총 27 수의 연작시이다. 이 시는 대동강 주변의 풍속에 대해 읊은 죽지사 계열의 시인데, 그는 이 외에도 죽지사류의 작품을 다수 남기고 있다.

「文章雖富三疊」에서는 "문장력이 비록 풍부하다고 해도 시를 탐내지는 말라(文章雖富莫貪詩)", "문장이 비록 풍부하다고 해도 바라건대 몸을 숨겨라(文章雖富願逃身)", "문장력이 비록 풍부하다고 해도 붓을 멈출 수 있어야 한다(文章雖富可停毫)"라고 하여 자신 및 글 쓰는 사람이 지켜야 할 태도에 대해 당부하였다.

(2) 二卷之下篇 : 143제, 총 207 수

이별하고 그리워하고, 만나고 기다리는 감정 등에 대해 읊은 「送」·「憶」·「逢」·「請」·「夢」·「待」·「別」·「嘲」·「燭」 등의 작품은 여성을 화자로 여성의 섬세한 감정을 형상화한 시이다.

이 시기 조병현은 금강산 지역을 오랫동안 여행했던 것으로 보인다. 그는 여행 경로를 따라 여러 수의 기행시를 지었는데. 「明鏡臺」·「地獄門」·「黃泉江」·「表訓寺」·「正陽寺」·「萬瀑洞」·「普德窟」·「玉流洞」등이 모두 금강산을 여행하며 지은 시들이다. 금강산의 구석구석을 거의 한 곳도 빠지지 않고 다니며 자세하게 읊었다. 그리고 강릉 지역을 돌아보며 「洛山寺」·「觀音窟日出」·「觀海」·「鳴沙」·「鏡浦臺」등의 시를 지었다.

조병현은 李明五(? ~1836)[16], 趙斗淳(1796~1870)[17], 李天民, 李晚用, 李懿喆 등과 특히 친하게 지내며 함께 차운한 시를 짓곤 했다. 한편 안동 김씨 세력의 주 인물이었던 金興根(1796~1870),[18]金弘根(1788~1842)[19]과도 교유했다.

기생과 이별하며 준 시 「贈妓」에서는 "헤어지며 한 마디도 남기지 않는다고 나를 박정한 사내라 하지 마라.(臨別還無贈一語, 不妨呼我薄情郎)"라고 하였는데, 이 구절에는 역으로 헤어지는 것이 무척 아쉬워 아무 말도 할 수 없던 작가의 아쉬운 마음이 드러난다.

---

14) 字는 景寶, 만영의 아들.

15) 字는 允文. 號는 錦州. 이조판서 鍾永의 아들.

16) 字는 士緯, 號는 泊翁. 雨念齋.『泊翁詩抄』9권이 있음.

17) 字는 元七, 號는 心庵 노론 4대신의 한 사람인 태제의 4세손 진익의 아들.『동문휘고』의 편찬을 담당하고 이조판서를 역임.

18) 字는 起卿, 號는 游觀. 형은 좌의정 홍근. 안동 김씨 세력.

19) 字는 毅卿, 號는 春山. 1839년 한성부판윤을 거쳐 이조 공조 병조의 판서와 홍문관제학 우참찬 등을 지냄 이듬해 대사헌으로서 풍양 조씨와 안동 김시의 세력 다툼에 대한 시폐의 상소를 올리고 병을 이유로 사직하고자 하였으나 오히려 의정부좌참찬으로 기용되었다. 1841년 좌의정에 올랐다가 이듬해 사퇴하고 판중추부사가되어 관직에서 물러났다.

2) <詩三>

시 창작 시기가 '自庚辰至乙酉'로 기록되어 있다. 이 시기는 1820년(순조 20)부터 1825년이며 저자가 30~36세에 해당하던 해이다.

(1) 三卷上篇 : 108제, 총 223수

이 시기에는 挽詩 계열의 작품이 눈에 띄며, 우의정을 지낸 李止淵(1777~1841)[20]과 여항시인이었던 趙秀三(1762~1849)[21]과 교유한 시가 다수 발견된다.

딸을 잃고 상실감과 참혹함을 노래한 「哭女兒」와 「挽」이란 제명의 작품이 몇 편 남아 있다. 1830년 조카사위였던 효명세자가 죽자 그를 위해 「孝明世子輓」을 짓기도 하였다.

「芝園趙秀三共賦」란 작품은 여항 시인 조수삼과 함께 지은 시이다. 「寄芝園老人趙秀三」의 "예전 시사에서 맺은 우정 돈독해 墨莊岩 별장에 술 마신 흔적 아직 남아 있네.(詩社當年結交敦, 墨莊岩墅酒留痕)"라고 하는 구절을 통해 보면 조수삼이 주관하던 시사에 조병현도 참여했음을 알 수 있다. 조병현 뿐만 아니라 풍양 조씨가 조수삼의 든든한 후원자 역할을 하였는데 이러한 사실을 조수삼과 교유한 여러 작품을 통해 확인할 수 있다.

「錦湖秋旣望賞七鬟」은 가을철 금호에서 놀며 기녀 雲仙·水精·香節 등 7명에게 써 준 총 7편의 시이다. 전편이 운선에게 준 시의 한 구절인 "운우지정 나누던 초나라 하늘 꿈꾸다 놀라 깨어 내일 아침 호숫가의 이별 생각에 슬피 꽃을 날린다.(雲雨楚天驚罷夢. 明朝湖別悵飛花)"라는 내용과 유사한, 염정적인 분위기를 조성하고 있다.

한편 「大殿延祥詩」·「中宮殿春帖子」·「世子宮端午帖」 등의 작품에서는 전형적인 관료의 일면을 볼 수 있다.

(2) 三卷下篇[22] : 131제, 총 237수

이 시기에는 「應製石塘新荷」·「應製玉流川雨後」·「應製硯聯句」·「應製焚香聯句」·「應製白蓮聯句」·「應製七夕」 등의 응제시가 집중적으로 창작되어 주목된다. 이를 통해 조병현의 시가 왕에게 인정받았던 사실을 확인할 수 있다.

3) <詩四>

표지에 "未詳年及無題別編"이라고 적혀 있다. 이 책에 실린 시가 지어진 창작시기는 자세히

---

20) 字는 景進, 號는 希谷. 우의정에 임명되어 국정을 총괄하였다.
21) 本貫은 한양, 字는 芝園, 子翼, 號는 秋齋. 초명은 景濰, 송석원시사의 핵심적인 인물로 활동하였다.
22) 문집에는 아무런 표기가 보이지 않지만, 순서로 보아 '三卷下篇'에 해당하므로 편의상 적는다.

알 수 없으나 과거 시험 부정 사건에 연루되어 평양으로 좌천되던 시기에 지어진 것으로 보인다.

(1) 97제, 총 231수

첫머리를 장식하는 시 「自題」는 "나는 조씨로 풍양인이다. 우당이 호이다. 자는 (缺). 태어나서부터 한양의 여러 집에서 자랐다.…(我趙自是豊壤人. 羽堂其號, 字(缺), 落地之初及生長漢陽城裏數棟室…)"로 시작되는 자전적 시이다.

「挽」은 마지막 구의 "슬프다! 글을 지어 온화하고 맑은 눈물 흘리며 내 자신 의지할 데 없이 외롭게 되었음을 깨달을 뿐이다. (愴矣題詞和淸淚, 惟覺吾身轉立伶俜)"라고 하는 내용으로 보아 자신의 부인을 위해 지은 悼亡詩라 할 수 있다. 한편, 「嬋娟洞詩」에서는 "누가 장안의 유협객이 텅빈 산 해질녘에 꽃다운 영혼을 조문하는 지 알리오?(誰識長安遊俠客, 空山斜日弔芳魂.)"라고 하며 기생의 죽음을 애도하는 남성의 모습을 그렸다. 「效宮詞體」는 궁사체를 본받아 작성한 시이다. 「估客樂」은 총 30수의 연작시로 바다를 건너며 장사를 하는 行商에 관해 읊은 죽지사 계열의 작품이다. 「漁父詞」는 총 22수의 연작시로 "호적에 이름이 실리지 않았고(姓名元不載籍中)", "인간세상의 시비를 알지 못하는(不識人間有是非)" 어부에 대해 읊은 시인데, 어부는 隱者를 상징하는 인물이라 할 수 있다.

(2) 詩別篇 : 64제, 총 74수

본 편에는 평안도의 「浮碧樓」·「寒食登練光亭」·「永明寺」·「牧丹峰」을 방문하여 읊은 시와 대동강에서 배를 타고 지은 시 「大同江泛舟」 등의 작품이 있다. 이들은 평양으로 좌천되었을 때 지은 시로 보인다. 「病中偶吟」·「深夜獨坐偶吟」·「夜深獨坐有感」 등은 대신들의 상소로 관직을 빼앗기고 지친 마음을 읊은 시들이다.

4. 가치

연세 『성재집』에 실린 조병현의 시는 614제, 총 1,280여 수이다. 낙질된 시를 추정하여 총 작품 수를 살펴보면 약 1400여수가 된다. 시 작품 뿐만 아니라 다수의 산문을 남기고 있음을 현전하는 조병현의 완결된 문집을 통해 확인할 수 있는데, 전체 작품을 대상으로 한 문학 연구와 작가 연구가 이루어져야 할 것이다.

조병현은 풍양 조씨의 주도적 인물로서 당대의 막강한 실권자였던 작은 아버지 조인영과 사촌 조병구를 비롯하여 세도가들과 교유한 작품을 많이 남겼다. 금강산과 강릉 지역을 여행하며 지은 기행시와 전형적인 관료 의식을 보이는 응제시를 다수 짓기도 하였다.

조선후기에는 각 지역의 풍속을 읊은 죽지사 계열의 작품과 여성화자를 등장시켜 여성 정감을 읊은 시가 여러 시인들에 다수 창작되었는데, 조병현의 시에도 이러한 작품이 적지 않은 비중을 차지한다. 하지만 다양한 계층의 여성의 정감을 읊기보다는 기녀에 한정하여 화려하고 유미한 시풍으로 시를 지었다. 엄밀히 말해 이러한 작품은 여성 본연의 정감이라기 보다는 남성 작가 조병현이 생각하는 '남성적 시각'의 '여성 정감'이라고 하는 것이 정확하다.

조병현의 일생은 조선후기 세도 정치의 핵심 세력이었던 풍양 조씨 집안이 권력을 장악하고 잃어 가는 과정과 그 궤적을 같이한다. 이러한 생애적 특성 때문에 조병현은 기해박해의 주동자이며 세도 정치를 이끈 핵심적 인물로만 인식되었다. 하지만 동시에 그는 상당한 분량의 시를 남긴 시인이었다.

어느 시인이나 당시대의 문학적 배경과 무관하게 시를 창작할 수는 없다. 조병현의 시작품을 통해 그가 시작 활동을 했던 조선 후기 시단의 특징적 일면을 발견할 수 있고, 이를 통해 조선 후기 한시의 특성을 풍부하게 밝히는데 일조를 할 수 있다. 특히 여항 시인 조수삼과 풍양 조씨 집안이 맺은 특별한 관계와 시를 통한 활발한 교류를 밝힘으로써 여항 시인이 주도했던 시사의 독특한 면모와 창작 배경을 밝혀낼 수 있으리라 기대한다.

【황수연】

少雲先生未定稿

韓星履(1850~1927) 著.

寫本. 2册, 30×18.5cm.

表題: 可軒未定稿.

少雲先生未定稿
見學舍頹廢爲園蔬請修繕誘進後學疏
伏以崇儒衛道致治之本務建學立師敎民之良規是以虞校
夏序出元凱之良才殷庠周雍有陶鈞之盛擧此皆百代之
良規也豈不爲後世人主之龜鑑哉惟我皇漢粤自太祖龍興
奠鴻基於馬上而其規模之弘遠章程之申明民俗之寧壹皆
從宰祀之聖度中流出者也是以董賈之文章勝霸之經術賁
餙昇平燦然文物蔚有可觀至今爲皇範帝則其道寔出於何
術歟臣聞勤其菑畬而後必有黍稷力其種植而後可得庇材
寧有不耕而穫不種而材之理也必也樟楠梓杞必求於匠石之
栽培稻粱種稑必出於力穡之播耰則今日所當憂者其非力
穡務栽之道耶竊觀今日之世敎風俗之頹敗儒術之退喪莫

1. 저자

『竹僑謾錄』 해제 참조.

2. 구성

이 문집은 表題와 卷首題가 다르다. 표제는 '可軒未定稿'이고, 卷首題는 '少雲先生未定稿'이다. 표제의 '可軒'은 한성리가 후학을 교육하던 장소였던 夕可軒에서 연유한 것이며, '소운선생'은 그에게 학문을 배운 學者들이 부르던 명칭에서 비롯된 것이다.

『소운선생미정고』는 한성리를 따르던 後學들이 목록과 내용을 필사한 것으로 보이지만 序跋이 없어 편집 경위와 필사연도를 알 수 없다. 다만 판각을 하기 위한 목적으로 정리하던 과정에서 나온 것으로 추측될 뿐이다. 권 乾에는 疏 9편, 上言 1편, 狀 4편, 書 41편, 序 17편, 記 10편, 跋 1편이 있고, 권 坤에는 論 18편, 說 17편, 辨 1편, 解 1편, 傳 2편, 義 2편, 訓 1편, 箴 2편, 銘 6편, 頌 5편, 贊 3편, 啓 4편, 詔 4편, 箋文 4편, 檄文·露布文·頒赦文·上樑文·殿策文·行狀·墓碣銘 등이 각각 1편씩 있고 祭文 2편이 있다.

권 乾

疏 : 「見學舍頹廢請修繕進後學疏」·「擬玄武司馬班固請定禮制之宜疏」·「張良願封留疏」·「代賈彪請解黨禁疏」·「蕭何請就國漢中疏」·「房玄齡請勿見史官記注疏」·「復院疏」·「擬本朝丙子斥和臣責講和臣疏」·「擬張齊賢辭京官通判疏」

上言 : 「擬本道儒生等請箕聖祠賜額上言」

狀 : 「擬楊頊袁彬狀」·「擬淮陽人民請褒陳孝婦狀」·「擬新安人民請建朱子廟狀」·「擬奪牛亭長訴韓徵君伯休狀」

書 : 「與藕堂閔尙書書」·「上宰相時弊書」·「與沈臺相穆書」·「答燕岐士林院壇設壇書」·「上毅菴柳先生書丙申三月日」·「開硯日請諸君子各言其志書」·「范忠宣夫人以墨帳燈烟跡示子孫書」·「代牧羊兒送楚懷王孫心書」·「代東周武公責楚令尹昭子書」·「代惠文太后謝左師觸龍規諫書」·「代紫陽眞人責范增乞藥書」·「擬明道先生辭康節授數學書」·「擬鼂錯謝伏生口授尙書書」·「擬魯仲連不受千金壽謝平原君書」·「擬賈彪入洛陽與城門校尉竇武書」·「過長蘆洲焚錢十萬謝馬當老叟書」·「代孫明復謝范文正捐財勸學書」·「代周勃謝病免讓能於陳平書」·「代黃子野辭王位書」·「代堂姨盧氏以不事女主說謝狄丞相書」·「木蘭寺見碧紗籠以飯後鍾詩戒院僧書」·「代申屠蟠聞處士復用遺范滂書」·「代列御寇妻責不受子陽十乘粟書」·「代公沙孚割席分坐後責荀爽違約書」·「代吳中宗族謝范文正設義庄書」·「代亡金郎責直不疑以金沽直書」·「代冶家子見武王克商更請鑄田器

書」·「代北山愚叟以扣石移山說答智叟書」·「過郭雋家見烏鵲通巢謝主人義感書」·「代求官者責何昌寓笑遙遙華胄書」·「代豫章邸吏歎不先入廨而問徐孺子所居書」·「代服虔謝崔烈連呼子愼遂與友善書」·「代張橫渠見二程深明易道徹皐比使從者往師書」·「擬鄭康成謝馬瀜使高業弟子傳授書」·「擬胡致堂辭秦檜所遺白金請修政任賢尊王攘夷書」·「仰見滕公論天下事書」·「擬韓順以禮有來學義無往教說謝隗囂書」·「擬燕趙悲歌士謝董生行語可以出而仕書」·「擬晏嬰御者妻笑其夫意氣揚揚書」·「以禹孝子立碑事上錦溪先生書」·「與金赫應書」

序：「代鬼谷先生以河樹岱松說勗蘇秦張儀序」·「河陽送蘇中節歸漢序」·「擬東都門公卿送疏太傅歸鄉序」·「靈隱寺月夜續吟後送駱賓王序」·「宗炳臥遊圖序」·「丁卯歲見五星聚奎賀天下自此泰平序」·「代元祐多士謝文潞公題明道先生墓序」·「擬明群臣賀見鵲哺令親老者歸養序」·「代陳世修上五湖圖序」·「以知君再爲蒼生起詩送呂獻可赴河陽序」·「上列女傳序」·「安上門上流民圖序」·「代失火家曲突徙薪後謝徐福序」·「南越歸路載奇花異草報錦石山山靈序」·「送廢課中沮者歸故山草堂序」·「麒麟閣畵功臣序」·「自幕後傳溫公像付耆英圖序」

記：「入德門記」·「署其門曰高陽里記」·「無絃琴記」·「常平倉記」·「虎巖記」·「開坪記」·「鷹巖記」·「一間樓記」·「雙泉記」·「中立和塾記」

跋：「禮疑續輯跋」

권 坤

論：「漢高祖不喜儒論」·「雪夜訪趙普論」·「太公呂后歸漢後張良勸漢擊楚論」·「漢初歎未復井田舊制論」·「六國之兵不如邯鄲一姬論」·「丙吉問牛喘論」·「王翦伐楚日請美田宅遺子孫業論」·「張良願從赤松子遊論」·「冀州刺史按事論」恐天下後世以吾私廣國論」·「作帝範十二篇遺太子論」·「窮達論」·「貫高白王不反論」·「聞蘆中人歌釋鄭公論」·「盧革不赴秋貢論」·「俗儒不達時宜論」·「辨奸論」·「秦檜一生成就得一胡邦衡論」

說：「絜矩說」·「中立說」·「君子說」·「成人說」·「密入公府定省父母說」·「楊震四知說」·「當置好子孫不當置好田庄說」·「氏族說」·「禹淳字說」·「禹鍾仁字說」·「敬軒號說」「勉軒號說」·「剛窩號說」·「毅齋號說」·「實谷號說」·「謙齋號說」·「默齋號說」

辨：「王陽爲孝子王尊爲忠臣辨」

解：「勸讀中庸解」

傳：「四皓傳」·「管城子傳」

義：「詩義 帝謂文王」·「詩義七月流火」

訓：「塾訓」

箴：「克己箴」·「運甓箴」

銘：「擬唐群臣進人鑑銘」·「擬周群臣進九鼎銘」·「擬明群臣進華盖殿銘」·「朱雲折檻銘」·「陋巷銘」·「洗硯銘」

頌 ：「擬虞群臣上卿雲頌」·「擬宋群臣賀榻下生靈芝四十二本頌」·「擬漢群臣賀得寶鼎改元頌」·「擬漁陽民人進麥穗兩歧頌」·「擬陶唐群臣上茅宮頌」

贊 :「學孔孟齋贊」·「半畝塘贊」·「便殿留唐介畵像贊」

啓 :「擬孫明復謝范文正捐俸入學啓」·「擬蘇軾賀歐陽公出爲滁州刺史啓」·「擬張奉歎毛義徵不出啓」·「賀小憩李台回甲啓」

詔 :「漢王封韓信爲眞王詔」·「擬漢文帝諭南越王詔」·「漢爲太上王遷新豊詔」·「唐賜鑑湖一曲詔」

箋文 :「宋歐陽修治滁日進元朝陳賀箋文」·「唐白樂天在江州日進冬至箋文」·「擬周群臣賀文王以舟梁親迎箋文」·「擬周群臣賀武王翼日乃瘳箋文」

檄文 :「漢王請討弑義帝者檄文」

露布文 :「擬唐李愬上雪夜破蔡州露布文」

頒赦文 :「擬宋英宗卽位後頒赦文」

上樑文 :「三十六宮上樑文」

殿策文 :「王若曰歷代治亂其本安在或歸之於氣數之盛衰或歸之於人事之得失云云」

行狀 :「吏曹參議金公諱碩鍊號玉湖行狀」

墓碣銘 :「六松閒人禹先生諱亨道墓碣銘」

祭文 :「南宮酒席設草偶誄紀信文」·「誄山齋李公佐承文」

3. 내용

문집의 내용을 대별해보면, 高宗朝의 어지러운 상황을 강하게 비판하고 유학사상으로 그 개선책을 삼으려 한 부분과 國權이 日帝에 넘어가면서 後學들을 양성하는 데에 관심을 둔 부분으로 나눌 수 있다. 특히 전반기의 글에는 기울어 가는 나라를 부지하고자 하는 간절한 심정이 비분강개한 어조로 나타나서 읽는 사람의 마음을 격동시키는 바가 있다. 이에 비해서 후반기의 글에서는 앞서의 날카로운 논조가 사라지고 후학을 양성하는 데에만 진력하는, 나라 잃은 지식인 모습을 발견하게 된다.

1) 時事批判에 대한 내용

우선 글의 제목에서 보이는 특징은 代作이나 擬作이 상당한 부분을 차지하고 있다는 점이다. 이 글들은 주로 중국의 역사적 인물이나 사건, 또는 조선의 역사적인 사건을 통해서 당시의 병폐를 지적하는 견해를 밝힌 것들이다. 이외에도 당시 상황에 대한 비판적인 시각을 보여주는 글들은 「與藕堂閔尙書書」·「上宰相時弊書」·「上列女傳序」·「南宮酒席設草偶誄紀信文」·「漢王請討弑義帝者檄文」·「俗儒不達時宜論」·「辨奸論」·「盧革不赴秋貢論」 등이 있다.

「與藕堂閔尙書書」는 1891년 6월에 당시 예조판서인 閔應植[1]에게 보낸 글이다. 이 글에서 한성리는 '어려서부터 程朱書를 읽어 대략 先儒들의 糟粕을 들어서 지키는 바가 간략하고 본 바가 천박하여 세상에서 물러나려 하지 않아도 저절로 물러나 있다'고 자신을 소개하면서 閔尙書와는 道가 같고 뜻이 같으므로 시대의 병폐에 대한 몇 가지 조목을 차례로 말미에 부치니 채택해주기를 바란다는 내용이나 그 조목들은 함께 수록되지 않았다.

「辨奸論」은 奸人을 판별하는 것이 나라의 흥망과 직결되는 일이며, 그들을 판별해내는 책임은 군주에게 있음을 말한 것이다. 글의 서두는 蘇洵의 「辨奸論」을 인용하면서 시작되는데, 그 서술을 살펴보면,

> 大智는 바보와 같고 大奸은 충성스런 사람과 비슷하니, …… 오직 밝은 자라야 그 肝肺를 꿰뚫어 볼 수 있다. 당시의 임금이 용렬하면 그 술책에 빠져서 그가 大奸임을 깨닫지 못하고 한 번 책임을 맡긴 사이에 나라의 흥망이 매이게 되는 것이다. …… 어느 시대건 간에 奸人이 없었던 적은 없었으며 누군가는 그가 간인임을 발견해냈다. …… 윗자리에 있는 사람이 비록 변별하고자 하였으나 변별해내지 못하면 아랫사람이 변별해냈다 하더라도 변별한 것은 쓸데없으니, 간인을 변별해내야 하는 사람은 임금이어야 하며 변별해내야 하는 시기는 執政을 시작할 때이다.

고 하였다. 그러므로 奸人이 大忠이나 大智로 자기 자신을 포장할 수 없도록 군주는 먼저 그 마음을 바르게 하여 그들에게 현혹되는 폐단이 없어야 함을 강조하였다.

「上列女傳序」에서는 당시에 궁궐에서 벌어지는 상황을 극렬히 비판하면서 宮闈의 슬기로운 본보기와 아름다운 행실을 모아 책자를 만들어 올린다고 하였다. 『열녀전』에서 다룬 내용은 먼저 남의 아내와 자식과 어머니가 되어 道를 행하고 그 영향이 집안과 나라와 천하에까지 미쳐 나간 것들인데, 政事를 마음대로 휘두르는 여인들이 읽으면 牝鷄之歎이 없게 되고, 질투가 심하고 남의 재주를 시기하는 여인이 보면 螽斯의 화목함을 생각하게 되며, 부모를 받드는 것을 소홀히 하는 여인이 보면 반드시 啜菽의 供養이 있을 것이며, 再醮하거나 更嫁한 여인은 栢舟의 비유를 보게 될 것이라고 하였다. 특히 서문의 내용 중에 夏나라의 妲己나 周나라의 褒姒를 거론하거나, 이 책이 먼저 궁궐 안에서부터 읽혀져 閭巷까지 미치기를 바란다고 하여 당시 궁중에서 행해지던 여인들의 행태를 강하게 비난하고자 하는 의도를 가지고 있다.

「上毅菴柳先生書」는 1896년에 제천에서 의병을 일으킨 유인석에게 보낸 글로, 그의 문집

1) 閔應植(1844~ ?) : 字는 性文, 1886년 민태호 등의 척신들과 함께 수구파를 형성, 원세계의 세력을 업고 개화파 타도에 앞장섰으며, 뒤에 척족세도의 중심인물로 민영익 등과 같이 원세계의 세력을 제거하기 위하여 러시아 세력을 끌어들이려는 운동을 제창하기도 하였다. 1891년 예조판서가 되었고 이듬해 防穀令으로 인한 黃豆賠償問題가 발생하자 이를 극력 반대 일본의 고압적인 태도를 규탄하였고 민병석 등과 함께 김옥균의 암살을 모의하였으나 실패하였다.

『죽창만록』에는 남을 대신해서 쓴 글이라는 「代人書」라는 제목으로 실려 있다. 여기에 실린 부분은 『죽창만록』보다 뒷부분이 많이 잘려나가고 삼분의 일 정도만 남아있다. 내용은, 을미사변의 참혹함을 당하고도 그 원수를 갚지 못하였을 뿐만 아니라 단발령으로 東土 삼천리의 문물이 하루아침에 짐승 같은 지경에 빠지게 된 때에 倡儀한 유암선생에게 깊은 존경심을 표한 것이다.

「擬本朝丙子斥和臣責講和臣疏」는 을사늑약 당시에 쓴 것으로 추측되는 글이다. 한성리는 그 내용에서,

> 義는 萬古의 綱常이요, 和는 一時의 權變이다. 綱常은 흔들리지 않는 이치이므로, 得失로 그 輕重을 계산할 수 없으며 興亡 때문에 지키는 바를 바꿀 수 없는 것이다. 그러므로 義가 있으면 비록 망하더라도 망하는 것이 아니며 비록 죽더라도 죽는 것이 아니다. 義란 形體에 의지하여 서는 것이 아니며 죽음을 따라 없어지는 것도 아니기 때문이다. 그러므로 나라를 다스리는 자들은 義가 아니면 처음부터 무슨 일도 할 수 없다. 이에 반해서 和라고 하는 것은 小人들이나 숭상하는 바이고 나라를 망치는 禍를 불러들이는 원인이 된다.

라고 하면서 병자호란 당시에 主和를 주장한 자들을 비판하였고, 여기서 나아가 '하물며 和와 斥은 一國의 大事요 成敗存亡의 기회이니, 君臣과 上下가 서로 大同한 후에야 歸一할 수 있거늘, 단지 한 두 사람의 臣僚가 독단적으로 결정한 것을 통탄한다'고 하면서, 政院이나 臺閣大臣들 몰래 일을 모의하여 임금의 눈과 귀를 막은 자들에 대한 분노를 표현하고 단죄할 것을 강하게 주장하고 고종에게도 각성할 것을 촉구하고 있다.

2) 교육기관의 補修를 건의하는 내용

한성리는 당시의 폐단을 고치기 위한 당면 과제로 儒學思想을 고취해야 한다고 생각하였다. 公的 次元에서는 학교와 서원을 보수할 것 등을 주장하였다. 그래서 「見學舍頹廢請修繕進後學疏」에서는 당시 풍속이 무너지고 儒術이 沮喪해지는 폐단을 시정하기 위하여 학교를 보수하여 교육여건을 마련해줄 것을 임금에게 청하였다. 「復院疏」에서는 '일에는 중요하지 않은 듯하지만 중요한 일이 있으니 바로 崇德尙賢하는 것이요, 政事에는 천천히 해도 될 것 같지만 시급하게 해야 할 일이 있으니 復院葺祠하는 일이다'라고 하면서, 갑자년(1864년)이래로 功利를 숭상하여 서원을 훼손하고 削板하는 데에 이르게 되니 선비들의 기운이 沮喪하고 道術이 萎靡하여 異端의 가르침과 부정한 귀신에게 제사를 지내는 일이 예전보다 심해졌다고 하였다. 그러므로 유교를 숭상하고 院額을 회복하는 일이 가장 기본이 되면서도 시급히 해야 하는 일임을 재삼 강조하고 있다. 「與沈臺相穆書」·「答燕岐士林院壇設壇書」 등도 그러한 맥락에서 쓰인 글들

이다.

개인적으로는 한성리는 후학을 양성하는 데에 관심을 가지고 1917년 무렵에 충청북도 槐山 沙潭里에 있는 淵源和塾[2])에서 머무르면서 여러 편의 글을 남겼다. 淵源은 沙潭里에 있는 洞名이며 中立和塾이라고도 불렸다. 이 시기에 쓴 것으로 추정되는 글들을 열거하면 다음과 같다.

書 : 「以禹孝子立碑事上錦溪先生書」

說 : 「中立說」·「禹淳字說」·「禹鍾仁字說」·「敬軒號說」·「勉軒號說」·「剛窩號說」·「毅齋號說」·「實谷號說」·「謙齋號說」·「默齋號說」

記 : 「虎巖記」·「閒坪記」·「鷹巖記」·「一間樓記」·「雙泉記」·「中立和塾記」

訓 : 「塾訓」

贊 : 「學孔孟齋贊」·「半畝塘贊」

行狀 : 「吏曹參議金公諱碩鍊號玉湖行狀」

墓碣銘 : 「六松閒人禹先生諱亨道墓碣銘」

祭文 : 「誄山齋李公佐承文」

「學孔孟齋贊」은 淵源和塾에서 2년을 지낸 뒤에 적은 글이다. 어떤 이가 齋號가 '속되고 거칠다'고 말하자 '산을 가리켜 마땅히 산이라 하고 물을 가리켜 마땅히 물이라고 할 따름이다. 산을 가리켜서 산이라고 하지 않고 峰이나 岫나 巘이라고 하는 것은 산을 올바르게 표현한 것이 아니요, 물을 가리켜 물이라고 하지 않고 洲나 沼나 灣이라고 하는 것은 물을 제대로 표현한 것이 아니다. 그러므로 공맹의 도를 배우고자 하면서 공맹을 齋號로 하지 않는다면 장차 어디에서 바름을 취하겠느냐'고 하였다.

「禮疑續輯跋」은 「禮疑續輯」[3])이 간행된 1912년 이전에 쓰인 발문이다. 원래는 분량이 30여 糾에 이르렀으나 요점을 추려서 1권을 만들고, 編에 따라 類를 나누니 三糾 六編이 되었다고 하였다. 한성리는 이 글에서 '禮는 생활 속에서 실천하는 것으로 한번 움직이고 한번 고요히 있는 사이나 한 번 읍하고 한 번 절하는 경우라도 조금만 잘못되면 하늘과 땅처럼 커다란 차이가 생기는 것이니 군신의 자리가 뒤엉키고 夷狄이나 禽獸의 처지가 되는 것이다' 라고 하면서 禮의 중요성을 강조하였다. 이어서 '우리나라에는 禮書가 많이 있는데, 家禮는 儀禮에 근본을 두었고 備要는 家禮에 근본을 두었으며 補解는 備要에 근본을 두었으며 便覽은 補解에서 나왔는데, 앞사람이 記述하고 뒷사람이 보태어 빠뜨려서 밝히지 않은 것도 없고 시기적으로 멀어서 이르지 않은 것이 없지만, 歸一하지 못하여 간혹 聚訟의 폐단이 많았다'고 하면서 '규

2) 淵源和塾: 단양이 본관인 禹顯鼎이 승훈랑 벼슬을 지내다가 을사조약으로 國變을 당하자 고향인 충북 괴산으로 내려와서 세운 학교.

3) 이조판서를 지낸 素山 李應辰이 편찬한 책. 내용은 喪變禮, 祭禮總論 등 복잡한 예절과 예문을 선현의 설에 고증하여 편저한 것이며, 金商五가 간행하였다.

모가 크면서도 綱領을 빠뜨리지 않았고, 세밀하면서도 그 조목이 어지럽지 않으니 常禮에서 근본을 세우고 變禮에서 그 의심나는 것을 가려낸 功'을 이 책의 장점으로 꼽았다.

「勸讀中庸解」는 시기를 정확히 알 수 없으나 張씨 성을 가진 사람의 질문에 대한 대답을 적은 것이다. 한성리는 '中은 천하의 正道요, 用은 천하의 正理이니, 正道를 가지고 正理에 합하면 사물의 모든 이치를 알 수 있다'고 하면서, 『中庸』은 孔門에서 傳授한 心法이니 도를 구하는 자는 반드시 보아야 할 책이라고 하였다.

「吏曹參議金公諱碩鍊號玉湖行狀」은 世宗朝 文臣인 김석련의 행장으로 당시 敎官으로 있던 후손과 그 族人들의 청에 따라 지은 것이며, 「誄山齋李公佐承文」은 한성리가 從遊했던 인물인 이좌승의 죽음을 듣고 애통한 심정을 적은 것이다. 이좌승은 송병선의 「尊華錄」에 최익현, 홍승운과 함께 서문을 쓴 인물로 1908년(戊申)에는 雲谷講齋에서 한성리와 함께 후진을 양성했던 인물이다.

3) 기타의 내용

그밖에도 시기는 알 수 없으나 저자의 생각을 엿볼 수 있는 글들을 소개하면 다음과 같다. 「窮達論」에서는 세상에서 말하는 窮達과 저자가 생각하는 窮達의 차이를 밝힌 글이다. 우선 세상에서는 窮中之窮과 達中之達만을 알고 窮外之窮과 達外之達은 알지 못하니 개탄스럽다고 하였다. 지위도 없이 물질적으로 궁색한 것이 窮中之窮이요, 富와 貴를 갖춘 것이 達中之達이지만, 저자가 말하는 窮外之窮은 心窮·口窮·行窮이다. 심궁이란 사람의 마음이 道德을 모범으로 삼지 않는 것이며, 구궁이란 입으로 仁義를 말하지 않는 것이며, 행궁이란 禮義를 실천하지 못하는 것이다. 그러나 이 세 가지 근심만 없으면 천하의 바른 자리에 서며 천하의 大道를 행하며 천하의 廣居에 거하여 貧賤도 움직이게 못하고 富貴도 어지럽히지 못하며 威武도 굴복시키지 못하는 것이 達外之達이라고 하였다. 즉 맹자가 말한 '大丈夫'의 삶의 자세로 '궁달'의 의미를 풀이하고 있다.

「宗炳臥遊圖序」는 종병[4]이 그린 「와유도」[5]를 사마천의 『사기』와 비교하면서 자신의 견해를 드러낸 글이다. 무릇 사람이 觀物하는 데는 有形에서 보는 경우도 있으며 無形에서 보는 경우도 있으니 有形이 書畵라면 無形은 文辭이다. 이 때문에 그림을 잘 그리는 자라도 瀟湘의 안개 낀 모습을 그려내지만 아황과 여영의 마음을 담지 못하는데, 종병은 사물의 오묘함을 다 담아내었다. 山川을 열람하고 돌아와서 글을 쓴 사마천이나, 산수를 遨遊하고 돌아와 그림 속에 담

4) 字는 少文, 南朝 宋나라 南陽人. 高祖가 벼슬을 주려 해도 받지 않았으며 성품이 山水를 좋아하여 번번이 돌아가는 것을 잊었다고 한다.

5) 종병이 늙고 병들자, 자신이 젊은 시절에 遊歷한 山水를 壁에 그려놓고 음악을 연주하며 감상하였다고 하는데, 이 그림을 「와유도」라고 함.

아낸 종병은 모두 有形에서 얻어서 無形으로 들어간 자들이다. 그러나 無形의 경우는 자신은 깨달았으나 다른 사람과 함께 할 수 있는 오묘함이 없고, 有形의 경우는 자신이 깨달은 것을 다른 사람들도 역시 깨닫게 하니 비록 문 밖을 나서지 않는다 하더라도 천하의 壯觀을 다 볼 수 있도록 하기 때문이다. 만일 사마천이 '나의 文章이나 종병의 臥遊는 모두 山水에서 얻어진 것으로 그 용도가 다르다. 종병은 千里萬里 밖으로 걸어 가야할 수고를 덜어주었지만, 나는 千古萬古의 오랜 세월 속에서도 一節을 뒤섞이게 하지 않았으니 거기에 대해서는 어떤 말로 대답할 수 있는가'라고 묻는다고 가정한다면, 한성리는 종병을 위하여 '子長의 游는 마음에서 깨달아 그 안에서 노닌 것이고 少文의 游는 눈에서 얻어서 그 밖에서 노닌 것이라. 안에서 노닌 것은 내가 노닌 것이요, 바깥에서 노닌 것은 다른 사람들도 함께 하는 것이니, 少文은 子長보다 어짐이 훨씬 더하다'라고 發明하겠다고 하였다. 이렇게 저자는 종병을 발명한 듯하지만, 맨 끝 구절에서는 비록 종병의 「와유도」가 有聲畵라고 할 수 있을지라도 사마천의 『史記』에는 미치지 못한다고 하면서 종병보다는 사마천을 우위에 두고 있다. 이를 통해서 선비의 지향을 은근히 내비치고 있는 것이다.

「管城子傳」은 붓을 소재로 한 가전체인데, 韓愈의 「毛穎傳」에서 유래한 것이다. 관성자는 묵묵히 움직이더라도 人主가 그 의론을 두려워하고, 비록 겸손하고 공경하더라도 용맹한 사람들도 제대로 막아내지 못하며, 비록 말이 눌변이라도 辯士들이 그의 조화를 빼앗으니, 관성이 있는 세상에는 賢愚를 가릴 것 없이 모두 그에게 나아가 질정하고 그 지휘를 들은 후에야 일은 그 실정을 얻고 사람은 그 평정함을 얻으니 이것이 관성자의 功能이라고 하였다. 그에게는 한 아우가 있으니 제환공 때 管仲이라고 하였다. 아홉 번이나 제후를 합종하였으니 비록 孔門에서는 부끄러움으로 여길지라도 그 功을 저울질해보면 첫 손에 꼽힐 만하다. 또한 후손으로는 管寧이 있어서 한 나라 宣帝 때에 經術로써 세상에 이름을 날렸으니, 벌열집안이라 하겠다. 그렇지만 그 몸이 매우 가볍고 날카롭기 때문에 精華를 숨기지 못하고 드러내기를 즐겨서 다른 사람의 惡을 나타내기도 하고 세상의 어지러움을 나무라기도 하여 당시의 군주에게 증오의 대상이 되기도 한다. 비록 스스로 후회하고 고치려하여도 할 수 없으니 아마도 하늘이 부여한 것인 듯하다. 이 때문에 사람들이 간혹 기롱하기도 한다. 文房四友는 일을 함께 하지만 功으로 따지면 管城만한 이가 없어 항상 主盟이 되어 천자가 봉선하는 날에나 제후들이 회맹하는 곳이나 史局에서 포폄을 하는 때에도, 관성이 아니면 그 임무를 감당할 수 없다. 그 때문에 사람들마다 모두 '우리 관성' '우리 관성'이라고 하면서 '萬古의 第一人物라고 이를 만하다'고 하지만 실제로는 그가 어떤 사람인지는 모른다고 하였다. 끝으로 저자는 野史氏의 말을 빌려 다음과 같은 평을 하였다. "내가 「관성자전」을 읽고 그가 다른 사람들에게 영향을 끼치는 역량을 가지고 있으나 자기 스스로에게는 실제로 얻는 것이 없음을 탄식한다. 어찌하여 날카로움을 비축하고 精氣를 길러 수명을 더하지 않고, 남들이 구하기만 하면 정수리부터 발뒤꿈치까지 닳아 없어지도록 거기에 응하여 바깥으로부터 비난을 초래하니 어찌 그리도 자신을 아끼지 않는가. 애석하도다. 이것을 하찮게 여긴다"고 하였다. 가전은 원래 풍자적 성격이 강한 문학작품이므로 작자가 의도한 바가 있게 마련이다. 한성리가 어떤 상황에서 이 가전을 짓게 되었는지는 알 수 없다. 다만 붓의 영향력을 무엇보다도 인정하지만 그것을 사용하면서 일어나는 여러 상황을 겪는 자신의 모습을 歎息하고 있는 것으로 보인다.

4. 가치

이 문집은 한말 당시의 병폐를 비판하고 개혁의 필요성을 역설하면서도 조선왕조의 전통적인 정치체제와 교육제도 등의 틀을 그대로 유지하기를 원했고, 국권상실 이후에는 교육에 진력하며 희망을 찾았던 儒生의 모습을 보여준다는 점에서 의의가 있다.

5. 기타

연세대학교에서 소장하고 있는 『少雲先生未定稿』 외에 국립중앙도서관에서 소장한 『少雲全稿』 2권 2책이 있다. 이 역시 필사본으로 刊寫者는 알 수 없으며 판형은 30.8×19.8cm이다. 이외에도 한성리의 저술은 『죽창만록』 10卷 1冊이 있으며, 연세대학교와 국립중앙도서관에서 소장하고 있다. 『죽창만록』과 『소운선생미정고』를 일별하면, 『죽창만록』은 각종 문체가 뒤섞여 있는 것으로 보아 한성리의 글을 모으는 초기단계에 해당하고, 『소운선생미정고』는 문체별로 뽑아넣은 것으로 보아 좀 더 편집자의 손길이 더해졌음을 발견할 수 있다. 또 『죽창만록』과 달리 『소운선생미정고』에 詩가 전혀 실려 있지 않은 것은, 한성리의 주된 관심이 時事에 대한 관심과 비판, 그리고 유가적인 사상을 闡揚하는 데에 있다는 『소운미정고』 편집자들의 생각을 보여주는 것이다.

『소운선생미정고』과 『죽창만록』에 실린 내용을 비교해 보면, 「與藕堂閔尙書書」·「上宰相時弊書」같은 글들은 뒷부분이 많이 빠져있으며, 특히 「上宰相時弊書」와 같은 글은 70% 이상이 실리지 않았다. 그 까닭은 아마도 이 책을 편집하던 시대의 분위기가 한성리가 견지하였던 위정척사의 입장을 그대로 보여주기 조심스러웠기 때문이 아닐까. 이와는 별도로 『소운선생미정고』의 내용 중에는 필사자들의 실수로 빠진 글자가 있다거나 잘못 옮겨다가 적은 것들이 간간이 눈에 뜨인다. 그렇지만 『소운선생미정고』에는 『죽창만록』에 실리지 않았던 글들도 들어있다.

【최우영】

松磵遺稿

〔著者未詳〕

寫本. 4冊, 17.5×22.5cm.

13行 20字 內外.

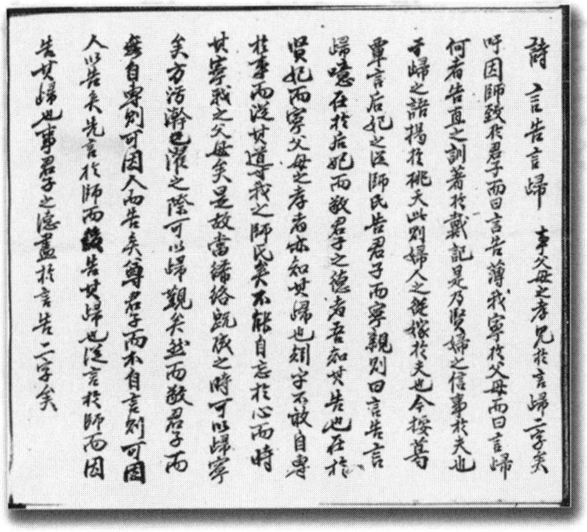

詩 言告言歸 事父母之孝見於言歸二字矣
呼因師致於君子而曰言告薄我寧於父母而曰言歸
何者告直之訓著於戴記是乃賢婦之信事於夫也
于歸之詩揭於桃夭此則婦人之從嫁於夫也今按葛
覃言后妃之因師氏告君子而寧親則曰言告言
歸噫在於后妃而敬君子之德者吾知其告也在於
賢妃而寧父母之孝者亦知其歸也則字不敢自專
於事而從其導於我之師氏矣不能自忘於心而時
其寧我之父母矣是故當絺綌既成之時可以歸寧
矣方浣澣已濯之際可以歸覲矣然而敬君子而
無自專則可因人而告矣尊君子而不自言則可因
人以告矣先言於師而後告其歸也從言於師而因
告其歸也事君子之德盡於言告二字矣

1. 저자

[著者未詳]. 문집의 제목이 『松磵遺稿』이므로 이 책의 저자는 松磵이란 호를 사용했던 인물임을 알 수 있다. 현재까지 확인되는 松磵이란 호를 사용했던 인물로는 徐義錫, 孫起陽(1559~1617), 李端夏(1625~1689), 鄭載嵩(1632~1692, 號 松窩), 趙準永(1833~1886) 등을 들 수 있다.[1] 이들 가운데 한 사람, 그 가운데서도 학문적으로 經學에 관심을 기울였던 인물을 이 문집의 저자로 추정해 볼 수 있으나 현재로선 더 이상의 추론이 어려운 실정이다.

2. 구성

문집은 크게 4책으로 구성되어 있다. 제1책이 『詩義』, 제2책이 『書義』, 제3책이 『禮義』, 제4책이 『易義』이다. 책의 제목에서 알 수 있듯이 이것은 詩經·書經·禮記·易經에 대한 일종의 주석서이다. 『詩義』가 91개 항목, 『書義』가 84개 항목, 『禮義』가 107개 항목, 『易義』가 88개 항목으로 모두 370개 항목에 대해 다루고 있다.

각 항목의 처음에는 각각 '詩' '書' '禮' '易'이라는 글자를 써서 분류하였고, 그 다음에 한 칸을 떼서 다루고자 하는 항목(제목)을 적었으며, 줄을 바꾸어 자신의 해설을 적어나갔다. 각각의 항목에 대한 해설은 대개 12행으로 구성되어 있다. 각 행이 대략 20자 내외(17자~21자)이므로 각 항목은 240자 내외로 서술되어 있고, 모든 문장의 처음에는 '吁'라는 감탄사를 적어 넣었다.

3. 내용

제1책 『詩義』에서 논의의 대상으로 삼고 있는 것은 아래와 같은 91개 항목이다.

1. 琴瑟友之(「關雎」) 2. 言告言歸(「葛覃」) 3. 維以不永懷(「卷耳」) 4. 福履成之(「樛木」) 5. 之子于歸(「桃夭」) 6. 言秣其馬(「漢廣」) 7. 麟之趾(「麟之趾」) 8. 于以采蘩 于沼于沚(「采蘩」) 9. 蔽芾甘棠(「甘棠」) 10. 退食自公(「羔羊」) 11. 星言夙駕 說于桑田(「定之方中」) 12. 何以畀之(「干旄」) 13. 有匪君子 終不可諼兮(「淇奧」) 14. 碩人之寬(「考槃」) 15. 誰適爲容(「伯兮」) 16. 君子陽陽(「君子陽陽」) 17. 毳衣如菼(「大車」) 18. 邦之司直(「羔裘」) 19. 獻于公所(「大叔于田」) 20. 女曰雞鳴(「女曰雞鳴」) 21. 與子宜之(「女曰雞鳴」) 22. 其人美且仁(「盧令」) 23. 彼君子兮 不素餐兮(「伐檀」) 24. 好

1) 李斗熙·朴龍圭·朴成勳·洪順錫, 『韓國人名字號辭典』, 啓明文化社, 1988, 562쪽.

人服之(「葛屨」) 25. 無已太康(「蟋蟀」) 26. 中心好之 曷飮食之(「有杕之杜」) 27. 誰與獨處(「葛生」) 28. 奉時辰牡(「駟驖」) 29. 厭厭良人 秩秩德音(「小戎」) 30. 所謂伊人 在水一方(「蒹葭」) 31. 豈曰無衣 與子同袍(「無衣」) 32. 於我乎(「權輿」) 33. 其儀一兮(「鳲鳩」) 34. 春日載陽(「七月」) 35. 女執懿筐(「七月」) 36. 蚕[蠶]月條桑(「七月」) 37. 載玄載黃(「七月」) 38. 載績[纘]武功(「七月」) 39. 獻豣于公(「七月」) 40. 制彼裳衣(「東山」) 41. 其舊如之何(「東山」) 42. 我覯之子 袞衣繡裳(「九罭」) 43. 於汝[女]信處(「九罭」) 44. 我有嘉賓 德音孔昭(「鹿鳴」) 45. 羣黎百姓 偏爲爾德(「天保」) 46. 如南山之壽(「天保」) 47. 樂只君子 遐不黃耉(「南山有臺」) 48. 爲龍爲光(「蓼蕭」) 49. 顯允君子 莫不念德(「湛露」) 50. 受言藏之(「彤弓」) 51. 我心則喜(「菁菁者莪」) 52. 文武吉甫 萬邦爲憲(「六月」) 53. 服其命服(「采芑」) 54. 有聞無聲(「車攻」) 55. 皎皎白駒(「白駒」) 56. 其人如玉(「白駒」) 57. 秩秩斯干 幽幽南山(「斯干」) 58. 似續妣祖(「斯干」) 59. 爾牲則具(「無羊」) 60. 南東其畝(「信南山」) 61. 大田多稼(「大田」) 62. 之屏之翰(「桑扈」) 63. 瞻彼洛矣(「瞻彼洛矣」) 64. 有頍者弁(「頍弁」) 65. 永錫爾極 時萬時億(「楚茨」) 66. 我取其陳 食我農人(「甫田」) 67. 賓之初筵(「賓之初筵」) 68. 期逝不至(「杕杜」) 69. 南有樛木 甘瓠纍之(「南有嘉魚」) 70. 維其時矣(「魚麗」) 71. 不醉無歸(「湛露」) 72. 桃之夭夭(「桃夭」) 73. 九月授衣(「七月」) 74. 九月在戶(「七月」) 75. 九月築場圃(「七月」) 76. 九月叔苴(「七月」) 77. 九月肅霜(「七月」) 78. 降爾遐福 維日不足(「天保」) 79. 邦家之光(「南山有臺」 / 「載芟」) 80. 周雖舊邦 其命維新(「文王」) 81. 思齋太任 文王之母(「思齊」) 82. 庶民子來(「靈臺」) 83. 世德作求(「下武」) 84. 以燕翼子(「文王有聲」) 85. 永錫祚胤(「旣醉」) 86. 純嘏爾常矣(「卷阿」) 87. 燕及朋友(「假樂」) 88. 允王維后(「時邁」) 89. 儀式刑文王之典(「我將」) 90. 壽考且寧(「殷武」) 91. 長發其祥(「長發」)

『詩經』, 「關雎」의 "거문고와 비파로 친히 하도다(琴瑟友之)"에 대한 해석은 다음과 같다.

아! 거문고와 비파는 즐겨서 조화로움을 일컫는 것이다. 우애하기를 친히 하고 사랑하기를 올바르게 하는 것이다. 왜냐하면 鄭風에서 말하기를 "자리에 있는 비파와 거문고"[2]라고 하였으니, 이는 곧 어진 부부가 자리를 함께 하여 즐거우면서 조화롭게 우애하는 것이다. 小雅의 常棣에서 말하기를 "거문고와 비파를 타는 듯 하다"[3]고 하였으니, 이는 가족이 마땅하기를 (거문고와 비파를) 연주하는 즐겁고 우애하는 것이다. 지금 關雎를 살펴보니 文王이 숙녀를 얻어 조화롭고 즐거움을 말하여 "거문고와 비파로 친히 하도다"라고 하였다. 아! 군자가 성스러운 여성을 친애하여 화락한 것을 내가 그 비파와 거문고에 있음을 알겠다. 군자가 성스러운 여성[聖女]을 사랑하는 것을 그 즐거움을 형용한 것이 또한 비파와 거문고에 있음도 알겠다. 하물며 깊은 德이 있는데 어찌 친애하지 않을 수 있겠는가? 곧고 바른 威儀가 있는데 어찌 그를 사랑하지 않을 수 있겠는가? 그러므로 寤寐不忘 구하던 것을 얻어 그를 친애하는 것이 벗들의 우애임을 알겠다. 輾轉反側하며 구하던 것을 얻어 그를 사랑하는 것은 형제간의 우애임

2) 『詩經』, 「鄭風 · 女曰雞鳴」. "琴瑟在御."
3) 『詩經』, 「小雅 · 常棣」. "如鼓琴瑟."

을 알겠다. 이러므로 함께 앉아 비파와 거문고로 그 우애하면서 화락한 것을 지극히 한 것이다. …… 雝雝하다는 것은 서로 조화하고 우애하기를 비파와 거문고와 같이 하는 것이다. 闢闢하다는 것은 함께 즐거워하고 우애하기를 비파와 거문고로써 하는 것이다. 그러므로 이와 같이 말했다.

제2책 『書義』에서 논의의 대상으로 삼고 있는 것은 아래와 같은 84개 항목이다.

1. 光被四表(「虞書・堯典」) 2. 於變時雍(「虞書・堯典」) 3. 師錫帝(「虞書・堯典」) 4. 予聞如何(「虞書・堯典」) 5. 我其試哉(「虞書・堯典」) 6. 重華(「虞書・舜典」) 7. 賓于四門(「虞書・舜典」) 8. 乃言底可績三載(「虞書・舜典」) 9. 受終于文祖(「虞書・舜典」) 10. 熙帝之載(「虞書・舜典」) 11. 文命敷于四海(「虞書・大禹謨」) 12. 后克難厥后 臣克難厥臣(「虞書・大禹謨」) 13. 惠迪吉(「虞書・大禹謨」) 14. 九叙惟歌(「虞書・大禹謨」) 15. 期于予治(「虞書・大禹謨」) 16. 念茲在茲 釋茲在茲 名言茲在茲 允出茲在茲(「虞書・大禹謨」) 17. 舞干羽于兩階(「虞書・大禹謨」) 18. 惇叙九族(「虞書・皐陶謨」) 19. 汝亦昌言(「虞書・益稷」) 20. 迪朕德(「虞書・益稷」) 21. 敷土(「夏書・禹貢」) 22. 覃懷底績(「夏書・禹貢」) 23. 桑土旣蠶(「夏書・禹貢」) 24. 厥賦貞(「夏書・禹貢」) 25. 陽鳥攸居(「夏書・禹貢」) 26. 納錫大龜(「夏書・禹貢」) 27. 成賦中邦(「夏書・禹貢」) 28. 祗台德先(「夏書・禹貢」) 29. 禹錫玄圭(「夏書・禹貢」) 30. 纘禹舊服(「商書・仲虺之誥」) 31. 徯予后(「商書・仲虺之誥」) 32. 克綏厥猷 惟后(「商書・湯誥」) 33. 祗厥身(「商書・伊訓」) 34. 相亦惟終(「商書・太甲上」) 35. 天位艱哉(「商書・太甲下」) 36. 昧爽丕顯(「商書・太甲上」) 37. 克敬惟親(「商書・太甲下」) 38. 嗣有令緖(「商書・太甲下」) 39. 時乃日新(「商書・咸有一德」) 40. 德無常師(「商書・咸有一德」) 41. 出矢言(「商書・盤庚上」) 42. 爾祖其從與享之(「商書・盤庚上」) 43. 用奉畜汝衆(「商書・盤庚中」) 44. 各設中于乃心(「商書・盤庚中」) 45. 永建乃家(「商書・盤庚中」) 46. 生生自庸(「商書・盤庚下」) 47. 其代予言(「商書・說命上」) 48. 旁求于天下(「商書・「說命上」) 49. 后從諫則聖(「商書・說命上」) 50. 惟學遜志(「商書・說命下」) 51. 監于先王成憲(「商書・說命下」) 52. 時乃風(「商書・說命下」) 53. 良臣惟聖(「商書・說命下」) 54. 惟一心(「周書・泰誓上」) 55. 惟克永世(「周書・泰誓中」) 56. 惟我文考 若日月之照臨(「周書・泰誓下」) 57. 逖矣 西土之人(「周書・牧誓」) 58. 篚厥玄黃(「周書・武成」) 59. 垂拱而天下治(「周書・武成」) 60. 萬姓悅服(「周書・武成」) 61. 天乃錫禹洪範九疇(「周書・洪範」) 62. 庶民惟星(「周書・洪範」) 63. 志以道寧言以道接(「周書・旅獒」) 64. 殷乃引考(「周書・洛誥」) 65. 惟洛食(「周書・洛誥」) 66. 令出惟行(「周書・周官」) 67. 庶言同則繹(「周書・君陳」) 68. 自一話一言(「周書・立政」) 69. 其惟克用常人(「周書・立政」) 70. 制治于未亂保邦于未危(「周書・周官」) 71. 至治馨香(「周書・君陳」) 72. 祥刑(「周書・呂刑」) 73. 敬授人時(「虞書・堯典」) 74. 以近天子之光(「周書・洪範」) 75. 王省惟歲 卿士惟月 師尹惟日(「周書・洪範」) 76. 平秩西成(「虞書・堯典」) 77. 闢四門(「虞書・舜典」) 78. 乃聖乃神乃武乃文(「虞書・大禹謨」) 79. 四方風動(「虞書・大禹謨」) 80. 安民則惠(「虞書・皐陶謨」) 81. 思曰贊贊襄哉(「虞書・皐陶謨」) 82. 愼厥終惟其始(「商

書・仲虺之誥」) 83. 奉先思孝接下思恭視遠惟明聽德惟聰(「商書・太甲中」) 84. 冀州(「夏書・禹貢」)

『書經』, 「堯典」의 "공경히 백성들에게 시간을 주었다(敬授人時)"에 대한 해석은 다음과 같다.

아! 시간을 人時라고 한 것은 농사를 소중히 여긴 것이다. 공경하게 주었다는 것은 백성을 다스리기를 삼간 것이다. 왜냐하면 『孟子』에서 말하기를 "농사철을 어기지 않았다"[4]라고 하였고, 「舜典」에서 "백곡을 파종하도록 하라"[5]라고 하였으니, 농사철[農時]은 人時이며 삼가 (人時를) 주기를 어기지 않는 것이다. 파종할 때[播時]란 人時이며 삼가 곡식을 중히 여겨 (人時를) 주는 것이다. 「堯典」의 "공경히 백성들에게 시간을 주었다"라는 것은 제왕이 天時를 삼가고 백성들의 농사를 소중히 여긴 것이 아니겠는가? 아! 농사[民事]에 이르고 더딘 것이 있음이 人時이다. 경작과 수확을 이 시간에 따르지 않는다면 가능하겠는가? 그 파종을 이 시간에 따르지 않는다면 가능하겠는가? 하물며 농사를 근면히 하는데 人時가 중요하니 반드시 주어야 하고, 백성을 다스리는데 농시를 따라야 하니 반드시 삼가야 함에랴. 이러므로 堯임금께서 曆象을 삼가고 장차 人時를 주려고 한 것이고, 백성들의 농사를 공경하여 장차 시간을 주려고 한 것이다. 시간에는 봄・여름・가을・겨울이 있고, 백성들에게 주는 것은 삼가고 공경해야 한다. 시간에는 경작과 수확의 빠르고 느림이 있으며, 백성들에게 주는 것은 반드시 공경하게 해야 한다. 공경함은 하늘과 인간의 사이에서 농사철을 알려주는 것보다 더 공경할 것이 없다. 시간이라! 농사를 경작하는 절후에 맞춰 그 시간을 주는 것을 엄히 공경하게 해야 한다.

제3책 『禮義』에서 논의의 대상으로 삼고 있는 것은 아래와 같은 107개 항목이다.

1. 毋不敬(「曲禮上第一」) 2. 安民哉(「曲禮上第一」) 3. 終則對(「曲禮上第一」) 4. 賜人者不曰來取與人者不問其所欲(「曲禮上第一」) 5. 提者當帶(「曲禮下第二」) 6. 約信曰誓 涖牲曰盟(「曲禮下第二」) 7. 式路馬(「曲禮上第一」) 8. 請益則起(「曲禮上第一」) 9. 安安而能遷(「曲禮上第一」) 10. 載飛鴻(「曲禮上第一」) 11. 夏后氏尙黑(「檀弓上」) 12. 五日彈琴而不成聲(「檀弓上」) 13. 君十卿祿(「王制第五」) 14. 受成於學(「王制第五」) 15. 歲不過三日(「王制第五」) 16. 命太師詩以觀民風(「王制第五」) 17. 造士(「王制第五」) 18. 凡養老(「王制第五」, 「內則第十二」) 19. 加地進律(「王制第五」) 20. 諸侯不掩群(「王制第五」) 21. 其日甲乙(「月令第六」) 22. 至之日(「月令第六」) 23. 習舞釋菜(「月令第六」) 24. 乃薦鞠衣於先帝(「月令第六」) 25. 時雨將降(「月令第六」) 26. 大飮烝(「月令第六」) 27. 歲且更始(「月令第六」) 28. 水澤腹堅(「月令第六」) 29. 嘗新(「月令第六」) 30. 順彼遠方(「月令第六」) 31. 春夏學干戈(「文王世子第八」) 32. 必以幣(「文王世子第

4) 『孟子』, 「梁惠王上」 3章. "不違農時, 穀不可勝食也."
5) 『書經』, 「虞書・舜典」. "播時百穀."

八」) 33. 必遂養老(「文王世子第八」) 34. 旣歌而語(「文王世子第八」) 35. 終之以仁也(「文王世子第八」) 36. 秉陽(「禮運第九」) 37. 其官於天也(「禮運第九」) 38. 得之者尊(「禮運第九」) 39. 措則正施則行(「禮器第十」) 40. 圭璋特(「禮器第十」) 41. 樵[醮]於客位加有成也(「郊特牲第十一」) 42. 三加彌尊喩其志(「郊特牲第十一」) 43. 灌以圭璋用玉氣(「郊特牲第十一」) 44. 始學禮(「內則第十二」) 45. 博學無方(「內則第十二」) 46. 動則左史書之 言則右史書之(「玉藻第十三」) 47. 君定體(「玉藻第十三」) 48. 工乃升歌(「玉藻第十三」) 49. 冕而舞大武(「明堂位第十四」, 「郊特牲第十一」) 50. 文世室(「明堂位第十四」) 51. 三代之禮一也(「禮器第十」) 52. 可述而多學(「禮器第十」) 53. 龜爲前列先知(「禮器第十」, 「郊特牲第十一」) 54. 肆夏而送下[之](「禮器第十」) 55. 振木鐸於朝(「明堂位第十四」) 56. 器用陶匏以象天地之性(「郊特牲第十一」) 57. 山立(「玉藻第十三」) 58. 牲用白牡(「明堂位第十四」) 59. 八蜡以記四方(「郊特牲第十一」) 60. 適子冠於阼以著代也(「郊特牲第十一」) 61. 必見其所祭者(「郊特牲第十一」) 62. 明水涚齊(「郊特牲第十一」) 63. 鴻雁[鴈]來賓(「月令第六」) 64. 命曰勞酒(「月令第六」) 65. 周龍章(「明堂位第十四」) 66. 入學以齒(「王制第五」) 67. 樂所以修內也 禮所以修外也(「文王世子第八」) 68. 亦如之(「文王世子第八」) 69. 抗世子法於伯禽(「文王世子第八」) 70. 修禮以耕之(「禮運第九」) 71. 家之肥也(「禮運第九」) 72. 七獻神(「禮器第十」) 73. 甘受和白受采(「禮器第十」) 74. 特牲(「禮器第十」) 75. 聽朔於南門之外(「玉藻第十三」) 76. 天子曰予一人(「玉藻第十三」) 77. 在車則聞鸞和之聲(「玉藻第十三」) 78. 賓主象天地(「鄕飮酒義第四十五」) 79. 讓之三也象月之三日而成魄(「鄕飮酒義第四十五」) 80. 德之華也(「樂記第十九」) 81. 盛德在金(「月令第六」) 82. 先河而後海(「學記第十八」) 83. 五嶽視三公(「王制第五」) 84. 一坐再至(「王制第五」) 85. 書思對命(「玉藻第十三」) 86. 辨論官材(「王制第五」) 87. 大道不器(「學記第十八」) 88. 以爲民祈福(「月令第六」) 89. 可以居高明(「月令第六」) 90. 始服衣若干尺(「曲禮第二」) 91. 立則磬折垂佩(「曲禮第二」) 92. 黃目(「明堂位第十四」) 93. 日三 94. 鞠有英華(「月令第六」) 95. 歌者在上(「郊特牲第十一」) 96. 衣白衣(「月令第六」) 97. 農事備收(「月令第六」) 98. 擧五穀之要(「月令第六」) 99. 霜始降(「月令第六」) 100. 入學習吹(「月令第六」) 101. 告備于天子(「月令第六」) 102. 合諸侯制百縣(「月令第六」) 103. 爲來歲受朔日(「月令第六」) 104. 班馬政(「月令第六」) 105. 乃厲飾(「月令第六」) 106. 祗敬必飭(「月令第六」) 107. 百工休(「月令第六」)

제4책『易義』에서 논의의 대상으로 삼고 있는 것은 아래와 같은 88개 항목이다.

1. 君子終日乾乾夕惕若厲无咎(乾卦 九三) 2. 乾元(乾卦 彖) 3. 其唯聖人乎(乾卦 文言) 4. 嘉會足以合禮(乾卦 文言) 5. 水流濕火就燥雲從龍風從虎(乾卦 文言) 6. 元者善之長也(乾卦 文言) 7. 大人造也(乾卦 象) 8. 學以聚之(乾卦 文言) 9. 知至至之(乾卦 文言) 10. 與天地合其德(乾卦 文言) 11. 牝馬之貞(坤卦) 12. 主利(坤卦) 13. 含章可貞(坤卦 六三) 14. 黃中通理(坤卦 文言) 15. 至靜而德方(坤卦 文言) 16. 君子以經綸(屯卦 象) 17. 磐桓(屯卦 初九) 18. 君子幾(屯卦 六三) 19. 童蒙求我(蒙卦) 20. 果行育德(蒙卦 象) 21. 容民畜衆(師卦 象) 22. 懿文德(小畜卦 象) 23. 富以其隣(小畜

卦 九五) 24. 履道坦坦(履卦 九二) 25. 財成天地之道(泰卦 象) 26. 其志仝[同](泰卦 彖) 27. 于食有福(泰卦 九三) 28. 志在君也(否卦 初六 象) 29. 繫于苞桑(否卦 九五) 30. 同人于野(同人卦) 31. 君子貞(同人卦) 32. 自天佑[祐]之(大有卦 上九) 33. 信以發志也(大有卦 六五 象) 34. 謙尊而光(謙卦 彖) 35. 卑以自牧(謙卦 初六 象) 36. 作樂崇德(豫卦 象) 37. 厚下安宅(剝卦 象) 38. 復其見天地之心乎(復卦 彖) 39. 茂對時育萬物(无妄卦 象) 40. 无妄之往得志也(无妄卦 初九 象) 41. 剛自外來而爲主於內(无妄卦 彖) 42. 愼言語節飮食(頤卦 象) 43. 聖人養賢以及萬民(頤卦 彖) 44. 王三錫命(師卦 九二) 45. 顯比(比卦 九五) 46. 王用三驅失前禽(比卦 九五) 47. 常德行習敎事(習坎卦 象) 48. 納約自牖(習坎卦 六四) 49. 朋盍簪(豫卦 九四) 50. 孚于嘉(隨卦 九五) 51. 嚮晦入宴息(隨卦 象) 52. 振民育德(蠱卦 象) 53. 容保民無疆(臨卦 象) 54. 知臨(臨卦 六五) 55. 利用賓于王(觀卦 六四) 56. 先王以省方觀民設敎(觀卦 象) 57. 白馬翰如(賁卦 六四) 58. 束帛戔戔(賁卦 六五) 59. 畜牝牛吉(離卦) 60. 繼明照于四方(離卦 象) 61. 咸感也(咸卦 彖) 62. 聖人久於其道而天下化成(恒卦 彖) 63. 好遯(遯卦 九四) 64. 雷在天上(大壯卦 象) 65. 衆允之志(晉卦 六三 象) 66. 閑有家(家人卦 初九) 67. 无攸遂在中饋(家人卦 六二) 68. 王臣蹇蹇(蹇卦 六二) 69. 甲折(解卦 彖) 70. 二簋可用享(損卦) 71. 木道乃行(益卦 彖) 72. 告公用圭(益卦 六三) 73. 惠我德(九五 象) 74. 繫于金柅(姤卦 初六) 75. 以杞包瓜(姤卦 九五) 76. 用大牲吉(萃卦) 77. 觀其所聚而天地萬物之情可見矣(萃卦 彖) 78. 南征(升卦) 79. 升階(升卦 六五) 80. 勞民勸相(井卦 象) 81. 其文炳如[也](革卦 九五 象) 82. 以養聖賢(鼎卦 彖) 83. 正位凝命(鼎卦 象) 84. 玉鉉(鼎卦 上九) 85. 時乘六龍以御天(乾卦 彖) 86. 厚德載物(坤卦 象) 87. 觀國之光(觀卦 六四) 88. 辨上下定民志(履卦 象)

乾卦 九三의 "군자가 종일토록 힘쓰고 힘써 저녁까지도 두려워하면 위태로우나 허물이 없으리라(君子終日乾乾, 夕惕若, 厲, 无咎)"에 대한 설명은 다음과 같다.

아! 종일토록 게으르지 않아 저녁까지도 두려워한다. 힘쓰고 힘써서 스스로 노력하기 때문에 위태로우나 허물이 없다. 왜냐하면 『書經』에서 말하기를 "날마다 부지런히 힘쓸 것을 생각한다"[6]고 하였으니, 이는 禹 임금이 일에 허물이 없기를 종일토록 생각한 것이다. 『孔子家語』에서 말하기를 "저녁에 돌이켜 경계한다(有夕反戒)"라고 하였으니, 이는 孔子께서 덕을 삼가서 지키기를 저녁까지 두려워한 것이다. 지금 『주역』을 살펴보니 군자가 게으르지 않아 위태로움에 처하여 경계하는 것을 말하기를 "종일토록 힘쓰고 저녁까지도 두려워하면 위태로우나 허물이 없다"고 하였다. 아! 종일토록 나태하지 않고 스스로 노력하는 것이 군자가 힘쓰는 바이다. 저녁까지도 두려워하기를 스스로 힘쓰고 그 두려워함[危懼]을 경계하는 것은 군자가 허물이 없는 바이다. 하물며 게으르면 위태로움에 처하기 어렵고, 저녁까지 두려워하는 경계가 아니면 위태로움에 처하기 어려움에랴. 이러한 까닭으로 그 지위가 존귀하고 드러난 위치에 있는 사람은 두려워하는[危懼] 뜻이 있어야 한다. 그 지위가 이미 현저히 드러난 사람은 두려워하는

6) 『書經』, 「虞書 · 益稷」. "予思日孜孜."

[危懼] 경계가 있어야 한다. 힘써서 종일토록 게으르지 않고, 두려워하여 저녁까지도 노력하면 비록 위태로운 지경에 처하더라도 허물이 없을 것이다.

4. 가치

『松磵遺稿』의 저자가 누구인지 현재로선 정확하게 알 수 없지만, 그 내용으로 보아 六經學에 대한 자기 나름의 입장을 확립한 인물로 판단된다. 특히 『松磵遺稿』가 세부적인 항목에 대한 논의를 중심으로 구성되어 있다는 점에서, 현존하는 여러 경학 관련 자료의 해당 항목과 비교·분석하는 작업이 행해진다면 조선후기 經學史에서 차지하는 이 저술의 사료적 가치를 객관적으로 판단할 수 있게 되리라 생각한다.

【구만옥】

松棲公文集

崔性全(1759~1824) 著.

寫本. 1册, 33×23㎝.

10行 20字 ; 上黑魚尾, 界線, 四周雙邊,

23.1×17.0cm. 表題 : 松棲公遺稿.

松棲公文集

祭伯氏文

維歲次己酉八月初四日卽吾　伯氏下世之再朞
也前一日丙辰舍弟性全謹以酒果之奠哭告于
靈筵曰嗚呼慟哉以吾　伯氏而至斯耶仁恕如吾
伯氏孝友如吾　伯氏而忍棄吾七旬之　親忍割
吾一氣之愛脫然長往經歲經年迄莫之歸歟天理
人情寧有是也始吾鬱陶而煩悶中則竊疑而將信
終又恍惚而滋惑此心靡日不耿耿庶幾其萬一朝
焉夕焉以春以秋見於羹見於墻見於堂階之上見

一　松棲公文集

1. 저자

崔性全(1759~1824)의 本貫은 全州, 字는 汝初, 號는 松棲이다. 만년에는 回門樵叟란 號를 사용하였는데, 여기에서 回門이란 최성전이 부모님 산소를 이장한 곳의 地名이다. 최성전의 始祖는 고려 시대 門下平章事를 지낸 完山府院君 文忠公 崔群玉이다. 유명한 인물로는 시조 후 7대에 寶門閣 大提學을 지낸 晩六先生 崔瀁遂이 있다. 조선 시대에 들어와서 한미하게 지내다가, 그의 증조부인 崔泰亨이 通訓大夫로서 掌樂院正이란 벼슬을 추증 받았고, 조부 崔峻斗는 戶曹參議를 추증 받았다. 아버지인 崔昌翊은 嘉善大夫로서 戶曹參判 및 同知義禁府事와 五衛都摠府 副摠管을 추증 받았다. 어머니는 동래 정씨로서, 鄭來章의 따님이다. 즉 大司憲 벼슬을 지낸 鄭守弘의 후예이다.

최성전은 1759년(英祖24, 己卯) 12월 27일에 태어났다. 어려서부터 단정하였고 법도가 있었으며 과묵하여 다른 아이들과 장난하는 것을 좋아하지 않고 주고받는 것이 발라서 識者들이 기특하게 여겼다. 7세가 되었을 때, 어머니 상을 당했는데 슬퍼함이 법도보다 지나치자 아버지가 그가 허약한 것을 염려하여 억지로 그만두게 하였다. 조금 자라서는 아버지를 섬김에 효도와 봉양을 극진하게 하여, 아침저녁 인사드리는 것과 춥고 더움을 살피는 것 등을 모두 常規에 따라서 하였다. 비록 옷이나 음식 등 하찮은 것이라도 자기가 먼저 입고 먹는 적이 없었다. 그는 한결같이 『小學』을 자기 행실의 표준으로 삼았다.

그의 아버지는 상처한 뒤에 새로 金氏 부인을 얻었는데, 공은 계모인 김부인을 아버지와 같이 섬겼다. 그래서 김부인이 항상 "이른바 옛날의 효자를 지금의 아들과 비교하면 어떨지 모르겠다!"라고 말하곤 하였다. 그는 형과도 우애가 매우 돈독하여, 옷을 물려 입고 이불을 함께 사용하는 것에서부터 재산이나 집을 나누는 것에 이르기까지 조금도 소홀한 적이 없었다. 특히 형이 병들어 위태로워지자 최성전은 하늘에게 자기를 대신 데려가 달라고 기도하였고, 불행히 형이 세상을 떠나자 후일에 큰 감여가를 찾아 吉地에 묻겠노라 맹세하였다. 그리고 형수에 대해서도 형수가 늙을 때까지 변함 없이 마치 어머니처럼 섬겼다. 뿐만 아니라 고아가 된 조카(즉 형의 아들)를 자기 소생 이상으로 보살피며 양육하였고, 여러 조카딸들도 교육과 재산분배 등을 법도에 따라 해주었고 혼수 등도 차등이 없이 해주었다. 친척이나 지인들도 한결같이 그의 혜택을 입었다.

최성전의 나이 36세 때인 1795년에 아버지의 상을 당하였다. 상례는 한결같이 朱文公『家禮』에 의거하여 치뤄졌는데, 슬픔으로 여러 번 실성의 경지에 이르렀다. 공이 복이 마치고서야, 그의 장조카인 崔翰重이 결혼하여 공을 찾아뵈었는데, 이 때 공은 錢穀 등의 장부를 장조카에게 주었다.

1805년(46세)에 계모인 김부인의 상을 당하자, 3년상을 예법대로 치루어 칭송이 자자하였다.

1814년(55세)에 흉년이 들자 구휼사업을 하여 혜택을 입은 집안이 수십 집이나 되었다. 그때 장조카 翰重이 곡식 천여 포를 가지고 구휼사업을 하면서 그의 이름을 알리자 그는 불쾌해하며 "너희들이 나를 위해 은혜를 구하고자 하는가?"라고 말하였다.

그는 평상시에 방 하나를 깨끗하게 치우고 圖書를 좌우에 배치해 놓고 대나무를 주위에 심고 그 대나무 사이사이에 화초를 심어놓은 뒤에 때때로 친구들을 불러 놀았고 친구들이 돌아가면 단정히 자리에 앉아 있었다. 그는 고질병이 있어 경학에 전념하지 못하는 것을 늘 한으로 삼았다.

최성전은 1824년 12월 27일 별세하였다.

그의 부인은 仁同 張氏로서 張師翰의 따님이다. 그보다 30년 먼저 세상을 하직하였다. 그에게는 一男二女가 있었다. 그의 문집을 읽는데, 이 외 몇 가지 더 참고할 것이 있다. 그는 벼슬은 하지 않고 治産에 힘을 썼다. 그의 집안은 본래 빈한했었는데, 늙은 부모가 살아 계시자 子路가 쌀을 이고 가는 정성으로 子貢의 貨殖의 뜻을 부러워하여 자수성가하여 종신토록 부모님을 잘 봉양하였다. 그래서 만년이 되어서야 좀 넉넉해졌다. 治産을 한 것은 자기의 재산을 늘리고자 한 것이 아니라, 재산이 없으면 예를 지킬 수 없어서였다고 한다.

그은 매우 정의로운 사람이었다고 한다. 한번은 빚을 받으러 온 사람이 돈을 받아 돌아간 후에 그는 그의 개인적인 기록에서 二千金이 누락된 것을 발견하고 빚 받으러 온 사람을 불러 이 개인적인 기록을 보여주고 그 돈을 돌려주었다 한다.

그는 당시에 孝友로서 명성이 있었고 친구들로부터 인정을 받았다.1) 이 외에 문집의 기록으로 보아 그는 평생에 병이 많았던 것 같다. 그런 연유로 道敎의 양생술에 대해 관심이 많았으며, 효심 때문에 風水를 연구하여 상당한 경지에 이르렀던 듯하다. 공의 스승은 晩圃 李先生이다.

2. 구성

본 문집은 表題가 '松棲公遺稿'라고 되어 있고 연세대 귀중본 목록에도 松棲公遺稿 4冊이라 되어 있다. 단 卷首題는 '松棲公文集'으로 되어 있어 이것을 따른다. 권수제를 볼 때 현재 연세대『고서 목록』에 보이는『松棲公遺稿』 4冊은『松棲公文集』1冊·『松棲公詩集』2冊·『松棲公事實』1冊이란 3種 책이 합철되어 있는 것을 알 수 있다. 이 중『松棲公文集』·『松棲公詩集』은 최성전의 작품이지만,『松棲公事實』은 최성전 사후에 이루어진 작품이다. 이 3종의 책은 각기 따로 다루어져야 한다.

우선『松棲公文集』에 대하여 말을 하자면, 이것은『松棲公詩集』과 구별된 문집명임을 알 수

1) 이상은『松棲公事實』의「行狀」과「墓碣文」등을 참조하였다.

있다. 즉 송서공의 산문집을 말하며, 일반적으로 말하는 '文集'의 개념이 아니다.[2] 우선 그 구성을 보면 다음과 같다.

松棲公文集目錄

(人名說明)[3]

祭文13
「祭伯氏文」·「祭柳大裕文」·「祭崔五謙墓文」·「祭先師晩圃李先生文」·「祭韓文益墓文」·「祭柳君逸墓文」·「祭林明汝文」·「祭李令墓文」·「祭艮窩趙公文」·「祭承旨李公文」·「祭林大哉墓文」·「祭金文九文」·「祭亡子文」

弔文1
「弔石榴文」

祝文7
「地神祭祝代人作」·「防川修築告由祝」·「雪山城隍告祀祝」·「棨作廳重建告祀祝」·「金文九栗里風水齋成造祝」·「崔元老山齋落成日祀土地祝」·「成造祝」

上樑文1
「金文三體舍重建上樑文」

序4
「歸信洞墓表幷序」·「淳昌面門山墓碣銘序」·「送愧庵金敦叔赴燕序」·「贈姜聖瑞南還行小序」

記5
「匏窩記」·「補膳廳改建記」·「藥房重建記」·「進上廳重建記」·「記夢」

跋2
「望雲軒跋」·「悔窩跋」

說5

2) 일반적인 의미의 문집은 대개 운문과 산문을 아울러 말한다.

3) 이 부분은 아무런 표제가 없기에 해제자가 내용에 따라 표제를 만든 것이다. 문집에 본래 없는 것이기에 ( )를 첨가하였다.

「水包石說」·「戱贈雙淸堂主人說」·「松棲說」·「回門樵叟說」·「性全字汝初說銘」

銘3
「伯氏墓誌銘」·「畵鶴銘」·「洋琴銘」

畵題8
「玩瀑圖」·「遠山圖」·「老樹參天虛堂臨水」·「二老人松下相對」·「山橋歸人」·「巖下幽居」·「鶴立虛舟」·「烟汀孤舟」

箴2
「病中有感自箴」·「在雪山自箴」

論1
「夜觀乾象遣關雲長守華容道論」

『松棲公文集』에는 따로 서발이 없다. 다만 첫 장이 松棲公文集目錄로 되어 있어 『松棲公文集』의 구성을 볼 수 있다. 단 지금 보이는 松棲公文集目錄은 『松棲公文集』의 구성과 일치하지 않는다. 우선 (人名說明) 부분이 빠져 있고, 둘째 箴2 「病中有感自箴」·「在雪山自箴」이 누락되어 있다. 인명설명 부분이 빠져 있는 것은 중요한 부분이 아니라고 여겨 의도적으로 뺀 것 같고, 箴2 「病中有感自箴」·「在雪山自箴」이 누락된 것은 아마도 실수인 듯 하다.

松棲公文集目錄 다음에 있는 人名說明은 일반 문집에 별로 보이지 않는 방식으로 경전주석서 등에 보이는 先儒諸氏 등의 例를 따르고 있는 듯하다. 아무 표제 없이 인명을 설명하고 있는데, 일반적으로는 큰 글자로 호를 쓰고 그 아래 작은 글자로 이름이며 字 및 벼슬 등을 간략히 서술하고 있다. 이는 『松棲公文集』·『松棲公詩集』·『松棲公事實』을 읽을 적에 모두 도움이 된다. 이 이후는 소위 文集인데, 일반적인 문집과 같이 書 등이 없고 대부분이 제문 등 실용적인 문장들이고, 마지막에 論이 하나 있다.

3. 내용

문집의 순서에 따라 내용을 살펴보자. 첫 번째 보이는 것이 祭文이다. 13편의 제문이 있는데 그 내용을 간략히 살펴보면 다음과 같다.

「祭伯氏文」

최성전의 형의 두 번째 祭日에 지은 祭文이다. 최성전은 어릴 적부터 그의 형과 우애가 매우 돈독하였다고 한다. 이 제문은 상당히 길다. 이것은 아마도 짧은 글에 그의 형과의 감회를 다 적을 수 없어서였을 것이다. 그의 형이 세상을 떠나자 근심을 하다가 혹시나 하는 마음으로 일년을 보낸 뒤 더더욱 허탈해진 그의 심기를 이 제문에서 읽을 수 있다. 간절한 정회가 여기저기에서 읽혀진다. 그 중 일부를 보자.

> 우리 형이 이럴 수가 있습니까! 우리 형처럼 인자하던 분이 우리 형처럼 孝友하시던 분이 차마 우리 칠순의 어머니를 버리고 차마 우리 同氣의 사랑을 끊어버리고 훌쩍 돌아올 수 없는 길을 가서 일년이 지났는데 끝내 돌아오지 않을 수가 있습니까! 천리로 보나 인정으로 보나 어찌 이럴 수가 있습니까! 처음에는 번민하고 근심하다가 얼마 지나자 의심도 해보고 믿기도 해보았는데 끝내는 또 이런 지 저런 지 알 수가 없습니다.

형의 나이 열 살, 나의 나이 일곱 살에 어머니를 여의고 형과 내가 서로 의지해 가며 삼년상을 치른 일 등을 회상한 구절은 읽는 사람의 눈물을 자아낸다. 이 긴 제문 끝의 "말로는 내 심정을 다 표현할 수 없다(辭不能盡余情)"도 상투적인 표현이 아닌 實情이라 보여진다.

「祭柳大裕文」

그의 친구인 柳大裕의 묘에 찾아가 지은 제문이다. 柳大裕는 공보다 9살 어려서 공과 형제처럼 지냈다고 한다. 이 제문은 그대는 나를 형처럼 여겼는데 나는 그대를 동생처럼 대해주지 못해 미안하다는 것으로 시작하여 저승에 이르거든 나의 형에게 나의 안부를 전해달라는 것으로 끝맺고 있다. 이것도 또한 장편의 제문이다.

「祭崔五謙墓文」

짧은 제문이다. 이 제문에 의하면 公과 崔五謙은 함께 여행도 하고 자주 술도 마시고 했던 사이임을 알 수 있다. 친구를 잃어 인생의 낙도 함께 없어짐을 말하고 있다.

「祭先師晩圃李先生文」

공이 門生으로서 선생님의 두 번째 제사에 올린 제문이다. 여기에서 李先生은 詩文으로 명성이 있었으나 과거에 실패하여 평생을 곤궁하게 살았으며, 공이 이선생에게 받은 가장 큰 영향은 '養氣持儉'임도 알 수 있다.

「祭韓文益墓文」

한문익에 대한 제문이다. 제문의 내용으로 보아 한문익은 약간 方外之士의 기상을 가지고 있었던 사람으로 공과 의기투합이 되었던 사람이다. 제문 끝에 "하관한 뒤에도 몸에 병이 있어 영결을 보지 못했다(旣窆之日, 病未臨訣)"란 기록으로 보아 후일 친구의 묘를 찾아와 쓴 제문임을 알 수 있다. 「祭林明汝文」에 의하면 한문익은 柳君逸을 통해 알게 되었는데 風水에 정통한 사람이라 한다.

「祭柳君逸墓文」

친구인 嘉善大夫 柳君逸의 묘에 바친 제문이다. 이것은 유군일이 별세한지 3년 이후 그의 묘소에 가서 지은 제문이다. 유군일은 그의 형을 말미암아 가까워지게 되어 매우 친근하게 지내던 사이라고 한다.

「祭林明汝文」

亡友 林明汝에게 올린 제문이다. 이것도 꽤 긴 제문이다. 여기에서 공이 만년에 風水하였음을 알 수 있다. 서로 상의하고 도와줄 사람이 없어짐을 한탄하고 있다.

「祭李令墓文」

그의 亡友 李令에게 쓴 길지 않은 제문이다. 여기에서는 인생의 무상함을 이야기하면서 李令의 일생에 대해 나름대로 서술 평가하고, 이령 별세 후 이령 집안일 등을 그에게 들려주는 방식으로 제문을 쓰고 있다.

「祭艮窩趙公文」

艮窩趙公의 운구에 바친 장문의 제문이다. 먼저 조공의 非凡했던 어린 시절부터 이야기를 하여 공과 조공의 관계에 대해 이야기하고 다시 슬픔을 이야기하고 있다.

「祭承旨李公文」

위의 「祭艮窩趙公文」과 비슷한 형식으로 이루어진 제문으로 좀 짧다. 공은 李公에 대해 옛날 사람에 부끄러울 것이 없다고 말해도 지나친 말이 아니라고 평하고 있다.

「祭林大哉墓文」

상당히 흥미로운 방식으로 이루어져 있다. 우선 유가와 불가 그리고 장자가 말하는 生死에 대해 말한 다음 여기에 우두커니 누워있는 것이 진짜 大哉인지 아니면 土木인지를 물으며 글을 시작하고 있다. 공은 다시 성리학 등에서 말하는 생사 이론을 활용해가며 生死를 넘나들면서 大哉의 죽음에 대해 이야기하고 있다.

「祭金文九文」

김문구 사후 21일 후에 지은 제문이다. 김문구는 공과 절친한 친구로서 죽마고우라고 말할 수 있는 사이이다. 肝膽相照하던 친구의 죽음에 대해 애도하는 정을 길지 않은 제문으로 나타내고 있다.

「祭亡子文」

그의 아들 崔鉉重에게 쓴 제문이다. 이 제문에 의하면 공의 아들은 공이 환갑이 되던 해 세상을 하직하였다. 서두에서는 공의 아들이 어릴 적부터 병약하여 공이 많은 염려를 하다가 결국 이런 일을 당했음을 말하고 있고, 뒤에서는 혹시 죽고 나서라도 함께 만나 의지해가며 살아보자는 애절한 심정을 말하고 있다.

「弔石榴文」

일종의 문예문이다. 여기에서는 먼저 석류라는 것이 지각이 없는 것이기는 하지만 누가 재배하는가에 따라 행복하게 잘 자랄 수도 있고 불행하게 될 수도 있음을 대전제로 삼아 이야기를 시작한다. 그 다음 자기가 키우던 석류는 본래 우물가에서 손가락 굵기였고 크기도 눈썹에 이를 정도였는데 돌로 괴어 안정되게 해주고 물이 흘러 윤택하게 해주어 부쩍부쩍 자라 꽃도 피고 열매도 맺었었음을 말하고 있다. 그 다음에 잘 자라던 이 석류가 이식을 한 이후 시들시들 해지더니 결국 요절을 하고만 사실을 서술하고 있다. 이 다음 석류의 불행과 자시의 심회를 이야기하며 석류에 대해 弔問을 하고 있다.

「地神祭祝代人作」·「防川修築告由祝」·「雪山城隍告祀祝」·「禁作廳重建告祀祝」·「金文九栗里風水齋成造祝」·「崔元老山齋落成日祀土地祝」·「成造祝」은 모두 告祝文이다. 代人作이 있는 것으로 보아 공이 어느 정도 文名이 있었음을 알 수 있다. 내용은 대부분 건물 등이 완성되어 축문을 지은 것이거나 地神 등에 고축을 한 것이다.

「金文三體舍重建上樑文」

金文三體舍가 누구의 탓이 아니라 禍患에 의해 허물어져 다시 중건하게 된 경과를 기록하고 다짐을 노래한 상량문이다.

「歸信洞墓表幷序」

공의 할아버지에 대한 墓表 및 序이다. 자기 집안의 내력과 아버지에 관련된 사실을 간략하게 기록한 묘표가 있고 그 뒤에 序가 있다.

「淳昌面門山墓碣銘序」

아마도 전체를 수록한 것 같지 않다. 글은 일종의 비문인 듯 한데 銘이나 序가 보이지 않기 때문이다. 글 자체도 상당히 긴 장문이다. 그 내용은 공이 집안의 묘를 이장한 사실을 기록한 것이다. 이 글을 볼 적에 공이 평생이 가장 큰공을 들인 것은 묘자리임을 알 수 있다. 가산도 돌보지 않고 오랜 세월동안 수없이 많은 풍수적 고려를 하여, 끝내 그런 대로 만족할만한 자리로 집안 묘소를 잡았다는 것이 대강의 줄거리이다. 공이 풍수를 중시하는 것은 풍수에서 말하는 화복에 미혹되어서가 아니라 공의 조상들의 덕행이 뛰어나 좋은 자리에 누울 자격이 있기 때문이라고 말한다. 그러면서도 풍수의 요점은 묘자리이니, 손가락만큼의 차이도 온갖 화를 불러올 수 있으니 이것은 여러 번 경험한 일이란 것도 지적하는 것을 잊지 않고 있다.

「送愧庵金敦叔赴燕序」

愧庵 金敦叔이 중국에 가는 것을 송별하면서 지은 글이다. 金敦叔은 사는 곳도 공과 다르고 직업도 다르지만 공과는 막역한 친구 사이이다. 그는 본래 어릴 적부터 병이 많아 집밖에 거의 나가지 않고 살아 동리 친구들에게 여자같다는 놀림을 받던 사람이다. 좀 자란 뒤에 학문의 재미를 알게 되고 의술에 눈을 떠서 상당한 수준에 이르게 되었다. 공은 金敦叔에게 중국이란 큰 나라에 가서 보다 큰 식견을 접하고 와서 친구들의 식견에도 도움을 주기 바란다는 말을 하고 있다.

「贈姜聖瑞南還行小序」

여기에서 공은 우선 풍수의 알기 어려움을 먼저 토로하고 있다. 그 어려움 중의 하나는 바로 풍수를 아는 사람이 그 학술을 공개하여 仁人孝子와 공유하지 않는데 있다고 한다. 이 이야기 후에 姜聖瑞라는 사람의 인품이 훌륭함을 말하고 있다. 아마도 姜聖瑞는 풍수에 해박하면서 공과 마음을 열고 말하는 사람인 것 같다. 그가 돌아간다는 것을 알고 두 首의 시로 전별하며 다음과 같이 말하고 있다.

> 비록 "우리 도가 남쪽으로 간다"라고 말한다 해도 과언이 아니다.

「匏窩記」

공이 자기가 거처하며 養病하던 곳의 이름을 匏窩라고 짓고 그에 대한 기문을 지은 것이다. 공은 어려서부터 가난 때문에 곤궁하게 지냈고 지병으로 항상 고생하였다. 그래서 마치 가을이 오기 전에 미리 움츠리는 부들 같은 인생이었다 볼 수 있다. 특히 나이가 들어 혈기도 쇠하고 의리도 본래의 마음에 위배되자 이런 자괴감이 더욱 심하여졌다. 이에 아무 쓸모 없는 것인 '匏'로 자기를 비유하여 室名을 삼은 것이다.

「補膳廳改建記」

徐宗吉을 대신하여 지은 작품이다. 먼저 청나라 補膳廳의 연혁을 설명하고 뒤에 '夙夜勤謹' 이란 네 글자로 후임자에게 바램을 표시하고 있다.

「藥房重建記」

白彛哲을 대신하여 지어준 작품이다. 우선 약방이 설립된 이유를 설명하고 다음 중건된 내력을 설명하며 마지막으로 이 약방에 들어올 사람이 과거를 모르고 지금을 칭송할 수 있겠느냐는 반어로 글을 맺고 있다.

「進上廳重建記」

역시 代人作이다. 進上廳이 언제 세워진 것인지는 알 수 없지만 영조시기에 중건된 것이다. 중건된 이후 다시 33년이 지나면서 허물어지자 다시 중건한 내력을 기록하며 이 간난의 뜻을 뒤에도 기억해 줄 것을 당부하고 있다.

「記夢」

1794년 즉 최성전의 형이 별세한지 8년 후에 꿈에서 형을 보고 그 감회를 기록한 글이다. 별세한지 8년이 되었지만 자주 꿈에서 형을 본다는 내용이다.

「望雲軒跋」

항상 回門의 묘소를 생각하지만 한걸음에 달려갈 수 없기에 자기의 집을 '회문의 구름만을 안타깝게 바라본다'는 望雲軒이라 이름지었다는 발문이다. 여기에서 望雲이란 또한 그의 '終身之慕'를 의미한다.

「悔窩跋」

가을날 鄭子安이란 사람이 찾아와 자기의 일생이 후회스럽다면서 자기의 집을 悔窩라 命名하고 공에게 記를 요구하자 이에 써준 발문이다.

「水包石說」

공이 어느 여름 날 들에서 기이한 돌을 주워 집에서 유용하게 사용하며 그 감회를 적은 說이다. 이 돌은 아마도 조물주가 공의 무료함을 알고 달래기 위해 준 것이 아닐까? 다만 돌은 묵묵부답이다.

「戱贈雙淸堂主人說」

韓居士가 자기 집을 雙淸堂이라 명명하고 있자, 공이 장난삼아 지은 說이다. 공은 여러 가지로 雙淸의 의미를 열거하며 한거사가 취한 의미를 묻고 있으며, 그럴 경우의 문제점을 지적하고 있다. 그러나 끝에 가서는 "앞의 말은 장난이니 그대의 뜻이 가상하다!(前言戱耳, 翁之志可尙也已)"라고 말하며 글을 맺고 있다.

「松棲說」

자기의 號에 대한 설이다. 공의 집 주변에 소나무가 없음에도 '松棲'로 당호를 삼자 그 이유를 묻는 손님이 있었다. 이것을 의탁하여 자기가 松棲라 당호를 지은 이유를 설명하고 있다. 소나무는 본래 학이 사는 곳이다. 세상의 사람이 나를 병든 학과 같다 하여 이 당호를 취한 것이나 거기에는 소나무의 여러 덕목을 본받고자 하는 뜻도 있다는 이야기이다.

「回門樵叟回門樵叟說」

공이 왜 만년에 回門樵叟란 호를 사용하였는지에 대한 설명이다. 우선 回門이란 곳을 설명하고 나서 그 곳 사람들이 비록 문화적 혜택이 없어 야만적이긴 하지만 질박하여 敎導할 수 있기에 거기에 있으면서 樵叟의 형색으로 나날을 보내려고 한다는 이야기이다. 이 글에 의하면 산 속에 들어가 나무꾼 목동들과 짝이 되어 평생토록 은거하는 것이 공의 평소 희망이다.

「性全字汝初說銘」

자기의 이름과 자에 대한 설명이다. 대부분의 설명을 성리학에 의거해 하고 있다. 자가의 이름과 자를 볼 적에 이름과 자를 지어준 본래의 의도는 '克己復禮'에 있음을 설명하고 있다. 공의 성리학적 사상의 일단을 볼 수 있는 글이다.

「伯氏墓誌銘」·「畵鶴銘」·「洋琴銘」은 모두 銘文이다. 첫 번째는 그의 형의 묘지에 쓴 명문이다. 형은 빼어난 자질로 집안이 어려운 때에 자라났다는 이야기를 하고 있다. 두 번째는 학 그림에 대한 銘文으로 그의 신선과 같은 외모를 중심으로 이야기하고 있다. 세 번째는 洋琴에 대한 것으로 먼저 외형을 설명하고 그 다음 소리를 말하고 끝으로 자기의 마음을 씻을 수 있음을 이야기한다. 마지막 구절에서 자문자답의 형식으로 양금의 作者를 묻고는 "서쪽에 구름이 드리워져 있다(西雲陰)"고 대답하였다.

이 이하 八首는 畵題이다. 그 중 「玩瀑圖」를 보자.

석벽은 천장이나 높은데 한 필의 명주 허공에 걸려 있네.

저 두 분 세상사 잊고 두루 관상하고 계시니
아마도 세속에서 초연하게 벗어나
觀水三昧를 얻어 眞境에서 마음을 씻는 자가 아니겠는가!

「病中有感自箴」 병중에 스스로 무력감을 느껴 그것을 극복하기 위해 지은 잠문이고, 「在雪山自箴」은 설산에서 아버님의 편지를 받고 지은 잠이다. 공은 설산에서 어떤 여자와 왕래가 있었던 듯하다. 아버님이 편지를 보내와 말리자 그와 다시는 만나지 않겠다는 다짐을 하고 있다.

「夜觀乾象遣關雲長守華容道論」에서는 제갈량이 천문을 보고 曹操의 명이 아직 남아있음을 알고 관운장을 화용도에 보내 조조를 살아 나가게 했다는 『삼국지』의 내용에 대해 논한 글이다. 공이 보기에 이와 같은 삼국지의 설명은 의리에 합당하지 않다. 만약 그처럼 설명을 하는 것은 가능하지만 사실상은 人力이 아닌 天運 때문에 제갈량이 관운장을 파견하고 조조가 화용도를 빠져나갈 수 있었다는 분석이다. 다만 이 내용은 정사 『삼국지』에 보이지 않고 소설화된 『삼국지』에만 보이는 허구이다. 즉 허구를 사실로 오인하고 진행된 분석이라 할 수 있다. 『松棲公事實』의 「行狀」에 의하면 집에 공의 詩集 몇 권이 있다는 기록만 보이고, 이 산문집에 대한 기록은 보이지 않는다. 아마도 공은 산문보다는 시가 보다 뛰어났기에 시집만을 언급한 듯하다. 그리고 『松棲公事實』의 전반적인 내용을 볼 적에 공의 유고는 그의 장조카인 崔翰重에 의해 정리되어 나온 듯하다.

4. 가치

최성전은 비록 사대부 출신이라고는 하지만 전문적인 학자고 아니고 관료도 아니다. 일생을 治産에 힘쓰며 지역사회에서 활동을 했던 인물이다.

『松棲公文集』은 어떤 문예문이 아닌 실용문으로 이루어져 있다. 즉 이것은 조선 후기 지역사회에서 서로 왕래하며 인간적인 관계를 맺어감에 필요한 글들이다. 『松棲公文集』은 조선 후기 지역사회의 정서를 그 지역의 유지가 실용문을 통해 발표한 것이라 볼 수 있다. 조선 후기 사회를 세밀하게 연구할 경우 적지 않은 참고자료가 될 수 있을 것이다.

【서대원】

松棲公事實

崔性全(1759~1824) 著.

寫本. 1冊, 33×23㎝.

10行 20字; 上黑魚尾, 界線, 四周雙邊,

23.1×17.0cm. 表題: 松棲公遺稿.

松棲公事實

行狀

公諱性全字汝初姓崔氏始祖高麗門下平章事完山府院君文忠公諱犀王始著籍全州傳七世有實文閣大提學謚忠翼公號晩六先生諱瀁遂爲東方望族入我　朝中微不振曾祖諱泰亨　贈通訓大夫掌樂院正祖諱峻斗壽職階嘉義　贈戶曹叅議考諱昌翊　贈嘉善大夫戶曹叅判兼同知義禁府事五衛都摠府副摠管妣貞夫人東萊鄭氏學生諱來章女大司憲諱守弘之後也　公以　英廟己卯

松棲公事實　一

1. 저자

『宋棲公文集』 해제 참조.

『松棲公事實』은 崔性仝 사후에 최성전과 관련된 문장들을 편집하여 만든 문집이다. 엄격한 의미에서, 저자는 『松棲公事實』 안에 있는 각 편마다 다르다. 즉 이것은 編著된 문집이다. 이런 경우, 이것이 문집의 후집 형식으로 이루어진 것이라면, 편집된 작품들의 주인공을 저자로 삼는데, 이런 예를 따를 경우 저자는 崔性仝이라 할 수 있다. 그리고 『松棲公事實』에는 序·跋 등이 없어 그 편저자가 누구인지 분명하게 알 수 없으나, 본 문집의 내용이나 전체적인 경황으로 볼 때 崔性仝의 장조카인 崔翰重에 의해 편찬된 듯하다.

2. 구성

문집의 구성은 대략 다음과 같다.

「目錄」·「行狀」·「墓碣文」·「墓誌文」·「祭文」·「挽章」·「通章」·「儒狀」·「民狀」·「上言」·「邑報」·「道啓」·「覆啓」·「禮關」·「旌門」·「上樑文」·「雙孝各碑文」·「識文」·「邑誌」·「五倫百詠抄」·「旌閭禮成韻」

이 중 「行狀」·「墓碣文」·「墓誌文」·「上言」·「邑報」·「道啓」·「禮關」·「上樑文」을 제외하고는 모두 한 편의 글이 아니다. 그 나머지는 모두 여러 편의 혹은 여러 수의 작품을 그 문체 혹은 성격별로 묶어 놓은 것이다. 그리고 「目錄」과 현재 보이는 문집과는 약간의 차이가 있다. 차이가 있는 부분은 '내용'에서 다루어질 것이다.

3. 내용

전반적인 내용은 최성전의 일대기와 최성전 사후 그의 효행이 세상에 알려져 聖恩을 입은 과정 및 결과를 기록하고 있다. 그 하나 하나를 살펴보면 다음과 같다.

「行狀」

이것은 崔性仝의 일생을 정리해 놓은 글이다. 이 내용의 대략은 이미 「宋棲公文集」의 저자

소개 부분에 보인다. 그 이외에 다음과 같은 글은 『松棲公文集』·『松棲公詩集』·『松棲公事實』을 읽는 데 모두 도움을 줄 것이다.

> 부고가 알려지자, 원근의 선비와 친구들이 찾아와 寢門에서 곡을 하는 사람은 모두 지극히 슬퍼하였고, 아래로는 부엌의 시녀와 김매는 사람에 이르기까지 제수를 가지고 한탄하고 흐느껴 울면서 분주하게 "훌륭한 선비가 돌아가셨다"라고 서로 알려주었으니, 인간의 착한 성품은 차별 없이 하늘에서 받았음을 속일 수가 없습니다. 虞祭와 卒哭이 끝난 뒤에 本州의 여러 선비들이 공(최성전)의 훌륭한 행실을 그냥 잊혀지게 할 수 없다고 생각하여 일제히 관청과 여러 읍에 알렸고, 학자들은 또 차례로 통문을 돌려 表章하여 좋은 풍속을 수립하고자 하였습니다. 이런 모든 일들은 공이 평상시 좋지 않게 여겼던 일이지만 公議를 막을 수 없어서 小子(최한중)는 이 말을 받아 지니고 있었습니다. 아! 공은 孝友와 훌륭한 행실 그리고 정직과 고명이 있으셔서 집안의 長幼卑尊가 평상시 집에서는 恒産이 있고 나가서는 游藝를 하며 대략이나마 선행을 실천해야 되고 악행을 해서는 안 된다고 알았는데, 그 중 무엇도 숙부의 교육에 의하지 않은 것이 없습니다. 그 중에서도 특히 아버지를 여의고 의지할 곳이 없던 저는 생성의 은택을 유달리 많이 받았습니다.
>
> 다음과 같은 기억이 있습니다. 예전 庚申年(1800) 봄에 제가 죽을병에 걸려 의사들은 더 이상 손 쓸 방법이 없어 떠나고 叔父께서 노심초사하시어 지성으로 간호를 하며 밤낮으로 눈을 붙이지 못한 것이 수십 일이었습니다. 다행스럽게 제가 소생하여 오늘이 있을 수 있었으니 다시 생명을 주신 은혜는 하늘처럼 가이 없습니다. 하루아침에 거품처럼 되어, 우리 숙부의 숨은 덕과 훌륭한 행실을 뚜렷하게 뒷사람들에게 알리지 않는다면, 이것은 제 죄를 무겁게 하지 않을까 염려됩니다. 그렇다고 감히 過實한 미사려구를 구사하여 숙부의 겸약했던 지조에 누를 끼칠 수도 없습니다. 삼가 다음과 같이 사실을 모아 후일 당세의 立言君子에게 글을 청하고자 합니다.

여기에서 다음과 같은 점에 주의해야 한다.

첫째, 崔性全과 崔翰重의 관계이다. 일반적인 관계로 말하자면, 최한중은 최성전 형의 아들, 즉 조카이다. 그리고 최성전의 형은 장자였으므로, 최한중은 최성전의 장조카이다. 그러나 보다 중요한 것은 이 둘의 특수한 관계이다. 위의 기록과 다른 기록을 보면 다음과 같은 사실을 쉽게 알 수 있다. 최성전은 본래 자기형과 매우 각별한 사이였으나 최성전의 형은 자식을 남기고 일찍 별세한다. 이에 최성전은 그의 형수와 자식을 지극한 정성으로 보살핀다. 그중 최한중에 대해 매우 특별한 정성을 쏟았다. 그것은 아마 두 가지 이유에서였을 것이다. 우선은 형에 대한 애정의 전이라고 볼 수 있고, 그 다음은 최성전의 아들이 요절하여 최성전도 대를 이어갈 사람이 없었기 때문이다. 그러므로 최성전과 최한중의 관계는 단순한 숙부와 조카의 관계가 아니라 집안을 일으킨 사람과 집안을 계승할 사람의 관계이다. 물론 조카의 숙부에 대한 감정도 매우 유별나다. 이런 관계로 말미암아 조카는 숙부의 身後事를 관장하고 숙부에 대한 여러 가지 현양 사업을 하였는데, 이 문집 역시 여러 가지 현양 사업 중의 일부이다. 특히 본『松棲公事實』은 이런 성격이 더욱 강하다.

둘째, 위 인용문 중 '여러 사람들이 슬퍼한 일'·'관부에 고하여 효우의 표본을 삼고자 한 것'·'숙부의 본 뜻은 아니지만 이 사업을 해야하겠다는 의지'·'이것들이 거짓이 아니라는 것' 그리고 이『松棲公事實』을 근거로 보면 결국 旌閭門을 얻게 되는 것 등은 바로 이『松棲公事實』의 대체적인 내용이다. 이「行狀」의 말미에 당시의 상황과 장래의 계획을 밝히고 있다.

셋째, 이「行狀」은 1824년 12월에 집필되었다고 기록되고 있다. 그런데 최성전은 1824년 10월 29일 사망하였다. 그렇다면 이「行狀」은 최성전이 사망하기 이전 미리 어느 정도 초를 잡아 놓고 있었거나 상중에 편찬하였을 것이다. 그런데 여기에는 治喪에 관한 여러 가지 것과 治喪 이후의 내용이 언급되어 있다. 따라서 이 글은 아마 1824년에 대략 이루어진 뒤에 후일 첨가된 것으로 보인다. 그러나『松棲公事實』에는 위「行狀」에서 언급하고 있지 않은 일까지 기록하고 있는 것으로 보아,『松棲公事實』의 편찬은 1824년보다 상당히 뒤에 이루어진 것이다.

「墓碣文」

최성전에 대한 묘갈문이다. 崇禎紀元四 丁亥 二月에 尹五榮이 찬하였다. 즉 1827년의 작품이다. 대략적인 내용은 유오영과 최성전이 평소 相從했던 일을 회상하고 최한중이 찾아와 묘갈문을 부탁한 이야기, 그리고 최성전의 일생에 대한 서술이다. 銘文 이전에 다음과 같은 말로 묘갈문을 맺고 있다.

> 앞에서 설명한 일화 같은 것들은 옛사람의 기록에서 찾더라도 정말 부끄러움이 없을 수 있을 것이다.

「墓誌文」

최성전에 대한 묘지문이다. 1824년 장례 때에 지은 묘지문이다. 최한중이 짓고 李三晩이 글씨를 썼다. 최성전의 일생과 가계에 대해 약술하고 있다.

「祭文」

열 개의 제문으로 이루어져 있다. 대부분 최성전의 孝友 등을 언급하고 있다. 그 중 한 편인 최한중의 제문은 감정이 매우 절실하고, 내용 역시 풍부하다. 그 제문을 통해서 최성전과 최한중의 관계 및 감정을 보다 깊이 살펴볼 수 있다. 최한중이 쓴 또 하나의 제문에서는 최성전이 평소에 얻고 싶어했으나 얻지 못했던 명당을 얻었음을 보고하고 있다. 그 보고 끝에 최한중은 다음과 같이 말하고 있다.

(이러한 일도) 또한 府君(최성전)의 어둡지 않은 영령께서 명명한 중에 묵묵히 도와주셔서 이 여러 해 동안 고심하였던 우리 집의 큰 일을 완성시키신 것입니다. 제가 마음에 위로가 되고 다행스러운 것이 정말 어느 정도이겠습니까! 단지 직접 부군이 웃는 얼굴로 잘했다 하시는 것을 뵈며 자세히 논증하고 평가하는 가르침을 받을 수 없으니, 소자가 일을 만날 때마다 억장이 무너짐이 더욱 간절해집니다.

여기에서 최한중의 애절한 심정 이외에 최성전 및 그 집안이 堪輿에 얼마나 치중하고 있는지와 최성전이 그에 대해 상당한 조예가 있었음을 알 수 있다. 堪輿는 최성전의 전 문집에 배어 있는 중요한 요소 중 하나이다.

「挽章」

34편의 만장으로 이루어져 있다. 우선 그 중의 첫 번째 작품을 보자.

形如瘦鶴吸如蟬	모양은 마른 학 같고 숨소리는 매미 같아,
一病沈吟六十年	병마에 신음하기 육십년.
孝友成規門戶大	효도와 우애는 법도가 되니 집안이 번창하고,
衣冠繼世子孫賢	의관을 전수해 주니 자손이 현명하다.
晩來窮獨皆由命	말년에 窮獨[1]하였으나 모든 건 천명이었고,
曉達堪輿寔爲先	堪輿에 통달하여 정말 그대로 하였다.
苦惱塵寰知久矣	세속이 고뇌인줄은 예전부터 알더니,
浩然歸訪赤松僊	호연하게 적송자를 찾아갔네.

이 만장은 매우 압축적으로 최성전을 설명하고 있다. 우선 위에서 그의 외모와 帶病一生을 말하고 있고, 다음으로 그가 효우로 집안을 일으킨 일을 말하고 있으며, 다음으로 풍수와 도교에 대해 말하고 있다. 실제로 최성전은 몸에 병이 많은 탓인지 도교의 수련에 많은 관심을 가지고 있었으며 몸소 연단술을 연구하기도 하였다. 위의 만장중 마지막 연은 이런 그의 사상을 반영한 것일 것이다.

또 다른 한 편을 보자. 韓翼祿의 만장이다.

茫茫天地浩無涯	망망한 천지 끝없이 큰데,
哭子前冬又哭爺	지난겨울 아들을 곡하고 또 아비를 곡한다.
孝友本心人孰間	孝友는 마음에 뿌리를 둔 것이니 누군들 그르다 하겠는가?
文詞餘事自然佳	문장은 여기이니 자연히 아름답다.

---

1) 여기서 '窮獨'은 경제적 어려움이 아니라, 喪妻를 지칭한다고 보아야 다른 기록과 모순되지 않는다.

論交豈但爲三世　　우정을 말함에 어찌 三世만을 논하겠는가!
講誼直須是一家　　마땅함을 말한다면 한 집안을 논해야 한다.
四律聊成兩行淚　　四律이 그런 대로 만들어지니 두 줄기 눈물이 흐르는데,
祗緣無路護靈車　　단지 靈車를 호위할 방법이 없어서라네.

이 만장에서는 최성전에 대해 당시 주변인들이 지녔던 평을 알 수 있다. 그 중 그의 文章도 언급되어 있는데, 당시 그의 사교권 내에서 최성전의 문장은 상당히 인정받고 있었던 듯하다.

이 이외에 "孤姪(최한중)이 가업을 계승하니, 오늘날 같은 상황을 볼 수 있다.(孤姪傳家始見今)"라는 말에서 최성전 身後의 가업의 상황을 알 수 있다. 여기에서 오늘날 상황[今]은 아마도 정려문을 받은 상황을 지칭하는 듯하다. 그리고 "마음속으로 흠모한지 이미 여러 해, 공은 우리고향 제일의 인물이오.(中心景仰已多年, 公是吾鄕第一人)"라는 구절에서는 당시 고향 사람들의 인식의 일단을 읽을 수 있다. 그리고 만사를 통해 최성전이 많은 풍수전문가들과 교유하였음도 알 수 있다. 다시 풍수를 논할 사람이 없어 서글퍼한다는 만사도 보인다.

「通章」

이것은 열 편의 通諭文이다. 죽림서원·나주향교·광주향교·남원향고·任實향교·鎭安향교·金溝향교·茂長향교·長水향교·康津향교가 주체가 되어 발표한 글이다. 그 내용을 살펴보면 먼저 최성전의 일생을 孝友를 중심으로 설명하고, 이러한 그의 훌륭한 행실을 세상과 관부에 알리고 군왕에게까지 알려야 한다는 내용이다. 앞의 「行狀」에서 말한 "학자들은 또 차례로 통문을 돌려 表章하여 좋은 풍속을 수립하고자 하였다.(章甫又次第有聞通, 冀其表章而樹風聲)"에 해당되는 내용이다. 각 「通章」의 끝에는 각 서원과 향교의 通頭가 기록되어 있다. 서너 명에서 몇십 명까지 일정하지 않지만, 당시 지방 유림의 현황을 알 수 있는 자료이다.

「儒狀」

목록에 의하면 本府에 올린 세 편, 監營에 올린 네 편, 禮曹에 올린 두 편으로 이루어진 것이다. 이것을 다시 연도별로 정리해 보면 다음과 같다.

1824년(甲申) : 本府에 한번, 監營에 한번.
1825년(乙酉) : 監營에 한번, 禮曹에 한번.
1826년(丙戌) : 本府에 한번, 禮曹에 한번.
1827년(丁亥) : 本府에 한번, 監營에 두번.

이것은 「行狀」의 "本州의 여러 선비들이 공(최성전)의 훌륭한 행실을 그냥 잊혀지게 할 수 없다고 생각하여 일제히 관청과 여러 읍에 알렸다.(本州多士, 以公行誼之不可泯沒, 齊籲營府列

邑)"에 해당하는 부분이다. 그 내용은 「通章」과 대동소이하다. 단지 최선전의 선한 행실을 군왕께 알려 天褒를 얻게 하고, 그 결과 모든 사람이 알 수 있게 해달라는 내용이 보다 직접적이다. 각 「儒狀」의 끝에는 狀頭가 기록되어 있다. 그 형식은 「通章」과 마찬가지이다. 다만 그 다음에 題辭가 기록되어 있는데, 그 내용은 이런 보고를 받은 해당행정기관의 장이 화답한 내용이다.

「民狀」

이것은 일반인들이 행정당국에 올린 요청문이다. 그 내용은 「通章」·「儒狀」과 대동소이하다. 이 끝에도 狀頭가 기록되어 있고, 화답한 내용이 나와 있다.

「上言」

全羅道 儒生幼學 柳錫九 등의 上言이다. 그 내용은 「通章」·「儒狀」·「民狀」과 마찬가지로 최성전을 특별히 표창해야 한다는 것이다. 이것은 1828년(戊子)의 글이다.

「邑報」

이것은 본읍에서 「通章」·「儒狀」·「民狀」 등을 접수한 뒤 혹은 상급 기관의 요청에 의해 최성전에 대한 보고이다. 그 내용은 비교적 간략하게 최성전의 德行을 요약하여 상급 기관에 보고하는 내용이다. 끝맺음에는 다음과 같이 말하고 있다.

> 이와 같은 순수하고 돈독한 효성과 탁월한 행실로도 아직 정려문으로 표창하는 은전을 받지 못하고 있으니 여론이 탄식하고 애석해 하고 있습니다.

이 보고는 1827년(丁亥)에 이루어진 것이다.

「道啓」

이것은 당시 전라도 관찰사 李光文이 국법에 따라 旌褒를 하기에 합당한 자를 다시 상급기관에 보고하는 내용이다. 본래 여러 읍에서 그에 합당한자 107인을 보고 받고, 다시 심사를 하여 그중 효자 8인과 열녀 2인을 보고하고 있다. 이중 최성전이 첫 번째로 기록되어 있다. 여기에는 간단하게 최성전의 약력·가계·덕행 등도 기록되어 있는데, 1828년의 글이다.

「覆啓」

이것은 의정부의 覆啓로서 旌閭를 명하고 있다. 1832년(壬辰) 4월 13일의 일이다. 즉 최성전 사후 8년이 지난 일이다.

「禮關」

의정부의 명령을 監營에 전달하고 있다. 1832년 4월 24일이다.

이 다음의 기록에 의하면 정려문은 1832년 5월 26일 巳時, 上梁은 5월 28일 寅時, 懸板은 8월 19일에 이루어졌다. 이 기록은 표제가 「旌門」으로 되어 있는데, 目錄에는 그런 표제가 보이지 않는다. 아마도 목록에서 누락된 것 같다.

「上樑文」

정려의 상량문이다. 목록에 의하면 상량문 다음에 두 편의 「記文」이 있다 하나 현재의 『松棲公事實』에는 보이지 않는다. 아마도 정려문에 있던 기문일 것이다.

「雙孝各碑文」

1834년 黃仁源 등이 상언하여 旌閭旨를 받은 내용이다. 다음의 「西碑」에도 李光文이 계를 올려 旌閭旨를 명받는 내용이다.

「識文」

이 「識文」은 목록에 보이지 않는다. 이 두 개의 글은 모두 天恩을 입어 정려문을 받은 것을 감사하는 글이다. 두 개로 이루어져 있는데 첫 번째 것은 鄭在勉이 썼고, 두 번째 것은 최한중의 작품이다. 최한중의 작품에 의하면, 최성전은 혼자만이 아니라 그의 형과 함께 雙旌을 받았음을 알 수 있다.

「邑誌」

이것은 「邑誌」 중 최성전에 관한 기록을 選錄한 것이다. 최성전에 대한 간략한 기록과 정려문에 대한 기록이 보인다. 기록의 마지막 일부를 보자.

> 1832년에 旌閭를 명하여 兄弟가 한 閣을 사용하면서 두개의 碑를 세우고 쌍효각이라 편액을 하도록 하였다.

이 내용은 본 문집의 이해에 도움을 준다.

「五倫百詠抄」

이것은 「五倫百詠」 중 최성전에 관련된 부분을 節錄한 것이다. 이 기록 뒤에 跋이 있는데 여기에서 이런 기록은 하루도 없을 수 없다고 말하고 있다.

「旌閭禮成韻」

최성전(혹은 최성전 형제)의 정려에 관련된 시 67수를 수록하고 있다. 시는 모두 孝를 주소제로 사용하고 있고 대부분 皇恩을 찬양하는 것도 잊지 않고 있다.

4. 가치

『松棲公事實』의 내용을 크게 두 가지로 대별하면 다음과 같이 말할 수 있다. 첫째 행장 묘갈명 등 최성전의 일생에 대한 기록, 둘째 최성전 사후로부터 旌閭를 받아 세움에 이르기까지의 기록이다. 일반적으로 많은 문집에서 문집의 말미에 행장·연보 등과 만사·제문 등을 부기하고 있다. 엄격한 의미에서 보면 저자의 작품은 아니지만, 저자와 관련이 있고 저자나 문집을 이해하는데 도움이 되기 때문에 부록 아닌 부록으로 별첨하는 것이다.[2] 그리고 만약 정려와 같은 것을 받은 경우라면 그에 대한 기록이 있다.

단『松棲公事實』은 이런 死前과 死後 기록을 한 책에 모아 낸 작품이다. 여기에서 다른 작품들과 다른 점이 있다면 사후에 정려를 받기까지의 과정을 알 수 있는 자료가 상세하고 집중적으로 편집되었다는 점이다. 여기서는 최성전 사후 8~9년 이상까지의 상황을 자세히 알려주고 있는데, 대략 최성전이 별세하면서 그의 孝友를 세상에 알려 귀감을 삼게 하고 조정에 알려 정당한 평가를 받게 하려는 움직임을 기록한 것이다. 이 움직임이 그의 장조카에게 알려지고 그의 장조카도 자기 숙부를 선양하는 이 사업을 진행하는데 모종의 역할을 하였던 것으로 보인다. 이 일을 진행하는 방식은 일반인, 학자, 유림들이 通文 혹은'狀'의 형태로 서로 알리고 다시 지방 정부기관과 중앙정부에 몇 년을 두고 올려 정부의 심사를 거쳐 정려가 내려지는 방식을 보여주고 있다.

조선은 유학을 통치 이념으로 하는 사회였다. 유학의 통치 이념 중 중요한 것이 바로 '孝'이며 이것을 현실화하는 정치방식이 '孝治天下'이다.『松棲公事實』은 이 '효치천하'의 구체적인 구조, 즉 민간적인 구조와 국가적인 구조 등을 결과뿐이 아닌 과정까지 상세하게 보여주는 많지 않은 자료 중의 하나이다. 이는 당시의 지방사를 연구하거나, 통치사 혹은 민속사를 연구함에도 많은 도움을 줄 수 있는 자료이다.

【서대원】

2) 물론 별책으로 나오는 경우도 있다.

松棲公詩集

崔性全(1759~1824) 著.

寫本. 2册, 33×23㎝.

10行 20字; 上黑魚尾, 界線, 四周雙邊,

23.1×17.0cm. 表題: 松棲公遺稿.

松棲公詩集

五言絶句

見山 壬子

奇絶南山色多情入戸青我心山共静山與我忘形

病寓溪堂夜甚清寂

病骨癯扵鶴虛襟淡若僧草堂無限景水白天光澄

夜話

夜話聞晨鍾曲肱睡味濃起梳調氣息紅日半窓舂

久病無聊伏枕涔涔見月口占 癸亥

忽見窓間月依然來故入病中情更切不翅十年親

松棲公詩集

1. 저자

『松棲公文集』 해제 참조.

2. 구성

문집은 기본적으로 시의 형식에 따라 분류되어 있다. 즉 五言絶句 · 七言絶句 · 五言律詩 · 五言古詩 · 七言律詩 · 七言古詩의 분류 방식이다. 각 분류 내에서의 시 배열은 대략 작품이 이루어진 시간적 순서에 따라 이루어진 듯하다. 「回甲生日」이란 시가 있는 쪽 여백에 세필로 된 다음과 같은 글이 있다.

> 이 詩로부터 아래의 「願見金剛」까지 아홉 수는 본래 「過新興洞」의 위에 있었는데, 차례를 살펴보면 己卯(1797년) 때의 작품들이다.

여기에서 이 시집의 편차는 본래 시간의 순서에 따라 배열한 것임을 알 수 있다. 시 제목들 밑에 가끔 간지가 등장하는데 아마도 한해의 시 중 첫 번째 시에 간지를 표시하고, 그 다음 간지가 나올 때까지는 한해의 작품인 듯하다.

그 구체적인 문집 구성은 다음과 같다.

松棲公詩集[1)]

松棲公詩集目錄

五言絶句五十三
七言絶句二百二十六
五言律詩一百三十
五言聯句一

五言絶句

「見山壬子」 · 「病寓溪堂夜甚清寂」 · 「夜話」 · 「久病無聊伏枕涔涔見月口拈癸亥」 · 「哀病中上齒二箇脫落私心慨然久之」 · 「睡起」 · 「其二」 · 「席散」 · 「和李久遠書末示韻」 · 「南隣聽琴」 · 「至月三

1) 현재 表題 松棲公遺稿의 第二.

日丈雪閉戶吟病思玄郊寒士」·「論風水二絶戲說蒼巖南行雨得己巳」·「其二」·「枕上口拈壬申」·「永慕齋成」·「山齋無睡癸酉仲春回門省墓行」·「卽事」·「臘七生朝甲戌」·「曾石第三子生」·「秋暮病臥次畏齋金敦叔咏菊丙子」·「其二」·「夜深月色皎潔山翠四圍殆非塵間景象丁丑」·「燈夕與金文九諸人登完山松林」·「對菊無聊客到泛香」·「元朝」·「贈竹石舘主人」·「橫灘舟中」·「燈夕獨坐」·「雨急忽見鷄子登軒鳴聲甚哀」·「贈謝雪山韓守一徒步見訪」·「次兩美軒韻」·「文致中觀羅漢圖序註䟽有感」·「次晩悔子盡鳥韻」·「五日留宿回門齋室己卯」·「歎墓直犯斫松楸」·「願見金剛庚辰」·「伏枕夜深」·「悲聽雪翁」·「慰」·「草決明」·「次梅翁寒樓韻」·「和蒼巖吟荷塘小絶」·「贈蒼巖病寓戚人」·「是歲十月初聞步南溪」·「元月初六夜癸未」·「東堦叢竹經冬只餘數竿」·「次趙毅之病餘行役韻」·「登表石洞柳山」·「出洞」·「暮春上東皐有感」·「次梅叟步南溪韻」·「觀物有感」

七言絶句

「嚴君悴辰癸丑」·「題書簇花下睡仙下有巖棲柴門」·「雨中臥看長公集倦睡覺已夕陽」·「雪山客中」·「其二」·「八月三日齋中」·「其二」·「病寓溪堂夜甚淸寂」·「次姜季章僦居韻」·「宣閣風樂」·「伯氏忌辰坐齋戊午」·「四月十四夜月色淸絶」·「次隣舍海常韻」·「次四季花」·「竹筍」·「過南川孝巖有感」·「閉門」·「重九庚申」·「其二」·「偶書辛酉」·「北窓雁處公舍」·「積雨初收朗月當軒悵然孤坐夜久無寐癸亥」·「熱日亭午梧陰甚凉悠然有愛吾廬之想」·「六月一日齋中」·「睡起」·「戲題張爾晦小家」·「公齊暮春乙丑」·「言志」·「友道之絶久矣偶因隣舍韻語及之」·「其二」·「聰明頓減已作昏憒无用之物」·「次幕府過椽房咏月韻」·「次崔元瑞諸人中秋遊寒碧韻」·「重九日閒寂自遣」·「步出石橋時夜將半」·「臘月書懷丁卯」·「初夏贈隣友崔仁瞻」·「南隣石榴爛開」·「戲贈南隣主人」·「城西新寓」·「聽靈山會上卽席戲贈主人」·「遣悶」·「自哂」·「次雲妓壁上韻」·「除夕」·「松棲弊居自道己巳」·「止足」·「久臥」·「晨服牛心血」·「嘉二力效誠」·「患久積」·「其二」·「弊廬」·「南隣聽琴歌」·「示隣舍兼以自省」·「其二」·「蒼巖遠友自方丈還來賦贈數絶以資談謔」·「其二」·「戲贈蒼巖老婆」·「又論風水戲贈蒼巖」·「其二」·「其三」·「其四」·「其五」·「次觀漲」·「送人適金溪辛未」·「臨別書贈」·「其二七月望日卽五合中金石合故云」·「自道」·「其二」·「其三」·「費不貲」·「風雪思回門邱墓」·「元朝思山內邱墓壬申」·「其二」·「除夕」·「其二」·「其三」·「仲春晦間省墓行馬上癸酉」·「抵山齋第三夜枕上」·「睡起吳友致一書適到而內有慰語故末句及之」·「挽資憲金仁之」·「其二」·「其三」·「挽愼文卿」·「懷人携琴歌遊斗淵」·「其二」·「鳳仙花」·「夜坐」·「新占杜陵春川山雨」·「答痴叟求和」·「杜陵回路南望回門山」·「示畏齋寬憂」·「自況」·「呈上玉果侯解官之行中侍者」·「其二」·「其三」·「到朗山」·「其二」·「春雨書懷贈蒼巖」·「其二」·「抵壺巖」·「思良工而不得見願想耿耿」·「自壺巖晩歸阜谷」·「贈澹圃主人」·「暮到歸信山下滿月忽吐於東峯」·「其二」·「雨餘梧月甚好」·「與李鄭諸老登寒碧樓」·「餞春集完山白友舍用唐人韻」·「燈夕與金文九諸人登完山松林」·「次崔仁瞻」·「其二」·「其三」·「其四」·「曾達婚日」·「寒碧樓斜日乘凉」·「效解嘲次鸞字」·「次梅翁示韻」·「其二」·「寒碧樓聽李

老長恨歌」·「梅軒小酌」·「鄭老携紅露小瓶而來」·「李老爲詩純是俚俗故悶劇爲此」·「次怪石」·「朗山回路入盆山草堂次鄭老韻」·「挽茂長朴文復大人」·「同挽代金文九作」·「其二」·「挽白壽卿」·「贈永橋沈上舍」·「其二」·「嘲金剛詩」·「次永橋寄石兒絶句」·「贈姜聖瑞南還之行」·「其二」·「元朝戊寅」·「其二」·「六旬已滿萬事悠悠」·「洛中小貞洞李上舍傅永橋書邀見以詩奉餞」·「自適」·「春日早起」·「挽朱士鳴代金文九作」·「吟三疊」·「其二」·「其三」·「寄金文九松沙客中」·「夢中作」·「用一絶自悼」·「吟黃花」·「臥聽石兒讀書」·「又書大學」·「奉贈永橋西上之行」·「贈謝雪山韓守一徒步見訪」·「上高臺觀燈」·「觀參同原本釋疑」·「次張永老麟陽韻」·「自悼」·「次臘望登樓玩月」·「挽崔元瑞」·「其二」·「宿南原安和己卯」·「夜聞杜字」·「過龍城」·「孟巖別竹叟」·「東臺口拈」·「其二」·「安和歸路歷覽村落」·「次旅舘眠字」·「願見金剛庚辰」·「白芍藥」·「曉枕聞薙歌」·「乞巧」·「飯牛」·「其二」·「七月旣望」·「山月墓祭行愴然有懷」·「贈永橋」·「病枕書懷」·「其二」·「冬至日喜石兒南行利還」·「冬夜」·「雪夜」·「其二」·「歲暮」·「夜寒不寢」·「上元獨坐有懷辛巳」·「過栗里歸樂亭」·「其二」·「其三」·「高山歸路」·「次柳久浩寄示」·「再示復和」·「喪餘坐齊六月一日」·「其二」·「玉流洞小唫」·「偶書」·「其二」·「其三」·「六月望後」·「喜雨」·「次兒輩大寒韻」·「自悼」·「季春初二歸自西麓」·「戲呈荷塘主人索和」·「登寒碧樓次姜久國晴字韻」·「除夕記夢」·「登表石洞柳山轉向乾止山」·「暮春上東皐得松字」·「其二」·「嘲梅叟夜登寒樓」·「次松筍」·「次題蒼巖韻」·「新裁雪吐花於菊砌」·「其二」·「次梅叟偶砌」·「喪餘病未將事六月一日」·「寒樓小集歸路吟」·「惱暑」·「悼亡子」·「元月念七濛雨有懷甲申」·「病中自悼」·「觀物有感」·「後圃裁竹」·「初秋」

五言律詩

「南郭閒居辛亥」·「水包石」·「先妣忌辰坐齋戊午」·「伯氏忌辰坐齋」·「次隣舍雨示」·「次咏鵞」·「次蟬」·「鷄冠花」·「次梧軒贈丹棗丈人韻」·「次幕府韻庚申」·「其二」·「暑雨頻仍鬱蒸非常至夜開霽風淸月白令人神爽適東隣少友以四律投示索和不已故積癈之餘信筆書之辛酉」·「無題」·「用前意再唫」·「端陽日過李久遠口拈以贈癸亥」·「和呈雪軒夜會韻」·「臨行遇雨留贈韓君守一」·「病臥經旬春事已十分而風雨竟夕慨然有懷拈筆書之」·「久積頻動痛苦難耐」·「次羅仲均多佳亭韻」·「題李久遠幽居」·「次幕府寒碧樓韻」·「東皐小集無相卜居之地」·「秋日集孝友洞柳庄」·「步月」·「自哂」·「贈管城甲」·「次東隣候月聯句」·「書懷戊辰」·「閏五月念一夜携琴簫登拱北樓次崔仁瞻樓字韻」·「又次更字韻」·「夜坐」·「至月夜玫天機會元」·「病中自悼己巳」·「親諱前一日病臥自悼庚午」·「其二」·「送人適金溪辛未七月」·「其二」·「代人挽他鄕師丈」·「山後已迫雨三日不止癸酉」·「元日懷緖甲戌」·「十月初作詩山瀛洲看山行路中唫」·「挽柳妹兄巡將公」·「挽柳仲翁丙子」·「題易安堂」·「會崔元瑞茅三子冠禮之席」·「和愧窩韻」·「用前韻寓丹學難成之意」·「冬至」·「新年自祝丁丑」·「次金敦叔聽琴韻」·「與石兒再往壺巖日氣又晴」·「更說一難用示石兒務積善事」·「自壺巖歸皐谷阻雨未發」·「步東郊登諫納臺」·「燈夕與金文九諸人登完山」·「觀漲行」·「與意巖有開春西遊之約」·「戲贈意巖」·「歲暮書懷」·「其二」·「奉餞洛中小貞洞李上舍戊寅」·

「贈竹石舘主人」·「挽朱士鳴」·「三月望日登春浦山」·「登梧臺」·「用新字韻寓懷」·「夏夜」·「夜深月色淸絶」·「病臥偶」·「挽張永老」·「坐燭籠」·「奉贐永橋西上之行」·「寄書意巖說憾」·「次花源晩悔子詠竹贈主人韻」·「更次」·「獨坐」·「元朝積雨初收朝日淸明甚喜有吟庚辰」·「願見金剛」·「梅屋拈韻同賦」·「挽戚丈金杓之」·「梅屋再疊」·「次趙毅之寒樓用杜韻」·「坳庭止水」·「病枕書懷」·「次金敦叔戱韻」·「萍」·「其二」·「曉燭」·「次諸友上寒樓韻」·「遊南寺得山字」·「晩歸」·「晩雨」·「早紅」·「食梨」·「山月墓祭行愴然有懷」·「涉旬病伏偶吟發歎」·「獨夜」·「漫興」·「伏枕夜深」·「燈」·「其二」·「元月初三病臥辛巳」·「老病」·「雙梧」·「七月念四因血症有懷」·「次梅叟」·「其二」·「蒼巖偶會」·「挽金上舍乃心」·「掛劒徐君墓」·「挽柳査宗伯壬午」·「夜坐」·「峭寒連日」·「次梅翁如字韻」·「仲春旣望庭中閒步」·「藥圃柴門」·「病中偶題示九苞索和」·「其二」·「水瓢」·「流頭後六日小集于寒樓前川」·「其二」·「悼亡子」·「上元書懷甲申」·「病中自悼」·「用前韻悼亡子」·「後圃裁竹」·「其二」·「與張永老金文九龍山小集聯」·「與柳久浩林大哉南寺小集聯 庚辰」·「次諸生聯」

五言古詩

「挽鄭君堅壬子閏四月」·「歎齒豁癸亥」·「宋名臣錄見安城先生遷謫時絶欲語方年四十七余亦至此而碌碌無可道者因慨然自省援筆書之以寓悔悳之意乙丑」·「歲晏雪虐山行又阻憂思忡忡賦古詩一篇情溢辭拙可笑戊辰」·「積雪中半日無袴不覺自哂己巳」·「擬贈永橋二十三韻長律丙子」·「松濤」·「桐花」·「殘雪次義山長篇十韻庚辰」·「題大士寫眞幅後更見七律」·「元朝來拜者踵相接自顧瞠然賦詩寓懷辛巳」

五言聯句1

「 」2)

松棲公詩集3)

七言律詩

「積雨初收意想灑然與柳仲裕登南岑戊午」·「次隣舍雄鷄詠」·「次金溝丹棗丈寄示」·「其二」·「次放翁圍棋」·「次放翁韻」·「其二」·「次東坡韻幽懷」·「又次東坡韻」·「次放翁午睡」·「次東坡韻」·「其二」·「病中閒寂」·「秋夜甚淸」·「次東坡韻」·「次金重老無染窩韻」·「代人挽」·「夜覺感蟋蟀」·「贈雪寓潭州鄭雅士」·「永慕亭小集」·「代幕府次重九翌夜韻庚申」·「病中

2) 目錄에는 '五言聯句一' 즉 오연련구 한 수가 있다고 되어 있는데, 현재 연대 소장본에는 여기에 해당하는 시가 없다. 어찌된 영문인지 알 수 없다. 우선 위와 같이 표시해 두었다.

3) 현재 表題 松棲公遺稿의 第三.

幽懷癸亥」·「求地未獲一念耿耿感發而書之」·「述懷」·「挽觀水堂鄭丈汝善」·「挽柳令伯新」·「在雪山次竹雪軒船遊韻」·「和永橋見寄」·「南至感書」·「挽金令宗伯乙丑」·「濟軒初夏簿書稍簡如在家閒坐隨意拈韻」·「見崔元瑞先山石役歸有所吟」·「次雨中荷」·「敬次七月旣望玉節遊寒碧韻」·「秋日集孝友洞柳庄」·「又用詩字」·「又和金達宇然字」·「秋宵孤坐」·「重九日閒適自遣」·「聞朱士鳴金文九往遊邊山回憶昔日經過悵然口占」·「其二」·「次金勛甫重陽韻」·「閒中自遣」·「觀西遊記」·「其二」·「季秋之十五夜」·「過大乘洞晩六先生遺墟有感丁卯」·「步出石橋歸坐拯濟軒」·「夜坐無聊」·「孝友洞柳庄小集戊辰」·「其二」·「與隣友陪鄭丈北郊聽琴」·「崔仁瞻弦弧之夕乘雪小集于城西」·「病中待石兒會榜己巳」·「病中遇冬至」·「元宵庚午」·「曉枕偶吟」·「示隣舍無以自省」·「書蒼巖壁上」·「病中自述」·「臘月念七小集」·「長城巽龍」·「淳昌五龍洞」·「任實樣鉢看山行越火峙宿場基」·「閉戶書懷辛未」·「詠蚊子」·「次永橋步栗潭歸樂亭韻」·「其二」·「其三」·「次賦井」·「自道送人適金溪」·「次永橋韻」·「登淳化回門南麓勢意情理」·「其二新卜考妣壽藏贊」·「其三緣」·「其四龍穴垣局」·「其五龍穴砂水」·「其六龍」·「其七穴」·「其八穴」·「其九砂」·「其十水」·「其十一局」·「其十二局」·「其十三總論占用之意」·「其十四遷厝後書積苦之懷」·「丈雪滿地嚴沍斗劇」·「除夜」·「暮春留回門楸下遇姜林兩少年次韻壬申」·「自石所晩歸」·「床石硏出有疵慨然發歎」·「永慕齋成」·「其二」·「出山」·「望雲軒」·「次永橋會鍾谷韻」·「次永橋祭席韻癸酉」·「敬次西歸先生積翠亭韻」·「其二」·「改莎翌日喜得雨」·「挽金允浩」·「挽艮窩趙兄質夫」·「臈月念七小集」·「元日懷緖甚無聊甲戌」·「吟病自悼」·「挽白丈聖訥」·「秋來無睡五更起坐」·「挽金文九別家」·「挽金丈吉夫」·「次碧琅玗齋韻乙亥」·「其二」·「其三」·「移葬亡室於朗山礪山西北坪野巽坐原」·「携琴歌遊斗淵」·「次永橋韻仍以贈行」·「次永橋韻自遣」·「與李士潤金文九聯榻」·「新占杜陵萬頃春川山所丙子」·「其二」·「次雪山靑龍池韻」·「次張永老麟陽韻」·「其二」·「玩參同契歎根元已敗」·「又用前意自勉」·「次松詩冬字韻」·「次洛中詩人聾字」·「次城南諸人唱酬韻」·「自述用前韻」·「次金敦叔元朝韻丁丑」·「回門省墓留一日登佛肩峯」·「抵壺巖」·「次澹圃壁上韻」·「其二」·「餞春集完山臼友庄」·「梧臺小集」·「其二」·「觀燈」·「次梅翁鷒一松亭韻」·「夏雨」·「白鷺」·「紅棣」·「次朴明浩郊居韻」·「四季花」·「朗山回路入益山草堂贈鄭老」·「回門途中夏潦後峽路甚惡」·「夜坐」·「數息」·「永橋西還夜話拈東坡韻同賦」·「病中書懷」·「其二」·「病伏經旬南至不遠慨然一吟」·「宿疾爲祟視聽俱病閉戶靜處懷緖甚惡」·「生朝小酌」·「元朝戊寅」·「人日偶到梅軒仍念坤山聯句用老杜韻」·「六旬已滿萬事悠悠」·「戲贈竹石舘主人求和」·「次河東海山樓冬至唱酬韻永橋文山有元韻」·「次悔窩鄭子安晬日韻」·「其二」·「修煉」·「次金仲尾金山寺韻」·「贈竹石舘主人」·「次麥浪」·「雨中閒坐忽作登高想」·「次張永老晬會韻」·「與尹友作北郊山行回路又審可久陽宅」·「用隣友高字韻述懷」·「枕上記懷」·「風雨終夕懷緖頗惡」·「遣病金文九病久未痊大爲憂慮故末句云」·「雨中對黃花有懷」·「次柳伯起邊山月明庵韻」·「次禹金巖韻」·「偶書」·「其二」·「奉贐永橋西上之行」·「次永橋望無等山韻」·「自遣」·「其二」·「贈謝雪山韓守一徒步見訪」·「觀古今文致」·「次金堤村學究心字韻論天地聖人心」·「其二論聖賢心」·「其三論學者心」·「其四泛論大人赤子心」·「其五悼自家心」·「歲暮孤懷」·「其二」·「臘之念七生朝」·「過新興洞」·「十二連珠」·「上通明月」·「次

永橋賭行韻」·「鉢山小集分韻各賦」·「其二」·「又拈豪字同賦」·「過驪山墓」·「雨夜病臥書懷」·「東臺口拈」·「鉢山小集」·「其二」·「又拈微字」·「次柳允浩述懷韻」·「夜枕聞雨有懷」·「柳君亭下松」·「其二」·「登萬景臺敬次圃隱先生韻」·「南固途中」·「其二」·「其三」·「餞春」·「次柳伯起邊山韻」·「回甲生日」·「其二」·「次柳允浩賦鮫人」·「次柳允浩賦歸雁」·「其二」·「其三」·「除夕」·「願見金剛」·「次柳允浩述懷韻庚辰」·「梅屋卽事」·「芳草」·「石佛」·「其二」·「洞簫」·「念珠」·「其二」·「美人圖」·「承露盤」·「其二」·「蜃樓」·「麥浪」·「硯滴」·「少年行」·「淸夜」·「其二」·「混俗」·「閨怨」·「觀物」·「月波」·「其二」·「冰壺」·「荷珠」·「其二」·「蟠桃」·「畵中山水」·「白鷗」·「竹笋」·「蒼髥」·「夢」·「煎茶」·「鶯簧」·「蟬琴」·「啼鳥」·「坐隱」·「臥遊」·「梅屋孤坐悵然有懷」·「端陽」·「南山」·「蜘蛛網」·「苦雨」·「山靜似太古」·「日長如少年」·「聽蟬」·「榴火」·「愁」·「立秋」·「世事」·「庭草」·「其二」·「喬木」·「書懷」·「老炎」·「思婦眉」·「七夕」·「湘竹」·「牧笛」·「鏡中花」·「其二」·「悲歌」·「其二」·「蟋蟀」·「烏」·「西苽」·「晨鐘」·「其二」·「淸水芙蓉」·「其二」·「七月旣望」·「寒潭秋月」·「其二」·「秋興」·「暮蟬」·「湘毖怨」·「芭蕉」·「未展芭蕉」·「菖蒲」·「其二」·「桶源」·「其二」·「梅樓秋夜」·「更深月冷獨坐更吟」·「梨花」·「支機石」·「鶯梭」·「蠹魚」·「夜樓卽事」·「睡蝶」·「雨燈」·「漁艇」·「結繩」·「簾波」·「花姑」·「錦浪」·「南寺山樓夜會」·「落照」·「觀州城夜燈」·「山樓秋雨」·「其二」·「秋晴」·「螢火」·「銀河」·「燃藜」·「篆烟」·「穿壁讀書」·「玉馬」·「鶴」·「其二」·「秋夕」·「其二」·「高秋」·「邯鄲枕」·「秋日過韓水一東皐茅舍」·「竹露」·「秋陰」·「因事自警」·「次林大哉砧聲韻」·「次永橋金剛毗盧峯韻」·「次金上舍乃謹賭李兄鵬路韻」·「次李兄鵬路寄示韻」·「殘菊」·「初雪」·「其二」·「題大士寫眞幅後」·「獨夜」·「經旬病伏涔寂無聊」·「書呈聽雪山人」·「次鍾聲」·「次洛士吟」·「病中閉戶用前韻書懷」·「本病入冬沈劇每夜轉輾慨然有懷」·「雪夜」·「病枕書懷」·「久臥自悼」·「未赴南郭夜會」·「次梅屋夜集韻」·「其二」·「次添線」·「積雪有懷」·「其二」·「病枕」·「次金衡彦工字韻」·「其二」·「其三」·「望海次柳久浩」·「其二」·「挽栗潭」·「端居有懷」·「次李永裕松月韻」·「其二」·「服藥」·「臘月念七獨吟」·「其二」·「歲暮梅屋同賦」·「其二」·「其三」·「餞歲」·「其二」·「次聽雪除夕韻」·「其二」·「其三」·「元朝辛巳」·「偶書」·「人日與聽雪枯談半餉無聊殊甚歸有雨賦」·「次九苞早春夜寒韻」·「上元獨居有懷」·「示林柳兩友」·「宴坐」·「更賦醫字」·「次柳久浩述懷韻」·「又推廣餘意遠慕古昔」·「因事偶吟」·「又得科字」·「怊悵」·「其二」·「其三」·「長孫貴男婚日」·「笑」·「老馬」·「春山吟」·「棲鷺」·「盤松」·「奉別李戚兄鵬路歸海曲新寓」·「挽林友大哉」·「其二」·「題玉流山房」·「其二」·「鹿峴新阡」·「久廢詩會慨然書懷」·「仲夏紫霞樓」·「其二」·「待雨」·「叢竹」·「北窓淸風」·「其二」·「喜雨」·「雙梧」·「野渡橫舟」·「其二」·「六月一日喪餘坐齊」·「雨澤終閟六月已屆」·「其二」·「無絃琴」·「其二」·「夢中吹笛」·「霞綺」·「拄笏」·「玉流洞石泉」·「其二」·「團扇」·「其二」·「瓶荷」·「疑是君」·「喜晴」·「砥柱」·「其二」·「其三」·「彈鋏」·「醒來山月高」·「恐損落來花」·「猶聞出塞聲」·「半鏡」·「其二」·「雲在意俱遲」·「其二」·「草決明」·「鳳仙花在叢竹傍」·「鳳仙花」·「江流有聲」·「其二」·「初秋」·「其二」·「嘲柳睡翁玄石」·「疎雨」·「七夕大雨」·「鳶魚」·「鼓琵希」·「危樓望北辰」·「拜杜鵑」·「蒼巖小集」·

「題蒼巖竹壁」·「其二」·「苦雨」·「七月旣望集蒼巖」·「其二」·「其三」·「荷塘月」·「兵仙」·「酒中仙」·「懷橘」·「凉夜」·「酒泉」·「靑門苽」·「華表鶴」·「濠上觀魚」·「其二」·「歸隱野花啼鳥」·「肉環」·「下榻」·「白頭翁草」·「作臥龍菴」·「壺仙」·「其二」·「茅屋熱極用卽景仝賦」·「次梅叟書齊先到」·「玄眞子」·「其二」·「用唐人戒昱秋霽韻」·「次梅叟竹纓」·「奉別悔窩鄭丈子彦歸碧城寓居」·「病中偶題示九苞索花」·「挽金友文九」·「其二」·「其三」·「爲亡友求山」·「初度書懷」·「臘殘雪虐」·「新元病臥壬午」·「病中思回門先壟」·「書懷用前韻」·「論堪輿有懷」·「看道書茫然自失」·「其二」·「病起」·「次梅叟人字韻」·「病中偶得一律呈九苞」·「咳嗽自春至秋日夜增劇」·「其二」·「病嗽苦秋夜甚長」·「其二」·「伯氏忌辰病未將事慨然慨懷」·「次柳久浩賦蒼巖荷塘韻」·「敬次韓大雅君一韻」·「趂重九送兒回門墓祭」·「病中有感」·「其二」·「獨夜」·「次九苞秋日獨上萬景臺作」·「其二」·「獨夜書懷」·「謹次杜草堂秋日登高韻」·「其二」·「其三」·「挽龜湖朴丈晦仲」·「臘初大雪」·「自歎」·「夜坐轉覺無聊」·「其二」·「生朝」·「除夜記夢」·「元月初七風寒閉戶呻痛」·「其二」·「新年書樓吟」·「挽戚再從兄趙寬夫」·「次梅翁梅字韻」·「暮春上東皐歸路轉到蒼巖」·「其二」·「嘲梅叟夜登寒樓」·「餞春」·「病中示梅叟」·「喜雨」·「其二」·「積雨乍晴夜坐有懷」·「病中書懷」·「病中惱暑」·「次梅叟移居韻」·「悼亡子」·「其二」·「其三」·「次永橋除夜韻甲申」·「其二」·「次春事」·「病中自悼」·「其二」·「感」·「病中聞柳友久浩訃愴然有懷」·「挽柳久浩」·「挽柳淸一」·「初秋獨夜」·「季秋旣望夜半別症幾殊轉輾不寐懷緖甚惡」

七言古詩

「蒼巖遠友自方丈白雲之間娓娓道其佳絶灑然有起余之趣病中拈筆賦古詩一篇兼寓自家願想」·「挽張永老代金伯升作」·「慈航」·「黃金臺」

3. 내용

문집의 내용은 상당히 광범위하다. 아마도 작자인 최성전이 본래 詩作에 所長이 있었고, 특히 만년에 시에 치중하면서 비교적 광범위한 주제에 대해 시를 남겼기 때문일 것이다. 그러나 그 대략을 보면 이 시집의 큰 주제는 두 가지로 대별될 수 있을 것 같다. 바로 '病'과 '孝'가 그것이다. 그럼 구체적으로 그 내용을 살펴보자.

1) 病과 관련된 시

공은 몸이 마르고 평생 병약하였던 듯하다. 특히 만년에 이르러서는 항상 병마와 함께 세월을 보냈다. 이것은 그 시의 기본적인 소재이며, 이 시집에서 상당히 중요한 역할을 하는 기본

정서이다.

「元朝」 제2수

六十年光病裏過	육십 년 세월을 병 속에서 보내니,
健時常少臥時多	건강할 때는 항상 얼마 안 되고 대부분 누워지낸다.
一身康濟知何道	한 몸 건강하게 지내는 방법이 무엇인가?
飮水看書試按摩	물 마시고 책보며 안마도 해 본다.

「元朝」에 戊寅이라고 표기가 되어 있으니 1818년의 작품이다. 즉 공이 60세가 되던 해 첫날 지은 시이다. 이 시의 내용은 공의 일생을 회고하며 지은 것이라 볼 수 있다. 여기에서 보듯이 공은 일생을 병과 함께 보냈다. 항상 병마에 시달리며 이 병마를 극복할 방법을 나름대로 연구하고 강구하며 일생을 살아왔던 것이다.

「雨夜病臥書懷」

終宵伏枕雨琳琅	밤 새 베개에 누워 있으니 비 소리는 후둑 후둑,
少壯難堪老奈當	젊은이도 감당하기 어려운데 늙은이 어찌 버티겠나!
十日恒飯沈苦海	십일간 대부분 苦海에 빠져 있고
三旬强食敵仙漿	한달을 억지로 敵仙漿을 먹는다.
孤鰥水冷眠何穩	외로운 홀아비 물이 차가우니 잠인들 편하겠나?
病鶴天高意謾長	병든 학은 하늘이 높으니 생각만 부질없이 길다.
衰境節宣徒費力	늘그막에 기운을 조절하려니 부질없이 힘만 드니,
棲棲火宅獨悲傷	불안한 火宅에서 홀로 비탄에 젖는다.

공은 본래 병약하게 태어나 자라면서 일찍이 부모를 여위었다. 뿐만 아니라 어릴 적부터 따르던 형도 일찍이 자식만을 남겨두고 공의 곁을 떠나 저 세상으로 갔다. 공은 이 불우한 상황 속에서 막중한 책임을 지고 인생을 살아갔다. 그리고 일생의 정력을 통해 이 책임을 상당히 훌륭하게 수행하였다고 볼 수 있다. 이런 와중에서 공이 보는 세상은 '고통이 가득한 곳'이었던 것 같다. 병으로 몸은 괴로워도 누워 쉴 수만은 없고, 또한 內子도 일찍 세상을 떠서 누구하나 돌보아주지 않는데 해야할 일은 쉼 없이 밀려오고 있었다.

위의 시 중 전반부는 이런 공의 처지를 설명하고 있다. 그리고 후반부에서는 공이 보는 이런 세계를 설명하고 있다. 이 중 '火宅'이란 단어에 주목을 해보자. '火宅'이란 『法華經』에 보이는 용어로서, '衆生은 갖은 고통을 당하며 三界를 윤회하고 있다'는 것을 의미한다. 즉 火는 고통을, 宅은 三界를 비유한다. 공의 시에는 이 火宅이란 단어가 비교적 빈번하게 등장한다. 위에서 보듯이 공은 이 세상을 화택으로 여기기도 하고, 또 다른 시에서는 火宅이 공 자신을 비유하기도 한다. 그러나 이 시어가 공의 사상적 전모를 설명한다고 볼 수는 없다. 단 공은 病뿐이 아닌 수없이 많은 天生의 고통, 인간적 괴로움, 그리고 막중한 정신적 부담 속에서 일생을 보낸 것이다. 그리고 이런 處境에서 발생하는 감정은 기본적으로 그의 시의 기본정서이다.

2) 道·佛과 관련된 시

공의 시집의 특징 중 하나는 道·佛과 관련된 시가 제법 많다는 점이다. 물론 이것을 근거로 공의 사상이 道教的이라거나 佛教的이라고 단정할 수는 없다. 더욱이 공이 전문적인 道士나 佛僧이 아님은 말할 필요도 없다. 단 조선시대라는 시대배경 속에서 이 시집을 본다면 최소한 純儒的인 경향의 작품은 아니다.

공은 기본적으로 유가적이다. 이것은 공이 유학적인 사회에서 성장하고 유학적인 교육을 통해 훈도되었기 때문일 것이다. 그리고 스스로도 儒者라고 여기고 있었다. 그가 기본적으로 유자라는 것을 인정하고 나면, 그 바탕 위에 적지 않은 道·佛적인 경향을 볼 수 있다. 우선 상대적으로 적게 보이는 불교적인 경향의 시를 보자.

「念珠」

箇箇摩來念念存	한개 한개 돌리니 마음이 보존되고
頑空劈透却無痕	頑空을 완전히 깨버리니 도리어 흔적이 없다.
一回便悟眞如宅	한번에 문뜩 眞如 자리를 깨닫고
十轉方尋解脫門	오랜 수행을 통해 해탈문을 찾는다.
滄海月明圓證性	푸른 바다에 달 밝으니 佛性을 원만하게 증득하고,
篆爐烟滅寂留魂	향로의 연기가 사라지니 고요히 魂만이 남아있다.
循環百八皆如意	백팔 염주를 돌려 모든 일이 뜻대로 되니,
辟得塵埃萬丈喧	시끌벅적한 속세를 끊어 버린다.

공은 병약하고 불행한 환경 속에서 孤軍奮鬪하며 일생을 보냈다. 이런 속에서 자기의 불행이 전생의 업보인가라고 생각해 보기도 하고, 또한 이런 고통의 火宅을 벗어나는 解脫을 꿈꾸기도 했었다. 더욱이 7세에 세상을 버려서 일생동안 그리움의 한을 남겨준 어머니와 항상 기대고 의지하던 형도 다시는 올 수 없는 세계로 가고, 자식도 부인도 모두 공을 버려 두고 자기의 길을 가버렸다. 이런 속에서 공은 혹시나 윤회를 통해 그들을 만나볼 수 있지 않을까 하는 想念도 가져 보았다. 이런 정서는 그의 불교 관련 시가 가지고 있는 정서들이다. 그의 불교 관련 시는 그리 많은 편은 아니다. 그리고 그 시의 가장 큰 정서는 역시 火宅에 뛰쳐나오려는 강렬한 心願이라 보아야 할 것이다.

道·佛 가운데 보다 많은 것은 道教와 관련 있는 시들이다. 우선 시를 보면서 공이 도교와 맺고 있는 인연의 실마리를 살펴보자.

「看道書茫然自失」

萬事歸來一病餘	오랜 병 속에 만사는 돌아오니,
沈憂長抱此生虛	근심에 빠져 오래도록 생의 허무함 느껴왔다.
殘年睡息思龜鶴	여생에 쉬면서 거북이와 학의 장수를 생각하여,
晩學工程愧蠹魚	늘그막에 수련을 해보니 책에 부끄럽다.
精髓妙凝神澹寂	精髓가 신묘하게 모이면 정신은 澹寂해지는 법이니,
氣機常斡數乘除	기운은 항상 운동하기에 數息을 연마해본다.
愚蒙未遇眞傳授	어리석은 사람이 진실된 전수를 받지 못하여,
三復遺篇轉奚如	道書를 세 번이나 읽어보아도 점점 더 괴리감이 느껴진다.

공은 만년에 도교에 경도되었던 것 같다. 이미 위에서 보듯이 공이 도교에 심취했던 까닭은 오랜 병에서 오는 허무감이 기본적인 이유일 것이다. 거기에서 도교의 健身術 혹은 신선술 등은 공에게 불교보다 훨씬 현실적인 도움을 주었을 것이다. 공이 도교에 접근하는 것이 조선시대의 일반적인 문인과 달리 양생술을 중심으로 한 도교적인 것이라는 것도 그 점을 보여준다. 아마 도교를 접한 초창기 때의 느낌일 것이다. 그러나 공의 시집을 보면 그의 신선에 대한 흠모가 일반적인 사람을 훨씬 능가할 뿐만 아니라 단순한 문학적 수식이 아님을 알 수 있고, 調息도 상당한 경지에 이르렀었음을 알 수 있다.

「數息」

手裏玄珠轉十回	손안의 玄珠를 열 번 돌리니
嗒然尼塑寸心灰	우두커니 (몸은) 깎아 놓은 석고처럼 되고 마음은 熄滅한다.
木落征鴻空外響	나무가 떨어지니 기러기 소리 하늘 밖에서 들려오고,
窓虛斜月定中來	창이 비어 있으니 뉘엿뉘엿 지는 달 고요하게 들어온다.
六塵淸淨須仙躅	六塵이 청정하려면 신선의 경지에 가야 하는데,
一病衰遲愧俗胎	긴 병에 쇠약해지니 俗胎가 부끄럽다.
問法永橋今二載	永橋에게 仙法을 배운지 이제 二年이나 되었는데
浮雲東望杳蓬萊	뜬구름에 동방을 바라보니 봉래산은 아득하기만 하다.

여기에서 여러 가지를 읽어낼 수 있다. 우선 그에게 선법을 전수해 준 사람은 그의 벗인 영교임을 알 수 있고, 여러 해 동안 수련하여 이미 상당한 경지에 도달해 있음도 알 수 있다. 이외의 자료를 볼 때, 공은 『老子河上公注』와 『參同契』를 열심히 탐독하고, 그밖에 여러 도교 수련을 배워 연마하였던 것 같다. 도교 관련된 시는 적지 않고 그 안에는 수련의 내용이나 자기

의 心得 등을 서술한 것이 있는데, 이런 것은 모두 조선 후기 도교를 연구함에 어느 정도의 참고 가치가 있다.

3) 學問入詩

『松棲公詩集』의 또 다른 특징은 學問入詩라고 말할 수 있다. 공은 자기의 주장이나 학문적 心得을 시로 표현하고 있다. 이것은 『松棲公文集』과 비교를 해 보아도 매우 명백하다. 일반적으로 학문적 내용은 산문이란 방식으로 서술하기 마련이다. 시는 형식적 제약이 있기 때문에 자기의 복잡한 사유를 표현하기 불편하기 때문일 것이다. 이런 이유로 소수의 학자를 제외하고는 시보다는 문에서 자기의 사상을 표현한다. 그런데 송서공은 이와 정반대이다. 『松棲公文集』에서는 대부분 실용문으로서 자기의 학문적 내용을 밝히고 있지 않는 반면에, 『松棲公詩集』에서는 다방면의 심득과 사상을 표현하고 있다. 이것은 아마도 공이 만년에 시를 좋아하였던 것도 하나의 이유일 것이나, 더욱 중요한 것은 공이 스스로 생각하기에 文보다는 詩에 자신이 있었기 때문일 것이다.

첫 번째로 공은 자기의 風水에 대한 심득을 시로 표현하고 있다. 일종의 風水詩라고 할 수 있는데, 그 편수도 상당하다. 공의 풍수시를 보기에 앞서 공의 풍수에 대한 열정을 알아보아야 할 것이다. 공의 일생을 보면, 공이 일생을 들여 이루어 놓은 일을 크게 두 가지로 나누어 볼 수 있다. 첫째는 쇠락해 가는 집안을 일으켜 세운 것이고, 둘째는 선대의 묘소를 모두 이장한 것이다. 이런 이유로 공은 거의 일생을 들여 堪輿를 연구하고, 몸소 山川을 살펴보지 않을 수 없었다. 좋은 땅을 보면 얻으려 하고, 그것을 얻으면 기뻐하고, 자손이 땅을 보고 오면 설명하게 하여 그 안목을 수정해 주곤 하였다. 이런 내용은 모두 그의 문집에 자주 등장하는 것들이다. 평생을 들인 풍수의 학설을 공은 여러 곳에서 시의 형식으로 표현하고 있다. 당시의 상황으로 보면 風水도 일종의 학문이다. 즉 風水入詩를 하고 있는 것이다.

「又論風水戲贈蒼巖」 제2수

穴從龍出多奇怪	穴은 산줄기[龍]를 따라 생기는데 기괴한 것이 많나니,
奇怪之形下手難	기괴한 형상은 가름하기 어렵다.
切莫胡思且亂量	절대로 함부로 생각하고 판단하지 말지니,
看它得勢與得垣	그것[穴]이 세를 얻었는지와 담장을 얻었는지를 보고 판단하라.

위의 詩에서 말하는 蒼巖은 그의 풍수 선생이자 친구이다. 아마도 이런 시들은 모두 창암에게 주어 가르침을 구하기 위한 것이 아닌가 싶다. 또 다른 한 수를 보자.

「又論風水戲贈蒼巖」 제4수

有龍無穴有如無	용만 있고 혈이 없으면 있어도 없는 것과 같고
有穴無龍實若虛	혈만 있고 용이 없으면 차도 빈 것과 같다.
此箇名言都着記	이 명언을 모두 잘 기억해두어야
許君不負古人書	그대가 고인의 책을 저버리지 않는다고 할 수 있으리.

이것은 풍수상 혼란을 피하는 방법을 논한 것이다. 행여나 용이나 혈에 현혹되어 眞穴眞龍을 잃을까해서 권고의 형식으로 풍수를 논하고 있다.

이외에 「登淳化回門南麓勢意情理」·「其二新卜考妣壽藏贊」·「其三緣」·「其四龍穴垣局」·「其五龍穴砂水」·「其六龍」·「其七穴」·「其八穴」·「其九砂」·「其十水」·「其十一局」·「其十二局」·「其十三總論占用之意」·「其十四遷厝後書積苦之懷」는 모두 回門이란 당터를 얻고 난 뒤에 그에 대한 풍수적 설명을 하고 있는 시들이다.

만약 「又論風水戲贈蒼巖」·「其二」·「其三」·「其四」·「其五」와 「登淳化回門南麓勢意情理」·「其二新卜考妣壽藏贊」·「其三緣」·「其四龍穴垣局」·「其五龍穴砂水」·「其六龍」·「其七穴」·「其八穴」·「其九砂」·「其十水」·「其十一局」·「其十二局」·「其十三總論占用之意」·「其十四遷厝後書積苦之懷」를 비교하여 고찰한다면 공의 풍수 사상의 대략을 알 수 있고, 기타의 풍수와 관련된 시를 읽고 그 곳을 일일이 답사한다면 아마도 보다 상세한 그의 풍수관을 알 수 있을 것이다. 공의 풍수는 기본적으로 孝에 바탕을 둔 것으로서 자기가 갖추지 못한 福을 후손들에게 남기려는 의도도 있다. 이것도 넓은 의미에서는 孝와 관련이 있다 할 것이다.

둘째 공은 유학적 입장을 시로 표현하고 있다. 공은 비록 순유는 아니라 하더라도 가장 강한 정서는 儒者적 心懷라고 보아야 할 것이다. 이 심회와 一生心得을 공은 시로 표현하고 있다.

「又書大學」

聖門心法學而傳	聖門의 心法을 배워 전한 분 중에,
曾氏得之惟卓然	曾子가 터득한 것이 유독 탁월하다.
一部綱條千載炳	3강령 8조목을 담은 한 권의 책이 천년동안 찬란하니
考亭手校道方全	주자의 손을 거쳐 도가 비로소 온전해졌기 때문이란다.

이 시는 「臥聽石兒讀書」 뒤에 있고, 詩題에 '又'자가 있는 것으로 보아, 그의 장조카에게 지어준 시일 것이다. 아마도 조카가 『大學』을 읽고 있었던 것 같다. 그 기특한 글소리를 듣다가, 그에게 『大學』의 성격, 역사, 그리고 의의를 알려 주고 싶은 의도에서 이 시를 지었다고 보여진다. 이 시는 비록 간략하고 알기 쉽게 쓰여졌지만, 비교적 요령 있게 주자학에서 보는 『大學』관을 잘 정리하고 있다. 이는 經學入詩라고 볼 수 있다. 다시 한 수를 보자.

「其二論聖賢心」

聖聖相傳是道心	성인과 성인이 전수해준 것은 道心이니,
中和極致準高深	中和의 극치는 높고 심원하다.
太虛晧月纖雲盡	太虛에 하얀 달 뜨고 구름 한 조각 없는 것이고,
罔象玄珠淨水沈	무형의 玄珠가 맑은 물 속에 담겨 있는 것이다.
自有生民均此秉	태초에부터 인간들에게 이 성품이 다 갖추어져 있고,
維皇上帝穆余臨	위대한 上帝가 심오하게 우리 앞에 와 계시다.
參三貫萬皆從出	천지인 삼재에 참여하고 만사를 꿰뚫는 것이 모두 여기에서 나오며,
事業經綸次第尋	事業과 經綸은 차례로 연역되어 나온다.

이것은 「次金堤村學究心字韻論天地聖人心」·「其二論聖賢心」·「其三論學者心」·「其四泛論大人赤子心」·「其五悼自家心」 중의 「其二論聖賢心」이다. 송서공은 이 시를 통해 天地聖人心·聖賢心·學者心·大人赤子心을 논하고 마지막으로 자기의 마음에 대해 말하고 있다. 전반적으로 보면 자기의 수양을 위해 지어진 듯하나, 그 내용으로 보면 공의 성리학적 견해를 시로 표현한 것이라 할 수 있다. 그 내용도 상당히 조직적으로 이루어져 있고, 성리학에 대한 이해도 상당하다. 이것은 性理入詩라고 말할 수 있다.

이외에도 「觀物」·「鳶魚」 등은 哲理入詩의 작품이고, 「用前韻寓丹學難成之意」는 丹學入詩의 작품이다. 공은 자기의 학문이나 心得을 시로 표현하는 욕망이 있었던 사람이다. 만약 별로 엄격하지 않은 기준을 적용한다면 공의 시집에는 學問入詩의 작품이 상당수가 된다. 이것은 當時의 다른 시인들과 비교해 볼 경우, 본 시집이 지니는 하나의 특징이 될 수 있을 것이다.

4) 幽明을 달리한 혈육을 그리워하는 시

이미 앞에서 몇 번 말했던 바와 같이 송서공은 개인적으로 매우 불행한 삶을 살았던 사람이다. 그 중에서도 세 사람과의 영결은 송서공의 인생과 성격에 절대적인 영향을 미쳤다고 볼 수 있다. 그리고 그 사람들에 대한 그리움은 송서공의 효행을 형성하는 결정적 동기가 된다고 볼 수 있다. 위에서 말한 세 사람이란 어머니, 형님, 그리고 아들이다.

「伯氏忌辰坐齋戊午」

人事存亡二十年	인생의 유명을 달리한 지 이십년,
夢中消息亦茫然	(이제) 꿈속의 소식도 아득합니다.
年年此夜傷心極	매년 오늘 밤 몹시도 가슴이 쓰려,
淚對西枝落月懸	눈물 속에 서쪽 나무 가지를 바라보니 지는 해만 걸려 있네요.

송서공의 詩 중에서 가장 애절한 감정을 호소하는 것은 그의 伯氏에 대한 시이다. 그리고 공의 이런 정서는 일생을 가고 있다. 송서공의 詩 중에 혈육에 대한 그리움을 주제로 한 시는 상당히 많다. 그리고 다른 주제를 가지고 지은 시에도 그의 혈육에 대한 애절한 감정이 들어가 있는 경우도 적지 않다. 이것은 송서공이 평소에 무엇을 보던 항상 가슴속에 그의 혈육들에 대한 강한 그리움이 항상 작용하고 있었음을 알 수 있다. 뿐만 아니라 그가 家産을 일으킨 일, 그리고 평생의 정력과 재력을 들여 그 혈육들을 위해 安宅을 마련한 것 및 그의 조카에게 온갖 정성을 다 기울인 것 등은 모두 이러한 정서와 매우 밀접한 관계를 가지고 있다.

공은 비록 여러 이유 때문에 避世의 仙道와 出世의 佛道에 관심은 가지고 있었지만, 공의 정서와 사상의 근저에는 항상 世情이 도도히 흐르고 있다. 그리고 이것을 옛날의 표현으로 말한다면 가장 近似한 것이 '出天之孝'라고 말할 수 있을 것이다. 이 '出天之孝'는 본 시집의 가장 중요한 정서 중 하나이다.

4. 가치

『松棲公詩集』의 가치는 여러 각도에서 말할 수 있다. 그리고 그의 시의 작품성에 대해서도 여러 각도에서 분석해 볼 수 있다. 그러나 『松棲公詩集』이 다른 시집들과 다른 점을 아래와 같이 꼽을 수 있다.

첫째, 『松棲公詩集』의 작자인 崔性全(1759~1824)의 독특한 신분이다. 崔性全은 관료도 아니고 학자도 아니다. 굳이 현대적인 관점에서 그의 직업을 말한다면 아마 '事業家'라고 말하는 것이 합당할 것이다. 즉 詩를 사랑하는 사업가이다. 그리고 그는 비록 사대부 집안의 출신이라고는 하지만, 사대부적인 삶을 살았던 사람도 아니다. 그러므로 최성전은 조선 후기 사회의 한 단면을 보여주는 인물이라 볼 수 있다. 즉 그는 사대부 출신으로서 商業起家한 인물인 것이다. 이런 인물에 대한 보고나 연구도 매우 적다. 이런 이유로 이 시집은 매우 희소성을 가진다고 말할 수 있다.

일반적으로 과거의 시집은 문인, 관료, 그리고 전문적인 시인들의 작품이 대부분이다. 그리고 그들의 시는 나름대로의 특징을 가지고 있다. 예를 들면 관료들의 시는 酬酌詩 및 頌德 등 현실적 필요에 의한 시가 많으며, 일반 문인 혹은 직업시인들의 시는 감상적이거나 혹은 그들의 생활이나 사상 등을 주제로 한 시가 많다. 그런데 『松棲公詩集』의 작자는 조선시대 시인 중 매우 독특한 계층이라 볼 수 있다. 그래서 聖恩 등을 노래했다거나, 어떤 언어적 유희 등을 노래한 시가 거의 전무하다. 『松棲公詩集』은 관료나 직업문인이 아닌 사람의 시집이라고 하는 것 자체로 희소성을 지니고 있다.

둘째, 특히 學問入詩의 작품들은 비록 부족하나마 나름의 가치를 가질 수 있다. 예를 들면 조선시대의 仙學이나 風水를 연구하는 사람들에게 여기에 보이는 시는 당시의 한 편린을 제공해 줄 수 있기 때문이다. 특히 성리학을 제외한 생생한 자료가 부족한 현실에서 이 시들은 강변의 砂金과 같은 역할을 할 수 있을 것이다.

셋째, 최성전은 거의 알려지지 않은 인물이다. 그러나 최성전을 통해 우리는 조선시대의 여러 가지 측면을 읽을 수 있다. 즉 어떤 방식으로 유학의 이념을 구현하였는가 등을 알 수 있다. 그리고 그 점에 초점을 맞춘다면 최성전의 일생과 그의 정서 등을 구체적으로 알 필요가 있는데, 이 시집은 이런 연구자들에게 매우 유익한 자료가 될 것이다.

【서대원】

松塢謾稿

朴宗永(1804~1875) 著.
草稿本. 16册, 25.5×16.5cm.
10行 20字. 表題: 松塢謾稿.

松塢居士詩謾稿

春日卽景

林下無他勝澹澹處士家東風非寂寞一兩搖繁華
草樹禽聲亂池臺日影斜遊人原上醉酒盞倒青莎

花下吟

脆言不作句渠諛恐損生香一脉扶次第皆呈真氣
色淺深豈有巧工夫鶱然裁得知心在寂若鬧時與
理俱孰使紅紅兼白白東風自是厚於吾

惜春

殘花猶艶麗、軟綠劇鮮明鳥語知風暖溪聲喜夜晴

1. 저자

朴宗永(1804~1875)[1]의 本貫은 潘南, 字는 美汝, 號는 松塢이다. 부친은 錦石 朴準源(1739~1807)이고 祖父는 공주 판관을 지낸 朴師錫(1713~1774)이다. 당대에 뛰어난 학자였던 近齋 朴胤源(1734~1799)은 그의 백부이다. 아버지는 당대에 고관을 지낸 유명한 문신이지만 박종영의 생애에 대해서는 거의 알려져 있지 않다. 그것은 그가 박준원의 庶出이었기 때문으로 보인다.

문집에 박종영이 서출이라는 직접적인 기록은 없으나 단편적인 몇 가지 기록을 토대로 그렇게 판단할 수 있다. 가장 중요한 근거로는 부친 박준원의 행장이나 묘지명에 본부인 原州 元氏 소생으로 朴宗輔, 朴宗慶, 朴宗翊, 朴宗喜와 딸들만 소개되어 있다.[2] 또 사마방목에는 그의 형제로 朴宗琰이 올라 있고 원주 원씨 소생의 네 형제는 '嫡兄'으로 올라 있다. 다음과 같은 기록들은 바로 이와 같은 서출 신분을 염두에 둔 표현으로 보인다.

> 비록 조정에서 활동하면서 임금과 정사를 논하더라도 무엇인들 못하였겠는가마는, 운명에 구애되어서 지위가 덕에 어울리지 않았고 만년에 이르러서야 세 고을의 관리가 되었다.[3]

> 만약 공으로 하여금 조정에 처하게 하였다면 그 뜻을 행하게 되어서 世道에 도움이 되고 임금의 교화를 보좌할 수 있었을 것이다. 그러나 습속에 구속된 바가 되고 병마가 장난을 쳐서 세상에 크게 울리지 못하고 산림에 물러나 쉬면서 농사짓는데서 그 뜻을 구하면서 그 不平함을 스스로 울어대었으니, 아아, 그것이 한탄스러울 뿐이다.[4]

> 마땅히 높이 날아오르며 임금을 보좌할 것인데 지위에 구애되어서 능히 베풀지를 못하였다. 堂下官의 지위에서 부침을 겪으며 일생이[5] 零落하였다.

박종영은 1831년(순조 31) 式年試에서 進士로 급제하였으나 이와 같은 신분적인 한계로 인하여 활발한 사회 활동을 하지 못하고 주로 지방의 낮은 관직에 머물렀으며 은거에 가까운 생활을 하였다. 문집 서문에 의하면 세 곳의 지방 관리를 지냈다고 했는데 그 중에서 雪城에서 가장 오래 재직하였고 작품 중에도 매우 빈번하게 등장한다. 설성은 충청도 陰城의 별칭이므로 음성 현감을 지낸 것으로 보인다.

---

1) 박종영의 생몰년은 지금까지 별도로 알려져 있지 않았다. 여기의 태어난 해는『司馬榜目』에 의거한 것이며 세상을 떠난 해는 1935년(乙亥)에 쓴 朴豊緖의 序文과 朴根陽의 跋文에 다같이 저자가 죽은 지 60년이 되었다고 한 것에 근거한 것이다.
2)『錦石集』권12.「附錄」, 兪漢雋이 지은「行狀」과 李直輔가 지은「墓誌銘幷序」참조.
3) 金甯漢,「松塢遺稿序」.
4) 李溶淬의『松塢遺稿』序文.(따로 제목을 붙이지 않았음)
5) 朴根陽의『松塢遺稿』跋文.(따로 제목을 붙이지 않았음)

문집에 행장이나 연보 등이 없기 때문에 자세한 행적을 밝힐 자료가 부족한데, 대신 그의 부친에 대한 자료를 통하여 집안 배경을 이해할 수 있다. 부친 박준원은 학문으로 이름 높은 金亮行(? ~1779)의 문인으로 어려서부터 독서를 좋아하여 六經과 百家의 글에 두루 통달하였으며, 맏형 朴胤源과 함께 서로 학문을 강론하였다. 1786년(정조 10) 사마시에 합격하고 蔭補로 主簿가 되었는데, 셋째 딸이 綏嬪으로 뽑히자 健元陵參奉을 거쳐 司僕寺主簿・공조좌랑・보은현감이 되었다.

수빈은 宮號가 嘉順宮으로 1786년에 嬪으로 입궁한 후 1790년(정조 14)에 훗날 純祖가 되는 元子를 낳고, 그 뒤에 淑善翁主를 낳았다. 예절이 바르고 행실이 착하여 현숙함을 칭송받았다. 수빈이 원자를 낳자 그는 護産의 노고로 通政大夫에 올라 戶曹參議에 임명되었고, 항상 대궐 안에 머물면서 원자를 보호하고 輔導하였다.

1800년에 순조가 즉위하자 수렴청정하던 貞純王后에 의하여 호조・형조・공조의 판서와 判敦寧府使를 지내고 摠戎使・御營大將・刑曹判書・禁衛大將 등을 거치며 8년 동안 三營의 병권을 잡았다. 시호는 忠獻이고 영의정에 추증되었다. 여주에 있는 그의 신도비는 자신의 외손이 되는 순조가 친히 지은 것이다.

2. 구성

『松塢謾稿』는 전 16책으로 비교적 많은 분량인데 따로 卷次 표시는 하지 않았다. 表題는 '松塢謾稿'인데 내용에 따라 전체를 네 부문으로 나눌 수 있으며 권수제도 부문별로 다르다. 우선 맨 앞의 詩편은 1책부터 5책까지인데 5책만 단일권이고 나머지는 각 책 당 2권의 형식으로 나누어져 있으며[6] 권수제는 '松塢居士詩謾稿'라고 되어 있다. 일반 산문편은 6・7・8책인데 각 책 당 단일 권의 형식을 취하고 있으며 卷首題는 '松塢居士文謾稿'이다. 다음 9・10책은 여러 경서의 내용을 풀이한 것으로 卷首題는 따로 기록되어 있지 않으나 표지에는 「經旨蒙解」라고 되어 있다. 다음의 「史論雜擬」 예에 따른다면 「松塢謾稿經旨蒙解」가 되어야 할 것이다. 마지막 11~16책은 중국 역대의 저명한 역사 인물과 사건들에 대한 평가를 기록한 것으로 전체 문집 중 가장 많은 분량을 차지하는데 卷首題는 「松塢謾稿史論雜擬」라고 되어 있다.

박종영의 문집은 1937년에 『松塢遺稿』라는 이름으로 정식으로 간행되었는데 이는 본집 11권, 별집 12권[7], 총 8책의 新鉛活字本으로 金甯漢, 朴豐緖, 李溶淬의 서문과 朴根陽의 발문이

6) 『송오만고』 시편은 이처럼 2권씩 分卷된 책에 卷次 표시가 없으므로 작품 출전 등을 밝힐 때 '○책 상권', 또는 '○책 하권'으로 표기하기로 한다.

7) 『한국민족문화대백과사전』에서 별집을 11편이라고 하였는데 이것은 「經旨蒙解」 8편을 7편으로 잘못 판단하여 착오가 생긴 것이다. 「경지몽해」는 『大學』・『中庸』・『論語』・『孟子』・『詩傳』・『書傳』・『周易』・『禮記』 여덟 가지 경서에 대한 풀이를 각각 한 권씩으로 묶었다.

있다. 이 『松塢遺稿』의 권별 편차는 다음과 같다.

<권1> 賦 3편, 辭 1편
<권2~7> 詩 1123수
<권8> 疏 2편, 書 7편, 序 20편[8)]
<권9> 記 19편, 說 2편, 論 2편, 策 1편, 雜著 6편
<권10> 箴 2편, 銘 4편, 頌 1편, 贊 2편[9)], 啓 1편, 箋 6편, 上樑文 6편
<권11> 祭文 26편, 祝文 5편, 哀辭 2편, 家狀 3편
<別編> 「經旨蒙解」(8권), 「史論雜擬」(4권)

내용을 비교해 보면 『松塢遺稿』는 『松塢謾稿』를 토대로 간행된 것임을 알 수 있다. 그러나 『松塢遺稿』에 유일하게 실려 있는 辭 작품인 「餞東皇辭」는 『松塢謾稿』에는 실려 있지 않고 한시 중 「摛文院親臨齋宿日恭參閣班退而志感」[10)]도 『송오유고』에는 있으나 『송오만고』에는 없다. 『송오유고』를 간행하면서 추가로 수집된 작품을 追錄한 것으로 보인다. 두 이본을 비교해 보면 시는 『송오유고』가 『송오만고』보다 편수가 약간 적을 뿐 배열 순서는 완전히 일치하는데 산문은 문체별로 재배열하여 순서에 차이가 많다.

두 이본의 가장 큰 차이는 『송오만고』에서 제6책에 序·記·書와 함께 묶어서 맨 앞에 수록한 賦 작품들을 『송오유고』에서는 독립하여 제1권(卷之一)으로 내세웠으며 이에 따라 제1권은 부 작품 3편과 追錄한 사 작품 1편을 합해서 모두 4편밖에 되지 않으므로 전체 4장의 아주 적은 분량이다.

시편의 경우 작품 배열은 동일하나 卷數는 달라져서 『송오만고』는 전체 9권으로 엮인데 비해 『송오유고』는 2권부터 7권까지 모두 6책으로 엮였다. 따라서 『송오유고』가 각 권당 수록 작품 수가 훨씬 많게 되었다. 예를 들면 『송오만고』는 1책 하권이 「訪隱者」에서 끝나면서 권이 나뉘고 다음 2책 상권에서 「春日卽景」 이하의 작품이 실려 있는데, 『송오유고』는 3권에서(『송오만고』의 1책 상권이 『송오유고』의 3권에 해당한다) 「訪隱者」 다음에 권이 나뉘지 않고 계속해서 「春日卽景」 이하 「甘瓜」까지 42題 58首의 시가 더 이어져 있다.

제목도 다시 정리한 것이 많은데 예를 들면 첫 작품의 경우 『송오만고』에서는 「留南平衙中月夜步出新灘橋」라고 한 것을 『송오유고』에서는 「南平月夜步出新灘橋」라고 간결하게 표현하였다.

일관되게 용어가 바뀐 것이 있는데, 『송오만고』에서 '伯氏'라고 지칭한 것을 『송오유고』에서는 모두 '家兄'으로 고쳤다. 여기서 '伯氏'라고 한 것은 嫡兄 중 큰형님인 朴宗輔를 가리키는

8) 권두의 목록에는 「知非錄序」를 빠뜨려서 19편만 실려 있다.
9) 권두의 목록에는 「孝童贊」 한 편만 실려 있으나 본문에는 「潘秀才孝行贊」이 더 있다.
10) 『송오유고』 제2권.

것이 아니고 庶出로서 자신의 유일한 同腹 형제인 朴宗琰을 가리킨다. 문집 중에는 伯氏와 시를 주고받거나 次韻한 작품들이 여러 수 실려 있는데 다른 형제와 관련된 작품은 전혀 없다. 또 시 중에 "형님이 누각에 오를 때 아우도 누각에 올랐고(兄登樓時弟登樓)"[11]라든가 "한 침상에 같이 눕고 누각에도 함께 앉아(臥共一床坐共樓)"[12]라는 등의 내용을 보면 백씨와 늘 함께 어울려 다니면서 우의가 매우 두터웠던 것으로 나타나는데, 박종영은 그의 부친이 66세 때 낳은 晩得子로서 嫡長兄인 박종보는 박종영이 다섯 살의 어린 나이였을 때 49세를 일기로 세상을 떠났다. 1937년에 간행된 『松塢遺稿』에서 '伯氏'를 모두 '家兄'으로 고친 것은 시대 상황이 바뀌었기 때문으로 보인다. 즉 이 시기는 이미 적서 차별이 폐지된 뒤이기 때문에 伯氏라고 하면 嫡長兄인 박종보로 오해할 수 있다.

또 『송오만고』의 「敬次伯氏歲初前韻」을 『송오유고』에서는 「又次歲暮」로 고쳤는데 이는 문집 간행 과정에서 실수로 잘못한 것으로 보인다. 봄을 맞이하여 느끼는 심정을 담은 내용으로 보아 歲暮가 아니라 歲初가 맞다.

본 문집 『송오만고』의 冊別 구성은 다음과 같다.

제1책(전2권):詩, 제2책(전2권):詩, 제3책(전2권):詩, 제4책(전2권):詩, 5책(1권):詩
제6책:賦·序·記·書
제7책:論·說·上樑文·祭文·哀辭·箋文·疏·啓·箴
제8책:銘·頌·贊·雜著·家狀·告文
제9~10책:經旨蒙解
제11~16책:史論雜擬

이를 목록과 함께 세부적으로 살펴보면 다음과 같다.
제1책:235題 302首(상권:143題 179首, 하권:88題 123首)
제2책:266題 377首(상권:116題 163首, 하권:150題 214首)
제3책:212題 304首(상권:112題 165首, 하권:100題 140首)
제4책:121題 266首(상권:85題 149首, 하권:36題 117首)
제5책:106題 154首(單卷) 이상 총 940題 1403首

제6책

「敬次感春賦」·「彈琴臺賦」·「次莘谷賦」·「伯氏周甲壽序」·「貞山號序」·「永明都尉洪公六十

11) 1책 상권, 「敬次伯氏直院寄詩韻」.
12) 1책 상권, 「兄弟睽離將近十載一洛一湖參商落落看雲陟岡尤是暮景所難堪者. 伯氏直院寄詩, 讀來不覺於悒傷情. 旣而敬和, 又用前韻尾上一律, 以抒未盡之蘊」.

一歲壽序」·「雨屐號序」·「蘭坡號序」·「雪城頒洞規序」·「昭陽齋序」·「洌涘號序」·「首陽稧序」·「勝山金尙書七十壽序」·「三可號序」·「小華名勝記序」·「石潁號序」·「賀永明都尉海居洪相公賜几杖序」·「興學稧序」·「勝山金尙書小科回榜賀序」·「閔侍郎忠州谷口卜居序」·「餞關西伯小荷趙公成夏上任序」·「知非錄序」·「興州使君梧墅林丈澈洙回甲壽序」·「剡東水月記」·「可軒記」·「龍湫記」·「明花庄記」·「剡東書室記」·「迦葉山記」·「陰崖洞記」·「水淸洞記」·「退隱堂記」·「紹賢書院重修記」·「淸聖廟重修記」·「含江亭記」·「原州檢律堂重修記」·「祥雲丞廳壁重修記」·「平近堂記」·「莘憩堂記」·「石洞記」·「聖廟重修記」·「雪城將校廳重修記」·「答朴芝山始愚書」·「答李梅溪象先書」·「答張生書」·「答李梅溪書」·「答朴芝山書」·「與李梅溪書」·「答李蕉窩承誠書」

제7책

「文論」·「理勢論」·「紫玉杖說」·「竹說」·「陰城縣明倫堂重修上樑文」·「壬辰原從功臣殉節張公忠範旋閭閣上樑文」·「陜川李氏八旌閭上樑文」·「風化樓重修上樑文」·「法蓮菴重修上樑文」·「成佛庵上樑文」·「祭伯氏竹西公文」·「祭亡室文」·「祭李友羲魯文」·「祭李友圭獻文」·「祭朴貞山浚愚文」·「祭蘭史李公建東文」·「祭訥里徐君進輔文」·「祭勝山金公文」·「祭思潁金公文」·「祭石陵丈席金公文」·「社稷祈雨祭文」·「祭雪城望山文」·「大樑曳運時祭雪嶽山神文」·「伏龍山祈雨祭文」·「龍淵祈雨祭文」·「臺巖祈雨祭文」·「別厲祭祭文」·「社稷祈雨祭文」·「盤渦祈雨祭文」·「舍那祈雨祭文」·「益高池祈雨祭文」·「龍門山山神祭文」·「山神祭文」·「龍湫祈雨祭文」·「水晶山祈雨祭文」·「祭潘蘭坡晃周文」·「沈稚永哀辭」·「廉仲玉哀辭」·「祔太廟箋文」·「加上尊號箋文」·「祔太廟箋文」·「加上尊號箋文」·「誕日箋文」·「移御箋文」·「王世子冊封受勅後箋文」·「正朝及大王大妃殿恰滿七旬大妃殿望五稱慶箋文」·「賜饌謝箋文」·「擬內閣進改纂日省錄箋文」·「祔太廟箋文」·「代嶺伯請灾結準劃疏」·「勝山金尙書壽七十生朝賀啓」·「十不可箴」·「十制箴」

제8책

「春塘臺銘」·「白羽扇銘」·「信義室銘」·「鶯巢銘」·「座右銘」·「菊花酒頌」·「孝童贊」·「潘秀才孝行贊」·「仙樓紀蹟」·「責錢神文」·「餞東皇辭」·「移左面風騷諸將文」·「代麟蹄民人呈巡營文」·「代麟蹄民人呈備局文」·「與尹雅士萬善文」·「雪城邑上下藪禁養後諭父老文」·「雪城望峴城山禁養節日成後諭校中多士文」·「呈驪邑單子饑營呈單及擊錚原情附」·「回移左偏風騷諸將文」·「代鳳山倅戒椽屬板揭該廳文」·「三政策」·「判敦寧公家狀」·「承旨公家狀」·「禮判公家狀」·「蘇文里榮掃告文」·「黃金坪榮掃告文」·「玉鉤村榮掃告文」·「龍津大墓告文」·「龍津小墓告文」·「書隨考錄後」·「序號贈六有子」

제9책(經旨蒙解)

<大學>
<中庸>
<論語>「學而篇」·「爲政篇」·「里仁篇」·「雍也泰伯子罕篇」·「顔淵子張篇」
<孟子>「公孫丑篇」·「離婁篇」·「告子篇」·「盡心篇」

제10책(經旨蒙解)

<詩傳> 「淇澳章」·「鶴鳴章」·「小宛章」·「抑章」·「蒸民章」·「敬之章」·「彤弓章」·「南山有臺章」

<書傳> 「大禹謨」·「皐陶謨」·「仲虺之誥」·「湯誥」·「說命」·「洪範」·「旅獒」·「召誥」·「無逸」·「多方」·「周官」

<周易> 「乾卦」·「坤卦」·「蒙卦」·「比卦」·「履卦」·「謙卦」·「觀卦」·「賁卦」·「剝卦」·「復卦」·「大畜」·「頤卦」·「坎卦」·「恒卦」·「遯卦」·「大壯」·「晋卦」·「家人」·「蹇卦」·「解卦」·「損卦」·「益卦」·「夬卦」·「姤卦」·「升卦」·「困卦」·「井卦」·「震卦」·「艮卦」·「漸卦」·「兌卦」·「繫辭」

<禮記>「曲禮」·「王制」·「學記」·「儒行」·「鄕飮酒義」·「聘義」

제11책(史論雜擬)

<殷>「擬傳說爰立作相諭高宗」

<周> 「太公論」·「周鄭交質論」·「代富辰諫襄王以狄伐鄭及以其女爲后書」·「王孫滿却楚子問鼎論」·「成肅公受脤不敬論」·「溫季論」·「代魯臧僖伯諫如棠觀魚書」·「代臧孫達諫取郜大鼎書」·「子同命名論」·「季友論」·「大臧文仲諫楚巫尫書」·「僖閔逆祀論」·「臧紇論」·「大季文子請遂莒僕書」·「臧武仲不詰盜論」·「竪牛論」·「季武子立昭公論」·「孔子相夾谷論」·「大晋里克諫使太子帥師書」·「代晋慶鄭諫拒秦糴書」·「晋狐突論」·「晋文受塊論」·「介之推論」·「晋文殺三罪論」·「荀林父止先蔑論」·「解揚論」·「荀罃論」·「伯宗論」·「祁奚論」·「魏絳論」·「師曠知石言論」·「叔向母論」·「雍糾論」·「子産請焚載書論」·「黑肱歸邑論」·「鄭子皮餼粟論」·「代子産答然明請毁鄕校書」·「代子産請子皮勿使尹何爲邑書」·「代渾罕責子産作丘賦書」·「代叔向責子産鑄刑書書」·「鄭伯有爲鬼論」·「子産授政子大叔論」·「晏子不死君難論」·「晏子辭邑論」·「代晏嬰諫誅祝史書」·「代晏嬰請勿禳彗星書」·「弦高論」·「晋歸秦三帥論」·「季札論」·「代吳伍員諫舍越攻齊書」·「衛元咺甯兪論」·「衛獻公論」·「宋穆公論」·「臧文仲知宋興論」·「子魚論」·「華元論」·「子罕論」·「宋平公論」·「代虞宮之奇諫許晋假道書」·「曺人夢論」

제12책(史論雜擬)[13)]

「管仲論」·「擬管仲拜相諭齊威公」·「代管仲辭拜相書」·「再諭」·「再上書」·「三諭」·「三上書」·「代趙高恭謝錄首功書」·「趙石父論」·「豫讓論」·「伍子胥論」·「范蠡論」·「蘇秦張儀論」·「其二」·「季路論」·「其二」·「蒯聵父子論」·「泰伯論」·「管仲不死子糾論」·「曾點論」·「商鞅論」·「於陵仲子論」·「吳起論」·「魯仲連論」·「其二」·「荊軻論」

<漢>

「代蕭何權王受封入漢中書」·「擬拜韓信大將敎高祖」·「擬討項羽縞素諭列侯檄高祖」·「代張良諫易太子書」·「范增論」·「高帝論」·「項伯論」·「韓信論」·「張良論」·「其二」·「貫高論」·「除挾書律論」·「代王陵諫諸呂封王書」·「陳平周勃對呂后王諸呂論」·「擬方春賑貸詔文帝」·「文帝盡除收孥相坐律論」·「擬擧賢良方正直言極諫之士詔文帝」·「賈誼論」·「薄太后弟昭自殺論」·「文帝除誹謗妖言律論」·「鼂錯論」

제13책(史論雜擬)

<漢>

「董仲舒論」·「代韓安國請復和親匈奴書」·「代汲黯彈公孫弘張湯書」·「擬勸學興禮建置博士弟子諭武帝」·「代汲黯七事進諫仍謝淮陽書」·「戾太子論」·「代嚴延年彈霍光書」·「代霍光自列書」·「霍光不祀論」·「夏侯勝論」·「宣帝論」·「張敞論」·「宣帝講五經同異論」·「蕭望之論」·「谷永張禹論」·「揚雄論」·「擬春陵起兵諭四方檄光武」·「代耿純請光武從諸將言上尊號書」·「龔勝薛方論」·「卓茂論」·「擬鄗南登大位詔光武」·「光武不任功臣論」·「韓歆論」·「光武廢郭后論」·「光武易太子論」·「代桓譚諫光武信讖書」·「明帝論」·「章帝論」·「和帝論」·「黃憲論」·「張綱論」·「蘇章論」·「質帝論」·「李膺杜密論」·「荀彧論」

<蜀漢>

「昭烈取蜀論」·「擬昭烈永安宮托孤詔」·「武侯論」·「其二」·「弔諸葛武侯文」·「蜀魏論」

제14책(史論雜擬)

<晋>

「羊祜論」·「王衍論」·「王導論」·「謝安論」

<梁>

「武帝論」

---

13) 제11책에서 <周>가 다 끝나지 않고 여기 제12책에 계속 이어지므로 첫머리에 따로 왕조 표시를 하지 않았다. 그러나 제12책에서 역시 <漢>이 다 끝나지 않고 제13책으로 이어지는데 13책 첫머리에서는 다시 <漢>이라고 왕조를 明示하여 서술상의 일관성이 지켜지지는 않았다.

<隋>

「王通論」

<唐>

「高祖論」·「太宗論」·「裴矩論」·「魏徵論」·「貞觀政治論」·「貞觀末失政論」·「高宗論」·「褚遂良長孫無忌論」·「婁師德論」·「狄仁傑論」·「安金藏論」·「楊再思祝欽明論」·「張柬之等五王論」·「玄宗論」·「安杲卿論」·「擬靈武登極詔肅宗」·「擬靈武卽位後諭討復將士詔肅宗」·「房琯論」·「李輔國論」·「姚崇宋璟論」·「張九齡論」·「雷海淸論」·「舞馬舞象論」·「擬奉天罪己詔德宗」·「李懷光論」·「楊綰論」·「劉晏論」·「德宗論」·「代李汝陳勉德宗書」·「柳宗元論」·「代柳渾彈渾瑊馬燧書」·「憲宗論」·「裴度論」·「溫造論」·「劉栖楚論」·「柳公綽論」·「文宗論」·「仇士良論」·「李德裕牛僧孺朋黨論」·「宣宗論」·「柳玭論」·「白馬淸流論」

<五季>

「後唐明宗論」·「景延廣論」·「馮道論」

제15책(史論雜擬)

<宋>

「擬諭陳橋將士書太祖」·「趙普論」·「代寇準請御駕親征契丹幸澶淵書眞宗」·「代孫奭諫封禪禱祀書眞宗」·「王旦論」·「寇準論」·「呂夷簡論」·「代范仲淹歐陽脩等諫廢郭后書仁宗」·「王安石論」·「代鄭俠諫靑苗之害彈王安石書神宗」·「蔡確論」·「哲宗論」·「擬宣仁太后拜相司馬光後敎諭詔」·「代司馬光辭新除相職書」·「范祖禹論」·「范純仁論」·「任伯雨論」·「陳瓘論」·「元祐奸黨碑論」·「代太廟齋郎方軫彈劾蔡京書徽宗」·「代秘書正字曹輔諫徽宗微行書」·「代种師道請斥黜童貫復許和遼使書徽宗」·「代宇文虛中代撰徽宗罪己詔」·「代李綱陳勉徽宗消弭天灾仍請勿爲東遷傳位太子書」·「徽宗出奔亳州論」·「罷李綱以謝金人論欽宗」·「太學生陳東請復用李綱論」·「欽宗罷李綱种師道論」·「李綱感悟太上皇論」·「尹和靖母論」·「罷王安石配享孔子猶從祀廟庭論」·「竄蔡京儋州論」·「孫傳尊信郭京以六甲神兵禦敵論」·「劉韐自經金營論」·「孫傳上表金人請立趙氏論」·「元祐孟后獨免難論」·「代唐恪吳革等諫欽宗再赴虜營書」·「李若水論」·「梅執禮等四人論」·「張邦昌論」·「高宗論」·「張叔夜論」

<제16책>(史論雜擬)

<宋>

「李綱十事疏僭逆僞命二事留中不下論」·「張邦昌安置論」·「代羣臣討張邦昌亂逆書」·「張浚論」 「代洪皓冷山開泰寺望祭徽宗文」·「高宗自將禦金次于平江論」·「擬追暴劉豫罪逆于六師詔高宗」·「張浚止胡寅請終服論」·「岳飛破楊太論」·「高宗以陳公輔爲左司諫論」·「金人廢劉豫論」·「趙昇黜戶部官論」·「趙昇爲秦檜所賣論」·「胡銓論」·「王倫爲金所殺論」·「詔岳飛班師

論」·「秦檜殺岳飛論」·「趙昇卒于吉陽軍論」·「金虜歸徽宗梓宮論」·「朱弁論」·「弔岳武穆文」·「金主亮論」·「孝宗論」·「光宗論」·「寧宗因孝宗喪卽位論」·「代趙汝愚率百官庭請太皇太后垂簾及使嘉王承統主喪表」·「留正論」·「趙汝愚論」·「史彌遠論」·「理宗論」·「金亡論」·「江萬里論」·「賈似道論」·「宋亡論」·「信國公文天祥論」·「弔文文山文」·「弔陸秀夫文」

3. 내용

1) 詩

박종영은 1천 여수의 많은 작품을 남기고 있으므로 다른 전문 시인들에게서 나타나는 바와 마찬가지로 시에서 읊은 대상은 매우 다양하다. 그 중에서도 주로 많이 다루는 내용들이 다음과 같은 몇 가지 경향으로 드러난다.

저자는 낮은 관직이지만 수년에 걸쳐 관료 생활을 하였으므로 관인으로서의 의식을 다룬 시들이 많이 보인다. 「甄閣職後初直西齋志感」·「與僚員齋夜共賦」·「直廬遣悶」·「西樓閑坐」·「直內院夜聞春雨」·「直廬夏夜」·「直廬睡起」·「久直遣悶」 등의 작품들을 예로 들 수 있다.

그는 또 고향에 대한 애착이 많았던 듯 이에 대한 시를 많이 남기고 있다. 「思剡溪鄕廬」·「還剡」·「剡東閑居拈唐人韻」·「剡東感君恩詞」·「剡東卽事」·「鄕居自嘲」·「剡上秋懷」·「和陶詩歸田園居韻」·「鄕廬」 등이 있다. 다음은 관직 생활 중에 고향을 그리워하는 작품이다.

「思剡溪鄕廬」

寒溪繞茅屋	차가운 시내는 초가집을 둘러 있고,
古木亂秋蟬	고목에선 가을 매미 어지러이 우는 곳.
何日驅牛去	어느 때나 소 몰고 고향으로 돌아가,
躬耕潁上田	영수 가의 밭을 몸소 갈려나.

이처럼 고향을 그리다가 벼슬을 내놓고 고향에 돌아와서는 여유 있고 안온한 삶을 노래한다.

「剡東閑居拈唐人韻」 제2수

衰紅何足歎	붉은 빛 시든다고 어찌 족히 탄하랴,
嫩綠亦堪誇	연록 빛 잎 또한 자랑할 만한데.
巡圃看新藥	텃밭을 돌아보며 새로 난 약초를 살피고,

臨溪數落花	시내에 다다라 떨어지는 꽃을 헤아리네.
酒能非俗士	술 마셔도 능히 속된 선비 아니니,
春尙在詩家	봄은 아직도 시인에게 남아 있네.
揔爲情多感	온통 다정다감함을 느끼게 하니,
嘯歌戀物華	시 읊고 노래하며 경물을 사랑하네.

박종영은 관직에서 물러나 고향에 거처할 때 몸소 농사를 지었다. 이런 경험을 바탕으로 農事에 대한 관심을 표명한 작품도 여러 수 보인다. 그 중 「田舍雜詠」은 저자가 중년에 雪城의 鄕舍에 寓居하면서 직접 농사를 경험하고서 지은 작품으로 전체 30수의 연작이다. 저자는 이 연작시에 跋文을 붙여서 그 著作 의도를 밝히고 있다. 즉 그가 어려서 『詩經』의 「豳風 · 七月」 시를 읽고서 백성들의 실정을 알지도 못하면서 한갓 말로만 농사의 어려움을 표현한 것이라고 여겼었는데 직접 농부들과 밭 가운데서 땀을 흘리며 일하고 보니 「七月」시가 참으로 그림으로 실경을 묘사한 것처럼 핍진하였다. 그래서 호의호식하면서 농사의 중요함을 알지 못하는 사람들을 위해서 이 작품을 지은 것이다. 「農夫歌」도 역시 농사에 대한 관심 비롯된 작품이데 농사짓는 사람의 생활 모습을 세밀하게 묘사한 장편 고시이다. 그밖에 「農者」·「慰田父」·「歎耕者」 등 여러 작품들이 있다.

박종영의 시에서 가장 큰 특징이라고 할 수 있는 것은 庶出이라는 스스로의 신분에 대한 한탄 때문인 듯 자신의 신세에 대한 감회를 읊은 시가 유달리 많다는 점이다. 「自嘲」·「自悟」·「自警」·「自笑」·「自遣」·「偶歎」·「自歎」·「撥悶」·「遣意」·「遣懷」·「遣悶」·「述懷」 등 이른바 '身世之感'을 읊을 때 상투적으로 사용하는 제목들이 시집의 全卷을 통하여 무수히 많이 보인다. 같은 제목이 여러 곳에서 반복되어 나오기도 하는데 특히 「自遣」·「遣懷」 등이 많이 반복된다. 「自遣」의 한 예를 보기로 한다.

「自遣」

壯志已摧落	씩씩하던 의기는 이미 꺾이고,
晩依田畝間	만년에 논밭에 의지했노라.
高文誰在世	높은 문장 그 누가 지금 남았나,
好友半歸山	좋은 벗들 절반쯤 산에 묻혔네.
鷗下寒江碧	갈매기 내려 앉는 차가운 강 푸르고,
蟬移老樹閑	매미가 옮겨간 늙은 나무는 한가롭네.
風欞初罷夢	바람 부는 난간에서 잠을 막 깨니,
幽鳥自相喧	이름 모를 새들만 재잘거리네.

신분적인 제약 때문에 제대로 펼치지도 못했지만 그래도 젊어서는 씩씩한 의기가 있었는데

그나마 나이 들어 다 쇠약해지고 지금은 농사나 지으며 만년을 의지하고 있다. 높은 수준을 뽐내던 문장가도 지금은 세상에 남은 이 없고 젊어서 친하게 지내던 친구들도 이미 절반쯤은 죽어서 산에 묻혔다. 오직 갈매기, 매미, 이름 모를 산새 등 자연물들과 더불어 조용히 지낼 뿐이다. 노년의 쓸쓸한 생애를 조용히 읊고 있다.

대개의 문인들은 일반적으로 관직 생활을 마지못해 하는 것으로 치부하고 은거 指向의 의식을 시로 읊는 경우가 많다. 박종영도 그러한 일반적 경향을 드러내는 작품을 남기고 있지만 다음 시를 보면 꼭 그렇지만은 않다.

「偶吟」

憶昔休官作遠遊	그 옛날 벼슬 그만두고 먼길 여행하던 일 생각하니,
春明茂草路悠悠	맑은 봄날 무성한 풀에 길은 아득했었지.
斜陽多在千尋木	석양은 늘 천길 나무에 걸려 있었고,
驟雨遙生百尺樓	소낙비에 멀리서 백 척 무지개 생겨났었지.
晟世隱淪非素志	성세에 숨어사는 건 평소의 뜻이 아니니,
故人磊落孰淸流	옛 사람 뇌락한 이 그 누가 청류였나.
出門一笑田郊近	문 나서며 한번 웃으매 들판이 가까우니,
數畝經綸問老牛	몇 이랑 경륜을 늙은 소에게 묻노라.

대개 선비들이 은거를 높은 정신적 가치로 생각한 것 같지만 사실은 『논어』에서도 강조했듯이 나라에 도가 행해지면 세상에 나서서 벼슬을 해야 한다. 이 시의 작자도 세상에 나아가서 경륜을 펼치고 싶었다. 그러나 서얼이라는 신분 때문에 그 경륜을 제대로 펼쳐보지도 못하고 은거하는 신세가 되었을 뿐 결코 평소의 뜻은 아니다. 결국은 농사 짓는 경륜이나 필요한 상황에 처했는데, '老馬之智'라는 말이 있듯이 농사는 늙은 소가 더 잘 알고 있다는 것이다.

조선시대의 엄격한 신분제 하에서 적서 차별에 대한 개인적인 서운함을 직접적으로 드러낼 수는 없다. 박종영의 시에서도 겉으로는 그런 내색을 하지 않고 일반적인 문사들에게서 나타날 수 있는 '身世之感'의 소회를 피력하고 있지만, 이런 류의 작품들이 유달리 많다는 것은 자신의 신분적 한계에서 오는 실의와 상심이 내면에 깊게 자리하고 있다는 증거일 것이다.

2) 散文

제6책부터 산문에 해당하는데 6책에는 賦 3편, 序 20편, 記 19편, 書 7편이 실려 있다.

「敬次感春賦」는[14] 봄날에 느끼는 감흥과 애상을 노래한 것으로 朱熹의 「感春賦」에 차운하

14) 辭賦는 반운문 · 반산문의 성격이기 때문에 엄밀하게는 산문이라고 하기는 어려우며, 그 때문에 후대에

였다. 사용된 韻字는 '之·期·替·志·春·人·寸·禁·心·蒨·見·光·瑠·忘·極·傷'이다. 「彈琴臺賦」는 탄금대의 빼어난 경승을 묘사한 다음 지명의 유래를 가져온 于勒의 설화에 대한 이야기, 임진왜란 때 우리 군사가 분패한 이야기들을 읊었다. 「次莘谷賦」는 奉朝賀 李敦宇가 忠州의 莘谷에 寓居하면서 「莘谷賦」를 지었는데 이에 차운한 것으로 신곡의 形勝을 노래하였다.

序는 주로 다른 사람의 回甲이나 七旬 잔치에 축하해 주는 壽序와 號에 대해 부쳐준 號序가 대부분을 차지한다. 그 중 「伯氏周甲壽序」는 伯氏의 회갑을 맞아서 축하하는 글인데 여기서도 伯氏는 嫡長兄을 가리키는 것이 아니고 같은 서출인 同腹 형님 朴宗琰이라는 것이 증명된다. 이 글은 1857년(丁巳)에 쓴 것인데 적장형 박종보(1760~1808)는 나이도 맞지않고 이미 고인이 된 지 오래된 때이다. 후대에 간행된 『송오유고』에서는 제목을 「胞兄周甲壽序」로 고쳤다. 「小華名勝記序」는 方外高士인 元聖純이 집을 떠나 우리나라의 명승 壯觀을 모두 보고자 하였으나 능력이 못 미쳐서 강개한 나머지 명승에 대해 前人들이 지은 詩文등을 널리 모아서 『小華名勝記』라는 책을 편찬하고서 서문을 부탁하여 여기에 응답하여 써준 글이다. 「知非錄序」는 저자가 槐安에 우거할 때 郡의 大夫인 林梧堅(梧堅은 號)이라는 어른과 시를 주고 받으며 교유하였는데 임오견이 그 중에 '錢'에 대해 읊은 시 59수를 엮어서 소책자를 만들어 '知非錄'이라고 이름 붙이자 여기에 써준 서문이다. '知非'라는 것은 춘추시대의 蘧伯玉이 '50살이 되어서 지난 49년 동안의 잘못을 알았다(蘧伯玉年五十, 而知四十九年非)[15]'고 한 말을 빗대어 임오견이 이때 나이가 60살이었으므로 지난 59년의 잘못을 알았다는 의미로 붙인 것이다.

記는 주로 雪城 인근의 특정 지역에 대해 쓰거나 堂이나 亭 등 건물에 부친 것, 건물의 重修記 등이다. 「剡東水月記」는 자신이 剡 땅에 10년 정도 살면서 이곳에 있는 작은 냇물과 거기에 비친 작은 달을 사랑하면서 그 사정을 설명한 글이다. 즉 자신은 평소에 크고 활달한 뜻이 없어 사물에 대해서도 작은 것을 좋아하였는데 剡의 동쪽에 겨우 한 자 남짓밖에 되지 않는 작은 시내가 있고 거기에 작은 달이 비치면 특별히 기이하게 감상할 만한 점이 없지만 자신의 뜻과는 서로 부합하여 이를 사랑한다는 것이다. 「迦葉山記」는 雪城의 鎭山인 가섭산에 대해 쓴 글이다. 산에 오래된 암자가 있어서 불교 용어인 '迦葉'이라는 이름이 붙었을 것이라는 추측과 함께 산의 위용을 묘사하고, 가섭산의 덕을 몇 가지 열거하면서 위정자가 이 산의 덕을 본받으면 세상이 그 혜택을 입을 것이라는 소망을 피력하였다. 「石洞記」는 명승지를 유람하고 쓴 '山水遊記'류의 글이다. 저자는 山川 名勝을 유람하는 데에는 '心遊' '目遊' '文遊'의 세 가지가 있다고 전제를 한다. 心遊는 명승에 대한 소문을 듣고 마음 속으로 그리워하면서도 아직 가보지 못한 것이고, 目遊는 직접 그 명승을 가보고 원하는 바를 이룬 것이다. 마지막으로 그 명

『송오유고』를 간행할 때도 문에서 떼어내어 별도의 권으로 독립시켰다. 그러나 여기서는 저자의 의도를 따라서 산문에 포함시켜 다룬다.

15) 『淮南子』, 「原道」.

승에 대해 글로써 기록하는 文遊까지 갖추어져야 그 유람이 완전하다고 하였다. 저자는 20여 세 때 황해도 安陵(載寧의 옛 명칭)에 있는 石洞이 명승이라는 소문을 듣고 항상 한 번 가 보기를 원하다가 60세가 가까워서야 海西 지방에 갈 일이 있어 그곳의 여러 명승들과 함께 마침내 석동을 구경하였다. 그러나 바쁜 일상 때문에 미처 글로 그 명승을 기록하지 못하고 있던 차에 친구인 元聖純이 우리나라 名勝에 대한 글들을 모아 책을 만들고 石洞에 대한 글이 빠졌다고 저자에게 그곳을 구경한 경험이 있으므로 한 편 지어 주기를 부탁하였다. 이에 心遊와 目遊만 이루고 文遊가 빠진 것을 아쉬워하던 차에 기꺼이 부탁을 들어주어 생생히 남아 있는 기억을 뒤살려 석동의 장관을 묘사하였다.

書는 모두 7편으로 전체 문집의 양에 비추어 보거나 문집을 남기고 있는 대부분의 다른 문인들의 예에 비교해 보아도 그다지 많다고 할 수 없다. 그 중에서도 주로 경전의 내용에 대한 토론이 많은데 「答朴芝山始愚書」와 「答張生書」는 모두 『大學』과 『中庸』의 宗旨에 대한 논의를 담고 있으며, 「答朴芝山書」는 마음을 다스리는 요점은 학문에 있음을 강조한 글이다.

제7책에는 論 2편, 說 2편, 上樑文 6편, 祭文 26편, 哀辭 2편, 箋文 11편, 疏 1편, 啓 1편, 箴 2편이 실려 있다.

「文論」은 載道論的 관점에서 문장의 이치를 논한 글로서 문학 이론에 대한 중요한 자료이다. 「理勢論」은 세상의 治亂盛衰의 이치를 설파한 글로서 전통적인 儒家의 관점이 잘 드러나 있다.

「紫玉杖說」은 槐安의 어떤 사람에게 紫玉 지팡이를 얻고서 여기에 부친 警戒의 글이고, 「竹說」은 대나무의 여러 가지 미덕을 칭송한 글이다.

그밖의 上樑文·祭文·哀辭·箋文·疏·啓 등은 모두 의례적인 글로서 제목에 제시된 특정한 목적으로 지어진 것이다. 그 중 종손인 경상도 관찰사 朴齊寅을 대신해 지은 「代嶺伯請灾結準劃疏」는 크게 가뭄이 들어 조정에 이를 구휼해 주기를 청하는 글로서 경제사 연구에 도움이 될 만한 자료이다.

「十不可箴」은 仁義·忠孝·心·言·持身·待人·居家·處世·事·學問의 열 가지 사항에 대해 해서는 안 되는 일들을 경계한 글이고, 「十制箴」에서는 邪心·蕩心·爭心·驕心·猜心·貪心·濫心·慢心·害心·私心을 각각 禮·敬·謙·恭·和·廉·拙·畏·直·公으로 제어해야 할 것을 다짐하고 있다.

제8책에는 銘 5편을 비롯해서 頌·贊 등 여러 가지 雜文들이 뒤섞여 있다.

「鶯巢銘」은 지은이의 동물에 대한 사랑을 보여주는 글이다. 저자가 槐安에 寓居하고 있을 때 어느 봄날 꾀꼬리가 정원의 나무에 집을 지었다. 꾀꼬리 집이 어린이의 천연두에 효험이 있다는 속설을 믿은 집안 사람이 이를 헐어 내리려 하자 미물이라도 나에게 의지하러 온 것이니 불쌍하게 여겨야 한다면서 만류를 하고 이에 대한 느낌을 적은 것이다. 「座右銘」은 儒家에서 늘 강조하는 仁義道德의 여러 덕목들을 실천할 것을 다짐하는 내용으로서 철저한 修養人으로서의 자세를 보여주는 글이다.

「三政策」은 임금이 "나라의 큰 政事 세 가지 조목이 있으니 田賦와 軍籍과 還穀이다. 이 삼정을 설치한 것이 어찌 나라와 백성을 다스리는 큰 줄거리가 아니겠는가."라고 한 말에 대한 책문으로 삼정에 대한 폐단과 대책을 논한 것이다.

「序號贈六有子」는 黃驪(驪州)의 선비인 李容元이라는 사람이 자신의 號에 대해 序를 써달라는 부탁을 하자 이에 응해서 지어 준 글이다. 그의 호를 물으니 '六有子'라고 하였는데 이는 張橫渠가 말한 '言有敎 · 動有法 · 晝有爲 · 宵有得 · 瞬有存 · 息有養'의 여섯 가지 가르침을 뜻하는 것이며 이를 취한 것은 공경으로써 뜻을 굳게 잡으려는 것이라고 하면서 그의 사람됨을 높이 평가하는 내용이다.

「經旨蒙解」는 『大學』 · 『中庸』 · 『論語』 · 『孟子』 · 『詩傳』 · 『書傳』 · 『周易』 · 『禮記』 여덟 가지 경전에 대해서 난해하거나 중요하다고 여기는 부분에 대해 자세하게 풀이한 경전 해설서이다. 저자의 학문적 깊이를 보여주며 우리 나라 경학 연구사에 중요한 자료이다.

「史論雜擬」는 殷나라에서부터 시작하여 宋나라 때까지 중국 역대의 대표적인 인물과 사건에 대한 논평으로 무려 277항목에 이르며 문집 전체 중 절반 이상을 차지하는 많은 분량이다. 그 내용은 기존의 일반적인 평가와 대부분 일치하지만 저자 나름대로의 개성적인 안목으로 재평가를 시도한 부분도 있다. 저자의 역사에 대한 깊은 관심과 해박한 지식을 보여준다.

4. 가치

『松塢謾稿』는 이를 토대로 똑같은 내용의 『松塢遺稿』가 公刊되었고 현대에 와서는 影印까지 되어서 널리 유통되기 때문에 내용상으로 독자적인 가치를 따지는 것은 의미가 없다. 다만 공간된 『松塢遺稿』가 新鉛活字본으로서 오자가 많기 때문에 교감의 대본으로서 중요한 문헌적 가치가 있다.

문집을 분석해 보면 저자는 대단히 뛰어난 학자이자 문인이었던 것으로 판단된다. 따라서 『松塢謾稿』(『松塢遺稿』)를 통하여 저자 박종영을 문학사에서 본격적으로 다루어야 할 것으로 보이며 서얼 출신 문사들의 학문과 문학 세계를 살피는데도 중요한 자료가 될 것이다.

【김영봉】

松坡集

李瑞雨(1633~?) 著.
原稿本. 20卷 10冊, 31×20cm.

松坡集卷之一

詩

苦旱有雨喜甚以淸衷愛物回天鑑膏澤乘時
助歲穰爲韻賦絶句

又
戊歛民多莩丁凶國省征今年時雨若爲瑞勝河淸

又
責已棄林野虔誠太乙宮古今天一理昭格我 王
衷

苦旱 君我憂甘霖天我愛 君天同一慈億兆終

松坡集 卷之一 一

1. 저자

李瑞雨(1633~ ?)의 本貫은 羽溪, 字는 潤甫, 號는 松谷, 成憲의 증손으로, 할아버지는 吉男이고, 아버지는 慶桓이며, 어머니는 李慶裕의 딸이다. 대북 계열의 집안에서 태어나, 남인으로서 활동했다. 아버지 경항은 임숙영에게 배웠다가 나중에는 이이첨과 절친한 관계를 유지하였으며 인조반정 후 儒籍에서 삭제되었다가 李曙의 도움으로 그 벌이 해제되기도 했다. 이서우는 허목에게서 문장과 글씨를 배웠으며, 남인으로 활동했다. 숙종 1년 남인이 집권할 당시, 서인들은 남인을 淸南과 濁南으로 구분하고, 허목과 윤휴가 청남의 괴수이고, 李瑞雨, 李台瑞, 鄭之虎 등은 鷹犬이 된다고 하였다. 이 같은 측면에서 본다면 이서우는 북인계 집안에서 태어나 남인으로 활동했던 계통(곧 北人系 南人)의 활동을 이해함에 주요한 인물이라 할 것이다.

1651년(효종 2) 생원시를 거쳐 1660년(현종 원년) 성균관 유생으로 課製에 1등 하여 바로 殿試에 응시할 수 있는 자격이 주어졌으며, 그 해의 增廣文科에 갑과로 급제하였다. 1675년(숙종 원년) 문예에 재주가 있다 하여 許穆의 추천을 받았다. 같은 해 正言이 되었는데, 인조반정 이후 大北家門 출신으로는 처음으로 淸職에 오른 경우였다.

이 해, 서인 宋時烈의 예론과 그것을 따르는 金壽恒을 공격하였으며, 7월에는 대신을 공격하는 李壽慶을 두둔하다 파직 당하였다. 1676년 서장관으로 청나라에 다녀왔으며, 1679년(숙종 5)에는 동래부사가 되었다. 1680년 庚申換局 때 서인의 공격을 받아 함경도 富寧으로 유배당하였으나 1689년의 기사환국으로 남인이 정권을 잡자 의주부윤에 제수되었으며 곧 승지, 병조참의를 거쳤다.

그 뒤 김수항 등 서인을 공격하였으며, 仁顯王后 축출 때 승지로 있으면서 숙종의 뜻을 받들었다. 1691년에 大司諫, 都承旨가 되었으며, 이해 함경도관찰사로 나갔다가 인삼에 대한 행정처리 잘못으로 삭직 당하였다. 이듬해 睦來善에 의하여 문장으로 천거 받아 예문관제학이 되었으며, 그 이듬해 황해도관찰사로 나아갔다.

1694년 갑술환국이 일어나자 門外黜送되었다가 1697년(숙종 23)년에 사면되었다. 그 해 남인을 등용하는 정책을 펴던 崔錫鼎이 그가 청백하다고 인정하여 敍用되었다.

2. 구성

『송파집』은 原稿本으로, 20권 10책으로 구성되어 있다. 序文과 跋文이 없어 편집 경위 · 필사 연도는 자세히 알 수 없다. 목판본으로의 출판을 앞두고 최종 정리한 상태의 책인 것으로 여겨진다. 이 필사본이 널리 보급되지 못하고 연세대학교에만 그 소장이 확인되는 사실에서 그의 학문적 · 정치적 입지가 그렇게 넓지 못했음을 짐작하게 된다. 그러나 그 담고 있는 내용은 만

만치 않아 17세기 정치 사상계의 움직임을 이해하는데 긴요한 자료들을 많이 만날 수 있다.

『송파집』에 실린 글은 대부분, 이서우 자신의 생각을 담은 시문이거나, 아니면 그와 교류했던 인물들과 관련된 글들이다. 특히 李尙毅 一門의 인물에 대한 글이 많이 수록되어 있으며, 북인계 가문에서 태어나 남인으로 성장, 활동했던 그의 이력을 확인할 수 있는 글들이 다수 있다. 이 『송파집』은 널리 보급되지 못했지만, 그 담고 있는 내용으로 보면, 17세기 정치사, 사상사의 공백을 메꿀 수 있는 주요한 정보를 담고 있다.

『송파집』은 20권 가운데 10권은 詩, 나머지 10권은 文으로 구성되어 있어, 특히 시에 강했던 그의 면모를 잘 살필 수 있다. 권1~10에 詩 2,400수, 권11에 辭賦 10수, 銘 8편, 箴 1편, 頌 1편, 贊 2편, 批答 3편, 敎諭 3편, 擬奏文 1편, 呈文 2편, 識 2편, 序 11편, 권12에 跋 1편, 記 3편, 說 5편, 書 6편, 제문 24편, 애사 1편, 권13에 묘지 11편, 권14에 신도비 4편, 권15·16에 묘갈 34편, 권17은 묘표 1편, 行述 1편, 시장 2편, 행장 1편, 권18에 행장 2편, 권19에 疏 26편, 권20에 잡저 8편, 儷文 8편, 靑巖錄 1편 등이 수록되어 있다.

3. 내용

卷1~10에는 모두 詩가 실려 있다. 저자의 시 세계는 우선 양적으로 매우 방대하기 때문에 정리하는 것이 쉽지 않다. 그러나 그의 시 몇 편은 걸작으로 이름나, 많은 사람들이 그 뛰어남을 거론했다고 한다. 소나기가 지나간 어촌의 초가에서 아이는 그물을 고치고 아버지는 도롱이를 고치는 광경을 묘사한 「漁村卽事」는 朴淳의 시 "울타리에 도롱이 걸려 있고 처마에는 어망을 말린다"라는 시를 이은 명편으로 거론되는 작품이다. 「悼亡後記夢」이라는 시도 사랑하던 사람이 죽고 난 뒤의 고적한 심경을 잘 묘사한 걸작이다. 「峨眉山月歌」는 어디든지 산이 있고 달이 있고 물이 있지만 고향의 峨眉山과 그곳에 뜨는 달이 제일 그립다고 하여, 고향을 그리는 마음을 절실하게 그렸다. 「三月正當三十日」이라는 시 10수는 칠언절구로서, 3월 30일을 맞아 가는 봄을 아쉬워하며 마음에 봄의 흥취를 다하려는 감상을 적은 것이다. 이 10수의 시는 모두 身·春의 운을 공통적으로 사용하였다.

卷11은 「秋鸎辭」·「和歸去來辭」·「紈扇賦」·「蜂春賦」·「霖雨賦」·「磨天嶺賦」·「志士惜日短賦」·「草龍珠帳賦」·「書巢賦」 등의 辭賦가 실려 있다. 다음으로, 銘·箴·頌·贊가 실렸는데, 「丞廳屛銘」·「木枕銘」二首·「硯滴銘」·「爐銘」·「鐵杖銘」·「錢銘」·「雨傘銘」·「敬如磨鏡箴」·「路傍寒泉頌」·「雪中孤松贊」·「李貳相少陵公小像贊」 등이다. 「李貳相少陵公小像贊」은 宣祖와 仁祖代 議政府 左贊成을 역임했던 少陵 李尙毅의 화상에 대한 찬이다. 이상의는 小北系 인물로, 星湖 李瀷의 증조부가 된다. 다음으로 批答 敎諭가 실려 있다. 「右議政許穆不允批答」·「左議政權大運不允批答」·「領議政權大運不允批答」·「敎慶尙監司李端錫書」·「領議政權大運賜几杖

敎文」·「領議政敦諭」 등이다. 이 가운데 「領議政權大運賜几杖敎文」은 숙종 15년 8월, 78세의 權大運의 노고를 치하하여 궤장을 내리며 작성한 교문이며, 「領議政敦諭」은 영의정 권대운의 사직 차자에 대해 숙종이 내린 돈유문이다. 권대운이 10차례의 사직 차자를 올리고 조정에 나오지 않자 빨리 나오기를 촉구하였다. “지금의 국세와 시사를 살펴보건대 내가 경을 버리고 근심이 없을 수 있겠는가? 경이 나를 버리고 혼자 편안할 수 있겠는가?(試觀今日國勢時事, 予可捨卿而無憂, 卿可捨予而自安耶)”라는 대목에서 국왕이 영의정을 부르는 절절한 마음을 읽을 수 있다. 다음, 擬奏文 呈文으로는 「擬本國乞賜世子冕服奏(課製)」·「禮部呈文」이 실려 있으며, 識로는 「御題銀杯銘識」·「許文正公眉叟先生自銘序記碑後識」가 실려 있다. 「許文正公眉叟先生自銘序記碑後識」는 1704년(숙종 30 甲申)에 미수 허목의 自銘序記碑를 문인인 용안현감 한숙이 세우매 그 시말을 허목의 문인이었던 이서우가 기록한 글이다. “不佞某 亦嘗出入於門下”라고 한데서 이서우가 허목에게 배웠음을 알 수 있는데, 북인계 후손들이 남인들과 어떠한 관계를 맺는지를 살필 수 있는 작은 글이다. 다음, 序가 실렸다. 「篆家白眉序」·「送別李子仁安州通判詩序」·「柏谷文集序」·「賀睡翁尙書睦公來善耆老司詩序」·「秋曹堂上同年稧屛序」·「梧里先生續集序」·「龍洲趙先生文集序」·「少陵文集序」·「驪江世稿續集序」·「柳散菴文集序」·「彩峯文集序」 등이 실려 있다.

「篆家白眉序」는 필자 이서우가 네 권으로 직접 편찬한 篆書集인 『篆家白眉』의 서문이다. 미수의 영향을 받아 전서에 많은 관심을 기울였던 필자는 여기서 미수체의 특성을 정리하였다. 17세기 조선사회에서 미수체라 이야기할 수 있는 특별한 서체를 개발했던 미수 허목의 개성을 잘 살필 수 있다. 미수 허목의 영향을 받아 전서에 많은 관심을 기울이고 밝았던 필자의 생각을 잘 알 수 있다. 「賀睡翁尙書睦公來善耆老司詩序」는 1686(숙종 12) 이조판서를 지냈던 수옹 목내선이 78세로 기로사에 들어가는 예를 지낼 때, 여기에 참가했던 사람들이 지었던 축하시를 모은 내력을 기록했다. 「秋曹堂上同年稧屛序」는 1693(숙종 19 癸酉) 杞溪 兪公, 泗川 睦公, 필자 이서우가 각기 秋曹의 尙書, 右侍郞, 左侍郞이 되었는데, 이들은 세 사람이 똑 같이 신묘년에 진사시에 오르고 또 동일한 추조에 근무하게 된 우연을 기려 병풍을 만들어 잊지 않기로 하였는바, 이 글에서는 이 사실을 기록했다. 「梧里先生續集序」는 梧里 李元翼 文集의 續集에 대한 서문이다. 이원익의 문집은 그의 사후 57년에 만들어졌는데, 그때 빠진 글들을 모아 문집이 만들어진지 15년 후(숙종 16)에 다시 6권의 속집으로 만들었음을 밝히고 있다. 「龍洲趙先生文集序」는 龍洲 趙絅의 문집에 대한 서문으로, 이서우는 조경에게 배우고 싶은 열망을 강하게 가지고 있었지만 그렇게 하지 못했다고 술회한 뒤, 조경의 문장을 다음과 같이 평가하고 있다. “조경은 어렸을 때부터 ‘爲己之學’에 뜻을 두고 洛閩의 말로서 교훈을 삼았으나 문장에서는 육경에 뿌리를 두고 左氏 內外傳을 자양분으로 하여, 위로는 선진의 문장과 『南華經』·『史記』, 아래로는 한유와 왕세정의 글까지 깊이 읽고 소화하여 활용하였다. 그 문장이 웅박하고 경건하며 蒼古하면서도 기초한 것은 모두 이 때문이었다”는 것이다. 17세기 중반에 활동했던 남인들의 학문세계가 육경을 비롯, 다양한 사유세계를 탐색하는 가운데 펼쳐졌음을 확인할 수 있는 글이다.

「少陵文集序」는 선조 광해군 때의 명신 少陵 李尙毅의 문집 서문이다. 이상의는 당색으로는 소북에 속했으며, 성호 이익의 증조가 된다. 이상의의 현손 震休가 문집 간행을 주도하면서 이서우에게 그 서문을 부탁했다. 「驪江世稿續集序」는 숙종 때 만들어진 『驪江世稿續集』의 서문이다. 이 문집은 驪興李氏 가문의 여러 인물들이 쓴 글을 엮어 만든 『驪江世稿』의 속집으로, 李震休가 沙浦, 太湖, 默拙, 梅山, 牛橋, 白峰 그리고 布衣君 등 7인의 글을 엮어서 만들었다. 『여강세고』는 顯宗 때 太湖 李元鎭의 주도로 만들어지고 眉叟 許穆이 서문을 썼음을 이 글에서 알 수 있다. 「柳散菴文集序」는 故 承宣 散菴 柳公의 문집 서문이다. 散菴 柳公이 누구인지는 명확하지 않다. 「彩峯文集序」는 洪成仲의 문집 서문이다.

卷12에는 앞부분에는 「蒼舒李白詩卷跋」·「遊發雲洞記」·「百花亭記」·「六松堂記」·「立溪夢龍說」·「投錢說」·「幻胡說」·「山櫻說」·「土像說」 등 跋, 說, 記 등이, 뒷부분에는 편지(書), 祭文이 수록되어 있다.

「遊發雲洞記」는 이서우가 과천에 살 때 청계산의 동쪽 산록에 있는 발운동 계곡을 유람한 후 그 소회를 적은 글이다. 계곡의 숲을 유람하는 과정에서 樂을 주제로 지나가던 승려와 나눈 대화를 주로 정리하고 있다. 「百花亭記」에서는 京城에 있던 완풍부원군 忠定公 李曙의 園亭인 百花亭에 대한 기록으로, 이서 사후 퇴락하자 그의 현손인 李樟이 새로이 보수하였던 바, 이서우는 이장의 부탁을 받아 그 수축의 시말을 기록하였다.

「土像說」은 風子라는 인물이 길을 가다 장난 삼아 흙으로 만든 偶人이 10여 년 동안 여러 사람들에게 신앙의 대상으로 섬겨지는 시말을 정리한 글이다. 이 글에서 귀신과 또 당시 일반적으로 행해지고 있던 종교 행위에 대한 이서우의 생각을 잘 알 수 있는데, 특히 다음 구절은 이를 잘 보여준다.

> 神은 총명 정직하며 하나이다. 像을 만들지 않아도 존귀하며 黍稷과 같은 곡식을 바치지 않아도 歆饗하며, 망령되이 화복을 내리지 않아도 위엄이 있다. 이제 이 귀신은 屎土에 의탁하니 천박함의 지극함이요, 주식을 요구하니 탐욕의 극치이며, 행려를 금하니 망령됨이 심하다. 이 세 가지를 가지고 오래도록 그 이익을 누리려고 하니, 그게 가능할 일인가? 진실로 지혜로와 현혹되지 않고 용감하여 두려워하지 않는 자가 있었다면 風子보다 먼저 그를 깨뜨렸을 것이다.

「山櫻說」은 산버찌가 버찌보다 색이나 맛에서 훨씬 떨어지지만, 시장에서는 더 비싸게 팔리는 이유를 듣고, 그 의미를 일반화하여 정리한 글이다. 필자는 산버찌가 더 비싼 것은 산버찌를 깊고 험한 산에서 힘들게 채취하기 때문이라는 산버찌 채취자의 이야기를 듣고, 그것은 사람에게서도 마찬가지로 적용할 수 있다고 하고, "아름답고 추한 것이 자연에 속한다면, 귀하고 천한 것은 사람에 속한다.(美惡者, 天也. 貴賤者 人也)"라고 결론 맺었다.

書에는 「答沈參判檀論碣文書」·「答閔參議昌道書」·「答金密陽鳳至書」·「與李定州台望書」가 실려 있고, 祭文에는 「獅項神祭文」·「龍岡祈雨祭文」·「祭夫人文」·「祈雨祭文 應製」·「淸州翁孃山祈雨祭文」·「祭伯氏文」·「祭鄭通津洙賢文」·「祭朴判書信圭文」·「故右議政吳始壽 賜祭文」·「故訓練大將柳赫然 賜祭文」·「故典簿沈光泗五子登科封贈 賜祭文」·「祭李佐郞耉文」·「祭趙水原渭水文」·「祭夫人遷葬文」·「祭睦統制林奇文」·「祭姜參判世龜文」·「祭李朔寧象賢文」·「李奉事誠中哀辭」가 실려 있다.

卷13에는 墓誌가 실렸다. 「通訓大夫議政府舍人松洲李公後誌文」·「故大司憲醉隱鄭公墓誌銘」·「海原君墓誌銘」·「贈議政府領議政行公淸兵馬節度使韓川君李公墓誌銘」·「贈議政府左贊成兼判義禁府事行通政大夫尼山縣監羅公墓誌銘」·「贈嘉善大夫戶曹參判兼同知義禁府事五衛都摠府副摠管行宣敎郞報恩縣監羅公墓誌銘」·「贈戶曹判書韓原君李公墓誌銘」·「故資憲大夫知中樞府事韓興君李公墓誌銘」·「故朔寧郡守李公墓誌銘」·「上舍姜君墓誌銘」·「盧生壙銘」 등이 실린 글이다.

「通訓大夫議政府舍人松洲李公後誌文」은 예안 이씨의 묘지문이며, 「故大司憲醉隱鄭公墓誌銘」은 醉隱 鄭樸의 묘지명이다. 정박의 아버지는 효준이며 어머니는 이씨이다. 정박은 이서우보다 10년 연장으로, 항상 아우를 대하듯 이서우와 관계가 깊었다고 한다. 「海原君墓誌銘」은 葵窓 李健의 묘지명이다. 「贈議政府領議政行公淸兵馬節度使韓川君李公墓誌銘」은 韓山 李氏 李義培의 묘지명이다. 「贈議政府左贊成兼判義禁府事行通政大夫尼山縣監羅公墓誌銘」은 羅士忱의 묘지명이다. 나사침은 履素齋 李仲虎에게 배웠으며 또 己丑獄事에 연루되었던 인물인데, 이 글에는 그와 관련한 내용이 자세히 정리되어 있어 기축옥사 연구에 도움이 된다. 「贈嘉善大夫戶曹參判兼同知義禁府事五衛都摠府副摠管行宣敎郞報恩縣監羅公墓誌銘」은 羅士忱의 아들 羅德峻의 묘지명이다. 나덕준이 나주에 거주하면서 困齋 鄭介淸에게서 배우고 또 기축옥사에 연루되어 關北의 富寧으로 유배되는 사정을 잘 보여주는 내용이 실려 있다. 「贈戶曹判書韓原君李公墓誌銘」은 한산 이씨 李穆의 묘지명이다. 이목은 인조 때 이괄의 반란 때 반군을 막다가 죽었는데, 이 사정이 자세히 기록되어 있다. 「故資憲大夫知中樞府事韓興君李公墓誌銘」은 한산 이씨 李汝發의 묘지명이다. 「故朔寧郡守李公墓誌銘」은 삭녕군수를 지낸 李象賢의 묘지명이다. 이상현의 증조부는 梧里 이원익이며 아버지는 종친부 典籤 李守若이다. 어릴 때 고모부인 미수 허목에게서 글을 배웠다는 사실이 기록되어 있다.

卷14에는 神道碑銘이 실려 있다. 수록된 글은 「贈議政府左贊成尹公神道碑銘」·「崇祿大夫行議政府左贊成兼判義禁府事五衛都摠府都摠管知經筵春秋館成均館事世子貳師少陵李公神道碑銘」·「贈吏曹判書謚忠憲孤山先生尹公神道碑銘」·「資憲大夫議政府左贊成尹公神道碑銘」등이다.

「故議政府左贊成尹公神道碑銘」은 肅簡公 南岳 尹承吉의 신도비이다. 1540년(중종 34)에 태어나 1616년(광해군 8) 77세로 세상을 떠났다. 아버지는 弘彦이고 동생은 영의정을 지낸 尹承勳

이다. 벼슬이 좌찬성에까지 올랐으며 1612년(광해군 4) 翼社功臣으로 책봉되었다가 인조 반정 후 삭탈당했다. 그 후 계속 증직되어 영의정까지 올랐으며 숙종 6년에는 肅簡이란 시호를 받았다. 성균관에서 공부하며 쇄주였던 허봉과 함께 『中庸』·『大學』을 강설했는데, 俗儒의 학문이 槐阮에 있지 아니한 것을 경탄하였다. 「崇祿大夫行議政府左贊成兼判義禁府事五衛都摠府都摠管知經筵春秋館成均館事世子貳師少陵李公神道碑銘」은 여주 이씨 少陵 李尙毅의 신도비명이다. 이상의의 현손 震休의 부탁으로 신도비를 지었는 바, 다음과 같은 내용을 확인할 수 있다. 이상의의 할아버지는 이사필로 홍문관 응교를 지냈으며, 아버지는 우인으로 司宰監 僉正을 지냈다. 어머니는 수찬을 지낸 許坰의 딸이다. 1560년(명종 15)에 출생했다. 1594년(선조 27, 甲午)에 사간으로서 대사헌 김우옹과 함께 기축옥사에 연루되어 숨진 최영경의 신원을 촉구하는 상소를 올렸다. 광해조 대사헌 등을 지냈으나 1513년(광해군 5, 癸丑) 이후로는 조용히 지냈다. 인조 초 이괄이 반란을 일으키자 호종했다가 그 해 8월에 세상을 떠났다. 그는 독서할 때, 箋註에 크게 구애받지 않았으며, 사람들과 이야기를 나눌 때도 또한 性理를 담론하지 않았다. 반면 固訓에 잠심하여 굳게 믿고 착실히 지키고자 하였다. 여러 자식들을 가리킴에 먼저 『小學』을 읽고 난 후 四書 二經을 익히도록 하였다. 광해군 때 이이첨이 정국은 전단하자 이에 비판적인 태도를 취했으며 폐모 논의를 반대했다. 시를 잘 지었으며, 지봉 이수광이 그의 문장은 대적할 만한 사람이 드물다라고 하며 크게 높혔다. 부인 파평 윤씨와의 사이에 7남 4녀를 두었다. 「贈吏曹判書謚忠憲孤山先生尹公神道碑銘」는 고산 윤선도의 신도비명으로 다음과 같은 사실이 기록되어 있다. 본관은 海南이고, 자는 約而, 호는 孤山이었다. 禮賓寺副正을 지낸 唯深의 아들이며, 강원도관찰사를 지낸 唯幾의 양자가 되었다. 18세에 진사초시에 합격하고, 20세에 陞補試에 합격했으며 향시와 진사시에 연이어 합격하였다. 1616년(광해군 8) 성균관 유생으로서 李爾瞻 등의 죄상을 격렬하게 규탄하는 "丙辰疏"를 올렸다가 함경도 경원으로 유배되었다. 1년 뒤 경상남도 기장으로 유배지를 옮겼다가, 1623년 인조반정 이후 풀려났다. 1628년(인조 6) 별시문과 초시에 장원으로 합격해 鳳林大君·麟坪大君의 師傅가 되었다. 1657년 다시 관직에 나아갔으나 宋時烈 등과 맞서다가 삭탈관직되었다. 이 때 「時務八條疏」·「論元斗杓疏」 등을 올렸고, 1659년 효종이 죽자 禮論問題로 삼수에 유배되었으며, 1667년 풀려나 부용동에서 살다가 85세로 세상을 떠났다. 「資憲大夫議政府左贊成尹公神道碑銘」은 尹以濟의 신도비명이다. 다음과 같은 내용이 실려 있다. 본관은 坡平, 자는 汝楫이다. 판서 國馨의 증손으로, 할아버지는 참의 敬立이고, 아버지는 世徵이며, 어머니는 柳綎의 딸이다. 어려서 湖洲 蔡公과 東洲 李敏求에게 배웠으며 이민구가 특별히 그의 능력을 인정했다. 의주부윤, 강화유수, 공청도관찰사, 승지, 동지중추부사, 경기도관찰사, 평안도관찰사, 공조판서, 형조판서, 어영대장 등을 거쳤으며 1694년 갑술옥사가 일어나자 삭탈관작되었다. 1701년에 세상을 떠났으며 유씨부인과의 사이에 2남을 두었다.

卷15에는 묘갈명이 실렸다. 수록된 글로는 「故資憲大夫檢校判漢城尹朴公墓碣銘」·「贈吏曹判

書行黃海道觀察使申公墓碣銘」·「贈議政府領議政行黃海道觀察使吳公墓碣銘」·「通政大夫義州府尹李公墓碣銘」·「贈崇政大夫議政府左贊成兼判義禁府事五衛都摠府都摠管行資憲大夫知中樞府事權公墓碣銘」·「嘉善大夫司憲府大司憲李公墓碣銘」·「泳川君墓碣銘」·「通政大夫永興府使聽蟬李公墓碣銘」·「贈吏曹參判(靑松沈公諱光泗)墓碣銘」·「禮賓奉事趙公墓碣銘」·「贈承政院左承旨行戶曹佐郞韓公墓碣銘」·「資憲大夫知中樞府事韓興君夫人延安李氏墓碣銘」·通政大夫義州府尹申公墓碣銘」·「全羅左水軍節度使李公墓碣銘」 등이 있다.

「故資憲大夫檢校判漢城尹朴公墓碣銘」은 한성판윤을 지낸 朴允林의 묘갈명이다. 「贈吏曹判書行黃海道觀察使申公墓碣銘」은 霞隱 申涌의 묘갈명이다. 申涌은 조선전기 명신 신숙주의 5대손으로, 아버지는 증의정부좌찬성 李仲蓭이다. 1560년(명종 15, 庚申)에 태어났으며, 광해조에 내외 여러 관직을 거쳤다. 1631년(인조 9, 辛未)에 72세의 나이로 사망했다. 拙齋 申湜은 그의 형이다. 예학에 밝아 『儀禮考覽』 6권, 『五服通考』 2권을 저술했다. 첫 번째 부인은 李文馨의 딸이며, 두 번째 부인은 洪可臣의 딸로, 모두 5남 3녀를 두었다. 「贈議政府領議政行黃海道觀察使吳公墓碣銘」은 吳挺垣의 묘갈명이다. 아버지는 東巖 端이며 할아버지는 默齋 百齡이다. 대사간을 지낸 龜沙 吳挺一은 그의 형이다. 1614년(광해군 6, 甲寅)에 태어났으며, 1667년(현종 8, 丁未)에 세상을 떠났다. 황해관찰사 등을 역임했다. 부인은 파평윤씨로 尹毅立의 딸이며 尹國馨의 손녀가 된다. 4남3녀를 두었으며, 아들로는 始壽, 始大, 始亨, 始績이 있다. 「通政大夫義州府尹李公墓碣銘」은 의주부윤을 지낸 李增의 묘갈명이다. 1628년(인조 6, 戊辰)에 태어나 1686년(숙종 12)에 세상을 떴다. 이증은 양녕대군의 8세손으로, 아버지는 대사헌을 지낸 完原君 曼이다. 「嘉善大夫司憲府大司憲李公墓碣銘」은 대사헌을 지낸 이하진의 묘갈명이다. 다음과 같은 내용을 알 수 있다. 이하진은 1680년(숙종 6) 庚申大黜陟이 일어나자 雲山으로 유배되어 그곳에서 죽었다. 이하진과 매우 절친했던 이서우는 이하진의 아들 潛, 潊 등의 부탁을 받아 이 글을 지었다. 이하진은 여흥 이씨이며, 자는 夏卿, 호는 梅山. 六寓堂이다. 조부는 선조 인조대 명신이었던 李尙毅이며, 아버지는 李志安이다. 관직은 대사헌에 이르렀다. 1689년(숙종 15, 己巳)에 복관되었다. 5남 3녀를 두었다. 肅宗年間의 남인의 정치적 상황을 아는데 도움을 주는 내용이 실려 있다. 「通政大夫永興府使聽蟬李公墓碣銘」은 영흥부사를 지냈던 李志定의 묘갈명이다. 이지정은 이상의의 아들로 1588년(선조 21, 戊子)에 태어나 1650년(효종 1, 庚寅)에 세상을 떴다. 眉叟 許穆과 함께 葱山 鄭彦訥에게 배웠으며, 초서를 아주 잘 썼다고 한다. 3남을 두었다. 「贈吏曹參議行平市令沈公墓碣銘」은 平市署令을 지낸 沈諿의 묘갈명이다. 1609년(광해군 1, 己酉)에 태어나 1640년(인조 18, 庚辰)에 세상을 떠났다. 4남 3녀를 두었다. 「贈吏曹參判(靑松沈公)墓碣銘」은 사직서령을 지낸 심광사의 묘갈명이다. 「禮賓奉事趙公墓碣銘」은 仁祖 때 禮賓寺奉事를 지낸 避翁 趙友仁의 묘갈명이다. 1593년(선조 26, 癸巳)에 태어나 1668년(현종 9, 戊申)에 사망했다. 光海朝 이이첨의 전횡과 大北 정치를 살필 수 있는 좋은 자료이다. 「全羅左水軍節度使李公墓碣銘」은 전라좌수군절도사를 지낸 李衡鎭의 묘갈명이다. 조부는 소릉 이상의이며 아버지는 聽蟬 李志定임을 밝히고 있다.

卷16에서는 묘갈명을 싣고 있다. 수록된 글은 「先祖考贈左承旨府君墓表陰記」·「平安兵使洪公墓碣銘」·「司憲府持平金公墓碣銘」·「司諫院司諫金公墓碣銘」·「朔寧郡守李公墓碣銘」·「高山縣監李公墓碣銘」·「贈吏曹參判行工曹佐郎李公墓碣銘」·「通訓大夫軍資監正姜公墓碣銘」·「眞寶縣監姜公墓碣銘」·「李上士殷卿墓碣銘」·「永平縣令愼公墓碣銘」·「義禁府都事羅公墓碣銘」·「戶曹佐郎羅公墓碣銘」·「全羅右水使韓公墓碣銘」·「贈察訪崔公墓碣銘」·「博川郡守李公墓碣銘」·「韓生墓碣銘」·「宣敎郎李君墓碣銘」·「上舍吳生墓碣銘」 등이다.

「先祖考贈左承旨府君墓表陰記」는 이서우의 조부 李吉男의 묘표이다. 1464년(세조 10, 甲申)에 태어나 1562년(명종 16, 辛酉) 84세의 나이로 세상을 떠났으며, 둘째 아들은 慶桓이며, 손자로는 德雨, 嘉雨, 瑞雨가 있음을 기록하고 있다. 「平安兵使洪公墓碣銘」은 숙종 때 평안도병마절도사를 지낸 洪時壽의 묘갈명이다. 「司憲府持平金公墓碣銘」은 사헌부지평을 지낸 김정하의 묘갈명이다. 이서우와는 친구였으며, 벼슬이 사헌부 지평에 이르렀음을 기록하고 있다. 「司諫院司諫金公墓碣銘」은 사간원 사간을 지낸 蘆洲 金兌一의 묘갈명이다. 「朔寧郡守李公墓碣銘」은 朔寧郡守를 지낸 李象賢의 묘갈명이다. 1680년의 경신대출척 때 연루되어 鐘城으로 유배되었다가 己巳換局 때 복관된 후, 여러 관직을 거치며 활동한 사실, 甲戌換局 이후 관직에서 물러나 衿陽의 梧里洞에 거주하며 자손을 가르치며 농사로 소일했던 일들을 기록하고 있다. 「通訓大夫軍資監正姜公墓碣銘」은 軍資監正을 지낸 姜琠의 묘갈명이다. 「眞寶縣監姜公墓碣銘」은 진보현감을 지낸 姜璡의 묘갈명이다. 「李上士殷卿墓碣銘」은 이은진의 묘갈명이다. 아버지는 李志安, 할아버지는 이상의이며, 이서우와는 어릴적부터의 친구로 시문에 능했는데, 병으로 요절했음을 기록하고 있다.

卷17에는 墓表, 諡狀, 行狀 등을 수록하고 있다. 수록된 글은 「故戶曹判書吳公墓表」·「外王父贈嘉善大夫兵曹參判兼同知義禁府事純忠補祚功臣完原君行折衝將軍忠淸道水軍節度李公官歷志行述」·「栢潭先生具公諡狀」·「故全羅兵使李公諡狀」·「故資憲大夫吏曹判書兼知義禁府事五衛都摠府都摠管鄭公行狀」 등이다.

「故戶曹判書吳公墓表」는 호조판서를 지낸 오정일의 묘표이다. 오정일은 吳百齡의 손자, 吳端의 아들로, 숙종 6년의 경신대출척 때 연루되어 화를 입고, 기사환국 후 신원되었는다는 내용이 적혀 있다. 「外王父贈嘉善大夫兵曹參判兼同知義禁府事純忠補祚功臣完原君行折衝將軍忠淸道水軍節度李公官歷志行述」은 이서우의 외조부 李慶裕의 일생을 기록한 묘표이다. 이경유는 1560년(명종 15, 庚申)에 태어나 1614년(광해군 6, 甲寅)에 세상을 떠났는데, 1593년(선조 26, 癸巳)에 무과에 급제하여, 충청도 수군절제사까지 지낸 관력이 적혀 있다. 「栢潭先生具公諡狀」은 栢潭 具鳳齡의 諡狀이다. 그가 세상을 떠난 100년 뒤 시호를 받기까지의 과정, 그의 學歷과 官歷, 그의 學行 등이 기록되어 있고, 또한 退溪의 문인 중 세 뛰어난 학자로 西·栢·鶴을 손꼽는데, 西는 西厓 柳成龍, 栢은 栢潭 具鳳齡, 鶴은 鶴峯 金誠一을 일컫는다는 이야기가 들어 있다. 「故全羅兵使李公諡狀」은 전라병사를 지낸 李福男의 시장이다. 「故資憲大夫吏曹判書兼知義禁府事五衛都摠府都摠管鄭公行狀」은 東里 鄭世規의 행장이다. 아버지 慄은 할아버지 鄭彦信이 기축옥사에 연루되자 이를 슬퍼하여 세상을 떠났다는 내용, 어려서 蓮峯 李基卨 東岡 金宇顒에게 공부했다는 내용, 이조판서에 이르기까지의 관력 등이 기록되어 있다. 기축옥사에 연루된 사람들의 행적을 이해함에 중요한 자료가 된다.

卷18에는 行狀이 수록되어 있다. 오시수 행장, 「贈吏曹參判行通政大夫水原府使趙公行狀」 등이 실린 글인데, 오시수의 행장은 행장의 제목없이 곧바로 내용만 실려 있다. 「贈吏曹參判行通政大夫水原府使趙公行狀」은 수원부사를 지냈던 趙謂叟의 행장으로 숙종대 지방수령의 행동방식, 사고방식을 확인할 수 있다. 다음과 같은 내용이 실려 있다. 趙謂叟는 자가 尙甫이며 본관은 漢陽. 할아버지는 義賢이며 아버지는 금산군수를 지낸 松年이다. 1630년(인조 8, 庚午)에 태어나 1699년(숙종 25, 己卯)에 세상을 떠났다. 1659년(효종 10, 己亥)에 恭陵參奉으로 벼슬을 시작한 이래, 報恩縣監 등을 거쳐 수원부사를 지냈다.

卷19(10책의 앞부분. 권 표시가 없으나, 19권으로 추정된다)에는 모두 상소문이 실려 있으며 실린 글은 다음과 같다. 「辭正言疏」·「附正言時避辭」·「辭正言兼知製敎疏」·「正言時應旨疏」·「辭大司諫疏」·「再疏」·「辭都承旨疏」·「再疏」·「三疏」·「四疏」·「辭禮曹參議疏」·「辭兵曹參議疏」·「辭承文院副提調疏」·「辭咸鏡監司疏」·「再疏」·「咸鏡監司時疏」·「再疏」·「三疏」·「辭工曹參判疏」·「再疏」·「辭工曹參判兼藝文提學疏」·「再疏」·「辭都承旨疏」·「再疏」·「辭黃海監司疏」. 이들 상소는 대체로 관직을 받은 직후의 사직소로 되어 있어, 정책에 관한 저자의 의견이나 정국의 동향을 살피기에 그다지 적합하지 않다. 그 중에서도 몇 상소는 중요한 내용을 담고 있다. 그 「辭正言疏(附正言時避辭)」는 金壽恒이 조정을 誣陷하고 君父를 脅持했다는 죄목으로 파직을 청했으나 中道付處하라는 전교가 내리자 이에 체직할 것을 청한 내용으로 되어 있다. 「辭正言兼知製敎疏」는 이수경을 옹호하고 홍우원을 비판하는 내용으로 되어 있다. 이서우는 "李壽慶은 氣量이 조금 좁은 것이 탈이지만, 文雅한 것은 그런대로 쓸모있는 사람이며, 반면 洪宇遠이 상소하여 이수경을 음흉[陰陂]하여 傾軋한다고 한 것은 잘못"이라고 하였다. 이 글은 숙종초년 남인 내부에서의 갈등상을 잘 보여주는 자료라 하겠다.

卷20(10책의 뒷부분인데 卷 표시가 없으나 卷20으로 추정)에는 雜著가 실려 있다. 수록된 글은, 「雜說」·「寓言」·「愛憎辨」·「嗅道士傳」·「誡子文」·「玉京仙人寄東海居士書」·「贈湖南僧雙悅」·「儷文」이며, 말미에 「靑巖錄」이 붙어 있다. 이서우의 문장력을 잘 알 수 있는 글들인데, 특히 「잡설」과 「우언」, 「청암록」의 내용이 자료적인 가치가 크다.

「雜說」은 두 내용으로 이루어져 있다. 그 하나는, 자연과 인간사회의 여러 존재와 관계를 象·形·勢·理 네 범주로 나누고, 그 네 범주의 古今의 양태가 어떻게 되는지를 논한 글이다. 이서우는, 해가 달을 가리고 달이 별을 가리는 것은 象이며, 嶽이 陵을, 陵이 岸을, 岸이 川을 굽어보는 것을 形이라고 파악한다. 人君이 卿을, 경이 大夫, 대부가 士, 사가 民을 제어하는 것을 勢라고 본다. 또한 聖人이 賢者를, 현자가 凡人을, 범인이 愚人을 가르치는 것을 理라고 한다. 여기서 상과 형은 天과 地에 속하고, 勢와 理는 人間에게 속하는데, 천지에 속한 것은 고금에 변함없이 그 관계가 유지되지만, 인간에 속한 勢와 理는 그 관계가 古今에 걸쳐 역전되었다고 한다. 곧 民과 士大夫·卿이 人君을 제어하고, 우인과 범인이 성인과 현자를 가르치게 되었다는 것이다. 이서우는 이러한 일이 벌어지게 된 이유로, "象과 形은 實이기에 定體가 있고, 勢와 理는 虛이므로 常用이 없기 때문"이라고 판단했다. 그리하여 "虛한 것은 常存하고 實한 것은 다함이 있다고 말할 수 있겠는가?"라고 결론지었다.

「雜說」의 다음 글은, 弱肉强食, 相殘相愛가 펼쳐지는 동물사회와 인간사회에 대하여, 그 원인이 무엇인지, 그리고 그러한 질서를 만들어내는 天의 성격이 어떠한지를 살피고 있다. 이서우의 의문은 다양하다. 약한 동물이 강한 동물보다 많은 이유는 무엇인가? 약한 동물들이 강한 무기를 가지고 강한 동물들에게 맞서지 못하는 것은 무엇 때문인가? 매와 호랑이 같은 강한 동물은 악한 존재인데도 왜 하늘은 그들을 생육하고 또 강한 발톱을 주어 그들이 더 난폭하도록 도와주는가? 호랑이와 매는 그 동류들을 왜 서로 잡아 먹지 않는가? 하늘은 그들이 동류이기에 서로 아끼게 하는가? 옛날의 사람들은 상생하기를 좋아했지만 지금 사람들은 相殺하기를 좋아하는 것은 무엇 때문인가? 사람은 만물을 먹으며, 강하고 사납기가 호랑이보다 더하기에 하늘이 이를 미워하여 그 동류들을 相殘하게 하는가? 천지는 유한한 그릇인데, 여기에 만물이 번식하여 차서 넘치는 것을 방지하기 위하여 하늘이 부득이 이들을 죽여서 줄 이는 것인가?

「寓言」은 모두 7편의 글이 실려 있다. 첫 번째 이야기는 조물주 앞에서 표범이 양과 자기 가죽을 바꾸자고 했다가 가죽과 발톱을 다 달라는 양의 요구에 차마 그럴 수 없다며 처음의 의도를 바꾸는 내용이다. 두 번째 이야기는, 십년동안 추한 부인과 애낳고 잘 살던 제나라의 장님이 눈을 뜬 후 그 부인을 쫓아내고 새로 결혼한 내용을 담고 있는데, 여기서 이서우는 군신관계와 부부 관계는 그 성격이 동등한데, 장님이 추악한 아내를 눈 뜬 후 쫓아낸 것은, 昏君이 佞臣을 총애하다가 어느 날 그 잘못을 깨달아 멀리 쫓아낸 것과 같음을 강조하였다. 세 번째 우언은 제나라의 부자가 猗頓의 도움을 받아, 아버지에게서 물려받은 부를 지키는 이야기이다. 재물을 제대로 관리하고 불리기 위해서는 人鼠, 곧 재물을 축내는 사람을 찾아서 쫓아내어야 함을 강조하였다. 네 번째 이야기는 楚 襄王과 송옥의 이야기이다. 양왕이 꿈에 비길 데 없이 아름다운 神女를 만나고는 楚國을 버려도 좋으니 신녀를 얻을 수 있었으면 좋겠다고 하자, 송옥이 신녀에 버금가는 미인이 瀟湘의 浦와 汨羅의 澤에 있으며, 그래서 그 미인을 총애하게 되면 군이 초국을 버리지 않아도 될 것이라는 내용으로 되어 있다. 다섯 번째 이야기는 威公과 輪扁 사이에 있었던 일을 정리하여 구성하였다고 管仲이 죽은 뒤 易牙가 상이 되는데, 역아가 위공을 두 차례나 찾아오지만 그 만남을 허락하지 않았다. 위공이 불만을 가졌던 것은 관중이 나라 일을 돌볼 때는 자신이 아무 것도 하지 않고 궁중의 즐거움만 누렸는데, 역아가 나라 일을 돌본 뒤에는 그렇게 되지 않는다는 것이었다. 윤편은 이에 관중 같은 경우는 나라일을 맡겨도 아무 문제가 없지만, 역아는 군주가 끊임없이 돌보며 나라일을 능하게 살피도록 해야 하는데 그렇지 않으니, 지금은 나라가 위태로운 지경이라고 하였다. 여섯 번째 이야기는, 秦 繆公과 伯樂 사이에 있었던 이야기이다. 繆公이 駱과 騮라는 두 말 가운데 천리마로 駱을 구입하고 騮는 내쳤는데, 伯樂이 騮를 구입해서 길렀다. 그 후 수렵을 할 때 駱이 제 역할을 못하자 伯樂이 騮를 끌고 와 繆公에게 바치니, 繆公이 자신의 잘못을 뉘우치며 말에 대해서는 伯樂이 책임지도록 하였다는 내용이다. 일곱 번째 이야기는 楚 莊王과 叔敖 사이에 있었던 일을 정리한 글이다. 초나라 사람이 장왕에게 바친 기이한 조수를 두고 봉인지 아닌지 논란이 일었는데, 叔敖는 鳳德을 가진 사람이면 이 새가 봉인지 아닌지를 알아 볼 수 있다고 하고, 봉덕을 가진 이로는 舜과 文王이었는데, 지금 莊王이 능히 봉덕을 가지게 되면 이 새가 봉인지 아닌지를 알 수 있다고 하였다.

儷文으로는 「擬封牧丹爲花王詔」·「擬牧丹辭封花王表」·「擬水部車龍辭拜水陸轉運使表」·「擬殷朝群臣賀桑林得雨表」·「擬周朝群臣賀獵得覇王之輔箋」·「擬唐羅公遠請遊月宮表」·「擬唐裵度平淮西露布(課製居魁)」가 있다. 이 가운데 「擬封牧丹爲花王詔」은 모란을 花王으로 봉하는 것을 상정하여 지은 왕의 조서, 「擬牧丹辭封花王表」는 모란이 화왕에 봉해짐을 사양하는 뜻을 임금에게 올린 표이다.

「靑巖錄」은 책 맨 마지막에 수록되어 있다. 청암은 함경도 富寧의 바닷가에 있는 마을로, 1680(숙종 6)년 이서우가 유배생활을 했던 곳이다. 부령 인구 600여명 가운데 5/7가 이곳에 몰려 있고 부녕의 漁鹽 供物을 거의 여기에 의존할 정도로 재력이 있었던 곳이라 한다. 이서우는 「청암록」에서 청암의 산세와 지형, 사람 사는 형편, 토지 경작 상황, 가옥의 형태, 풍속, 물산 등을 간략히 정리하고 있다. 이 글에 의하면, 이곳에 살고 있는 사람들은 良賤을 물론하고 모두 '入居兩班'의 후예라고 하는데, 입거양반은 조선초 三南의 豪强品官들 가운데 죄를 지어 徙邊한 부류라고 한다. 이곳에 살고 있는 사람들은 모두 3등급으로 나눌 수 있는데, 鄕任과 儒巾 두른 사람들이 品官이 되며, 武科 및 良人이 또 다른 등급, 卒伍 및 公·私賤이 또 다른 등급이 된다고 한다. 그러나 이들은 모두 같이 당에 올라 서로 절하며 隆殺의 구별을 하지 않는다고 한다. 17세기 후반, 함경도 지역의 사회상황을 이해하는데 크게 도움이 되는 글이다.

4. 가치

『松坡集』은 숙종대 활동했던 인물 이서우의 문집이다. 이 시기는 남인과 서인, 북인과 서인 간의 대립 항쟁이 최고도로 격화되던 때였으며, 이서우는 北人과 연결되는 南人이었다. 그런 점에서, 이서우가 남긴 자료는, 당대 문장가로 이름 높았던 본인의 학문과 사상, 문학세계를 살피는데 중요한 근거가 될 뿐만 아니라, 나아가서는 이 시기 당쟁사를 이해하는데 긴요하다 하겠다. 보다 구체적으로는 북인들이 남인으로 학문적 정치적으로 전환하는 과정을 살핌에 중요한 단서를 제공한다고 할 수 있다. 이 문집에서는 이와 관련하여 己丑獄事와 연관된 인물들의 행적, 북인계 인물 李商毅와 그의 일족들에 대한 행적, 許穆과 여러 南人들의 활동상 등이 풍부하게 수록되어 있음을 주목할 수 있다. 『松坡集』은 17세기 문학사, 정치사, 사상사를 살핌에 반드시 참고해야 할 책이다.

이 책이 연세대학교에 소장하게 된 사정은 자세하지 않다. 그러나 연세대학교 중앙도서관에만 소장된 유일본으로 그 자료적 가치가 높다 하겠다.

【정호훈】

遯堂遺稿

白樂奎(1866~1935) 著.

寫本. 5冊, 34×22cm.

12行 24字 内外. 表題: 遯堂先生遺稿.

遯堂遺稿

上淵齋先生書

久違侍右尋常景慕即日陽煦風和伏惟 閒中氣候體天剛
長自任之重以不扶持而扶持者 老先生之言也深服義理
尤切瞻仰小子省安而學則無有餘力莫究要領內省愧懼塗
道傳騷未知信否爲是回舊甲辰年乎聞重菴丈喪斯文不幸
伏想有吾道益孤之歎矣曾奉約登鷄山泛白馬遄還南下得
遂暮春沂水之樂適以事違欲於鷲山拜 命然未知那日行
次到彼耳類選謹抄呈上而四友不合字畫大小行間蹤跡多
有塗刮處不堪入帙板字閒書印或慮與他參差故不敢下手
也自己之覽則未畢於毋拈留幸有無妨也伏悚伏悚餘因讓
受伏達只祝 氣體保重千萬不備

1. 저자

白樂奎(1866~1935)[1]의 本貫은 水原이다. 수원 백씨 文敬公派의 시조 白仁傑의 11대 손이다. 백낙규는 '엄골 백씨' 문중의 선산이 있는 全北 高敞郡 星內面 富德里 奄洞으로부터 雅山面 盤岩里 반암 마을로 분가하였다. 백낙규는 부친 白聖洙(1845~1868)가 次子인데다 요절하였기 때문에 극히 어려운 경제형편에서 성장하였다. 백낙규는 어려운 형편 속에서도 모친(淸道 金氏)의 노력으로 한학 공부에 주력하였다. 그가 반암으로 분가하게 된 계기는 경주 이씨와의 혼인이었다. 경주 이씨 집안은 아산면과 인접한 심원면 금산의 지주가였다고 하는데, 백낙규는 처가의 도움을 받아 반암으로 이거하여 생활문제를 해결하고 주자학을 계속하여 연마할 수 있었다.

백낙규는 백인걸→白惟咸→白賢民으로 이어지는 가학적 전통과 주자학적 분위기가 발달한 지역 정서 속에서 주자학 연마에 뜻을 두었다. 그는 반암으로 이거한 뒤 송시열의 현손이자 당대 유림의 거두 淵齋 宋秉璿의 문인이 되어 본격적으로 주자학을 수업하였다. 그는 당시 유림 가운데 가장 보수적인 입장을 대변한 송병선의 학통을 계승하여 주자학적 세계관과 예학적 생활관에 충실하였고, 지역 사회의 유림 내에서도 상당한 신망을 얻었다.

백낙규의 스승 송병선은 개항 이후 중앙관료로 참여하면서 적극적으로 척사론을 개진하였고, 1905년 을사조약이 체결되자 이에 항의하여 자결하였다. 백낙규는 스승의 자결에 커다란 충격을 받았고, 이를 계기로 주자학적 세계관 속에서이지만 식민지화되는 조선의 현실에 대해 고뇌하였다. 그 후 백낙규는 반암에 私塾을 열고 문생 양성에 힘을 기울이다 1935년 70세에 사망하였다.[2]

백낙규는 슬하에 6남매를 두었다. 백낙규의 차남이 바로 맑스주의 경제학자 白南雲(1894~1979)이다.

2. 구성

遂堂遺稿 一(詩)
총 140여 수

遂堂遺稿 二(書)

1) 字號未詳.
2) 방기중, 『한국근현대사상사연구-1930 · 40년대 백남운의 학문과 정치경제사상-』, 역사비평사, 1992, 31~36쪽 참조.

「上淵齋先生書壬辰」·「上宋判府書癸巳」·「上淵齋先生書癸巳」·「上淵齋先生書乙未」·「上淵齋先生書丙申」·「上淵齋先生書乙巳」·「上淵齋先生書壬寅」·「上立齋先生書壬寅」·「與宋曾憲書己亥」·「與宋進士原明書己亥」·「與宋在晟丙寅」·「與宋曾憲丁巳」·「答宋奉在悳辛亥」·「慰宋曾憲長子喪癸酉」·「遠溪護喪所回告乙丑」·「與宋在晟乙丑」·「慰宋進士廷憲狀」·「答宋在晟丁卯」·「與宋曾憲後菴」·「答宋曾憲原孝」·「與宋在晟」·「上淵齋先生書此文當在此卷最上耳己丑」·「上心石先生己酉」·「答奇進士東準號春潭」·「上心石先生」·「答柳相烈號景尤堂」·「上宋心石丈書」·「慰宋哲元書」·「上淵齋先生書辛丑」·「與宋進士哲憲石里壬寅」·「上淵齋先生書戊戌」·「上淵齋先生書戊戌」·「上立齋先生」·「上淵齋先生」·「與宋進士哲憲癸巳」·「慰宋進士哲憲貞敬夫人喪時」·「與宋曾憲」·「答宋進士哲憲」·「與金範初容」·「與宋曾憲庚戌」·「答朴珽九玉成呂象鉉海石」·「答宋進士剛瑄」·「上立齋先生」·「與李議泰郁」·「答金正會」·「與知縣金商基」·「與權命熙居三嘉今移安義三洞云乙卯」·「上本書」·「答金範初容」·「與或人書」·「與吳憲洙」·「答曺秉夏字景行慶州郡江東面茅西里庚午」·「與宗人承旨樂九」·「與宗人議官南豹」·「贈柳君孝熙」·「上本書」·「慰呂運鶴永同楊江面墨井里」·「答金魯洙光彦」

二

「與李主事灝榮庚午」·「與梁相書禹鳳山西鐘面弘里」·「與季兒南敎書」·「與或人書丙申」·「上本書」·「答金士興書」·「與或人書」·「上淵齋先生書」·「上淵齋先生書」·「上淵齋先生書」·「答宋曾憲」·「上淵齋先生書」·「書贈三從姪南奎庚午九月一日」·「與或人書」·「與或人書」·「上淵齋先生書」·「與鄕中多士書」·「與坡山書院都有司」·「答或人書」·「答通書」·「與李灝榮」·「上或人書」·「慰曺秉夏書」·「與或人書」·「上心石先生書」·「與梁在源書老湖」·「與梁在源書庚午」·「與梁玉承書庚午」·「與書丁未」·「與金奉斗書」·「與金在駿書字喜聲」·「答李孝一」·「與尹坡光字儀書」

遂堂遺稿 三(序·記·跋)

「曺氏族譜序」·「興德義蹟序甲午」·「宗序」·「高憙錫大夫壽筵序」·「冠洞書堂案序」·「壇坡集序」·「基山齋講會序」·「醒晩遺稿序」·「白氏世譜序」·「爲親序」·「京口逢士興金仁植號霞石士緯宋奎憲號老灘二兄酬唱五律二首幷序」·「悅親契序」·「東溪記」·「香山亭記」·「三秀齋記」·「匡山齋記」·「敬庵記」·「松蓮亭記」·「一愚記」·「觀稼亭記」·「學文庵記」·「遠慕齋記」·「四喜堂記」·「壺巖記」·「映翠堂記」·「建武齋記」·「追慕堂記」·「敬守齋重修記」·「壺松堂記」·「矯菴記」·「崔氏世孝錄跋」·「東山亭記」·「瑞巖記」·「癸未契帖跋」·「楚岡小傳」·「朴處士傳」·「字名說」·「南敎兒改名說」·「筆銘」·「硯銘」·「山齋銘」·「衣帶銘」·「雜著」·「四書經義說」·「中庸」·「論語」·「孟子」·「朱子大全」·「近思錄」·「論語」·「孟子」·「中庸」·「大學」·「小學」·「答或人」·「西行日記」·「臨陂日記」·「大邱日記」·「日記」·「地理」

遂堂遺稿 四(祭文幷書)

「祭文」·「祭淵齋先生」·「祭星谷墓前文」·「戊山緬禮時祭文」·「祭立齋先生文」·「祭心石齋宋先生文」·「祭族叔議官公麟文」·「祭議李公復榮文」·「祭醒壺公金上舍文商煥」·「鳳山鳳陽精舍文忠祠奉安祭文」·「春秋亭祝文」·「祭再從叔鳳洙字聖紀文」·「祭亡子南轍文」·「祭默軒李公秉應文」·「鑿井祝文」·「祭再從弟頌甫文」·「祭愧窩金公文」·「祭金君玉文」·「與族兄樂鉉祭魯議官文」·「祭訥庵朴公文」·「祭高公秀南文」·「祭金判聶一狀文」·「祭再從叔三山齋公誠洙文」·「答三從弟樂鏞書字鎬京號農隱」·「與三從弟樂鏞書」·「南雲兒卽見」·「答南雲書」·「又」·「又」·「又」·「與申博士泰庸」·「與宋進士蔡澤一名泰會」·「答宋進士蔡澤書」·「答柳元七」·「又」·「與朴子商起震」·「與宋蔡澤書」·「答奇禹燮書」·「答宋在容書」·「與宋奉在悳」·「答念守齋朴起震子商」·「答宋秉紀字士綱」·「慰奇曝中東亮伯氏上舍喪」·「寄次子南雲書」·「答宋在容書」·「與金仁中書敬伯」·「與南雲書」·「寄南雲書」·「上李議復榮書」·「寄次子南昇書」·「寄南昇書」·「季兒南敎 卽見」·「答戊山石役所曺秉夏宋廷憲書」·「與愼士允喜範書」·「寄南敎書」·「又」·「答南雲書」·「寄南雲」·「答柳寅晟彦明」·「與族人書」·「寄南雲書」·「又」·「又」·「又」·「答金伯謙」·「慰金君玉」·「與宋進士原明」·「答朴子商」·「答朴子商」·「與白萬基」·「上宋先生書」·「答鄭正言書」·「答宋秉紀」·「寄南雲書」·「與李圭書」·「上書」·「答金喜聲在駿書」

遂堂遺稿 五(墓碣銘 行狀)

「贈掌禮金公邦樞墓碣銘」·「遠憂堂李公墓碣」·「蘭塢金公始一墓碣銘」·「農巖金公寬佑墓碣銘」·「檀坡黃公墓碣銘」·「承旨愼君一範墓碣銘」·「松亭金公墓碣銘」·「恩津宋氏世葬碑」·「墓碣銘」·「隱湖趙公墓碣銘」·「監察愼公行狀」·「嘉善大夫農軒李公啓八行狀」·「勇山柳公淵大行狀」·「晩悔公行狀」·「遯庵姜公行狀」·「奉愼公擬狀」·「家狀」·「題朴孝堂家狀後」

3. 내용

『遂堂遺稿』는 전체 5책으로 구성되어 있다. 1책에는 詩가 수록되어 있다.

첫 수는 「隆熙皇帝因山詩」이다. 이 시는 조선의 마지막 왕 순종의 장례를 소재로 지은 작품이다. 저자는 "귀신도 또한 슬퍼하고 궁궐의 숲에는 새 소리 마저 그쳤다. 궁궐의 나무 꽃향기를 거두었으니 애통함을 참느라 부질없이 입을 다문 듯하다.(鬼神亦感傷 禁林休鳥語 宮樹斂花香 忍痛空緘口)"라고 하여 사람뿐만 아니라 나무와 새 등 모든 만물이 순종의 죽음을 슬퍼한다고 표현함으로써 임금의 죽음에 대한 상실감을 증폭시키고 있다. 작가의 감정을 景物과 자연스럽게 연결시킨 형상화 기법이 우수하다.

친지들의 죽음을 애도하는 挽詩를 다수 지었다. 「挽後石吳駿善丈」와 「挽黃參奉鍾允」은 각각 오참선과 황종윤의 죽음을 슬퍼하고 그들을 잃은 상실감을 읊은 시이다.

「綾州月谷兩賢閣韻」·「次竹林精舍原韻」 등을 비롯한 次韻詩가 많다. 「朴處士山堂韻」은 한일합병 후 狂歌를 부르며 自廢적인 삶을 산 박처사에 관해 지은 시이다. 저자는 박처사의 삶을 「朴處士傳」이라는 작품으로 立傳하기도 하였다. 「次望哭壇韻」은 長城의 望哭壇에 있는 시에 차운한 작품이다. 望哭壇은 임금의 죽음과 亡國을 슬퍼하는 사람들이 곡을 한 장소인데, 이 시의 내용 역시 그러한 내용을 담고 있다.

「復心吟」, 「心」 등의 제목으로 마음의 작용을 그린, 저자의 주자학적 세계관을 반영하는 宋詩風의 시도 있다.

「感吟」은 총 6수로 되어 있는데, 저자의 삶에 대해 읊고 있다. 그 가운데 한 수는 "만년에 책상에 숨어 남은 세월 보내니 만사 자연에 맡기는 것만 같지 못하다. 다만 책 속에 넉넉한 터전이 있음을 깨닫고 道 이외에 다시 하늘이 없음을 안다. 견문은 늘 하던 대로 시속을 좇고 입고 먹는 것 편안하니 신선이 될 만 하다. 눈에 닿는 경치 매번 옛날과 같은 것이 많음에 감격하니, 닭 울음 개 짖는 소리 마을 연기와 이어진다.(晩來隱几送殘年 萬事不如任自然 但覺書中餘有地 定知道外更無天 見聞常習宜從俗 服食便安可作仙 觸境每多依舊感 鷄鳴犬吠接村烟)"라고 하여 자신이 살아가는 길이 책 속에 있으며 모든 것을 자연에 맡긴다고 하였다. 전반적으로 저자의 평화로운 마음과 여유가 느껴지는 시이다.

「遣悶」은 자신이 살아오면서 느낀 회한과 번민하는 마음을 드러낸 시이다. 그는 "세상살이 길 꿈 같으면서도 어려워 많은 생각 이미 봄날 따라 스러진다. …… 한가한 가운데 책으로 능히 넉넉함을 삼으니 몸에 걸친 포의 추운 줄 모르겠다. 스스로 서재에 있으니 세상에 얽매인 일이 없어 하릴없이 경물을 통해 四時를 본다.(世間行路夢猶難 萬念已隨春事殘 …… 閑中書卷能爲富 身上布衣未覺寒 自是齋居無俗累 聊將雲物四時看)"라고 하여 어려운 세상살이 가운데 학문하는 자세로 살며 속된 마음을 벗어 던지고자 하는 정신적 지향을 읊고 있다. 「秋懷」는 자신을 宋玉에 견주며 悲秋하는 志士의 마음을 담아낸 시이다.

율곡 이이가 잉태된 곳을 기리기 위해 1906년에 지어진 봉산서원을 지나며 지은 시 「過蓬山書院遺墟感吟」에서는 이이를 '東方儒教祖先生'이라고 하였다.

저자의 아들 백남운은 한국사회경제사 연구에 몰두한 저명한 경제학자이다. 저자는 백남운이 태어난 지 3일 째 되던 날 「二男三日朝」라는 시 2수를 지었다. 첫 번째 시는 "성명이 순전하고 기질이 맑으며 모습이나 정신 모두 총명하구나. 오직 바르게 자라고 해로움 없이 순수하게 충과 효로 일찍 이름을 떨치길.(性命純全氣質淸 形生神發自聰明 惟其貞養而無害 忠孝粹然早揚名)"이라는 내용으로 되어 있는데, 백남운에게 거는 기대와 바람이 남달랐음을 알 수 있다.

이외에도 「松」·「梅」·「竹」·「蓮」·「蘭」·「菊」 등의 영물시가 있다.

2책에는 서간문 92편이 수록되어 있는데, 白樂奎의 사승 및 교유 관계를 확인할 수 있다. 스승 宋秉璿에게 보낸 편지가 다수 수록되어 있으며, 이외에도 宋曾憲, 宋在晟, 宋廷憲, 宋哲憲, 奇東準, 金洸容, 宋剛瑄, 李泰郁 등과 주고 받은 편지가 남아 있다.

저자가 송병선에 보낸 「上淵齋先生書」라는 편지글이 여러 편 있다. 저자는 연재선생을 조선 5백년의 儒道를 전하여 장차 결실을 맺을 사람이라 생각하는 내용, 아버지를 일찍 여읜 저자가 연재 선생을 스승으로 모시며 도리를 알아 가게 된 것에 대해 감사하는 내용 등 존경과 감사의 마음을 편지를 통해 드러내었다.

송병선의 동생은 宋秉珣(1839~1912)이다. 저자는 송병선을 伯先生, 송병순을 叔先生이라고 하며 함께 스승으로 섬겼다. 心石은 송병순의 호이고, 「上心石先生」은 송병순에게 보낸 다수의 편지 제목이다. 송병순 역시 성리학과 예학을 공부하였으며 일본의 회유책을 거절하고 1912년 대의를 지켜 순국할 것을 결심하고 음독자결하였다.

「上立齋先生」은 송병순의 당질 宋近洙(1818~1903)에게 보낸 편지이다. 송병순은 송병선과 함께 큰아버지인 송달수의 문하에서 성리학과 예학을 수학하다가 송달수가 죽자 송근수와 외할아버지의 지도를 받았다. 송병선과 송병순을 스승으로 모시던 저자 역시 송근수에게 가르침을 받았던 사실을 편지를 통해 확인할 수 있다.

「慰宋曾憲長子喪」은 宋曾憲이 큰아들을 잃은 것에 대해 위로하는 내용의 편지글이고, 「慰宋進士廷憲狀」은 송정헌이 어머니 상을 당한 것에 대해, 「慰呂運鶴」은 여운학의 아버지가 돌아가신 것에 대해 위로하는 편지글이다. 직접 문상하지 못하였지만 弔問하는 마음을 편지로 대신하고 있다.

「答宋曾憲原孝」는 송증헌과 효에 관한 견해를 주고 받은 편지글이다.

「與或人書」는 편지를 받는 대상을 분명하게 정하지 않은 채 불특정인에게 보내는 편지이다. 저자는 백아와 종자기 같은 관계를 희망하며 자기를 알아주는 사람을 갈망하는 심정을 표출하고 있다. 자신이 하고 싶은 말을 하기 위해 들어줄 사람을 임의로 정하고 있지만, 상대방에게 말을 걸고 있다기 보다는 일방적으로 자신의 감정을 토로하는 형식에 가깝다고 보인다.

「與鄕中多士書」는 자신이 살아온 이력을 고향의 많은 사람들에게 들려주는 내용의 글이다.

3책에는 序 12편, 記 20편, 跋 2편, 傳 2편, 說 3편, 銘 4편, 일기류 4편 등이 수록되어 있는데, 특히 경학과 관련된 四書經義說이 주목된다.

「宗契序」는 宗契의 필요성에 대해 언급한 글이다. 저자는 글에서 인구가 증가함에 따라 종친도 서로 멀어지는 경향이 있기 때문에 친척들의 정기적인 모임이 필요하다고 하였다. 「爲親稧序」에서는 친척이 어려운 일을 당했을 때 서로 도와서 극복하기 위해 親稧가 중요하다고 하였다.

序의 문체는 저작의 내용과 체제를 설명하고 평가하는 글이다. 저자는 黃在弼의 문집『壇坡集』을 평가한 글「壇坡集序」에서 자신의 문학관을 피력하고 있다. 저자는 "시는 성정에 근본을 한다. 그것이 감발하는 사이에 渾厚·和平·高遠·沖澹한 것이 자연스럽게 유행하니 그 바름을 잃지 말아야 한다.(況詩本於性情. 其感發之際, 渾厚·和平·高遠·沖澹如自然流行而不失其正者尤難矣)"라고 하였다. 저자가 근본적으로 도학적인 문장관을 갖고 있음을 이 글을 통해 확인할 수 있다. 知人의 증조부의 문집을 설명하는 글「醒晩遺稿序」에서는 구체적으로 작품을 평가하는 내용을 담고 있다. 저자는 덕행이 문예보다 앞서야 함을 주장하고『醒晩遺稿』에 실린 작품에 대해 "시가 공교롭고 고운 것을 취하는 것으로 공을 삼지 않아 담박하다.(詩不干競巧取姸以爲工而淡乎.)"고 인정하고 있다.

「白氏世譜序」는 저자의 집안인 수원 백씨의 世譜에 쓴 序이다. 저자는 "나라에 역사가 있는 것과 집에 족보가 있는 것은 같은 예이다. 나라에 역사가 없으면 治亂을 연역할 수 없고 집에 족보가 없으면 宗과 支를 구별할 수 없다.(余嘗聞史於國, 譜於家, 其例一也. 蓋國而無史則無以攷治亂沿革, 家而無譜則曷能辨昭穆宗支.)"고 하며 한 집안의 내력과 역사를 중시하는 입장을 보이고 있다. 집안의 족보를 중요하게 인식하는 저자는 다른 집안의 족보의 내력을 다룬「曺氏族譜序」같은 글도 지었다.

「香山亭記」·「三秀齋記」등은 記의 문체로 지어진 글이다.「三秀齋記」는 同門 申泰庸이 心石先生에게 호를 받아 三秀齋를 짓게 된 내력을 서술하고 있다.「匡山齋記」·「敬庵記」·「松蓮亭記」·「觀稼亭記」·「學文庵記」·「追慕堂記」 등의 글은 각각 서재와 정자, 당이 지어진 과정과 이름을 붙이게 내력, 주인에 대해 설명한 글이다.

「基山齋講會序」는 基山齋에서 講會를 열게 된 연유에 대해 쓴 글이다. 金基旭의 제안에 의해 열게 된 강회는 열흘에 1회 시험도 보고 상별도 주어서 학문을 홍기시키고 학업을 성취시키고자 하는 목적에서 열렸다. 이 글에서는 학문을 나라의 성쇠와 관련이 있다고 여기고 당대의 국운을 학문을 통해 진작시키고자 했던 저자의 학문관이 잘 드러난다. 저자는 이 글에서 저자는 致知, 力行, 居敬을 학문의 요체로 들고 있다.

「楚岡小傳」은 楚岡 李仁芳에 관해 지은 전이다. 李仁芳은 일찍이 喪妻한 후 아들 하나를 친척에 맡겨 둔 채 여러 곳을 다니며 음풍농월하는 삶을 살았다. 저자는 이인방이 이익을 돌보지 않고 도리를 설파하는 일을 하며 살았던 모습을 전하고자 그의 삶을 입전했던 것으로 보인다.

「朴處士傳」은 빠른 속도로 변화하는 삶[滄桑變局]에 회의를 느껴 통곡하고 노래 부르며 산과 물가에 숨어 생활하던 박처사라는 사람에 대해 지은 전이다. 저자는 박처사가 단순히 기이한 행동을 한 奇人이 아니라 뜻이 있는 사람이기 때문에 입전한다고 밝히고 있다. 저자가 박처사의 삶과 관련하여 시와 산문을 동시에 남기고 있는 것으로 보아 그의 삶에 깊은 감명을 받았던 것으로 보인다.

「南敎兒改名說」은 저자가 아들 南敎의 이름을 浩로 바꾸면서 이름을 바꾸는 이유에 대해 설명한 글이다. 저자는 浩를 '浩然之氣'와 관련하여 설명하며 부모는 이름을 지어 자식이 종신토록 행하는 뜻을 삼도록 해야한다고 하였다. 자식은 또한 부모가 지어준 이름을 돌아보아 뜻을 생각하고 성취할 것을 바란다고 하며 이름의 역할과 기능에 대해서 설명하고 있다.

「筆銘」·「硯銘」·「山齋銘」·「衣帶銘」등의 글은 저자 자신이 사용하고 있는 붓과 벼루, 서재, 의복과 허리띠 등 器物에 대해 쓴 글인데 자신을 경계하는 내용을 담고 있다. 모두 1구가 4언으로 이루어져 있는데 「筆銘」에서는 곧은 言舌을 할 것을 스스로에게 다짐하고 있다. 「衣帶銘」에서는 의대를 곧 자신과 동일시하여 "죽을 때까지 목숨을 걸고 도를 잘 행해 유가의 가르침 빛낼 것이다. 내 지키는 바 있으니 누가 능히 뜻을 빼앗을 수 있겠는가? 산에 들어가거나 바다를 밟아도 오직 의만 따를 것이다.(守死善道, 聖訓炳然. 我有所守, 志孰能奪? 入山蹈海, 惟義是適.)"라고 하여 혼란스런 사회를 살아가는 자신을 향한 다짐과 굳은 의지를 드러내고 있다.

「雜著」와 「日記」에서는 당대의 학문적 폐단을 비판적으로 말하고 그 대책을 『논어』,『맹자』 등 경전의 뜻에서 찾아야 함을 역설한 내용의 글이 다수 실려 있다. 저자는 당대의 학문이 선왕의 법과 성인의 도를 가르치지 않고 功利의 계책과 倂呑하는 기술만 가르친다고 비판하고 있다. 자신의 학문하는 사람으로서의 태도와 과정, 내용에 대해서도 풍부하게 기록하고 있다.

『論語』·『孟子』·『朱子大全』·『近思錄』·『中庸』·『大學』·『小學』 등의 유교 경전에 대한 자신의 견해를 간략하게 피력한 글을 남기고 있다. 이 가운데 『小學』편을 살펴보면 다음과 같다.

> 여자는 10세가 되면 외출하지 않고 다른 사람에게 복종하며 규문에서 하루를 마친다. 이는 주공과 공자의 말이다. 지금 사람들은 말하길, "한 나라를 들어 남녀가 각각 반이다. 여자가 민족의 사업에 하는 일이 없으면 한 나라는 도리어 반만을 이룬다. 나라가 어찌 안으로 닦이고 밖으로 막을 수 있겠는가? "라고 하며 마침내 동등과 자유에 대해 말하고, 유학하고 일을 맡아하는 데 있어 남자와 다르지 않다고 한다. 만일 성인이 지금 살아 있다면 장차 금하지 않겠는가?

저자는 여성의 자유와 권리, 역할에 대해 새롭게 인식하고 변화를 모색한 당시의 상황에 대해 언급하며 "만일 성인이 지금 살아 있다면 금하지 않겠는가?"라고 하는 유보적 태도를 보이고 있다. 저자는 남성과 여성을 동등하게 인정하는 것에 분명한 어조로 반대하고 있지는 않지만 부정적인 태도를 보이는 보수적 견해를 갖고 있다.

「西行日記」·「臨陂日記」·「大邱日記」는 저자가 특별한 시기에 머물던 곳에서 있었던 일을 기록한 일기이다.

4책에는 제문 23편과 서간문 54편이 수록되어 있다.

4책에 수록된 첫 편은 淵齋 宋秉璿 선생을 위해 지은 제문 「祭淵齋先生文」이다. 저자는 제문에서 을사조약이 체결된 후 자결한 선생의 '捨命成仁'의 정신을 중심으로 애도하고 있다. 저자는 연재 송병선 선생을 위해 여러 차례 제문을 지었다. 「戊山緬禮時祭文」은 연재선생이 殉道한 지 16년이 지난 다음 지은 제문이다. 「祭心石齋宋先生文」은 1912년 순국한 心石 宋秉珣의 初朞 제사를 지내면서 지은 제문이다. 저자는 연재선생이 죽은 지 몇 년 지나지 않아 연달아 송병순 선생 마저 죽은 것에 대해 매우 애통해하는 심정과 心石 선생의 어질고 강한 성격(仁且剛)을 존경하는 마음을 담아 내고 있다. 저자는 크게 어지러운 세상(大亂世界)에서 살아가는 어려움에 대해서도 고백하고 있다. 立齋 宋近洙를 위한 제문 「祭立齋先生文」도 남겼다.

친척과 가족을 위해 지은 제문으로는 族叔 白麟洙를 위해 지은 「祭族叔議官公麟洙文」과 아들 백남철을 위해 지은 「祭亡子南轍文」 등이 있다. 「祭亡子南轍文」에서 저자는 8세에 죽은 아들에게, 평소 아버지로서 제대로 돌보아 주지 못한 미안한 마음과 자책감을 솔직하게 토로하고 있다.

저자가 거주하던 盤巖里에 있는 우물의 신(司泉井之神)에게 고하는 글 「鑿井祝文」은 우물의 물 맛이 감미롭고 병을 물리칠 수 있도록 바라는 마을 사람들의 마음을 모아 기원한 일종의 祭神文이다.

4책의 서간문에는 당시 서울에서 맑스주의 경제학자로서 활발한 연구활동을 전개하고 있던 아들 백남운에게 보낸 편지가 10여 편 수록되어 있어, 백남운의 가계와 家學의 전통을 연구하는데 많은 도움을 준다. 「答南雲書」·「寄次子南雲書」 등의 글에는 오랫동안 소식 없음에 대한 걱정, 환절기에 건강 조심할 것 등의 일상적인 안부를 담은 내용이 있다. 이러한 글에서는 아버지로서 자식에게 보이는 애정과 배려 등 서정성이 강하게 드러난다. 그러나 정신을 수양하는 방법이나 마음을 다스리는 방법(用心), 한문 공부를 하는 방법과 필요성 등을 가르치고 당부하는 내용도 풍부하다. 저자가 아버지의 입장에서 자식에게 보낸 편지는 이 시기 부자간의 관계를 살피는 데 중요한 자료가 되며, 조선후기 다산 정약용이 아들에게 보낸 편지와 비교하여 고찰할 수 있을 것이다. 고향에서 농사를 지으며 사는 아들 白南昇에게 보낸 편지글 「寄次子南昇書」에는 집을 떠나 있는 저자가 집안 일과 농사일에 대해 궁금한 점을 물어보고 부탁하는 내용으로 이루어져 있다.

「與申博士泰庸」·「答宋進士蔡澤書」·「答柳元七」·「與朴子商起震」·「答宋秉紀字士綱」·「與金仁中書敬伯」·「答柳寅晟彦明」 등의 친지에게 보낸 편지도 다수 있다.

5책에는 墓碣銘 10편, 行狀 8편이 수록되어 있다.

저자는 그리 널리 알려지지 않은 사람들을 위해 묘갈명과 행장을 지었다. 「遠憂堂李公墓碣」의 주인공 李宗貞은 뜻이 시대와 맞지 않아 벼슬을 하지 않고 興德에 살던 인물이다. 「蘭塢金公始一墓碣銘」의 주인공 역시 특별한 업적이 있는 사람은 아니지만 담을 넘어온 복숭아를 따먹지 않을 만큼 성격이 곧고 정직한 사람이며 효행이 뛰어난 점을 저자는 높이 사고 있다. 저자는 김시일의 묘갈명에서 "착한 사람이 반드시 전해지지 않고, 전해진 사람이 반드시 착한 것은 아니다.(故善者未必傳而傳者未必善也)"라고 하며 세상과 불화했지만 바르게 살았던 면을 중요하게 평가하고 있다.

「檀坡黃公墓碣銘」은 檀坡 黃在弼의 묘갈명인데, 황재필이 죽은 뒤 36년 후 아들 黃鍾寬의 부탁을 받아 지었다. 저자는 묘갈명에서 황재필의 문학적 재능을 부각시키고 있다. 본 문집의 제3책에 황재필의 문집에 대한 서 「檀坡集序」도 별도로 실려있다.

「恩津宋氏世葬碑」는 宋時熠이 죽은 후 송씨 집안의 내력이 없어질까 걱정하는 자손 宋在立의 청을 들어 송씨 집안의 역사를 기록한 글이다. 선조 가운데 효행이 뛰어났던 인물을 중심으로 글을 전개하고 있어 개인보다는 다수의 집안 인물을 주인공으로 삼고 있는 글이다. 하지만 글 말미에 송시필을 위해 지은 운문 형식의 銘이 첨가되어 있다.

「監察愼公行狀」·「嘉善大夫農軒李公啓八行狀」·「勇山柳公淵大行狀」·「晩悔公行狀」·「遯庵姜公行狀」 등은 여러 친지들의 삶의 행적을 적은 행장이다. 「監察愼公行狀」은 愼宗寬의 世系와 효행이 뛰어났던 어린 시절, 성품, 가족과 자손 등의 내용을 담고 있어 전통적인 행장 문체를 따르고 있다. 신종관은 文忠公 淵齋 先生의 銘을 새겨 비석을 세운 사람이다. 신종관은 82세에 합방의 소식을 듣고 식음을 전폐하며 투신하여 자결할 것을 시도했다가 주위의 만류에 의해 실패했다. 그러나 결국 망국의 한과 울분이 쌓여 그것이 병이 되어 죽은 인물로 그려진다. 저자는 신종관을 '의를 먼저하고 이익을 뒤로하며 명예를 하찮게 여기고 실을 귀하게 여기는(先義而後利 賤名而貴實)' 사람으로 평가하고 있다.

「晩悔公行狀」은 저자의 사촌 형 白樂元의 일생을 그린 행장이다. 白致洙와 密陽 孫氏의 장남 白樂元은 강직하고 세상에 俯仰하지 않은 성품을 지닌 사람이며, 科業을 그만 두고 書塾을 지어 학업에 열중한 사람으로 서술된다. 그의 행장에는 心石 선생과 淵齋 선생을 비롯한 師承과 학우에 관한 내용이 자세히 다루어지고 있다.

「家狀」을 지어 저자 자신의 아버지 白聖洙와 어머니 孺人 清道 金氏의 생애를 기록하기도 하였다. 일반 행장과 마찬가지로 世系를 자세히 기술하고 있어 백씨 집안의 가계를 살펴볼 수 있다. 아버지 靜齋公은 부모님의 상을 당해 성심껏 장사를 치르던 일과 부모의 병구환을 정성스레 했던 일 등 효성이 뛰어났던 인물로 기록되었다. 아버지는 저자가 3세 때, 24세의 나이로 돌아갔는데 부인에게 孟母三遷之教를 들어 저자를 어진 인물로 키워줄 것을 당부하는 말을 남겼다. 저자는 어머니의 생애를 기록하는 부분에서 어머니가 아버지의 유언을 따라 자식의 교육에 힘썼던 모습을 자세히 서술하고 있다. 경제적으로 어려운 상황에서도 문충공 연재 선생에게 자식의 교육을 청하고 헌신적으로 뒷바라지하던 어머니의 모습이 상세히 기록되어 있다.

4. 가치

『遂堂遺稿』는 한일합방, 을사조약 등의 역사적 사건을 겪으며, 국가의 존망이 위급했던 시기를 살던 한 지식인 백낙규의 글이 실려 있는 문집이다. 문집에 실린 다양한 형식의 글을 통해 당시 지식인의 사상과 태도를 살필 수 있다.

백낙규는 주자학과 예학을 통해 혼란을 극복하고자 했고 충효와 덕행 등의 전통적인 가치를 중시했다. 종친의 모임과 족보를 중시하고 유학으로 나라를 구하고자 하는 백낙규의 태도는 국가 존망의 시기를 살던 지식인으로서 취했던 삶의 한 방식이다. 그는 자결이라는 방법으로 일본의 식민지 정치에 저항했던 송병선을 從遊하며 향촌에서 후학 양성에 힘썼다. 이러한 백낙규의 家學과 師弟의 관계를 추적하면 근대 전환기의 시대를 살다간 보수적인 지식인의 모습과 한계를 살필 수 있을 것이다. 이 시기 여성을 향한 백낙규의 결코 긍정적이지 않은 태도에서 지식인의 신여성에 대한 인식을 발견할 수 있는 점도 흥미롭다.

저자가 생존하고 활동했던 19세기 말, 20세기 초는 한문학이 쇠퇴하고 종말을 알리던 시기이다. 한글 전용을 주장하던 이 시기에 한문으로 표기된 문집은 그리 많지 않기 때문에 근대 한문학에 대한 연구는 미진하다. 그러나 백낙규는 몇 몇 작가의 문집을 감상하고 비평하는 글을 통해 그의 문장관을 드러내고 있어 이 시기 문학관을 살피는 데 중요한 정보를 제공한다. 그가 남겨 놓은 詩·書·序·記·跋·祭文·墓碣銘·行狀 등의 글을 통해 그 역할을 다하며 소멸하는 근대 한문학의 특징에 대해서도 살필 수 있어 『遂堂遺稿』의 가치는 더욱 크다고 하겠다.

【황수연】

孰遂念

洪吉周(1786~1841) 編著.
草稿本. 16觀[卷] 5册, 25×16.5cm.

孰遂念第一觀
○○甲爰居念上
居不爽志不廣觀不敞神不旺況將集羣長厚儲藏大
庇我天黨而不以私吾養述甲爰居念
君子作室先立祠堂祠堂必正南向東西四楹南北二楹丹雘
以賁之前軒東西如堂南北一楹有阼階西階廣其庭立左右
廡左右廡之北皆有夾室庭之東竪碑庭之南立行閣行閣之
外設三門門外之東作正寢南向東西三楹南北二楹丹雘以
賁之前軒東西如堂南北一楹有阼階西階門外之西作影堂
制同正寢

1. 편저자

洪吉周(1786~1841)의 本貫은 豊山, 字는 憲仲, 號는 沆瀣이다. 홍씨 가문에서 洪仁謨(1755~1812)와 達城 徐迥修(1725~1779)의 딸 令壽閤 徐氏 사이의 차남으로 태어났다. 그의 고조부인 洪錫輔(1672~1729)는 農巖 金昌協의 문하에서 古文을 수업하였고, 증조부 洪象漢(1701~1769) 역시 농암 문도인 魚有鳳(1672~1744)의 사위가 되어 古文을 수업했는데, 이후 조부 洪樂性(1718~1798), 종조부 洪樂命(1722~1784)과 부친 洪仁謨에게로 古文辭의 法度가 전수됨으로서 거의 家學의 전통으로 자리잡았다.[1] 특히 홍인모의 장남 洪奭周(1774~1842)는 그의 가문에서 고문사로 가장 명성을 떨친 당대의 대문장가였다.

어려서부터 남달리 영민했던 홍길주는 4세에 훈민정음을 깨우쳤고, 古詩文을 즐겨 외우기도 하였으며, 7세에는 八卦를 익혔다고 한다. 그는 아버지로부터 직접 글을 익혔으며, 여류시인으로 명성을 남겼던 어머니 令壽閤 서씨의 슬하에서 가르침을 받았다. 이 때 算數學의 기초를 어머니로부터 배웠는데, 이것이 훗날 그가 「弧角演例」·「幾何新說」 등의 기하학 저술을 남기게 되는 기반이 되었다.[2]

홍길주가 영향과 가르침을 가장 많이 받은 사람은 누구보다 그의 친형인 洪奭周였다. 나이가 차츰 자라자 12년 연상인 형을 스승삼아 학문을 익히고, 가학의 전통이었던 고문을 학습하게 되었다. 그는 형의 사랑에서 찾아드는 文士들의 교류를 직접 경험하면서 문학에 대한 깊은 동경심을 키워나갔다. "어려서부터 글 짓는 것을 좋아하여 다른 취미도 없이 오직 이것에만 힘써 왔다."[3]는 그의 술회는 어린 나이부터 문학에 매료되어 있었음을 고백한 것이다. 이 시기에 습작한 작품 가운데 11세 때의 「四箴」과 15세 때의 「記夢」 등의 작품이 그의 초기 문집인 『峴首甲藁』에 전하고 있다.

그러나 문학에 대한 그의 욕구는 과거공부의 시작과 함께 잠시 접어두지 않을 수 없었다. 여느 사대부 집안의 자제들처럼 홍길주도 일찍부터 과거공부를 시작하여, 16세의 나이에 初試에 합격하고, 22세에는 生員과 進士를 동시에 합격하는 영예로운 기록을 남겼다. 이후로 여러 번 大科에 응시하기는 하였지만, 26세 되던 해에 科試를 완전히 포기함으로서 영달한 출세의 꿈을 과감히 버렸다. 셋째 아들 洪顯周가 국왕의 사위가 된 후로 형제 모두가 현달해지는 것을 우려한 어머니의 간곡한 권유도 있었지만, 黨派와 名利에 따라 좌충우돌하는 당시의 현실에서 科擧란 한갓 영욕을 채우기 위한 방편에 불과한 것임을 깨닫고 선비로서 할 짓이 아님을 각성했던 것이다.

---

1) 洪顯周, 『淵泉集』 권44, 「家狀」; 『典故大方 · 門人錄』; 洪奭周, 『豊山世稿』, 「先考右副承旨贈領議政府君行狀」 등 참조.

2) 홍길주의 생애에 관한 자료로는 洪祐健, 『原泉集』 권7, 「先府君家狀」과 洪奭周, 『淵泉集』 권29, 「仲弟墓誌銘」을 주로 참조.

3) 홍길주, 『峴首甲藁』, 「峴首甲藁輯次」.

과거를 포기한 홍길주는 평소 마음에 두었던 문학공부에 다시 전념하게 되는데, 그 출발이 古文辭였다. 형이자 스승인 홍석주로부터 익혔던 고문을 본격적으로 학습하고, 부지런한 독서 공부와 진지한 토론을 통해 독자적인 자기의 문학세계를 형성해 갔던 것이다. 자신이 이러한 행보를 결심한 데에는 무엇보다 사대부 지식인으로서의 삶에 대한 회의와 반성 그리고 새로운 각오에서 비롯되었다고 하겠다.

> 한 푼의 은택이라도 마련하여 백성들에게 미칠 수 있는 계책을 마련하지 못하거나, 아니면 몸소 밭을 갈고 삼태기를 매며 삽을 쥐고서 서민들의 노역을 돕지도 못한다면, 오로지 도를 높이고 실천을 숭상하여 옛 성현들이 우리에게 남기신 것을 실추시키지 않음으로서 퇴락한 풍속을 일으키고 世道를 위하는데 만에 하나라도 보탬이 될 것이오, 한갓 곡식과 비단을 낭비하고 말지는 않을 것입니다. …… 가만히 생각건대, 군자가 독서하지 않으면 도리를 깨달을 수 없고, 이미 깨닫고도 저서를 남기지 않으면 쇠락한 세상을 깨우치고 후진을 독려할 방도가 없습니다. (『峴首甲藁』 卷4, 「重答李審夫書」)

당시 사대부들은 선비랍시며 가만히 앉아 손 하나 까닥하지 않고, 농부나 장인들이 만든 곡식이나 기물을 사용할 뿐 세상을 위해서는 하등의 도움도 되지 못하는 존재들임을 自省하고 있다. 그러면 독서하는 선비로서 세상을 위해 할 수 있는 일은 무엇일까? 독서를 통해 참된 이치를 깨닫고, 그 깨달은 이치를 글로 표현함으로서 쇠락한 세상을 깨우쳐 주고 후진들을 독려하는 것이 자신의 역할임을 생각했던 것이다. 특히 사대부 지식인이자 문인으로서 독서공부와 저술을 통해 正學을 지키는 것이 절실한 임무라고 여겼다. 홍길주는 동료 문인들에게까지 이러한 각성을 촉구하기도 하였다.

> 우리 同輩들이 글을 짓는 데 있어 분수 밖의 일을 언급해서는 안되겠지만, 위장이 텅빈 뒤에는 아랫배가 당기고, 中夏가 낮아진 뒤에는 오랑캐가 오만해지며, 正學이 미미해진 뒤에는 異敎가 떠들썩해지는 법입니다. 설사 병을 치료할 수 있는 좋은 약이 있어 병이 낫더라도 위장을 보양치 않으면 어떻게 다른 병이 나지 않도록 보호할 수 있겠습니까? 설사 적을 섬멸할 수 있는 위엄있는 군사가 있어 적을 퇴치하더라도 政事를 닦지 않으면 어떻게 다른 외적들이 일어나지 않도록 보호할 수 있겠습니까? 설사 사악한 것들을 물리칠 엄준한 법과 형벌이 있어 사악한 것을 제거하더라도 正學을 창도하지 않으면 또한 백 천 갈래가 뒤를 이어 일어나지 않을 것이라고 어떻게 알 수 있겠습니까?
>
> 요즘을 보면, 산을 덮치고 언덕을 오르듯이 몰려와 이 세상을 이적과 금수로 몰아넣으니, 비록 잘못이 우리 무리들로부터 말미암았다고 해도 좋을 것입니다. 그러니 顧犬補牢의 책임은 오늘날 讀書之士들이 마땅히 고루 맡아야 할 임무이니, 혹 그것을 맡을 직책에 있지 않다고 해서 이웃마을의 싸움쯤으로 여겨서는 안될 것입니다. 일찍이 이런 말을 한 두 士友들에게 이

야기했더니 대개가 절실한 말이라고 하였습니다. (『沆瀣內函』 권2, 「與金臺山書略」)

독서와 저술만이 지식인으로서의 책무를 다하는 것이라고 할 수는 없겠지만, 정치에 직접 참여하지 않는 학자나 문인이라고 한다면, 자신의 연구와 글을 통해 인문학적 가치를 발함으로서 인류와 세상을 위한 역할을 할 수 있는 것이다. 이처럼 독서지사로서 마땅한 공부에 대해 분석적으로 제시한 글이 「明學」이란 논문이다. 여기서 그는 다분히 사변적인 '今人之學'을 지양하고 실천 실용의 학문인 '古人之學'을 회복할 것을 주장하였다. 당시 사변적 논리의 탐구에 치중하여 性命이나 理氣를 들먹여야 학자행세라도 할 수 있었던 풍토를 비판하고, 아무리 고매하고 심원한 이치도 그 근본은 아주 가까운 나의 구체적인 생활에서 비롯되는 것임을 자각하고 이러한 실천적 학문자세를 중시했던 것이다. 자연히 저술도 이러한 생활과 실천으로부터 배태되어야 했던 것이니, 자신이 남긴 많은 저술들은 바로 이러한 지적 실천의 소산들이라고 하겠으며, 『숙수념』 역시 그러하다.

좌의정까지 오른 형 홍석주와 국왕의 駙馬였던 동생 洪顯周의 官德으로 관행에 따라 그들의 형제인 홍길주에게도 蔭職의 벼슬이 내려졌다. 그리하여 1822년 37세에 처음 徽陵參奉이 되었으나, 이내 병이 들어 사직하고 말았다. 다시 41세에 童蒙敎官이 된 후로 이어 長興庫主簿 義禁府都事 景慕宮令 등을 지냈다. 45세에 平康縣監의 외직으로 나가게 되었고, 이어 48세에는 報恩郡守가 되었으나 일년 정도 지내다가 사직하였다. 다시 55세 되던 1840년에 金浦郡守에 임명되었지만, 반년도 못 채우고 병으로 물러나고 만다. 점점 병이 깊어가고 있었던 것인데, 결국 이듬해 56세의 나이로 세상을 떠나고 말았다.

2. 구성

『숙수념』은 아주 독특하게 구성된 저술이다. 좀더 명확히 말하자면 編著라고 할 수 있다. 筆記類나 野談類 또는 記事書나 論著 등과 같이 순수하게 자신의 필치로 써 내려간 저술이 아니라, 정해진 주제에 따라 卷(觀)을 나누고 각 권의 주제구성에 적합한 詩文을 모아 엮었다는 점에서 編書와 흡사하지만, 반면에 그 詩文이 대부분 자신의 글이며 편집의 구성이나 주제가 자신의 독창적 견해에서 비롯된 것이라는 점에서는 著書라고 하기에 충분하다. 문집은 분명 아니면서 일면 문집의 성격을 지니고 있으며, 편서의 체제를 갖으면서도 自家의 견해가 분명히 드러나도록 하였다.

홍길주는 이런 저술에 대한 구상을 젊어서부터 가지고 있었다고 한다. 그는 종종 문집의 편차에 대한 기발한 구상을 한 적이 있는데, 가령 일기와 같이 날짜별로 자신의 삶과 생각을 기록해두는 방식이라든지, 자신의 글에 대한 친지들의 감정점수에 따라 차례대로 글을 엮는 방식 등을 적용해보고 싶었다고 한다. 뿐만 아니라 사람들의 慧悟를 열어줄 수 있는 저술을 짓고자 했으나 게을러서 못했다고 한다.[4] 이처럼 그는 다양한 방식의 저술들을 구상하였던 것인데, 어쩌면 『숙수념』은 홍길주 자신의 구상을 실현한 현존하는 유일한 저술이라고 하겠다.

총체적으로 말하자면, 『숙수념』은 사대부 지식인으로서의 총체적이고 조화로운 삶에 대한 홍길주의 기획의도를 잘 드러내고 있는 저술이다. 그것은 이 책의 전체 구성에서 잘 드러나고 있다. 우선 그는 사대부로서의 다양한 생활영역을 모두 9개 분야로 설정한 다음, 각 분야별로 자신의 구상을 서술하면서 그 구상의도를 문학작품을 통해 보여주는 방식으로 기획하고, 각기 '~ 念'이라고 제목하였다. 그래서 甲에서부터 癸까지 전체 10개의 念으로 구성하였는데, 이 중 마지막 「癸. 孰遂念」은 전체의 序說에 해당하는 것으로, 분야별 기획에 포함되는 것은 아니다.

일반 문집으로 치자면 모두 16권의 분량으로 엮어졌는데, 홍길주는 '卷'이라는 명칭을 사용하지 않고 '觀'이라고 칭하였다. 그는 「標例」에서 이 저술의 수준이 낮고 누추한 글이어서 '讀'할 것은 못되고 단지 보고 열람하는 정도면 충분할 것이라는 겸사의 의미로 해명하고 있다. 그러나 '卷'이라는 이름은 이미 본래의 의미를 상실한 용어라고 여겨 피한 것으로 보며, 대신 평소 見識의 함양을 위해 山川 草木 鳥獸와 일상의 세세한 사무의 관찰을 중시했던 그의 지론에 따라 특별히 '觀'이라는 명칭을 사용한 것으로 여겨진다.

홍길주는 이 책의 첫머리에 「孰遂念肇觀」을 두고, 「標例」·「條括」·「誡觀」을 기록하고 있다. 「표례」는 책의 통상적인 범례에 해당하는 것이고, 「조괄」은 각 觀의 구성을 일목요연하게 정리해둔 것으로 목차의 성격에 해당한다. 다음 「계관」은 『숙수념』을 읽는 사람으로서 잘못 이해해서는 안되는 사항을 제시해 주고 있어 일종의 독서지침이라고 하겠다. 그러면 이러한 저자의 지침과 범례를 참고하여 각 念의 성격과 내용을 간략히 정리해 보자.

甲. 爰居念 [제1~2觀] : 이상적 주거공간의 상상과 우주적 공간으로서 주변 환경 [주거공간]

乙. 各授念 [제3觀] : 친족자제와 빈객들의 책무 분담 [사대부가의 사무]

丙. 有秩念 [제4觀] : 사대부가의 의례와 친지 친우와의 모임규칙, 자제들의 수업 時課 [준수의례]

丁. 五車念 [제5~7觀] : 읽어야 할 각종 전적들 [독서]

戊. 三事念 [제8觀] : 재산의 출입과 각종 이용후생의 도구들 [재물]

己. 兢遵念 [제9觀] : 언행이나 대인접촉 및 유희에서 삼가야할 점 [경계]

庚. 式敖念 [제10觀] : 각 계절의 여가에 즐기는 주변 경계의 유람, 篤農 儀節, 文字遊戲 [여가활용]

辛. 動智念 [제11觀] : 여행 중의 제반 수칙과 범절 [여행수칙]

壬. 居業念 [제12~15觀] : 학업 목록과 문헌 저술 및 學徒와 부녀들의 講規 [학업저술]

---

4) 홍길주, 『표롱을첨』 권12, 「睡餘放筆」 上.

癸. 孰遂念 [제16觀] : 서설

각 念들은 대략 이상과 같은 내용을 다루고 있는데, 내용에 따라 단락을 나누었고, 각 단락마다 먼저 짧은 해설을 붙인 다음 이어 그 단락의 소재를 제목으로 다룬 詩文들을 수록하는 형태로 엮어 두었다. 염원하는 상상의 범주를 모두 10개로 설정한 이유는 상세하지 않다.

우선 구성에서 주거공간의 배치[제1관 爰居念 上]와 거주지 주변의 자연환경[제2관 爰居念 下]에 대한 상상을 가장 먼저 포진시키고 있다. 『숙수념』은 상상 속의 園林에 대한 기록인 黃周星(1611~1680)의 「將就園記」를 읽고 촉발되어 엮어지게 되었는데,[5] 이 글은 막연히 구상하고 있던 이 상상의 세계를 어떻게 펼쳐나가야 할 것인가에 대한 단서를 열어주었다.[6] 즉 조화로운 삶을 이루기 위한 첫 조건은 바로 조화로운 주거환경의 확보에 있다는 것을 자각했던 것이다. 그래서 "거처가 밝지 못하면 뜻이 넓지 못하고, 관찰이 두루 미치지 못하며, 정신이 왕성하지 못한다.("居不爽, 志不廣, 觀不敞, 神不旺.")"[7]고 하였으니, 물리적 공간의 확보가 지성의 기능에 미치는 영향을 중시한 셈이다.

뒤이어 전개되는 念들은 모두 「爰居念」을 중심으로 그 상상의 세계가 펼쳐지고 있다. 본래 이 주거공간은 자기 개인만을 위해 마련한 것이 아니라, 그곳에 모여드는 친지와 동지들과 이웃을 위해 마련된 것이었다(況將集羣長厚儲藏, 大庇我天黨而不以私吾養). 그래서 공동체적 정신에 따라 자제와 친지들과 빈객들이 각자 분담해야할 사대부가의 업무와 책무를 정비하였고[各授念], 이어 사대부가에서 일반적으로 지키는 冠婚喪祭 등의 전례와 惇會·嘉會·文會 등 친지와 동지들 간의 모임에 관한 규칙과 자제들의 수업시간 규정 등을 정리하였다[有秩念]. 전례들은 본 취지에서 어긋난 것은 바로잡되 시공간적인 변화는 대체로 수긍하는 편에서 정리해 두었다. 특히 惇會·嘉會·文會 등은 친지간의 회식과 친우나 동지간의 토론모임인데, 이 모임의 의례절차를 상세하게 마련해 두고 있어 흥미롭다. 홍길주와 교류인물들의 시집에 상당수 남아있는 唱和詩들을 보면 동지들 간의 모임이 매우 빈번히 이루어졌었던 것을 알 수 있는데, 이 모임에서 실제 이 의례절차가 시행되었는지는 의문이다.

이어 네 번째 「五車念」에서는 집안에 마련해 둔 藏書樓[沆瀣樓, 雲水樓, 太虛府]에 소장해둔 전적들을 소개하고 그 序跋文들을 수록해 두었다. 그 취지는 이 서루에 소장된 옛 전적들을 두루 개괄해 봄으로서 새로운 학설을 창안할 수 있는 기틀을 마련토록 하는 것이었다.[8] 또한 다섯 번째 「三事念」은 "덕을 돕는 것은 재물이오, 도를 보필하는 것은 器物이다.("資德曰財, 輔道曰器")"[9]라 하여, 正德은 利用·厚生에서 비롯된다는 취지에서 각종 재산의 수입과 사용

5) 「장취원기」가 우리 문단에 끼친 영향에 관해서는 안대회, 「상상 속의 정원」, 『문헌과 해석』 16호(2001년 가을)를 참조.
6) 홍길주, 『항해병함』 권5, 「수여난필 상」 7칙.
7) 第1觀, 「甲 爰居念」 上.
8) 第5觀, 「丁 五車念」 上.

처, 서구에서 들어온 신기한 기물들과 집안에서 사용하는 일상 도구들의 사용법과 용도를 설명하고 있다. 이 정도면 사대부가로서의 규모가 대략 갖춰지는 셈이다. 다음은 사대부 자신의 내적 수련이다.

그러나 『숙수념』에서 요구하는 내적 수양은 '誠意正心'이나 '救放心'이나 '未發之心' 등의 논리와 같이 고도의 내적 성찰을 통한 도학적 수양을 요구하는 것이 아니다. 바로 일상의 삶에서 일어나는 말과 행동에 대한 지식인다운 자세를 요구한다. 곧 평소 자신의 언행이나 대인 접촉 시 또는 심지어 유희를 할 때 삼가야 할 점들을 세심하게 살펴 열거한다[兢遵念]. 그리고 이러한 삶의 자세를 위해 지식인다운 호연한 기질을 잘 기르는 일도 중요하다. 좋은 시절이 오면 여가를 내어 가까운 주변의 산수를 찾아 마음을 넓힐 일이다. 뿐만 아니라 자신을 위해 육체적 노동의 수고로움을 대신하는 사람들에 대한 세심한 배려도 인격자의 자세이다[式敖念]. 아울러 사대부는 직분상 먼 지방으로 여행을 하는 경우가 많다. 여행 중에 지켜야 할 규칙과 범절, 행선지의 여정에 대한 정보 등을 제공하고 있다[動智念].

마지막 「居業念」에서는 다양하고 폭넓은 독서공부의 세계를 펼치고 있다. 모두 4觀의 가장 많은 분량을 차지한다. 먼저 經史子集 四部의 전적에서 주요 내용을 발췌하여 암송하는 차례를 다양하게 제시하고(「四部誦唯目錄」), 이런 독송과 함께 思惟한 내용을 저술로 남긴 사례를 보여준다(「眞藏經」·「時言」·「狂吁」). 그 다음으로 다양한 독서의 대상을 제시하고 있는데, 우리나라 문헌과 천문 의학 兵農 기하학 등의 잡학과 수업하는 여가에 읽을 만한 奇文과 名文들을 소개하고 있다. 또 역사 제도 관제 당론 등에 관한 내용과 학문의 요점도 소개하고 있다. 이 정도의 독서공부면 사대부로서의 내적 자질은 튼튼하게 갖추어지게 되는 것이다.

이상의 내용 구성은 홍길주 자신의 생활을 표본으로 짜여져 있지만, 궁극 사대부 지식인이면 누구에게나 적용될 수 있는 내용들이다. 그러나 이만한 생활을 유지하려면 많은 재력이 필요하므로, 사대부라고 쉽게 이룰 수 있는 일은 아니다. 부유한 경화사족의 가문이 아니면 불가능할 일이다. 이런 한계를 홍길주 자신도 짐작하고 있었다. 단지 자신의 마음으로나 즐기려는 것이 아니냐는 비판도 예상하고 있었다.[10] 그렇지만 이것이 이상적 삶을 염원한 것이라고 한다면, 그 상상력을 굳이 부질없는 것으로 탓할 일은 없다. 오히려 이 상상의 공간에서 새로운 지식인의 삶의 지표를 그려보았다는 점을 주목할 일이다.

3. 내용

1) 『숙수념』 저술의 의의

9) 第8觀, 「戊 三事念」.

10) 肇觀, 「誠觀」.

홍길주는 『숙수념』을 엮어놓고 다음과 같이 술회하고 있다.

> 붓을 끌어다 책에 써 십여 만자를 쌓아두니, b기록한 것은 모두 쇠락한 자의 뜻이다. 군자들이 보고 비난할까 두렵다. 그러나 이미 완성해 두고 읽어보니 또한 멍한 것이 그것은 불가능한 것임을 스스로 알겠다. 아! 모자라는 사람이 부질없이 하는 말임을 면치 못할 것이다. 그러나 우리 스승께서 『주역』을 짓고 『시경』을 정리하며 『춘추』를 지으실 때, 생각건대 분명 근심스레 상심하여 "누가 나로 하여금 부득이하게 이런 빈 말을 하게 하였나?" 하였겠지만, 그 뒤로 만만년 억세대토록 받들고 드러내고 본받고 부연하여 하나도 그 속에 가두어 두거나 한 가지 일도 그 경계를 넘는 일이 없을 것임을 어떻게 알았겠는가. 이 책을 성인께서 편술하신 것과 비교해 보면, 참으로 八荒에 비해 조그만 개미구멍일 뿐이다. 후세의 군자들이 비록 비난하여 보지 않더라도, 또한 유력한 호사가가 이 글을 살펴 실행에 옮겨 궁극 내가 오매불망 생각하던 것을 이루어주는 일이 없을 것이라고 어찌 알 수 있겠는가? (第16 觀, 「癸 孰遂念」)

자신의 저술에 대한 겸사의 말을 내세우고 있지만, 그 뒤의 말에는 후세에 언젠가는 빛을 볼 날이 있을 저술이라는 자부심을 담고 있다. 그러나 자신은 이 저술의 내용들이 자기 시대에는 쉽게 받아들여지지 못할 것임을 염두에 두고 있다. 다분히 이상적이기 때문에 실현 불가능한 부질없이 한 말처럼 보인다. 그래서 그가 『숙수념』의 내용을 두고 감춰둔 보물이라고 하고, 『숙수념』을 자신의 별장이라고 하며, 또 이 곳으로 가는 길이 방문과 시렁사이의 틈에 있다는 등 다소 기이하게 말했던 것("沆瀣子孩提時, 始學文字, 輒妄言曰: '吾藏有某寶.' 或問何在, 輒妄答曰: '在吾孰遂念.' 又妄言曰: '吾藏有某書, 中有某語.' 或問其何在, 又妄答曰: '在吾孰遂念.' 又問孰遂念何處, 答曰: '吾別墅也.' '何在?' 輒妄指牖戶几庋之間有所隙者曰: '由此入, 可至.' 聞者皆大笑.")도 자신과 당시인들 사이에 놓인 인식의 차이를 알아듣지 못할 엉뚱한 표현으로 서로 겉돌게 만든 것이다. 그래서 이 저술은 아직 '염원(念)'일 뿐이다.

그런 면에서 이 『숙수념』을 읽는 사람들 가운데 내용을 오해할 소지가 다분히 있음을 홍길주 자신도 짐작하고 있었다. 『숙수념』의 첫머리에 마련한 「誠觀」에서 자신의 이 저술을 읽고 황탄한 말이나 奇文이 많으며, 다분히 유희적이고 오로지 자신의 몸을 보호하려는 내용이 많지, 正學을 논하며 도를 지키는 의리라든지 임금을 섬기고 백성을 지키며 시대를 걱정하는 내용이 없다는 비판에 대해 미연에 해명하고 있다.

그런데 이 저술에 담긴 내용들은 자신이 어려서부터 오매불망 꿈꾸었던 것이라고 한다. 그 바램은 사대부 문인으로 살아가는 이상적인 삶이었다. 고전과 당대의 지식을 두루 습득하여 세상을 바라보는 참된 식견으로 자신과 친지와 이웃과 세상을 올바르게 다스리고, 뿐만 아니라 자신의 志見을 저술로서 후세와 만방에 널리 전할 수 있는 사대부 지식인의 총체적이고 조화로운 삶을 기획했던 것이다. 어쩌면 홍길주는 이미 그런 길을 한발한발 걸어가고 있었던 것이라고 본다. 그러나 그는 오히려 자신이 구상한 이런 기획이 자신에게 그치지 않고 나아가 사대부 일반에 받아들여지기를 기대하고 있다. 후세의 君子까지는 아니더라도 好事家들이라도 자신의 이런 생각을 이루어주기를 바라고 있으며, 그런 기대감에서 이 글은 유력한 호사가들의 지침서가 될 것이라고 하였다. 그것은 자신의 구상이 사대부 사회에 보편적으로 받아들여지기를 기대하는 희망인 것이다. '孰遂念'이라는 제목이 '누군가 이루어 줄 염원'이기도 하면서 '언젠가 이루어 질 염원'이라 뜻으로도 풀이될 수 있는 모호함이 홍길주의 복합적인 염원을 그대로 시사하고 있다.

또 한편 홍길주는 자신의 염원이 이렇게 저술로 밝혀진 순간 이 염원은 이미 이루어졌다고 한다. '누군가'나 '언젠가'를 기다릴 필요가 없게 되었다고 한다. 다소 역설적인 말이지만, 이제 남은 것은 평소처럼 늘 간직하여 그 이상을 실현시켜 나가는 것임을 강조한 것이다. 그래서 그는 '孰遂念'을 同音異文으로 표현하여 '夙隨濂'(일찌기 거처를 따라다니며 하루도 떨어질 수 없는 것)이라고 바꾸어, 그 뜻을 賦로 지어 노래하기도 하였다. 그것은 『숙수념』에 담긴 사대부 지식인의 이상적 삶을 향한 확신이었던 것이다. 어려서부터 지녀왔던 이상에 대한 확신, 지식인으로서의 책무는 이러한 삶의 실현에서부터 이루어진다는 확신이다.

2) 『숙수념』의 세계인식

『숙수념』이 기대하는 새로운 지식인이란 곧 참된 지식[眞知]을 지닌 사람이다. 그런데 참된 지식이란 탐구한다고 해서 얻어지는 것이 아니다. 이것을 얻기 위해서는 무엇보다 사대부 자신의 각성이 필요하다. 기존의 지식에 대한 끊임없는 회의와 반성에서 출발한다. 홍길주는 세상 사람들이 꿈을 꾸면서도 자신이 미몽의 상태에 있다는 사실조차도 깨닫지 못하는 현실을 우려하였다.[11] 즉 약간 아는 것을 두고 전부 다 안다고 자부하는 좁은 식견을 비판하였던 것이다.

> 사람 가운데 어제는 몰랐던 사실을 알고는 교만하게 스스로 안다고 여기는 자가 있다. 대체로 그가 아는 것이 아닌 건 아니지만, 그가 아는 것 외에 또 미처 알지 못하는 것이 있다는 사실은 모른다. 지식은 끝이 없다. 스스로 나의 지식은 이미 다했다고 말한다면 이는 알지 못하는 사람이다. (第1觀 「甲 爰居念」「吾老園記」)

지식은 끝이 없다고 한다. 대체로 사람들은 자신이 경험한 것만을 옳다고 한다. 그러나 경험이라는 것은 일면적인 지식밖에 제공하지 않으며, 심지어 그것도 잘못된 지식일 수 있다. 이런 사람은 꿈속에서 깨어있다고 착각하는 것일 뿐, 참으로 깨어있는 사람이 아니다. 이제 참된 지식의 각성은 이러한 자신의 경험적 지식에 대한 회의와 반성으로부터 시작되는 것이다. 그러

---

11) 第15觀, 「壬 居業念」 季, 「夢覺」.

면 참된 지식은 어디에서 깨닫게 되는 것일까?

홍길주 자신이 『숙수념』을 이해하는 관건이 담긴 글이라고 소개한 일종의 寓言小品인 「眞藏經」에서 그 단서를 살펴볼 수 있는데, 이는 곧 세계를 인식하는 문제와 관련된다. 우선 세상을 天과 地로 나누고, 지극히 虛한 것이 天이고 지극히 實한 것이 地라고 하면서, 이 둘을 서로 보완적인 관계로 설정하고 있다.[12] 地를 경험적 세계라고 한다면, 天은 이성적 세계라고 하겠다. 그리고 이 둘 사이에서 솟아난 것이 인간이라고 하는데, 곧 인간은 경험과 이성 사이에 존재하며 세계를 認識라는 자로 설정된 것이다. 그래서 인간이 우러러 사유하는 대상이 天이고 아래로 행동하는 대상은 地라 하고, 天-德 地-體 人-事라고 하여 天地人의 성격을 부여하고 있는데, 궁극 중심은 인간이다. 그래서 그는 이 天과 地, 즉 사유와 행동 나아가 이성과 경험을 고르게 조화시켜 人事를 순조롭게 이룬 지식인을 聖人이라고 보았다.

그러면 성인과 같이 경험적 세계와 이성적 세계를 올바르게 인식하는 방법은 무엇일까? 문제는 인식의 주체로서 인식하는 기관인 감각과 생각의 한계이다. 눈으로 보고 귀로 듣는 경험은 일면적인 한계가 있으므로, 우선 이것에서 벗어나는 것이 중요하다고 한다. 오히려 "눈에 보이는 무늬를 막아 천하의 눈을 기르고, 번거로운 소리를 없애어 천하의 귀를 기르며, 단맛을 끊어 천하의 입을 기르고, 화려한 채색을 두절시켜 천하의 몸을 기르라.("止視之文, 以養天下之目, 殺聲之繁, 以養天下之耳, 絶旨甘, 以養天下之口, 杜華彩, 以(養)天下之體")"고 한다. 그러면 오히려 크게 시야가 열리고 청각이 뚫려 비로소 깨달음에 다가갈 수 있다고 한다. 본디 "눈이란 보는 기능을 하지만 보이지 않는 것까지도 지각하고, 귀란 듣는 기능을 하지만 듣지 못하는 것까지도 지각하며, 마음도 생각하는 기능을 하지만 생각지 못한 것까지도 추론할 수 있기 때문이다.("目名乎視, 而存乎不視, 耳名乎聽, 而存乎不聽, 心名乎思, 而存乎不思.")" 경험적 인식의 한계를 극복해내는 일이다. 그래서 "눈을 감으면 오히려 섬세한 것까지 볼 수 있고, 귀를 막으면 먼 곳의 소리까지 들을 수 있다고 한다.("闔目而視纖, 塞聰而聽遠.")" 보고 듣는 것이 참된 인식을 방해하는 것이라면 오히려 눈을 감거나 귀를 막는 것이 낫다는 것이다. 이성적 인식의 길을 열어주는 일이다. 이렇게 철저히 자신의 경험적 지식을 부정하고 새로운 패러다임으로 접근할 때 참된 지식의 길이 열린다고 한다.

> 큰 지식은 책망도 크고 작은 지식은 책망도 작다. 지식이 없으면 책망이 없으니, 책망이 없으면 수고로움도 없고, 수고로움이 없으면 매우 고요하다. 매우 고요하면 매우 원만하고, 매우 원만하면 아주 참되고, 아주 참되면 아주 오래 간다. (第13觀, 「壬 居業念」 仲, 「眞藏經」)

지식이 없다는 것은 자신의 지식을 고집하지 않는 것이다. 그랬을 때 일방적인 지식에 얽매여 급급했던 삶으로부터 자유롭게 되고, 그렇게 되면 다시 사물을 대하는 것이 아주 이성적이

12) 第13觀, 「壬 居業念」 仲, 「眞藏經」.

고 원숙해져 비로소 진실된 지식을 얻게 된다는 것이다. 그렇다고 경험적 지식을 부정하는 것은 아니다. 그 한계를 이성적 인식으로 극복하자는 논리이다. 둘은 애당초 상호 보완적인 것이었다. 참된 지식은 여기에서 얻어진다.

『숙수념』이 꿈꾸는 상상의 세계는 경험의 세계가 아니라 사유의 세계이다. 물론 경험의 세계를 바탕으로 사유된 것이다. 그러면 진정한 아름다움은 둘 중 어디에 존재하는가? 자신이 설계한 이상적 주거공간에 세웠던 淸芙亭의 광경을 상상하며 홍길주는 이 문제를 거론한다.

> 술자리가 무르익어 즐거움이 오르자 온화하게 손님에게 물었다. "이 곳의 아름다움은 어디에 있을까요?" "물이 맑은 데 있습니다."고도 하고, "꽃이 고운 데 있습니다."고도 하며, "정자가 그윽하여 가려있는 데 있습니다."고도 한다. 이들은 모두 함께 볼만한 사람들이 못된다. 일찍이 암석과 산과 물가가 그려진 그림을 보며 그 그림을 두고 기묘한 점을 논평하는 사람들이 있었는데, 이는 모두 그림을 모르는 사람들이다. 그림의 품격은 그림 밖의 나머지 공간에 있다. 사람이 그림의 품격이 나머지 공간에 있다는 사실을 안다면, 도를 배워 妙境에 나아갈 수 있으며, 萬事에 응대하여 여유가 있으며, 천하국가를 다스려 백성을 편안하게 할 수 있을 것이다. …… 땅 한가운데 못이 있고, 못 한가운데 연꽃이 있으며, 못가엔 정자가 있다. 그러면 정자 바깥과 연꽃 위에는 무엇이 있을까? 이곳은 허공의 영역이다. 옛 시인 가운데 연꽃을 노래한 사람이 수도 없이 많지만, 오직 이태백의 '맑은 물에 솟아난 연꽃, 꾸민 곳이란 없이 천연스럽다.'는 두 구절이 가장 빼어나다고들 한다. 이 말이 어째서 가장 빼어나다고 하는지 물으면, 아무도 대답하지 못한다. 이 시구의 묘경은 그림 밖의 나머지 공간과 같고, 정자 바깥 연꽃 위의 허공의 영역과 같다. (第1觀 「甲 爰居念」, 「淸芙亭記」)

그림의 품격과 같이 淸芙亭의 진정한 아름다움은 눈에 보이는 물 꽃 정자와 같은 실제 사물에 있는 것이 아니라, 오히려 그것을 초월한 허공의 영역에 있다는 것이다. 가시적 경험의 세계보다 경험의 공간에서 사유되는 이성적 세계에 더 가치를 두고 있다. 사실 청부정에서 정자 건물이나 물이나 연꽃은 더 이상 변하지 않는 고정된 사물이다. 그러나 인간의 삶과 생각은 고정되지 않는다. 끊임없이 변화한다. 마치 지식에 끝이 없듯이. 그러므로 이 공간에 사는 인간에게 더 중요한 것은 이미 고착된 사물에 매이는 것이 아니라, 그 바깥으로 상상의 세계를 유영하는 것이 더 아름다운 일이다. 그랬을 때 도의 묘한 경지를 이룰 수도 있고, 만사에 두루 적응할 수도 있으며, 심지어 정치에 참여하여 백성을 편하게 해줄 수 있는 참된 사대부 지식인이 될 수 있다고 보았다. 이것이 『숙수념』의 세계이다.

> 항해자가 어려서 처음 문자를 배웠을 때 갑자기 망언하기를 "나는 어떤 보물을 감추어 두고 있다."고 하였다. 누가 어디에 있느냐고 묻자, "내 숙수념에 있다."고 엉뚱하게 답하였다. 또 망언하기를 "나는 어떤 책을 감추어 두고 있는데, 그 안에는 이러이러한 말이 있다."고 하

> 였다. 누가 그 말이 어디에 있느냐고 묻자 또 "내 숙수념에 있다."고 엉뚱하게 답하였다. 또 그 숙수념이 어떤 것이냐고 묻기에 "나의 별장이다."고 답하였다. "거기가 어디냐?"고 하여 문득 방문과 시렁사이 틈이 벌어진 곳을 가리키며 "이곳으로 들어가면 도달할 수 있다."고 하니, 듣는 자들이 모두 크게 웃었다. (제16관, 「癸 孰遂念」)

조화롭고 총체적인 사대부 지식인의 삶을 향한 상상력을 아무도 이해하지 못했던 것이다. 굳이 그가 「誡觀」을 지어 이 책에 대한 오해에 해명할 수밖에 없었다. 학문이 순정하지 못하여 황당한 말이 많다고 오해하고, 正學을 논한 것은 적고 오히려 기문이 많다고 오해하며, 유희적이고 잡박한 글을 비판하면서 도리어 그런 글을 수록하고 있으며, 은둔하여 자신의 몸을 수양하거나 오락적인 경향이 있을 뿐, 도를 지키거나 군주와 백성을 위하는 의리가 없다는 비판에 대해 이는 『숙수념』을 크게 잘못 본 것이라고 단언하였다.[13] 그러나 더 이상의 변명은 없다. 그것 역시 말로 설명해서 될 것이 아니라 깨달음을 요하는 문제이기 때문이었다.

4. 가치

『숙수념』은 홍길주의 창의적인 발상에 의해 엮어진 아주 독특한 구성의 문집이다. 일반 문집들은 작가가 일생토록 지은 글들을 문체별로 엮어 둔 애초부터 기획되지 않은 작품집이라고 한다면, 『숙수념』은 작가의 의도에 의해 기획된 문집이다. 기획의 주제는 "언젠가 이루어 질 사대부의 삶과 교양"이라고 하겠다. 사대부 문인으로서의 이상을 독특한 구성과 문체로 서술한 것은 물론이오, 각 권마다의 구성이 문체나 형식을 뛰어넘어 소재와 주제별로 묶여있어 자신의 이상이 잘 드러나도록 구성되어 있다. 여기에는 전적으로 자신의 글로만 이루어지지는 않는다. 더러 필요하면 타인의 글도 수록하고 있다. 이런 구성의 문집은 홍길주 이전에는 한번도 시도된 적이 없어, 문헌학적으로 매우 독특한 자료라고 하겠다.

당시 홍길주 주변의 문인들 사이에 이 『숙수념』은 더러 화제가 되기도 했던 것 같다. 특히 서유구가 관심이 많아 베껴서 자신의 서고에 소중하게 간직했던 것인데, 자신의 대표적인 저술인 『임원경제지』도 구성면에서 보면, 『숙수념』의 독특한 구성에 자극받은 것이 아닌가 여겨진다. 한 시대를 살아가는 문인지식인으로서의 책무에 있어 문학 이외에 달리 방도가 없었다고 한다면, 죽은 시신이나 다름없는 일반 문집의 구성방식보다 훨씬 생동감으로 살아 꿈틀거리는 문집의 구성방식을 창안했다는 점에서 『숙수념』의 가치는 빛나고 있다.

13) 肇觀, 「誡觀」.

5. 기타

『숙수념』의 異本에 대해서 간단히 소개한다. 『숙수념』은 인쇄로 간행되지 못하고 필사본으로 전해지고 있는데, 연세대 도서관이 소장하고 있는 것도 역시 필사본이다. 이 책은 韓氏文庫에 소장되어 있는데, 한씨문고는 眉山 韓章錫(1832~1894)의 장서고인 '多白雲樓' 서적들로 알려져 있다. 한장석은 洪奭周의 외손이며, 홍길주의 종외손이다. 홍석주와 홍길주의 저술들이 한씨집안에 소장되게 된 사정이 분명하지 않지만, 한장석이 외가의 고문학의 전통을 이어받았으며 문형에 오를 정도로 명망이 있자, 외조부들의 저술을 정리할 중임이 그에게 주어졌던 것으로 본다.[14] 그러나 사정을 자세히 알 수는 없지만 홍씨집안의 저술들은 거의 대부분 간행되지 못하고 말았으며, 또한 온전히 남아 전하지도 못하고 있다는 점은 더욱 아쉽다.

연세대 도서관이 소장하고 있는 『숙수념』 외에 두 종의 필사본이 더 조사되어 있다. 하나는 서울대 규장각 소장의 필사본이오, 또 하나는 미국 버클리대 소장의 필사본[15]이다. 이 중 버클리대 소장본은 '自然經室' 원고지에 필사된 것으로, 이는 곧 서유구(1764~1845)의 장서본임을 알 수 있다. 이 두 이본은 16觀으로 구성된 것에서부터 전체의 내용에 이르기까지 연세대 도서관본과 동일하지만, 연세대 도서관 본은 5책으로 분책된 데 비해 6책으로 분책되어 있는 점이 다르다. 뚜렷한 이유는 없는 듯하고, 단지 필사 후 책을 묶는 과정에서 발생한 차이라고 본다.

이 세 본 가운데 연세대 도서관본이 홍길주의 유일한 문집들과 함께 한씨 집안에 소장되어 전해온 것으로 보면, 이 책도 간행을 준비하기 위한 정본이거나 아니면 그것을 필사한 것으로 추정된다. 이 책 제1책의 표지 이면에 『숙수념』을 간략히 논평한 작자 미상의 題辭가 적혀 있는데, 그 품평이 자못 예사롭지 않은 것이 홍길주를 잘 아는 가까운 사람의 글로 추정된다. 한장석도 이 책을 읽고 「題孰遂念後」(『眉山集』 권9)를 남긴 바 있다.

이 이본들을 통해 적지 않은 분량의 이 책이 주위 다수의 사대부들에 의해 필사되고 열독되었다는 사실을 확인할 수 있는데,[16] 이 책이 지닌 독창적이며 개성 있는 구성과 참신한 내용은 당대 사대부 지식인들의 기호에 적절히 갈증을 풀어주었을 것으로 본다.

【김철범】

14) 韓章錫은 외조부 洪奭周의 흩어진 저술목록을 정리하고, 아울러 『鶴岡散筆』(홍석주 찬)의 교정임무를 맡기도 하였으며, 또한 洪吉周의 세 문집(『峴首甲藁』·『縹礱乙幟』·『沆瀣丙函』)을 발췌하여 『沆瀣集』을 편집하기도 하였다(「淵泉集散書目錄後跋」·「沆瀣集跋」[『眉山集』 권9]·「上從舅原泉洪公祐健書」[『미산집』 권4] 참조).

15) 버클리대 소장본은 동아대 정용수교수의 조사와 자료협조에 힘입은 바 크다. 이 자리를 빌어 감사드린다.

16) 朴珪壽(1807~1876)도 『숙수념』을 읽고 나서 자신의 감회를 읊은 「孰遂念行」을 남기기도 하였다(『숙수념행』 필사본, 김영복 소장).

新齋集

洪樂命(1722~1784) 著.
草稿本. 7冊, 31×19cm.
10行 20字.

新齋集

賦

反歸去來辭

歸去來兮歸有當歸不當歸余讀歸來之遺辭不遇
時其可悲事雖足以景慕跡豈可以徒追不當歸而
乃歸吾以子而爲非比冬夏之異候豈裘葛之同衣
昔彭澤之爲令丁晉氏之衰微國柄所移世室趨奔
僭竊之謀在勳載門幾有攸見義有攸存託言五斗
遯跡一樽花有菊而獨發翳籬間之醉顏顧今時之
異是有泰盤之鞏安桴鼓絕於百年 夜戶之不關

1. 저자

洪樂命(1722~1784)의 本貫은 豊山, 字는 子順, 號는 新齋이다. 그의 아버지는 예조판서 象漢이며, 어머니는 魚有鳳의 따님이다. 홍낙명의 집안은 조선 후기에 대표적인 노론 명문가의 하나였으며, 또한 많은 문인과 학자를 배출한 文翰家였다. 宣祖의 부마였던 洪柱元 이후로 더욱 번성하였으며, 19세기 전반기에 문인으로 이름이 났던 洪翰周, 洪奭周, 洪吉周가 모두 저자의 친손자 혹은 종손자이다.

그의 아버지 象漢(1701~1769)은 세도세자의 장인이었던 洪鳳漢과는 종형제 사이로, 영조 때 벼슬이 예조판서에 이르렀다. 또한 학자로도 명망이 있었으니, 農巖 金昌協의 學脈을 계승한 魚有鳳(1672~1744)의 문인이면서 사위였다. 또한 연안 김씨가 지은 유명한 「의유당관북유람일기」라는 국문 수필 작품에서 홍상한에 대해 "엎디어 생각하니 巡相 洪公閤下(즉, 홍상한을 가리킴)는 물망이 낭묘에 중하고 재조가 동량에 넉넉하도다"라고 노래하기도 하였다. 象漢에게는 아들이 넷이 있었는데, 伯兄 樂成(1718~1798)은 영의정에 이르렀고, 樂命은 둘째이며, 그 아래로 樂三(1734~1753), 樂最(1735~1757)의 동생이 있다.

洪樂命은 어려서 그의 외종형 金鍾厚와 함께 이 시기 대표적인 여항 문인이었던 浣巖 鄭來僑로부터 글을 배웠다. 浣巖은 洪象漢 집안의 塾師로서, 홍상한과 홍낙명을 가르쳤다. 이러한 인연으로 『신재집』에는 정래교와 관련된 작품이 다수 전하고 있다. 홍낙명은 또한 어려서 외할아버지 魚有鳳으로부터 수학을 하였다. 어유봉은 農巖 金昌協의 문인으로, 人物性同論을 지지하는 洛論의 대표적인 성리학자였다. 그의 문하에서 李輔天, 洪象漢, 尹得觀 등의 학자가 배출되었는데, 李輔天은 연암 박지원의 스승이자 장인이었다. 홍낙명은 외할버지 어유봉, 아버지 홍상한, 그리고 정래교의 훈도 속에서 성장하였다.

홍낙명은 1741년(영조 17)에 20세의 나이로 司馬試에 합격하였고, 1754년(영조 30)에 문과에 병과로 급제하여 그 이듬해 侍講院 說書로 관직 생활을 시작하였다. 이후 홍문관, 사간원의 벼슬을 거쳐 형조판서, 병조판서 등에 이르렀다. 하지만 그의 관직 생활이 순탄하기만 한 것은 아니었다. 1762년(영조 38)에 外職으로 江東縣監으로 나갔을 때, 弘文館과 司諫院의 벼슬을 사직하고 작은 고을에 취임한 것을 두고 비난하는 자들이 있었다. 이에 강동현감을 그만두고 돌아왔다. 그리고 당시 아버지 象漢이 一品의 벼슬에 있었고, 伯兄인 樂成을 비롯하여 일가 형제들이 吏曹를 출입하고 있었다. 게다가 견제 세력으로 인하여 洪樂命은 병을 핑계삼아 벼슬에 취임하지 않았으며, 이후에도 반대파의 견제와 비판을 받아 회령과 갑산으로 유배가기도 하였다.

그리고 정조의 즉위 후에는 당시 실권자였던 홍국영이 일가 친척이라는 이유로 벼슬을 매번 천거하였으나 병을 핑계로 사양하고 나가지 않았다. 홍낙성은 영조와 정조 연간에 고위 관료로서, 좌의정과 영의정 등을 역임하였다. 洪國榮과 마찬가지로 宣祖의 부마였던 洪柱元의 후손이면서, 노론 淸明黨의 일원이었다. 그러나 그는 홍국영의 전권이 노론 청명당의 정신에 어긋난다고 판단하여 홍국영에 대해 비판적인 입장을 견지하였다.

홍낙명과 교유한 인물 가운데 주목되는 사람은 金鍾秀와 金鍾厚 형제이다. 이 두 형제는 홍낙명과 종형제 사이로, 친밀한 관계를 유지하였다. 金鍾秀(1728~1799)는 자가 定夫이며 호는 夢梧로, 정조가 왕세손일 때부터 정조에게 커다란 영향을 준 스승이다. 정조 즉위 후 정조의 두터운 신임을 바탕으로, 노론 청명당을 이끄는 정치적 지도자로 활약하였다. 金鍾厚는 자가 伯高이며 호는 本菴으로, 학덕으로 명망을 얻은 노론계 산림이었다. 閔遇洙의 문인으로, 성리학 연구에 힘을 기울였는데, 노론 청명당의 정치적 지도자로 활약하는 자신의 동생에게 신중하게 처신할 것을 당부하는 편지를 보내기도 하였다.

참고로『韓國系行譜』를 참조하여 洪樂命의 가계도를 간략하게 작성하였으며, 홍낙명의 從孫인 洪奭周가 지은「從祖吏曹判書文淸公府君家狀」과 그밖의 왕조실록 등의 자료를 참조하여 연보를 작성하였다.

柱元 - 萬容 - 重箕 - 錫輔 - 象漢 ─┬ 樂成 - 義謨 - 耆周
├ 樂命 - 稷謨 - 翰周
├ 樂三 - 賢謨 - 德周
└ 樂最 - 仁謨 ─┬ 奭周
├ 吉周
└ 顯周

1722년(경종 2, 1세) : 洪象漢과 咸從魚氏 사이에서 차남으로 태어났다.

1741년(영조 17, 20세) : 나이 20세에 司馬試에 합격하였다.

1752년(영조 28, 31세) : 童蒙敎官에 임명되었으나 나가지 않았다.

1754년(영조 30, 33세) : 增廣文科 會試에서 對策으로 일등을 하였고, 殿試에서 丙科로 급제하였다. 그해 겨울에는 첫 번째 부인(李瀚의 따님)을 잃었다.

1757년(영조 33, 36세) : 侍講院 說書에 제수되었다. 몇 개월 후 사간원 정언으로 옮기었다. 이후 弘文館으로 들어가 校理, 修撰, 應敎 등을 역임하였고, 司憲府에서는 持平을 역임하고, 司諫院에서는 獻納과 司諫을 역임하였다.

1762년(영조 38, 41세) : 外職으로 江東縣監으로 나갔다. 이때 弘文館과 司諫院의 벼슬을 사직하고 작은 고을에 취임한 것을 두고 비난하는 자들이 있었다. 이에 강동현감을 그만두고 돌아왔다. 당시 아버지 象漢이 一品의 벼슬에 있었고, 樂成을 비롯하여 일가 형제들이 吏曹를 출입하고 있었다. 게다가 견제 세력으로 인하여 洪樂命은 병을 핑계삼아 벼슬에 취임하지 않았다.

1763년(영조 39, 42세) : 여름에 다시 司諫院 獻納에 임명되었는데, 趙甲彬과 관련된 일로 영조의 노여움을 사서 會寧에 유배되었다. 몇 개월 후 방면되어 돌아와 벼슬에 여러차례 제수되었으나 모두 사양하였다.

1764년(영조 40, 43세) : 봄에 벼슬에 취임하지 않는다는 이유로 甲山에 유배되었다. 대신과 승지들이 이때 그를 위해 변호하다가 죄를 입었다. 몇 개월 후 방면되어 그해 겨울 兵曹參知同副承旨로 발탁되었다.

1765년(영조 41, 44세) : 봄에 特旨로 吏曹參議에 제수되었다. 이후 戶曹, 刑曹, 工曹의 參議를 거쳐 成均館 大司成, 弘文館 副提學에 이르렀다.

1769년(영조 45, 48세) : 부친상을 당하였다. 3년상을 치룬 후 司諫院 大司諫에 제수되었다.

1772년(영조 48, 51세) : 金致仁을 絶島에 유배보내라는 영조의 命과 관련하여, 司諫院 大司諫으로 있었던 그는 入闕하지 않았다. 이 일로 인해 삭탈관직이 되었다. 얼마 있다가 다시 敍用되었다.

1773년(영조 49, 52세) : 弘文館 副提學에 임명되었는데, 홍빈이 상소하여 부적합하다고 주장하여 취임하지 않았다. 그후 戶曹參判, 司憲府 大司憲 등의 벼슬이 내려졌지만 취임하지 않았다.

1775년(영조 51, 54세) : 봄에 江華府 留守로 나갔다가 1년이 지나 집으로 돌아왔다.

1777년(정조 1, 56세) : 10월 弘文館 副提學에 임명되었다.

1778년(정조 2, 57세) : 刑曹判書에 임명되었다.

1779년(정조 3, 58세) : 5월에 兵曹判書에 임명되었다.

1780년(정조 4, 59세) : 5월에 藝文館 提學에 임명되었다.

1782년(정조 6, 61세) : 10월에 右參贊 벼슬을 그만둘 것을 청하였으나 허락받지 못하였다. 그해 12월에 知中樞府事로서 사직서를 올렸으나 허락받지 못하였다.

1783년(정조 7, 62세) : 7월에 弘文館 提學에 임명되었다. 8월에 사직을 청하였으나 허락받지 못하였다.

1784년(정조 8, 63세) : 향년 63세로 별세하다. 시호는 文淸이다.

2. 구성

『新齋集』은 총 7책으로, 초고본의 형태로 되어 있다. 그리고 각 장의 위에는 추후에 수정, 교정하거나 보완해야 할 내용이 따로 표시되어 있다. '更商'이라고 표시되어 있기도 한데, 글의 순서, 보완과 삭제, 誤字, 인물의 이름이나 字號 보충 등과 관련된 내용이다.

각 책마다 수록된 작품을 일별하면 다음과 같다.

1책 : 賦(4수), 詩(42제 66수), 疏箚(38수)
2책 : 書(59편)
3책 : 序(送序 포함, 13편), 記(21편)
4책 : 雜著(25편), 策(15수)
5책 : 雜著(16편), 題跋(14편)
6책 : 墓誌銘(8편), 神道碑(2편), 碑銘(5편) 墓碣(6편), 墓表(1편), 諡狀(3편), 行狀(3편)
7책 : 祭文(43편), 哀辭(2편), 雜識(書傳, 論語, 中庸)

제1책에는 詩賦와 疏箚가 실려 있는데, 우선 눈에 띄는 것은 시작품이 상대적으로 적다는 점이다. 이 점과 관련해 그의 친손자인 洪翰周는 다음과 같이 언급하였다.

> 선생은 시문을 구차하게 많이 짓지 않았으며, 시 짓기를 달가워하지 않았다. 그래서 문집 중에 수록된 것으로 시는 아주 적다. (洪翰周, 『智水拈筆』)

홍낙명은 詩文을 짓는데 구차히 하지 않았는데, 특히 시는 더욱 적게 지었다고 하였다. 그래서인지 현재 남아 있는 시 작품은 66수에 불과하다. 한 가지 흥미로운 것은 박종채가 지은 『過庭錄』에 다음의 일화가 전한다. 洪樂命의 아버지 象漢이 아들을 통해서 연암 박지원의 「叢石亭觀日出」 시를 구해보고 놀랍게 여겨, "지금 세상에도 이러한 필력이 있단 말인가? 이 시는 그저 읽어서는 안된다."고 말하고, 중국 붓 200여 개를 연암에게 보내었다는 것이다.

『新齋集』에 수록된 시에서 주로 읊고 있는 것은 한적한 삶에 대한 정취이다. 그 가운데 한 수를 예로 든다.

不戀功名每戀山	공명을 부러워 않고 매번 산수를 그리워 하니
非爲忘世只爲閑	세상 잊으려는게 아니라 한가로움 얻기 위함이네
忽覺秋風吹短髮	문득 가을 바람이 짧은 머리카락에 부니
林泉何處買柴關	임천 어디에서 작은 집을 살 수 있을까

한편 疏箚에는 그 자신이 임명받은 벼슬을 사직하는 글이 대부분이다. 侍講院 說書를 사직하고자 올린 글에서부터 校理, 應教, 吏曹參議, 大司成, 副提學, 漢城判尹, 藝文館 提學에 이르기까지 辭職을 올리는 글들이 모아져 있다. 그 가운데 知中樞府事를 사직하고 강호로 돌아가고 싶다는 뜻을 올린 「辭知中樞仍爲出江疏」는 1782년(정조 6) 12월에 올린 글로서, 모두 7번 올리었다. 만년에 벼슬을 그만두고 동쪽 교외에 터를 잡고 한적한 생활을 영위하고자 하였던 뜻을 간절하게 담고 있다.

제 2책에는 편지글이 묶여져 있는데, 그의 외종형제였던 김종수와 김종후에게 보낸 편지들이 상대적으로 많은 편이다. 또 편지 내용 중에는 『大學』·『中庸』 등의 경전 구절을 해석하는 것들이 많이 보인다.

제 3책에는 送序를 포함해 序 13편과 記文 21편이 실려 있다. 산수 유람과 관련된 글과 서화에 부친 글들이 주목된다.

제 4책에는 '雜著'라는 명목으로 다양한 산문 장르의 작품들이 모아져 있다. 「請亡弟哀辭」는 동생 子善의 哀辭를 지어주기를 부탁하는 글이며, 「朴孝翁傳」은 여항인 朴泰星의 효성을 그린 전 작품이다. 朴泰星의 효성에 대해서는 趙熙龍 또한 「朴孝子傳」으로 남겼는데, 거기에 따르면 우리나라에 살아 있을 때 효자로 旌門을 받은 사람이 두 사람이 있다고 하면서 東岳 李安訥과 朴孝子만이 그들이라고 하였다. 홍낙명은 평소 朴泰星과의 친분을 바탕으로 전 작품을 지었다.

제 5책에 실려 있는 '雜著'에는 모두 역사적 인물의 행적에 대해 의론한 史論이 실려 있다. 殷나라 때의 伊尹부터 宋나라 때의 司馬光에 이르기까지 총 15명의 역사적 인물에 대한 품평을 담고 있다. 그 제목을 보이면 다음과 같다.

「伊尹論」·「傳說論」·「呂尙論」·「張良論」·「諸葛亮論」·「蕭何論」·「霍光論」·「丙吉論」·「房玄齡論」·「狄仁傑論」·「裵度論」·「范仲淹論」·「韓琦論」·「富弼論」·「司馬光論」

제 6책에는 묘지명, 묘갈명 등 碑誌文字들이 실려 있다. 홍낙명은 특히 비지문자에 특장이 있었다고 평가되는데, 『신재집』에 실려 있는 비지문자는 다음과 같다.

「統制使金公墓誌銘」(金禮直, 자 文伯, 본관 김해), 「再從叔都事公墓誌銘」(金在漢), 「學生權公墓誌銘」(權道以), 「參奉羅公墓誌銘」(羅德顯, 자 晦之, 본관 나주), 「大提學黃公墓誌銘」(黃景源, 자 大卿, 본관 장수), 「掌樂院正金公夫人洪氏墓誌銘」(풍산 홍씨, 金致一의 부인), 「遜齋朴公墓誌銘」(朴光一, 호 遜齋), 「孺人洪氏墓誌銘」(풍산 홍씨, 洪樂全의 딸), 「領議政致仕奉朝賀金公神道碑銘」(金在魯, 자 仲禮, 본관 청풍), 「贈判書趙公神道碑銘」(趙聖復, 자 士克, 본관 풍양), 「水軍節度使鄭公碑銘」(鄭德載, 자 汝厚, 본관 하동), 「判書權公碑銘」(권모), 「副元帥趙公墓碣」(趙良琪, 본관 한양), 「巡撫使宋公墓碣銘」(宋侃, 본관 礪山), 「校理李公墓碣銘」(李邦柱, 자 任重, 본관 함평), 「府使黃公墓碣銘」(黃仁謙, 자 德仲, 본관 창원), 「高隱堂金先生墓碣銘」(金致萬, 자 會一, 호 高隱, 본관 청풍), 「掌令本菴金公墓碣銘」(金鍾厚, 자 伯高, 호 本菴, 본관 청풍), 「浣巖鄭公墓表」(鄭來僑, 자 潤卿, 호 浣巖)

제 7책에는 祭文이 다수 실려 있는데, 아내와 친동생 등을 비롯하여 일가 친척들을 위해 지은 작품들이 대부분이다. 그리고 자신의 塾師였던 정래교를 위해 지은 「祭鄭玄翁文」도 전한다. 그리고 『書經』·『論語』·『中庸』 등의 경전에 대해 풀이해 놓은 「雜識」가 수록되어 있다. 「雜識」는 경전을 각 편(장)으로 나누어, 해당 편(장)의 주요한 내용과 의미를 설명해 놓았는바, 金昌協 - 魚有鳳으로 이어지는 학맥을 계승한 학자로서의 면모를 짐작케 해주는 자료이다.

3. 내용

『新齋集』에 실려 있는 글들에 보이는 특징적 국면을 몇 가지로 나누어 살펴본다.

첫째, 洪翰周가 『智水拈筆』에 언급했듯이, 洪樂命은 시 보다는 산문 쪽에 능하였으며, 특히 碑誌文字와 祭文을 잘 지었던 것으로 평가된다. 이와 관련해 홍한주의 언급을 인용해 본다.

> 나의 조부이신 新齋先生은 문장이 簡古하고, 韓愈를 오로지 배웠다. 그래서 더욱 碑誌文字와 祭文에 특장이 있었으며, 왕왕 奇崛한 곳이 있었다. 때로는 문사를 내달리고 고금의 인물을 논평함에 있어서는 또한 기세가 흘러넘치었지만 끝내 문장가의 모범을 잃지는 않으셨다. 그래서 외삼촌인 西漁 權常愼이 매번 나에게 말하길, "公의 문장이 비록 韓退之에 미치지는 못하지만, 또한 李翺보다 낫다."고 하였다. (洪翰周, 『智水拈筆』)

홍한주는 자신의 조부인 홍낙명의 산문이 簡古한 특징을 지녔다고 평가하면서, 韓愈 산문을 배워 奇崛함을 함께 지니고 있다고 하였다. 화려한 수식과 표현을 가능한 배제하고, 간결하면서도 고아한 풍격을 지니고 있는 것이 홍낙명 산문의 특징임을 지적한 것이다.

현재 전하는 비지문자 가운데 그의 어렸을 때의 스승이었던 정래교를 위해 지은 「浣巖鄭翁墓表」를 보도록 한다.

> 浣巖 鄭翁은 여항인이다. 어질고 호방하며, 문장을 잘 짓고, 술을 잘 마시며 담소를 잘 하였다. 나이 79세에 돌아가니, 지금 임금 35년 기묘년(1770)이다. 염을 마치고, 나의 외종형 伯高 金鍾厚가 나에게 墓表文을 부탁하였고, 나는 또한 伯高에게 墓誌文을 부탁하였다. 대개 伯高와 나는 어렸을 때 翁에게서 글을 배웠던 자들이기 때문이다. 장례를 마치고, 나는 제사지낼 때 글을 지었는데, 옹께서 곤궁하고 천하고 가난하여 이 세상에서 즐거움이 없었음을 슬퍼하였다.
>
> 얼마 있다가 그 말이 제대로 생각하지 않았음을 후회하였다. 세상에서는 항상 재주 있는 이들 가운데 가난하고 천한 이들이 많고, 착한 사람들이 필시 곤액을 당하는 것을 두고 서로 삼가고 두려워한다. 나 또한 이것을 가지고 翁의 처지를 슬퍼함으로써 삼가고 두려워하는 마음을 부추겼던 것인가? 더구나 翁의 생평을 살펴 보건대, 어찌 가난하고 천하고 곤궁한 분이라고 할 수 있겠는가? ---- 참으로, 내가 전에 제사지낼 때 한 말이 제대로 생각하지 않고 하였구나. 비록 그렇지만, 翁은 사람됨이 매우 고상하여, 부귀와 빈천, 근심과 즐거움, 곤궁과 현달에 일찍이 마음을 둔 적이 없었다. 내가 단지 이러한 말을 하는 것은 재주 있는 이들과 선한 이들이 반드시 빈천하고 곤궁하지 않다는 점을 세상 사람들에게 깨우치고자 함이다. (「浣巖鄭翁墓表」)

홍낙명과 그의 外從兄 金鍾厚는 어려서 鄭來僑로부터 글을 배웠다. 정래교는 만년에 學童들을 모아 글을 가르쳤는데, 그들이 글을 배우고 집으로 돌아가는 모양이 '마치 큰 물이 한 골짜기로 흐르는 것과 같았다.'(金道洙, 『春洲遺稿』)고 한다. 정래교의 문집 『완암집』의 간행에는 풍산 홍씨 집안이 후원을 하였다. 홍봉한이 재정적으로 도움을 주었으며, 홍낙명이 시문을 초하였다. 그의 아버지 홍상한 또한 문집 간행에 주도적으로 참여하였다. 그리고 외종형제였던 김종후가 홍낙명에게 문집 교정과 서문을 부탁하였고, 아울러 묘표문을 써 줄 것을 부탁하였다. 이에 홍낙명도 사양하지 않고 김종후에게 묘지명을 써 줄 것을 부탁하였다. 그 결과 홍낙명은 위에 인용된 글과 「祭鄭玄翁文」을 지었으며, 金鍾厚는 그의 문집 『本菴集』에 「浣巖鄭翁墓誌銘」과 「祭鄭玄翁文」을 남겼다.

홍낙명은 위에 인용된 글에서 塾師였던 정래교의 죽음을 되돌아 보면서, 자신의 생각의 변화를 이야기하고 있다. 흔히 정래교의 죽음을 두고 사람들은 중인 출신으로서의 신분적 한계와 이에 따른 불우함을 거론하고, 이를 통해 그의 죽음을 위로한다고 지적하였다. 불우한 중인 지식인의 죽음을 슬퍼하는 이러한 위로의 방식은 통상적인 것이라고 할 수 있다. 홍낙명 자신도 이러한 방식으로 글을 지어 정래교의 죽음을 애도한 적이 있었다. 하지만, 다시금 생각을 거듭한 결과 정래교의 생애는 결코 곤궁하고 빈천하지 않았음을 역으로 드러내었다. 더구나 정래교 스스로 살아 있는 자들이 흔히 갖고 있는 상식(빈천과 부귀, 곤궁과 현달을 구분하는 것)에 매이지 않았던 인물이었음을 부각시킨다. 이를 통해 생전에 정래교의 고결한 인품과 성정을 효과적으로 드러내 주고 있다.

둘째, 산수 자연에서의 한가로움을 추구하는 그의 의식 지향을 엿볼 수 있는 글들이 주목된다. 이와 관련해 『智水拈筆』의 언급을 다시 한번 살펴본다.

> 선생은 일생을 물러나 있었는데, 이조참의와 부제학으로부터 판서에 이르기까지 관직에 머문 것은 날로써 헤아릴 수 있다. 만년에 동쪽 교외에 거처하여, 몇 칸의 띠집을 짓고 날마다 문도들과 강을 하고 책 읽기를 그치지 않으셨다. 시를 지었는데, "좋은 밭 사지 않고 대나무 사립을 사니 / 집안 사람들 웃고 세상사람들 기롱하네 / 숲주림 속에 무궁한 즐거움 있나니 / 바윗가 맑은 물 비 온 뒤에 넘실거리네"라 하였다. 이것은 모두 선생이 지키고자 한 것으로, 만년이 될수록 더욱 속세를 벗어나려 하였다. 비록 과거를 통해 입신하였지만, 세상에서 선생을 대하기를 마치 산림에서 선비를 대우하듯 하였다. 선생은 학문이 더욱 높았으니, 퇴계선생을 깊이 사모하여 『退溪書抄』 7권을 저술하였다.

홍낙명은 영조와 정조 연간에 여러 관직을 역임하였지만, 실제로 임명만 받고 취임하지 않는 경우도 많았다. 그의 형인 홍낙성이 정조의 신임을 바탕으로 영의정까지 오르며 관료로서의 일생을 살아갔던 데 비해, 洪樂命은 산수 자연 속에서의 한가로운 정취를 추구했던 문인으로서의 면모를 지니고 있었다.

산수 자연에서의 홍취와 관련해 遊記 작품을 하나 들어 본다.

임술년(1742) 7월 음력 16일에 나와 큰 형님은 浣巖 鄭潤卿에게 西湖에서 노닐 것을 약속하였다. 해가 질 무렵 浣翁과 함께 먼저 마포를 떠나 잠시 쉬다가 저녁 식사를 하였다. 식사를 마치니, 큰 형님이 객 두세명을 데리고 와, 곧 배에 올라 탔다. 작은 배에 술을 싣고 물결을 따라 아래로 내려갔다. 내가 생각하기에, 오늘의 유람은 즐겁지만, 풍악이 없는 게 안타깝다고 하였다. 浣翁이 빙그레 웃으며 말하길, "나는 이미 자네를 위해 일을 도모해 놓았네."라 하였다.

어느덧 배가 籠石 아래에 당도하였는데, 이때 갑자기 노랫소리가 강 한가운데에서 들려왔다. 浣翁이 "鄭生의 배인가?"라 하며 묻자, 과연 그러하였다. 이에 배를 나란히 하고 강물을 거슬러 올라갔다. 이 때는 한밤중이었고, 별과 달이 어여쁘고 깨끗하며, 바람과 이슬은 더욱 맑았다. 큰 목소리로 노래를 부르고 술도 많이 마시니, 호연히 마음 흡족하였다.

얼마 있으니 배가 잠실에 정박하였다. 깎아지른듯한 바위가 다투어 일어나 사람에게 떨어지려고 하는 것 같았다. 자고새, 해오라기, 황새, 학이 바위 구멍 사이에 있는데, 짹짹 울음소리를 내었다. 술을 찾으니, 술은 어느새 다 비워져서, 사람을 강언덕 남쪽으로 보내 술을 사오게 하였다. 각자 술 몇 잔을 다 마시고 시를 서로 지었다. 모두 大醉하여 불러도 일어날 생각을 하지 않았다. 浣翁은 키에 의지해 「적벽부」를 읊조리는데, 취한 소리가 끊어졌다 이어졌다 하면서 때로는 오열하는 듯 하고 때로는 맑아서 들을 만하였다. (「舟遊西湖記」)

홍낙명의 산문이 지닌 특징적 풍격으로 지적한 '簡古'를 잘 보여주는 작품이다. 마포에서 배를 타고 출발하여 잠실까지 갔다고 돌아온 유람의 경과를 빠른 템포와 경쾌한 필치로 묘사해 놓았다. 정래교의 말을 직접 인용하여 현장감을 살리고 있으며, 한강 뱃놀이에서의 홍취를 시간의 경과에 따라 간결한 묘사 속에 드러내었다.

산수 자연 속에서의 홍취를 추구하는 경향과 관련하여, 홍미로운 글의 하나로 '問山川文氣'에 대한 對策文을 들 수 있다. 이 글은 『新齋集』에 실려 있는 15편의 對策文 중 하나인데, 산수자연의 미적 취향에 대한 작가의 견해를 잘 보여준다. 저자는 이 글에서 "山水를 잘 살피는 자는 산수로써 산수를 보지 않고 문장으로써 산수를 보니, 산수는 하나의 문장이다. 文章을 잘 살피는 자는 문장으로써 문장을 보지 않고 산수로써 문장을 보니, 문장이 하나의 산수이다. --- 이로 말미암아 말해 보건대, 문장을 모르는 자는 산수의 홍취를 말할 수 없고, 산수를 모르는 자는 문장의 氣를 논할 수 없다.(善觀乎山水者, 不以山水觀山水, 而以文章觀山水, 則山水一文章. 善觀乎文章者, 不以文章觀文章, 而以山水觀文章, 則文章一山水. --- 由是以言, 則不知文章者, 固不可以語山水之趣, 而不知山水者, 果不可以論文章之氣也.)"고 하였다. 산수가 곧 문장이요, 문장이 곧 산수라는 논리인데, 그 둘 사이의 상호 밀접한 연관성을 주장하는 근거는 산수 자연의 다채롭고 기이한 형세가 곧 문장의 풍부하고 다양한 풍격과 흡사하다는 데 있다.

셋째, 서화 감상과 관련된 글들이다. 그림에 붙인 글들이 여럿 실려 있는데, 그 중에서 「題宇宙名山圖」라는 글에서 저자는 산수화 감상하는 방법에 대해 다음과 같이 말하였다.

> 진짜 산수를 보는 것보다 그림 속 산수를 보는 것이 더 낫고, 우리나라 안의 산수를 그린 그림을 보는 것보다, 다른 나라의 산수를 그린 그림을 보는 것이 더 낫다. 가까운 산을 보는 것보다 먼 산을 보는 것이 더 낫다. 산을 가까운 곳에서 보면, 예쁘고 추한 것이 모두 다 드러나지만, 먼 곳에서 보면 온 산들이 다 푸르러, 멀리 보면 볼수록 더욱 푸르기 때문에 더욱 볼만하다. 그러나 산봉우리의 형세와 산골짜기의 모습은 멀리 보는 것으로 다 상세히 할 수 없다. 그런데 그림으로 옮겨 놓으면 휘고 굽어지고 흐르고 솟은 모양이 이러저리 펼쳐지고, 구름과 노을이 손가는대로 그려지니, 아주 자세하게 하면서 멀리 있는 것까지 포괄하고, 예쁜 것을 드러내고 추한 것은 감춘다. (「題宇宙名山圖」)

산을 가까이에서 감상하기 보다는 멀리서 감상하는 것이 더 낫고, 멀리서 감상하는 것보다는 그림으로 감상하는 것이 더 낫다는 논리를 펼치고 있다. 작가의 상상력에 따라 온갖 산수의 다채롭고 풍부하고, 그리고 아름다운 모습들을 화폭 위에 펼쳐 놓을 수 있기 때문이다. '臥遊'의 논리를 선명하게 제시하고 있는 셈이다. 홍낙명은 한 걸음 더 나아가 국내 산수를 감상하는 것보다 외국 산수를 감상하는 것이 더 좋다고 하였는데, 그것은 외국 산수가 주는 이국적 풍광 때문이다. 그림을 통한 이국적 풍광에의 상상을 잘 보여주는 글이다.

題跋類 중에서 鄭敾의 산수화에 부친 다음 글 또한 홍미롭다.

> 기예에는 크고 작음이 있다. 비록 작은 기예일지라도 지극한 경지에 있어서는 참으로 뛰어난 보배가 된다. 내가 일찍이 요즘 세상에서의 기예를 살펴보았는데, 詩에서는 槎川 李秉淵을 얻었고, 글씨에서는 白下 尹淳을 얻었으며, 그림에서는 이른바 河陽縣監 鄭敾을 얻었다. 세상에서 시서화를 전문으로 하는 자들은 모두 이 세 사람에게 미칠 수 없다. 이것은 아마도 세사람의 기예가 가장 뛰어나기 때문일 것이다. 그러나 예전에 시와 글씨로서 이름이 난 몇 사람의 대가들이 있다. 시의 경우 이병연만이, 그리고 글씨의 경우 윤순만이 독보적인 존재라고 할 수 없다. 그러나 그림에서의 河陽만큼은 당세에 대적할 자가 없을 뿐만 아니라 옛날에도 거의 찾아볼 수 없으니, 河陽만이 또한 세 사람 중에서 가장 빼어나다고 할만하다. (「鄭河陽四時山水圖序」)

시서화 세 방면에 각기 출중한 재주를 보였던 세 사람을 서로 비교하는 방식으로 鄭敾의 산수화를 평가하고 있다. 詩에서는 槎川 李秉淵, 글씨에서는 白下 尹淳을 최고로 평가하듯이, 그림에서는 鄭敾을 최고로 평가한다고 전제하였다. 그러한 전제 위에서 작가는 한 단계 논리를 진전시켜 시와 글씨의 경우에는 이병연과 윤순에게 각각 대적할만한 상대가 있지만, 정선만큼은 옛날로부터 지금에 이르기까지 대적할 상대를 찾을 수 없다고 하여 그 독보적인 우수성을 높이 칭찬하였다. 이어지는 부분에서는 자신이 지금 보고 있는 「鄭河陽四時山水圖」가 사계절의 변화를 모두 포괄하고 있기 때문에, 어느 다른 정선의 산수화보다 더 낫다고 하였다. 점층

법의 수사를 적절하게 구사하면서, 자신의 감상하는 산수화에 대한 느낌과 평가를 효과적으로 표현하였다.

넷째, 雜文의 형태로 짤막하게 쓰여진 글들이다. 잡다한 성격의 글들이 '잡저' 속에 묶여져 있는데, 그 가운데에는 작가 자신이 일상 생활 속에서 촉발된 어떤 느낌이나 생각을 자유롭게 서술한 작품들이 주목된다. 「有感而題三首」도 그 한 예인데, 龍과 관련된 짤막한 길이의 우언적 작품이다. 그리고 「見採桑者有題」는 제목에서 보듯이, 뽕잎을 따는 어떤 사람을 보고 자신이 느낀 바를 술회한 것이다. 「虎喩」는 호랑이 굴에 들어가서도 때로는 살기도 하지만, 반대로 자신이 사는 사방 주위를 겹겹이 방어해도 때로는 죽음을 면치 못하는 경우가 있는데, 이는 모두 命 때문이라는 客의 주장에 대한 반박문이다.

다음에 인용된 글 또한 생활 주변의 천근한 소재를 통해 작가의 생각과 느낌을 효과적으로 전달하고 있다.

> 문앞 길가에 꽃이 있는데 萬年花라고 한다. 나귀와 말들에게 치이고, 어린아이들에게 밟히어 그 초췌함이 심하였다. 지나다니는 사람들 또한 보아도 없는 것처럼 여겼다. 나는 그 이름이 특이하다고 여겨서, 남쪽 계단 위로 옮겨서 여러 꽃들 중에 맨앞에 줄지어 심고, 뿌리를 북돋아주고 이리저리 터주었다. 얼마 있다가 꽃들이 활짝 일제히 피어나 흰 빛이 빛났다. 꽃이 피어 있되 지지는 않아 시간이 지날수록 더욱 성하였으니, 매화와 석류꽃이 진 뒤에도 찬연히 예전 모습 그대로였다. 그러자 예전에 보아도 없는 것처럼 여겼던 자들이 모두 다 둘러서서 찬탄하지 않음이 없었고, 우러러 보기를 마치 선녀가 하늘에서 내려온 듯하고 아름다운 옷을 입고 춤추는 듯 하였다. 꽃은 하나의 꽃일 뿐이지만, 그 장소를 얻지 못하면 곤액을 당하는 것이 저와 같고, 그 장소를 얻으면 그 빛남이 이와 같다. 선비의 遇와 不遇가 이와 다르겠는가? (「萬年花說」)

萬年花라는 꽃을 직접 길렀던 자신의 경험을 바탕으로 해서 쓰여졌다. 아무도 관심을 기울이지 않는 곳에서 자랄 때에는 말들에게 치이고 어린아이들에게 밟혀서, 萬年花에게 누구도 눈길 한번 주는 법이 없었다. 그러나 장소를 옮겨 정성을 기울여 재배하자, 그 꽃은 예전의 그 모습은 사라지고 찬연하게 눈이 부시도록 아름다운 꽃을 활짝 피웠다고 한다.

이러한 자신의 경험을 서술하는 부분이 작품의 거의 전부이다. 그리고 마지막에 이르러 이 글의 주제 의식을 보여주는 문장 하나를 짤막하게 덧붙였다. 작가는 萬年花 재배의 경험을 유추하여 선비의 遇, 不遇라는 심각한 사회 문제를 제기하고 있는 것이다. 심각한 사회 문제의 제기가 작품 속에서 설득력 있게 전달되기 위해 작가는 그것과 유추적 관계가 성립되는 萬年花 재배의 경험을 비교적 자세하게 소개, 설명해 놓았다. 이를 통해 독자는 보다 흥미롭게 작품의 의미를 음미하고 해석할 수 있는 것이다.

4. 가치

『新齋集』은 조선 후기 영정조 연간에 활동했던 洪樂命의 유일본 문집이다. 홍낙명은 碑誌文과 祭文에 특장이 있었던 문인이었으며, 유가 경전 공부에 침잠한 학자이기도 하였다. 그의 이러한 학문과 문학은 손자대인 洪奭周, 洪吉周, 洪翰周 등으로 일정 부분 계승되었던 것으로 짐작된다. 이러한 점에서 『신재집』은 18세기에서 19세기 전반으로 이어지는 豊山 洪氏 가문의 학문 및 문학적 전통을 해명하는 데에 중요한 가치를 지니고 있다.

【정우봉】

新齋集

李度中(1763~?) 著.
寫本. 12冊, 27×17.5cm.
10行 20字.

新齋集抄

詩

詠菊

羞逐羣芳媚早暄金風正色儼然尊可憐籬下淩霜
節不負春天雨露恩

夜聽澗

在水仍忘水渾然兩耳聾凉宵流入夢疑是雨聲中

自泮中歸敬次　家大人寄示韻

一入名場毁譽喧十年行路尚迷昏滿天風雪歸來
晚拜受良箴卄八言

1. 저자

李度中(1763~ ?)의 本貫은 延安, 號는 新齋이다. 이도중 집안의 가계는 이도중이 직접 쓴 선조의 가전과 행장 등을 통해 살펴볼 수 있다. 몇몇 자료를 참고하여 그의 가계를 상세히 살펴보기로 한다.

이도중의 선조 李茂는 중국 사람이었다. 李茂는 신라 때 소정방을 따라와 머물면서 연안에서 관작을 받아 생활하였다. 이도중 집안은 조선조에 들어와 文康의 시호를 받은 樗軒 李石亨 때부터 이름이 나기 시작했다. 이석형은 14년 동안 집현전 학사로 재임하면서 집현전의 응교·直殿·직제학을 두루 역임하였다. 저서로 『大學衍義』와 『樗軒集』이 있다. 이석형의 증손 李巙는 조광조의 문인이었고 첨지중추부사를 지냈다. 그의 호는 靜軒이다. 이기의 손 李貴의 자는 玉汝, 호는 默齋, 시호는 忠定이며 인조 반정의 1등 공신으로서 인조 묘정에 배향되었다. 이귀는 李珥와 成渾의 문하에서 수학하며 문명을 떨쳤다. 저서로 『묵재일기』3권이 남아 있다.

이귀의 아들은 李時白과 李時昉이다. 이시방은 호조판서를 지내고 영의정에 추증되었으며 忠靖이라는 시호를 받았다. 이시방의 둘째 아들이 同敦寧 李恒인데, 이항의 아들 李彦著가 맏아들 李恢에게 양자로 가서 李濟를 낳았다. 이제의 아들 李命祿은 金溝 縣令을 지냈다. 이명록의 아들 李景膺이 이도중의 아버지이다.

이경응의 어머니가 神人에게 璯을 받는 태몽을 꾸고 그를 낳아 璯이란 이름으로 불리다가 景膺으로 이름을 바꾸었다. 이경응의 자는 士仰이고 호는 誠菴과 雲窓이다. 그는 젊었을 때 結城의 花山에서 살다가 만년에 서울의 鑄洞에서 살았다. 저서로 시문집 『雲窓集』이 있다. 이도중은 그의 시작품을 "담박하되 싫증나지 않으며 순수하고 잡스럽지 않다.(吾先子 雲窓府君, 平生所學專門唐律, 不違繩尺. 其爲詩也, 淡而不厭, 純而不雜. 「日格」)"고 평가하였다.

이도중의 어머니는 徐廣修의 딸, 대구 서씨이다. 이도중의 부인은 현감을 지낸 宋載緯의 딸이다. 이도중은 2남 2녀를 두었다. 큰아들은 李垂인데 처음에 심의영의 딸과 결혼하였다가 윤의혁의 딸과 재혼하였다. 둘째 아들은 李厚인데 홍병규의 딸에게 장가들었다. 큰딸은 유명근에게 시집갔고 작은 딸은 김백선에게 시집갔다.

이도중은 잠깐 동안 洗馬 벼슬을 지낸 것을 제외하고 별다른 벼슬을 하지 않은 것으로 보인다. 그는 「新齋自誌」에서 "어리석음은 많고 재주는 별로 없다. 태어나면서부터 곧았는데 늙어서 더욱 우직해 이 때문에 세상에 용납되지 않았다.(長於愚, 短於才. 生而直, 老益戇, 以是不容於世矣.)"고 하며 세상의 뜻과 맞지 않음을 피력하였다.

그는 자신의 가학적 전통에 자부심과 긍지를 가졌던 것으로 여겨진다. 특히 이이에게 수학한 묵재 이귀와 조정암을 따라 유학한 정헌 이기를 존경하며 선조의 학문을 계승하려고 하였던 것으로 보인다.

그는 "율곡 선생이 매번 장부의 마음은 마땅히 푸른 하늘의 밝은 달과 같아야 한다고 하였다. 이것이 선생의 본령이다. 그의 문인들이 전수 받은 요체 또한 오직 이 한 말이다. 나는 비록 변변치 못하지만 우리 조상이 先師에게 배운 것을 마음으로 삼았다.(栗谷每說, 丈夫心事, 當如靑天白日. 此先生一生本領也. 其門人傳授之訣, 亦惟此一言也. 余雖無狀以吾祖之所受於先師者, 爲心而已. 「日格拾遺」)"라고 하여 자신의 학문적 연원 역시 선조와 마찬가지로 율곡에게 있음을 직접 말하기도 하였다.

또한 자신의 집안은 선조 때부터 자신에 이르기까지 서로 전한 것이 오직 忠과 直 두 글자(吾家自先祖以來 至於吾身 世世相傳者 惟是忠直二字. 「日格」)라고 하면서 자신도 선조와 같은 삶을 살고 있음을 은근히 제시하기도 하였다. 다음의 예문은 이도중 스스로가 자신에 대해 언급한 부분이다.

> 어떤 사람이 나에게 물었다. "당신은 어떠한 사람입니까?" 나는 대답하여 말하길, "정직하나 온화하지 못해 몸이 세상에 용납되지 못했고 관대하나 엄숙하지 못하여 다른 사람이 나를 두려워하지 않았다. 신독하지 못했으나 또한 스스로를 속이지는 않았으며, 단점을 감추지 못하고 도리어 추함을 드러낸 것이 많았다. 일찍이 공부하지 않았으나 이치를 궁구하는 것을 기뻐하였고, 글을 지을 수 없었으나 책을 쓰는 것을 좋아하였다. 이와 같을 따름이다. (九, 「日格拾遺」)

> 나는 십수 년 동안 科場에서 물러났다. 어려서 스승을 좇아 학문을 할 수 없었다가 늦게서야 『易』을 경산 김선생에게 배우고 마음으로 기뻐하며 진실로 감복했다. 선생님이 가르쳐 주신 역설 수고본을 받아 베끼고 간직해 두며 항상 졸업하지 못함을 한으로 여겼다. 선생님의 손자 김재곤이 나에게 말하길, "할아버님께서 항상 말씀하시길, '이도중은 깨끗하고 곧은 사람이다.'라고 하셨습니다."라고 하였다. 나는 그 말을 듣고 일어나서 옷깃을 매만지며 말하길, '내 평생 동안 세상에서 나를 알아준 사람이 없었고 나 또한 내가 어떠한 사람인지 알지 못했다. 오직 선생님이 나를 알아 주셨으니 비록 부모가 자식을 아는 것이 어찌 이 보다 나을 수 있겠는가?"라고 하였다. 이 두 글자(白과 直)는 나의 행장의 일부가 되어 장차 지하에 들어갈 것이니 죽어도 여한이 없을 것이다. (八, 「日格」三)

이도중은 세상과 불화하였으나 강직한 성품[直]과 깨끗함[白]을 잃지 않으며 학문에 전념하여 막대한 분량의 저서를 남길 수 있었다고 이야기하고 있다.

이도중은 韋庵 金相岳(1724~1815)에게 수학하였다. 김상악은 자가 舜呑인데 여러 학자들의 주해를 섭렵하여 근세의 역학을 총망라한 10여만 자의 『山川易說』을 편찬한 역학의 대가이다. 이도중은 당대의 뛰어난 문장가였던 著庵 兪漢雋(1732~1811)에게도 가르침을 받았던 것으로 보인다.

이도중의 정치적 성향을 짐작할 수 있는 사건은 金漢祿(1722~1790)의 신원문제와 관련하여 순조년간에 발생하였다. 김한록은 한원진의 제자로 노론 벽파를 대표하는 인물이다. 그는 영조년간에 사도세자의 죽음에 깊이 관여하였고, 후에 정조가 되는 왕세손을 모해하려 하였다는 의심을 받았다. 순조 초년 집권했던 벽파가 제거되고 시파가 정국을 장악하자 김한록에 대한 처벌이 강력하게 주장되었고, 그 결과 1806년에 김한록의 관작이 추탈되기에 이르렀다.[1] 뒤에 김한록의 자손인 金聖吉이 김한록의 복권을 주청하는 상소를 올렸는데, 이도중은 바로 이 상소를 사주한 소굴로 지목되었던 것이다.[2] 柳七在·洪燦謨·李希祖·李游誠 등을 추국하는 과정에서 이우재와 이유성의 대립된 상소로 촉발된 이 사건에서 비록 이도중은 커다란 처벌을 받지 않았으나,[3] 그가 어떠한 정치적·사상적 입장에 서 있었는가 하는 사실을 이 사건을 통해 유추해 볼 수 있다.

이도중의 문집에 수록된 글이 지어진 시기가 그의 나이 70세까지 확인되는 것으로 보아 그가 1832년까지 생존하였음은 확실하나 언제 세상을 떠났는지는 정확히 알 수 없다.

2. 구성

『新齋集』은 조선 후기의 학자 李度中의 詩文集으로, 12책이며 필사본이다. 저자 자신이 편집하였다고 하는 규장각 장본(청구기호 古0270-15-1-3, 32권 13책)의 발췌본으로 여겨진다. 서문과 발문은 없다.

1책에는 詩集小序, 詩 209수, 銘 5편, 頌 1편, 贊 6편, 賦 1편, 琴操 1편, 2책에는 書 66편, 3책에는 文 45편(記 4편, 論 1편, 說 5편, 跋 1편, 序 12편, 後敍 4편, 辨 6편, 기타 12편 등), 4책에는 文 41편(序 20편, 跋 2편, 記 3편, 陰記 1편, 說 3편, 策 1편, 疏箚 3편, 辨 2편, 기타 6편 등), 5책에는 壙銘·壙記·墓誌·行狀·遺事·墓表·祭文 등 42편, 6책에는 日格序와 日格 1, 7책에는 日格 2, 8책에는 日格 3과 각종 圖說 17편, 9책에는 '新齋集拾遺'라는 제목하에 自序와 日格이 수록되어 있다. 10책~12책에는 이른바 '七書管見'이라는 제목아래 論語·大學·中庸·孟子·書傳·詩傳·周易에 대한 經書管見을 수록하였다. 12책의 마지막에는 「二史同凡」이 수록되어 있다.

연세대 귀중본 소장의 『新齋集』 12책의 상세한 목록은 다음과 같다.

1) 『純祖實錄』 卷9, 純祖 6年 6月 25日 辛丑(47책 558쪽).
2) 『純祖實錄』 卷20, 純祖 17年 1月 11日 乙卯(48책 108쪽).
3) 『純祖實錄』 卷20, 純祖 17年 1月 22日 丙寅(48책, 110쪽).

新齋集 一

詩集小序

詩

「詠菊」·「夜聽澗」·「自泮中歸敬次家大人寄示韻」·「原韻兩雪中昵子曉赴計晝」·「暮春之夜與金叔道相任季容相休任彦道履周會于南澗拈韻八字散書片紙上人各信手取二字聯句成一篇」·「欣齋夜集與金成卿魯昌申世之百顯拈農巖韻聯句」·「候月乘舟次老杜韻」·「黃山黃帝鍊丹處也」·「黃鶴樓」·「長安市」·「桃源」·「浣紗溪」·「琵琶亭」·「觀止亭」·「老松」·「六言寄而中」·「公直宅約聽琴不遇會酌伯順莊」·「詠蟬」·「士相見禮得孺字」·「投壺宴得賢字」·「銅雀津」·「歸來亭」·「北寺洞桃花」·「江月次把翠軒酌」·「除夕」·「陪著菴兪丈共賦」·「附原韻」·「雙淸堂」·「慈氏生朝誦朱子壽母詩不勝興感就其篇中略換二三字仍成一篇以志其喜云爾」·「發花山留別再從弟士章度憲」·「華陽洞路中贈任生相翼」·「萬壽洞拜延平先祖墓」·「宗晦祠拜宋子遺像」·「南澗精舍與宋應順命熙共賦」·「呈性潭宋贊成煥箕丈席」·「杞菊亭」·「店曉聞鷄」·「泣弓巖」·「萬東廟」·「南漢懷古」·「西將臺次息菴韻」·「寧陵志感」·「呈中洲宗丈」·「拜外王父母墓述懷」·「中秋望夜泛舟大灘」·「輓洪君行正謨」·「遠遊甲子」·「花石亭九檜歎」·「臨津」·「滿月臺」·「古塔」·「故都南樓」·「崧陽三章」·「花潭逝斯亭」·「朴淵次李白廬山瀑韻」·「道峯書院憶靜尤兩先生有感」·「淸節祠瞻梅月堂遺像」·「淸風亭」·「沈公直能愚宅與四友共賦」·「無名樓夜集聯句乙丑」·「陪兪漢雋安業二丈與諸益三四人泛舟龍湖拈韻共賦」·「龍山磯上題太公釣魚圖」·「李月洲義肅挽」·「元宵踏萬安橋」·「受易於經山先生金相岳退而賦三十二韻六十四句再拜獻于函筵以寓山仰之誠」·「龍湖雅集會者凡十四人以漁郎更覓桃源路除是人間別有天分韻得郎字」·「龍山雅集得郎字」·「把淸樓觀漲次玉齋韻」·「盆池次韓詩」·「移花」·「奉次秋水丈」·「梅放一萼簡西隣告春」·「江水大漲載酒與琴乘流上下」·「次澤堂夢金壯武浚詩」·「金黃州箕應挽」·「在昔崇禎三己巳我王考爲宜春宰時戎賓擇贊行先考三加禮今孫度中亦旣抱子成童行其禮於是年事與時偕庶幾無忝敬次伊時冠席韻志其感懷兼以求和於諸君子」·「歲己巳八月壺殿誕生元良草莽賤臣不勝蹈舞敬次金文谷洪沂川二相公肅廟誕降時志喜詩韻」·「約徐夏卿登南麓」·「出東門」·「著菴文丈七十九晬宴次韻」·「碧梧亭」·「落花巖」·「半月城」·「望扶餘古塔憶中郎始祖」·「三忠祠」·「登弼雲臺」·「玉流洞拈玉字」·「詠白梅」·「贈少年」·「賞春卽事」·「見墻外小桃」·「與金穉圭箕書共賦」·「江樓雅集同姓之親居多仍成花樹會」·「駱洞伏日之會拈文衡山韻」·「詠蟬」·「季舅回甲宴作癸酉」·「君子亭賞蓮」·「大灘」·「次老杜喜雨」·「次人月波亭韻」·「鳳川精舍次晦翁武夷韻」·「秋日與絅台遊三藐寺」·「次放翁梅詩」·「六角花園」·「江樓復集」·「燈夕次而中兒字」·「謝西隣見贈」·「贈朴生基稷」·「擬榮木」·「十二月一日大雪與子壻次東坡韻」·「次唐人春鶯」·「眼眚瞑閉者五日口呼一律呈南隣」·「次朱子梅詩」·「鳳川庄二吟」·「元良入學日敬次春坊韻」·「乘四輪船」·「輪船之作直是漫吟友人作飜案體以嘲之余亦效其體以解之」·「贈貢隱」·「秋夜待月」·「促織」·「自敍」·「謝客」·「渡水原大津覽令公石己卯」·「種葵」·「賣硯匣」·「登北漢東臺」·「觀漲」·「栗谷先生高山九曲歌諺翻」·「次勅使龍灣韻」·「賞春戱次兒輩」·「季舅氏解官歸家置盆梅賦呈一詩」·「步杜陵梅韻」·「重陽日金甥百善持酒來酬戱答一

律」·「中元夜泛舟前江」·「三延影堂志感詩」·「深山見花」·「種瓜」·「訪梅」·「春事」·「遊漢北」·「次淸虛大師韻」·「喜初得女孫」·「次杜牧江南春」·「次暢當鸛雀樓韻」·「春日用晦菴韻與諸益登皐共賦」·「其二」·「春日拈放翁韻老少各言其志」·「其二」·「次高季迪春江行韻」·「次栗谷先生求退有感韻」·「次思菴朴公松江鄭公溯灘韻」·「金穉明賞丹丘詩書軸」·「聖源庄約桃隱賞梅」·「第一梅」·「丙戌除夕」·「次新登蠹魚」·「晩菊」·「次拓齋梅詩」·「次四賢南嶽韻」·「次諸族人花樹會韻」·「擬瑞雪應制」·「訪隣友」·「次霧隱居士夢入中原與三學士相對痛哭招魂而歸之詩」·「中始祖高麗判小府監影堂志感詩」·「敬次同敦寧先祖城南唱酬韻」·「南至訪明瑞」·「夜酌季心家」·「有一儒生作東宮挽辭十四首極道其愛戴痛慕之誠聞之摧咽臣度中曾忝桂坊下僚雖未嘗一登書筵褥蟻之痛自倍於人玆承令聞爲賦一絶以補原篇之未備云爾」·「營立石坡小屋」·「評菊」·「次風月亭主人見寄」·「詠菊寓懷」·「庚寅春祝」·「辛卯春祝」·「無眠」·「詠梅」·「元朝戲贈慶孫」·「五限」·「無憾一首」·「題重修風月亭」·「同二友初會挹淸樓」·「再會一碧亭」·「又」·「又」·「三會風月亭」·「九日龍山」·「九日龍山飮」·「又」·「又」·「又」·「大有年」·「盆梅」·「敬次世宗大王內賜黃翼成公玉硯詠恩詩」·「除夕梅」·「破古紙」·「壬辰立春」·「次宗人梅詩」·「自號癡仙與四仙同吟」·「又次前韻」·「贈畵師」·「之又齋追挽」·「五仙中三仙會于福仙家」·「次桃仙送福仙詩余忘之誤押二字更次以寄」·「呈福仙」·「福仙晬席」·「霖雨中次洛元詩」·「次渭師一碧亭韻」·「觀漲歸路飮友人家」·「觀結網者」

銘

「酒斗銘」·「門銘」·「拓齋琴銘」·「杖銘」·「酒榼銘」

頌

「梅頌」

贊

「著菴俞丈畵像贊幷小序」·「經山金先生畵像贊」·「栗谷李子贊」·「延平忠定公默齋先祖畵像贊」·「延陽忠翼公釣巖伯祖畵像贊」·「延城忠靖公西峯先祖畵像贊」

賦

「淸潭賦」

琴操

「續招隱操」·「招隱」·「反招隱」

新齋集 二

「上性潭宋公贊成煥箕」·「上中洲宗丈判書直輔」·「上經山金先生監役相岳」·「上經山」·「與洪明老校理秉喆」·「與洪明老」·「與洪明老別紙」·「答金大叔叅判明淳」·「答金叔道義城相任」·「答金戚兄黃州箕應」·「與趙元卿判書鍾永」·「答趙元卿鍾永二」·「上義城伯舅」·「上蔚山季舅」·「答族侄而中墰」·「答徐夏卿忠輔」·「答徐夏卿別紙」·「答徐夏卿別紙」·「答徐夏卿問目」·「答徐夏卿問目」·「答徐夏卿別紙」·「續書」·「答徐夏卿別紙」·「與徐夏卿第一書」·「與徐夏卿再書」·「與徐夏卿三書」·「與友人」·「再與友人書」·「與或人」·「與李明瑞寅星」·「與友人」·「與朴仲觀光煥」·「與金南平丈世淵」·「與再從弟士章度憲淳昌」·「寄子垂己巳」·「答家兒垂問目」·「答族台判書祖承」·「與金季容相休判書」·「答洪淸老秉直監察」·「答安丈僉知業」·「與安丈」·「答申養汝頤朝叅奉」·「答尹鼎受義鉉」·「答任可遠相翼」·「與任可遠」·「與宋穉溫基鼎延安」·「答宋寬五一敎石城」·「答沈子純文永恩津」·「答金兄德之箕德副率」·「答金德之」·「答任得汝魯忠州」·「答朴基稷問目」·「答或人問目」·「與金亨汝基常叅判」·「答黃甥鍾根」·「答或人問目」·「答鄭德素海宗問目」·「浩然章講說」·「道峰講說辛未」·「與李叅判采書」·「附吳都事熙常與李參判采書」·「吳士敬長書辨」·「附吳熙常與其弟淵常書」·「附吳熙常祭趙大丘鎭球文畧」·「吳書續辨」·「答徐君錫有永」

新齋集 三(文 上)

「一榻樓記」·「烈女丁氏旌門陰記」·「三延影堂記」·「中始祖判小府先生遺像記」·「許由論」·「碧碑說」·「石鼓文說」·「爾雅說」·「敬說」·「程朱心說會通」·「讀周南」·「讀召南」·「讀邶風」·「讀王風」·「讀秦風」·「讀檜風」·「讀朱子楚辭註」·「讀孝宗寶鑑」·「讀圃隱集」·「栗谷先生四書諺解跋」·「敬子問」·「蓮峰修稧序」·「筆稧帖序」·「斗陽集序」·「李子性理書序」·「節酌類編序」·「韋菴先生詩稿序」·「芝峯年譜序」·「樹隱遺事序」·「川隱紀實序」·「李子近思錄序」·「延安世德序」·「家禮或問序」·「三學士傳後敍」·「先祖忠定公狀後敍」·「先祖妣張夫人狀後敍」·「先祖樗軒集後敍」·「嘉靖禮駁議」·「絶服辨正誤」·「家語辨」·「笙詩辨」·「歌哭辨」·「箕子朝周辨小識」·「箕子朝周辨」·「東國黨論說」

新齋集 四(文 下)

「蓮池耆英會圖序」·「鄭氏家乘序」·「李氏孝烈錄跋」·「光州金氏譜序」·「延平李忠定公三延祠請額上書代疏儒作」·「延安李氏一源八派五世圖序」·「乾譜序」·「兌譜序」·「離譜序」·「震譜序」·「巽譜序」·「坎譜序」·「艮譜序」·「坤譜序」·「水譜序」·「火譜序」·「木譜序」·「醉菊軒記」·「門長僉樞公九十壽序」·「忠臣宋公德榮旌閭陰記」·「葉紹翁四朝聞見錄」·「書眞劉論性後」·「附眞劉性說會通」·「續天道策」·「山天易說跋」·「拓齋金叅判基常壽序」·「新齋抄集序」·「子規樓續記」·「南齋記」·「長子服說」·「四種說䟽」·「東儒六種說」·「或問五種說」·「擬西邊方略䟽壬申西變時代人作」·「擬冬雷箚壬申至月」·「擬冠制私議」·「擬絶服降服辨」·「綱目辨」·「續題」·「四禮笏記序」·「本朝紀年序」

新齋集 五(誌狀)

「女婉壙銘初年作一首」·「婉招」·「先考雲窓府君壙記」·「先妣徐孺人壙記」·「伯舅通訓大夫信川郡守徐公有曾墓誌」·「恭沈壙誌」·「李公宗淵墓誌」·「姊氏孺人黃氏婦墓誌」·「祭著菴俞公文」·「資憲大夫行同知中樞府事韋菴金先生行狀」·「王考通訓大夫金溝縣令府君行狀」·「先考雲窓府君家狀」·「先妣徐孺人遺事」·「季從母李白川夫人行狀」·「姨母貞夫人徐氏遺事」·「又行錄」·「小連大連傳」·「續記」·「孺人韓山李氏墓表」·「鉢山朴公行狀」·「延恩殿叅奉梅堂金公坫墓碣銘幷序」·「祭季舅文」·「資憲大夫中樞院使李公藝尙忠祠碑銘幷序」·「高麗典理判書張公良守壇享碑」·「十三代祖贈純忠積德補祚功臣太宗原從功臣大匡輔國崇祿大夫議政府左議政延城府院君行忠佐侍衛司大護軍李公諱懷林神道碑銘幷序」·「十一代祖通訓大夫行司憲府掌令贈資憲大夫吏曹判書李公諱渾墓表陰記」·「處士金英洙行狀」·「學生李尙洽墓表」·「謐菴李公墓表」·「監役李公諱巖墓碣銘幷序」·「兩將軍合傳」·「護軍李公諱崗墓表」·「新齋自誌」·「自誌後敍」·「室人宋氏生誌」·「亡室祭文」·「祭淳昌再從弟度憲文」·「濯纓齋朴公奎孫行狀」·「祭外從兄徐叅判鼎輔文」·「貞固先生生誌」·「葬仙銘」·「王考墓表」·

新齋集 六(日格)

「日格序」·「日格 一」

新齋集 七(日格)

「日格 二」

新齋集 八(日格 性理圖 道統圖 帝統圖)

「日格 三」·「孔孟心圖」·「三才萬物圖」·「緯星圖」·「經星圖」·「一物各具五行圖」·「一性各具五性圖」·「四性圖」·「未發已發圖」·「心圖」·「人物性圖」·「敬圖」·「孔聖大道之圖」·「顔子見道次序圖」·「孔子轍環天下圖」·「石潭源流圖」·「石潭源流說」·「帝統圖說」

新齋集 九(日格拾遺)

「新齋集拾遺」·「自序」·「日格」
新齋集 十(論語管見 大學管見 中庸管見 孟子管見)

「七書管見序」·「論語管見」·「論語四繹」·「論語疑義」·「大學管見」·「中庸管見」·「孟子

管見抄」

新齋集 十一(書傳管見 詩傳管見)

「尙書管見」·「葩經管見抄」

新齋集 十二

「河圖管見」·「周易管見」·「啓蒙管見」·「二史同凡」·「河圖始畫八卦之圖」·「三易問答」·「先後天合圖」·「人身八卦圖」·「象以制器之圖」·「周易彖辭管見前序」·「後序」·「文王抑陰扶陽圖序」·「文王抑陰扶陽之圖」·「大象管見序」·「大象管見」·「龍經管見抄」·「周易疑義」·「啓蒙管見敍」·「本圖第一」·「原卦畫第二」·「明蓍第四」·「二史同凡序」·「史凡」

3. 내용

『新齋集』은 총 12책의 방대한 분량이다. 각 책에는 詩와 편지글, 서, 발, 기, 제문, 행장 등의 문학적 글을 비롯하여 저자의 학문적 과정과 단상을 엿볼 수 있는 학술적 글과 경전에 대한 주체적인 해석을 밝힌 철학적인 글이 광범위하게 실려 있다. 문집의 내용을 책의 순서에 따라 살펴보기로 한다.

『新齋集』 제1책에는 「詩集小序」를 비롯하여 詩 209수, 銘 5편, 頌 1편, 贊 6편, 賦 1편, 琴操 1편이 실려있다. 이도중은 「詩集小序」에서 다음과 같이 말하고 있다

> 나의 詩는 詩라고 일컬을 수 있는가? 詩가 아니다. 詩가 아닌데 어째서 律·絶·排·古가 있는가? 詩가 아닌 것이 아니다. 詩人의 詩가 아니다. 詩人의 詩는 사물이 마음에 감응해서 그 사물을 읊은 것이다. 나의 詩는 마음이 사물에 감응해서 그 마음을 깃들인 것이다. 사물을 읊은 것은 詩가 또한 사물이 된다. 마음을 깃들인 것은 사물이 또한 마음이 된다. 그러므로 나는 사람들의 詩에 미치지 못한 것을 한스럽게 여기지 않고, 다만 내 마음을 얻지 못한 것을 걱정할 뿐이다. (一, 「詩集小序」)

비록 짤막한 글이지만 이 글에는 이도중의 詩觀이 드러난다. 그는 시에 마음을 담는 것이 중요하다고 하며 자신의 시작 태도에 대해서 피력하고 있다.

그의 시는 華蟲을 읊은 영물시와 역사적 현장을 방문하고 지은 회고시와 영사시, 여러 정자

에 올라 지은 누정시, 앞선 시인의 시에 차운한 시 등으로 그 유형이 다양하다.

국화를 읊은 「詠菊」을 비롯하여 「詠蟬」·「詠白梅」·「深山見花」등은 주변의 경물을 소박하게 읊은 영물시이다. 자신의 집 담밖에 심어져 있는 복숭아꽃을 보고 읊은 「見墻外小桃」는 "그대의 집에 심어져 있는 복숭아 꽃 바라보니 꽃이 내 눈에 들어오네. 두 곳의 아지랑이 서로 통하니 한 하늘의 봄 경계짓지 않는구나.(種桃在君家, 看花入吾眼. 兩地烟相通, 一天春不限)"라는 내용으로 이루어진 5언 절구이다.

成忠과 階伯, 興首 세 명의 충신을 모신 사당을 방문하고 지은 「三忠祠」를 비롯하여 「落花巖」·「半月城」·「望扶餘古塔憶中卽始祖」 등의 시는 백제의 유적이 남아 있는 부여 지방을 여행하며 지은 회고시이다. 이도중은 고려의 수도였던 개성을 배경으로 다수의 시를 짓기도 하였다. 그 가운데 「崧陽三章」은 선죽교를 지나다 지은 시이다. 시의 전문은 "숭산의 남쪽. 돌빛이 선명하구나. 돌은 갈려서 없어지겠지만 피는 사라지지 않을 것이다. 숭산의 아래. 물이 졸졸 흐르는구나. 물은 그치겠지만 눈물은 마르지 않을 것이다. 숭산의 옆. 대나무가 바람에 스치는 소리가 나네. 대나무는 벨 수 있으나 節義는 꺾이지 않을 것이다.(崧山之陽兮, 石磷磷. 石可磨兮, 血不泯. 圃隱殉節于崧陽之石橋, 至今有血流之痕如昨. 崧山之下兮, 水潺潺. 水可絶兮, 淚不乾. 成仁碑在竹橋之旁, 不雨而常濕故號曰泣碑. 崧山之側兮, 竹瑟瑟. 竹可伐兮, 節不屈. 圃隱死節之日, 有竹生于橋下. 故名之曰善竹橋.)"인데, 정몽주의 절의를 기리는 내용이다. 저자는 楚辭의 형식을 빌어 이 시를 지었는데 각 장마다 포은 정몽주의 죽음과 관련되어 전하는 이야기를 설명하며 시 또한 이야기와 관련지어 구성하고 있다. 「南漢懷古」와 「西將臺次息菴韻」은 남한산성을 소재로 지은 회고시이다.

「琵琶亭」·「觀止亭」·「歸來亭」·「杞菊亭」·「淸風亭」 등은 여러 누정에 올라 지은 누정시이다. 「鳳川精舍次晦翁武夷韻」·「次朱子梅詩」·「次杜牧江南春」·「次放翁梅詩」 등은 주희와 두목, 육방옹의 시에 차운한 시이다.

「慈氏生朝誦朱子壽母詩不勝興感就其篇中略換二三字仍成一篇以志其喜云爾」는 이도중의 어머니 대구 서씨의 생일에 지은 시이고, 「重陽日金甥百善持酒來酬戱答一律」은 둘째 사위 김백선과 중양절에 술을 마시며 지은 시이다. 「拜外王父母墓述懷」는 외할아버지 徐廣修의 묘를 방문하고 지은 시이며, 「喜初得女孫」은 처음으로 손녀를 얻은 기쁨을 노래한 시로서 그의 가정생활을 유추할 수 있는 시이다.

「江樓雅集同姓之親居多仍成花樹會」는 친척들이 모여 화수회를 열며 지은 시이고, 「受易於經山先生金相岳退而賦三十二韻六十四句再拜獻于函筵以寓山仰之誠」은 그의 스승이었던 경산 김상악에게 주역을 배우면서 지은 시이다.

「自敍」와 「無憾一首」는 자신의 생애를 간략하게 지은 자전적 시이다. 「自敍」에서는 "온갖 험담 모두 하나의 '直'자에서 나온 것, 그렇지만 공자와 맹자가 어찌 나를 속인 것이랴? 진실로 多讀이 마침내 도움이 되지 않는다는 것을 알지만 책을 읽지 않으면 무엇을 하나? 다시 책을 읽을 수밖에.(百謗皆緣一直字. 雖然孔孟豈欺余. 固知多讀終無補, 不讀何爲更讀書.)"라고 하여 자신의 강직한 성격 때문에 평탄치 않은 삶을 살았음을 말하였다. 「無憾一首」에서는 "69세 늙은이 벼슬은 한 번 명 받았을 뿐 二男 二女와 십여 명의 손자가 있다. 은혜와 미움 이미 생전의 일인 듯 잊었으니 시비는 사후에 논하는 것을 따를 것이다.(六十九翁官一命, 二男兩女十餘孫. 恩嫌已忘生前事, 是非從他死後論.)"라고 하였다. 이 시는 삶이 얼마 남지 않은 69세에 지은 시인데 '無憾'이라고 한 제목과 달리 생에 대한 유감의 뜻을 나타내고 있다. 「賣硯匣」은 가난한 상황에서 학문하는 자신의 처지를 장편으로 지은 일종의 희작시이다.

「栗谷先生高山九曲歌諺翻」는 율곡의 「고산구곡가」를 한글로 번역한 국문을 기록하고 이도중 자신이 지은 7언 절구 10수를 함께 싣고 있다. 그는 시의 말미에 자신도 시를 지어 율곡과 「武夷九曲」을 지은 주희 두 성현의 뜻을 사모한다고 하며 시를 기록한 목적을 밝히기도 하였다. 「次栗谷先生求退有感韻」과 「花石亭九檜歃」도 율곡 이이와 관련된 시이다. 「花石亭九檜歃」는 이이가 8세에 시를 지었다는 곳인 화석정을 찾아가 지은 시이다.

그는 「日格」에서 "시는 뜻을 말하는 것이다. 애초에 뜻한 바가 없으면서 문자를 주워 모아 놓고는 스스로 시를 지을 수 있는 자라고 하는 사람이 있는데, 나는 그가 무슨 말을 하는지 알지 못하겠다.(詩言志也. 若初無所志而綴緝文字, 自謂能詩者, 吾不知其何言也.)", "무릇 시문을 지을 때는 특별히 애쓰지 않고 자연스럽게 마음에서 흘러나오는 것이 이치에 근사하다. 의도를 가지고 힘들게 지어 다른 사람을 기쁘게 하는 것은 욕심이다.(凡作詩文, 無所爲而自然流出於胸中者, 於理近之矣. 有意而爲之務, 以悅人者, 便是慾也.)"라고 하여 詩作은 뜻을 세우는 것과 자연스럽게 짓는 것이 중요함을 밝히고 있다. 그가 표방한 바와 같이 그의 시는 조탁을 가하지 않고 자연스럽게 쓴 것이 수사적 특징이라고 할 수 있다.

『新齋集』 제2책에는 書 66편이 실려 있다. 여러 편지글 중에 스승 경산 김상악에게 보내는 편지와 친구 徐夏卿에게 보낸 편지가 가장 많다. 특히 「答徐夏卿問目」 등의 서하경에게 보낸 편지는 경서를 읽고 의문 나는 점에 대해 서로의 의견을 나눈 편지이다. 「寄子垂」는 과거 시험을 보러 떠나는 큰아들에게 "득실을 염두에 두지 말라."고 격려하는 편지이며, 「答家兒垂問目」은 아들에게 五性과 明德을 알기 쉽게 설명하는 내용의 편지글이다. 이처럼 여러 편지글은 스승과 학우, 자식들과 서신으로 학문적 의견을 교류하는 내용이 주류를 차지한다. 그러나 「與友人」이라는 편지에서는 눈이 오는 날 마음이 같은 친구와 설경을 감상하고 그 아름다움을 공유하고자 하는 소박한 마음을 전하기도 하였다.

『新齋集』 제3책에는 記 4편, 論 1편, 說 5편, 跋 1편, 序 12편, 後敍 4편, 辨 6편, 기타 12편 등을 합하여 文 45편이 실려 있다.

「許由論」에서 이도중은 허유를 위대한 일을 한 사람으로 평가하며 그의 행위가 泰白과 仲雍을 거쳐 伯夷·叔齊까지 이어졌다고 하였다. 「讀圃隱集」은 포은을 도학의 宗으로 인정한 글이다. 「韋庵先生詩稿序」와 「先朝楮軒集後序」는 각각 스승과 선조의 문집에 쓴 序와 後序이다. 「三學士傳後序」는 우암 송시열이 병자호란 때 주전론을 주장한 尹集·吳達濟·洪翼漢에 대해 지은 「三學士傳」에 대한 後序이다.

『新齋集』 제4책에는 文 41편이 실려 있는데 序가 20편, 跋이 2편, 記 3편, 陰記 1편, 說 3편, 策 1편, 疏箚 3편, 辨 2편, 기타 6편 등이다.

「新齋抄集序」는 자신이 남긴 문집에 대한 서이다. 그는 자신을 "천하에 지극히 어리석고 둔한 사람이며 배운 것은 적지만 깊이 생각하는 사람이다.(余天下之至愚且鈍, 寡學而沈思者也.)"라고 하며 자신이 남긴 글은 깊은 생각에서 나온 결과임을 강조하고 있다. 그는 이 序에서 자신이 학문하는 방법과 서술한 책의 종류와 특징을 간략하게 설명하고 있으며 말미에 그가 문집을 남기는 이유에 대해 밝히고 있는데, 후인에게 보이거나 자손을 가르치거나 이름을 남기기 위해서가 아니라 단지 아직 살아 있기 때문에 남겨 놓는 것뿐이라고 하였다. 「長子服說」은 상복을 입는 예에 대해 자세히 설명한 글이고, 「續天道策」은 율곡 이이가 23세에 지어 장원한 글 「天道策」의 후편에 해당하는 글로 저자가 67세에 지은 글이다.

『新齋集』 제5책의 표지는 '誌狀'으로 표기되어 있는데 壙銘·壙記·墓誌·行狀·遺事·墓表·祭文 등 42편의 글이 수록되어 있다.

이 책의 첫 작품은 「女婉壙銘」이다. 이 글은 이도중이 5세에 천연두로 죽은 딸의 무덤에 묻기 위해 지은 묘지명의 일종이다. 이도중은 銘을 "나는 이 이후로 딸이 없으니 딸이 없는 것은 아니나 너 같은 딸이 없기 때문이다. 살아서 내 딸이었으니 죽어서도 내 딸이다. 딸아. 딸아.(吾自此無女, 非無女也, 無如汝也. 生亦我女, 死亦我女, 女兮女兮.)"라고 지어 딸의 죽음을 슬퍼하는 감정을 곡진하게 실었다. 이 밖에 아버지 이경응과 어머니 대구 서씨의 壙記인 「先考雲窓府君壙記」와 「先妣徐孺人壙記」, 누이의 묘지 「姊氏孺人黃氏婦墓誌」 및 선조의 行狀이 다수 남아 있어 그의 가족 관계를 살피는데 도움을 준다. 특히 아버지 이경응을 위해 지은 행장 「先考雲窓府君家狀」은 연안 이씨 집안의 내력과 그의 家系를 구성하는 데 중요한 정보를 제공한다.

일반적으로 '誌'는 사람이 죽은 다음에 무덤에 글을 새겨 넣기 위해 짓는 글이지만 간혹 죽기 전에 쓰는 문학적 관습이 있었다. 이를 일반적인 지와 구별하여 '生誌' 혹은 '自誌'라고 하는데 이도중은 68세에 「新齋自誌」를 지어 자신이 살아온 과정 및 태도에 대해 간략하게 표명하였다. 「室人宋氏生誌」는 아내 송씨의 生誌를 쓴 것이다. 그의 아내는 이도중 보다 먼저 세상을 떠나 이도중은 그의 아내를 위한 「亡室祭文」을 남기기도 하였는데 그는 이 제문에서 "당신은 이미 나를 알고 나 또한 당신을 아니 이것을 지기라고 합니다.(子旣知我, 我亦知子,

是謂知己)"라고 하여 부부간에 서로 마음이 통하는 관계였음을 말하고 있다.

壙記와 祭文, 行狀, 自誌文 등은 조선시대에 생활과 밀접한 관련을 지니고 쓰여진 생활문자이면서 개인의 감정과 의식을 여실하게 드러낸 감정 표현의 문체로서 한문 산문의 중요한 부위를 차지하는 양식이다. 이도중의 작품에 흥미로운 것이 많아 조선 후기 산문의 내용과 특성을 밝히는데 도움을 줄 수 있을 것으로 보인다.

『新齋集』 제6책부터 제9책까지는 「日格」이 수록되어 있다. 이를 다시 자세히 분류하면 제6책에는 日格序와 日格 1, 제7책에는 日格 2, 제8책에는 日格 3과 각종 圖說 17편, 제9책에는 '新齋集拾遺'라는 제목하에 自序와 日格이 수록되어 있다.

「日格序」에서 이도중은 日格의 저술 목적을 다음과 같이 말하고 있다.

> 사람에게는 五官이 있는데 마음이란 기관은 생각을 맡고 있다. 생각하면 얻고 생각하지 않으면 얻지 못한다. 얻는다는 것은 마음에 얻는 것이다. 나는 이미 늦게 태어나 성현의 문하에서 수업을 받을 수 없으므로 나의 마음을 나의 스승으로 삼았다. 그윽이 「洪範」의 "생각함은 지혜롭다(思曰睿)"[4]와 『中庸』의 "(생각할진댄) 얻지 못하거든 놓지 말라(不得不措)"[5]라는 두 구절을 취하여 학문에 들어가는 문으로 삼았다. 무릇 과제로 주어진 책에 대해서 3/10은 읽고, 7/10은 생각하였다. 생각하여도 얻지 못하면 4~5일이 지나더라도 다른 章으로 넘어가지 않았다. 그 처음에는 불안하여[窣窣然] 깜깜한 방에 앉아있는 것 같이 보이는 바가 전혀 없었는데, 조금씩 지나면서 어둑어둑하여[蒼蒼然] 먼동이 트려는 새벽[昧爽]에 있는 것 같이 그 사물을 조금 변별할 수 있었고, 마침내는 환하게 밝아[皦皦然] 해가 뜬 것[平明]과 같이 형색을 살펴볼 수 있게 되었다. 그런 다음에야 비로소 그 뜻을 차록하여 기재하였다. 모든 책을 이와 같이 하여 10년이 쌓이니 管見 · 溫知 · 三繹과 같은 종류가 수십 권이 되었는데 시문과 잡저는 이 수안에 포함되지 않았다.
>
> 또 이른바 '日格'이라는 것이 있는데 매번 한 사물을 만나 문득 그 사물의 이치를 생각하여 한 이치에 통하고, 또 한 사물의 비유를 얻은 연후에 비로소 스스로 믿을 수 있었다. 辛酉年(1801, 純祖 원년)으로부터 올해 庚辰年(1820, 純祖 20)에 이르기까지 7~8권을 이루었다. 三才와 萬物의 이치를 대략 여기에 갖추었고, 人事에 관계된 것이 8/10~9/10가 된다. 대개 그 이치를 본 것이 거칠고 옅으며, 수사도 단졸하여 비록 道의 영역에 나가지 못했을지라도 모두 마음[心官]에서 나온 것이니, 耳目으로 剽竊하고 口舌로 杜撰한 것과는 근본적으로 다른 것이다. 그러므로 내 문장[覆醬]의 나머지들을 여러 책으로 초사하여 때때로 다시 열람함으로써 그

4) 『書經』 「周書 · 洪範.」 "二五事. 一曰貌, 二曰言, 三曰視, 四曰聽, 五曰思. 貌曰恭, 言曰從, 視曰明, 聽曰聰, 思曰睿."

5) 『中庸章句』 20章. "有弗學, 學之, 弗能弗措也. 有弗問, 問之, 弗知弗措也. 有弗思, 思之, 弗得弗措也. 有弗辨, 辨之, 弗明弗措也. 有弗行, 行之, 弗篤弗措也."

마음을 스스로 검속하려고 할 따름이다. 庚辰年(1820) 겨울 新翁이 序하다. (六,「日格序」)

서문에서 말한 바와 같이 「日格」은 이도중이 학습 과정에서 심사숙고하여 얻은 자신의 단상을 적어놓은 것이다. 주로 학문·역사 등 人事에 관한 내용이 주를 이루고 있지만, 거기에는 자연학 관련 내용도 다수 포함되어 있다. 이도중의 학문관, 자연인식의 단편을 확인할 수 있는 자료들이다.

이도중은 "或問~ 曰"이라고 하여 어떤 이가 질문하면 자신이 답하는 형식을 설정하여 五行의 相生·相剋의 설, 理와 氣의 관계·작용, 性善과 性惡說을 비롯하여 경전의 구절을 해석하거나 부연 설명하는 등 학습과 연구를 통해 얻은 내용을 다양하게 수록하고 있다. 한편 이러한 연구를 통해 자신이 얻은 삶의 지혜 및 철학을 서술하기도 하였다. 세상에 전하는 일화 혹은 시조 등을 들어 그 안에 담긴 교훈 및 가치 등에 대해 평가하기도 하는 등 일상에서 느낀 점과 깊이 있게 터득한 도의 진리에 이르기까지 다양한 범위를 다루고 그 결과를 기록해 놓았다.

예를 들어 "퇴산이 놉다 ᄒᆞ나 하늘 아ᄅᆡ 뫼이로다."로 시작하는 시조[6]의 전문을 언문으로 기록하고 이 시조는 道體를 비유한 것으로 도가 비록 높고 멀지만 쉬지 않고 행하면 마침내 이치에 도달할 수 있다는 것을 말한 諺歌라고 하였다.

그런가하면 야담에 가까운 일화를 채록하기도 하였다. 「日格」二에는 어느 여성의 이야기가 실려 있다. 그 여성의 남편이 세 아들을 남기고 죽자 남편의 동생이 둘째 아들을 양자로 삼고자 하였다. 부인이 허락하지 않으면서 말하길, "죽은 남편이 이 아이를 낳았고 나에게 양육하라고 부탁하였다. 아버지의 명이 없이 어미가 어찌 감히 다른 사람에게 아이를 줄 수 있는가?" 하고 하며 끝내 청을 들어주지 않았다. 이 여성에 대해 이도중은 식견이 있고 예에 통달한 현명한 부인이라고 극찬하고 부인의 성을 몰라 列女傳에 싣지 못하는 것이 한스럽다고 하였다. (沈孝則言有一婦人, 乳三子而寡其夫. 弟欲取其次子爲嗣. 婦人不許曰, 亡夫生此子而托我以鞠之, 不有父命而母何敢擅以與人乎. 終不聽. 余聞而擊節曰, 賢哉婦人, 賢哉婦人. 敬姜以下, 識見之及此者鮮矣. 聖人復起, 必許其達禮矣. 恨不得其姓氏載之列女傳也.)

이도중은 이처럼 당시에 일어난 일에 대한 자신의 견해와 의견을 서술하기도 하였지만, "함흥에 3백 5세 된 노인 金丫가 산다(咸興有三百五歲人, 名曰金丫)"고 하는 것과 같은 비현실적인 이야기도 싣고 있다.

「監試科規」와 「大科規」 항목을 두어 과거 시험 일정과 과목 내용을 기록하였다. 사색 당론에 관한 의견이나 七去之惡에 대한 견해 등을 제시하기도 하였다.

문장관을 산발적으로 피력한 경우도 적지 않다. "고인의 글을 표절하여 세상을 속여 이름을 얻는 자는 글 도둑(剽竊古人之文, 作爲己說, 以欺世取名者, 是爲文賊.)"이라고 하는가 하면 "어떤 사람이 고금의 문장을 논하는데 허실에 대해서는 논하지 않고 다만 詞華의 아름다움만을

---

6) 이 시조는 흔히 楊士彦의 시조로 알려져 있는데, 이도중은 李一齋의 시조로 기록하고 있다.

취하여 좋다고 여기는 자가 있다. 나는 말하길, '나의 글은 이와는 다르다. 글이란 말이다. 하늘은 말하지 못하기 때문에 내가 하늘을 대신해서 말하는 것이고, 땅은 말하지 못하기 때문에 내가 땅을 대신해서 말하는 것이다. 만일 옳지 않은 말을 한다면 이것은 하늘과 땅을 속이는 것이 된다. 그렇기 때문에 나는 글을 지을 때 감히 쉽게 하지 않는다. 하늘 아래 있는 것이 글자이다.' 그 사람이 탄복하여 말하길, '이는 진실로 배워서 얻은 바로다.'라고 하였다.(有人論古今文章, 不論虛實, 只取詞華之美者, 以爲善也. 余曰, 吾之文異於是. 文者言也. 天不言故吾代天而言, 地不言故吾代地而言. 若有不實之言, 便是誣天地也. 故余之爲文, 不敢輕易. 下天地字也. 其人服曰, 是果學力所得也.)"라고 하여 경험담을 끌어와 자신의 문장관 및 문장에 대한 자부심을 표방하기도 하였다.

문장관과 더불어 학문하는 태도와 당대의 세태에 대해서도 다음과 같이 얘기하고 있다.

> 내가 젊었을 때에는 내가 알고 있는 것을 다른 사람이 알아주지 못할까 걱정했다. 그리고 내가 알지 못하는 것을 또한 남이 알아채지 않았으면 했다. 내가 70세에 이르자 내가 아는 것을 다른 사람이 비록 알아주지 않아도 나는 꺼리는 것이 없다. 내가 알지 못하는 것을 다른 사람이 비록 알아채지 못해도 내 자신이 꺼릴 뿐이다. 이것이 내의 소견이 처음과 끝에 달라진 것이다. (六,「日格」)

> 華夷에 차별이 없다는 주장이 일어난 이후로 夷狄이 중국을 본받은 것을 보지 못했고 오직 中華가 夷狄으로 변한 것만 보았다. 儒敎와 佛敎가 본래 같은 것이라는 주장이 제기된 이후로 佛敎가 儒敎로 귀의한 것을 보지 못했고 오직 儒家들이 佛敎에 미혹된 것만을 보았다. 인간과 사물의 본성이 같은 것이라는 주장이 제기된 이래로 禽獸의 본성이 人性으로 화한 것을 보지 못했고 오직 人心이 禽獸의 지경에 떨어진 것만 보았다. 立言에 폐단이 없기가 진실로 어렵다. (七,「日格」二)

한편 공자, 맹자, 주희, 율곡의 설을 재해석하거나 자세히 부연 설명하기도 하였다. 이도중 스스로가 서문에서 밝힌 것처럼「日格」은 매일 수행된 자신의 학문의 결과물이다.

『新齋集』 제8책의 표지에는 "日格 性理圖 道統圖 帝統圖"라고 기록되어 있다. 8책에는「日格」三과 여러 가지 그림—「孔孟心圖」·「三才萬物圖」·「一物各具五行圖」·「四性圖」·「心圖」·「石潭源流圖」·「帝統圖說」—등이 실려 있다.「일격」三에는 역대 인물에 대한 평이 보인다. 이도중은 우리나라의 유학자 중에 유교와 불교를 정확하게 구별하여 아는 자는 농암이라고 평가하였다.(東國諸儒中, 眞知儒釋之辨者, 莫如農巖耳. 其多見佛書, 故得其眞.) 이 밖에 書體에 관한 일반적인 평과 율곡의 학설을 이해한 내용에 관한 글, 孝와 弟 등 유교 사회에서 지켜야 할 덕목 및 규범에 관한 생각 등을 담은 글이 있다. 조선의 분당을 표로 그린「東國分黨源流

圖」도 있다.

「日格」三이 끝난 다음에는 「孔孟心圖」를 비롯하여 「三才萬物圖」·「緯星圖」·「經星圖」 등 도리를 그림으로 풀어 설명한 일종의 圖解가 실려 있다. 이 가운데 「石潭源流圖」는 우리나라 도학의 계보를 도표로 그린 것이다. 그는 도학의 종주를 靜菴과 退溪로 보고 그들의 학문이 石潭—沙溪—尤菴·同春—黃江—南塘과 寒泉으로 이어지는 계보를 그렸다. 한편 「石潭門人總錄」이라고 하여 석담의 문인 84인의 호와 벼슬 이름을 표에 넣어 함께 기록하였으며, 「石潭源流說」을 따로 지어 석담을 중국의 주자이고 동방의 공자라고 하며 석담의 학설이 사계 김장생, 우암 송시열과 동춘당 송준길, 황강 김계휘에게 전해진 과정을 자세히 설명하고 있다.

『新齋集』 제9책의 표제는 '日格拾遺'로 되어 있다. 이 부분부터는 『新齋集』 拾遺에 해당한다. 그 서문에서 이도중은 자신이 『拾遺』를 편집한 이유를 다음과 같이 말하고 있다.

> 예전에 나의 친구가 내게 말하기를 "시를 고르는 것이 시를 짓는 것보다 어렵다"고 하였다. 그때에 나는 그것이 어떤 사람의 말인지 몰랐으나 마음 안에 그것을 기억해 두었다. 내가 만년에 손수 원고를 선정하는데 하루동안에 여러 권을 정리하면서 말하기를 "처음에 시 하나를 짓는데 며칠을 걸려서 완성하고, 글을 한 편 짓는데 몇 달을 걸려서 완성하였으니, 저와 같이 더디고 어려웠다. 지금 그것을 선정하는데 이와 같이 빠르고 쉬우니 예전에 내 친구의 말과 상반되지 않는가?"하였다. 일흔 살 병을 앓는 중에 新舊 두 가지 원고를 열람하여 보니 선정한 것이 버린 것보다 반드시 낫지 않고, 刪削하여 버린 것이 도리어 보존한 것보다 낫다는 것을 문득 깨닫게 되었다. 그리하여 다시 스스로 탄식하여 말하기를, "내가 스스로 지은 바를 스스로 선정하였는데 우열을 가리기 어려운 것이 이와 같다. 하물며 다른 사람의 소견으로 다른 사람의 작품을 선정하면 어찌 쉬울 수 있겠는가? 내가 지금 늙었으니, 취사하여 양쪽을 모두 잃는 것보다는 차라리 精粗한 것을 아울러 보존하여, 그것을 淘汰하는 것은 후대 사람들의 공정한 안목에 부치는 것이 좋을 것이다." 그러므로 다시 『拾遺』 1책을 지어 그 아래에 덧붙여 잃어버린 친구의 앞선 말을 따르고자 한다. 내 나이 일흔 살 壬辰年(1832)에 新齋가 書하다. (九, 「自序」)

그가 서문에서 편집 이유를 밝히고 있는 바대로 습유에는 앞의 책에 빠진 것들을 보충하고 있다. 이도중은 습유에서 학문적 세태를 비판하거나 경험과 일상에서 생각하고 느낀 철학적 단상을 무차별적이고 무작위로 서술하고 있다. 앞에 저술한 「일격」에 보이는 내용과 마찬가지로 경전을 해석하거나 자식과 손자의 경전의 해석에 대한 질문에 자세히 답을 하는 내용도 있다.

습유는 저자의 노년에 지어진 만큼 인생을 완성 짓는 시점에서 얻은 삶의 태도가 담겨 있다. 예를 들어 "내가 오십 년 동안 빈천한 데 처했으나 부끄럽게 여기지 않았던 것은 천하에 부끄러워할 만한 것은 빈천한 것보다 더 심한 것이 있다는 것을 알았기 때문이다.(余五十年處乎貧賤, 而不以爲恥者, 知天下之可恥, 又有深於貧賤故也.)"와 "학자가 마음을 기르는 것은 마치 부인이 잉태하는 것과 같다. 조장할 수는 없으나 또한 잊고 버려 둘 수 없다.(學者之養心, 當如婦人之養胎. 不可助長, 亦不可忘置也.)" 같은 구절은 그가 인생의 경험에서 자득한 것을 드러낸 것이다.

일상에서 지켜야 하는 예의 범절과 덕목, 호칭, 상복 착용하는 법 등에 대한 설명도 보이며 인격과 문학을 동일시하는 문학관에 관한 언급도 보인다.

『新齋集』 제10책~12책에는 이른바 '七書管見'이라는 제목 아래 論語・大學・中庸・孟子・書傳・詩傳・周易에 대한 經書管見을 수록하였다. 12책의 마지막에는 「二史同凡」이 수록되어 있다.

『新齋集』 제10책의 모두에는 「七書管見序」가 수록되어 있다. 그 내용은 다음과 같다.

> 내가 일찍이 晦翁(朱熹)의 致知法을 공부했는데, "사색은 비유하자면 우물을 파는 것과 같으니, 곧바로 맑은 물을 얻을 수는 없다. 처음에는 흐리지만 조금씩 조금씩 파들어가면 도리어 저절로 맑아진다"[7]고 하였다. 『七書管見』은 내가 삼십년 동안 우물을 판 것이다. 辛酉年(1801, 순조 원년)에서 戊寅年(1818, 순조 18)까지 배우고 생각하여 얻은 바를 기록하였다. 처음 이름을 '管見', 두 번째 이름을 '溫知', 세 번째 이름을 '三繹'이라고 하였으니, 모두 10여 권이 되었다. 처음에 흐리다고 생각했던 것이 점점 맑아져서 사용할 수 있게 되었고, 우물을 길어 길러서 다함이 없게 되었다. 지식과 사려가 조금 진전된 후에 나아가 그것을 보면 태반이 진흙과 섞인 물이었다. 옛 우물에 새가 없는데,[8] 어찌 골짜기의 두꺼비(鮒=우물의 진흙 속에 있는 미물)에게 댈 수 있겠는가.[9] 지금부터 다시 파들어가 더욱 맑게 하여 약간의 권을 저술하여 책(篇)은 옛 이름을 그대로 쓰고, 뜻은 새로 얻은 것을 취하였다. 샘물을 파는 공은 진실로 의론을 감당할 수 없고, 우물 안의 개구리라는 기롱을 또한 면할 수 없다. 그러나 그 절근하게 비유를 취한 곳은 용솟음치는 샘물과 같아서 목마른 이들이 쉽게 마실 수 있을 것이다. 그러므로 스스로 사사로이 하지 못하고 초학자들과 공유하고자 하여 그윽이 '우물을 길어 덮지 않는다(井收勿幕)'[10]의 뜻에 부칠 뿐이다. 庚辰年(1820, 순조 20) 5월 新齋가 自序하다.(十, 「七書管見序」)

「七書管見」은 삼십년 동안 공부한 四書三經에 대해 터득한 내용을 기록한 글이다. 이도중이

7) 『朱子語類』 卷9, 學3, 論知行, 葉賀孫錄, 159쪽(點校本 『朱子語類』, 中華書局, 1994의 쪽수). "思索譬如穿井, 不解便得淸水. 先亦須是濁, 漸漸刮將去, 却自會淸."
8) 『周易傳義大全』 卷17, 井卦, 初六. "初六, 井泥不食, 舊井无禽."
9) 『周易傳義大全』 卷17, 井卦, 九二. "九二, 井谷, 射鮒, 甕敝漏."
10) 『周易傳義大全』 卷17, 井卦, 上六. "上六, 井收勿幕, 有孚元吉."

자신의 입장에서 경전을 이해하고 주체적으로 해석한 성과물인 것이다. 『論語』의 '學而章'을 예로 들어 보기로 한다.

> 學習章管見. ○배우고 익히면 즐겁다는 것은 부자가 학문에 뜻을 두고 일은 뒤로 미루는 것이다. 친구가 와서 즐겁다는 것은 제자가 차츰 나아가는 때이다. 남이 알아주지 않아도 화 내지 않는다는 것은 세상에 숨어 살면서 알아주지 않아도 괴로워하지 않는 것이다. 이것은 모두 공자가 스스로 친히 경험한 것으로 사람들을 가르치는 것이다. (十, 「論語管見」)
>
> ○四繹. 내가 생각하기에 '學習'과 '朋來'는 사람들이 모두 할 수 있는 것이다. 기쁘고 즐거운 것은 비록 좋은 스승과 똑똑한 제자를 가지고 가르쳐도 학문하지 않으면 얻을 수 없다. 오직 학자만이 스스로 마음에서 자득할 수 있는 것이다. 알아주지 않아도 성내지 않는 것은 옳다고 인정을 받지 않아도 화내지 않는 것으로 인정을 받지 않아도 후회하지 않는 것이다. 공자는 이 세 가지에 뜻을 두어 이루었으니 이와 같으면 성인에게 나아갈 수 있다. 이와 같지 못하면 군자가 되기에도 부족하다. (十, 「論語管見」)

위의 예문에서 볼 수 있듯이 '管見'은 경전의 내용에 대한 간단하고 개략적인 이해를 기록한 것이고 '四繹'은 의미를 자세히 풀이하여 서술한 것이다. '疑義' 항목을 두어 이해하기 어려운 의미를 설명하기도 하였다. 이도중은 『중용』과 『대학』은 주로 그림을 그려 설명하고 있다.

「孟子管見」에서는 맹자가 공자의 학설을 이어 받은 부분을 중심으로 설명하고 있다. 그는 「孟子管見序」에서 "맹자의 글과 논어의 편을 살펴보면 글과 뜻이 모두 같거나 글은 비록 다르다고 해도 뜻은 같은 것이 있으니 이것이 바로 맹자 7편의 大旨이다. 내가 해석한 바는 맹자가 공자를 잘 배운 부분을 분명히 밝히고자 하는 것이다.(今按孟子之書, 與論語之篇, 有辭與義, 俱同者, 有文雖殊而意則同者, 此乃七篇之大旨也. 余所繹者, 發明其善學孔子處也.)"라고 하여 맹자를 해석하는 주된 입장을 밝혔다.

『新齋集』의 제11책의 표지에는 "書傳管見 詩傳管見"이라고 적혀 있고 책에는 尙書管見과 葩經管見抄가 실려 있다. 『新齋集』 제12책의 표지에는 "河圖管見 周易管見 啓蒙管見 二史同凡"이라고 기록되어 있고, 「河圖始畫八卦之圖」·「三易問答」·「人身八卦圖」·「文王抑陰扶陽圖序」·「周易疑義」 등이 수록되어 있다.

『新齋集』 제12책의 마지막에 「二史同凡」이 수록되어 있다. 그 서문에서 이도중은 다음과 같이 말하고 있다.

> 『綱目』은 『春秋』를 계승한 책이다. 그러므로 그 史法이 『춘추』를 준수하였다. 그러나 간혹 같은 일에 대해 예가 다른 것은 천자와 제후의 역사가 다르기 때문이다. 간혹 『춘추』의 범례

가 『강목』에 들어가 있지 않은 것은 그 일이 없었기 때문이다. 간혹 『강목』의 범례가 『춘추』에서 조금 변한 것은 그 일이 다르기 때문이다. 간혹 종적은 같지만 문장이 다른 것은 옛날과 지금의 마땅함이 다른 것이다. 내가 일찍이 두 역사책의 범례를 취합하여 孔子와 朱子가 서로 전한 하나의 道를 보고자 하였으나, 마침내 수십 개 조목을 기록하고 중간에 그만 두었다. 다른 날 만약 여가를 얻을 수 있다면 마땅히 다시 일을 마칠 것이나, 만약 그렇지 못하다 해도 뒤에 이것을 계속하여 완성하는 사람이 있을 것이니 또한 족히 史學에 하나의 도움이 될 수 있을 것이다. 乙亥年(1815, 순조 15) 봄에 新齋가 序하다. (十二, 「二史同凡序」)

『綱目』은 주희가 司馬光의 『資治通鑑』을 『春秋』의 체재에 따라 사실에 대하여 정통·비정통으로 구별하고 성리학적인 도덕적 평가를 서술의 기준으로 하여 편찬한 역사서이다. 이도중은 「綱目辨」이라는 글을 지어 『綱目』과 『春秋』 모두 임금과 신하가 반드시 읽어야 할 필독서라고 하였다. 『綱目』은 우리나라 역사서 서술에 막대한 영향을 미친 만큼 이도중의 『綱目』과 『春秋』에 대한 글은 역사학 연구에 도움을 주는 자료이다.

4. 가치

이도중은 그리 알려진 인물이 아니다. 그의 집안은 이석형을 비롯하여 이기, 이귀 등의 저명한 정치가나 학자가 배출되었지만 후대로 오면서 뚜렷한 업적을 이루지 못하며 낙후해 갔던 것으로 보인다. 이도중은 정9품 잡직에 해당하는 洗馬를 지낸 것을 제외하고 별다른 벼슬 생활을 하지 못했다. 하지만 이이의 학통을 이어받은 선조의 학업에 대해 남다른 자부심과 긍지를 갖고 있던 그는 오랜 세월 독서와 연구에 전념하여 많은 분량의 결과물을 저서로 남겼다.

그의 문집에는 다양한 문체를 두루 섭렵한 문학적 글을 비롯하여 경학에 대한 이해와 철학적 배경을 엿볼 수 있는 글, 정치사와 생활사를 재구하는 데 도움을 주는 다방면에 걸친 글이 담겨 있다. 당시 쟁점적으로 부각되었던 예송 문제와 당론에 대한 분석 등은 당대의 생활과 사회적 상황을 이해하는 데 중요한 단서를 제공할 것이다. 이이의 학통을 이어받아 심화시킨 부분에 대한 연구는 성리학의 학통을 체계적으로 살피는 데 유효할 것이다.

문집에 국문 시조를 수록하였을 뿐만 아니라, 선조 이석형이 참여했던 경서의 언해 사업에 대해 소개하며 "동국의 방언 또한 의미가 있다(方言亦有意味)"라고 한 언급은 우리말에 대한 가치를 인정하는 발언으로서, 한문과 국문에 대한 이 시기 문인의 입장을 알 수 있다. 또한 산발적으로 보이는 문장관에 대한 언급을 정리하여 이 시기 문학에 대한 관점을 밝힐 수도 있을 것이다. 여러 영역에 걸쳐 글을 남긴 이도중의 문집을 통해 이도중은 文·史·哲을 아우르는 학문을 지향했던 학자로 평가될 수 있을 것이다.

5. 기타

규장각에도『新齋集』이 소장되어 있다(古 0270-15-1-13). 규장각 장본의 서명은『新齋先生集』으로 되어 있으며, 전체 32卷 13冊이다. 이는 저자 李度中 자신이 편집한 것으로 추정되고 있다. 연세대 귀중본 도서와 마찬가지로 서문과 발문은 없다. 권1·2에 詩集小序, 시 304수, 賦 1편, 琴操 1편, 권3·4에 문집자서, 書 84편, 권5에 序 48편, 권6에 記 15편, 題跋 19편, 贊 8편, 銘 6편, 頌 1편, 권7·8에 잡저 36편, 권9에 고축문 6편, 제문 14편, 권10에 비명 2편, 묘갈명 4편, 애사 3편, 묘표 6편, 묘지명 19편, 권11에 행장 10편, 유사 4편, 傳 3편, 권12~15에 日格, 권16에 도설 14편, 권17에 강설 6편, 권18~24에 經書管見, 권25에 性理源流, 권26에 異端辨析, 권27~32에 家禮或問·續禮輯或問 등이 실려 있다.

연세대 귀중본과 규장각본은 책 수에서 차이가 날 뿐만 아니라 내용에서도 적잖은 출입을 보이고 있다. 연세대 귀중본이 12책으로 규장각본에 비해 분량이 적으며, 규장각본이 저자의 자편고로 추정되고 있다는 점에서 연세대 귀중본은 규장각본을 저본으로 초록한 것이 아닌가 추정된다.

【황수연】

해제 (가나다순)
구만옥 : 경희대 사학과 교수
구지현 : 연세대 국문과 강사
금지아 : 연세대 국학연구원 연구교수
김동준 : 연세대 국학연구원 객원연구원
김영봉 : 연세대 국학연구원 연구교수
김철범 : 경성대 한문학과 교수
박인석 : 연세대 철학과 강사
서대원 : 연세대 국학연구원 연구교수
원재린 : 연세대 국학연구원 연구교수
이전경 : 서울대 한국문화연구소 연구원
장동우 : 연세대 국학연구원 연구교수
정호훈 : 연세대 국학연구원 연구교수
전송열 : 연세대 국문과 강사
정우봉 : 고려대 국문과 교수
진재교 : 성균관대 한문교육과 교수
최우영 : 연세대 국문과 강사
한정길 : 연세대 국학연구원 연구교수
허경진 : 연세대 국문과 교수
황수연 : 이화여대 한국문화연구원 전임연구원

교열 (가나다순)
도현철 : 연세대 사학과 교수
신승운 : 성균관대 문헌정보학과 교수
이광호 : 연세대 철학과 교수
허경진 : 연세대 국문과 교수

연세국학총서 51
고서해제 1

연세대학교 중앙도서관 소장
고서해제 Ⅰ

연세대학교 국학연구원 편

2004년 11월 17일 초판 1쇄 발행
2007년 9월 27일 초판 2쇄 발행

펴낸이/ 이정옥
펴낸곳/ 평민사

주소/ 서울시 서대문구 남가좌2동 370-40
전화/ 02)375-8571(영업)·02)375-8572(편집)
fax/ 02)375-8573
e-mail/ pms1976@naver.com
http://blog.naver.com/pyung1976

등록번호/ 제10-328호

값/ 40,000원

ISBN 89-7115-437-3 04020
ISBN 89-7115-436-5 (set)